Gerhard Schweizer

Türkei verstehen

Von Atatürk bis Erdoğan

Klett-Cotta

Das vorliegende Buch ist die völlig überarbeitete und ergänzte Neuausgabe des Titels von Gerhard Schweizer: »Die Türkei – Zerreißprobe
zwischen Islam und Nationalismus«, Stuttgart, Klett-Cotta 2008.

Klett-Cotta
www.klett-cotta.de

© 2016 by J. G. Cotta'sche Buchhandlung
Nachfolger GmbH, gegr. 1659, Stuttgart
Alle Rechte vorbehalten
Printed in Germany
Cover: Rothfos & Gabler, Hamburg
unter Verwendung des Fotos Blaue Moschee, Istanbul
© Tanatat pongphibool, thailand/gettyimages
Karten (S. 542–545): Gerhard Schweizer, Wien
Gesetzt von Kösel Media GmbH, Krugzell
Gedruckt und gebunden von CPI – Clausen & Bosse, Leck
ISBN: 978-3-608-96201-7

Zweite Auflage, 2016

Bibliografische Information der Deutschen Nationalbibliothek:
Die Deutsche Nationalbibliothek verzeichnet diese Publikation in der
Deutschen Nationalbibliografie; detaillierte bibliografische Daten
sind im Internet über <http://dnb.d-nb.de> abrufbar.

Für Brigitte

Inhalt

WIE FERN IST UNS DIE TÜRKEI?

Probleme und Missverständnisse

Der Türke in unseren Köpfen – und die Wirklichkeit

Atatürk, Erdoğan – und ein neuer Blick auf die Türkei

Wenn man Westeuropäer, besonders Deutsche, fragt, welche Namen türkischer Politiker ihnen spontan einfallen, nennen sie überwiegend nur zwei Namen: Atatürk und Erdoğan.

Der eine hat sich ins historische Gedächtnis auch der Europäer als der Begründer der Republik Türkei verewigt, der mit seiner Vorstellung von »türkischer Moderne« maßgeblich die Entwicklung seines Landes bestimmt hat. Der andere beherrscht seit seinem überraschenden und fulminanten Wahlsieg im November 2002 die Schlagzeilen der internationalen Medien mit seiner Botschaft einer »islamisch-türkischen Moderne«. Erdoğan ist zum mächtigsten Politiker seit Atatürk geworden, und er beansprucht, Atatürk in wesentlichen Grundfragen zu korrigieren und sich neben dem Begründer der Republik Türkei einen ebenso bedeutenden Platz zu sichern. Auffallend ist Erdoğans Ehrgeiz, bis 2023 als Staatspräsident im Amt zu bleiben und mit derselben Machtfülle wie einst Atatürk das Jahrhundert-Jubiläum der Republik Türkei zu feiern.

Recep Tayyip Erdoğan hat zu Beginn des 21. Jahrhunderts als Führer der »konservativ-islamischen« Partei »Gerechtigkeit und Entwicklung« (AKP) die Türkei vor dem Beinahe-Staatsbankrott gerettet, hat dem Land eine Phase des wirtschaftlichen Aufschwungs und sozialer Stabilität beschert, hat den religiösen wie ethnischen Minderheiten mehr Rechte eingeräumt. Das alles sind Errungenschaften, die Erdoğan zum Hoffnungsträger machten, von dem man erwartete, dass er längst fällige Reformen in einer ideologisch erstarrten Republik einleiten werde.

Derselbe Politiker ist aber seit einigen Jahren dabei, diesen Ruf gründlich zu ruinieren. Er neigt zunehmend zu einem engstirnigen Nationalismus, geht hart gegen ethnische Minderheiten vor, engt die Meinungs- und Pressefreiheit ein – und kehrt damit in mancherlei Hinsicht zur Politik seiner Vorgänger zurück, ja, verschärft sie. Hinzu kommt eine Außenpolitik, welche die Türkei in die Bürgerkriegswirren des Nahen Ostens getrieben hat. So erlebt die Türkei nach einer mehr als zehn Jahre dauernden Phase der Stabilität nicht nur einen neu aufflammenden Konflikt mit der kurdischen Minderheit, sondern auch eine verstärkte Auseinandersetzung zwischen säkular und islamisch orientierten Türken sowie eine wachsende Konfrontation mit radikal-islamischen Bewegungen.

Wie hat es zu einer solchen erneuten Zuspitzung kommen können? Was unterscheidet Erdoğan von Atatürk, was von anderen führenden türkischen Politikern der vergangenen Jahrzehnte?

Diese Frage versuchte ich bereits in einem Buch zu beantworten, das 2008 unter dem Titel *Die Türkei. Zerreißprobe zwischen Islam und Nationalismus* erschien. Der Titel hat seine traurige Aktualität behalten. Ich hatte mich, wie viele andere westliche Beobachter, damals von dem Optimismus leiten lassen, dass die »Zerreißprobe« ihre eigentlich kritische Phase bereits hinter sich habe. Es könne Erdoğan mit seiner (anfangs) sehr pragmatisch ausgerichteten Politik gelingen, einen historischen Kompromiss zwischen den ideologisch einzementierten Fronten von Säkularisten, Laizisten und Islamisch-Konservativen herzustellen. Erdoğan könne also mit Augenmaß jene Fehlentwicklungen korrigieren, die durch die einseitige politische Dominanz einer säkularisierten Bevölkerung in urbanen

Ballungsräumen gegenüber einem religiös-konservativ ver-wurzelten Volk in Kleinstädten und Dörfern entstanden war. Was aber sind die gesellschaftlichen Kräfte, die die Türkei im Inneren immer noch und immer wieder bis zum Zerreißen anspannen? Welches sind die gesellschaftlichen Kräfte, die eine tiefgreifende Veränderung verhindern?

Um diese Ambivalenz verständlich zu machen, habe ich 2016 das Buch unter dem Titel *Türkei verstehen. Von Atatürk bis Erdoğan* aktualisiert. Hier gehe ich auf die Ursachen ein, weshalb Erdoğan auf dem Höhepunkt seiner Macht und seines Erfolgs bereits 2008 begann, in die Krise zu steuern. Diese Entwicklung lässt sich aber nur vor dem Hintergrund früherer Jahrzehnte begreifen. Für die einerseits machtvolle Stellung der Türkei innerhalb der islamischen Welt wie auch für die unbewältig-ten Probleme sind neben Atatürk und Erdoğan eine Reihe wei-terer Politiker verantwortlich. Um nur einige zu nennen, die in meinen Ausführungen ebenfalls einen breiten Raum ein-nehmen: Ismet Inönü, Adnan Menderes, Turgut Özal, Süley-man Demirel, Bülent Ecevit, Necmettin Erbakan, Abdullah Gül, Ahmet Davutoğlu.

Zur Darstellung kommt in diesem Zusammenhang aber auch, dass sich in der Türkei durch die »Zerreißprobe« zwischen sehr unterschiedlichen politischen Ideologien eine äußerst vielfäl-tige Kultur entwickelt hat. Gerade in der Türkei haben muslimi-sche Theologen, Wissenschaftler wie auch Literaten beträchtli-chen Einfluss, um den Islam aus den Fesseln einer unreflektiert gelebten Tradition zu lösen. Sie stehen in Opposition nicht nur zu radikal-islamischen Ideologen, sondern auch zum »konser-vativen Islam« von Erdoğans AKP, darüber hinaus zu einer undifferenzierten Religionskritik säkularer Nationalisten.

Nicht der Islam bildet die Ursache für die Krise der Türkei, sondern die gesellschaftlichen Rahmenbedingungen, die einen Diskurs über Reformen der Religion, ja überhaupt einen vorur-teilslosen Gedankenaustausch erschweren. Es ist der fehlende

Pluralismus besonders in der Politik. Diese Struktur, die weit zurückreicht bis in das Sultanat der Osmanen, ist bisher von keinem Reformer grundsätzlich durchbrochen oder hinterfragt worden. Eine solche Problematik teilt die Türkei allerdings mit nahezu allen Ländern der islamischen Welt – letztlich auch mit vielen nichtmuslimischen Ländern in Asien, Afrika, Lateinamerika. Schon aus diesem Grund wäre es falsch, die Krisensituation in der Türkei monokausal mit einem angeblich nicht reformierbaren Islam zu koppeln.

Aber weil im Oktober 2005 die offiziellen Beitrittsverhandlungen zwischen der Türkei und der Europäischen Union begonnen haben, konzentriert sich die Frage auch darauf: Könnte die Mitgliedschaft ausgerechnet eines islamischen Landes nicht die Identität »abendländischer Kultur« gefährden? Kann ein Muslim mit seiner so anders gearteten Religion und Kultur geistig überhaupt in Europa ankommen? Es sind Fragen, die seit der zugespitzten Krisensituation unter Erdoğan sich wieder besonders auf den türkischen Muslim verlagern und noch mehr als bisher scharfe Diskussionen auslösen. Sobald wir jedoch die vielschichtigen Probleme der Türkei näher betrachten, ergeben sich eine Reihe von Überraschungen.

Islam und Verwestlichung

»Ich bin in Europa angekommen!« Der türkischstämmige Diskussionsteilnehmer sagte es mit Nachdruck. Er antwortete auf die Behauptung eines Deutschen, die Türken könnten geistig niemals in Europa ankommen; ihre andersartigen Traditionen machten es ihnen grundsätzlich unmöglich.

Das Wortgefecht entzündete sich auf einer Islam-Tagung in Deutschland. Der Ort ist austauschbar; derartige Konfrontationen sind exemplarisch besonders für Städte, in denen muslimische Zuwanderer ganze Wohnviertel prägen.

Der türkischstämmige Mann, etwa 30 Jahre alt, erklärte, er

sei in Köln geboren und habe dort Abitur gemacht, sei deutscher Staatsbürger und kenne Deutschland besser als die Türkei. Auch seine Eltern, die vor 40 Jahren aus Istanbul zugewandert seien, hätten keine Schwierigkeiten gehabt, in Europa anzukommen. Warum auch? Bereits Atatürk habe der Türkei den Weg nach Europa gewiesen, die Scharia abgeschafft und durch eine Gesetzgebung nach westlichem Vorbild ersetzt, dies wollten viele Deutsche noch immer nicht wahrhaben.

Aber der Islam? Der Islam als Religion, widersprach ihm heftig einer der deutschen Diskussionsteilnehmer, sei doch eine zutiefst fremde Religion, die sich niemals mit europäischen Werten vereinbaren lasse. Da möge von türkischen Politikern noch so sehr betont werden, ihr Land sei unterwegs nach Europa. Der Islam selbst verhindere geistig jede Integration in Europa, das zeige doch gerade die aktuelle Entwicklung in der Türkei.

Im Publikum entstand Unruhe. Es war ein gemischtes Publikum, überwiegend Deutsche, aber auch einige Deutschtürken, Vertreter einer integrierten Mittelschicht, deren Familien schon seit einer oder zwei Generationen in der neuen Heimat lebten. Bei der erwähnten Islam-Tagung hatte ich über die geistige Verwandtschaft von Islam und Christentum referiert. Nur ein Teil des Publikums stimmte mir zu, nicht der Islam sei das eigentliche Problem, sondern die mangelnde Information über die fremde Kultur.

Solche Diskussionen werden auf Islam-Tagungen besonders prononciert geführt. Aber Auseinandersetzungen über die »Fremdheit« der islamischen Kultur werden in europäischen Medien bekanntlich oft noch viel emotionaler ausgetragen und gewinnen dann Breitenwirkung mit Folgen für die Beziehungen zwischen westlichen und muslimischen Völkern. In Deutschland spielt naturgemäß der Bezug auf den türkischen Islam sowie die politisch unruhige Entwicklung in der Türkei eine herausragende Rolle. Denn von den rund vier bis fünf Millionen Muslimen, die hierzulande leben, sind knapp über drei Millionen Türken, so die Zahlen im Jahr 2016.[1] Sie sind seit den 1960er-Jahren überwiegend als »Gastarbeiter« gekommen und geblieben. Diese Türken aber haben »alle«, so die weitverbreitete Meinung, ein »Stück Türkei« mitgebracht und halten daran selbst noch Generationen später unverrückbar fest. Wenn sich also Deutsche von einer »islamischen Parallelgesellschaft« im eigenen Land bedroht fühlen, ist zuallererst von den Türken die Rede.

»Ich bin in Europa angekommen!« Dieses Bekenntnis eines Deutschtürken wird oft in seiner ganzen Tragweite gar nicht verstanden. Der junge Mann meint ein säkularisiertes Europa, in dem es keine Staatsreligionen mehr gibt, sondern ein Nebeneinander unterschiedlicher Glaubensbekenntnisse und Weltanschauungen mit gleichen Entfaltungsmöglichkeiten – weshalb wir den Begriff »christliches Abendland« nur noch historisch verstehen können. Liberale Deutschtürken betonen häufig, dass sie in ihrer Wahlheimat Europa der eigenen Religion zwar treu blieben, aber »säkulare«, »laizistische« Muslime seien und den anderen Konfessionen und Weltanschauungen den notwendigen Respekt entgegenbrächten. Ich habe mehrfach erlebt, dass solche Muslime ihre Mitbürger mit ironischem Unterton daran erinnern, wie unverzichtbar die Errungenschaften einer säkularen Aufklärung seien. Aber wie repräsentativ sind sie?

Realität sind eben auch die zahlreichen Informationen über das Entstehen von »islamischen Parallelgesellschaften« mitten in Europa: dass sich muslimische Zuwanderer in Großfamilien mit ihrer patriarchalischen Struktur gegen eine nicht verstandene »westliche« Gesellschaft abschotten. Diese Muslime halten meist unverändert an den Traditionen ihrer dörflichen oder kleinstädtischen Heimat fest, etwa der strikten Unterordnung der Frauen oder der Zwangsehe. Der Bildungsstand solcher Menschen ist oft niedrig; meist wissen sie gar nicht, was wirklich im Koran steht, und erachten daher oft jede überkommene Tradition unreflektiert als Glaubensgebot. Entsprechend orientiert sich ihre Religiosität an einer diffusen konservativen Form von Islam.

Westliche Kritiker, die sich auf diesen Islam beziehen, haben insofern recht, als hier tatsächlich ein schwerwiegendes Integrationsproblem besteht. Aber *den* einen Islam gibt es gar nicht, sondern sehr viele unterschiedliche Ausprägungen. Beträchtlich ist die Zahl jener türkischen Muslime, die zwischen einer traditionsgeleiteten Religiosität und einer notwendigen Anpassung an moderne Lebensformen eine vermittelnde Position einnehmen. Ihr Typus verdient besondere Aufmerksamkeit, weil gerade sie bei den aktuellen politischen, sozialen und kulturellen Umbrüchen der Türkei eine wichtige Rolle spielen.

Im Folgenden konzentriere ich mich vor allem auf die Vielfalt des Islam in der Türkei selbst. Denn nicht die knapp über drei Millionen Menschen türkischer Abstammung in Deutschland, sondern die rund 79 Millionen Bürger der Republik Türkei bedeuten die eigentliche Herausforderung. Wenn nämlich mit einer EU-Mitgliedschaft die politischen Grenzen noch um Vieles durchlässiger würden, gewänne die Türkei mit der Masse ihrer muslimischen Bevölkerung erheblich mehr Einfluss in Europa und besonders in Deutschland. Erst vor dem Hintergrund dieser Zukunftsperspektive bekommt jene eingangs formulierte Befürchtung genauere Konturen: Ein dann verstärkt importierter Islam könnte die Probleme erheblich verschärfen, weil eben diese fremde Religion nicht zu Europa passe, das sehe man doch an der aktuellen Entwicklung in der Türkei.

Wie gestaltet sich die Entwicklung in der Türkei tatsächlich?

Die Türkei hat ganz andere religiöse, politische und kulturelle Rahmenbedingungen als etwa arabische Staaten oder der Iran. Atatürks Reformwerk schuf schon in den 1920er-Jahren strukturelle Veränderungen, die mit einer derartigen Konsequenz in der islamischen Welt beispiellos waren und sind. Und so schien die Türkei bisher Vorbildcharakter als ein islamisch geprägter Staat zu haben, in dem ein religiös-politischer Fundamentalismus keine Chance hatte. Seit den 1970er-Jahren haben jedoch islamisch orientierte Parteien mit deutlicher Kritik an der Verwestlichung immer mehr an Einfluss gewonnen, zuerst unter Führung von Necmettin Erbakan, seit 2002 unter Erdoğan. Bahnt sich eine grundsätzliche Abwehr von kulturellen Einflüssen aus Europa an?

Für westliche Beobachter ist die Situation immer schwieriger zu beurteilen. Bei genauerem Hinsehen stellen wir nämlich fest, dass sogar die Begriffe »Säkularisierung«, »Laizismus«, »Demokratie«, die zu Leitprinzipien der modernen Türkei geworden sind, bei weitem nicht deckungsgleich mit unseren Vorstellungen sind. Wenn also ein liberaler Deutschtürke von sich sagt, er sei in Europa angekommen, so kann er sich hier nur sehr eingeschränkt auf das Reformwerk Atatürks mit seinem Motto »Auf nach Europa!« berufen. Er muss vielmehr, um diese Aussage voll und ganz einzulösen, noch einmal einen Transformationsprozess durchlaufen haben und wird dann erst ein wirklich »europäischer Muslim« sein. Wir müssen uns daher auf die Frage konzentrieren, worin denn die grundsätzlichen Unterschiede zwischen einer »türkischen Moderne« im Sinne Atatürks und einer europäischen, westlichen Moderne bestehen.

Diese Frage drängt sich demnach nicht erst seit den sehr widersprüchlich anmutenden Aktionen eines islamisch orientierten Politikers wie Erdoğan auf, sondern eben auch schon angesichts früher wirkender, strikt an Atatürk ausgerichteter Politiker. Die Diskussionen über die aktuellen Veränderungen in der Türkei nehmen aber vor allem im deutschen Sprachraum noch einmal an Schärfe zu, seit Erdoğan versucht, im Amt des Staatspräsidenten eine ähnliche Machtfülle wie Atatürk zu erreichen und sein Präsidialsystem zu etablieren, das ganz auf seine Person zugeschnitten ist. Das Misstrauen sitzt

tief, und eine rationale Debatte über die politischen und kulturellen Ursachen bleibt schwierig.

Um einen vorurteilsfreien Blick auf die Türkei zu gewinnen,
müssen wir uns zunächst bewusst machen, mit wie vielen Vorurteilen wir selbst noch zu kämpfen haben. Das Thema Türkei
ist für uns vor allem auch mit einem historischen Trauma belastet, das untergründig unser Urteil mitbestimmt.

Die »Türkengefahr« – das historische Trauma

Den Türken sei zweimal die Belagerung von Wien misslun-
gen. Nun aber brächten sie mit ihrer massenhaften Zuwanderung ganz friedlich zuwege, was ihnen durch Feuer und
Schwert nicht möglich gewesen sei. Sie würden das Abendland
schleichend islamisieren, und bei diesem Vorhaben profitierten sie auch noch von unserer Demokratie, unserer Religionsfreiheit ...

Derart beziehungsreiche Anspielungen sind nicht nur in
Wien selbst, sondern zur Genüge auch in deutschen Städten zu
hören. Dabei beschränkt sich die »massenhafte Zuwanderung«
in Deutschland auf bisher 3 Millionen Menschen türkischer
Abstammung, dies sind bei einer Gesamtbevölkerung von 82
Millionen lediglich 3 bis 4 Prozent. In Österreich, einem Land
mit 8 Millionen Einwohnern, leben rund 230 000 Menschen mit
türkischem Migrationshintergrund. Es sind Zahlen, die sich
im letzten Jahrzehnt kaum geändert haben.

Die Türken vor Wien 1529 und 1683 ... Gerade weil diese zwei
weit zurückliegenden Ereignisse unvergessen sind, können sie
umso besser für die Gegenwart instrumentalisiert werden.

Über Jahrhunderte war für uns im deutschen Sprachraum
wie auch für Südosteuropäer die Furcht vor den Türken gleichbedeutend mit derjenigen vor dem Islam. Diese Furcht war
nicht unbegründet. Schließlich hatte das Osmanische Reich
vom 14. bis ins 17. Jahrhundert sein Herrschaftsgebiet immer

weiter über den Vorderen Orient und Nordafrika bis weit hinein nach Europa ausgedehnt, zuletzt bis an die Grenzen Österreichs. Die Angst vor dieser militärischen Bedrohung war gepaart mit der Sorge, dass die Muslime den Christen kulturell ebenbürtig, wenn nicht gar in mancher Hinsicht überlegen seien. Die Erinnerung an die Bedrohung durch die Türken wirkt bis heute nach. Vorrangig gilt das für den Großraum Wien. Als ich 1976 in die Donaumetropole übersiedelte, war einer meiner ersten diesbezüglichen Eindrücke eine Gedenktafel vor der gotischen St.-Othmar-Kirche in Mödling, einem beliebten Ausflugsziel der Wiener. Dort ist zu lesen:

> An dieser Stelle wurde im Juli 1683 fast die ganze Bevölkerung des Marktes Mödling von feindlichen Horden niedergemetzelt, als die Türken gegen Wien zogen.

Die Steintafel war im Juli 1933 an der Kirchenmauer angebracht worden, unmittelbar bevor in Wien der 250. Jahrestag des Sieges über die Türken begangen wurde. Entsprechende Mahntexte finden sich in anderen Orten der Umgebung Wiens, so in Hainburg, nahe der slowakischen Grenze. Dort ist an einem mittelalterlichen Stadttor, dem sogenannten Fischertor, zu lesen:

> Dem Andenken der am 12. Juli 1683 nach Erstürmung der Stadt von den Türken niedergemetzelten Einwohner Hainburgs.

Und in Perchtoldsdorf zeigt ein buntes Glasfenster der gotischen Pfarrkirche sehr drastisch, wie Soldaten in orientalischer Tracht Häuser anzünden und mit Krummsäbeln und Lanzen wehrlose Menschen töten. Solche erst aus dem 20. Jahrhundert stammenden und somit recht jungen Darstellungen könnten glauben machen, die Massaker von 1683 hätten erst vor ein bis zwei Generationen stattgefunden und seien deshalb in der Erinnerung ein noch nicht verarbeiteter Schock – und es seien die Greueltaten muslimischer Eroberer um Vieles schlimmer für Österreichs Landbevölkerung gewesen als die von feindlichen Soldaten aus »christlichen« Staaten (was historisch eindeutig widerlegt werden kann).

Es hat eine tiefgehend symbolische Bedeutung, dass am 12. September 1983 – dem 300. Jahrestag des Sieges über die Türken vor den Toren Wiens – Papst Johannes Paul II. zu einem Gedenkgottesdienst nach Wien kam und bei einer Messe unter freiem Himmel mit Hunderttausenden Menschen an den epochalen Triumph der Christenheit erinnerte. Es ist auch kein Zufall, dass Papst Benedikt XVI. im Jahr 2006 ausgerechnet am 12. September an der Universität Regensburg seine berühmt-berüchtigte Rede hielt, die die Überlegenheit des »vernunftbetonten« Christentums über den Islam herausstellte. Er knüpfte mit dem Datum seines Vortrages bewusst an die Niederlage der Türken vor Wien an.

Bei meinen Reisen zu den Moldauklöstern Rumäniens entdeckte ich auf den prächtigen Fresken der Außenmauern neben den Darstellungen biblischer Szenen immer wieder auch historische Motive, die die Bedrohung durch das Osmanische Reich zum Thema haben: die Belagerung von Konstantinopel 1453, das Sterben christlicher Märtyrer unter den Krummsäbeln beturbanter Gestalten und als markanter Höhepunkt die Darstellung von Männern in Turban und Kaftan, die am Tag des Jüngsten Gerichts darauf warten, ins Höllenfeuer geworfen zu werden.

Zu Zeiten, als die Osmanen bis vor die Tore Wiens rückten, waren die Ängste durchaus nachvollziehbar, auf den Kirchtürmen Mitteleuropas würde bald der Halbmond aufgepflanzt und in den eroberten Gebieten Christen mit »Feuer und Schwert« zum Islam bekehrt. Eine religiös-politische Propaganda auf christlicher Seite hatte alles getan, um diese Furcht zu verstärken und damit den Widerstand zu mobilisieren. Aber zu denken geben sollte die Tatsache, dass auch im 21. Jahrhundert viele Europäer eine derartige Propaganda für historisch korrekt halten. Dabei ist durch die Forschung das Gegenteil belegt. Wenn auch Christen unter der Herrschaft der Osmanen nicht die gleichen Rechte wie Muslime besaßen, so konnten sie doch relativ frei ihren Glauben leben, hatten Zugang zu vielen Berufen, sogar in der höheren Verwaltung, und genossen größere Rechtssicherheit, als dies umgekehrt muslimischen (und auch jüdischen) Minderheiten im christlichen Abendland vergönnt war. Massaker an Andersgläubigen hatten selten religiöse Gründe und waren eher politisch motiviert. Mit gleicher Härte gingen türkische Muslime auch gegen Glaubensbrüder vor, sobald sie sich mit ihnen um Macht und Privilegien stritten.

Erst seit dem 18. Jahrhundert findet sich bei uns in Westeuropa eine Toleranz, die über die islamische Duldung andersgläubiger Monotheisten hinausgeht und den Islam an Freizügigkeit übertrifft. Es ist die säkulare Toleranz, die nicht nur allen Religionen, sondern ebenso den nichtreligiösen Weltanschauungen wie auch dem Atheismus gleichermaßen Freiheit zubilligt. Dieser aus dem Geist der Aufklärung hervorgegangene Pluralismus musste gegen den Widerstand der Kirchen, gegen den Absolutheitsanspruch christlicher Konfessionen durchgesetzt werden, dabei sind die Aufklärer selbst in vielen Bereichen ihres Denkens christlicher Ethik verbunden geblieben.

Wenn aber Christen unter der Herrschaft osmanischer Muslime ihren Glauben relativ frei leben konnten, wirkt es verstörend, dass 1915 mehr als eine Million armenische Christen von türkischen Soldaten aus Anatolien vertrieben oder getötet wurden und 1923 über eine Million griechischer Christen die Türkei verlassen mussten. Wo bleibt hier die vielgerühmte islamische Toleranz? Wenn wir mit Türken über diese

Ereignisse sprechen, bekommen wir meist zu hören, diese Minderheiten seien nicht aus religiösen Gründen bekämpft worden, sondern weil sie in der Gründungsphase der Republik eine politische Bedrohung dargestellt hätten. Unter osmanischer Herrschaft hingegen hätten Armenier und Griechen viele Jahrhunderte lang wie alle anderen Christen die vom Koran vorgeschriebene Duldung als Angehörige einer »Buchreligion« genossen.

Fragen bleiben offen, vor allem, wenn wir den Blick auf die Gegenwart der Türkei richten.

»Aggressiver Islam« – alte Ängste, neue Vorurteile

»Christen die Kehle durchgeschnitten.« Eine Schlagzeile wie diese, die im April 2007 durch die westlichen Medien ging, schien mit neuer Aktualität die Klischees einer »Türkengefahr« und eines aggressiven Islam zu bestätigen. Mitglieder einer radikal-islamischen Organisation hatten in der ostanatolischen Stadt Malatya ein christliches Verlagshaus besetzt und drei der Mitarbeiter getötet. Die Männer hätten an die türkischen Muslime Bibeln verteilt; es gelte den Islam vor christlicher Missionierung zu schützen. Mit ähnlichen Argumenten war ein Jahr zuvor in der nordtürkischen Stadt Trabzon ein katholischer Priester ermordet worden. Wie sind solche Ereignisse zu bewerten? Wächst nicht gerade in der Türkei ein besonders starkes Ressentiment gegen Christen und straft alles Lügen, was Muslime selbst – und auch viele Orientalisten – über die Toleranz des Islam sagen?

So schrecklich derartige Ereignisse sind – durch die Art der Berichterstattung entsteht ein falsches Bild von der Situation in der Türkei. Die Häufung solcher Meldungen erweckt den Eindruck, als seien radikal-islamische Organisationen weit verbreitet und hätten erheblichen Rückhalt in der türkischen Bevölkerung. Mehr noch: Je stärker das Gewicht auf solcher

Berichterstattung liegt, desto mehr sehen sich unzureichend informierte Leser und Hörer in der vorgefassten Meinung bestätigt, der Islam sei ohnehin eine »radikale« Religion. Umgekehrt wird allerdings in türkischen Medien jeder Brand- und Mordanschlag auf Türken in Deutschland ähnlich aufgebauscht, und diese Berichte erzeugen ein genauso einseitiges Bild, indem sie suggerieren, die meisten Deutschen, ja Europäer seien rassistisch.

Ich bereise die Türkei seit 1964. Zu meinen stärksten Eindrücken zählt, dass viele Türken den Ausländern nicht nur sehr wohlwollend und unvoreingenommen, sondern auch sehr gastfreundlich begegnen. Über Religion sprechen viele Türken jedoch kaum. Sie leben den Islam – unreflektiert – als eine Summe vielfältiger Traditionen und zeigen wenig Interesse, ihren Glauben demonstrativ zu bekunden oder sich gegen andere religiöse Überzeugungen abzugrenzen. Sofern sie sich von Ausländern respektiert fühlen, bringen sie ihrerseits den Fremden Respekt und Freundlichkeit entgegen. Diese Erfahrung können wir nicht nur in der Türkei, sondern auch in vielen anderen Ländern der islamischen Welt machen. Die Schwierigkeiten beginnen erst, sobald die Einheimischen Ablehnung spüren.

Im Gespräch mit gebildeten Türken rückt das Thema Religion allerdings immer wieder in den Mittelpunkt. Den meisten meiner Diskussionspartner war die geistige Verwandtschaft der drei großen monotheistischen Religionen Islam, Christentum und Judentum sehr vertraut und sie wussten darüber oft besser Bescheid als viele Christen. Manche betonten sogar, dieses Wissen über die Gemeinsamkeiten müsste einen nachhaltigen Dialog fördern. Bei längeren Gesprächen wurde dann zwar stets deutlich, dass die Muslime ihren Glauben für den einzig wahren halten, weil aus ihrer Sicht andere Religionen höchstens abgeschwächt über Teile der göttlichen Offenbarung verfügen. Aber mit solchen Argumenten ähneln sie jenen Christen, die trotz aller Bekenntnisse zur Toleranz letztlich von der Überlegenheit ihrer eigenen Religion überzeugt sind.

Auf politischer Ebene zeigen sich dagegen größere Widersprüche. Seit den 1970er-Jahren sind in der Türkei die Priesterseminare sowohl der griechisch-orthodoxen als auch der armenischen Kirche geschlossen, dies auch noch 2016, außerdem ist der öffentlich-rechtliche Status der Kirchen stark eingeschränkt. Darüber hinaus dominiert der sunnitische Islam alle anderen Glaubensgemeinschaften, auch die der schiitisch geprägten Aleviten. Allein die Sunniten haben in der Praxis jene Entfaltungsfreiheit, die laut der laizistischen Staatsverfassung auch allen anderen Konfessionen zusteht. Auf diesbezügliche Fragen erhalten westliche Beobachter meist die Antwort, die rechtlichen Einschränkungen für Christen hätten nichts mit einer Aversion gegen deren Religion zu tun, sondern es handle sich um nationale Notwehr, da Griechen und Armenier ihren Widerstand gegen den türkischen Staat noch immer nicht ganz aufgegeben hätten. Solche Antworten sind nicht geeignet, das Misstrauen der Europäer zu beseitigen.

Die türkischen Politiker, ob nun betont säkular oder islamisch orientiert, geben meist keine eindeutige Auskunft über ihre Haltung zu Andersgläubigen. Viele grenzen sich zwar mehr oder weniger deutlich gegen radikal-islamische Organisationen ab, die zu Gewalt gegen Andersgläubige neigen. Aber alle lassen bislang eine eindeutige Politik vermissen, mit der sie sich für eine Verbesserung der Rechtssituation von Nichtmuslimen engagieren.

Allerdings gibt es in der Türkei muslimische Reformtheologen, die unter anderem entschieden für eine weitreichende Toleranz gegenüber Andersgläubigen eintreten. Diese Reformer knüpfen einerseits an die Tradition kritischer Koranauslegung an, wie sie im Goldenen Zeitalter des Islam vom 9. bis zum 13. Jahrhundert weit verbreitet war, andererseits an westlich aufgeklärtes Denken. Hieraus entsteht ein Islam, der in seinen Intentionen jenem Christentum ähnelt, das durch die europäische Aufklärung hindurchgegangen ist. Dies wird im Einzelnen zu zeigen sein.

Aber das Bild vom türkischen Islam wäre unvollständig, ohne auf den Sufismus einzugehen. Diese religiöse Strömung, die seit dem 9. Jahrhundert besteht und im türkischen Kulturraum zu besonderer Blüte gekommen ist, hat schon in der Epoche des klassischen Islam die Idee von der Gleichwertigkeit aller Religionen entwickelt. Wenn auch viele der Derwischbruderschaften im Verlauf der Jahrhunderte zu religiös-politischem Machtmissbrauch neigten und deshalb von Atatürk 1925 verboten wurden, so ist doch das geistige Erbe des Sufismus in der Türkei nach wie vor lebendig und bildet, wie ebenfalls zu zeigen sein wird, eine besonders inspirierende Alternative zu dogmatisch engstirnigem Verhalten.

Angesichts dieser Vielfalt ist es problematisch, den Blick vorrangig auf das schmale Segment des religiös-politischen Radikalismus zu richten. Wir vernachlässigen damit die zahlreichen Entwicklungen, die zwar weniger spektakulär, aber umso nachhaltiger die Zukunft der Türkei mitbestimmen.

Die Angst vor den sozialen Problemen eines »unterentwickelten« Landes

Bis in die 1980er-Jahre haben wir von »Gastarbeitern« gesprochen. Das so freundlich klingende Wort sollte die Erinnerungen an den nationalsozialistischen Begriff »Fremdarbeiter« verdrängen und eine viel menschlichere Behandlung ausländischer Arbeitskräfte signalisieren. Aber tatsächlich haben viele von uns im »Gastarbeiter« herablassend einen nur geduldeten Bittsteller gesehen, der aus einem wirtschaftlich notleidenden Land kam und nach etlichen Jahren Arbeit in Westeuropa wieder in seine Heimat zurückkehren sollte. Genau diese Haltung brachten wir lange Zeit – oder bringen sie immer noch – den Türken entgegen.

Die ersten »Gastarbeiter« waren allerdings Italiener, Spanier, Griechen und Jugoslawen. Auch sie waren damals dem Vorurteil ausgesetzt, aus »primitiven« Dörfern zu stammen, in denen es noch keine religiöse Toleranz, kein Bewusstsein für Demokratie, keine Gleichberechtigung von Mann und Frau, keine Arbeitsmoral in unserem Sinne gebe. Und auch bei ihnen setzten wir voraus, dass sie nach wenigen Jahren wieder in ihre »unterentwickelte« Heimat zurückkehrten, denn ihre sozialen Verhaltensweisen seien ohnehin nicht mit unserer Gesellschaft kompatibel. Allerdings sind Italiener, Griechen und andere Zuwanderer aus dem »Süden« heute kaum mehr mit einem derartigen Stigma behaftet, weil sie inzwischen weitgehend integriert sind – und weil ihre Herkunftsländer beachtliche wirtschaftliche Fortschritte erzielt haben.

Anders die Türken. Im Zusammenleben mit ihnen haben wir den schwierigen Entwicklungsprozess noch vor uns. Hier geht es nicht nur um die Angst, dass der Islam doch viel fremder ist als ein süd- oder osteuropäisches, »archaisch« geprägtes Christentum, sondern darum, dass auch die sozialen Probleme um Vieles gravierender sind. Und das Unbehagen wächst, sobald diese »Gastarbeiter« die Staatsbürgerschaft ihres »Gastlandes« annehmen. Dann, so die Meinung, würden umso mehr wirtschaftliche Probleme aus ihrer Heimat importiert und gefährdeten unser sozial ausgeglichenes System, etwa indem slumähnliche Siedlungen entstünden, ähnlich wie es sie an den Rändern türkischer Städte gibt. Ein Stück Unterentwicklung aus einer armen Region würde sich damit in einem hochentwickelten Industriestaat etablieren. Mit letzter Konsequenz könnte das bedeuten: Falls die Türkei EU-Mitglied würde, könnte ganz Europa in den Sog von Problemen der sogenannten Dritten Welt gerissen werden. Und dies wäre auf einen Staat zurückzuführen, dessen Bevölkerung schon heute fast 80 Millionen zählt und in zwei bis drei Jahrzehnten möglicherweise die 100-Millionen-Grenze überschritten haben wird.

1923, im Gründungsjahr der Republik, waren noch nahezu 90 Prozent der Türken Analphabeten, zu Beginn des 21. Jahrhunderts waren es nur noch rund 17 Prozent. Mit dieser Quote liegt die Türkei zwar im Spitzenfeld der islamischen Länder, ist aber trotzdem noch weit entfernt vom westeuropäischen Standard. Ist die Türkei also noch immer unterentwickelt?

Mit Blick auf die Wirtschaftsdaten lässt sich die Frage zunächst verneinen. Im ersten Jahrzehnt des 21. Jahrhunderts betrugen die jährlichen Wachstumsraten zwischen sechs und acht Prozent; sie waren somit um Vieles höher als in den hochentwickelten Ländern Westeuropas und vergleichbar mit jenen von China und Indien. Entsprechend konnte die Türkei als »zukunftsträchtig« gelten und als »Schwellenland« bezeichnet werden. Aber das ist nur die eine Seite. Um das Jahr 2000 war die türkische Wirtschaft dem Zusammenbruch nahe, so dass nicht nur westliche, sondern auch türkische Beobachter den Staatsbankrott befürchteten. Es könnte sich in naher Zukunft auch unter Erdoğan eine Situation wiederholen, die man schon in den vergangenen Jahrzehnten beobachten musste: Kurze Phasen des wirtschaftlichen Booms wechseln sich periodisch mit teilweise tiefgehenden Wirtschaftskrisen ab.

Solche Wechsel sind für die türkische Wirtschaft nicht untypisch. Verantwortlich hierfür ist die ökonomische Rückständigkeit vieler Dörfer besonders im zentralen und östlichen Anatolien. Hinzu kommt das Elend in den Randgebieten vieler großer Städte, in denen vor allem Zuwanderer aus Notstandsgebieten leben. Wenn es nur auf einige Ballungsräume in der westlichen Türkei sowie die Touristenzentren an der türkischen Küste ankäme, die teilweise so modern und gepflegt wirken wie Städte und Dörfer in Norditalien, dann würde die Türkei nicht als der vielzitierte »Problemfall« gelten. Aber unterentwickelte Regionen Anatoliens drücken den Durchschnittswert der Statistik. Und so betrug das Bruttosozial-produkt des Landes zu Beginn des 21. Jahrhunderts nur ein Zehntel desjenigen skandinavischer Länder oder Deutsch-lands.[2]

Im Jahr 2007 lag die Wirtschaftsleistung pro Kopf bei 30 Pro-zent des EU-Durchschnitts; das entsprach dem Niveau der damals jüngsten EU-Mitglieder Rumänien und Bulgarien, die als Europas »Armenhäuser« gelten.[3] An dieser Situation hat sich 2016 nichts grundsätzlich geändert. Die Türkei zählt auch heute zu jenen Ländern mit den höchsten Einkommensunter-schieden zwischen Reich und Arm.

Es stellt sich die Frage, ob auf lange Sicht nicht die unsichere Wirtschaftslage der Türkei ein größeres Problem für die euro-päische Integration darstellt als der vielbeschworene Kultur-konflikt mit dem »fremden« Islam.

Eine gespaltene Türkei

Allgegenwärtiger Islam

Wer noch jenes Bild der Türkei aus den Tagen Atatürks im Kopf hat, aus einer Zeit, in der der Islam aus dem öffentlichen Leben weitgehend verdrängt war, erlebt bei einem ersten Besuch des Landes eine Reihe Überraschungen.

In allen türkischen Städten ertönt der Gebetsruf des Muezzins von unzähligen Minaretten, meist durch Mikrophone verstärkt und ohrenbetäubend laut. Tradition und Technik sind hier eine seltsame Symbiose eingegangen, für europäische Ohren Faszination und Nervenprobe zugleich. Dabei hatte Atatürk den öffentlichen Gebetsruf als unzulässige Propaganda für eine »private Weltanschauung« zunächst strikt verboten und ihn erst 1932 auf Druck der Bevölkerung in türkischer Sprache wieder erlaubt. Aber seit 1950 ist der Gesang vom Minarett wieder auf Arabisch, der Sprache des Koran, zu hören. Und da Mikrophone die Lautstärke erheblich steigern, ist die Öffentlichkeit des Gebetsrufs sogar um Vieles eindringlicher, als sie in osmanischer Zeit hätte sein können.

Die Moscheen werden erheblich häufiger und zahlreicher besucht als bei uns die Kirchen. Und auch im Alltag ist die Religion sehr präsent. Es findet sich kaum eine Teestube, in der nicht sakraler Wandschmuck angebracht ist, etwa Koransprüche in arabischen Schriftzeichen, das Bild der Kaaba von Mekka oder anderer Wallfahrtsstätten. Diesen Eindruck können wir vor allem in Städten gewinnen, deren historische Kerne mit einem Labyrinth verwinkelter Gassen, mit Moscheekuppeln und Minaretten ohnehin noch die Atmosphäre des osmanischen Zeitalters vermitteln. Aber selbst in westlich geprägten Neustadtvierteln, die sich mit ihrem Flair kaum von südeuropäischen Städten unterscheiden, sehen wir häufig in Restaurants mit betont moderner Einrichtung sakralen Wandschmuck. Dies gilt sogar für manche Restaurants, in denen von morgens bis abends auf großen Bildschirmen Videoclips abgespielt werden mit Sequenzen, die in den historischen Zentren undenkbar wären: grell geschminkte Schlagersängerinnen mit langem, blondgefärbtem Haar und aufreizend kurzen Röcken, ihre Körper beim Singen lasziv verrenkend, mit männlichen Sängern in herausforderndem Blickkontakt – aus der Sicht eines traditionell denkenden Muslims »unislamische Dekadenz«. Doch gerade hier kann man erleben, dass der Kellner plötzlich das lautstarke Video abdreht, sobald von draußen der Gebetsruf des Muezzins ertönt.

Allgegenwärtig erscheint der Islam ebenso, wenn man mit Autobussen in Anatolien unterwegs ist. *Allah koruşun, Maşaallah*. Diese beiden Aufschriften sind oft an der Frontscheibe von Autobussen angebracht, meist in grellen Farben. Die erste Aufschrift ist türkisch, die zweite arabisch, aber beide bedeuten dasselbe: »Gott beschütze uns.« Gemeint ist der Schutz vor Unfällen. Häufig ist über dem Fahrer ein Koranspruch zu lesen, oder es hängt dort ein Amulett, das vor Krankheiten und dem bösen Blick schützen soll. Bei Fahrten kreuz und quer durch die Türkei fällt die Vielzahl der neugebauten Moscheen auf, oft nüchterne Zweckbauten im Fertigbaustil mit silbrig glänzender Aluminiumkuppel. In einem Türkei-Reiseführer des Jahres 1998 lese ich, dass sich die Zahl der Moscheen seit 1988 fast verdoppelt hat und dass die Zahl der Mekkapilger im selben Zeitraum von Jahr zu Jahr gestiegen ist.[4] Ein Ende dieses religiösen Booms ist nicht abzusehen. Aber am meisten muss die Auskunft verblüffen, dass der Religionsunterricht an türkischen

Schulen Pflichtfach ist und keine Möglichkeit besteht, sich ihm zu entziehen. Dieses Gesetz widerspricht nicht nur unserem westlichen Modell eines säkularen und erst recht eines strikt laizistischen Staates, sondern auch den Intentionen Atatürks, der den Islam als »private Weltanschauung« betrachtete.

Der westliche Beobachter kann in der Republik Türkei allerdings auch ganz andere Eindrücke gewinnen – in Gesprächen mit erklärten Anhängern Atatürks.

»Ich bin nicht religiös«

Ich fahre mit dem Expressbus von Istanbul, der ehemaligen Hauptstadt, nach Ankara, der jetzigen Hauptstadt. Es ist ein komfortabler Bus, in dem viele Geschäftsleute reisen. Neben mir sitzt ein älterer Türke mit Anzug und Krawatte, sein Habitus verrät ihn als Angehörigen der oberen Mittelschicht. Er spricht mich auf Deutsch an und erzählt, er habe längere Zeit in Frankfurt als Diplomingenieur gearbeitet und letztes Jahr mit seinen beiden Söhnen einen Betrieb in Ankara eröffnet.

Wir reden zunächst über ganz allgemeine Themen des türkischen wie des deutschen Alltags, bis das unverbindliche Gespräch eine Überraschung bringt. Ich will wissen, an welchem Tag der darauffolgenden Woche der Fastenmonat Ramadan beginne und ob die Fastengebote noch immer einen großen Einfluss auf den Alltag in der Türkei hätten. – Er habe keine Ahnung, wann der Ramadan nächste Woche beginne, antwortet er. – Wie? Er sei doch Muslim. – »Ich bin nicht religiös«, erklärt er. – Er halte sich also nicht an die Fastengebote des Ramadan? – Nein. – Ob es viele Türken gebe, die den Ramadan ignorierten? – Viele. Zumindest gelte das für Leute in den westlichen Provinzen. Anders sei das allerdings im Osten der Türkei. Dort sei die Bevölkerung noch sehr konservativ. Ohnehin gelte das für einen Großteil der Dörfer. – Das Fasten im Monat Ramadan sei immerhin vom Koran vorgeschrieben, wende ich ein. Was denn für ihn der Koran bedeute? – Der Koran? Er wiegt unschlüssig den Kopf. Was solle er da sagen? Im Leben seiner Eltern habe Religion keine Rolle gespielt, er könne sich nicht erinnern, dass sein Vater oder seine Mutter jemals in eine Moschee gegangen seien. Den Koran kenne er nur vom Hörensagen.

Nein, seine Eltern seien keine Atheisten, antwortet er auf meine diesbezügliche Frage. In der Türkei gebe es bis heute kaum einen Muslim, der sich dezidiert zum Atheismus bekenne, so etwas würde angesichts der rigiden Gesetzgebung kaum jemand wagen. Aber es gebe viele Türken, die einen Großteil der koranischen Gebote für sehr rückständig hielten. All jene Gebote, die modernen wissenschaftlichen Erkenntnissen widersprächen, taugten nicht für die heutige Lebenspraxis. Sie behinderten nur den Fortschritt. – Das habe Atatürk genau so gesagt, kommentiere ich. – Ja, und Atatürk habe recht, antwortet er plötzlich sehr lebhaft. Aber ich dürfe ihn da nicht missverstehen. Er habe nichts gegen Muslime, die ihren Glauben sehr intensiv lebten. Ein langjähriger Freund von ihm gehe jeden Freitag in die Mosche. – Ob er mit diesem Freund über Religion diskutiere? – Nein. Sie seien sich einig, dass Religion Privatsache sei und Imame sich nicht in politische Fragen einmischen sollten. Gerade weil es darüber keinen Streit gebe, könnten sie befreundet sein.

Soweit das Gespräch. Wie repräsentativ ist es?

Ich habe immer wieder mit Türken diskutiert, die eine ähnlich große Distanz zu religiösen Traditionen äußerten, dies vor allem in Istanbul, Izmir, Ankara und Antalya. In keinem anderen islamischen Land hat mir der Zufall so oft solche Begegnungen beschert. Zufall? Es ist kein Zufall. Dass in der Republik Türkei ein größerer Anteil Muslime als in jedem anderen Land der islamischen Welt derartige Anschauungen vertritt, konnte ich einer 1996 veröffentlichten Studie türkischer Sozialwissenschaftler der Bosporus-Universität Istanbul entnehmen, deren

Ergebnisse heute in der religiös und weltanschaulich extrem gespaltenen Türkei kaum anders sind.

Besagter Untersuchung zufolge sind rund 30 Prozent der Türken noch nie in einer Moschee gewesen. Dies betrifft zwar in größerem Maße Frauen, denn ein Moscheebesuch ist vor allem Männersache, aber selbst dann bleibt noch ein für den islamischen Kulturraum ungewöhnlich hoher Anteil an »moscheefremden« Männern. Nur etwa 14 Prozent der türkischen Männer gehen einmal in der Woche zum Gebet in die Moschee und rund 21 Prozent nur freitags. Ungefähr 72 Prozent der Bevölkerung bekundeten, dass Gott für ihr Leben »irgendwie wichtig« sei. Aber auch dies ist für ein Land der islamischen Welt ein erstaunlich niedriger Prozentsatz. Die für die Sozialwissenschaftler wichtigste Aussage ist jedoch, dass nahezu 70 Prozent der Befragten keinen Zusammenhang zwischen Religion und den Regierungsgeschäften sehen. Rund 33 Prozent geben an, kein großes Vertrauen in die religiösen Institutionen zu haben. Und rund 24 Prozent bezeichnen sich sogar als »nicht religiös«. Allerdings, so interpretieren die Sozialwissenschaftler, dürfe diese Auskunft nicht dazu verleiten, solche Menschen für Atheisten zu halten. Zum Atheismus bekennt sich ausdrücklich nur rund ein Prozent der türkischen Bevölkerung. Die übrigen »nicht religiösen« Türken distanzieren sich lediglich von allzu starren Dogmen und muslimischen Traditionen, betonen jedoch, »irgendwie« an Gott zu glauben.[5]

Passend zu dieser sozialwissenschaftlichen Untersuchung wie auch zu den Auskünften meines Gesprächspartners entdeckte ich eine entsprechende Charakterisierung eines »säkular« denkenden Türken in einem Roman von Orhan Pamuk, dem türkischen Literaturnobelpreisträger von 2006. Der Autor führt in dem 2002 veröffentlichten Roman *Schnee*, einem seiner bedeutendsten literarischen Werke, einen jungen Türken vor, der geistig zwischen allen Fronten steht – den Nationalisten und Laizisten einerseits, den »Religiösen«, den gemäßigten sowie radikalen Islamisten andererseits. Der junge Türke stammt aus einer »nicht religiösen« Familie des Istanbuler Bildungsbürgertums. Bis auf die Religionsstunden in der Grundschule habe er keinerlei islamische Erziehung genossen, erzählt der junge Türke, aufgewachsen sei er allein mit westlicher Literatur, nicht mit dem Koran.

»In der Schule habe ich alle Gebete gründlich auswendig gelernt, damit der Religionslehrer mich mochte. Er hat uns die erste Koransure beigebracht, indem er uns ohrfeigte, uns am Haar zog und den Kopf auf das Religionsbuch stieß, das offen auf der hölzernen Schulbank lag. Ich habe alles gelernt, was einem in der Schule über den Islam beigebracht wird, aber ich habe vermutlich alles vergessen. Das Einzige, was ich heute über den Islam weiß, weiß ich, glaube ich, aus dem Film ›Mohammed, der Gesandte Gottes‹ mit Anthony Quinn in der Hauptrolle.«[6]

Dass diese Schilderung einen autobiographischen Hintergrund hat, erfährt man bei der Lektüre von Orhan Pamuks Buch *Istanbul, Erinnerungen an eine Stadt*. Dort schreibt der Autor über seine Jugend, er habe, abgesehen von einem kurzzeitigen Unterricht in der Schule, keine religiöse Erziehung genossen. Für ihn sei der Islam lediglich eine »Religion für Dienstmädchen« gewesen, die einen Gott brauchten, an den sie sich in ihrer abergläubischen Hilflosigkeit wenden konnten. Niemand hatte sich in seiner Familie je an das Fastengebot des Ramadan gehalten, allerdings hatten sie, die westlich aufgeklärten Mitglieder des türkischen Großbürgertums, sich gerne am Zuckerfest, dem Fest des Fastenbrechens, beteiligt – wegen der fröhlichen Stimmung.[7]

Solche Angaben, ob von Orhan Pamuk, von türkischen Sozialwissenschaftlern oder meinem Gesprächspartner, stehen im Widerspruch zu den immer größeren Wahlerfolgen politischer Parteien mit »islamischem« Hintergrund. Es ist ein Widerspruch, der den Eindruck verstärkt, die Türkei sei weltanschaulich ein zutiefst gespaltenes Land. Aber die Ursachen für die daraus entstehenden Konflikte können wir nur verstehen, wenn wir uns näher mit zwei Jahrhunderten türkischer Geschichte beschäftigen: dem Zerfall des Osmanischen Reiches und der Revolution säkularer Nationalisten unter der Führung Atatürks.

»AUF NACH EUROPA!«

Die verordnete Revolution und ihre Widersprüche

Atatürk und die
»Türkische Moderne«

Weshalb Atatürk zum Nationalhelden wurde

Mustafa Kemal Pascha ... Überall in der Türkei finden wir sein Standbild auf öffentlichen Plätzen, vor Regierungsgebäuden und Schulen, sein Porträt in Behörden, Banken, Restaurants, Teestuben und Basaren, sogar in Privatwohnungen. Kein Politiker wird in der Türkei so oft zitiert wie er, keiner ist so nachhaltig zur Leitfigur für »modernes« politisches Handeln geworden. Bei uns im Westen ist Mustafa Kemal Pascha allerdings vorrangig mit seinem ehrenden Beinamen bekannt geworden, den er seit 1934 offiziell führte: Atatürk, »Vater der Türken«.

Atatürk regierte von 1923, dem Gründungsjahr der Republik, bis zu seinem Tod 1938. Diese 15 Jahre bildeten die entscheidende Zäsur, mit der, wie es Atatürk selbst formulierte, die »türkische Moderne« begann. Atatürk setzte jene sozial-religiöse Ordnung außer Kraft, die mehr als 600 Jahre lang das Osmanische Reich geprägt hatte und noch heute in vielen Staaten der islamischen Welt mehr oder weniger fest verankert ist: der Islam als Staatsreligion, die Scharia als die bestimmende Norm im politischen und sozialen Leben. Atatürk installierte stattdessen eine Gesellschaftsform strikt nach westeuropäischem Vorbild: radikale Trennung von Staat und Religion, völlige Entmachtung religiöser Institutionen. Derartige Reformen hatte es bis dahin in keinem islamischen Land gegeben. Weil Atatürks Reformpolitik jedoch eine Vielzahl religiöser, kultureller und politischer Spannungen auslöste, ist der Begründer der modernen Türkei auch zu einer sehr umstrittenen Persönlichkeit geworden.

Trotzdem hat sich nichts grundsätzlich am Status der Ikone Atatürk geändert. Ob sich nun die Politiker im Sinne des Staatsgründers als strikt säkular und laizistisch definieren oder ob sie Korrekturen im Sinne einer »islamischen Rückbesinnung« wünschen – kaum einer zweifelt daran, dass es ohne Mustafa Kemal Pascha nach dem Zusammenbruch des Osmanischen Reiches keine unabhängige Republik Türkei gegeben hätte, sondern nur einen schwachen Staat in kolonialer Abhängigkeit fremder Mächte. Als warnende Beispiele dienten hier besonders Großbritannien und Frankreich, die nach dem Ersten Weltkrieg die Regionen des Nahen Ostens nach eigenen Interessen aufteilten.

Uns wird im Folgenden zu beschäftigen haben, wie die »westlich« orientierten Reformen Atatürks im Einzelnen gestaltet sind. Am Anfang aber steht die Frage, wie in einem islamisch geprägten Land ein derart radikaler Revolutionär einen nahezu unantastbaren Kultstatus erlangen konnte. In Atatürks Biographie und in den politischen Rahmenbedingungen seiner Zeit finden wir die Antwort.

Mustafa Kemal wurde 1881 in Saloniki geboren. Die nordgriechische Stadt, damals sowohl von Griechen als auch von Türken bewohnt, gehörte unter dem türkischen Namen Selanik zum Osmanischen Reich. Kirchen und Moscheen in unmittelbarer Nachbarschaft bestimmten zu jener Zeit das Stadtbild. Aber im Geburtsjahr Atatürks stand in Südosteuropa nur noch ein schmaler Streifen Land unter der Herrschaft der Sultane – mit Saloniki als der wichtigsten Stadt. Der junge Mustafa wuchs in dem Bewusstsein heran, dass auch diese Region bald durch Eroberungszüge der Nachbarstaaten dem Osmanischen Reich verloren gehen könnte.

Mustafa war der Sohn eines Zollbeamten und einer Bauerntochter. Der Vater zeigte sich an westlich ausgerichteter Bildung interessiert, wohingegen die Mutter im traditionellen Islam tief verwurzelt war. Sie wollte den Sohn in eine Koranschule schicken, wo er den Koran auf Arabisch hätte auswendig lernen müssen, doch der Vater setzte sich durch und ließ Mustafa in einer Schule unterrichten, in der nach westlichem Vorbild gelehrt wurde. Diese Kombination eines westlich denkenden Vaters und einer religiösen Mutter war charakteristisch für viele Beamtenfamilien in der Endphase des Osmanischen Reiches.

1893 wechselte der zwölfjährige Mustafa auf die Militärschule von Saloniki. Dort verlieh ihm einer der Lehrer einen Beinamen, um die vielen Schüler mit dem Namen Mustafa zu unterscheiden. Dies war in der islamischen Welt damals durchaus üblich (in der Regel besorgten dies die Eltern). Der Lehrer, der den begabten Schüler sehr schätzte, gab ihm den arabischen Beinamen »Kemal«, was »Vollendung« bedeutet. Von nun an wurde Mustafa zusätzlich mit Kemal angeredet.

Später, als derselbe Mustafa, Begründer der modernen Türkei, es zum Gesetz machte, dass jeder Staatsbürger zum Vornamen einen Familiennamen haben müsse, wurde Kemal sein offizieller Nachname. Dieser Nachname hat Eingang auch in die politische Geschichte der Türkei gefunden, denn die Gefolgsleute des Generals und Staatsgründers Mustafa Kemal nannten sich später »Kemalisten« und sprachen von der »kemalistischen Revolution«.

Mustafa Kemal rückte 1899 in die Infanterieklasse der Kriegsschule in Istanbul ein, wo er seine Französischkenntnisse perfektionierte, denn Französisch war Pflichtfach für jeden Offiziersanwärter. Durch das Erlernen dieser Sprache stand ihm auch die Lektüre französischer Autoren offen. Aus Sicht der Sultane waren Fremdsprachen allerdings nur insoweit erwünscht, als die militärische Führungsschicht naturwissenschaftliche Literatur im Original lesen konnte – nicht aber philosophische und politische Schriften, die von einer Revolution gesellschaftlicher Verhältnisse handelten. Unerwünschte Bücher politischen Inhalts brachten osmanische Studenten allerdings aus Westeuropa mit. Der junge Offizier Mustafa Kemal las in seiner dienstfreien Zeit vor allem Werke über die Philosophie der Aufklärung, mehr noch über die positivistische Philosophie des 19. Jahrhunderts. Seine Vorliebe galt dem französischen Philosophen Auguste Comte, der jede Form von Metaphysik radikal ablehnte und eine Befreiung des menschlichen Geistes von »religiösem Ballast« und »Aberglauben« forderte.[1] Mustafa Kemal holte sich hier das geistige Rüstzeug, um später den »Aberglauben« islamischer Religiosität zu bekämpfen.

In Istanbul ließ sich der junge Offizier Mustafa Kemal allerdings auch auf andere Weise von den Lebensgewohnheiten einer verwestlichten Ober- und Mittelschicht anstecken: Er trank viel Schnaps und setzte sich damit ostentativ über das Alkoholverbot des Koran hinweg. Für ihn wurde der Genuss von türkischem Anisschnaps gar zu einem verhängnisvollen lebenslangen Laster. Regelmäßige Trinkgelage mit Offizieren und hohen Staatsbeamten ruinierten schließlich seine Gesundheit, weshalb er 1938 bereits im Alter von nur 57 Jahren an Leberzirrhose starb. Dieser Makel im Leben des Revolutionärs ist in der Türkei bis heute ein Tabu, gilt aber frommen Muslimen als Zeichen des »Unglaubens«, wenngleich auch sie über dieses Laster des »Vaters der Türken« nicht öffentlich sprechen.

Zurück ins Jahr 1899. Der Offizier Mustafa Kemal kam zunehmend in Kontakt mit der Bewegung der sogenannten Jungtürken, einer nationalistischen Bewegung, die sich gegen erstarrte orientalische Traditionen wandte und radikale Reformen nach westlichem Vorbild, ja eine radikale Verwestlichung forderte. Zu den Kernaussagen dieser Bewegung gehörten Sätze, wie sie später Atatürk als Präsident der Republik nahezu wörtlich wiederholte. Exemplarisch ist hier ein Gedanke aus einer jungtürkischen Broschüre von 1913:

»Es gibt keine zweite Zivilisation; Zivilisation bedeutet europäische Zivilisation, und sie muss eingeführt werden – mit ihren Rosen und ihren Dornen!«[2]

Mustafa Kemal engagierte sich eine Zeit lang in der Bewegung der Jungtürken, die von der Polizei misstrauisch beobachtet wurde. Einige Wochen verbrachte er sogar im Gefängnis, weil ihn der Geheimdienst revolutionärer Umtriebe verdächtigte. Dann versetzte ihn die militärische Führung als Hauptmann im Generalstab der 5. Armee nach Damaskus, der Hauptstadt der osmanischen Provinz Syrien. Diese Versetzung sollte als Warnung für einen jugendlichen Eiferer gelten, dem man das Bedürfnis nach Revolution noch als Jugendsünde auslegte. In Damaskus aber nahm Mustafa Kemal zu den dortigen Jungtürken Kontakt auf und war an der Gründung der Jungtürkischen Partei beteiligt. Er gehörte damit zu den vielen unzufriedenen Offizieren, die gegen das reaktionäre Regime des Sultans Abdul Hamid II. aufbegehrten. Drei Jahre später putschten die Offiziere der Jungtürken in Istanbul gegen den Sultan und zwangen ihn 1909 zur Abdankung. Dessen Nachfolger Mehmet V. konnte sein Amt nur noch als konstitutioneller Monarch ausüben, die eigentliche Macht lag nun bei den Jungtürken. Der Offizier Mustafa Kemal, nun im Rang eines Oberst, gehörte aber nicht zum innersten Zirkel der Macht, weil er sich von Anfang an politisch nicht mit dem übersteigerten Nationalismus der Jungtürken anfreunden konnte.

In den Rang eines Generals rückte Mustafa Kemal 1916 während des Ersten Weltkriegs auf und trug damit den Titel Pascha, der jedem Offizier ab dem Rang eines Generals zustand. Mustafa Kemal Pascha kämpfte im östlichen Anatolien gegen die vorrückenden Russen und in Palästina sowie an den Dardanellen gegen britische Truppen. Aber das strategische Geschick als Kommandeur einer Armee nützte nichts in einem Staat, der an der Korruption und Unfähigkeit seiner Regierung krankte. Der »kranke Mann am Bosporus«, wie die Europäer seit Mitte des 19. Jahrhunderts das dahinsiechende, von inneren Krisen gelähmte Osmanische Reich bezeichneten, lag nun endgültig im Sterben. Die Niederlage im Ersten Weltkrieg gegen die alliierten Truppen Großbritanniens, Frankreichs, Italiens, Russlands und Griechenlands besiegelte den völligen Zusammenbruch des Osmanischen Reiches – vertrieb aber auch die Jungtürken von der Macht, deren inkompetente Führung erheblich zur Niederlage beigetragen hatte.

General Mustafa Kemal Pascha war bis dahin immer noch eine historische Randfigur. Seine große Stunde sollte erst kommen, als die Situation für die besiegten Osmanen völlig aussichtslos geworden war. Das geschah zwei Jahre nach dem Ende des Ersten Weltkriegs.

Am 10. August 1920 wurde in dem Pariser Vorort Sèvres zwischen den alliierten Siegermächten und Sultan Mehmet VI., der seit 1917 regierte, ein Friedensvertrag unterzeichnet. Dessen Bedingungen waren viel härter als das Friedensdiktat von Versailles für das besiegte Deutsche Reich. Hätten sich die Türken in ihrer Mehrheit den Bedingungen des Abkommens gebeugt, dann wäre von dem einst mächtigen Osmanischen Reich nicht einmal das türkische Kernland in Anatolien übrig geblieben. Zur führenden Persönlichkeit, die sich dem Friedensvertrag von Sèvres widersetzte, stieg General Mustafa Kemal Pascha auf.

Wie sah der Friedensvertrag im Einzelnen aus? Zwar war zu erwarten gewesen, dass die arabischen Gebiete Syrien, Jordanien und der Irak den Osmanen nach jahrhundertelanger Herrschaft verloren gingen, aber einen Schock bedeutete es für die Besiegten, dass sogar das türkische Kernland zerstückelt werden sollte. Die europäische Provinz Ostthrakien, die sich bis vor die Tore Istanbuls erstreckte, musste an Griechenland abgetreten werden, ebenso die Stadt Izmir mit einem beträchtlichen Teil der kleinasiatischen Küstenprovinzen. Im Osten

Anatoliens, der Region von Erzurum, sollte ein unabhängiger Staat Armenien entstehen. Ebenso sollte den Kurden im äußersten Südosten, östlich des Tigris, ein autonomes Gebiet mit dem Namen Kurdistan zugestanden werden. Nicht genug damit. Die Südküste westlich und östlich von Antalya und deren Hinterland bis Konya wurden zum italienischen Einflussgebiet erklärt, die Taurusregion zur französischen Zone. Somit blieb nur ein kleines, militärisch schwaches Gebiet in Anatolien, in dem die Türken ohne koloniale Bevormundung würden leben können.

Aber es sollte noch schlimmer kommen. Noch bevor der demütigende Vertrag von Sèvres unterzeichnet war, hatte Griechenland die Chance genutzt, seinen Traum von einem »Großgriechischen Reich« rigoros umzusetzen. Das hieß in der Diktion radikaler griechischer Nationalisten: Es müsse die historische Kränkung rückgängig gemacht werden, die die Herrschaft der Osmanen über das seit 2000 Jahren »griechische« Gebiet in Kleinasien gebracht habe. Am 15. Mai 1919 landeten griechische Truppen in Izmir und stießen bis zur zentralanatolischen Stadt Afyon vor, um noch vor der Unterzeichnung des Friedensvertrags vollendete Tatsachen zu schaffen. Die Griechen Kleinasiens, die bis dahin unter osmanischer Herrschaft gelebt hatten, jubelten den Truppen zu und begrüßten die Aufnahme in ein »Großgriechisches Reich«.

Sultan Mehmet VI. akzeptierte auch dies. Aber damals hatte sich General Mustafa Kemal Pascha bereits der Befehlsgewalt des Sultans entzogen und auf eigene Verantwortung die in Anatolien verbliebenen sechs Armeekorps für die Verteidigung gegen die vordringenden Griechen mobilisiert. Damit ernannte er sich selbst in einem revolutionären Akt zum Oberbefehlshaber der türkischen Armee. Er rief zum Ungehorsam gegen die »Lakaien-Regierung« des Sultans auf.

Nun wuchs Mustafa Kemal Pascha in die historische Rolle hinein, die ihn zum »Vater der Türken«, dem Begründer der

Republik Türkei, werden ließ. Ihm gelang das zunächst Unglaubliche, in einem äußerst blutigen, drei Jahre dauernden Krieg die griechischen Truppen aus Kleinasien zu vertreiben und ebenso den Widerstand der Armenier und Kurden zu brechen. Durch diese überragenden militärischen Siege konnte er neue Tatsachen schaffen und einen Friedensvertrag erzwingen, der die Beschlüsse von Sèvres annullierte. Am 24. Juli 1923 unterzeichneten die Türken in Lausanne einen Friedensvertrag, in welchem dem Staat mit dem Namen *Türkiye* die volle Souveränität zugestanden wurde. Dieser Staat, der mehrheitlich von Türken bewohnt war – und von türkischen Nationalisten als unteilbares türkisches Kerngebiet bezeichnet wurde –, reichte von der Provinz Ostthrakien im Westen bis an die Grenzen des Iran und Syriens im Osten. Den Armeniern und Kurden hatte man in dem Vertrag von 1923 nicht mehr zugestanden, jeweils einen eigenen Staat auf anatolischem Boden zu errichten.

Dieser neue Staat Türkei wurde 1923 zur Republik. Schon im November 1922 hatte das in Ankara tagende Parlament den Sultan Mehmet VI. abgesetzt. Aber nach Unterzeichnung des Friedensvertrages von Lausanne rief das Parlament die Republik aus und wählte am 29. Oktober General Mustafa Kemal Pascha zum Staatspräsidenten. Neue Hauptstadt wurde Ankara, nicht Istanbul, denn in Ankara befand sich schon seit 1919, dem Beginn der Rebellion gegen den Sultan, das Hauptquartier der türkischen Armee.

Die Siege gegen die scheinbar übermächtige Armee der Griechen wie auch gegen die Armenier und Kurden in Ostanatolien hatten Mustafa Kemal Pascha nationale Autorität verschafft. Ohne diese militärischen Erfolge und eine starke Armee als Stütze seiner Macht wäre es ihm nicht möglich gewesen, seine radikalen Reformen durchzusetzen. Denn nun wagte sich Atatürk an die Umgestaltung des Staatswesens heran, die bis dahin ohne Beispiel im islamischen Kulturraum war. Er orientierte die neu gegründete Republik in gesellschaftlicher Hinsicht strikt am Vorbild Europas. Er tat dies, weil er zutiefst überzeugt war, dass die islamischen Traditionen des Osmanischen Reiches für den Niedergang verantwortlich und deshalb restlos zu beseitigen seien.

Staatspräsident Mustafa Kemal Atatürk trat ein schweres Erbe an. Bei der Gründung der Republik lebten nahezu 80 Prozent der Türken in Dörfern, und rund 90 Prozent waren Analphabeten. Die Mehrheit der damals rund 13,6 Millionen Einwohner hatte von Ideen wie Nationalismus und Modernisierung keinerlei Vorstellung, wichtig waren allein regionale, stammesmäßige und religiöse Zugehörigkeiten.[3] Atatürk konnte bei seinen Reformen zunächst nur auf die Unterstützung durch eine äußerst schmale städtische Bildungsschicht zählen sowie auf die der westlich gebildeten Offiziere. Diese spezifische Basis einer vorwiegend militärischen Elite gab der »Revolution von oben« ihren Charakter.

Gegen den »rückständigen Islam« – für die »moderne Zivilisation«

»Der Politiker, der zur Regierung die Hilfe der Religion braucht, ist nichts als ein Schwachkopf.«[4]

Dieser Satz stammt von Atatürk. Er und mit ihm viele seiner Anhänger, die sogenannten Kemalisten, haben sich zur Genüge äußerst geringschätzig über den Islam geäußert und diese Religion als rückständig bezeichnet.

Von Atatürk stammt auch folgende Erklärung:

»Seit mehr als 500 Jahren haben die Regeln und Theorien eines alten Araber-Scheichs [damit meinte er Mohammed] und die abstrusesten Auslegungen von Generationen von schmutzigen und unwissenden Pfaffen in der Türkei sämtliche Zivil- und Strafgesetze festgelegt. Sie haben die Form der Verfassung, der geringsten Handlungen und Gesten eines Bürgers festgesetzt, seine Nahrung, die Stunden für Wachen und Schlafen, den Schnitt der Kleider, den Lehrstoff in der Schule, Sitten und Gewohnheiten und selbst die intimsten Gedanken. Der Islam [...] ist ein verwesender Kadaver, der unser Leben vergiftet.«[5]

Traditionsbewusste Muslime kanzelte Atatürk mit folgenden Worten ab:

»Es gibt verschiedene Länder, aber nur eine Zivilisation. Voraussetzung für den Fortschritt der Nation ist, an dieser einen Zivilisation teilzuhaben.«[6]

Atatürk ließ keinen Zweifel daran, dass er mit dieser »einen Zivilisation« die westliche meinte:

»Auf der Welt sind für alles, für das Materielle und Ideelle, für das Leben und den Erfolg die Wissenschaft und Technik die wahrsten geistigen und moralischen Führer. Einen solchen Führer außerhalb der Wissenschaft und Technik zu suchen ist gleichbedeutend mit Gedankenlosigkeit, Unwissenheit und Irrtum.«[7]

In diesem Sinne wies Atatürk auch die uns so vertraute Vorstellung zurück, dass man einen tiefen Gegensatz zwischen Orient und Okzident zu sehen habe:

»Es gibt keine Kontrastierung zwischen Orient und Okzident, sondern nur eine zwischen Rückständigkeit und Moderne.«[8]

Andere Aussprüche Atatürks vermitteln allerdings größeren Respekt gegenüber dem Islam:

>>Wir sind der Meinung, dass Religion, die seit Langem in der Politik als Werkzeug ausgenutzt wurde, von der Politik befreit und erhöht werden muss. Wir dürfen nicht unseren heiligen und hohen Glauben als ein Werkzeug der Politik missbrauchen.<<[9]

Es ist an dieser Stelle müßig, darüber zu urteilen, ob Atatürk diese betont respektvolle Äußerung nicht bloß aus taktischen Gründen tat, um gerade auch strenggläubige Muslime für seine Ziele zu gewinnen. Atatürk hat sich stets als Muslim bezeichnet, allerdings die Religion seit 1924 nicht mehr praktiziert.[10] Entscheidend ist aber ein anderer Sachverhalt: Ob nun Atatürk islamische Traditionen schroff als dekadent abkanzelte oder ihnen doch Hochachtung bekundete – er vollzog in jedem Fall eine grundlegende Abkehr vom traditionellen Glauben und Gesellschaftsverständnis des Islam.

Alarmiert mussten sich orthodoxe Muslime bereits 1924 fühlen, als Atatürk sämtliche Koranschulen schließen ließ und staatlichen Schulen das Ausbildungsmonopol einräumte. Da seine Beamten ausschließlich Lehrpläne nach westlichem Vorbild ausarbeiteten, war die traditionelle islamische Erziehung fortan erheblich eingeschränkt. 1925 schaffte Atatürk zudem die islamische Zeitrechnung ab, die mit der Hedschra, der Flucht Mohammeds von Mekka nach Medina, beginnt, und führte die Zählung nach dem Gregorianischen Kalender ein. Im selben Jahr ersetzte er den Freitag als den traditionellen Ruhetag der Muslime durch den christlich-abendländischen Sonntag. Beides tat er mit der Begründung, die Türkei müsse sich internationalen Normen anpassen, nur so könne sie wirtschaftlich erfolgreich sein.

Einen weiteren Anpassungsschritt in diese Richtung unternahm Atatürk 1928, indem er das lateinische Alphabet einführte (das er allerdings als türkisches Alphabet dem Volk präsentierte), denn das Türkische war bis dahin in arabischer Schrift geschrieben worden. 1929 ersetzte er an höheren Schulen den Pflichtunterricht in Arabisch, der Sprache des Koran, und Persisch, der Sprache bedeutender klassischer Islamliteratur, durch Unterricht in Französisch, Englisch und Deutsch als zukunftsweisende Fremdsprachen.

Den eigentlich wunden Punkt im Selbstverständnis orthodoxer Muslime aber berührte Atatürk 1924, als er daranging, die geistlichen Gerichte abzuschaffen und eine Rechtsprechung nach westlichem Muster ausarbeiten zu lassen. 1926 führte er ein Zivilrecht ein, das den muslimischen Bürgern unter anderem erlaubte zu konvertieren. Kein Bürger durfte mehr ins Gefängnis geworfen oder gar hingerichtet werden, weil er zum Christentum oder Judentum übergetreten war. Gebildete Muslime konnten für solche Neuerungen noch am ehesten Verständnis aufbringen. Der Kern der Reform konnte allerdings auch sie irritieren: Das Amt des *Scheich-ul-Islam*, der höchsten religiösen Institution, wurde abgeschafft. Fortan gab es keinen politisch einflussreichen Geistlichen mehr, der durch sein *Olmaz* (»Es darf nicht sein«) ein Gesetzesvorhaben blockieren konnte, weil es seiner Meinung nach nicht mit den Grundsätzen des Koran übereinstimmte. Religiöse und staatliche Institutionen mussten jetzt strikt getrennt sein. Religion war zur Privatsache geworden – ganz nach dem Muster westeuropäischer Verfassungen.

1928 schlug sich diese Veränderung in der neuen türkischen Verfassung nieder: Atatürk ließ die Formulierung, der Islam sei Staatsreligion, streichen. Vorbild war vor allem Frankreich. Atatürk orientierte sich am Prinzip der *laïcité*, des Laizismus, was in Frankreich »Verweltlichung« bedeutet – in radikaler Konsequenz aber die Freiheit von jeder religiösen Bindung im öffentlichen Leben meint. Entsprechend übernahmen die Türken auch das französische Wort und prägten es für die eigene Sprache um: *laiklik*. Die Schlagworte *laiklik* beziehungsweise *laik*, »laizistisch«, dominieren bis heute die Inhalte der Politik im Sinne des Staatsgründers. 1937, ein Jahr vor Atatürks Tod, wurde der Laizismus auch begrifflich in der Verfassung verankert. Dass die politische Umsetzung letzten Endes dann doch von der westlichen Prägung abweicht, werden wir in späteren Zusammenhängen sehen.

Erstmals aber hatte ein Politiker der islamischen Welt mit aller Entschiedenheit das bisher Undenkbare gewagt: die Einheit von Religion und Politik aufzulösen – und dies mit dem Argument, das religiös begründete Staatswesen sei verantwortlich für die Rückständigkeit gegenüber westlichen Industriestaaten. Atatürks säkulares Reformwerk löste von Nordafrika bis Ostasien stürmische Diskussionen aus und erntete lediglich in den schmalen Bildungsschichten Zustimmung. Die Ablehnung vonseiten breiter Bevölkerungsschichten ist verständlich, wenn wir uns vergegenwärtigen, in welchem Ausmaß sich Atatürk über die Mentalität einer überwiegend noch zutiefst traditionell orientierten Gesellschaft hinwegsetzte. Atatürk ging teilweise sogar weiter, als dies ein Reformer in westlichen Industriestaaten gutheißen könnte. So verbot er den Religionsunterricht an staatlichen Schulen – bei gleichzeitigem Verbot der Koranschulen – und führte an seiner Stelle ein Fach mit der Bezeichnung »Ethik« ein. Nicht genug damit. Er untersagte den Muezzins, die Gläubigen vom Minarett aus zum Gebet zu rufen, denn dieser Brauch sei eine zu auffällige Propaganda für eine »private Weltanschauung«.

Einige dieser Verbote vor nahezu 90 Jahren muten aus heutiger Sicht seltsam fern und unwirklich an. So ist doch gerade heute der Gebetsruf vom Minarett aufgrund der Lautsprecher machtvoller und aufdringlicher als zu osmanischer Zeit. Auch Religionsunterricht ist längst wieder selbstverständlich geworden, ja an öffentlichen Schulen sogar Pflichtfach. Diese Andeutungen nehme ich vorweg, um darauf hinzuweisen, dass die Reformen Atatürks an ihre Grenzen stießen.

Einen radikalen Veränderungswillen demonstrierte Atatürk auch, indem er Ankara zur Hauptstadt machte. Istanbul kam für ihn trotz des Ranges als Kulturmetropole nicht in Frage, denn diese Stadt erinnerte ihn mit ihrer »Last der Geschichte« zu sehr an das Sultanat der Osmanen. Atatürk wünschte eine zentral gelegene Stadt und bevorzugte Ankara vor allem aus zwei Gründen. Zum einen war es seit 1893 an eine Eisenbahnlinie angeschlossen, die von Istanbul bis in die südöstlichen Landesteile führte. Zum anderen war diese Stadt ein wichtiges Zentrum des Widerstands gegen die Griechen und die Alliierten gewesen; auch befand sich hier eine wichtige Basis der Armee, Atatürks ehemaliges militärisches Hauptquartier, so dass die Abgeordneten eines neuen Parlaments unter dem Schutz der Soldaten ungehindert tagen konnten.

Aber ein drittes Motiv kam für Atatürk hinzu: Ankara war damals ein Provinznest mit nur 30 000 Einwohnern und bot die Möglichkeit, nach modernen städtebaulichen Gesichtspunkten zu einer Metropole umgestaltet und erweitert zu werden, die sich mit ihren Betonbauten und breiten Asphaltstraßen durch nichts von einer westeuropäischen Metropole unterscheiden würde. Zu diesem Zweck holte die Regierung Architekten vor allem aus Westeuropa. Und viele kamen aus dem deutschsprachigen Raum als Emigranten, die vor dem Regime der Nationalsozialisten flüchteten. So wirkten beispielsweise Bruno Taut, Clemens Holzmeister und Paul Bonatz beim Ausbau der neuen Hauptstadt mit und gaben ihr nach dem Wunsch der Auftraggeber ein »modernes Gesicht«, ohne an traditionelle osmanische Architektur anzuknüpfen. Auch Bildhauer wurden aus Westeuropa geholt. Das große bronzene Reiterstandbild Atatürks, das jedem Besucher Ankaras sofort ins Auge springt, wurde 1926 von dem Österreicher Heinrich Krippel entworfen. Das Mausoleum Atatürks allerdings, das mit seiner

Nüchternheit ebenfalls an westlichen Vorbildern orientiert ist, wurde zwischen 1944 und 1953 von einem Türken, Emin Onat, geschaffen, der aber ein Schüler Paul Bonatz' war.

Verbleiben wir noch auf dem weitläufigen Gelände des Atatürk-Mausoleums, denn gerade dort finden sich auffällige Details, die die Neuorientierung der türkischen Reformer symbolisieren. Den Zugang zu dem monumentalen Mausoleum bietet eine 260 Meter lange und 30 Meter breite Ehrenstraße, die beiderseits von Löwenstatuen gesäumt ist. Diese Löwen aber sind den Tierplastiken der Hethiter nachgebildet. Damit haben die Planer der Anlage Bezug auf ein Volk genommen, das vor nahezu 3000 Jahren das erste Großreich auf anatolischem Boden errichtete. Zu osmanischer Zeit wäre ein derartiger Bezug auf ein nichtislamisches Volk an einer so zentralen Stätte undenkbar gewesen. Atatürk aber wünschte diesen Bezug ausdrücklich – und lehnte genauso strikt alle islamischen Bezüge ab. Er wollte damit das traditionelle Geschichtsverständnis sprengen, das nur muslimische Vorbilder zuließ und die Jahrhunderte vor dem Auftreten des Islam als dunkel und barbarisch abwertete.

Atatürk war es auch, der in den 1920er-Jahren anregte, in Ankara ein zentrales Museum für Anatolische Zivilisationen, das spätere sogenannte Hethitermuseum, zu bauen. Ebenso schlug er vor, das Stadtwappen von Ankara mit einem Sonnensymbol der Hethiter zu gestalten. Das Revolutionäre an diesem Vorgehen war, dass nun erstmals in einem islamisch geprägten Staat ein säkulares Geschichtsverständnis praktiziert wurde – mit Respekt auch für »heidnische« Völker. Zwar hatten schon im 19. Jahrhundert Archäologen nach hethitischen Heiligtümern gegraben und in der Westtürkei die griechischen und römischen Ruinen von Ephesus und Pergamon freigelegt, aber die Leistungen dieser Forscher quittierten die Muslime zunächst mit Kopfschütteln. Atatürk setzte nun ein Signal, indem er die Türken aufforderte, ihr Geschichtsverständnis zu »europäisieren« und so zu einem »modern denken-den« Volk zu werden.

Atatürk hat demnach versucht, alle nur denkbaren Bereiche zu revolutionieren, ob es sich nun um das Politische, Soziale, Religiöse oder Philosophische handelte. Aber in diesem Zu-sammenhang bleiben noch viele Fragen offen. Weshalb konnte Atatürk gegen den Widerstand muslimischer Traditionalis-ten den epochalen Bruch mit der bisher islamisch geprägten Staatsordnung durchsetzen? Es muss doch eine politisch ein-flussreiche gebildete Schicht gegeben haben, die ähnlich dach-te wie Atatürk und ihn deshalb unterstützte. Und eine solche Schicht konnte nicht erst innerhalb weniger Jahre nach dem Zusammenbruch des Osmanenreiches entstanden sein.

Ein Blick auf die letzten 150 Jahre osmanischer Herrschaft zeigt, dass bereits in diesem Zeitraum unter den Gebildeten die Bereitschaft, einen Bruch mit der Tradition zu wagen, konti-nuierlich gewachsen war.

Eine westlich orientierte Oberschicht schon unter den Osmanen

Der Dolmabahçe-Palast ist ein prunkvoller Gebäudekomplex, der nach westlichen Vorbildern erbaut wurde. Sultan Abdul Meçid hatte ihn Mitte des 19. Jahrhunderts errichten lassen. Seine historische Bedeutung erhielt der Palast dadurch, dass ihn der Sultan nach der Fertigstellung 1853 zur Residenz machte. Indem Abdul Meçid den traditionellen Herrschaftssitz im Topkapı-Serail nahe der Hagia Sophia, in dem berühmte Sultane wie Mehmet II., Selim I. und Süleyman der Prächtige gewohnt hatten, verließ, traf er eine äußerst symbolträchtige Entscheidung. Keiner seiner Nachfolger ist mehr in das Top-kapı-Serail zurückgekehrt. Aber der Dolmabahçe-Palast ist noch aus einem weiteren Grund interessant: Atatürk hatte ge-gen Ende seines Lebens dort residiert und ist auch dort gestorben. Sein Zimmer blieb unverändert und ist eine Art National-heiligtum. Atatürks Leichnam war im November 1938 für neun Tage und neun Nächte im Empfangssalon, einem domartigen Saal, aufgebahrt. Hunderttausende Türken zogen damals am Sarg vorbei.

Dieser Palast befindet sich nicht in unmittelbarer Nach-barschaft der großen Moscheen und historisch gewachsenen Basarviertel, sondern nahe dem neueren Stadtteil Beyoğlu, wo im 19. Jahrhundert vor allem Christen, Griechen wie Armenier sowie europäische Ausländer wohnten – ein Viertel mit da-mals schon auffälligem westlichen Flair. Umso eindrucksvol-ler konnte der Dolmabahçe-Palast Mitte des 19. Jahrhunderts als architektonischer Beleg für den Reformwillen der Sultane gelten. Bezeichnend war es auch, dass Sultan Abdul Meçid nicht Muslime als Architekten für das Projekt heranzog, son-dern armenische Christen, die der westlichen Kultur näher standen als die meisten Muslime. Zur damaligen Zeit gab es für die Machthaber noch kein »Armenier-Problem«.

In die neue Residenz Dolmabahçe zogen Hofbeamte ein, deren Erscheinungsbild schon eine Generation zuvor, um 1835, durch einen Erlass von Mahmut II. revolutioniert worden war: Sie trugen anstelle von Kaftan und Pluderhose einen Anzug mit Krawatte. Hier war – zumindest für Mitglieder der Regierung – eine Anordnung Atatürks vorweggenommen. Allerdings muss-ten die Hofbeamten den Turban nicht durch eine europäische Kopfbedeckung ersetzen, sondern durch den roten Tarbusch (der auch Fes genannt wurde, weil die elegantesten Produkte aus der marokkanischen Stadt Fes kamen). Der Tarbusch, da-mals ein weiteres optisches Signal für »Erneuerung«, sollte je-doch von Atatürk strikt verboten werden – er galt hundert Jahre später als Symbol für die politische Erstarrung der Osmanen.

Vom Dolmabahçe-Palast aus genießt man einen prächtigen Blick auf den leuchtend blauen Bosporus mit seinen Schiffen. Aber die Fassaden strahlen keine Harmonie aus. Welchen Stil repräsentieren sie? Nach der Lektüre von Reiseführern ist man darauf vorbereitet, kein Merkmal osmanischer Architektur, beispielsweise Kuppeln oder ornamentierte Fenster, vorzufinden. Der Stil ist jedoch westlich in dem Sinne, dass die Fassade des wuchtigen, langgestreckten Baues einen Eklektizismus europäischer Stilepochen spiegelt. Anleihen wurden beim Schloss von Versailles, mehr aber noch beim Schloss Herrenchiemsee des bayerischen Königs Ludwig II. gemacht. Entsprechend überladen ist der Thronsaal mit Wandmalereien, vergoldeten Säulen, überdimensionierten Kronleuchtern. Der »Westen« ist hier in einer eigenartig unverarbeiteten Anhäufung imitiert.

Die Anhänger der Republik hatten in den 1930er-Jahren kritisiert, dass Atatürk gegen Ende seines Lebens ausgerechnet in einem ehemaligen Sultanspalast residierte, anstatt sich auch bei der Wahl seines Domizils entschieden von den Herrschaftssymbolen der »dekadenten« Dynastie zu distanzieren. Doch bei genauerem Hinsehen zeigt sich: Atatürk war auf mancherlei Art den Osmanen des 19. Jahrhunderts gar nicht so fern – nur war er in seinen Reformen um Vieles konsequenter und erfolgreicher.

Weshalb haben die Sultane überhaupt das Bedürfnis verspürt, ihr Reich nach westlichem Vorbild umzugestalten? Der Drang nach Reformen war eine Folge der schweren Krise, die das Osmanische Reich seit dem ausgehenden 17. Jahrhundert erschütterte und die Mitte des 18. Jahrhunderts ins Bewusstsein der Herrschenden rückte. Mit der gescheiterten Belagerung Wiens 1683 hatte der Niedergang des Osmanenreiches eingesetzt. Seither eroberten europäische Staaten eine osmanische Provinz nach der anderen. Für die Sultane war es ein Schock, dass die einst militärisch wie kulturell unterlegenen Gegner nun das bessere Militär besaßen und auch kulturell überlegen waren. Es galt Reformen durchzuführen, um den Vormarsch europäischer Großmächte zu stoppen. Und hierbei erschien es zweckmäßig, Errungenschaften des siegreichen Gegners zu kopieren. Bei den Muslimen setzte nun ein Prozess ein, den 500 Jahre zuvor die abendländischen Christen durchgemacht hatten: Damals sahen sich Europas Christen mit einer überlegenen islamischen Kultur konfrontiert und übernahmen viele ihrer Errungenschaften.

Selim III. war der erste muslimische Herrscher überhaupt, der sich zu Reformen nach europäischem Vorbild entschloss. Das geschah bereits 1793 – nach einem Jahrhundert militärischer Niederlagen gegen die auf dem Balkan vordringenden Heere der österreichischen Habsburger. Aber bezeichnenderweise unternahm dieser erste »Reform-Sultan« lediglich den Versuch, das Militär neu zu organisieren, in der Hoffnung, dass dies schon ausreiche, um einen weiteren Niedergang seines Reiches aufzuhalten. Er scheiterte jedoch mit der Reform des Militärs und wurde 1807 bei einem Aufstand der reformfeindlichen Elitetruppen der Janitscharen ermordet.

Mahmut II. (1808–1839) war der erste Sultan, dem es gelang, nachhaltige Reformen einzuleiten. Allerdings setzte auch er bei einer Umstrukturierung des Militärs an, indem er parallel zur traditionellen und zutiefst korrumpierten Elitetruppe der Janitscharen eine Armee nach preußischem Vorbild aufbaute. 1826 ließ er die Janitscharen, rund 15 000 an der Zahl, von seinen modern ausgerüsteten Soldaten niedermetzeln und konnte nun ungehindert auch auf gesellschaftlicher Ebene Reformen durchsetzen.

Eine der ersten Maßnahmen Mahmuts II. im zivilen Bereich bestand darin, sämtliche Bewohner des Osmanischen Reiches, unabhängig von ihrer Religion, rechtlich gleichzustellen. Dieser Schritt war geradezu revolutionär und bis dahin in keinem anderen Land der islamischen Welt vorstellbar. Nahezu 90 Jahre vor Atatürk begann man also, die Privilegierung der Muslime zu relativieren. Denn nun waren sie nicht mehr gegenüber den Christen und Juden bevorzugt; auch die

Kopfsteuer für Nichtmuslime entfiel. Der Sultan hoffte, dass die Christen, die allein im türkischen Kerngebiet ein Drittel der Bevölkerung ausmachten, aufgrund dieses Zugeständnisses nicht in Versuchung kämen, mit den europäischen Großmächten zu paktieren. Einen wirklichen Zuwachs an Demokratie bedeutete eine solche Gleichstellung von Muslimen und Andersgläubigen allerdings nicht, denn weiterhin verstand sich der Sultan als absoluter Herrscher.

Mahmut II. begann, ein Schulsystem aufzubauen, das nicht mehr religiöse und religiös-philosophische Lehrinhalte in den Vordergrund stellte, sondern naturwissenschaftlichen Fächern nach westlichem Vorbild beträchtliches Gewicht gab. Es war ein früher Versuch, den Koranschulen das Lehrmonopol zu entreißen. Unter der Regierung dieses Sultans wuchs die Zahl der Gebildeten beträchtlich. Und so ist es kein Zufall, dass in den dreißiger Jahren des 19. Jahrhunderts auch schon die ersten osmanischen Tageszeitungen entstanden. Was Mahmut II. begonnen hatte, sollten seine Nachfolger zwischen 1839 und 1876 zu einem umfangreichen Gesetzeswerk ausbauen, das unter dem Namen *Tanzimat-e hayriye*, »Wohlwollende Anordnung«, oder verkürzt als *Tanzimat*, »Anordnung«, bekannt wurde. Die sogenannte *Tanzimat*-Periode begann mit Abdul Meçid (1839–1861), dem ältesten Sohn Mahmuts II. Die Beamten, die die *Tanzimat* ausarbeiteten, kamen überwiegend aus dem von Mahmut II. nach westlichem Vorbild eingerichteten Schulen.

Die Sultane der *Tanzimat*-Epoche wagten auch erste Vorstöße, um den universalen Geltungsanspruch der Scharia einzuschränken. Sie ließen in Teilstücken bereits ein Strafgesetzbuch und ein bürgerliches Gesetzbuch ausarbeiten, das sich am Vorbild des französischen *Code civil* orientierte. Gleichzeitig schränkten sie die Macht des *Scheich-ul-Islam*, des ranghöchsten Geistlichen, ein. Sie schmälerten seine Möglichkeiten, mit seinem Veto Gesetzesvorhaben zu blockieren, die seiner Meinung nach nicht mit dem Koran in Einklang standen.

Erfolgreich waren die *Tanzimat*-Reformer vor allem, weil es ihnen gelang, die Verwaltung und die Armee nach westlichem Vorbild umzustrukturieren. Zwiespältig dagegen blieb der Erfolg im Erziehungswesen. Die Reformer konnten zwar seit 1845 auf breiter Basis ein säkulares Schulsystem nach westlichem Vorbild ausbauen, aus dem die Beamten hervorgingen, die später grundlegende Veränderungen in allen Lebensbereichen vornahmen. Aber es gelang den *Tanzimat*-Reformern nicht, die Macht der Koranschulen und Medresen einzuschränken. Und gerade dies verhinderte ihren durchgreifenden Erfolg. Denn nun entstanden zwei unterschiedlich gebildete Schichten, die füreinander tiefe Abneigung empfanden. Darüber hinaus blieb das säkulare Erziehungssystem der *Tanzimat*-Epoche ausschließlich der herrschenden Klasse und einigen wenigen sozialen Aufsteigern vorbehalten. Und so konnte die ohnehin schon bestehende Kluft zwischen der Bildungselite und dem einfachen Volk nicht überbrückt werden. Im Gegenteil: Sie vertiefte sich sogar, denn die neue herrschende Klasse äußerte aufgrund ihrer westlich orientierten Bildung noch weniger Verständnis für die rückständigen Untertanen als die alte Feudalschicht.[11]

Als schwierig erwies sich überdies die Tatsache, dass die Sultane der *Tanzimat*-Epoche nicht in letzter Konsequenz verstanden, was es hieß, den Westen zum Vorbild zu nehmen. Im Kern ihrer Wertvorstellungen blieben sie den Denkmustern einer islamischen Feudalgesellschaft verhaftet. Sie bewunderten am Westen zwar den technischen und wissenschaftlichen Fortschritt, lehnten aber eine konsequente Säkularisierung, einen weltanschaulichen Pluralismus und eine Demokratisierung ab – jene Entwicklung also, durch die in Westeuropa erst die Voraussetzungen für politische, militärische und kulturelle Überlegenheit geschaffen wurden. Die Sultane glaubten, es genüge, europäische Techniken zu importieren, ohne konsequent westliches Denken zu übernehmen. Damit aber gerieten sie in

Konflikt mit Angehörigen der türkischen Oberschicht, die an westeuropäischen Universitäten studiert hatten. Denn die jungen Männer brachten in den osmanischen Kulturkreis nicht nur die von den Machthabern gewünschten Kenntnisse in Naturwissenschaft und Technik mit, sondern sie waren auch fasziniert von westlicher Demokratie und den Ideen einer neuen Gesellschaftsordnung.

Die heimgekehrten Studenten, die nun einflussreiche Berufe anstrebten, stellten – angeregt durch das Vorbild westlicher Liberaler und Sozialisten – öffentlich die Frage, ob denn nicht gerade die osmanische Feudalgesellschaft mit ihren erstarrten religiösen Traditionen für die Rückständigkeit des einfachen Volkes verantwortlich sei. Den Sultanen ging eine solche Fragestellung zu weit. Sie unterdrückten all jene Reformkräfte, die auf eine grundsätzliche Veränderung des Obrigkeitsstaates und seiner strengen Hierarchien abzielten. Den Sultanen ging es letztlich nur darum, mit Hilfe einer eher technokratischen Modernisierung ihre Privilegien zu sichern.

Dieser Konflikt blieb ungelöst und schwächte im Verlauf der folgenden Jahrzehnte das Osmanische Reich noch um einiges mehr. Erst mit Atatürk kam ein Politiker, der, gestützt auf einen radikalen Flügel der westlich ausgerichteten Reformer, die traditionellen Strukturen des Osmanischen Reiches restlos beseitigen konnte.

Aber selbst durch den epochalen Umbruch unter Atatürk sind einige grundsätzliche Probleme bis heute bestehen geblieben. Denn die Radikalität des Umbruchs hat schon zu Lebzeiten Atatürks zu neuen unversöhnlichen Konfrontationen geführt, weil auch er nicht wirklich zwischen den gegensätzlichen weltanschaulichen und politischen Positionen zu vermitteln verstand.

Identitätskrise und blutige Aufstände

In Frankfurt kam ich Mitte der 1980er-Jahre mit einem älteren, aus Istanbul stammenden Türken ins Gespräch. Er, ein Industriekaufmann, erzählte mir aus seiner Jugend. Die Reformen Atatürks habe er sehr intensiv miterlebt und viele dieser Maßnahmen auch begrüßt. Aber bis heute halte er manches von dem, was Atatürk veranlasst habe, für falsch.

Er könne zwar verstehen, dass Atatürk anstelle des Arabischen als erste Fremdsprache an Schulen westeuropäische Sprachen eingeführt habe. Auch sehe er kein Problem darin, dass die arabische Schrift durch die lateinische ersetzt worden sei. Aber nicht akzeptieren könne er die Radikalität, mit der Atatürk diese Reformen durchgeführt habe. Er selbst sei ohne Koran aufgewachsen. Jawohl, ohne Koran, bekräftigte er. Zwar hätten seine Großeltern einen Koran in Arabisch besessen, aber er habe die Sprache nicht lesen können. Denn in der Schule sei weder Arabisch noch Religion unterrichtet worden, und einen Koran in türkischer Übersetzung habe es bis in die 1950er-Jahre nicht gegeben.

Mein Gesprächspartner beklagte etwas, das für mehrere Generationen zu einem großen Problem geworden war. Als Atatürk 1929 das Arabische als Fremdsprache an sämtlichen Schulen abschaffte, durchschnitt er ein kulturelles Band, das bis dahin alle Muslime, ob nun Araber, Türken, Perser, Inder, Schwarzafrikaner oder andere, geeinigt hatte. Nun waren türkische Muslime innerhalb der islamischen Glaubensgemeinschaft plötzlich als Einzige nicht mehr in der Lage, den Koran in der Originalsprache zu lesen. Späteren türkischen Generationen war auch der Zugang zu klassischer religiöser und philosophischer Literatur verwehrt, sofern sie nicht aus dem Arabischen oder Persischen ins Türkische übersetzt wurde.

Besonders folgenreich war, dass die Heranwachsenden den Koran nicht mehr lesen konnten. Es dauerte Jahrzehnte, bis ein Koran in türkischer Übersetzung und lateinischer Schrift vorlag. Die Regierung unternahm zunächst nur wenig gegen diesen religiös-kulturellen Notstand, denn ihr erschien es wichtiger, die Jugend im Unterrichtsfach »Ethik« mit den Idealen eines türkischen Nationalismus und mit westlicher Zivilisation vertraut zu machen. Aber gerade diese rigorose Verschiebung der kulturellen Akzente – weg vom arabischen Kulturerbe hin zu »gereinigter« türkischer Kultur mit Blickrichtung Europa – stürzte viele türkische Muslime in eine Identitätskrise. Für gläubige Muslime war es mehr als befremdlich und nur schwer hinnehmbar, dass Jugendliche ohne nähere Kenntnis des Islam aufwuchsen.

Die Bevölkerung reagierte auf Atatürks Reformen zum Teil sehr heftig, zumal viele Türken jede Kritik am herkömmlichen Islam als Angriff auf die Religion werteten. Hinzu kam, dass Atatürk nicht den Dialog mit Korangelehrten suchte, weil diese in seinen Augen reaktionär und »unbelehrbar« waren. Aber gerade weil Atatürk die Reformen per Dekret verordnete, ohne sich um die Stimmung im Volk zu kümmern, musste er mit wachsendem Widerstand, ja sogar mit Aufständen rechnen.

Der erste Aufstand brach im Februar 1925 aus. Der Zeitpunkt war kein Zufall. Ein knappes Jahr zuvor, im März 1924, hatte das Parlament in Ankara das Kalifat abgeschafft, die geistlichen Gerichte aufgehoben sowie die Schließung der Koranschulen angeordnet. Damit waren Institutionen beseitigt, die an vorderster Stelle für die innige Verklammerung von religiöser und weltlicher Macht gestanden hatten. In dieser emotional aufgeheizten Situation rebellierten im Südosten Anatoliens kurdische Stämme gegen die »gottlose Diktatur« Atatürks. Zum Vorkämpfer des Aufstands hatte sich Scheich Said, ein Oberhaupt der Naqschbandiya-Derwischbruderschaft, gemacht. Er war selbst Kurde und kämpfte nicht nur für die kulturelle Autonomie seines Volkes, sondern verband den Wunsch nach kurdischer Selbstbestimmung mit der Ausrufung eines »Heiligen Krieges« gegen die säkulare Staatsordnung. Scheich Said verlangte nichts Geringeres, als das Sultanat und das Kalifat wieder einzuführen. Das bedeutete konkret: Die religiös-politische Gesellschaftsordnung der Scharia sollte erneut installiert werden.

Die leidenschaftlichen Predigten des Naqschbandiya-Scheichs Said gegen den »Unglauben« moderner Reformer und den verderblichen Einfluss westlicher Kultur fanden Beifall weit über das südöstliche Anatolien hinaus: nicht nur bei den Kurden, die damals noch überwiegend ungebildete Nomaden und Bauern waren, sondern auch bei Türken in ländlichen Gebieten und Kleinstädten. Zahlreiche Türken schlossen sich dem Aufstand an, so dass sich die Revolte innerhalb kürzester Zeit zu einem Flächenbrand ausweitete, der die halbe Türkei erfasste. Der Aufstand gefährdete das Überleben der Republik, weil die säkulare Staatsordnung ja erst im Entstehen war und sich bisher nur auf die Zustimmung einer sehr schmalen Bildungsschicht stützen konnte. Zur Verteidigung der noch nicht gefestigten Republik schickte Atatürk seine Truppen los und ließ die Bevölkerung ganzer Dörfer niedermetzeln. Scheich Said sowie 40 führende Derwische seiner Bruderschaft wurden öffentlich gehängt.

Im Jahr 1930 kam es zu einem zweiten Aufstand. Wieder gingen die Unruhen von kurdischen Stämmen aus, wieder standen Derwische der Naqschbandiya-Bruderschaft an der Spitze; auch diesmal ließen sich Türken von der Revolte anstecken. Und wieder ließ Atatürk die Unruhen durch das Militär blutig unterdrücken.

Beide Aufstände führten sowohl bei den Rebellen als auch bei den Verteidigern der neuen Staatsordnung zu einem Trauma. In Erinnerung blieben die hohen Verluste an Menschenleben. Dies galt vor allem für die Revolte von 1925. Nach kurdischen Angaben war der Krieg gegen Scheich Said mit mehr Soldaten und mehr Kriegsgerät geführt worden als der türkische Befreiungskrieg gegen die Griechen und hatte auf beiden Seiten mehr Tote verursacht.[12]

Für die Anhänger Atatürks sind seither zwei Feindbilder dominierend: einerseits Kurden und andere ethnische Minderheiten mit ihrem Wunsch nach mehr Autonomie oder gar einem eigenen Staat, andererseits Islamisten, die die Errungenschaften des Laizismus grundsätzlich in Frage stellen. Die Angst vor einer »Islamisierung« war und ist bei Kemalisten deshalb so groß, weil eine solche Entwicklung sowohl bei der kurdischen Minderheit als auch bei der türkischen Mehrheit möglich erscheint. Hinzu kommt, dass hier wie dort die Derwischbruderschaft der Naqschbandiya trotz ihres strikten Verbots in Form von »Kulturvereinen« weiter wirkt. Es sind unbewältigte Konflikte, die bis heute die Richtlinien der Sicherheitspolitik bestimmen. Angesichts einer derart schroffen Konfrontation zwischen revolutionär politischen und religiös beharrenden Geisteshaltungen konnte sich in den ersten Jahrzehnten der Republik noch kein Islam entfalten, der sich einem säkularen Religionsverständnis ausreichend geöffnet hätte.

Reformbewegungen in Richtung einer strikten Trennung von Religion und Politik gab es bald auch außerhalb der Türkei. Viele der säkular oder laizistisch orientierten Intellektuellen, ob nun in Ägypten, Syrien, Iran und anderen Ländern der islamischen Welt, haben sich mehr oder weniger vom Vorbild Atatürks leiten lassen. Allerdings haben sie die religiösen und politischen Instanzen nicht mit der gleichen Entschiedenheit getrennt, sondern in der Gesetzgebung Elemente der Scharia beibehalten, vor allem im Bereich des Ehe- und Familienrechts. Dies galt sowohl für das Regime säkularer Nationalisten von Gamal Abd an-Nasser in Ägypten als auch für die Baath-Parteien in Syrien und im Irak, ebenso für die »Palästinensische Befreiungsorganisation« (PLO) unter Yassir Arafat oder die zwei Schahs der Pahlevi-Dynastie im Iran. Trotzdem war es auch unter diesen Regierungen zu heftigen Reaktionen »gläubiger«

Muslime bis hin zu offener Gewalt und Aufständen gekommen, die bisweilen blutig niedergeschlagen wurden.

Schon zu Lebzeiten Atatürks gab es erste Signale, dass sich der Konflikt zwischen den Verfechtern einer Säkularisierung und den Verteidigern des »wahren Islam« nicht auf die Türkei beschränken würde. Es ist kein Zufall, dass in eben jenem Jahr 1928, als Atatürk sämtliche religiösen Formeln aus der Verfassung der Republik Türkei streichen ließ, in Kairo eine erste religiöse fundamentalistische Bewegung entstand. Der Volksschullehrer Hassan al-Banna begründete die Muslimbruderschaft, die bis heute, in vielerlei Fraktionen aufgespalten, die Politik Ägyptens maßgebend beeinflusst und darüber hinaus das organisatorische Vorbild für mehrere islamistische Gruppierungen in der gesamten Welt abgegeben hat. Ausdrücklich auf Atatürk bezogen sagte Hassan al-Banna: Jedes Reformwerk nach dem Beispiel der Türkei liefere muslimische Staaten dem Westen aus, und es müsse alles getan werden, um solche Entwicklungen in Ägypten zu verhindern, wo ein Teil der Bildungsschicht ebenfalls schon vom »verderblichen Einfluss Europas« erfasst sei.

»Nur Gott weiß«, so beschrieb er später die Stimmung seiner Gefolgschaft im Jahr 1928, »wie viele Nächte wir die Situation unseres Landes diskutierten, das Siechtum analysierten und mögliche Heilmittel überlegten. Wir waren so verstört, dass wir zu weinen begannen.«[13]

Einer seiner Aufrufe, in dem auch die Bereitschaft zum bewaffneten Kampf anklang, lautete: »Jede Neuerung, die sich nicht auf Religion stützt, führt vom rechten Weg ab, ihr muss mit allen Mitteln Widerstand geleistet werden, sie ist mit allen Mitteln zu tilgen.«[14]

Beginnend mit dem Jahr 1928 bildeten sich somit Widerstandsbewegungen gegen »unislamische« Reformer, von den Maghreb-Staaten bis nach Südasien. Und die Folgen waren in mehreren islamischen Staaten, so in Algerien, Ägypten und im Iran, um Vieles einschneidender als in der Türkei.[15]

Die Rolle des Militärs als »Hüter der Verfassung«

Demokratie? Mein Gesprächspartner spitzte ironisch die Lippen. Demokratie in der Türkei? Es gebe in der Türkei zwar freie Wahlen, erklärte er, das heiße, die Abgeordneten der Parlamente könnten vom Volk frei gewählt werden. Aber die Politiker selbst seien nicht frei in ihren Entscheidungen. Ihnen allen würde eine Pistole an die Schläfe gehalten, und den Finger am Abzug habe das Militär. Eigentlich regiere in der Türkei das Militär. Eine richtige Demokratie wie in Deutschland sei das nicht. Er habe lange genug in Deutschland gelebt, um die Unterschiede zwischen der deutschen und der türkischen Demokratie zu kennen. Allerdings habe auch Deutschland lange gebraucht, um sich zu einem echten demokratischen Staat zu entwickeln.

Dieses Gespräch führte ich 2004 in Bursa, jener traditionsreichen westanatolischen Stadt, die im 14. Jahrhundert für einige Jahrzehnte die erste Residenzstadt der Osmanen war. Im Basar hatte mir ein Teppichhändler gewinkt, als ich vorbeiging. Wie so oft in einer solchen Situation hatte ich eine höflich abwehrende Handbewegung gemacht, woraufhin der Händler mir versicherte, ich müsse nichts bei ihm kaufen, er wolle nur die Gelegenheit nutzen, wieder ein bisschen deutsch zu sprechen. Er bot mir im hinteren Winkel seines Ladens Tee an und schien dankbar für die Abwechslung zu sein, die ich ihm um die Mittagszeit in der wenig belebten Basargasse bot.

Ich dürfe ihn nicht missverstehen, relativierte er im weiteren Verlauf des Gesprächs seinen sarkastischen Kommentar. Wenn er auch die Demokratie in der Türkei für unvollkommen halte, so wisse er sehr gut, wie fortschrittlich die Türkei trotzdem sei. Man brauche sich zum Vergleich nur die Nachbarstaaten anzuschauen: Syrien, Iran, Irak. Lediglich im Gegensatz zu den Staaten Westeuropas sei die Türkei eine halbe Demokratie.

Der Teppichhändler erwies sich als sehr redegewandt und historisch gebildet. Er erklärte mir, dass es ungerecht sei, wolle man von der Türkei eine schnelle Entwicklung hin zu einer perfekten Demokratie erwarten. Dafür fehlten die Voraussetzungen. Die osmanischen Sultane hätten sehr autoritär regiert, und Atatürk habe an diese Tradition angeknüpft. Atatürk habe zwar Großes für die Türkei geleistet, indem er energisch Reformen nach westlichem Vorbild durchsetzte, aber die Demokratie habe er nicht übernommen. Das hätten erst seine Nachfolger getan. Und wie das so sei, wenn man eine Errungenschaft aus einer fremden Kultur übernimmt: Es funktioniere nicht reibungslos. Oder besser gesagt: Es funktioniere nur halb und nur mit dem Militär als Stütze.

Wir konnten das Gespräch nicht zu Ende führen, weil ein Bekannter in den Laden kam und sich mit freundlichem Kopfnicken neben uns niederließ. Der Teppichhändler schwenkte rasch zu Belanglosigkeiten über. Seinem Gesichtsausdruck konnte ich entnehmen, dass er Gesprächsthemen wie jene, über die wir uns kurz zuvor unterhalten hatten, als heikel empfand und lieber ohne weitere Zuhörer ausführte.

Blicken wir nun zurück auf die Geschichte der Türkei. Dann lässt sich im Detail veranschaulichen, was der Teppichhändler mit seinen teils bissigen, teils auch relativierenden Bemerkungen angedeutet hat.

Atatürk, der kompromisslos einen laizistisch konzipierten Staat nach westlichem Vorbild durchsetzte, strebte zunächst keine demokratische Verfassung an. Er organisierte 1923 die Republik Türkei als Einparteienstaat und gründete die Republikanische Volkspartei. Ihr türkischer Name lautet *Cumhuriyet Halk Partisi* (CHP). Atatürk als Führer dieser einzigen erlaubten Partei war damit Diktator. Garant dieser Macht war das Militär, aus dessen Reihen Atatürk selbst hervorgegangen war. Die Generäle sollten die republikanische Verfassung gegen alle Widerstände aufrechterhalten. Von Anfang an waren der Staatspräsident und das Militär in einer engen, untrennbaren Allianz verbunden.

Zum einen rührte dies daher, dass ohne die Armee und ihren General Atatürk das türkische Kerngebiet 1918 nach der Niederlage des Osmanischen Reiches unter den siegreichen Gegnern in Mandatsgebiete aufgeteilt worden wäre und die Republik Türkei gar nicht hätte entstehen können. Zum anderen aber war die Armee unentbehrlich, um in den Anfangsjahren der Republik notfalls mit Waffengewalt gegen Aufständische vorzugehen.

Krisensymptome wie etwa der Aufstand von 1925, der blutig niedergeschlagen wurde, bestärkten Atatürk in seinem Entschluss, am System des Einparteienstaates – mit dem Militär als Stütze – vorerst festzuhalten. Er verkündete, Demokratie nach westlichem Vorbild sei unter den aktuellen Bedingungen nicht möglich. Für die unmittelbare Gegenwart propagierte er das Prinzip der Erziehungsdiktatur, indem er argumentierte: Ein unwissendes Volk in einem unterentwickelten Land wie der Türkei besitze mehrheitlich noch nicht das Bewusstsein für dringend notwendige Reformen, daher brauche das Volk eine revolutionäre Partei, die die Unwissenden führe. Nahezu 90 Prozent der Bevölkerung waren damals noch Analphabeten, rund 80 Prozent lebten in Dörfern. Es war also keine Übertreibung, wenn Atatürk vom »unwissenden Volk« sprach.

Atatürk knüpfte mit seiner Logik nur sehr eingeschränkt an das Denken der osmanischen Herrscher im 19. Jahrhundert an. Zwar setzten auch die Sultane ihre Reformen, die sogenannten *Tanzimat*-Reformen, per Regierungsdekret um. Aber die Sultane konnten oder wollten sich nicht vorstellen, dass als Konsequenz des Reformprozesses eine demokratische Entwicklung möglich sei. Atatürk ließ sich in seinen Überlegungen letzten Endes von Denkweisen leiten, die nicht der islamischen Welt entstammten, nämlich vom Herrschaftsmodell des kommunistischen Revolutionärs Lenin.

Wenn auch Atatürk nicht die marxistische Lehre übernahm, so beeindruckte ihn an Lenin das Prinzip der Erziehungsdiktatur. Lenin hatte deren Notwendigkeit für den Fall proklamiert, dass ein Volk, wie in Russland, nicht reif für die Demokratie sei. Demokratie als Fernziel hielt Lenin für wünschenswert, ja er sah die Entwicklung zur Demokratie sogar als zwangsläufig an, als einen weiteren Schritt zur endgültigen Emanzipation des Menschen (wobei er jedoch die »bürgerliche« Demokratie westeuropäischer Staaten als »Scheindemokratie« abtat). Aber in der Nachfolge Lenins blieben die Politiker kommunistischer Staaten bisher immer beim ersten Schritt, der Erziehungsdiktatur des Einparteiensystems, stehen. Anscheinend hielten sie das Volk nie für reif für die Demokratie. Dasselbe gilt auch für die säkular-nationalistischen Regierungen des Nahen Ostens, die sich am Modell Atatürks orientierten, sei es nun das Regime Gamal Abd an-Nassers in Ägypten oder die Baath-Regime in Syrien und dem Irak. Dagegen hat in der Türkei tatsächlich ein Wandlungsprozess in Richtung Demokratie stattgefunden.

Atatürk selbst zeigte sehr früh, dass er es mit seinen Demokratieversprechungen ernst meinte. Nachdem die Republik politisch relativ stabil erschien und das Reformwerk durch die Verfassung von 1928 einen klaren Rahmen bekommen hatte, setzte er 1930 zu einem entsprechenden Schritt an. Allerdings war dies wieder eine Verordnung: Er, der Erziehungsdiktator, befahl (!), eine Oppositionspartei zu gründen. Zu den Gründungsmitgliedern zählten ein treuer politischer Weggefährte Atatürks, Fethi Okyar, sowie Makbula, die Schwester Atatürks, und Adnan Menderes, der später noch eine herausragende Rolle spielen sollte. Atatürk ließ zu, dass die oppositionelle Liberal-Republikanische Partei die Regierungspartei kritisierte und für die wirtschaftlichen Probleme des Landes verantwortlich machte. Wenn politische Kultur auf westlichem Niveau in der Türkei Einzug halten sollte, so argumentierte er, brauche das

Land letztlich ein Mehrparteiensystem, es brauche öffentliche Diskussionen, um politische Fehler korrigieren zu können.

Aber die Enttäuschung war groß: Bei der ersten Parlamentssitzung geriet die Debatte über politische Fehler der Regierung sehr rasch außer Kontrolle, es kam zu Prügeleien.[16] Dieser Vorfall ließ Atatürk sofort wieder daran zweifeln, dass die Türkei reif für eine Demokratie nach westlichem Vorbild sei. Aber den eigentlichen Anstoß, wieder zum Prinzip des Einparteienstaates zurückzukehren, bildete ein anderes Ereignis. Im selben Jahr 1930 brachen in vielen Teilen der Türkei massive Unruhen aus, die sich, wie bereits geschildert, zum zweiten Mal gegen die »gottlose« Republik Atatürks richteten. Diesmal hatten die Aufständischen die Tatsache, dass die Oppositionspartei die Regierung kritisieren durfte, als Schwäche des Regimes verstanden – und gerade deshalb sahen all jene, die die radikalen Reformen als gottlos und unislamisch ansahen, den Zeitpunkt für einen Umsturz gekommen. Atatürk ließ den Aufstand, wie schon 1925, brutal niederschlagen und verbot die Liberal-Republikanische Partei, von deren Mitgliedern etliche mit den Aufständischen sympathisiert hatten.

Wenn auch Atatürk wieder entschieden zum Prinzip der Erziehungsdiktatur zurückkehrte, stellte er weiterhin die Möglichkeit von Demokratie in Aussicht:

»Für den Augenblick soll sich das Volk nicht mit Politik beschäftigen. [...] Ich muss dieses Land noch zehn bis fünfzehn Jahre regieren. Dann erst werden wir sehen, ob es fähig ist, sich selbst zu regieren.«[17]

Atatürk regierte noch acht Jahre in seiner Eigenschaft als Diktator, der als strenger Erzieher seinem »noch nicht reifen Volk« Prinzipien des westlichen Fortschritts undiskutierbar verordnete. Wichtigste Stütze seiner Herrschaft blieb das Militär. In den Offizieren und erst recht in den Generälen fand Atatürk seine treuesten Anhänger. Noch gab es keine breite bürgerliche Schicht, die selbst tatkräftig genug die Idee einer Republik nach westlichem Vorbild hätte unterstützen können. Daher stammte im ersten Kabinett der republikanischen Regierung ein Drittel der Mitglieder aus den Rängen der Armee. Das Militär konnte demnach anfangs völlig berechtigt mit dem Anspruch auftreten, in Krisenzeiten der einzige wirklich verlässliche Garant für Stabilität zu sein. Atatürk hatte dem Militär diese Rolle offiziell zugebilligt:

»Wann immer die Nation einen Schritt nach vorne machen wollte, hat sie stets auf die Armee geblickt. Die türkische Nation betrachtet die Armee als Hüterin ihrer Ideale.«[18]

Atatürks Republikanische Volkspartei als die allein regierende Partei im Bündnis mit der Führungsschicht des Militärs – dies blieb zunächst ein politisches Modell ohne überzeugende Alternative und überdauerte den Tod des Staatsgründers.

Atatürk starb am 10. November 1938. Nachfolger im Amt des Staatspräsidenten wurde Mustafa Ismet Inönü, der bedeutendste politische Weggefährte Atatürks. 1884 in Izmir geboren und damit um drei Jahre jünger als der Begründer der Republik, war auch er General und kämpfte an der Seite Atatürks gegen die Griechen. 1921 warf er die in Westanatolien vordringende griechische Armee bei dem Ort Inönü in zwei kriegsentscheidenden Schlachten zurück. Der General, der bis dahin mit Ismet Pascha angeredet worden war, legte sich nach diesem großen Sieg den Nachnamen Inönü zu. 1922 wurde er zum Außenminister der (damals noch provisorischen) Regierung Atatürks ernannt und führte in dieser Eigenschaft die Verhandlungen zum Friedensvertrag von Lausanne 1923, der die Gründung der Republik Türkei mit ihren heutigen Grenzen statuierte. In den Jahren 1923 bis 1924 und 1925 bis 1937 war er Ministerpräsident.

Ismet Inönü regierte als Staatspräsident bis 1950. Unter seiner Amtszeit bahnten sich jene entscheidenden Veränderungen an, die Atatürk bereits hatte einleiten wollen. 1945 ebnete Ismet Inönü endgültig den Weg zu einem Mehrparteiensystem, indem er die Gründung von Oppositionsparteien zuließ. Er gab damit dem Drängen einer selbstbewusst gewordenen bürgerlichen Schicht nach, die nach Reformen vor allem der staatlich gelenkten Wirtschaft verlangte, aber auch dem Islam wieder mehr Raum in der Öffentlichkeit gewähren wollte. 1946 gestattete Staatspräsident Inönü die Gründung der *Demokrat Partisi* (Demokratische Partei). Damit entstand die erste politisch folgenreiche Oppositionspartei. Zu den führenden Mitgliedern zählten Celâl Bayar und Adnan Menderes, die bis dahin zum rechten Flügel der Republikanischen Volkspartei gehört hatten. Menderes war außerdem schon 1930 als Gründungsmitglied der kurzlebigen Liberal-Republikanischen Partei aufgefallen. In den nächsten Jahren wurden noch 23 weitere Parteien gegründet. Sieben davon traten für eine »Islamisierung« des öffentlichen Lebens ein, alle anderen bekannten sich zum strikten Laizismus in seiner bisherigen Form.

Zunächst hatte die neue politische Weichenstellung keine tiefgreifenden Folgen. Denn Atatürks Republikanische Volkspartei regierte in den folgenden Jahren weiter. Zwar brach nun in den öffentlichen Sitzungen des Parlaments heftiger Streit darüber aus, ob wichtige Zweige der Wirtschaft verstaatlicht bleiben oder privatisiert werden sollten. Und noch heftiger wurde darüber diskutiert, ob man den religiösen Traditionen wie auch religiös geprägten Ausbildungsstätten im öffentlichen Leben mehr Geltung verschaffen sollte. Aber bei aller Heftigkeit der Auseinandersetzungen blieb ein Thema ausgeklammert: Kein oppositioneller Politiker wagte es, das Prinzip der säkularen, laizistischen Staatsordnung in Frage zu stellen, und so schien es auch unvorstellbar, dass die Republikanische

Volkspartei als wichtigste Verfechterin dieser Ideologie in ihrem Machtmonopol ernsthaft gefährdet sein könnte.

Für diese Scheu, die Grundprinzipien der Republik Türkei zu bezweifeln, gab es eine wesentliche Ursache: das Militär. Denn seit Staatspräsident Inönü das Mehrparteiensystem zugelassen hatte, war dem Militär verstärkt die Rolle zugefallen, »Hüter der Verfassung« zu sein. Eine Institution mit dem Namen »Nationaler Sicherheitsrat« war geschaffen worden, deren wichtigste Posten mit Generälen besetzt waren. Ein Gremium von Generälen und hohen Verwaltungsbeamten hatte darüber zu wachen, dass keine oppositionelle Partei jemals die strikte Trennung von Religion und Politik aufzuweichen versuchte. Dem Nationalen Sicherheitsrat stand es zu, entsprechende Parteien zu verbieten oder im äußersten Notfall gar das Militär gegen »Verfassungsfeinde« einzusetzen und eine Regierung zu stürzen. Anhänger Atatürks sprechen in diesem Fall gern von »gelenkter Demokratie«.

Eine erste Bewährungsprobe für den Nationalen Sicherheitsrat – und damit für das Militär – kam im Jahr 1950, als in der Türkei erstmals demokratische Parlamentswahlen stattfanden. Die Frage war, wie sich das Militär verhalten würde, wenn die bisher allein regierende Republikanische Volkspartei die Wählergunst verlor und damit auch den Anspruch auf die Regierung. Musste sich dann schon das Militär veranlasst sehen, einzugreifen und das »Erbe Atatürks« zu »retten«? Hier bahnte sich bereits jener für die nachfolgenden Jahrzehnte prägende Konflikt zwischen militärischer und politischer Führung an, den der Teppichhändler in Bursa sehr drastisch umschrieb: Die Politiker seien nicht frei in ihren Entscheidungen; ihnen allen würde eine Pistole an die Schläfe gehalten, und den Finger am Abzug habe das Militär.

Macht und Machtmissbrauch des Militärs

Die politische Entwicklung nach Atatürks Tod 1938 zeigte, dass sich eine konsequent säkulare beziehungsweise strikt laizistische Gesellschaftsordnung im Sinne des Kemalismus nicht mehr aufrechterhalten ließ. Denn nach wie vor war ein beträchtlicher Teil der Bevölkerung stark durch islamische Traditionen geprägt. Entsprechend blieben die folgenden Jahrzehnte durch den Gegensatz laizistisch und islamisch orientierter Parteien bestimmt – ein Gegensatz, der bekanntlich bis heute zu Spannungen führt.

Erstmals rückte dieser Gegensatz der Weltöffentlichkeit im Jahr 1950 ins Bewusstsein. Bei den Parlamentswahlen am 14. Mai 1950 gab es für die Anhänger der Republikanischen Volkspartei eine böse Überraschung. Die bisher durch ihr Machtmonopol verwöhnte Partei erlitt eine vernichtende Niederlage: Sie erhielt nur noch 69 der insgesamt 487 Mandate. Staatspräsident Inönü trat zurück und war für die nächsten zehn Jahre Oppositionsführer, bevor er in den 1960er-Jahren als Ministerpräsident kurz an die Macht zurückkehrte. Er blieb bis 1972 Parteivorsitzender und starb 1973 im Alter von 89 Jahren. Damit überlebte er Atatürk um 35 Jahre.

Eine überwältigende Mehrheit der Stimmen erhielt bei den ersten freien Wahlen 1950 die Demokratische Partei, die vier Jahre zuvor gegründet worden war und in mancher Hinsicht eine völlig andere Vorstellung vom Wesen einer Republik hatte als die strikt säkular und laizistisch gesinnten Nationalisten. Neuer Staatspräsident wurde Celâl Bayar. Erstmals kam damit ein Zivilist an die Macht (seine Nachfolger bis ins Jahr 1989 sollten allerdings wieder ausschließlich Generäle sein). Ministerpräsident wurde Adnan Menderes. Eines der zentralen Wahlversprechen dieser beiden führenden Politiker lautete: Der Islam sollte wieder einen angemessenen Platz im öffentlichen Leben erhalten. Die unter Atatürk erlassenen Verbote

würden demnach schrittweise aufgehoben. Und weil die bisherige Oppositionspartei die absolute Mehrheit errungen hatte,
war sie nun auch in der Lage, ihre Reformversprechen demokratisch umzusetzen. Aus der Sicht der strikt laizistisch orientierten Anhänger Atatürks wie auch des Militärs drohte damit
»Gefahr für die Republik«.

Tatsächlich vollzog sich in der Religionspolitik ein auffallen-
der Wandel. Menderes, der sich demonstrativ dazu bekannte,
praktizierender Muslim zu sein, setzte durch, dass der Gebetsruf des Muezzins wieder fünfmal am Tag von den Minaretten
erschallen durfte, und zwar in arabischer Sprache. Außerdem
erreichte er, dass Koranlesungen und Predigten über Rundfunk
verbreitet werden durften und dass religiös geprägte Schulen
neben den betont säkular ausgerichteten wieder zugelassen
wurden. Ich kann in diesem Zusammenhang nicht näher auf
die Regierung Menderes eingehen. Ihre Bedeutung, die darin
bestand, als erste Regierung den Anstoß zu einer »Islamisierung« oder auch »Re-Islamisierung« der Türkei gegeben zu
haben, werde ich im Abschnitt »Adnan Menderes, der erste
›islamische‹ Politiker« erörtern.

Das Militär putschte zunächst nicht. Der Generalstab hielt
sich zurück, und zwar aus der Einsicht heraus, dass die Regierung Reformen umsetzte, die dem Willen einer breiten Bevölkerungsmehrheit entsprachen. Eine gewaltsame Unterdrückung hätte zu landesweiten Unruhen führen können.

Erst zehn Jahre später kam es zum Putsch, nämlich als die
Türkei in eine schwere wirtschaftliche Krise schlitterte und
Ministerpräsident Menderes massiv an Popularität verloren
hatte. Bezeichnend war der Anlass für den Eingriff. Im Frühjahr 1960 hatte Menderes einen politischen Sündenfall begangen, den die militärische Führung nicht hinnehmen wollte.
Menderes hatte sich über die Frage weiterer Reformen sowohl
in der Religions- als auch in der Wirtschaftspolitik mit General
Kemal Gürsel, dem Oberbefehlshaber des Heeres, zerstritten

und ihn sogar entlassen. Damit hatte Menderes das bis dahin Unvorstellbare versucht: die militärische Führung einer zivilen Regierung und dem Parlament unterzuordnen. Nun erst war die Tabugrenze überschritten. Das Militär demonstrierte sehr rasch, wer die höchste Kontrollfunktion im Staat hatte. Der entlassene Oberbefehlshaber General Gürsel organisierte einen Putsch und stürzte die Regierung. Gürsel übte ein Jahr lang in Personalunion das Amt des Staatspräsidenten sowie des Ministerpräsidenten aus. Die Vertreter der abgesetzten Regierung wurden unter Anklage gestellt. Ihnen warf man vor, »islamisch reaktionär« gehandelt und Andersdenkende, nämlich die Anhänger Atatürks, unterdrückt zu haben.

Staatspräsident Celâl Bayar und andere Regierungsmitglieder wurden 1961 zu lebenslanger Haft verurteilt (Bayar wurde allerdings 1966 begnadigt und freigelassen, er starb 1986 in Istanbul). Schlimmer erging es Menderes und zweien seiner wichtigsten Minister. Sie wurden 1961 nach einem Schauprozess hingerichtet.

Der Militärputsch von 1960 demonstrierte der Weltöffentlichkeit erstmals, welch überragende Bedeutung dem Militär als »Hüter der Verfassung« in der türkischen Demokratie zukam. Das Militär putschte noch zwei weitere Male, 1971 und 1980. Im Jahr 1997 genügte sogar eine bloße Drohung, um einen »islamisch reaktionären« Ministerpräsidenten, Necmettin Erbakan, zum Rücktritt zu zwingen. Und im April 2007 hat die militärische Führung auch der Regierung Erdoğan mit einem Putsch gedroht, diesmal allerdings mit weniger Erfolg.[19] Aber es ist nach einem Putsch nie über längere Zeit zu einer Militärdiktatur gekommen, stets sind die Generäle in die Kasernen zurückgekehrt und haben die Macht an zivile Politiker zurückgegeben. Damit hielten sie sich an das Diktum Atatürks, demzufolge die Einparteienherrschaft und die Erziehungsdiktatur sofort der Demokratie weichen müssten, sobald der Laizismus als politische Grundlage der Republik gewährleistet sei.

Im Juli 2003 beschloss das Parlament mit den Stimmen der islamisch orientierten Regierungspartei AKP und der oppositionellen Republikanischen Volkspartei die Entmachtung des Nationalen Sicherheitsrates: Seither ist dem Militär die verfassungsrechtliche Möglichkeit entzogen, als »Hüter der Verfassung« eine Regierung zu stürzen. Aber dieses neue Gesetz konnte die Macht des Militärs nur bedingt einschränken.[20]

Wie übermächtig der Einfluss des Militärs auf die Politik jahrzehntelang war, beweist vor allem die Tatsache, dass das Amt des Staatspräsidenten von 1923 bis 1989 ausschließlich Generäle ausübten – mit Ausnahme des Zivilisten Celâl Bayar, aus Sicht des Militärs ein »Unglücksfall«. Der Staatspräsident ist einerseits Oberbefehlshaber der Armee, andererseits hängt von seinem Votum die Ernennung der Verfassungsrichter, der Provinzgouverneure, der Universitätsrektoren und des Chefs der Zentralbank ab. Solange also Generäle den Staatspräsidenten stellten, blieb die Kontrolle des politischen Lebens durch das Militär nahezu lückenlos. Aber auch die Nachfolger mit zivilen Berufen blieben dem laizistischen Erbe Atatürks und der Bindung an das Militär als »Hüter der Verfassung« verpflichtet. Erst die Wahl des konservativ islamisch orientierten Politikers Abdullah Gül aus den Reihen der AKP in das höchste Staatsamt am 28. August 2007 stellte diese Orientierung in Frage.

Die Macht des Militärs hatte sich nach dem Putsch von 1960 auf den wirtschaftlichen Sektor ausgeweitet. Damit war eine zweite Voraussetzung dafür geschaffen, die mächtigste Instanz im Staat zu werden. Seit 1961 taten die Regierungen alles, um den Sold der Armeebediensteten beständig zu erhöhen sowie Offizieren einflussreiche Posten in Staatsbetrieben zu verschaffen. Dies geschah in der Absicht, Putschgelüste zu unterbinden. Aus Finanzmitteln des üppig ausgestatteten Pensionsfonds der Armee entstand schließlich während der 1970er-Jahre der Konzern *Oyak*, der rund 60 Unternehmen und Betei-

ligungen – Banken ebenso wie Stahlwerke, Minen und Kraft-
werke – umfasst. Im Jahr 2006 beschäftigte *Oyak* 35 000 Mitarbeiter und machte einen Nettogewinn von umgerechnet fast
700 Millionen US-Dollar.[21] Diese Zahlen machen deutlich, weshalb sich die militärische Führung als unantastbare Elite verstanden hat, die nicht nur die Politik, sondern auch die Wirtschaft bis zu einem gewissen Grad kontrolliert.

Wenn auch gegen Ende des 20. Jahrhunderts in der türkischen Öffentlichkeit immer häufiger die Frage gestellt wurde,
ob denn so viel Macht in den Händen des Militärs für die demokratische Entwicklung der Türkei gut sei, blieb das Ansehen
der Armee bei der Mehrheit der Bevölkerung sehr hoch. Wie
eine Umfrage im Juli 1998 ergab, glaubten damals noch drei
Viertel der türkischen Jugendlichen, dass die Armee die ver-
trauenswürdigste Institution des Landes sei. Soldaten und vor
allem Offiziere genossen damit ein weit höheres Prestige als
Politiker.[22]

Ein derartiges Ansehen steht in krassem Widerspruch zu
den Verbrechen, die das Militär im Lauf der Jahrzehnte begangen hat. Die Machtfülle verleitete zu Machtmissbrauch. Beklemmend ist, dass es die militärische Führung immer wieder
verstanden hat, Gewalt gegen Andersdenkende als patriotische
Tat zur »Rettung der Republik« zu deklarieren. Das Militär
schreckte weder vor Verhaftungen noch vor Folter und Hin-
richtungen oder gar Massakern zurück, um »Feinde der Republik« zu bekämpfen. Zu diesen Feinden gehörten nicht nur Muslime, die die laizistische Ausrichtung der Türkei kritisierten,
sondern auch die ethnischen Minderheiten der Griechen, Armenier und Kurden, die nach mehr kultureller und politischer
Selbstbestimmung verlangten. Politiker, die sich auch nur vage
mit einer dieser oppositionellen Gruppierungen solidarisieren,
leben daher gefährlich. Sie können nur in sehr begrenztem
Maß Opposition ausüben.

Mit dem Hinweis auf ethnische Minderheiten wie Griechen,

Armenier und Kurden ist ein weiteres Krisensymptom ange-deutet. Denn die Republik Türkei hat nicht nur Schwierig-keiten, die ideologische Zerrissenheit zwischen laizistisch und islamisch orientierten Parteien zu bewältigen. Ein ebenso gro-ßes Problem stellt die zweite grundlegende Hinterlassenschaft aus der Zeit des Republikgründers dar: der türkische Nationa-lismus mit seiner Intoleranz gegenüber Armeniern, Griechen, Kurden und anderen »Feinden des Türkentums«.

Der türkische Nationalismus und seine historischen Wurzeln

Der Vielvölkerstaat der Osmanen

Türken ... Griechen ... Armenier ... Kurden ... Für uns heute ist es selbstverständlich, die Einwohner der Türkei nach solchen ethnischen Kriterien zu klassifizieren, und erst recht, dass die Türken in diesem Staat eine nahezu erdrückende Mehrheit bilden. Und es scheint schon seit vielen Jahrhunderten so zu sein, dass sich die Türken im eigenen Land mehr oder weniger schroff gegenüber anderen Volksgruppen abgrenzen, sofern diese nach kultureller Eigenständigkeit streben.

Aber das alles sind Unterscheidungen und Verhaltensformen, die sich erst in der zweiten Hälfte des 19. Jahrhunderts herausbildeten. »Staatstragend« wurde ein derartiger Nationalismus erst mit Atatürk.

Den Untertanen des Osmanischen Reiches erschien eine solche Unterscheidung weitgehend unwichtig, ja sie war ihnen überwiegend fremd. Man kann es überspitzt sogar so formulieren: Die Türken wussten viele Jahrhunderte lang gar nicht, dass sie Türken waren, sie verstanden sich lediglich als Volksgruppe, die türkisch sprach. Das Türkische war nicht Amtssprache, sondern eine unter vielen Sprachen neben dem Arabischen, Persischen, Kurdischen, Griechischen, Armenischen. Entsprechend konnte es den Türken gar nicht einfallen, die von ihnen mehrheitlich bewohnte Region »Türkei« zu nennen. Die Türken – und mit ihnen die Griechen, Armenier, Kurden, Araber – definierten sich durchweg als osmanisch und bezogen sich hiermit auf die Dynastie der Osmanen, unter deren Herrschaft sie lebten. Zwar grenzten sich auch die osmanischen Untertanen untereinander ab, allerdings nach anderen Kriterien. Sie verstanden sich zuallererst als Angehörige von Religionsgemeinschaften, als Sunniten, Schiiten, Aleviten, Christen, Juden, und in zweiter Linie als Angehörige einer Großfamilie, eines Stammes, Bewohner einer Region, einer Stadt, eines Dorfes – nicht aber als Türken, Griechen, Armenier, Kurden. Sie waren jeweils in einem *millet* organisiert. Das türkische Wort *millet* oder *milliyet* ist zwar in seiner aktuellen Bedeutung mit »Volk« oder »Nation« zu übersetzen, aber bis zum Beginn des 20. Jahrhunderts war mit *millet* die religiöse Einheit gemeint, nicht die nationale Einheit im modernen Sinne.[23]

Parallelen dazu finden sich in der arabischen Welt. Auch dort besaßen Muslime bis an die Schwelle zum 20. Jahrhundert kein Nationalbewusstsein; auch sie definierten sich vorrangig als Angehörige ihrer jeweiligen Religion, Sippe, ihres Stammes oder als Bewohner ihrer Heimatstadt. Es gab zwar eine arabische Sprache und Kultur, nicht aber die Bezeichnung »Araber« für ein Volk, ebenso wenig die Bezeichnung »Syrer«, auch nicht den Namen für einen Nationalstaat Syrien, wohl aber die Vorstellung von einem syrischen Kulturraum. Der arabische Nationalismus ist so jung wie der türkische – und beide haben ihre Vorbilder im europäischen Nationalismus. Die türkischen und arabischen Wegbereiter hatten meist an europäischen Universitäten studiert.

Das Osmanische Reich war in den 600 Jahren seines Bestehens ein Vielvölkerstaat, in dem alle Männer unterschiedslos zum Staatsdienst herangezogen wurden, aber man den einzelnen Gruppierungen eine relative Eigenständigkeit ihrer Religion und Kultur zugestand. Dass in hohe politische Ämter allerdings nur (sunnitische) Muslime aufsteigen konnten, stellte die einzige Ungleichbehandlung dar. Entscheidend war jedoch – im Gegensatz zur späteren Republik Türkei –, dass die

Sultane keineswegs die türkisch sprechenden Untertanen gegenüber anderen Muslimen, ja nicht einmal gegenüber den christlichen Griechen und Armeniern bevorzugten. Im Gegenteil: Sie, die doch selbst türkischer Herkunft waren, pflegten zuallererst das Persische als Kultursprache und das Arabische als Sprache des Koran, während sie das Türkische als Sprache des einfachen Volkes weniger achteten. Ihrem Beispiel folgte die gesamte osmanische Oberschicht. Noch bis gegen Ende des 19. Jahrhunderts war in der vornehmen Gesellschaft des Osmanischen Reiches die Bezeichnung »Türke« ein sehr verächtlich gebrauchter Ausdruck für »ungehobelte Bauern aus dem inneren Anatolien«.[24]

Das Prinzip, keine der Volksgruppen zu bevorzugen, wurde erstmals Mitte des 19. Jahrhunderts erschüttert: Nachdem die Griechen 1829 im Südteil des heutigen Griechenlands ihre Unabhängigkeit erkämpft und einen Nationalstaat nach westeuropäischem Vorbild errichtet hatten, begannen andere christliche Untertanen, Bulgaren, Rumänen, Armenier, sich am Vorbild der Griechen zu orientieren – mit der Folge, dass der wachsende Separatismus osmanischer Christen die Einheit des Vielvölkerstaates zunehmend bedrohte.

Als Reaktion auf diese Entwicklung entstand Mitte des 19. Jahrhunderts ein türkischer Nationalismus. Träger dieser Bewegung waren Angehörige der osmanischen Oberschicht, die seit den Reformen Mahmuts II. um 1830 im Ausland, bevorzugt in Frankreich und Deutschland, studiert hatten. Sie zeigten sich vor allem vom französischen Nationalismus beeindruckt, dessen Dynamik den Franzosen zu Beginn des 19. Jahrhunderts eine Vormachtstellung in Europa beschert hatte. Zur damaligen Zeit bezeichneten Westeuropäer das politisch immer schwächer werdende Osmanische Reich mitleidig als »kranken Mann am Bosporus«, und die osmanischen Auslandsstudenten konnten diesem Urteil zutiefst verunsichert nur zustimmen. Aber je mehr der osmanische Vielvölkerstaat

durch die Unabhängigkeitsbestrebungen einzelner Volksgruppen erschüttert wurde, desto mehr nahm unter den Türken ein
eigener Nationalismus – als Allheilmittel gegen den drohenden
Niedergang – Gestalt an.

Um 1860 formierte sich in Istanbul die Bewegung der sogenannten Jungosmanen. Ihr Name deutete darauf hin, dass
sie die osmanischen Strukturen reformieren wollten, ohne das
Sultanat abzuschaffen. Aber je intensiver diese Bewegung anstelle des Vielvölkerstaates einen Nationalstaat wünschte, in
dem allein die türkische Volksgruppe als »staatstragend« zu
gelten habe, desto mehr bürgerte sich gegen Ende des 19. Jahrhunderts die Bezeichnung »Jungtürken« ein.

Extremer Nationalismus – mit Vorbildern in Europa

Mit der Reformbewegung der Jungtürken (türkisch: *Genc Türkler*) bekam die Bezeichnung »Türke« allmählich einen guten
Klang. »Türke« stand nun für »unverbildetes Volk«, in Opposition zur Dekadenz der regierenden Oberschicht.

Entsprechend fingen die jungen Reformer an, die mehrheitlich von Türken bewohnten Gebiete *Türkiye* zu nennen – ein
Name, der später mit politischer Programmatik für die Republik
gewählt wurde. Die Europäer jedoch hatten den Namen als geo-
graphische Bezeichnung schon Jahrzehnte zuvor verwendet,
eben weil Europäer damals längst schon in ethnischen und
nationalsprachlichen Kategorien dachten. Ohnehin orientierten sich die Reformer weitgehend an Denkstrukturen des europäischen Nationalismus. Ein Beleg dafür ist das Interesse, das
die Jungtürken zunehmend für die Geschichte und die Mythen
der türkischen vorislamischen Stammesgesellschaften zeigten.
Parallelen finden sich zur Genüge bei Deutschen, die sich zu
Beginn des 20. Jahrhunderts sehr für das vorchristliche Germa-
nentum interessierten. Seit der Bewegung der Jungtürken ist
die (historisch nicht gesicherte) Auffassung zum Mythos gewor-

den, das Wort *turk* – identisch mit einem Stammesnamen aus der »türkischen« Frühzeit – bedeute »Kraft«, »Stärke«[25]. Dies war ein Mythos, der sich in einem schwächelnden Vielvölkerstaat politisch bestens instrumentalisieren ließ. Er bildete die sozialpsychologische Grundlage, auf der Atatürk die weithin anerkannten politischen Schlagworte formen konnte: »Ich bin stolz, ein Türke zu sein« und »Glücklich ist, wer sich Türke nennen darf«.

In der zweiten Hälfte des 19. Jahrhunderts begannen überdies türkisch orientierte Intellektuelle nach geistigen Ahnvätern einer türkischen Kultur in der fernen Vergangenheit zu suchen. Sie wurden fündig bei dem Derwischdichter Yunus Emre, der im 14. Jahrhundert, als nahezu alle anderen Dichter in Anatolien ihre Gedichte auf Persisch verfassten, schon eine sehr ausdrucksstarke Lyrik in türkischer Sprache schuf. In der neueren türkischen Geschichtsschreibung wurde Yunus Emre deshalb zum herausragenden Beispiel eines Türken stilisiert, der sich bereits vor 500 Jahren selbstbewusst von den übermächtigen arabischen und persischen Kultureinflüssen abgrenzte. Yunus Emre habe entscheidend dazu beigetragen, das byzantinische Anatolien zu »türkisieren«, das 1071 von dem Turkvolk der Seldschuken erobert worden war. Mit der historischen Realität und dem Selbstverständnis eines Dichters aus dem 14. Jahrhundert haben solche Ideologisierungen allerdings wenig zu tun, denn der Derwisch dichtete auf Türkisch, weil er nur so das einfache Volk erreichen konnte, das kein Arabisch und Persisch verstand. Das Türkische als kulturellen oder gar als nationalen Kampfbegriff zu verwenden wäre Yunus Emre noch völlig fremd gewesen. Aber das hat jungtürkische Intellektuelle nicht daran gehindert, aus ihm den Ahnvater der türkischen Nationalsprache zu machen, und als solcher wird er bis heute in den Schulbüchern der Republik Türkei gefeiert. Jedes Kind wird angehalten, einige der besonders »volkstümlich« formulierten Verse auswendig zu lernen. Dabei war der »Türke« Yunus Emre selbst noch 300 bis 400 Jahre nach seinem Tod bei der osmanischen Oberschicht weit weniger geschätzt als die persisch- und arabischsprachigen Dichter.

Erste Belege für die Bezeichnung »Türke« auch in regierungsamtlichen Verlautbarungen finden sich gegen Ende des 19. Jahrhunderts. Ein besonders anschauliches Beispiel liefert die heute griechische Stadt Saloniki (türkisch: Selanik), die zur osmanischen Zeit einen hohen türkischen Bevölkerungsanteil hatte. Um die ethnischen Gruppen in Saloniki zu bezeichnen, wurde zum ersten Mal der Begriff »türkisch« statt »osmanisch« verwendet.[26] Es ist kein Zufall, dass diese historische Neuorientierung ausgerechnet in jener Stadt ihren ersten politischen Niederschlag fand, in der Atatürk geboren und selbst zum Nationalisten wurde.

Die Jungtürken verbanden anfangs ihren westlich geprägten Nationalismus mit der Forderung nach einer ebenfalls westlich geprägten Demokratie, welche die dekadente orientalische Despotie der osmanischen Sultane ablösen sollte. Zu Beginn des 20. Jahrhunderts aber, nachdem sich die Jungtürken an die Macht geputscht hatten, war die Forderung nach Demokratie weitgehend in den Hintergrund getreten zugunsten eines immer radikaleren Nationalismus. Die Dynastie der Osmanen regierte zwar nominell weiterhin, doch die eigentlichen Richtlinien der Politik bestimmten in dieser Endphase des Osmanischen Reiches die Jungtürken unter der Führung der Offiziere Enver Pascha, Talaat Pascha und Dschemal Pascha.

Mit der Herrschaft der Jungtürken begann eine verhängnisvolle Entwicklung. Je mehr sich der Zerfall des Vielvölkerstaates abzeichnete, desto entschiedener arbeiteten die Nationalisten auf ein Staatsmodell hin, in dem die Türken die alleinige bestimmende Kraft sein sollten. Hierzu passt, dass nahezu alle jungtürkischen Ideologen wie auch viele ihrer begeisterten Anhänger aus dem Balkan, vor allem aus dem griechisch besiedelten Teil des Osmanischen Reiches kamen, wo die Türken in immer größere Bedrängnis durch die nach Unabhängigkeit strebenden Nordgriechen gerieten.

Der jungtürkische Nationalismus nahm sehr bald übersteigerte, größenwahnsinnige Züge an: Auf dem Boden des zerbrechenden Vielvölkerstaates wollten die Jungtürken ein »Großtürkisches Reich« errichten, das alle Turkvölker vereinigen sollte, also auch Turkmenen, Aserbeidschaner, Kasachen, Kirgisen, Usbeken. Dies war eine abstruse, wirklichkeitsfremde Forderung, denn die unterschiedlichen Turkvölker waren im Verlauf ihrer langen Geschichte politisch nie vereint gewesen, sie hatten auch nie ein Gefühl enger kultureller Zusammengehörigkeit entwickelt. Auch ihre Sprachen unterscheiden sich erheblich. Aber die Vorstellung, dass ein Staat entstehen sollte, in dem nur Türken lebten, entfaltete in Anatolien, dem türkischen Kerngebiet des Osmanischen Reiches, eine verheerende Dynamik. Hier verfügten die Jungtürken über genug Macht, um ihre Ziele militärisch durchzusetzen. Nichttürken, die sich der dortigen »Türkisierung« widersetzten, hatten mit schlimmsten Konsequenzen zu rechnen, so die Armenier, so die Griechen, so die Kurden.

Verhängnisvolle Konsequenzen einer solchen Ideologie zeigten sich erstmals an der Wende zum 20. Jahrhundert. Damals verlangte die Minderheit der Armenier soziale Reformen und kulturelle Autonomie, einzelne Stimmen forderten gar die nationale Unabhängigkeit.

Was nun folgte, belastet die türkische Geschichte und den türkischen Nationalismus bis heute.

Massaker an den Armeniern – erste radikal-nationalistische Konsequenz

Im äußersten Osten Anatoliens, zwischen dem Van-See, der Stadt Erzurum und dem Berg Ararat, trifft der Reisende immer wieder auf Kirchen mit kegelförmigem Dach, ähnlich den

Dächern seldschukischer Moscheen. Es sind armenische Kirchen. Viele von ihnen stehen vor einer grandiosen Bergkulisse in der Einöde. Wo sind die Ortschaften geblieben? Oft lassen nur noch Grundmauern ihre einstige Existenz ahnen. Viele Kirchen mit herrlichen Reliefs, von denen die frühesten aus dem 9. Jahrhundert stammen, dienten noch vor wenigen Jahrzehnten türkischen Hirten als Schafställe, bevor westeuropäische Touristen die vom Zerfall bedrohten architektonischen Kostbarkeiten entdeckten.

In diesem äußersten Osten Anatoliens, nahe der Grenze zum Iran, lebten zu Beginn des 20. Jahrhunderts mehr als zwei Millionen Armenier. Aber während des Ersten Weltkriegs wurden Hunderttausende von ihnen in ihren Dörfern und Städten von türkischen Soldaten hingemetzelt, weitere Hunderttausende starben auf der Flucht oder sie gingen während der Ausreise, dem sogenannten Todesmarsch zur syrischen Grenze, an Hunger und Erschöpfung zugrunde. Insgesamt sollen damals nahezu eine Million oder gar bis zu 1,5 Millionen Armenier umgekommen sein, so später die armenischen Angaben. Dagegen wollen die Türken als offizielle Zahl nur 300 000 gelten lassen und streiten die planmäßige Vernichtung dieser Volksgruppe ab.[27]

Wie konnte es zu diesen Massakern kommen?

Die Armenier, ein Volk mit indoeuropäischer Sprache, siedelten im östlichen Anatolien und in Randgebieten des westlichen Iran schon seit dem 6. Jahrhundert vor unserer Zeitrechnung. Sie verfügten in den beiden Jahrhunderten vor der Zeitenwende sogar über ein unabhängiges Königreich, dessen Herrschaftsgebiet vom Kaukasus bis ans Mittelmeer reichte. Dann aber geriet das armenische Volk in Abhängigkeit von den Römern, danach von den Byzantinern, Persern, Seldschuken und schließlich den Osmanen.

Das Leben unter fremder Herrschaft verlief naturgemäß nie ohne Konflikte, aber kaum einmal sahen sich die Armenier in ihrer Existenz bedroht. Gerade unter der Herrschaft der muslimischen Turkvölker, zuerst der Seldschuken (seit 1071) und dann der Osmanen (seit 1516), erging es den armenischen Christen lange Zeit sogar besser als unter der Herrschaft der christlich-byzantinischen Kaiser. Denn die Armenier wurden unter dem harten Regiment der byzantinischen Staatskirche wegen ihres abweichenden christlichen Glaubens als »Ketzer« und »Sektierer« blutig verfolgt und konnten zu dieser Zeit ihr religiöses Leben ungehindert nur in abgelegenen Regionen rund um den Berg Ararat und den Van-See pflegen. Die Sultane der Seldschuken und Osmanen dagegen gewährten den armenischen wie auch allen anderen Christen Glaubensfreiheit. Es ist jene Form islamischer Toleranz, die der Koran gegenüber Angehörigen der anderen monotheistischen Religionen vorschreibt – eine Toleranz, die den muslimischen Herrschern oft mit Loyalität gedankt wurde. Zahlreiche armenische Kirchen, deren Architektur wir heute bewundern, entstanden deshalb nicht unter christlich-byzantinischer, sondern erst unter islamischer Herrschaft. Die Christen mussten sich nur widerspruchslos in den osmanischen Vielvölkerstaat einfügen und ihre Steuern zahlen.

Dass die Beziehungen zwischen Osmanen und Armeniern bis ins 19. Jahrhundert von gegenseitigem Respekt geprägt waren, zeigt sich noch im Verhalten des Sultans Abdul Meçid (1839–1861). Dieser Herrscher hatte ja Mitte des 19. Jahrhunderts eine Residenz nach westlichem Vorbild, den Dolmabahçe-Palast, erbauen lassen – und mit dieser ehrenvollen Aufgabe hatte er nicht etwa muslimische Architekten betraut, sondern zwei armenische.[28]

Das relativ friedliche Zusammenleben von türkischen Muslimen und Armeniern wurde erst in der zweiten Hälfte des 19. Jahrhunderts durch politische Spannungen immer größeren Belastungen ausgesetzt. Denn nun zeigte das Osmanische Reich bedenkliche Zerfallserscheinungen, es war eine Zeit, in der die Provinzgouverneure mehr denn je das Volk ausbeuteten und jeden Widerstand gegen ihre Willkürherrschaft mit brutaler Gewalt bekämpften. Damals wuchs bei Armeniern wie bei Griechen der Unmut über das despotische Staatswesen. Sie empfanden zunehmend Sympathie für Europa, ja sie begannen nach europäischem Vorbild nationalistisch zu denken und sich einen eigenen Staat zu wünschen. Unterstützung erhielten die Armenier vor allem von Russland, dessen Machtbereich im nördlichen Kaukasus an das Osmanische Reich grenzte. Die Zaren erhofften sich durch die politische Schwächung der Sultane mehr Einfluss in der östlichen Mittelmeerregion, und schon aus diesem Grund traten sie dafür ein, dass die Armenier mehr Eigenständigkeit oder gar einen eigenen Staat – auf Kosten der Osmanen – erhielten.

Die Sultane mussten eine solche Entwicklung naturgemäß als Bedrohung empfinden – aber nur machtpolitisch, nicht in religiöser Hinsicht. Als 1894 die Armenier erstmals offen rebellierten und osmanische Beamte töteten, schickte Abdul Hamid II. Soldaten in das Unruhegebiet – zur Bekämpfung einer nationalistischen Revolte; es war kein Feldzug gegen das Christentum. 1895 gab es aus diesem Grund erste Massaker an der armenischen Bevölkerung, denen etwa 200 000 Menschen zum Opfer fielen.

Zur eigentlichen Katastrophe kam es erst während des Ersten Weltkriegs. Seit in Istanbul die revolutionäre Gruppe der Jungtürken die Richtlinien der Politik bestimmte, durften die Armenier mit keiner Nachsicht mehr rechnen. Auf das Konto dieser Nationalisten gingen 1915 die Massaker, die mehr als eine Million Armenier das Leben kosteten. Aber auch den Jungtürken ging es nicht darum, das Christentum zu bekämpfen. Hier fochten türkische Nationalisten gegen armenische Nationalisten. Auch die Jungtürken wollten verhindern, dass die Armenier nach der drohenden Niederlage der Osmanen im Ersten Weltkrieg auf dem Boden des zerfallenden Reichsgebiets

einen eigenen Staat errichteten. Zudem befürchteten die Türken, dass die Armenier im weiteren Verlauf des Kriegs das
feindliche Russland unterstützten.

Allerdings zeigten sich die extremistischen Jungtürken unfähig, den gemäßigten Nationalisten unter den Armeniern mit
Kompromissbereitschaft zu begegnen. Gemäßigte Nationalisten waren damals bei den Armeniern noch in der Mehrzahl.
Nur eine einzige der vier großen armenischen Parteien forderte
einen unabhängigen Staat, die anderen drei verlangten lediglich wirtschaftliche und soziale Reformen, vor allem das Recht
auf Selbstverwaltung. Noch 1914 riefen Vertreter einer dieser
drei gemäßigten Reformparteien ausdrücklich zur Loyalität
gegenüber dem Osmanischen Reich und zum Kriegsdienst in
der osmanischen Armee auf.[29]

Aber die moderate Forderung nach mehr Selbstverwaltung
unter osmanischer Oberhoheit passte nicht in die Zielvorstel-
lungen der radikalen türkischen Nationalisten. Den Jungtürken schwebte vor, einen ethnisch monolithischen Staat zu
errichten, in dem nur Türken lebten. Minderheiten hatten in
einem derartigen Staat kein Existenzrecht, es sei denn, sie
würden auf ihre Kultur und Sprache verzichten und sich »türkisieren« lassen. Da die Armenier sich jedoch einer »Türkisierung« verweigerten, mussten sie nach der Logik der Jungtürken vertrieben – oder getötet – werden. Mit dieser politischen
Zielsetzung konnten sich die Jungtürken allerdings in keiner
Weise auf den Islam berufen, denn dem Islam sind ethnische
Kategorien völlig fremd. Pate stand hier der europäische Nationalismus in einer radikalisierten Form: Hier zeichnete sich
bereits der Übergang vom Nationalismus zum völkischen Fa-
schismus ab.

Nach dem Sturz der Jungtürken am Ende des Ersten Weltkriegs übernahm Atatürk die Führung. Er hatte zwar nichts
mit den Massenmorden an den Armeniern zu tun, führte aber
1920 trotzdem einen erbitterten Kampf gegen die unabhängige

Republik Armenien, die mit Unterstützung der alliierten Siegermächte in Ostanatolien errichtet worden war. Atatürk lehnte ja – wie alle türkischen Nationalisten – den demütigenden
Friedensvertrag von Sèvres, der den Armeniern einen eigenen
Staat zugestand, entschieden ab. Türkische Truppen unter der
Führung Atatürks töteten über 200 000 Armenier. Aufgrund
dieser zweiten Niederlage mussten die Armenier alle anatolischen Gebiete an die Türkei abtreten, womit ihnen für eine
eigene Republik nur noch ein Gebiet im Kaukasus, also außerhalb des ehemaligen Osmanischen Reiches, blieb. Dieser Rest-
staat verlor wenige Jahre später seine Selbständigkeit und
wurde zu einer Sowjetrepublik. Erst 1989, nach dem Zerfall der
UdSSR, konnten die Armenier den Traum einer unabhängigen
Republik zumindest in der Kaukasusregion verwirklichen.

Atatürks Nationalismus unterschied sich jedoch in etlichen
Punkten wesentlich vom Nationalismus der Jungtürken. Der
Staatsgründer distanzierte sich vom realitätsfernen Traum
eines »Großtürkischen Reiches« und strebte stattdessen eine
»kleintürkische Lösung«, einen Staat im türkischen Kerngebiet, an. Aber in einem entscheidenden Punkt war er sich mit
den Jungtürken einig: Dieser Staat sollte durchweg »türkisch«
sein. Insofern konnte unter der Herrschaft Atatürks ebenfalls
keine einzige ethnische Minderheit ein Existenzrecht beanspruchen, sobald sie auf ihrer ethnischen Eigenart, ihrer Kultur und Sprache beharrte. Wenn auch Atatürk selbst mit dem
Massenmord an den Armeniern nichts zu tun hatte, verhinderte er später rigoros jede Diskussion darüber. Denn seiner
Ansicht nach musste eine öffentlich geführte Diskussion die
Sicherheit der jungen Republik Türkei erheblich gefährden und
hätte das nur mühsam Erreichte wieder in Frage gestellt.

Bei dieser Haltung ist es auch unter seinen Nachfolgern bis
in unsere unmittelbare Gegenwart geblieben. Sie wirkt auf
westeuropäische Beobachter umso befremdlicher, je mehr sogar höchste Regierungskreise die Diskussion über die histori-

sche Wahrheit verweigern – ja mehr noch, alle Kritiker dieser verordneten kollektiven Verdrängung mit Gefängnis oder hohen Geldstrafen bedrohen. Und vollends irritieren muss, dass radikale Nationalisten solche Kritiker gar ermorden und dafür Beifall ernten. Noch immer fehlt es einem Großteil der national gesinnten Türken an der Bereitschaft, sich unvoreingenommen mit den verheerenden Auswüchsen des Nationalismus auseinanderzusetzen.

Die Verdrängung des »Armenierproblems«

Wer öffentlich die Massenmorde an Armeniern und anderen ethnischen Minderheiten thematisiert, kann wegen »Herabwürdigung des Türkentums« zu einer mehrjährigen Gefängnisstrafe verurteilt werden. Das galt nach der Verordnung strikter säkularer Nationalisten seit vielen Jahrzehnten, aber unter der islamisch orientierten Regierung Erdoğan hat sich daran nichts geändert, wie wir noch sehen werden.

Bereits in den 1980er-Jahren erregten entsprechende Vorfälle in der internationalen Presse Aufsehen, vor allem dann, wenn westliche Touristen in Konflikt mit dem berüchtigten Paragraphen 301 kamen. Am 10. Juni 1982 besuchte eine deutsche Reisegruppe die berühmteste aller armenischen Kirchen in Anatolien, die Heiligkreuzkirche auf der Insel Achtamar im Van-See. Während die Gruppe die prächtig ornamentierten Fassaden bestaunte, erzählte der Reiseleiter vom Massenmord an den Armeniern 1915, was ein deutschkundiger Türke mithörte und sofort bei der Polizei anzeigte. Der Reiseleiter wurde verhaftet und ins Gefängnis gesteckt, und die Bundesrepublik Deutschland musste erhebliche Anstrengungen unternehmen, um ihn freizubekommen.[30]

Viel gefährlicher waren und sind solche Strafverfahren aber für Türken, bei denen keine ausländische Institution helfend eingreifen kann. Journalisten, Schriftsteller sowie Politiker, die sich kritisch über Auswüchse des türkischen Nationalismus äußerten, wurden zu Gefängnisstrafen verurteilt oder erhielten Berufsverbot. Immer wieder greifen Fanatiker in ihrer »nationalen Empörung« zur Selbstjustiz und töten »Feinde des Volkes« auf offener Straße, und in den allermeisten Fällen geht die Justiz bei der Verfolgung solcher Verbrechen nur sehr halbherzig vor.

Im Februar 2005 beispielsweise erregte der international bekannte Schriftsteller Orhan Pamuk Aufsehen, weil er in einem Interview mit dem *Züricher Tages-Anzeiger* nicht nur kritisierte, dass das Militär die Entwicklung der türkischen Demokratie behindert, sondern auch, dass die Massaker an den Armeniern und den Kurden bis heute totgeschwiegen werden. Er sprach offen davon, dass im Ersten Weltkrieg mehr als eine Million Armenier und seit 1980 über 30 000 Kurden ermordet wurden. Gegen Orhan Pamuk, der im Herbst 2005 mit dem Friedenspreis des Deutschen Buchhandels ausgezeichnet wurde (und der im darauffolgenden Jahr den Nobelpreis für Literatur erhielt), begann im Dezember 2005 ein Prozess wegen »Herabwürdigung des Türkentums«. Die Anklage forderte ein erhöhtes Strafmaß, weil der Autor seine »beleidigenden« Äußerungen gegenüber einer ausländischen Zeitung gemacht und damit dem Ansehen der Türkei umso mehr geschadet habe. Pamuk wurde von wütenden Demonstranten als »Vaterlandsverräter« beschimpft. Der Prozess wurde dann allerdings auf unbestimmte Zeit vertagt und schließlich eingestellt – wohl weil man eingesehen hatte, dass er für zu viele Schlagzeilen sorgen und so erst recht dem internationalen Ansehen der Türkei schwer schaden würde.

Ähnlich erging es der inzwischen ebenfalls international bekannten türkischen Autorin Elif Shafak, einer 1971 in Straßburg geborenen Diplomatentochter. Ihr 2006 in der Türkei erschienener Roman *Der Bastard von Istanbul* brachte ihr eine Anzeige wegen »Herabwürdigung des Türkentums« ein. Elif

Shafak hatte den türkisch-armenischen Konflikt zum Thema gemacht, indem sie eine Armenierin im Roman offen von den Massakern des Jahres 1915 sprechen ließ. Im Unterschied zu Pamuk wurde sie vor Gericht gebracht, weil nicht sie, sondern lediglich eine ihrer Romanfiguren den Völkermord angesprochen hatte. Es war das erste Mal, dass in der Türkei aus diesem Grund eine Autorin oder ein Autor angeklagt wurde. Am 21. September 2007 wurde jedoch das seit März laufende Verfahren »wegen Mangels an Beweisen« eingestellt und Elif Shafak vom Vorwurf der »Herabwürdigung« freigesprochen.

Wie schon im Fall Pamuk befürchteten die Richter, dass ein Schuldspruch international Schlagzeilen machen und dem Ansehen der Türkei schweren Schaden zufügen würde. Der Roman *Der Bastard von Istanbul* war nämlich in der Türkei innerhalb kürzester Zeit 60 000 Mal verkauft worden und Monate später zum internationalen Bestseller avanciert. Gerade ein solcher Publikumserfolg in der Türkei selbst zeigt, dass längst nicht mehr die überwiegende Mehrheit der Türken sich gegen die Thematisierung der »Armenierfrage« sperrt. Allerdings war der federführende Staatsanwalt anderer Ansicht, er machte, wie man dem Klappentext der 2007 in Deutschland erschienenen Romanausgabe entnehmen kann, »ausländische Kräfte« für den Freispruch verantwortlich. Im Klartext: Ohne den Druck der EU wäre das Urteil ganz anders ausgefallen.

Viel schlimmere Folgen hatte die mutige Kritik an den Armeniermassakern für den prominenten armenischen Journalisten Hrant Dink. Als Begründer und Chefredakteur der armenischen Zeitung *Agos* in Istanbul war er seit Jahren dafür bekannt, einen Dialog zwischen Türken und den noch in der Türkei lebenden Armeniern zu entwickeln, wobei er stets betonte, dass beide Seiten die lastende Vergangenheit kritisch aufarbeiten müssten. Aber ausgerechnet diese Bereitschaft zum Dialog hatte ihm die Feindschaft türkischer Nationalisten eingetragen. Mehr noch: Ein Gericht hatte ihn 2005 wegen »Herabwürdigung des Türkentums« zu einer mehrmonatigen Gefängnisstrafe verurteilt. Aber die größte Gefahr lauerte aufseiten extremer Nationalisten, die drohten, ihn, den »Feind des Vaterlandes«, hinzurichten. Solche Fanatiker lehnen die Aufforderung zum selbstkritischen Dialog ab, denn er würde sie zwingen, eigene extreme Positionen zu revidieren. Am 19. Januar 2007 erschoss ein jugendlicher Nationalist den Journalisten Hrant Dink vor seiner Redaktion in Istanbul.

Hrant Dinks Begräbnis wurde dann allerdings zu einer machtvollen Demonstration gegen fanatischen Nationalismus. Nahezu 100 000 Menschen, Armenier wie Türken, nahmen im Zentrum Istanbuls an einem Schweigemarsch teil. Die Demonstranten trugen Plakate mit Aufschriften wie »Wir sind alle Hrant Dink«, »Wir sind alle Armenier« oder »Mörder 301«. Letztere bezog sich auf den fragwürdigen Paragraphen 301, der jede grundsätzliche Kritik am offiziell verordneten Nationalismus als »Herabwürdigung des Türkentums« deklariert und zu einem Verbrechen erklärt – und extreme Nationalisten zum Mord an »Vaterlandsverrätern« ermuntert. Solche mutigen Plakate waren positive Signale, die auf eine wachsende Ablehnung gegen die bisher vertretene Haltung des Staates hindeuteten.

Aber es gab auch Signale, die in die entgegengesetzte Richtung wiesen. Die Regierung unter Ministerpräsident Erdoğan zeigte sich trotz offizieller Betroffenheitsgesten nicht bereit, den heftig umstrittenen Paragraphen 301 abzuschaffen. Sie hatte sich auch nicht zu der symbolischen Geste durchringen können, einen Repräsentanten zur Teilnahme an der Beerdigung des prominenten Ermordeten zu schicken.[31] Hinzu kam, dass der 17-jährige Mörder Hrant Dinks nach seiner Festnahme von Polizisten wie ein Nationalheld gefeiert wurde. Es existieren Fotos (die auch in deutschen Zeitungen veröffentlicht wurden), auf denen Polizisten zusammen mit dem verhafteten Mörder die türkische Nationalflagge in die Höhe halten. Und weil der Mörder bei seiner Tat eine weiße Wollmütze getragen hatte, wurden bereits zwei Wochen nach dem Attentat nahezu gleich aussehende Kopfbedeckungen in anatolischen Souvenirläden mit großem Verkaufserfolg als neues Symbol des extremen Nationalismus angeboten.[32] Als im Juli der Prozess gegen den mutmaßlichen Mörder und seine Helfer begann, belastete einer der Angeklagten die Polizei schwer, indem er sagte, Gruppierungen innerhalb des Polizeiapparats seien durch Spitzel über die Planung informiert gewesen, hätten aber nichts unternommen, um den Mord zu verhindern.[33]

Angesichts derartiger Missstände muss es niemanden wundern, dass unter den wenigen in der Türkei noch verbliebenen Armeniern das Bedürfnis nach Emigration wächst. Aber wie groß ist überhaupt ihre Zahl und unter welchen Bedingungen leben sie seit 80 Jahren als Minderheit in der Republik Türkei?

Einstmals lebten auf dem Staatsgebiet der heutigen Türkei etwa zwei Millionen Armenier, Mitte der 2010er-Jahre sind es nur noch 100 000, allein 60 000 davon in Istanbul. Wie weit die »Türkisierung« bei ihnen fortgeschritten ist, zeigt folgender Tatbestand: Etwa 80 Prozent beherrschen nicht mehr oder nur noch sehr unzureichend ihre ursprüngliche Muttersprache, denn im Alltag dominiert das Türkische, und Armenisch ist als Unterrichtssprache ebenso verboten wie das Kurdische. Dies hat zur Folge, dass die in Istanbul erscheinende einzige Zeitung in armenischer Sprache, nämlich die erwähnte *Agos*, nur noch von rund 20 Prozent der in der Türkei lebenden Armenier gelesen werden kann.[34] Nahezu 80 Prozent sind also bereits »türkisiert«. Solche Armenier sind aus nationalistischer Sicht Türken mit christlicher Religion.

Die Regierung unter dem »islamischen« Ministerpräsidenten Erdoğan zeigte sich allerdings in mancher Hinsicht gegenüber der armenischen Minderheit beweglicher als bisherige, strikt säkular ausgerichtete Regierungen. Schon im Jahr 2005 ließ Erdoğan erkennen, dass er bereit war, mit versöhnlichen Gesten den türkisch-armenischen Konflikt zu entschärfen.

Ein entscheidendes Signal gab Erdoğan, als er 2005 veranlasste, die 1000 Jahre alte Heiligkreuzkirche auf der Insel Achtamar im Van-See zu restaurieren. Diese Kirche war nahezu 700 Jahre lang – mit einem angeschlossenen Kloster, das heute nicht mehr existiert – Sitz des armenischen Patriarchen und damit Zentrum der armenischen Kultur. Bis heute ist sie für die in aller Welt zerstreuten Armenier das Symbol ihrer Geschichte, ja ihrer kulturellen Identität. Nach der Vertreibung der Armenier 1915 hatte das türkische Militär viele Jahre lang die Fassade der verlassenen Kirche als Ziel für Schießübungen missbraucht.[35] Gegen diese Barbarei, die noch bis ins Jahr 2003 anhielt, erhob sich weltweit Protest. Erdoğan reagierte darauf, indem er jede weitere Zerstörung untersagte und 2005 die sorgfältige Restaurierung der Kirche einleitete. Er setzte sich persönlich für das Projekt ein, für die Kosten von umgerechnet 1,5 Millionen US-Dollar kam der türkische Staat auf.[36]

Die Heiligkreuzkirche im Van-See ist das erste armenische Baudenkmal überhaupt, das in der Türkei auf Veranlassung der Regierung restauriert wurde. Aber als am 29. März 2007 der Abschluss der Arbeiten in einem feierlichen Akt begangen wurde, zeigte sich schon wieder, dass die grundsätzlichen Probleme im türkisch-armenischen Konflikt noch nicht behoben sind. Die Signale rund um die Eröffnungsfeier der Kirche waren sehr widersprüchlich.

An der Feier durften armenische Gäste aus aller Welt teilnehmen. Der türkische Kulturminister Attila Koç betonte bei seiner Eröffnungsrede, die Regierung Erdoğan wolle zukünftig alle Zeugnisse fremder Kulturen auf türkischem Boden schützen. Auch hatte Erdoğan versprochen, anlässlich der Eröffnungsfeier einen Grenzübergang zur benachbarten Republik Armenien zu öffnen, um den Armeniern eine möglichst problemlose Anreise zu der Veranstaltung zu ermöglichen. Aber die türkische Armeeführung verbot die Öffnung der Grenze mit dem Argument, dass keine diplomatischen Beziehungen zwischen der Türkei und Armenien bestünden. Und so waren die Gäste aus Armenien gezwungen, den weiten Umweg über Georgien zu nehmen.[37]

Ein anderes Problem wog noch schwerer. Für Streit zwischen der Regierung in Erewan, der Hauptstadt Armeniens, und Ankara sorgte die Frage, ob die Kultstätte eine Kirche oder ein Museum sein sollte. Das Oberhaupt der armenischen Kirche in Erewan, Karekin II., bat um die Erlaubnis, einen Gottesdienst in der neu eröffneten Kirche abzuhalten. Aber das türkische Außenministerium lehnte ab – auf Druck des Militärs und strikt säkular orientierter Parteien. Die Kirche von Achtamar könne nur als Museum zugelassen werden, hieß es. Daraufhin weigerte sich der Patriarch aus Erewan, an der Feier teilzunehmen. Eine abschlägige Antwort erhielt auch der türkisch-armenische Patriarch Mesrob II., der die Hoffnung äußerte, dass künftig wenigstens einmal im Jahr ein Gottesdienst in der Kirche stattfinde, damit sich ein »Klima des Dialogs« zwischen Türken und Armeniern entwickeln könne.[38]

Zwei Schritte vorwärts, einen Schritt zurück – diese Widersprüchlichkeit kennzeichnet die neuere Entwicklung im türkisch-armenischen Konflikt.

Bei Erdoğan selbst äußern sich diese Gegensätze in einer Person. Er, der einerseits den Armeniern ihr wichtigstes Heiligtum hatte restaurieren lassen und dafür von vielen türkischen Nationalisten heftig kritisiert wurde, reagiert andererseits ebenso heftig auf die Erklärungen fremder Staaten, die die Massaker an den Armeniern während des Ersten Weltkriegs als »Genozid«, als organisierten »Völkermord«, bezeichnen. Besonders aufsehenerregend war Erdoğans emotional aufgeladene Reaktion, als die deutsche Regierung 2016 im Bundestag eine entsprechende Resolution verabschiedete. (Darüber mehr im Abschnitt *Welche Barrieren weiterhin zu Europa bestehen*.)

Türkischer und griechischer Nationalismus

Afyon, eine Stadt im mittleren Anatolien mit rund 175 000 Einwohnern, besitzt eine noch intakte Altstadt aus osmanischer Zeit mit einem Labyrinth verwinkelter Gassen und zahlreichen Moscheen, weist aber auch eine besonders auffällige kulturelle Bruchlinie gegenüber der modernen Neustadt mit ihren Betonblocks und breiten Autostraßen auf. Zwischen den so scharf getrennten alten und neuen Stadtteilen befindet sich ein geräumiger, repräsentativer Platz, umsäumt von Teestuben und Restaurants. Dieser Platz verdeutlicht auf ganz andere Weise exemplarisch die Spannung zwischen traditioneller und moderner Türkei. In seiner Mitte steht ein überlebensgroßes Denkmal. Ein vier Meter hoher Mann aus Eisen mit nacktem, muskulösem Oberkörper hat drohend die Fäuste emporgehoben, die Zähne sind furchterregend gefletscht, die Augen im wilden Zorn weit offen. Der rechte Fuß ruht auf der Brust eines am Boden liegenden Mannes, dessen Gesicht schmerzverzerrt ist. Am massigen Steinsockel prangt ein Porträt Atatürks, dazu reihen sich beiderseits auf eisernen Reliefplatten grimmig blickende Soldaten mit kantigen Gesichtern, tief gebückt, die türkische Nationalflagge küssend.

Der Anblick ist für Westeuropäer befremdend. Und doch auch wieder nicht: Monumentalstatuen mit solcher Ästhetik finden sich auch in Europa. Es drängt sich der Vergleich zu faschistischer Heldenverehrung oder auch zur patriotischen Kunst der Sowjetunion auf. Und es ist kein Zufall, dass diese monumentale Plastik 1936 nicht von einem Türken, sondern von dem Österreicher Heinrich Krippel geschaffen wurde, demselben Bildhauer, der 1926 in Ankara das bronzene Reiterstandbild Atatürks entworfen hatte.

Über die türkischen Parolen auf dem massigen Steinsockel ist in großen Lettern die Jahreszahl 1922 geschrieben, dazu »26. August«. Dieses Datum weckt noch heute für jeden Türken traumatische wie auch freudige Erinnerungen. Der 26. August 1922 markiert den Wendepunkt im Krieg zwischen der Türkei und Griechenland. In der Schlacht von Dumlupinar, etwa 50 Kilometer westlich von Afyon, besiegte an diesem Tag Atatürk die Griechen – und damit war dem Vordringen griechischer Truppen tief ins Innere Anatoliens Einhalt geboten. Seit diesem Zeitpunkt bestimmten die türkischen Truppen unter der Führung Atatürks das Gesetz des Handelns und drängten die Griechen aus Anatolien hinaus. Dementsprechend symbolisiert der vier Meter hohe, grimmig dreinschauende Eisenmann die siegreichen Türken, wohingegen der am Boden liegende Mann mit schmerzverzerrtem Gesicht die besiegten Griechen verkörpert.

Die Entscheidungsschlacht bei Afyon schuf die Voraussetzungen für den unaufhaltsamen Aufstieg Atatürks und damit auch für die Gründung der Republik Türkei. Besonders dieser Krieg gegen Griechenland, bei dem es für die Türken um den Fortbestand ihres eigenen Staates ging, sollte den Begründern der Republik ein wichtiges Instrument liefern, um den türkischen Nationalismus zur Dynamik einer Massenbewegung zu steigern.

Begonnen hatte der Krieg, weil die Griechen nach dem Zusammenbruch des Osmanischen Reiches die Chance sahen, ihren nationalistischen Traum von einem »Großgriechischen Reich« zu verwirklichen. Das hieß aus dem Blickwinkel griechischer Nationalisten, man müsse die historische Kränkung rückgängig machen, die durch die 600 Jahre dauernde Herrschaft der Türken über das ursprünglich griechische Kleinasien (Anatolien) verursacht worden sei.

Am 15. Mai 1919 landeten griechische Truppen in Izmir und rückten nach heftigen Kämpfen bis nach Afyon vor. Die in Anatolien ansässigen Griechen begrüßten ihre Aufnahme in das »Griechische Großreich«. Sie unterschieden sich damit erheblich von früheren Generationen. Denn 90 Jahre zuvor, als sich ihre Landsleute in Südgriechenland die Unabhängigkeit erkämpften, hatten sich die Griechen in Anatolien nicht zu einem Befreiungskrieg entschließen können. Damals zogen sie es vor, unter der Herrschaft der Sultane zu bleiben, weil sich im ausgedehnten Osmanischen Reich mit seinen Märkten in Syrien und Ägypten gewinnbringend Handel treiben ließ. Ohnehin genossen die Christen in Anatolien religiöse Toleranz, so dass auch in dieser Hinsicht nicht das Bedürfnis bestand, sich von harter Bevormundung zu befreien. Aber gegen Ende des 19. Jahrhunderts, als die Herrschaft der Osmanen mit ihren hohen Steuerlasten immer drückender wurde, ließen sich die Griechen in Anatolien vom radikalen Nationalismus des unabhängigen Griechenlands anstecken und grenzten sich zunehmend von der türkischen Bevölkerung ab.

Der drei Jahre währende Krieg zwischen Griechen und Türken wurde mit äußerster Grausamkeit geführt. Weder griechische noch türkische Truppen schreckten davor zurück, auch die Zivilbevölkerung gnadenlos niederzumetzeln.[39] Zu groß war der Hass auf beiden Seiten geworden. Von Türken wird dieser Krieg bis heute als der maßgebende Befreiungsschlag empfunden. Denn Atatürk gelang es durch den Sieg über die Griechen nicht nur, die Gefahr der Fremdherrschaft und der Zerstückelung des türkischen Kerngebiets abzuwenden, sondern auch, einen neuen Friedensvertrag – den von Lausanne 1923 – auszuhandeln. Die Türken bekamen damit nach Jahren schlimmster Demütigung durch die Siegermächte des Ersten Weltkriegs erstmals ein Gefühl »nationaler Würde« – oder nüchterner ausgedrückt: die Voraussetzungen für nationale Selbstbestimmung.

Bestandteil des Friedensvertrags von Lausanne war die Vereinbarung, dass 1,3 Millionen Griechen Anatolien verlassen mussten, wo ihre Vorfahren über 2000 Jahre gesiedelt hatten. Umgekehrt waren rund 600000 in Nordgriechenland lebende Türken gezwungen, in die Republik Türkei auszuwandern.[40] Es geschah etwas, das wir heute mit dem schrecklichen Schlag-wort »ethnische Säuberung« bezeichnen. Eine solche Entwick-lung war aber erst möglich geworden, seit es auf griechischer wie auch türkischer Seite einen Nationalismus mit schroffer Intoleranz gegenüber anderen Volksgruppen gab.

Jeder Reisende begegnet in der Türkei immer wieder den Ausprägungen eines exzessiven Nationalismus. Ich selbst be-kam einen ersten Eindruck davon, als ich 1969 Edirne besuch-te. Edirne, heute Hauptstadt des türkischen Teils von Thrakien mit rund 150 000 Einwohnern, trug unter byzantinischer Herrschaft den griechischen Namen Hadrianopolis, später Adrianopel, Stadt des Hadrian (benannt nach dem römischen Kaiser). Im 14. und 15. Jahrhundert – vor der Eroberung Kons-tantinopels im Jahre 1453 – war Edirne Hauptstadt des Osma-nischen Reiches. Von Edirne aus begannen die Osmanen ihre Feldzüge auf den Balkan und rückten bis Serbien und Ungarn vor. Edirne bildete also fast 200 Jahre lang das Machtzentrum des Osmanischen Reiches. Aber seit dem Friedensvertrag von Lausanne 1923 ist Edirne Grenzstadt. Von den Minaretten der um das Jahr 1570 erbauten Selim-Moschee, einer der prächtigs-ten der Türkei, kann der heutige Besucher auf das Gebiet zweier angrenzender Staaten blicken: Griechenland und Bulgarien. Die Zollposten sind nur wenige Kilometer vom Stadtzentrum entfernt. Umso mehr wird gerade den in Edirne wohnenden Türken der Verlust einstiger osmanischer Größe bewusst. Ihre Eltern und Großeltern hatten nach dem Zusammenbruch des Osmanischen Reiches sogar drei Jahre, von 1919 bis 1922, unter griechischer Herrschaft leben müssen – bevor Atatürk im Frie-densvertrag von Lausanne die Rückgabe von Edirne erzwingen konnte.

Der erste Abend in der Grenzstadt Edirne führte mir sehr eindringlich vor Augen, wie lebendig und impulsiv der türki-sche Nationalismus den Alltag beherrschte. Ich ging ins Kino. Am Eingang hatte mich ein Plakat mit marschierenden türkischen Soldaten und dem Porträt Atatürks neugierig gemacht. Obwohl ich die türkischen Dialoge nicht verstand, konnte ich dem Spielfilm eindeutig entnehmen, dass er den Krieg zwischen Türken und Griechen von 1919 bis 1922 zum Thema hatte. Ich saß inmitten eines türkischen Publikums, das an den Filmszenen erregt Anteil nahm. Beifallklatschen sowie Getrampel mit den Füßen, Jubelrufe sowie gehässiges Zischen begleiteten die Handlung: Jubel, sobald türkische Soldaten ihre griechischen Gegner in die Flucht jagten, Buhrufe und verächtliches Gelächter, sobald griechische Offiziere hysterisch ihren sichtlich verängstigten Soldaten Befehle erteilten. Atatürk selbst tauchte in der Handlung nie auf. Aber als am Ende des Films eine Landkarte mit Pfeilen sichtbar wurde, die die Marschrichtung der Türken zur griechischen Grenze verdeutlichte – und als nun zu pathetischer Musik das Porträt des »Retters der Nation« eingeblendet wurde –, erhoben sich viele Zuschauer spontan von ihren Plätzen und klatschten.

Dass es aber parallel dazu auch in Griechenland einen entsprechenden aufgeheizten Nationalismus gibt, konnte ich gerade 1969 zu meiner Überraschung feststellen. Nur knapp 250 Kilometer entfernt, in Saloniki, lernte ich vier Wochen nach diesem denkwürdigen Kinobesuch einen griechischen Studenten kennen. Der junge Mann machte eine verächtliche Handbewegung, als ich von meinem Besuch in Istanbul erzählte. Er korrigierte mich: Die Stadt heiße nicht Istanbul, sondern Konstantinopel. Schließlich sei das eine griechische Stadt. Ich schwieg verdutzt. Mit erhobener Stimme erklärte er mir, Konstantinopel sei ein kulturelles Zentrum der ganzen Christenheit gewesen, bis diese asiatischen Barbaren gekommen seien und die Kultur der Stadt ruiniert hätten. – Auch unter den Osmanen habe die Stadt über sehr viel Kultur verfügt, widersprach ich, bis heute sei Istanbul reich an Kultur. Er blickte mich nahezu feindselig an. Istanbul! Wieso ich Istanbul sage?! Was diese Stadt heute noch an Kultur habe, sei das griechische Erbe. Die

Türken seien zu keiner Kultur fähig. Ein Steppenvolk aus dem Inneren Asiens sei das! Unbeholfen versuche es, sich europäische Kultur anzueignen.

Wir führten die Unterhaltung auf Deutsch. Er hatte in Deutschland einige Semester Medizin studiert und war jetzt wieder zu seinen Eltern nach Saloniki zurückgekehrt. Seine guten Deutschkenntnisse ließen mich zunächst erwarten, ich hätte es mit einem eher liberal denkenden Mann zu tun. Er äußerte sich zunächst auch sehr anerkennend über die liberale politische Verfassung Deutschlands und distanzierte sich von der Militärdiktatur unter Georgios Papadopoulos, der sich 1967 an die Macht geputscht hatte. Aber kaum waren wir auf die Türken zu sprechen gekommen, vertrat er plötzlich Ansichten, die ganz dem radikalen antitürkischen Nationalismus dieses Regimes entsprachen. Er äußerte die Hoffnung, dass irgendwann der Tag kommen werde, an dem die Griechen wieder Konstantinopel und Kleinasien in Besitz nähmen, dies sei ihr historisches Recht.

Griechenland ist 1974 wieder zur Demokratie zurückgekehrt, der außenpolitische Kurs gegenüber der Türkei hat sich beträchtlich gemildert. Aber antitürkische Ressentiments sind bei vielen Griechen geblieben.

Bis in unsere unmittelbare Gegenwart hat sich im griechischen Teil der Provinz Thrakien wenig an der Unterdrückung der türkischen Minderheit geändert. Beim Friedensvertrag von Lausanne 1923 wurde dieses Gebiet Griechenland zugesprochen, während das östliche Thrakien mit Edirne als Hauptstadt unter türkischer Herrschaft verblieb. Im griechischen Teil Thrakiens leben bis heute noch rund 150 000 Türken, das sind rund 30 Prozent der dortigen Bevölkerung. Diese türkische Minderheit in Westthrakien war nicht vom »Austausch-Abkommen« des Jahres 1923 betroffen, ebenso wenig wie umgekehrt die griechische Minderheit in Istanbul. Beide Minderheiten sind seither immer wieder starken Schikanen ausgesetzt gewesen, weil die

Mehrheit in ihnen »Agenten« des Nachbarstaates vermutete. In Istanbul kam es aus diesem Grund 1955 sogar zu einem verheerenden Pogrom gegen die Griechen, woraufhin viele der dort ansässigen Griechen fluchtartig die Türkei verließen.[41]

Pogrome gegen die türkische Minderheit gab es zwar im griechischen Thrakien nicht, aber sie ist massiv benachteiligt. Türken ist der Zugang zu vielen Berufen verschlossen, wie man in einer Veröffentlichung der Türkischen Botschaft in Berlin im Februar 2001 lesen konnte. Sie werden nicht in den Staatsdienst übernommen, erhalten keine Bankkredite, und ihr Grund und Boden wird für Bauvorhaben wie Industriegebiete oder Universitäten enteignet. Vereine, deren Namen das Wort »türkisch« enthielten, wurden aufgelöst. Der Gebrauch der türkischen Sprache ist zwar erlaubt, aber die Türken können ihre Sprache nicht ausreichend lernen, weil die Schulen der Minderheit personell schlecht ausgestattet sind und ihr Bildungsangebot gering ist. Der griechische Staat tut wenig, um den Lehrermangel zu beheben. Jedes Jahr erhalten nur 16 Lehrer aus der Türkei die Erlaubnis, in Griechenland zu unterrichten. Eingeschränkt ist auch die Religionsfreiheit der Muslime. 1990 wurde das Recht der türkischen Minderheit aufgehoben, ihre religiösen Oberhäupter selbst zu wählen, die Muftis können nur mit Genehmigung der griechischen Behörden eingesetzt werden.[42]

»Türkisierte« Dörfer, in denen einst Griechen wohnten

Das Dorf Mustafapaşaköy, im Gebiet der Höhlenkirchen von Göreme gelegen, war bis 1923 von Griechen bewohnt, heute leben dort hauptsächlich Türken. Der Ort war nach dem Krieg von 1919 bis 1923 ein Beispiel für jene Vorgänge, die die Bevölkerungsstrukturen vieler Städte und Dörfer veränderten. Mustafapaşaköy hat in diesem Zusammenhang eine symbolische

Bedeutung: Nach der Vertreibung der Griechen zogen türkische Familien aus Saloniki, der Heimatstadt von Mustafa Kemal Pascha, genannt Atatürk, zu und nannten das bis dahin griechische Dorf Sinassos nach dem Begründer der Republik Türkei.

Ich besuchte das Dorf im Frühjahr 2002. Es gab noch einige alte Häuser aus griechischer Zeit mit kunstvoll gearbeiteten Fenster- und Türrahmen sowie ornamentverzierten Balkonen aus Tuffstein. Aber die meisten Gebäude waren nicht mehr bewohnt und dem Verfall überlassen, während daneben neue türkische Häuser mit gesichtsloser Architektur und zwei ebenso austauschbare Moscheen das Bild bestimmten. Zu Ruinen geworden waren auch fast alle byzantinischen Kirchen, wobei nichts auf eine gewaltsame Zerstörung hindeutete. Eine bemerkenswerte Ausnahme bildete die Hauptkirche am Marktplatz: Ihre Fassade mit reich geschmücktem Tor und einer griechischen Inschrift war sorgfältig restauriert, seitlich hatte man ein Schild mit der Aufschrift *Müzesi*, »Museum«, angebracht. Allerdings war die Tür verschlossen, und ich konnte im Dorf niemanden finden, der sie mir geöffnet hätte.

Mich überraschte, dass die Inschrift frisch restauriert war. Ich hätte eher erwartet, dass die Türken solche Zeugnisse der griechischen Vergangenheit gezielt vernichteten. Überrascht war ich auch, ein Hinweisschild zu einem Restaurant mit der Aufschrift *Old Greek House* zu entdecken. Das Restaurant war in einem ehemaligen griechischen Haus eingerichtet. Aber wieso dieser Name, der das Griechische ausdrücklich betonte?

Überraschungen erwarteten mich ebenso in dem rund 50 Kilometer entfernten Dorf Güzelyurt. Das Dorf liegt eindrucksvoll auf einem felsigen Hügel mit prächtigem Ausblick auf einen See und die Berge. Bei meinem Besuch im Frühling waren die Gipfel noch schneebedeckt. Güzelyurt ist für seine byzantinischen Kirchen und die in der Nähe befindlichen Höhlenkirchen mit jahrhundertealten Fresken berühmt. In dem

Ort waren einstmals 70 Prozent der Bevölkerung Griechen, und man sagte mir, sie seien meist wohlhabender als die Türken gewesen.

In Güzelyurt traf ich auf leerstehende griechische Wohhäuser und Kirchen mit kunstvoll verzierten, vom Verfall gezeichneten Fassaden, daneben moderne Häuser. Die 1896 erbaute Hauptkirche Hagios Gregorios war im Unterschied zur Hauptkirche in Mustafapaşaköy nicht in ein Museum umgewandelt – sondern in eine Moschee. Unverkennbar blieb der byzantinische Stil der Fassade, aber seitlich war ein Minarett angefügt.

Im Vorhof der Moschee begegnete ich einem älteren Mann, dem Imam, der mir bereitwillig öffnete. Das Innere, ein dreischiffiger Raum, konnte den christlichen Ursprung nicht verleugnen. Immer noch war die Kanzel erhalten, an ihrer Vorderseite war ein tellerrundes Schild mit arabischen Schriftzeichen, *Allah*, befestigt. Die Ikonostase war aus der Apsis entfernt worden, die Wand wirkte nüchtern. Alle Wände waren weiß getüncht. Der Imam erklärte mir auf Englisch, dass nach der Vertreibung der Griechen sämtliche Fresken mit weißer Farbe übermalt worden seien. Voraussichtlich werde aber im nächsten Jahr der Verputz entfernt und die christlichen Malereien freigelegt. Der Innenraum werde restauriert. – Und wieder zur Kirche umgewandelt? – Nein, das nicht. Es gebe hier ja keine Christen mehr. Die Kirche werde zum Museum. Immer mehr Touristen kämen nach Güzelyurt. – Nur für Touristen werde alles restauriert? – Warum nicht? Die Hagia Sophia in Istanbul sei doch auch zuerst in eine Moschee und dann in ein Museum umgewandelt worden.

Als wir die »Kirchen-Moschee« verließen, ertönte von den anderen drei Dorfmoscheen, Neubauten aus den letzten Jahrzehnten, über Lautsprecher der Gebetsruf des Muezzins. Der Imam entschuldigte sich, eilte ins Innere seiner Moschee zurück, nahm dort das Mikrophon zur Hand und stimmte mit ein. Ich ging noch einmal um das Gebäude herum und entdeckte über dem Portal und den Säulenkapitellen Spuren christlicher Symbole: das Kreuz, die Taube als Sinnbild des Heiligen Geistes, Engel. Aber das Kreuz sowie die Engel waren weitgehend herausgemeißelt worden und nur noch in vagen Umrissen zu erkennen.

Ich blieb drei Tage in Güzelyurt. In dem kleinen Hotel am Ortsrand hatte ich von der Dachterrasse einen phantastischen Blick auf einen See und verschneite Berge. Dort hielt ich mich öfter auf, und dort kam ich schließlich ins Gespräch mit einem der beiden Hotelbesitzer, einem älteren Türken. Ich lenkte das Thema auf die griechische Vergangenheit, als das Dorf noch Karvalli hieß, und fragte, weshalb das Hotel den Namen Karvalli trage. Ob er als Besitzer hier nicht Probleme mit den anderen Dorfbewohnern bekomme, die doch alle Türken seien. – O nein. Die politischen Beziehungen zwischen der Türkei und Griechenland hätten sich in den letzten Jahren entschieden verbessert. Vor allem seit August 1999. Sicherlich erinnerte ich mich an das große Erdbeben damals in der Westtürkei, bei dem es mehr als 30 000 Tote gegeben habe. Hilfsorganisationen aus aller Welt seien gekommen, um der Türkei zu helfen. Aber als eine der ersten Nationen habe Griechenland geholfen. Griechenland! Der Erzfeind! Das sei ein ganz wichtiges Signal für die Türkei gewesen.

Er erzählte mir, dass inzwischen sogar griechische Touristen nach Güzelyurt kämen. Und sie übernachteten fast alle in seinem Hotel, weil es den ehemaligen griechischen Ortsnamen trage. Unter ihnen seien auch Griechen, deren Eltern hier im Dorf gelebt hätten. Sie machten hier Ferien, genössen die herrliche Landschaft, vor allem aber besichtigten sie die vielen Höhlenkirchen, deren Fresken teils noch recht gut erhalten seien. In ein bis zwei Jahren würden diese Griechen auch die Kirche Hagios Gregorios wieder in ihrem ursprünglichen Zustand bewundern können. – Als Kirche? – Als Museum.

Ob er selbst schon in Griechenland gewesen sei? – Ja. Er habe gute Beziehungen zu den Nachkommen der von hier vertriebenen Griechen. Letztes Jahr habe er sie besucht. Sie hätten auf der Halbinsel Chalkidiki nahe Saloniki ein Dorf mit dem Namen Nea Karvalli gegründet. Er habe Freundschaft mit diesen Leuten geschlossen. Sie besuchten sich nun gegenseitig. Hoffentlich blieben die Grenzen zwischen beiden Ländern für Türken und Griechen so offen wie zur Zeit. Es sei nie sicher, wie lange positive Entwicklungen in der Politik anhielten.

Das war ein Gespräch weit entfernt von allem verbohrten Nationalismus, wie er sonst oft anzutreffen ist. Als der Hotelbesitzer das Erdbeben von 1999 erwähnte, musste ich an einen Vorfall denken, der damals durch die Weltpresse ging. Der Gesundheitsminister Osman Durmuş hatte die Hilfe ausländischer Blutspender mit den Worten zurückgewiesen, die Türken wünschten kein fremdes Blut in ihren Adern, vor allem nicht das Blut der Griechen.[43] Ich erwähnte gegenüber dem Hotelbesitzer diesen Ausspruch. Er winkte ab. Fanatiker gebe es leider immer noch, beschwichtigte er, aber dieser Politiker gehöre schließlich einer extrem nationalistischen Partei an, deren Ansichten von der Mehrheit der türkischen Bevölkerung nicht geteilt würden. Gemeint war die Partei der Nationalistischen Bewegung, die bis heute fordert, Teile Nordgriechenlands und ganz Zypern müssten wieder türkisch werden. Bei den Wahlen im April 1999 hatte diese Partei beachtliche 18 Prozent der Stimmen gewinnen können und war so stark geworden, dass der sozialdemokratische Ministerpräsident Bülent Ecevit nicht darum herumkam, sie in seine Koalition aufzunehmen, da er andernfalls keine regierungsfähige Mehrheit gehabt hätte.

Aber entgegen der Haltung nationalistischer Politiker in der Türkei, die bis heute eine politische Aussöhnung zwischen den beiden Nachbarländern verhindern wollen, schreitet der Prozess einer Annäherung fort.

Erste Signale gab es sogar schon mehr als ein Jahrzehnt vor dem denkwürdigen August 1999. Und diese Signale kamen von zwei herausragenden Persönlichkeiten aus dem griechischen und türkischen Musikleben: Mikis Theodorakis und Zülfü Livaneli. 1986 gründeten sie in Athen und Istanbul die Initiative »Griechisch-Türkische Freundschaft«, und im Mai 1987 unternahmen sie eine gemeinsame Konzerttournee durch Deutschland. Theodorakis gab daraufhin als erster griechischer Künstler öffentliche Konzerte in der Türkei, zusammen mit Livaneli, anschließend traten sie gemeinsam auch in Griechenland auf.[44] Wie ernst es beiden Künstlern mit der emotionalen Annäherung zwischen Griechen und Türken war, verdeutlicht eine Erklärung, die sie zehn Jahre später während ihrer Konzerttournee *Together* veröffentlichten:

> »Uns, Griechen und Türken, ist seit Langem bewusst, dass die Neubelebung der Freundschaft und Zusammenarbeit zwischen unseren beiden Völkern notwendig ist und gerade in diesem Augenblick so aktuell wie noch nie. Über die Sprache des Herzens und den kreativen Gedanken der Kunst und der Wissenschaft werden wir einander kennenlernen, bei dem Versuch, die Angelegenheit des Friedens zu einer Angelegenheit unserer beiden Völker zu machen. Wir repräsentieren jene, die die überwiegende, schweigende Mehrheit bilden, die einfachen Menschen der Türkei und Griechenlands, die den uralten Hass längst begraben haben, und das Einzige, was sie wirklich interessiert, sind gesellschaftlicher Fortschritt, kulturelle Entwicklung und nationaler Wohlstand, die nur der Frieden und die Zusammenarbeit garantieren können.«[45]

Es lohnt sich in diesem Zusammenhang, dass wir uns mit Zülfü Livaneli kurz befassen, der in Deutschland viel weniger bekannt ist als Mikis Theodorakis.

Ömer Zülfü Livaneli, 1946 geboren, ist nicht nur als Sänger und Komponist, sondern auch als Schriftsteller und Filmregisseur berühmt geworden (und in dieser Hinsicht übertrifft er Theodorakis an Vielseitigkeit). In den 1970er-Jahren war er allerdings gezwungen, die Türkei zu verlassen, weil er wegen seiner politischen Ansichten – der scharfen Kritik an überzogenem Nationalismus, an der sozialen Ausgrenzung ethnischer Minderheiten sowie an der wachsenden Kluft zwischen Reich und Arm – verfolgt wurde und auch schon im Gefängnis gesessen hatte. Er lebte zunächst in Stockholm, später in Paris und Athen. 1984 kehrte er nach Istanbul zurück, wo er sein berühmtes Konzert mit dem Lied *Merhaba* (»Willkommen«) gab und von vielen Türken gefeiert wurde. Livaneli schrieb im Zeitraum von 1978 bis 2008 zehn Bücher und drehte drei Spielfilme, für die er als Regisseur, Drehbuchautor sowie als Komponist verantwortlich war. Sein Film *Sis* (»Nebel«) wurde für den »Besten europäischen Film« nominiert. Bei den Parlamentswahlen 2002 trat er für Atatürks Republikanische Volkspartei (CHP) an und zog in die Große Nationalversammlung ein. Sein Abgeordnetenmandat übte er bis 2007 aus.

Die erfolgreichen gemeinsamen Konzerttourneen von Mikis Theodorakis und Zülfü Livaneli in Griechenland und in der Türkei waren die ersten Anzeichen, dass in beiden Völkern der Wille zur nationalen Verständigung wuchs.

Erste konkrete politische Folgen zeigten sich, als in Griechenland 1999 der Sozialist Georgios Papandreou Außenminister wurde und eine Wende in der griechischen Außenpolitik vollzog. Er sorgte dafür, dass beim Marmara-Erdbeben im August 1999 griechische Hilfsorganisationen die Verletzten und Obdachlosen maßgeblich unterstützten. Außerdem war er der erste griechische Außenminister nach knapp 40 Jahren, der der Regierung in Ankara einen offiziellen Besuch abstattete. Im selben Jahr half dann umgekehrt die Türkei, als auch Griechenland von einem Erdbeben heimgesucht wurde.

Eine nicht zu unterschätzende Öffnung gab es in den ersten Jahren des 21. Jahrhunderts auch bei türkischen und griechischen Medien. Nun wurden Spielfilme produziert, in denen die Beziehungen zwischen Türken und Griechen positiv dargestellt werden. Nicht wenige Filme machten gar die Liebe zwischen Angehörigen beider Nationen zum Thema, in welchen – bisher undenkbar – Liebespaare aus so unterschiedlichen Kulturen zueinanderfanden. Zu einem herausragenden Erfolg wurde die türkische Fernsehserie *Yabanci Damat*, »Der fremde Bräutigam«. Thema war die Liebe zwischen einer türkischen Schönheit und dem Sohn eines griechischen Reeders. Beide mussten zahlreiche Vorurteile aufseiten ihrer Familien überwinden, um glücklich heiraten zu können. Diese Telenovela war in beiden Ländern ein großer Publikumserfolg.[46]

Es muss also nicht bei schroffer Abgrenzung bleiben. Trotzdem sind die von nationalistischen Ressentiments geschürten Probleme keineswegs behoben. Im Gegenteil: Je mehr Gruppierungen zu Versöhnung und Toleranz aufrufen, desto mehr Nationalisten formieren sich auf der anderen Seite – politische Kräfte, die in ihrer Radikalität weit über Atatürk hinausgehen und an die Traditionen der Jungtürken anknüpfen.

Die »Grauen Wölfe« – neue Radikalisierung des türkischen Nationalismus

In den 1970er-Jahren hatte ich erstmals in türkischen Zeitungskiosken Postkarten zum Verkauf ausliegen sehen, auf denen ein grauer Wolf abgebildet war.

Das Tier war im Stil einer Plakatmalerei auf verschiedene Weise dargestellt. Es stand hoch aufgerichtet vor einem blutroten Himmel mit weißer Mondsichel; der Hintergrund erinnerte somit farblich und motivisch an die türkische Nationalflagge. *TANRI TÜRKÜ KORUSUN* war am oberen Postkartenrand zu lesen. Ich ließ mir die Worte von meinem türkischen Begleiter übersetzen: »Gott schütze die Türken«. Eine zweite Postkarte zeigte den grauen Wolf, wie er mit majestätischem Stolz den Betrachter anschaute, während im Hintergrund ein muskulöser, halbnackter Nomadenkrieger in heroischer Pose eine Lanze mit den Fäusten umklammerte. Der Krieger erinnerte im Stil der Darstellung auffallend an faschistische Ikonen des kraftstrotzenden Germanen. *KÜRŞAD* war neben dem grimmigen Gesicht zu lesen, es ist der Name eines legendären Helden der vorislamischen türkischen Frühzeit. Dazu wieder »Gott schütze die Türken«. Eine dritte Postkarte zeigte zwei graue Wölfe vor dem Hintergrund der türkischen Landkarte, wobei das eine Tier mit aggressiv erhobenem Kopf an der Westgrenze, das andere an der Ostgrenze der Türkei saß. *TÜRKIYE TÜRKLERINDIR YA SEV YA TERKET,* »Die Türkei gehört den Türken, liebe sie oder verlasse sie«, war dort zu lesen.

Dann entdeckte ich noch eine Reihe ähnlicher Abbildungen, alle mit kriegerischen Motiven und dem bekannten Zitat Atatürks *NE MUTLU TÜRKÜM DIYENE,* »Glücklich ist, wer sich Türke nennen darf«.

Die nationalistische Botschaft der Postkarten ist eindeutig. Was aber bedeutet der graue Wolf?

Wölfe sind bis heute in den Steppengebieten Zentralasiens weit verbreitet – jener Region, in der die Turkstämme ursprünglich siedelten, bevor sie westwärts zogen und islamische Fürstentümer ihrer Herrschaft unterwarfen. Verschiedene Ideologen des türkischen Nationalismus hatten schon unter den Jungtürken gegen Ende des 19. Jahrhunderts den grauen Wolf zum Sinnbild eines starken Türkentums gemacht, weil sie in diesem Tier Energien verkörpert sahen, die ihrer Meinung nach auch den energiegeladenen türkischen Nomadenkrieger auszeichneten. Die Jungtürken hatten ja in ihrer nationalistischen Propaganda von einem Großreich geschwärmt, das alle Turkvölker – vom Bosporus bis zu den Turkmenen und Usbeken in Zentralasien – vereinigen sollte. Entsprechend entwarfen sie Landkarten, auf denen dieses ersehnte Großreich mit exakten Grenzen eingezeichnet war.

Diesen Karten war als Symbol stets ein grauer Wolf beigegeben.

Atatürk duldete in der Republik Türkei seit 1923 keine nationalistische Gruppierung, die eine »großtürkische Lösung« als Ziel propagierte. Aber völlig unterdrücken ließ sich das Gedankengut eines sogenannten Panturkismus, wie ihn die Jungtürken fanatisch vertreten hatten, nicht. Das zeigte sich erstmals 1941, drei Jahre nach Atatürks Tod. Als Hitler seine Truppen in die Sowjetunion einmarschieren ließ, sahen »großtürkische« Nationalisten ihr Ziel wieder in greifbare Nähe gerückt: Die Turkvölker Zentralasiens könnten »vom sowjetischen Joch« befreit und mit den Türken Anatoliens politisch vereinigt werden. Diesem Wunsch gab eine 1941 erschienene Ausgabe der Zeitschrift *Bozkurt* (»Grauer Wolf«) sichtbaren Ausdruck. Auf der Titelseite prangte neben einem stilisierten Wolfskopf der Slogan »Die türkische Rasse über alle anderen Rassen«. Dazu war eine Landkarte abgebildet mit den Grenzen eines großtürkischen Siedlungsgebiets vom Mittelmeer bis an die Grenze Chinas. Die türkische Regierung unter Atatürks Nachfolger Ismet Inönü duldete die Aktivitäten der »Großtürken« nur während des Zweiten Weltkriegs. Aber 1945 ließ Inönü führende »Großtürken« unter Anklage stellen und fast zwei Dutzend von ihnen zu etlichen Jahren Zwangsarbeit verurteilen.[47]

Der graue Wolf als Symbol türkischer Stärke ist in allen sozialen Schichten der Türkei populär. Aber bis heute haben nationalistische Ideologen das Symbol auf sehr unterschiedliche Weise für ihre eigenen Zwecke instrumentalisiert – mit bedenklichen Folgen.

Eine politische Gruppierung, die sich sogar mit ihrem Namen ausdrücklich auf den grauen Wolf bezieht, ist bei uns im Westen durch ihre nationalistisch motivierten Terroraktionen bekannt geworden: *Bozkurtçular* (»Die Grauen Wölfe«). Sie ist eine paramilitärische Jugendorganisation, die immer wieder mit Gewaltaktionen gegen ethnische Minderheiten, vor allem gegen Kurden, von sich reden macht. Das Schlagwort »Die Türkei den Türken« hat bei ihnen eine besonders radikale Konsequenz.

Hinter dieser Jugendorganisation »Graue Wölfe« steht eine Partei, die bis heute einen verhängnisvollen Einfluss auf die Entwicklung der Türkei ausübt und wohl auch weiterhin haben wird: die Partei der Nationalen Bewegung. Ihr Name lautet auf türkisch *Milliyetci Hareket Partisi* (MHP). 1965 wurde diese Partei von Alparslan Türkeş unter dem Namen Nationale Aktionspartei gegründet. Bis heute existiert sie unter wechselnden Bezeichnungen weiter. 1980 wurde sie für einige Jahre vom Nationalen Sicherheitsrat wegen ihrer terroristischen Übergriffe verboten. Seit den 1990er-Jahren nennt sie sich Partei der Nationalen Bewegung.

Alparslan Türkeş war schon in früher Jugend radikaler Nationalist. Eigentlich hieß er Ali Arslan. Der Name, den er sich im Erwachsenenalter zulegte, ist beredter Ausdruck seiner politischen Ideologie. Alparslan hieß auch jener Seldschuken-Sultan, der Ende des 11. Jahrhunderts Anatolien eroberte und damit ein Land unter türkische Herrschaft brachte, das bis dahin die Kernregion des Byzantinischen Reiches war. Der Name Türkeş bezieht sich auf einen Turkstamm in vorislamischer Zeit.

Die Heimatstadt des 1917 geborenen Politikers ist Nikosia auf Zypern. Er wuchs folglich in einer Region auf, die die Osmanen schon 1878 an eine fremde Macht, Großbritannien, abtreten mussten. Die Türken leben dort seither als eine geduldete Minderheit in einem Land mit mehrheitlich griechischer Bevölkerung. Alparslan Türkeş stammte also wie nahezu alle Ideologen der Jungtürken aus einem überwiegend griechisch besiedelten Teil des Osmanischen Reiches und erlebte, wie die eigene Volksgruppe plötzlich von der Herrenschicht zur bedrohten Minderheit wurde. In dieser Jugenderfahrung gründete sein fanatischer Nationalismus.

1936 schloss Türkeş in der Kadettenanstalt von Istanbul seine militärische Ausbildung mit dem Rang eines Oberfähn-richs ab und brachte es später bis zum Oberst. Seine Bewun-derung galt zu jener Zeit in erster Linie aber nicht Atatürk, sondern Hitler, denn Türkeş sah in den radikalen Großreich-Phantasien des deutschen Nationalsozialismus eine geistige Verwandtschaft zum eigenen politischen Denken. Er distan-zierte sich zunehmend von Atatürks Republikanischer Volks-partei, weil ihm deren »kleintürkischer« Nationalismus als zu gemäßigt erschien. Türkeş gehörte zu jener Gruppierung von »Großtürken« oder »Pantürken«, die 1945 wegen ihres Extremis-mus von einem türkischen Gericht als »staatsgefährdend« ein-gestuft wurde. Türkeş erhob unverblümt Anspruch auf Zypern, seine Heimatinsel, in der die Türken nur eine kleine Minder-heit bilden, wie auch auf Teile Griechenlands und verschiede-ne zentralasiatische Republiken, die damals noch zur Sowjet-union gehörten und heute eigenständig sind (Turkmenistan, Usbekistan, Kasachstan). »Wo es auf der Welt einen Türken gibt, da fangen unsere Grenzen an«, so formulierte es Türkeş und traf sich hier mit den völlig unrealistischen Zielsetzungen der Jungtürken.[48]

Gegenüber nichttürkischen Völkern in den beanspruchten Gebieten äußerte Türkeş Drohungen, die an die grausige Spra-che deutscher Nationalsozialisten erinnern:

»Wenn ihr Kurden weiterhin eure primitive Sprache sprecht [...], werdet ihr von den Türken auf die gleiche Weise ausgerottet, wie man schon die Georgier, die Arme-nier und die Griechen [auf türkischem Boden] bis auf die Wurzeln ausgerottet hat.«[49]

Allerdings distanzierte sich Türkeş ausdrücklich vom Begriff »Rasse«, den manche seiner Gefolgsleute gern gebrauchten. In seinem 1973 erschienenen Buch *Milli Doktrin* (»Nationale

Doktrin«) definierte Türkeş den Nationalismus folgendermaßen:

»Unser Verständnis von Nationalismus hat nicht die ge-
ringste Ähnlichkeit mit anthropologischem Rassismus
und einem aggressiven Rassenbegriff, der andere Völker
herabsetzt [...]. Jeder, der sich selbst von Herzen als Türke
fühlt und sich dem Türkentum verschreibt, ist ein Türke.«[50]

An die Adresse von Kurden, Griechen und Armeniern gerichtet,
heißt das: Falls ihr bereit seid, eure kulturelle Identität auf-
zugeben, werdet ihr als Türken anerkannt. In dieser Hinsicht
rückte Türkeş von seinem Idol Hitler ab. Trotzdem war die Konsequenz für Türken, Griechen, Armenier und die Angehörigen
anderer Minderheiten erschreckend genug.

Die Parlamentswahl von 1965, dem Gründungsjahr der Partei, brachte für die Nationale Aktionspartei die erste Bewährungsprobe. Die Partei erntete jedoch nur 2,2 Prozent der Stimmen. Dem Sendungsbewusstsein des Alparslan Türkeş tat dies
keinen Abbruch. Seit 1968 trainierte seine Partei Jugendliche,
die meist arbeitslos waren, in Ausbildungslagern und formierte aus ihnen die paramilitärische Organisation der »Grauen
Wölfe«, die in ihrer Struktur an die nationalsozialistische
SA erinnerte. Aber als sich Mitte der 1970er-Jahre immer deutlicher abzeichnete, dass die Nationale Aktionspartei keine
Chance hatte, jemals an einer Regierung beteiligt zu werden,
entschied Türkeş, dass die »Grauen Wölfe« durch Mordanschläge
und Terroraktionen die politische Ordnung des Staates erschüt-
tern sollten, um in einem Klima der Angst an Einfluss zu gewinnen. Allein im Zeitraum von 1975 bis 1980 ermordete die
Organisation über 5000 politisch Andersdenkende.[51]

Aber Türkeş versuchte parallel auch auf friedliche Weise,
seine Machtbasis zu vergrößern. Er erkannte Mitte der 1970er-
Jahre, dass er mit einem strikt säkularen Nationalismus allein

noch keine größeren Wählermassen mobilisieren konnte. Diesbezüglich konkurrierte er mit Atatürks Republikanischer Volkspartei. Türkeş konnte mit seiner extremen Fremdenfeindlichkeit zunächst nur soziale Randschichten in den Großstädten ansprechen, die am verheißenen Fortschritt nicht teilhatten. Ländliche Gebiete, in denen die Menschen noch sehr den Traditionen und dem Islam verhaftet waren, blieben seiner Partei bis dahin völlig verschlossen. Da aber hatte Türkeş eine Idee: Er musste den Islam für seine Politik instrumentalisieren, er musste Nationalismus und Religion miteinander verbinden, um auch in Kleinstädten und Dörfern Zustimmung zu finden.

Ganz im Gegensatz zu den Parteigängern Atatürks, den Kemalisten, verband Türkeş seit den 1970er-Jahren einen extremen Nationalismus mit Positionen eines extrem konservativen Islam. Mit dieser Neuorientierung hoffte er, nicht nur ein Vakuum zu füllen, sondern auch erfolgreich mit Parteien konkurrieren zu können, die ebenfalls konservative Muslime umwarben. Programmatisch äußerte sich Türkeş dazu wie folgt:

»Das Türkentum und den Islam als zwei voneinander getrennte und sich widersprechende oder sich feindlich gesonnene, unterschiedliche Wesen anzusehen, ist für das Türkentum und den Islam schädlich.«[52]

Und so war es nur folgerichtig, dass sich der bisher religiös indifferente Parteiführer Türkeş 1977 der Forderung islamisch orientierter Parteien anschloss, den Religionsunterricht als Pflichtfach an Oberschulen einzuführen. Eine solche Taktik hatte zumindest insoweit Erfolg, als die Nationale Aktionspartei bei den Parlamentswahlen 1977 immerhin schon 6,5 Prozent der Wählerstimmen für sich verbuchen konnte.

Aber die eigentliche Aufmerksamkeit erregten Türkeş und seine radikale Partei weniger durch die bescheidenen Wahlerfolge als durch die Terrorakte der »Grauen Wölfe«. Deren Attentate zielten vor allem gegen linksgerichtete Politiker, die sich für ethnische und religiöse Minderheiten einsetzten, wie auch gegen Kurden, Armenier und Griechen, die sich nicht »türkisieren« lassen wollten. Darüber hinaus töteten sie Aleviten, Angehörige einer schiitischen Religionsgemeinschaft, die den orthodoxen Sunniten als Ketzer gelten. Den grauenvollen Höhepunkt bildete im Dezember 1978 das Massaker, das die »Grauen Wölfe« unter Kurden alevitischen Glaubens im südostanatolischen Kahramanmaraş anrichteten: Rund 250 Männer, Frauen und Kinder wurden hingemetzelt.

Türkeş und seine Partei gaben sich somit sowohl als Rechtsradikale und extreme Nationalisten wie auch als muslimische Fundamentalisten zu erkennen. Sie frönten mit dieser kruden Mischung einer Art Islam-Faschismus. Dieses zweifelhafte Prädikat kann man sonst keiner Partei in der Türkei zubilligen, auch nicht den islamistischen Parteien; bei ihnen sind, wie wir noch sehen werden, solche Voraussetzungen nicht gegeben.

Der Militärputsch von 1980 machte den Aktivitäten der »Grauen Wölfe« zunächst ein Ende. Offiziere hatten die Macht ergriffen, weil die Attentate, die rechts- und linksextreme Gruppen aufeinander verübten, die Türkei an den Rand eines Bürgerkriegs gebracht und die Wirtschaft fast in den Bankrott getrieben hatten. Hinzu kamen die Wahlerfolge der islamistischen Heilspartei unter Necmettin Erbakan, die den streng säkular orientierten Nationalen Sicherheitsrat auf den Plan riefen.

Türkeş' politische Karriere schien durch den Militärputsch beendet. Seine Partei wurde verboten, er musste für ein Jahr ins Gefängnis. Wenige Jahre später war die Partei nach einer Umbenennung in Partei der Nationalistischen Arbeit bei demokratischen Wahlen allerdings wieder so erfolgreich wie Mitte der 1970er-Jahre. Allerdings scheiterte sie an der Zehn-Prozent-

Hürde und schaffte deshalb nicht den Einzug ins Parlament. Als gegen Ende der 1990er-Jahre der Kurdenkonflikt im östlichen Anatolien einen neuen Höhepunkt erreichte, konnte sich die extrem nationalistische Partei – nun unter dem Namen Partei der Nationalistischen Bewegung (MHP) – die antikurdischen Ressentiments breiter Bevölkerungskreise zunutze machen. Bei den Wahlen im April 1999 konnte die MHP das für sie sensationelle Ergebnis von nahezu 19 Prozent der Wählerstimmen erzielen. Sie war nun so stark, dass der sozialdemokratische Ministerpräsident Bülent Ecevit sie neben der konservativen Mutterlandspartei in seine Koalition aufnehmen musste, um eine Regierungsmehrheit zustande zu bringen. Nun war es der MHP doch noch gelungen, auf demokratischem Wege einen Teil der Macht zu erringen und die Politik des Kemalisten Ecevit entsprechend nachteilig zu beeinflussen.

Alparslan Türkeş erlebte diesen Triumph nicht mehr, er war 1997 an einem Herzinfarkt in Ankara 80-jährig gestorben.

Im November 2002 wurde die MHP zwar wieder von der Macht verdrängt – durch den Wahlsieg der islamisch orientierten Partei AKP unter der Führung von Recep Tayyip Erdoğan –, aber ein Machtfaktor blieb sie trotzdem, ebenso ihre paramilitärische Organisation der »Grauen Wölfe«. Denn der türkische Nationalismus gerade in seiner extremen Form sollte zu Beginn des 21. Jahrhunderts neuen Auftrieb erhalten – und in diesem Zusammenhang auch der MHP wieder neuen Zulauf bescheren.

Der »Kurdenkonflikt« als Hypothek

Noch immer Schwierigkeiten mit ethnischer Vielfalt

Am 7. Juli 2004 erlebte die Türkei eine besondere Premiere und eine echte Sensation. Erstmals in der nahezu 80-jährigen Geschichte der Republik war es dem türkischen Fernsehen erlaubt, Filme in den beiden kurdischen Hauptdialekten Zaza und Kermanshi zu senden. Das Staatsfernsehen TRT bot damit eine halbe Stunde kurdisches Programm pro Woche. Ab März 2006 konnten auch private TV-Sender Programme in kurdischer Sprache ausstrahlen – vier Stunden pro Woche und mit der Verpflichtung zu türkischen Untertiteln.[53]

Jener Politiker, der diesen Reformschritt durchsetzte, war Recep Tayyip Erdoğan. Er kündigte sogar noch weitere Reformen an und wurde dafür auch von vielen Kurden gewählt. In den Jahren 2015 und 2016 nahm er aber eine radikal-antikurdische Haltung ein und heizte damit einen weit zurückreichenden Konflikt neu an. Es ist ein Zwiespalt, wie er sich ähnlich schon in der Haltung gegenüber den Armeniern geäußert hat. (Ich werde darauf näher eingehen im Abschnitt »Der Konflikt mit den Kurden neu angeheizt«.)

Aus westeuropäischer Sicht ist der Sensationscharakter einer solchen Reform, den Kurden den öffentlichen Gebrauch ihrer Sprache zu erlauben, befremdlich. Auf den ersten Blick erscheint es zwar nicht ungewöhnlich, dass das Türkische alleinige Amtssprache ist. Aber warum war der öffentliche

Gebrauch des Kurdischen nahezu 80 Jahre lang streng verboten? Diese restriktive Haltung hatte in das Konzept eines rigiden Nationalismus gepasst, der auf türkischem Boden keine andere Kultur oder Sprache duldete. Die Neuerungen in der Medienpolitik bedeuteten einen ersten kleinen Schritt, den multiethnischen Gegebenheiten in der Türkei Rechnung zu tragen.

Blicken wir auf nur ein Jahrhundert Geschichte zurück, so entdecken wir auffällige Parallelen zur Situation der Armenier. Ein »Kurdenproblem« hat es im Vielvölkerstaat der Osmanen ebenso wenig gegeben wie ein »Armenierproblem«. Die Ausgrenzung der Kurden ist erst durch das Entstehen nationalistischer Ideologien möglich geworden.

Die Zahl der Kurden wird auf insgesamt 25 bis 30 Millionen geschätzt. Von ihnen leben auf dem Gebiet der heutigen Türkei etwa 13 Millionen, rund 8 Millionen im Irak, etwa 6 Millionen im Iran, rund 2 Millionen in Syrien. Die Kurden sind somit das größte Volk der Welt ohne eigenen Staat. Einen Staat »Kurdistan« hat es allerdings auch nie gegeben, wenngleich die Kurden seit nahezu 3000 Jahren in der Region zwischen dem östlichen Anatolien und dem Zweistromland ansässig sind. Aber sie haben bis ins 20. Jahrhundert nicht das Bedürfnis verspürt, einen unabhängigen Staat zu gründen. Sie definierten sich viele Jahrhunderte lang nicht im ethnischen Sinn als Kurden. Im Vordergrund standen völlig andere Unterscheidungskriterien: Sämtliche Untertanen des Osmanischen Reiches verstanden sich zuallererst als Angehörige einer religiösen Gruppe, dann eines Stammes, eines Klans, einer Großfamilie, als Bewohner einer Stadt, eines Dorfes. Der gebildete Kurde benutzte zur Verständigung mit anderen Gebildeten keineswegs seine Muttersprache, sondern das Arabische oder Persische, teilweise auch das Türkische. Damals galt das Kurdische mit seinen verschiedenen regional sehr unterschiedlichen Dialekten ausschließlich als Sprache des ungebildeten Volkes, für das nicht einmal eine Schrift existierte. Daher genossen kurdische Dialekte bei der osmanischen Bildungsschicht ein noch viel geringeres Ansehen als das Türkische, das ja als »Sprache des einfachen Volkes« ebenfalls nur bedingt geschätzt wurde.

Unter den Osmanen wurden Kurden nicht besser und nicht schlechter behandelt als andere ethnische Gruppen. Entscheidend war, dass sie sich politisch loyal verhielten und zuverlässig ihre Abgaben entrichteten. Religiöse Konflikte konnten ebenfalls nicht aufkommen, denn zwei Drittel der Kurden bekennen sich wie die übrigen Bewohner des türkischen Kernlandes zum sunnitischen Islam. Und jenes Drittel der Kurden, das dem alevitischen Islam anhängt, wurde von den sunnitischen Sultanen nicht stärker diskriminiert als die türkischen Aleviten. Ein ethnischer Konflikt zwischen Türken und Kurden konnte also erst nach dem Zusammenbruch des osmanischen Vielvölkerstaates entstehen. Nun waren neben den Armeniern und Griechen auch die Kurden mit einem türkischen Nationalismus konfrontiert, der auf türkischem Boden keinen Platz mehr für Völker mit anderer Sprache und Kultur dulden wollte.

Die Kurden waren seit Bestehen der Republik Türkei 1923 einem doppelten Anpassungsdruck unter völlig veränderten Gegebenheiten ausgesetzt. Zum einen mussten sie sich in Türken verwandeln und durften nur noch türkisch sprechen. Zum anderen hatten sie allen islamisch-osmanischen Traditionen abzuschwören und sich rückhaltlos zur laizistischen Staatsform zu bekennen. Beide Forderungen bedeuteten für die damals überwiegend konservativ orientierten Kurden einen unzumutbaren Bruch mit altvertrauten Lebensformen, zumal diese Forderungen landesweit mit der Rücksichtslosigkeit und Ungeduld einer Revolution durchgesetzt werden sollten.

1925 und abermals 1930 rebellierten kurdische Stämme gegen die »gottlose Diktatur« Atatürks. Die Folge war, dass seither türkische Nationalisten in den Kurden eine ähnlich große Gefahr für die junge Republik sahen wie zuvor in den Armeniern und den Griechen. Dabei wäre Atatürk zunächst bereit gewesen, den Kurden im östlichen Anatolien eine gewisse kulturelle Autonomie und Selbstverwaltung einzuräumen. Dies konnten türkische Journalisten und Historiker anhand von Dokumenten aus dem Jahr 1923 belegen. Atatürk hatte sich am 16. Januar 1923 in einer Pressekonferenz gegenüber Korrespondenten der wichtigsten türkischen Zeitungen in diesem Sinne geäußert. Erst angesichts der blutigen Unruhen in den mehrheitlich kurdisch besiedelten Regionen verwarf Atatürk die angedeutete Kompromissbereitschaft und propagierte nun auch die radikale »Türkisierung« der Kurden.[54]

Die meisten Kurden verspürten zunächst kein Bedürfnis, auf Konfrontation mit den Türken zu gehen. Sogar vielen Aufständischen ging es gar nicht darum, einen eigenen Staat zu gründen. Ein kurdischer Nationalismus als Antwort auf den türkischen hatte sich damals nur bei einer verschwindend kleinen Minderheit entwickelt und sollte sich erst in den folgenden Jahrzehnten stärker formieren. Den meisten Aufständischen war vorerst nur daran gelegen, ungewohnte staatliche Eingriffe abzuwenden. Aber schon in dieser Form der Abwehr sahen türkische Nationalisten eine Gefahr für das Überleben der jungen Republik. Atatürk musste nach eigenem Verständnis die Rebellion der Kurden gnadenlos bekämpfen, wollte er die säkulare Staatsordnung durchsetzen und Anatolien vor der Spaltung bewahren. Verhängnisvoll war, dass er und mit ihm die meisten Nationalisten glaubten, man müsse in diesem Kampf den Kurden jede kulturelle und politische Eigenständigkeit rauben; nur so könne die Einheit der Republik auf Dauer gefestigt werden.

Bis in die jüngste Vergangenheit hatten die türkischen Nationalisten das Ziel, die Kurden so weit zu »türkisieren«, dass bei ihnen das Bewusstsein von der Existenz einer kurdischen Kultur und Sprache völlig verschwand. Die Regierung verbot den Gebrauch der kurdischen Sprache in der Öffentlichkeit, in

Behörden, in Schulen, in den Medien. Verstöße konnten mit hohen Geldstrafen geahndet werden. Das Wort »Kurde« war tabu, offiziell musste von »Bergtürken« gesprochen werden. Erst recht war und ist es strikt untersagt, das Wort »Kurdistan« zu verwenden. »Kurdistan« darf nicht einmal als geographischer Begriff benutzt werden, denn dies könnte als eine Anspielung auf einen gleichnamigen Staat verstanden werden, den die »Bergtürken« gründen wollten. Nach dem Verständnis vieler türkischer Nationalisten gibt es auch keine eigenständige kurdische Sprache, vielmehr sprächen die »Bergtürken« eindeutig »türkische Dialekte«, und die starken Abweichungen seien lediglich entstanden, weil sehr viele persische und arabische Wörter in dieses »Türkisch« eingedrungen seien.

Solche Behauptungen gehen völlig an den Realitäten vorbei. Nach dem Urteil seriöser Sprachwissenschaftler zählt das Kurdische mit seinen zahlreichen, teilweise sehr unterschiedlichen Dialekten zur iranischen Sprachfamilie und ist im Wortschatz und der grammatischen Struktur mit dem Farsi der Perser sowie dem in Afghanistan gesprochenen Paschtu verwandt. Ein solcher Befund besagt allerdings nicht, dass die Kurden etwa im engeren Sinn Iraner wären. Erwiesen ist nur, dass die Kurden ethnisch wie kulturell in keinerlei Hinsicht türkisch sind. Umso wirklichkeitsferner ist der Versuch türkischer Nationalisten, den Kurden einzutrichtern, sie seien Türken.

Da zahlreiche Kurden Widerstand gegen die rabiate »Türkisierung« leisten, ergeben sich für die türkische Gesellschaft mehrere schwer lösbare Probleme. So gibt es in Südostanatolien bis heute viele Dörfer, in denen noch immer ausschließlich kurdisch gesprochen wird und deren Bewohner sich weigern, mit Vertretern von Behörden türkisch zu reden. Entsprechend gering ist dort die Zahl derer, die die türkische Amtssprache wenigstens bruchstückhaft beherrschen. Ein Großteil dieser Menschen ist damit von vornherein vom Staatsdienst ausgeschlossen und hat es auch in anderen Berufen nicht leicht. Sie werden als ungebildete Bauern, als »Bergtürken« verachtet und leben am Rand des Existenzminimums, viele von ihnen sind arbeitslos.

Jene Kurden aber, die eine türkische Schule besuchen und dort Türkisch lernen, werden oft der eigenen Muttersprache völlig entfremdet. So wird die Zahl der Kurden immer größer, die das Kurdische nicht mehr verstehen. Damit ist ein wichtiges Ziel türkischer Nationalisten erreicht: Unaufhaltsam wächst die Zahl derer, die sich nicht mehr als Kurden empfinden, sondern nur noch als Türken.

Gegen diese Entwicklung kämpfen kurdische Nationalisten an. Und sie vertreten ihren Anspruch auf Selbstbestimmung deshalb so aggressiv, weil ihnen türkische Nationalisten nicht einmal ein Mindestmaß an Autonomie gewähren. Daraus ist ein höchst explosiver Konflikt entstanden, der auch zu Beginn des 21. Jahrhunderts ungelöst ist.

»Fremd im eigenen Land« - Gespräch mit einem Kurden

In Wien kam ich mit einem Mann mittleren Alters ins Gespräch, der mir erklärte, weshalb er sein Dorf in der Türkei verlassen hatte und nach Österreich übergesiedelt war. Er habe sich fremd im eigenen Land gefühlt. Diese Fremdheit habe er schon als Kind empfunden. Er sei Kurde und in einem kurdischen Dorf nahe Diyarbakır im Südosten Anatoliens aufgewachsen.

Den ersten Schock habe er beim Besuch der Schule in der nahegelegenen Kreisstadt erlebt, wo die Lehrer ausschließlich in türkischer Sprache unterrichtet hätten. Anfangs habe er kein Wort verstanden und sei in der Schule wie die anderen kurdischen Kinder einem fürchterlichen Drill ausgesetzt gewesen. Gegenüber den türkischen Schülern sei er schwer benachteilig gewesen, weil er dem Unterricht zunächst kaum habe folgen können. Die türkische Sprache sei ihm in der Schule regelrecht eingeprügelt worden. Und viel Prügel habe er auch bezogen, wenn er dabei erwischt wurde, dass er mit einem Klassenkameraden heimlich kurdisch sprach.

Die Muttersprache sei regelrecht aus ihm herausgeprügelt worden. Daher habe er Schwierigkeiten gehabt, bei Besuchen in seinem Heimatdorf sich mit seinen Eltern zu verständigen. Er sei ein schlechter Schüler geblieben – wie viele seiner kurdischen Klassenkameraden auch – und daher von den türkischen Mitschülern gehänselt und gedemütigt worden. Aus diesem Grund sei er sich in der eigenen Heimat wie ein diskriminierter Ausländer vorgekommen.

Der hier beschriebene Kurde, der längst die österreichische Staatsbürgerschaft besitzt und nun Österreich als seine Heimat bezeichnet, erzählte mit ironischem Unterton von seinen ersten Erlebnissen nach der Ankunft als »Gastarbeiter« in Wien. Wieder sei er mit einer fremden Sprache konfrontiert gewesen, die er erst mühsam habe erlernen müssen. Und wieder sei er benachteiligt gewesen, diesmal weil er am Arbeitsplatz, einer Baustelle, anfangs oft die primitivsten Dinge nicht verstanden habe. Aber all das habe ihn nicht mehr so schwer belastet, denn im Fremdsein sei er geübt gewesen.

Ob er manchmal Sehnsucht nach seiner türkischen Heimat habe, fragte ich. – Türkische Heimat? – Er sah mich mit hochgezogenen Augenbrauen an. *Kurdische* Heimat, korrigierte er mich. – *Kurdische* Heimat in der *Türkei*, korrigierte nun ich. – *Kurdische* Heimat, beharrte er, er fühle sich als Kurde, nicht als Türke. – Ob er sich nicht als Kurde *und* Türke fühlen könne beziehungsweise als Kurde mit türkischer Staatsbürgerschaft, fragte ich. Er dachte kurz nach. Je länger er die politische Entwicklung in der Türkei beobachte, erklärte er, desto mehr Schwierigkeiten habe er, beides miteinander in Einklang zu bringen. Eigentlich fühle er sich als Kurde und als Österreicher.

Denn in Österreich könne er wenigstens offen sagen, dass er Kurde sei.

Dieses Gespräch führten wir Mitte der 1990er-Jahre. Zu dieser Zeit hatte die türkische Armee weite Teile Südostanatoliens mit Krieg überzogen und im Kampf gegen kurdische Partisanen zahlreiche Dörfer vernichtet. Mein Gesprächspartner zeigte sich empört darüber, dass man Abdullah Öcalan, den damaligen Führer der Partisanen, als Terroristen bezeichnete und dessen Arbeiterpartei Kurdistan als terroristische Organisation. Es gehe schließlich um die Befreiung vom türkischen Joch, um die Gründung eines eigenen Staates Kurdistan. Die eigentlichen Terroristen seien die türkischen Soldaten, die doch immer wieder wehrlose Dorfbewohner niedermetzelten. Mein Gesprächspartner räumte allerdings nach längerem Wortwechsel ein, dass in diesem schrecklichen Partisanenkrieg auf beiden Seiten Grausamkeiten begangen wurden.

Den radikalen Standpunkt dieses kurdischen Österreichers teilen bei weitem nicht alle Kurden, er ist aber verständlich angesichts der tristen ökonomischen wie auch politischen Situation im östlichen Anatolien.

Radikalisierung des kurdischen Nationalismus

Eine Reise in das weite Hochland Ostanatoliens bietet zahlreiche Kontraste zu den westlichen Provinzen der Türkei. Die Straßen sind schlechter ausgebaut, die Dörfer um Vieles ärmer, oft gibt es weder sauberes Wasser noch Strom. Diese Region, die sich östlich von Kappadokien bis an die Grenze des Iran erstreckt, gilt als die wirtschaftlich rückständigste der Türkei.

Nach Erhebungen der Weltbank lagen 1998 die zehn ärmsten Provinzen der Türkei ausnahmslos in dieser östlichen Region; sie erwirtschafteten nur 0,1 Prozent des Bruttosozialprodukts. Die zehn reichsten Provinzen hingegen waren ausnahmslos im westlichen Teil der Türkei zu finden, sie steuerten nahezu

57 Prozent zum volkswirtschaftlichen Ertrag bei.[55] An diesem Ungleichgewicht hat sich in den darauffolgenden zwei Jahrzehnten nichts grundsätzlich geändert. Ein derartiges soziales Gefälle zwischen einzelnen Provinzen war ökonomisch wie politisch ohnehin schon gefährlich für die Stabilität eines Staates. Was aber die Situation explosiv machte: Die schroffen Gegensätze von Reich und Arm wurden überlagert vom ethnischen Konflikt zwischen Türken und Kurden.

Viele Jahrzehnte hatten sich die türkischen Regierungen wenig um die östlichen Regionen gekümmert, zum einen weil der westliche Teil des Landes schon zur osmanischen Zeit wirtschaftlich die besseren Voraussetzungen mitbrachte und eine zeitgemäße Infrastruktur sich hier leichter aufbauen ließ, zum anderen weil der Osten mit seiner kurdischen Bevölkerung politisch stets unruhig und daher schwieriger zu regieren war. Aber je heftiger die Kurden gegen ihre soziale Misere aufbegehrten, desto härter reagierte das türkische Militär – und desto mehr war die östliche Region dazu verdammt, in der Falle der Rückständigkeit gefangen zu bleiben.

1984 eskalierten die Auseinandersetzungen zwischen kurdischen Guerilla-Kämpfern und dem Militär derart, dass das »Kurdenproblem« fortan auch im Ausland Beachtung fand. Damals geriet die Arbeiterpartei Kurdistan, *Partiya Karkeren Kurdistan*, unter dem Kürzel PKK erstmals in die Schlagzeilen der internationalen Presse. Diese Partei war 1978 von Abdullah Öcalan gegründet worden; 1984 griff sie erstmals türkische Militärposten im östlichen Anatolien an.

Abdullah Öcalan, 1949 in der südostanatolischen Provinz Şanhurfa nahe der syrischen Grenze geboren und in ärmlichen Verhältnissen aufgewachsen, studierte Anfang der 1960er-Jahre in Ankara Politikwissenschaft. Dort nahm er über linksgerichtete Studenten zunächst Kontakte zu der verbotenen Kommunistischen Partei der Türkei auf, denn deren Untergrundorganisation war damals die einzige, die öffentlich für die Rechte der Kurden eintrat und die schwerwiegenden Probleme im Südosten der Türkei thematisierte. Öcalan wurde selbst Marxist und gründete, nachdem die kommunistische Untergrundorganisation von Militär und Geheimdienst zerschlagen worden war, im unwegsamen Ostanatolien eine eigene marxistisch orientierte Partei, die Arbeiterpartei Kurdistan. Schon der Name deutet auf kommunistische Vorbilder hin.

Die Gewaltaktionen der PKK seit 1984 – in den türkischen Medien stets als Terrorismus bezeichnet – verstanden die kurdischen Partisanen als Antwort auf die türkische Verfassung, die 1983 auf Druck des Militärs verabschiedet worden war. Diese Verfassung verschärfte in mancherlei Hinsicht die Diskriminierung ethnischer Minderheiten. So wurden alle Bürger der Republik Türkei nicht nur auf die »historischen und geistigen Werte des Türkentums« verpflichtet, sondern nun war es sogar ausdrücklich verboten, »Unterschiede in Sprache, Rasse, Religion oder Konfession hervorzubringen« (Artikel 14). Zu dieser Haltung passte, dass am 22. Oktober 1983 der Gebrauch der kurdischen Sprache in den Medien und bei öffentlichen Versammlungen strikt untersagt wurde. Wie in den 1930er-Jahren unter der Regierung Atatürks traten Wissenschaftler an die Öffentlichkeit, die zu beweisen versuchten, dass Kurdisch keine eigene Sprache sei. Und in Publikationen des Militärs tauchte wieder vermehrt der Begriff »Bergtürken« auf.[56]

Hinzu kam, dass im Mai 1983 – auf Druck des Militärs – eine Wahlrechtsreform verabschiedet wurde, die bestimmte, dass eine Partei mindestens zehn Prozent der Wählerstimmen erhalten musste, um ins Parlament einzuziehen. Diese für europäische Verhältnisse ungewöhnlich hohe Sperrklausel war vor allem eingeführt worden, um kurdische Parteien aus dem türkischen Parlament fernzuhalten und somit von politischer Mitwirkung auszuschließen. Zulauf bekam die Arbeiterpartei Kurdistan gerade deshalb. Die PKK erntete anfangs bei den Kurden besondere Sympathien, weil nur sie die entsprechenden

Konsequenzen aus der Unterdrückung zog: Da kulturelle und politische Autonomie innerhalb der Republik Türkei sich nicht verwirklichen lasse, müsse ein eigener Staat Kurdistan gegründet werden, und das sei nur auf »revolutionärem Weg«, eben durch einen »Unabhängigkeitskrieg«, möglich. Die Ironie bestand jedoch darin, dass gerade viele Angehörige der schmalen kurdischen Bildungsschicht Ostanatoliens kaum noch in der kurdischen Kultur verwurzelt waren. Denn ihre Schulbildung hatten sie ausschließlich in türkischer Sprache erhalten, so dass sie meist eine viel bessere Kenntnis des Türkischen als des Kurdischen besaßen. Auch Abdullah Öcalan sprach fließend Türkisch, während er das Kurdische nur unzureichend beherrschte.[57]

Öcalans Arbeiterpartei Kurdistan trat mit dem Anspruch auf, in einem unabhängigen Kurdistan die sozialen Ungerechtigkeiten zu beseitigen, was konkret hieß, die noch immer herrschende Feudalstruktur durch eine »klassenlose Gesellschaft« zu ersetzen. Ihr Kampf richtete sich aber nicht nur gegen türkische, sondern auch gegen kurdische Großgrundbesitzer, in denen sie Verbündete der türkischen Feudalherren sahen. Die Partei hatte in ihrem Emblem Hammer und Sichel ganz nach dem Vorbild kommunistischer Parteien, sie war – zumindest in der ersten Zeit – strikt nach den autoritären Führungsprinzipien Lenins organisiert und akzeptierte religiöse Traditionen nur sehr beiläufig. Anders als alle vorhergehenden kurdischen Organisationen war die PKK kein Verein von Großgrundbesitzern, Stammesführern und Gebildeten, sondern zu ihren Mitgliedern zählten vor allem junge Männer, denen aufgrund der sozialen Misere die Entwurzelung drohte.

Der Krieg zwischen dem türkischen Militär und der PKK eskalierte 1994. Ein Viertel der zweitgrößten Armee der NATO war im Süden der Türkei konzentriert, zusammen mit der Polizei rund 300 000 Mann. An den Grenzen zum Irak und zum Iran wurden – so die offiziellen Angaben – über 2500 Dörfer zwangsgeräumt und viele von ihnen völlig zerstört. Fast drei Millionen Menschen flüchteten in die Städte der Region oder wanderten in die Westprovinzen der Türkei ab, wo sie in den Slums von Istanbul, Ankara, Izmir und anderen Großstädten die ohnehin prekäre soziale Situation noch verschlimmerten. Um der PKK Rückzugsgebiete zu entziehen, brannte die Armee ganze Wälder nieder und trug damit zu einer ökologischen Katastrophe im Südosten Anatoliens bei. Öcalan antwortete darauf mit Brandstiftung in den Forsten rund um Istanbul und an der türkischen Süd- und Westküste.[58] Der brutalen Unterdrückung durch das türkische Militär entsprach somit eine unerbittliche Kriegführung der kurdischen Partisanen. Naturgemäß konnte die waffentechnisch weit überlegene Armee größere Zerstörungen anrichten. Und so wurden in dem seit Jahrzehnten dauernden Bürgerkrieg im Südosten Anatoliens ungleich mehr kurdische als türkische Dörfer zerstört und auch wesentlich mehr Kurden, Freischärler sowie unbeteiligte Zivilisten, getötet. Westliche Beobachter sprechen von rund 30 000 getöteten Kurden seit 1984.

Aber je aussichtsloser der Krieg für die Kurden wurde, desto radikaler wurden die Betroffenen in ihrer nationalistischen Einstellung. Funktionäre der PKK gaben 1997, nach 13 Jahren frustrierender Kriegserfahrung, ein alarmierendes Signal. Sie bezeichneten nun die Türken als »Scheißvolk mongolisch-arabischer Mischlinge« und definierten die Kurden als »Volk der indogermanischen Rasse«. Abdullah Öcalan ersetzte schließlich das leninistische Partei-Emblem von Hammer und Sichel durch eine stilisierte Fackel und definierte seine Partei nicht mehr als marxistische, sondern als nationale Bewegung.[59] Diese neuen Denkschablonen, die eine Kehrtwendung hin zu einem rechtsradikalen Rassismus beinhalteten, entstammten europäischen Vorbildern. Eine solche Antwort auf einen türkischen Nationalismus, der genauso anfällig für Rassismus war und ist, macht die Verhärtung der Fronten umso deutlicher.

Ein schwacher Trost ist, dass sowohl unter Kurden als auch Türken ein derart faschistisch zugespitzter Nationalismus nur bei einem kleinen Teil der Bevölkerung Anklang findet.

Der Partisanenkrieg ebbte 1998 ab, weil die PKK dem massiven Einsatz des türkischen Militärs nicht auf Dauer Widerstand leisten konnte. Öcalan hatte sich schon zuvor nach Syrien abgesetzt und befehligte von dort aus seine geschwächten Partisanentruppen, weil er sich in der Türkei nicht mehr sicher fühlen konnte. Der Partisanenkrieg kam vollends zum Erliegen, nachdem es der Türkei Ende 1998 gelungen war, die syrische Regierung des Diktators Hafis al-Assad unter Druck zu setzen und Öcalans Ausweisung zu erzwingen. Der Flüchtige wurde am 16. Februar 1999 in Kenia mit Hilfe des israelischen Geheimdienstes gefasst, in die Türkei gebracht und dort zum Tode verurteilt. Das Todesurteil wurde in eine lebenslange Haftstrafe umgewandelt, nachdem der Europäische Gerichtshof interveniert und Öcalan seine Partisanen zum Gewaltverzicht aufgefordert hatte.

Umso größer schienen nun die Chancen auf eine friedliche Regelung des »Kurdenproblems« zu sein. Ohnehin zeigte sich die kurdische Bevölkerung kriegsmüde und brachte der PKK schon lange nicht mehr ungeteilte Sympathie entgegen, da deren Kämpfer kurdische Dörfer oft mit dem gleichen Terror wie das Militär überzogen, wenn die Bewohner ihnen nicht bedingungslos Gefolgschaft leisteten.

Viel hing nun davon ab, in welchem Maß die türkische Regierung und das Militär wie auch die PKK die Chance auf eine friedliche Regelung zu nutzen verstanden.

Kulturelle Autonomie für die Kurden?

Bei meiner Reise im Frühjahr 2002 fiel mir erstmals auf, dass Türken das Wort »Kurde« benutzten. Noch wenige Jahre zuvor wäre dies undenkbar gewesen. Angesichts der bis dahin gültigen Regelung, der zufolge von »Bergtürken« zu sprechen sei, bedeutet diese Neuigkeit einen respektablen Schritt in die richtige Richtung. Dies könnte ein Anfang sein, den multiethnischen Gegebenheiten der Türkei angemessen Rechnung zu tragen, dachte ich damals spontan.

Ich fühlte mich in dieser Einschätzung bestätigt, als zwei Jahre später das türkische Staatsfernsehen TRT Programme in kurdischer Sprache senden durfte (eine halbe Stunde pro Woche), und wiederum zwei Jahre später private türkische Fernsehstationen die Erlaubnis erhielten, Sendungen in kurdischer Sprache auszustrahlen – nun schon wöchentlich vier Stunden, allerdings mit der Verpflichtung zu türkischen Untertiteln.

Überraschend für viele westliche Beobachter war allerdings, dass diese Neuorientierung in der »Kurdenfrage« nicht von Atatürks Republikanischer Volkspartei oder einer anderen sozialdemokratisch orientierten Partei ausging, sondern von der Partei für Gerechtigkeit und Entwicklung (AKP). Diese Partei, die seit November 2002 unter Ministerpräsident Recep Tayyip Erdoğan regierte, definiert sich als islamisch. Hier aber stellt sich die Frage, ob es nicht gerade einer islamisch orientierten Partei leichter fallen müsste, von einer rigiden Form des türkischen Nationalismus abzurücken. Denn der Islam kennt keine Abgrenzung nach ethnischen Kriterien; eine derartige Haltung hat ihre Wurzeln im Vorbild des europäischen Nationalismus.

Westliche Beobachter betonen zwar, dass Ministerpräsident Erdoğan diese Neuorientierung unter dem Druck der EU vollzogen habe, weil er dadurch die Chancen der Türkei auf einen Beitritt zur Europäischen Union habe verbessern wollen. Aber, so lässt sich einwenden, diesen Druck hatte die EU auch schon auf die Vorgängerregierung unter Ministerpräsident Bülent Ecevit ausgeübt. Der Sozialdemokrat Ecevit hatte sich jedoch als rigider Nationalist erwiesen, indem er – unter Berufung auf Atatürk – jegliche kulturelle Eigenständigkeit der Kurden ablehnte. Zwar hatte Ecevit einige Gesetze zugunsten der Kurden vorbereitet, aber er hatte diese Maßnahmen durch ergänzende Gesetze wieder so weit eingeschränkt, dass von der angekündigten Autonomie der Kurden kaum mehr etwas blieb. Ein Wink der militärischen Führung hatte genügt, um von jeder Reform des Minderheitenrechts abzulassen. Ecevit unterschied sich in dieser Haltung nicht von vorhergehenden Ministerpräsidenten.

Ich hatte im Jahr 2007 Gelegenheit, mit Anhängern der Republikanischen Volkspartei zu sprechen. Sie priesen allesamt den Westen als Vorbild, kritisierten scharf die »rückständigen islamischen Traditionen« – und äußerten gleichzeitig ihr Unbehagen über die Kurdenpolitik der islamischen AKP. Es sei sehr problematisch, Fernseh- und Rundfunksendungen in kurdischer Sprache zu erlauben. Alle lehnten sie diese Neuerung ab. Sie hätten nichts gegen Kurden, sagten sie sinngemäß nahezu übereinstimmend (und auch sie sprachen nicht von »Bergtürken«, sondern von »Kurden«), aber ein Kurde müsse sich als türkischer Staatsbürger fühlen, und die Landessprache sei eben Türkisch. Es störe sie, dass sich die Europäische Union immer wieder einmische und mehr Rechte für die Kurden einfordere. Wenn die Türkei darauf einginge, dann zerfiele das Land in sehr viele Regionen. Man solle nicht propagieren, dass ethnische Minderheiten mehr Rechte bräuchten.

Die Türkei war und ist über solche Fragen gespalten. Rigide Nationalisten hatten allen Grund, beunruhigt zu sein. Denn Signale für eine Reform im Status ethnischer Minderheiten kamen nicht nur von der islamisch orientierten AKP. Nahezu ebenso wichtig war in diesem Zusammenhang, dass auch der Türkische Industriellen- und Unternehmerverband, TÜSIAD, ein der AKP nahestehender Verein (und neben dem MÜSIAD der wichtigste Wirtschaftsverband der Türkei), sich für einen Wandel in der Minderheitenpolitik aussprach. Erstmals geschah dies bereits im Januar 1997. »Die Türkei kann nicht das

Wirtschaftssystem der westlichen Welt übernehmen, westliche Werte wie Demokratie und Menschenrechte jedoch ignorieren«, so formulierte es damals der TÜSIAD-Vorsitzende. Brisant an dieser Kritik war, dass er sich in Fragen der Menschenrechte ausdrücklich auf die Kurden bezog und forderte, ihnen solle erlaubt sein, ihre Kinder in kurdischer Sprache zu unterrichten und ihnen kurdische Namen zu geben.[60] Heftige Proteste aus Kreisen der kemalistischen Elite, vor allem der militärischen Führung, würgten die Diskussion ab.

Zehn Jahre später, im Januar 2007, veröffentlichte TÜSIAD einen weiteren Bericht, in dem Reformen zugunsten der kurdischen Minderheit gefordert wurden, allen voran ein Gesetz, das die kurdische Sprache in öffentlichen Schulen als Wahlmöglichkeit vorsah. Denn ohne eine derartige Demokratisierung im Bildungswesen sei soziale, wirtschaftliche und politische Stabilität in der Türkei nicht möglich.[61] Den Wirtschaftsvertretern erschien ein engstirniger Nationalismus äußerst hinderlich für eine weitere ökonomische Verflechtung der Türkei mit Westeuropa. Sie sahen sich genötigt, derartige Signale auszusenden, um die Chancen der Türkei bei den EU-Beitrittsverhandlungen zu verbessern.

Aber solchen Vorschlägen brachte die Mehrheit der Türken weiterhin Misstrauen entgegen. Immer wieder wurde in der Türkei der Verdacht geäußert, die Reformer handelten unter dem Diktat der EU, sie seien »fremdbestimmt durch ausländische Mächte« und folgten nicht nationalen Eigeninteressen. In diesem Sinn ließ sich eine Meinungsumfrage interpretieren, die im März 2007 von der auflagenstarken türkischen Tageszeitung *Milliyet* (»Die Nation«) durchgeführt wurde. Die Mehrheit der Türken, so war dort zu lesen, sei der Ansicht, dass der Nationalismus in ihrem Land zunehme. Ein Fünftel der Befragten erklärte, heute nationalistischer zu denken als früher. Jeder Dritte gab der »unfairen« Behandlung durch die EU die Schuld an dieser Entwicklung.[62]

Die Regierung Erdoğan reagierte auf solche Kritik mit folgendem Argument: Ein Ende des Konflikts zwischen Türken und Kurden sei erst möglich, wenn den Kurden volle kulturelle Eigenständigkeit und außerdem gleiche berufliche Aufstiegschancen eingeräumt würden. Grundbedingung sei nur, dass die Kurden darauf verzichten würden, einen eigenen Staat auf türkischem Boden zu beanspruchen. Das klang äußerst moderat und kompromissbereit. Dass aber der Konflikt auch unter der Regierung Erdoğan nicht beigelegt werden konnte, sondern sogar eine neue Dynamik erhielt, war aus damaliger Sicht nicht abzusehen. Eine verhängnisvolle Rolle spielte hier die Entwicklung in den Nachbarstaaten Irak und Syrien.

Kurden im Irak und Syrien – eine Verschärfung des Problems

In Wien lernte ich 1990 einen Exilkurden aus der irakischen Stadt Erbil kennen. Er schilderte mir die Verhältnisse in seiner Heimatstadt, die mehrheitlich von Kurden bewohnt ist. Aber 1990, noch unter dem brutalen Regime des Diktators Saddam Hussein, ähnelten die Verhältnisse in Erbil verblüffend denen in den kurdischen Städten Anatoliens. Wenn zum Beispiel ein Kurde bei einem Behördengang mit einem kurdischen Beamten sprach, so durfte diese Unterhaltung nicht auf Kurdisch stattfinden, sondern nur auf Arabisch. Verstöße wurden mit Folter und Gefängnisstrafen geahndet. Kurden war der Gebrauch ihrer Muttersprache nicht erlaubt, auch sonst durften sie sich nicht als Kurden zu erkennen geben, denn dies hätte – so die Propaganda – die Einheit der arabischen Nation gefährdet.

In Damaskus hatte ich 1994 eine weitere sehr aufschlussreiche Begegnung. In einem kleinen Basarrestaurant sprach mich mein Tischnachbar auf Englisch an und wollte wissen, aus welchem Land ich käme. Er selbst war rotblond und hatte graue Augen, deshalb wollte ich wissen, ob er Syrer sei. Er lächelte und antwortete, er sei Kurde. Bevor ich antworten konnte, fuhr energisch der Kellner dazwischen, der im Vorbeigehen die letzten Worte aufgeschnappt hatte. Ich konnte den heftigen Wortwechsel der beiden nicht verstehen. Mein Gesprächspartner lief rot an und blickte sich nervös um, da uns die anderen Gäste beobachteten. Er warf einen Geldschein neben den halb leergegessenen Teller und verließ eilig das Restaurant. Sein »Fehler« war, dass er sich als Kurde bezeichnete.

Solche Episoden zeigen, dass Kurden auch unter der Herrschaft arabischer Nationalisten einem hohen Anpassungsdruck ausgesetzt sind und ihnen auch in arabischen Ländern kulturelle oder gar politische Eigenständigkeit verwehrt wird.

Besonders schlimme Ausmaße hatte die Unterdrückung im Irak angenommen. Saddam Hussein, Führer der arabisch-nationalistischen Baath-Partei, betrieb eine rigorose Arabisierung. Wie in der Türkei verweigerten sich auch im Irak die Kurden einer solchen Anpassung. Immer wieder rebellierten sie gegen den Diktator, und immer wieder wurden solche Revolten mit äußerster Brutalität niedergeschlagen.

Die Kurden in Syrien und im Iran sind »friedlicher«. Denn in Syrien und vor allem im Iran wird ihre kulturelle Eigenständigkeit weniger rigoros bekämpft. Ich hatte Gelegenheit, iranische Spielfilme in kurdischer Sprache zu sehen. Der berühmteste, auch bei uns im Westen gezeigte Spielfilm dieser Art ist *Die Zeit der trunkenen Pferde*, der bei den Filmfestspielen in Cannes 2000 mit dem Preis für die beste Regie ausgezeichnet wurde. Regisseur war der iranische Kurde Bahman Ghobadi. In der Türkei sind kurdische Filme bis heute undenkbar.

Die türkische Regierung hatte allen Grund, die Entwicklungen in den Nachbarländern sorgfältig zu beobachten. Bedrohlich erscheint nicht nur das wirtschaftliche Gefälle, denn den Kurden im Iran und in Syrien ging es materiell besser als in der

Türkei, sondern auch die politische Instabilität der Anrainer-staaten. Ein politischer Umbruch in einem dieser Länder hätte beträchtliche Auswirkungen auf die Türkei.

Der erste derart befürchtete Umbruch kam im April 2003. Damals marschierten amerikanische Truppen in den Irak ein und stürzten Saddam Hussein. Den unterdrückten irakischen Kurden bescherte die Entmachtung des Diktators eine bisher nicht gekannte Freiheit. Seit dem Frühjahr 2003 gibt es im Norden des Irak eine autonome kurdische Zone, die sich – nur noch unter nomineller Oberhoheit der Zentralregierung in Bagdad – selbst verwaltet. Unter den Kurden des Irak wird daher der Ruf nach einem unabhängigen Staat Kurdistan immer lauter. Damit würde für die 8 Millionen irakischen Kurden wahr, was den 13 Millionen Kurden in der Türkei nach wie vor verweigert wird. Aber würde dies nicht die türkischen Kurden ermutigen, umso entschiedener für das gleiche Ziel zu kämpfen?

Bisher hat jede türkische Regierung betont, dass sie niemals einen eigenständigen Staat Kurdistan akzeptieren würde, auch nicht außerhalb des türkischen Staatsgebiets. Denn auch ein Kurdistan im Norden des Irak wäre eine Bedrohung für die innere Sicherheit der Republik Türkei. Türkische Politiker, ob nun säkular-nationalistisch oder konservativ-islamisch, verweisen gern auf die Tatsache, dass sich die Partisanen der PKK nach Angriffen auf die türkische Armee stets ins unwegsame Bergland des benachbarten Irak zurückzögen und dort unter dem Schutz der irakischen Kurden ihre Kräfte neu mobilisierten. Je näher die irakischen Kurden ihrem Ziel kämen, einen eigenen Staat zu gründen, desto mehr würde sich die PKK angespornt fühlen, dasselbe Ziel im südöstlichen Anatolien durchzusetzen. Daher werde die türkische Regierung, so drohte Ministerpräsident Erdoğan in den Jahren 2006 und 2007 unverblümt, notfalls türkische Truppen in den nördlichen Irak einmarschieren lassen, um dort ein unabhängiges Kurdistan zu verhindern.

In westlichen Medien wurde zu diesem Zeitpunkt wieder einmal die Frage aufgeworfen, ob denn die Kurden in einer weiteren Entwicklungsphase versuchen würden, ein unabhängiges Kurdistan anzustreben, das von Anatolien bis weit in den nördlichen Irak und Iran reichen würde. Dieses Ziel ist aber unrealistisch. Denn die in vier Staaten beheimateten insgesamt 25 bis 30 Millionen Kurden sind derart in verschiedene Stämme, unterschiedlichen Konfessionen und Kulturen aufgespalten, dass die Vision einer kurdischen Einheit nur so lange aufrechterhalten werden kann, wie die unterschiedlichen Gruppierungen nicht tatsächlich in einem gemeinsamen Staat zusammenleben. Ein Blick auf die erbitterte Feindschaft rivalisierender Kurdenstämme im »befreiten Irak« gibt einen ersten Vorgeschmack.

Über solche Probleme wissen türkische Politiker Bescheid. Sie fürchten daher nicht das Entstehen eines »Groß-Kurdistan«, sondern vielmehr, dass sich die türkischen Kurden von den Freiheitsbestrebungen irakischer Kurden ermutigt fühlen und ein »Klein-Kurdistan« auf türkischem Boden fordern. Erdoğan sprach sich entschieden gegen einen Staat Kurdistan auf türkischem Boden aus – und wusste damit die Mehrheit der Türken hinter sich –, verwies aber zugleich auf sein Ziel, den Kurden eine größere kulturelle Autonomie in der Türkei einzuräumen.

Mit solchen Äußerungen zog Erdoğan in den vorgezogenen Wahlkampf des Jahres 2007, den er triumphal gewann. In diesem Zusammenhang ist interessant, welche Partei die türkischen Kurden mehrheitlich wählten. Meinungsumfragen hatten ergeben, dass die Kurden sich überwiegend für eine Partei entscheiden würden, die ausschließlich kurdische Interessen im südöstlichen Anatolien vertrat. Favorit war die sozialdemokratisch orientierte Partei der demokratischen Gesellschaft (DTP), der Kontakte zur PKK nachgesagt wurden. Sie war eine Partei, die sich stark für die sozial benachteiligten Kurden in weiten Teilen Anatoliens engagierte. Ein großer Teil ihrer Mitglieder wünschte allerdings einen unabhängigen Staat Kurdistan, nur eine Minderheit befürwortete bis dahin kulturelle Autonomie und politische Selbstverwaltung innerhalb der Türkei. Die kurdische Partei erzielte in der Tat einen Erfolg bei kurdischen Wählern – aber nur einen Achtungserfolg. Die Mehrheit der Kurden wählte die türkische Regierungspartei AKP. Ausgerechnet im Südosten der Türkei, dem Siedlungsgebiet der Kurden und der traditionellen Hochburg der PKK, konnte die AKP 53 Prozent der Wähler für sich gewinnen. Wie das?

Die Kurden schätzten an der AKP, dass sie ihnen ein gewisses Maß an kultureller Autonomie eingeräumt hatte. Erdoğan war es schließlich gewesen, der als erster Ministerpräsident der Türkei unverblümt gesagt hatte, ein türkischer Staatsbürger dürfe sich Kurde nennen. Zudem hatte die AKP (wenn auch nur sehr zögernd) Maßnahmen zur Sanierung der kurdischen Elendsgebiete eingeleitet. Selbst wenn man die genannten Reformschritte der AKP nicht überbewerten durfte, so war das Wahlverhalten der Kurden doch als ein bemerkenswertes Signal zu verstehen: Die Mehrheit votierte nicht für eine kurdische Partei, deren Fernziel ein unabhängiger Staat Kurdistan ist, sondern für eine größere kulturelle und politische Autonomie innerhalb der Republik Türkei. Nach jahrelangem blutigem Bürgerkrieg war die Aussicht auf einen unabhängigen Staat unrealistischer als je zuvor. Umso mehr gewann nun wieder die Hoffnung an Gewicht, doch noch eine türkische Regierung als Partnerin zu gewinnen, die einsah, dass nur friedliche Reformen, nicht aber Krieg die Probleme lösen würden.[63]

Im Oktober 2007 sandte die PKK ein Signal, um ihrerseits einen Verständigungsfrieden gemäßigter Kräfte zu verhindern. Partisanentruppen stießen aus ihrem Versteck in den irakischen Bergen nach Anatolien vor und töteten bei einem Überfall zwölf türkische Soldaten. Nun hatte die türkische Arme einen Vorwand, um in den kurdisch besiedelten Nordirak vorzustoßen und sich dort über mehrere Wochen mit der PKK erbitterte Gefechte zu liefern.

Bemerkenswert war die Haltung der türkischen Kurdenpartei DTP. Eine der beiden Vorsitzenden, Emine Ayna, betonte in einem Presseinterview vom 13. Dezember 2007, die DTP sei für einen Verbleib der Kurden im Staat Türkei. Zugleich verkündete sie das Prinzip der »demokratischen Autonomie«:

> »Wir wollen den Zentralismus in der Türkei abbauen. Die Türkei bleibt als einheitlicher Staat erhalten, die Amtssprache ist Türkisch. Und in den verschiedenen Regionen soll die jeweils meistgesprochene Sprache neben dem Türkischen zur zweiten Amtssprache werden.«[64]

Das waren maßvolle Zielsetzungen, die den Aktionen der PKK zuwiderliefen. Viel hing davon ab, ob es der Regierung Erdoğan gelingen könnte, mit der Kurdenpartei DTP enger zusammenzuarbeiten – oder ob nicht doch noch sowohl die PKK als auch das türkische Militär jeden Kompromissversuch torpedieren würden.

Dass Konflikte nicht mit kriegerischen Mitteln gelöst werden können, hat der jahrzehntelange Partisanenkrieg in Südostanatolien gelehrt. Allein die Absage an alle militärische Gewalt zur Durchsetzung politischer Ziele und die Bereitschaft zum friedlichen Interessenausgleich können eine weitere Eskalation des Konflikts verhindern.

Aber gerade diese Lehre ist aus den Krisen der Vergangenheit nicht gezogen worden. Das zeigt die Entwicklung vor allem seit den 2010er-Jahren.

»ZURÜCK ZUM ISLAM!«

Tradition und Verwestlichung unter neuen Vorzeichen

Türkischer Islam und die Christen

Muslime und Christen – die Gemeinsamkeiten

In einer kleinen Moschee in Istanbul ergab sich ein interessantes Gespräch. Beim Rundgang durch den Kuppelraum mit seiner reichhaltigen Ornamentik aus osmanischer Zeit begleitete mich ein älterer Türke, der von Beruf Architekt war und sich intensiv mit der Restaurierung historischer Bauwerke beschäftigte. Mit ihm konnte ich mich aber auch sehr gut über Religion – und in diesem Zusammenhang über die vielschichtige Beziehung zwischen Muslimen und Christen – unterhalten.

Auf meine Frage, inwiefern Muslime in der Türkei ein Buch wie die Bibel respektierten, antwortete er: Es sei keinem Muslim verwehrt, sich mit der Bibel zu beschäftigen. Auch sei es ihm erlaubt, in der Thora der Juden zu lesen. Beide Bücher gälten den Muslimen als heilig. Entsprechend müssten Muslime bei der Lektüre der Bibel wie der Thora zuvor eine rituelle Waschung vollziehen, nicht anders als bei der Lektüre des Koran. – Aber, so gab ich zu bedenken, zwischen dem Koran und den Offenbarungsschriften der beiden anderen Religionen bestünden doch erhebliche Unterschiede. – Selbstverständlich, das sei so, bekräftigte er und erklärte dann mit einem verlegenen Lächeln: Bibel und Thora enthielten bedenkliche Verfälschungen der göttlichen Offenbarung. – Und wer habe solche Verfälschungen betrieben? – Bei den Christen seien es vor allem die Kirchenväter gewesen. Die Bibel habe in ihrer endgültigen Fassung erst 300 bis 400 Jahre nach dem Tod des Propheten Jesus vorgelegen. Der Koran hingegen sei von Anfang an in der Endfassung als Offenbarung Gottes dagewesen und in dieser Urfassung durch den Propheten Mohammed den Gläubigen vermittelt worden. Ein Muslim müsse aber trotzdem die anderen Glaubensformen respektieren. Schließlich glaubten auch Christen und Juden an den einen Gott. – Ob er selbst schon in der Bibel gelesen habe? – Nein. In der Türkei sei es nicht einfach, eine Bibel zu bekommen. Es gebe zu wenig Christen. Er lächelte wieder etwas verlegen.

Unser Gespräch mündete in die mir schon ausreichend bekannte Konfrontation zwischen wahrer und halb wahrer oder »verfälschter« Offenbarung Gottes. Dennoch erfuhr ich etwas Neues. Der religiös gebildete Türke erklärte mir, im Paradies seien alle Menschen 33 Jahre alt, weil der Prophet Jesus im Alter von 33 Jahren gestorben sei. Dies könne ich wiederum als einen Hinweis darauf betrachten, welch bedeutende Rolle Jesus im Glauben der Muslime spiele.

Das Gespräch zeigt es deutlich: Trotz der geistigen Verwandtschaft zwischen den monotheistischen Weltreligionen – die von Muslimen ausdrücklich anerkannt wird –, haben Muslime Vorbehalte gegen Christen und Juden aufgrund der »Unvollkommenheit« und der »Verfälschungen« ihrer Glaubenslehren.

Der Islam gilt aus muslimischer Sicht als die vollendete, abschließende Offenbarung Gottes. Mohammed ist für die Muslime der letzte der großen Propheten; er wurde von Gott gesandt, um die Verfälschungen in den Offenbarungen der Juden und Christen zu beseitigen und den ursprünglichen, reinen Monotheismus wiederherzustellen. Bekanntlich verehren die Muslime teilweise dieselben Propheten wie die Juden und Christen – von Abraham als dem geistigen Stammvater über Moses, Isaak, Jakob, Jeremia bis hin zu Daniel und anderen. Der Unterschied manifestiert sich erst an der Bewertung der Person Jesu. Die Muslime werfen den Juden vor, sie würden Jesus nicht als großen Propheten anerkennen, und an den

Christen kritisieren sie, diese machten aus Jesus einen Sohn Gottes, was eine sehr heidnische Denkweise sei. Doch trotz solcher Irrtümer dürften die Muslime die Juden und Christen nicht gewaltsam zum Islam bekehren, man müsse ihren abweichenden Glauben dulden. Juden und Christen werden im Koran ausdrücklich als »Völker des Buches« oder »Leute der Schrift« (*ahl al-kitab*) bezeichnet, gerade weil ihre heiligen Bücher viel mit dem Koran gemeinsam haben. Entsprechend heißt es in der 19. Sure, Vers 47:

> »Mit den Schriftbesitzern streitet nur auf die anständigste Weise, nur die Frevler unter ihnen seien ausgenommen, und sagt: ›Wir glauben an das, was uns, und an das, was euch offenbart worden ist. Allah, unser Gott und euer Gott, ist nur Einer, und ihm sind wir ganz ergeben.‹«

Dieses Wissen um die Gemeinsamkeiten hat in vielen Ländern der islamischen Welt, so auch bei den Türken, zu erstaunlichen Annäherungen im religiösen Leben geführt. Bis heute kann der aufmerksame Reisende in der Türkei sogar auf Pilgerstätten treffen, die sehr anschaulich eine Nähe islamischer und christlicher Glaubensformen verdeutlichen.

Besondere Beachtung verdient hier das sogenannte Marienhaus (türkisch: *Meryemana*), das sich in der Nähe von Ephesus auf dem Hügel *Ala dag* befindet. Einer christlichen Legende nach soll hier Maria, die Mutter Jesu, längere Zeit gewohnt haben und auch gestorben sein – eine zweifelhafte Legende, denn auch in Jerusalem gibt es ein »Sterbehaus Marias«. Solche Widersprüchlichkeiten ändern aber nichts daran, dass bis heute zahlreiche christliche Pilger aus aller Welt in das Sterbehaus der Maria nahe Ephesus kommen, dort Kerzen anzünden und beten. Aber – und dies ist für unsere Beobachtung das Entscheidende – zu dieser Andachtsstätte kommen genauso auch Muslime, um der Mutter Jesu ihre Reverenz zu erweisen. In der

Volksfrömmigkeit gibt es hier zwischen Christen und Muslimen keinerlei Trennlinie.

Eine sehr ähnliche Erfahrung konnte ich sogar nahe Istanbul machen. Ich unternahm einen Ausflug zur Prinzeninsel Büyük Ada im Marmara-Meer. Die Insel, nur zwei Fahrstunden mit dem Schiff von Istanbul entfernt (und wegen ihrer ausgedehnten Badestrände und bewaldeten Berge ein beliebtes Ziel für die Einwohner der Millionenmetropole), besuchte ich wegen des griechisch-orthodoxen Klosters St. Georg, Aya Yogi Monastiri. Das Kloster ist von der kleinen Hafenstadt aus in einer Stunde Fußmarsch zu erreichen und gilt nicht nur als einer der landschaftlich schönsten Pilgerorte für Christen im Ballungsraum Istanbul, sondern als einer der wenigen noch völlig intakt gebliebenen griechisch-orthodoxen Wallfahrtsorte überhaupt. Erwartungsgemäß waren in den Verkaufsständen entlang des Bergpfades Ikonen, Rollbilder und Postkarten mit Abbildungen von Christus, Maria und dem Heiligen Georg, dem Schutzpatron des Klosters, ausgehängt. Aber daneben – und dies ist die Überraschung für westliche Besucher – hingen Holztäfelchen mit Bildnissen der heiligen Kaaba und Versen aus dem Koran. Christliche und islamische Symbole also unmittelbar nebeneinander.

Einem griechischen Mönch im St.-Georgs-Kloster konnte ich auf Englisch meine Eindrücke schildern. Ich wollte wissen, ob den Pilgerweg herauf auch Muslime gingen und ob sie gar die Kirche besuchten. – Rund 70 bis 80 Prozent der Besucher im Kloster seien Muslime, es gebe ja gar nicht mehr so viele Christen in der Türkei, erklärte der Mönch. Die Mehrzahl der christlichen Pilger komme längst schon aus Griechenland. – Und weshalb kämen die Muslime? – Die Muslime würden natürlich nicht am christlichen Gottesdienst teilnehmen, aber außerhalb der offiziellen Gebetszeiten würden viele von ihnen im Kirchenraum um Gottes Segen bitten.

Muslime und Christen –
eine schwierige Beziehung

Die geschilderten Eindrücke werfen Fragen auf. Wenn türkische Muslime und Christen gerade in volkstümlicher Religiosität sich recht nahe stehen, wie kommt es dann, dass die Zahl der Christen in der Türkei rapide abnimmt?

Der Anteil der Christen an der türkischen Bevölkerung beträgt heute 0,15 Prozent. Aber noch gegen Ende des Osmanischen Reiches war nahezu jeder fünfte Einwohner auf dem Gebiet der heutigen Türkei Christ oder Jude.[1] In Istanbul, dem einstigen politischen und kulturellen Zentrum des Osmanischen Reiches, waren 1914 sogar 44 Prozent der Einwohner Christen, heute ist es gerade noch ein Prozent.[2]

Das sind ungeheure Veränderungen innerhalb nur eines einzigen Jahrhunderts. Der Vergleich mit anderen Ländern der islamischen Welt, gerade im Nahen Osten, sollte zu denken geben. In Syrien sind bis heute rund 12 Prozent der Bevölkerung Christen, in Ägypten über 10 Prozent, in Jordanien rund 5 Prozent. In den hier genannten Staaten scheint die im Koran vorgeschriebene Toleranz gegen christliche Minderheiten also noch eher wirksam zu sein als in der Türkei.

Ich habe im Zusammenhang mit der massenhaften Vertreibung der Griechen und Armenier bereits eine wesentliche Ursache genannt, weshalb sich im Zeitraum von 1915 bis 1923 die Zahl der Christen im türkischen Kernland drastisch verringerte. Im Vordergrund der Feindschaft stand bei türkischen Muslimen keineswegs der Affekt gegen die Christen oder das Christentum – denn sonst hätte der Anteil der Christen im Osmanischen Reich über viele Jahrhunderte nicht so hoch sein können wie in sonst kaum einer anderen Region der islamischen Welt. Die mörderischen Konflikte sind vielmehr erst durch das Entstehen nationalistischer Ideologien sowohl bei Christen als auch bei Muslimen ausgelöst worden.

Betrachten wir zunächst die Toleranz, die im Osmanischen Reich Muslime gegenüber Christen übten. Erst vor diesem Hintergrund werden die markanten Veränderungen seit dem 20. Jahrhundert verständlich.

Die Sultane gewährten den unterworfenen Christen, ob nun Griechen, Bulgaren, Serben, Albanern oder anderen, die vom Koran vorgeschriebene Toleranz als »Völkern des Buches«. Folglich durften Christen auch unter osmanischer Herrschaft nicht gewaltsam zum Islam bekehrt werden, sie konnten ungehindert ihre Religion ausüben. Es war zu osmanischer Zeit nahezu selbstverständlich, dass in den Stadtzentren Minarette und Kirchtürme nebeneinander aufragten. Eine derart direkte Nachbarschaft von Kirchen und Moscheen ist heute in der Türkei zwar kaum mehr anzutreffen, in manchen ehemaligen osmanischen Herrschaftsgebieten hingegen schon. Wer beispielsweise in Bosnien-Herzegowina Städte wie Sarajevo und Mostar noch vor dem Ausbruch des unseligen Balkankriegs 1992 besuchte, konnte dieses Nebeneinander eindrucksvoll dokumentiert sehen. Das gleiche Nebeneinander ist heute noch in Palästina und Ägypten zu finden und galt bis zum Ausbruch des Bürgerkrieges 2011 auch für Syrien.

Christen wie auch Juden mussten unter osmanischer Herrschaft zwar erheblich höhere Steuern zahlen als Muslime, waren jedoch vom Kriegsdienst befreit. Ihnen blieb es grundsätzlich verwehrt, ein hohes Regierungsamt auszuüben, aber hie und da konnten sie als ranghohe Verwaltungsbeamte tätig sein. Ohnehin standen ihnen fast alle Berufe offen. Es war kein ungewöhnliches Bild, dass Christen und Juden an osmanischen Universitäten als Professoren muslimische Schüler unterrichteten. Dagegen waren im christlichen Abendland Muslime an den Universitäten nicht einmal als Studenten zugelassen, auch Juden durften bekanntlich unter christlicher Oberhoheit zahlreiche Berufe nicht ausüben. Ohne Zweifel bot somit das Osmanische Reich erheblich mehr Toleranz gegenüber geistig verwandten religiösen Minderheiten – und vor allem einen besseren Rechtsschutz – als irgendein Staat des christlichen Abendlandes. Zumindest galt dies bis ins 18. Jahrhundert, bis zum Zeitalter der Aufklärung.

Dass religiöse Minderheiten unter osmanischer Herrschaft besser lebten als unter christlicher, veranschaulichen zwei historisch markante Ereignisse.

Im Jahr 1492 eroberten die katholischen Könige Spaniens die letzten Fürstentümer der Mauren und zwangen nicht nur die besiegten Muslime, sondern auch alle Juden zur Auswanderung. Nur ein kleiner Teil der maurischen Juden übersiedelte in einen von Christen regierten Staat. Die meisten bevorzugten Staaten mit islamischer Oberhoheit, ob nun in Nordafrika, in Vorderasien oder im Osmanischen Reich. Besonders nach Istanbul, seit 1453 die neue Hauptstadt der Osmanen, zog es jüdische Kaufleute, Wissenschaftler und Handwerker.

Das zweite markante Ereignis fällt ins Jahr 1683. Damals belagerten die Türken unter der Führung des Großwesirs Kara Mustafa zum zweiten Mal Wien. Aus unserer abendländischen Sicht bedeutet diese Belagerung eine besonders schicksalhafte Konfrontation zwischen Orient und Abendland, ein nahezu unversöhnliches Gegenüber von Muslimen und Christen. Aber wenig bekannt ist – weil es in unserer Geschichtsschreibung gern an den Rand gerückt wird –, dass aufseiten der muslimischen Türken protestantische Ungarn kämpften und eine Niederlage der Christen in Wien herbeisehnten. Wie das? Die Protestanten genossen unter den katholischen Habsburgern keine Religionsfreiheit, sehr wohl aber unter den Osmanen. Ungarns Protestanten zogen eine islamische Regierung einer katholischen vor. Im kollektiven Gedächtnis geblieben sind uns diese ungarischen Christen nur durch ein im süddeutschen Sprachraum sehr populäres Schimpfwort: »Kruzitürken«. Das Wort leitet sich von »Kreuztürken« ab, wie die katholischen Österreicher damals voll Abscheu die Protestanten unter osmanischer Oberhoheit nannten.

Wenn aber die Muslime über viele Jahrhunderte toleranter waren als Christen, so darf diese Tatsache nicht zu Missverständnissen verleiten. Keineswegs waren Christen den Muslimen gleichgestellt, schließlich habe Gott den Islam »über alle anderen Religionen erhoben«, so heißt es im Koran (48. Sure, Vers 29). Im Kern sind Muslime genauso von der Überlegenheit ihrer Religion überzeugt wie die Christen von der ihrer eigenen. Daher können Andersgläubige bestenfalls großzügig geduldet werden.

Dieser Logik entsprach voll und ganz, dass Sultan Mehmet II. nach der Eroberung von Konstantinopel 1453 die Hagia Sophia, die zentrale Kirche griechisch-orthodoxen Glaubens, in eine Moschee umwandeln ließ. Es blieb nicht bei dieser einen Maßnahme. Während des folgenden Jahrhunderts sind weitere der schönsten und repräsentativsten Kirchen der osmanischen Hauptstadt in Moscheen umgewandelt worden, so die Kleine Hagia Sophia, die Erlöserkirche in Chora, die Pammakaristos-Kirche und viele andere, in denen die prachtvollen byzantinischen Fresken und Mosaiken übertüncht wurden. Den Christen stand zwar frei, neue Kirchen zu bauen, aber ihre bedeutendsten Kultstätten mussten sie den Muslimen überlassen.

Dieses herkömmliche Verständnis von Duldung hat muslimische Herrscher immer wieder bewogen, die Abstufung von »Rechtgläubigen« und Andersgläubigen auch in zahlreichen Äußerlichkeiten auffällig zu machen. Besonders in Krisenzeiten – vor allem, wenn islamische Staaten von andersgläubigen äußeren Feinden bedroht waren – wurden diskriminierende Gesetze erlassen. So mussten sich Christen und Juden zeitweise in ganz bestimmten Farben kleiden, ihre Häuser niedriger bauen als die der Muslime und duften als Reittiere nur Maulesel, keine Pferde und Kamele, verwenden.

Die Grenzen islamischer Duldung wurden aber im Verlauf des 15. und 16. Jahrhunderts immer schärfer gezogen. Nach und nach wurde es üblich, dass Muslime die Christen »Ungläubige« nannten. Auf Arabisch hieß das *kafir*, auf Türkisch *giaur*, ein Schimpfwort, das bis dahin nur für Anhänger einer »Götzenreligion«, etwa des Hinduismus oder Buddhismus, verwendet worden war. Interessanterweise traf dieses beleidigende Wort nur die Christen, nicht aber die Juden. Unter der Herrschaft der Sultane gingen die Muslime so weit, Christen und Juden unterschiedlich zu bezeichnen: Nur noch die Juden nannten sie anerkennend »Schriftbesitzer«, die Christen hingegen *giaur*. – Die Bezeichnung »Ungläubige« für Christen fand Eingang in osmanische Urkunden und sogar in den diplomatischen Schriftverkehr mit europäischen Staaten bis ins 19. Jahrhundert und hat sich im einfachen Volk bis heute gehalten.[3]

Wie kam es zu dieser Verschärfung? Muslimen fiel es relativ leicht, der Konkurrenzreligion Christentum herablassend tolerant zu begegnen, solange sie sich selbst unangefochten im Besitz der höchsten Kultur wie auch der politischen Macht wähnen konnten. Aber der Schock war groß, als sie feststellen mussten, dass die Christen kulturell wie politisch an Stärke gewannen und schließlich mit ihren Truppen siegreich in Herrschaftsgebiete des Osmanischen Reiches vorstießen. Diesen Schock kompensierten die muslimischen Türken, indem sie nun die Christen religiös abwerteten. Hinzu kam die Befürchtung, dass die Christen unter osmanischer Oberhoheit mit feindlichen christlichen Staaten sympathisierten und damit zu inneren Feinden wurden. Religiöse und politische Affekte verschmolzen so zu einem immer explosiveren Gemisch. Fatale Folgen hatte dann der wachsende Affekt gegen die Armenier wie auch gegen die Griechen, die gegen Ende des 19. Jahrhunderts immer energischer politische Selbständigkeit forderten. Wenn auch die Türken Aufständische zuallererst aus politischen Gründen bekämpften, so war die Ablehnung immer häufiger auch von abwertenden Äußerungen über die andere Religion begleitet.

Daran änderten die Reformgesetze Mahmuts II. in den dreißiger Jahren des 19. Jahrhunderts wenig. Mahmut II. hatte ja, wie bereits geschildert, Muslime und Christen rechtlich gleichgestellt, auch untersagte er in seiner Regierungszeit die diskriminierende Bezeichnung »Ungläubige« gegenüber Christen in amtlichen Dokumenten. Der Sultan hatte mit diesem Zugeständnis die Christen seines Herrschaftsbereichs beschwichtigen wollen und hoffte, dass sie dadurch nicht in Versuchung kamen, sich mit den europäischen Großmächten zu verbünden. Aber eine solche Reformpolitik konnte angesichts des Niedergangs osmanischer Macht nicht mehr den gewünschten Erfolg haben, und infolgedessen kehrten spätere Sultane wieder zur Gewohnheit zurück, die Christen abfällig als »Ungläubige« zu bezeichnen.

Atatürk knüpfte 1926 an die Gesetzgebung Mahmuts II. an. Muslime und Christen waren jetzt endgültig gleichberechtigt. Freie Religionswahl war möglich. Kein Muslim wurde mehr mit Gefängnis oder gar mit dem Tod bestraft, wenn er zum Christentum übertrat. Auch durfte nun eine muslimische Frau einen Christen heiraten, während es bisher nur muslimischen Männern gestattet gewesen war, Christinnen zu ehelichen. Entscheidendes Kriterium für den Staatsbürger war es fortan, Türke zu sein; die Religion durfte nicht mehr als Maßstab für die Bewertung herangezogen werden. So gesehen ging die 1923 gegründete Republik Türkei weit über die traditionelle islamische Toleranz hinaus, die den Christen und Juden herablassend Duldung gewährte, und Atatürk näherte sich jener Vorstellung von Toleranz an, wie sie sich in Westeuropa unter dem Einfluss der Aufklärung entwickelt hatte.

Umso mehr irritieren muss aber der Affekt der Türken gegen Armenier und Griechen. Dass es sich hier in erster Linie um eine nationalistisch und nicht um eine religiös motivierte Intoleranz handelte, habe ich bereits dargestellt. Trotzdem bleiben viele Fragen offen. Denn die Situation der christlichen Minderheit in der heutigen Türkei entspricht keineswegs jenen Reformen, mit denen Atatürk die rechtliche Gleichstellung der Staatsbürger jenseits ihrer religiösen Zugehörigkeit einleitete.

Erschwerte Bedingungen für Christen in der »säkularen« Türkei

In Gesprächen mit Türken konnte ich immer wieder feststellen, dass viele der nationalistisch orientierten Muslime argwöhnen, die im Land verbliebenen Griechen und Armenier seien nach wie vor »keine guten Türken«, sie sympathisierten in politischen Konflikten oft genug mit den »Feinden der Republik«, etwa Griechenland. Daher sei es notwendig, die christlichen Minderheiten zu überwachen und ihre gesellschaftlichen Aktivitäten einzuschränken. Das Misstrauen der Türken richte sich nicht gegen die christliche Religion an sich, es handle sich also nicht um religiöse Intoleranz, das Misstrauen richte sich vielmehr gegen türkische Staatsbürger, deren Loyalität aufgrund ihrer griechischen oder armenischen Herkunft zweifelhaft sei.

Wie aber ist in diesem Zusammenhang das verheerende Pogrom von Istanbul zu bewerten?

Orhan Pamuk schildert in seinem autobiographischen Buch *Istanbul* in beklemmender Anschaulichkeit, was am 6. und 7. September 1955 in den Istanbuler Stadtvierteln mit hohem christlichen Bevölkerungsanteil geschah. Tausende grölende Muslime plünderten die Lebensmittelläden und Kleinbetriebe von Griechen und Armeniern, zündeten Häuser an, vergewaltigten Frauen.

»Es darf mit Fug und Recht behauptet werden«, so Orhan Pamuk in seinem Buch, »dass diese Leute nicht minder erbarmungslos vorgingen als seinerzeit die in Konstantinopel plündernden Soldaten Sultan Mehmets. Zwei Tage lang wurde Istanbul für alle Nichtmuslime in eine Hölle verwandelt, die schlimmer war als ihr schlimmster orientalischer Alptraum, und später kam heraus, dass staatliche Agitatoren dem Pöbel in Aussicht gestellt hatten, es dürfe nach Herzenslust geplündert werden. Am Morgen jener Nacht, an der jeder Nichtmuslim Gefahr lief, gelyncht zu werden, war die Istiklal-Straße in Beyoğlu übersät mit den Überresten von Dingen, die die Plünderer aus den zerstörten Läden nicht hatten mitschleppen können und dennoch genüsslich ruiniert hatten.«[4]

80 Prozent der Textilgeschäfte im Basar von Istanbul gehörten bis dahin Griechen, Armeniern und Juden. Sie bildeten das Rückgrat des Handels und Handwerks in der Türkei. Aber in einer einzigen Nacht verwüsteten Plünderer mehr als 4000 Läden und Büros, über 3500 Wohnungen, legten Feuer in 72 Kirchen und 31 christlichen Schulen.[5] Jenes Pogrom trug wesentlich dazu bei, dass Tausende Christen die Türkei fluchtartig verließen und so den prozentualen Anteil der ohnehin schon kleinen Minderheit noch mehr verringerten.

Über die eigentlichen Ursachen dieser schrecklichen Ausschreitungen ist seither viel gerätselt worden. Unbestritten ist, dass die damalige krisenhafte Entwicklung auf der Insel Zypern die türkische Öffentlichkeit zunehmend erregte. Denn auf Zypern machten griechische Nationalisten der dort lebenden türkischen Minderheit das Leben schwer. Das allein hätte aber nicht der Funke für das Pulverfass sein müssen. Entscheidend war, dass der damalige türkische Ministerpräsident Adnan Menderes die Krise auf Zypern gezielt benutzte, um die türkische Bevölkerung gegen die »feindlichen Griechen« im Ausland sowie gegen die »Feinde im Innern« zu mobilisieren – mit dem Ziel, das eigene Volk von zunehmender Misswirtschaft und Korruption der Regierung abzulenken. Orhan Pamuk wies in seiner Schilderung ausdrücklich auf staatliche Agitatoren hin, die den Pöbel zur Plünderung animierten. Ein weiterer Anlass kam hinzu: Anfang September war im Geburtshaus Atatürks in Saloniki eine Bombe explodiert, was türkische Zeitungen sofort als Attentat fanatischer Griechen interpretierten und entsprechend aufbauschten. In Wirklichkeit handelte es sich um eine Inszenierung des türkischen Geheimdienstes, um den Hass auf die Griechen zu schüren.[6] Die traumatischen Ereignisse des Pogroms von 1955 belegen, dass im Vordergrund eher eine nationalistische, antigriechische wie auch antiarmenische Hysterie stand und nicht eine grundsätzliche Abneigung gegen das Christentum.

Aber bei näherem Hinsehen gibt es in der Türkei neben dem unheilvollen Gemisch religiös-nationalistischer Affekte eben doch auch handfeste Gesetze, die das Leben türkischer Christen erheblich einschränken. Und einige wurden bereits unter Atatürk verabschiedet, der noch 1926 Muslimen und Christen gleiche Rechte eingeräumt hatte.

Zehn Jahre später schuf eine neue Maßnahme wieder völlig andere Bedingungen. Atatürk, dem es von Anfang an darum ging, die Macht religiöser Instanzen zu beschneiden, erließ 1936 ein Gesetz, das den religiösen Gemeinschaften untersagte, neue Kultstätten zu bauen und theologische Ausbildungsstätten einzurichten; sämtliche Religionsgemeinschaften mussten sich von nun an mit den bereits vorhandenen Gebäuden begnügen. Dieses Gesetz zielte in seiner ursprünglichen Intention keineswegs zuallererst auf Christen. Im Gegenteil. Atatürk wollte damit vor allem islamische Gruppierungen bekämpfen, denn ihnen unterstellte er, sie stärkten durch den Neubau von Moscheen und Koranschulen ihre Macht und gäben damit »rückständigen« Traditionen Auftrieb. In zweiter Linie betraf dieses Gesetz allerdings auch die Christen – und für sie waren die Folgen auf lange Sicht viel nachteiliger als für die Muslime.

Nachdem 1945 in der Türkei ein Mehrparteiensystem an die Stelle der Einparteiendiktatur getreten war, konnten sich politische Kräfte formieren, denen es darum ging, den Islam als Religion und Kultur öffentlich wieder stärker zur Geltung zu bringen und schrittweise eine Aufhebung des Verbots islamischer Aktivitäten zu erreichen. So sind spätestens seit den 1950er- und 1960er-Jahren in der Türkei zahlreiche neue Moscheen sowie religiöse Ausbildungsstätten entstanden. Auch wurde der islamische Religionsunterricht seit den 1980er-Jahren wieder Pflichtfach an allen öffentlichen Schulen.

Anders bei den Christen. Diese Minderheit mit ihrem schrumpfenden Anteil von weniger als einem Prozent der Bevölkerung besaß keine Lobby, um Ähnliches durchzusetzen. Bis in das Jahr 2008 blieb es türkischen Christen verwehrt, neue Kirchen zu errichten. Erst dann zeichneten sich einige Erleichterungen ab (davon an anderer Stelle ausführlicher). Auch wurde es immer schwerer, in der Türkei Pfarrer auszubilden, weil es kaum möglich war, die wenigen bestehenden Lehrstätten zu finanzieren. Und so war der Nachwuchs immer häufiger gezwungen, an ausländischen Universitäten zu studieren. Vollends verschärfte sich die Situation, als die Republik Türkei 1970 die letzte theologische Ausbildungsstätte der Armenier und 1971 die letzte der Griechen schloss. Anlass waren wachsende politische Spannungen mit der armenischen Minderheit und dem Nachbarstaat Griechenland. Den Kirchen ist es streng untersagt, in öffentlichen Schulen christliche Religion zu unterrichten. Ganz im Gegensatz zu den Entfaltungsmöglichkeiten, die inzwischen wieder die Muslime haben, bleibt für die Christen das einschränkende Gesetz von 1936 unverändert in Kraft.

Ein paradoxer Zustand ist damit eingetreten: Ausgerechnet die Republik Türkei, die in Bezug auf Glaubensfreiheit die modernste Verfassung aller Staaten der islamischen Welt auf dem Papier stehen hat, schränkt in der Praxis die Rechte ihrer christlichen Minderheiten stärker ein, als es die meisten anderen von Muslimen regierten Länder tun (abgesehen von den arabischen Golfstaaten und Afghanistan). Den Christen der Türkei steht es zwar frei, in den vor 1936 erbauten Kirchen Gottesdienste abzuhalten. Aber sie dürfen nicht dieselben bürgerlichen und politischen Rechte beanspruchen wie die Muslime. Die Republik Türkei hält sich damit nicht an die Bestimmungen des Vertrags von Lausanne aus dem Jahr 1923, in dem ausdrücklich die Entfaltungsfreiheit religiöser Minderheiten mit eigenem Rechtsstatus garantiert ist. Ignoriert wird in diesem Zusammenhang aber auch der Gleichheitsgrundsatz der türkischen Verfassung, wie ihn Artikel 10 formuliert.[7]

Hier stoßen wir auf einen Sachverhalt, der nur schwer mit den Grundsätzen eines säkularen Staates nach westlichem Vorbild zu vereinbaren ist. Wie kommt es, dass der Islam, der doch keineswegs Staatsreligion ist, eine derart bevorzugte Stellung genießt? Müsste nicht gerade hier der Nationale Sicherheitsrat, der sich als Wächter des Laizismus versteht, korrigierend eingreifen? Genau das geschieht nicht. Was die Ursachen für ein solches Verhalten sind, werde ich an anderer Stelle noch erörtern, wenn ich in Einzelheiten auf das heutige Spannungsverhältnis zwischen türkischem Staat und Islam eingehe.

Mit unserem Verständnis eines säkularen Staates ist es auch nicht zu vereinbaren, dass im Reisepass und im Personalausweis die Religionszugehörigkeit vermerkt ist. Dies geschieht mit einem Zifferncode. Für Angehörige christlicher Minderheiten ist es die Zahl 31. Dadurch ist es Behörden sowie Polizisten möglich, Christen sofort zu erkennen und bei Bedarf – oder persönlichem Ressentiment – anders zu behandeln als Muslime.[8] Dieser Zifferncode in den Ausweispapieren verhindert bis heute den beruflichen Zugang zu höheren öffentlichen Ämtern.[9] Eine solche Praxis unterscheidet sich nicht von der in den meisten islamischen Ländern – nur dass dort der Islam als Staatsreligion in der Verfassung verankert und keine Gleichbehandlung der Religionen (sondern nur herablassende Toleranz) gesetzlich vorgesehen ist.

Diskriminierungen türkischer Christen häufen sich sogar zu Beginn 21. Jahrhunderts. Die Regierungsbehörde *Diyanet*, die mit 100 000 Mitarbeitern die 70 000 sunnitischen Moscheen verwaltet, ließ bis zum Jahr 2004 zu, dass in ihren Publikationen das Christentum als Aberglaube bezeichnet wird, und forderte »rechtgläubige Muslime« auf, sich von dieser Religion zu distanzieren. Erst seit 2004 ist in neu veröffentlichten Schulbüchern nicht mehr der Vorwurf zu finden, die Christen hätten die ursprüngliche Offenbarung des *einen* Gottes verfälscht.[10] Dies kann als eine Geste verstanden werden, bessere Bedingungen für einen Dialog der Religionen herzustellen.

Dann aber wieder gegenläufige Signale: Im November 2006 wurden zwei Türken, die vom Islam zum Christentum übergetreten waren, mit Billigung der Religionsbehörde vor Gericht gestellt und wegen »Herabwürdigung des Türkentums« angeklagt.[11] Ein solches Vorgehen widerspricht eindeutig dem Gesetz von 1926, das absolute Religionsfreiheit gewährt und Religionswechsel nicht unter Strafe stellt. Die Anklage gegen »Abtrünnige« knüpfte an eine Praxis an, die bis 1926 in der Türkei und in vielen Ländern der islamischen Welt noch heute üblich ist: Muslime, die sich »vom wahren Glauben« des Islam abwenden und den »Aberglauben« einer anderen Religion bevorzugen, können mit Gefängnis, Geldbußen oder gar dem Tod bestraft werden. (So gingen auch die christlichen Kirchen vor dem Zeitalter der Aufklärung mit »Abtrünnigen« um.)

Viele Kirchen - aber wo sind die Christen?

Vom Fenster meines Hotelzimmers in Istanbul hatte ich einen Panoramablick über den sonnenglitzernden Meeresarm des Goldenen Horns auf Hügel mit einem Labyrinth ineinander verschachtelter Häuser, überragt von Kuppeln und Minaretts.

Ich wohnte im Oktober 2007 in Beyoğlu, einem Stadtteil, in dem unter der Herrschaft der Osmanen-Sultane viele Jahrhunderte lang christliche und jüdische Kaufleute lebten wie auch die Diplomaten europäischer Staaten ihre Residenzen hatten. Entsprechend tiefgehend ist der Kontrast zwischen Beyoğlu und der historisch gewachsenen Altstadt Istanbuls mit ihren Moscheen auf der anderen Seite des Meeresarms. Kirchen dominieren in Beyoğlu. Es sind Kirchen unterschiedlicher Konfessionen, griechisch-orthodox, russisch-orthodox, armenisch, katholisch, evangelisch ... Aber viele dieser Kirchen sind geschlossen. Oder sie sind kaum besucht, im Gegensatz zu den Moscheen.

Ein junger Türke sprach mich an, als ich eine der wenigen offenen Kirchen verließ. Er sprach deutsch und erklärte zu meiner Überraschung, er habe mich sofort als Deutschen erkannt. Lächelnd deutete er auf meinen deutschsprachigen Stadtplan. Woher er so gut deutsch spreche, wollte ich wissen. – Er sei im St.-Georgs-Kolleg zur Schule gegangen, es sei eine österreichische Schule hier in Beyoğlu, eine der besten Schulen in der Türkei. – Ob er Christ sei? – Nein, er sei Muslim. Die meisten Schüler im St.-Georgs-Kolleg seien Muslime, denn nirgends lerne man so gut Deutsch und Englisch wie in einer solchen ausländischen Privatschule. Ob er mich ein bisschen begleiten dürfe? Er studiere jetzt Geschichte und Wirtschaftswissenschaften, und er rede gerne mit deutschsprachigen Ausländern.

Wir schlenderten über den *Istiklal,* einen der belebtesten und repräsentativsten Boulevards des Stadtteils, wo sich Häuser im Barock- und Jugendstil reihen, mit Fassaden, die zum Verwechseln denen einer Prachtstraße in Wien um 1900 ähneln. Viele junge Leute waren hier unterwegs, fast alle nach neuester westlicher Mode gekleidet, ich sah in diesem Stadtteil von Istanbul weniger Frauen mit Kopftuch als im Zentrum von Wien. Auffallend waren die vielen Restaurants mit Bier-Reklame. Und gerade in dieser Straße immer wieder Kirchen.

Mein Begleiter erriet die Frage in meinem Blick und erklärte, in Istanbul gebe es ungefähr 110 Kirchen, davon seien etwa 80 griechisch-orthodox, etwa 20 katholisch, einige armenisch, ganz wenige protestantisch. Die Kirchen griechisch-orthodoxer Konfession seien in der ganzen Stadt verstreut, die anderen konzentrierten sich hauptsächlich in Beyoğlu, wo vor allem der Einfluss aus Westeuropa seit vielen Jahrhunderten beträchtlich sei. – Er kenne sich gut aus, gerade auch, was die Zahlen betreffe. – Er arbeite zeitweilig als Reiseleiter und führe deutsche Gruppen. Heute abend sei er aber nicht im Dienst und wolle sein Deutsch ein bisschen üben. – Ungefähr 110 Kirchen gebe es in Istanbul, wiederholte ich und stellte dann die unvermeidliche Frage: »Aber wo sind die Christen?«

Mein Begleiter zog die Augenbrauen hoch, als hätte er diese Frage ohnehin erwartet. Mehr noch, er schien auf meine Frage vorbereitet zu sein, vermutlich wurde sie ihm immer wieder bei Führungen von Touristen gestellt. In Istanbul, erklärte er – und seine Angaben deckten sich weitgehend mit offiziellen Statistiken –, seien noch zu Beginn des Ersten Weltkriegs an die 44 Prozent der Einwohner Christen gewesen, heute seien es gerade noch ein Prozent oder noch weniger. Hier im Stadtteil Beyoğlu habe der Anteil der Christen sogar rund 80 Prozent der Bewohner ausgemacht. Das zeige, dass unter der Herrschaft der Osmanen-Sultane selbst noch bis zum Ersten Weltkrieg eine sehr tolerante Politik gegenüber religiösen Minderheiten betrieben worden sei, vor allem gegen Christen und Juden. Noch gegen Ende des Osmanischen Reiches sei auf dem Gebiet der heutigen Türkei jeder fünfte Einwohner Christ gewesen, die meisten davon griechisch-orthodox, ungefähr ein Viertel armenisch.

Und weshalb habe sich die Situation so dramatisch verändert? Ich hatte diese Frage Türken schon mehrmals gestellt, aber immer nur sehr vage Antworten erhalten. Jetzt aber hatte ich es mit einem Gesprächspartner zu tun, für den es offensichtlich zur Routine gehörte, gerade Ausländern die türkische Sichtweise zu erklären.

Das sei ein vielschichtiges Problem, antwortete er. Wichtig sei hier vor allem eines: Die Ursachen dafür, dass es nur noch so wenige Christen in der Türkei gebe, seien eher auf politischer als auf religiöser Ebene zu suchen. Türken hätten deshalb auch grundsätzlich kein Problem damit, eine Schule zu besuchen, in der Christen Lehrer seien. Das gelte ja auch für ihn selbst. Aus der Sicht vieler seiner Landsleute seien nicht die Christen das Problem, sondern die Griechen und Armenier, und diese seien nun mal Christen. Mein Begleiter kam nun kurz auf jene traumatischen Ereignisse zu sprechen, die das Ende der Osmanen-Herrschaft und die schwierigen Geburtsjahre der Republik Türkei bestimmt hatten. Aber die gewaltsame Vertreibung vieler Christen aus der Türkei kommentierte er mit folgenden Worten: Es sei eine Tragödie, jawohl, eine Tragödie. Es wäre besser gewesen, der moderne Staat Türkei hätte ohne Blutvergießen entstehen können. Leider sei es nicht möglich gewesen, die Gegner hätten den Türken keine Wahl gelassen.

Am nächsten Tag, als ich wieder im Stadtteil Beyoğlu unterwegs war, sollte ich in einem weiteren Gespräch eine zusätzliche Variante des Problems kennenlernen.

Ich war zu einer armenischen Kirche gekommen, deren Türen verschlossen waren und die sehr vernachlässigt wirkte, und stieg, neugierig geworden, über eine steile Treppe zu einer benachbarten Kirche hinauf. Dieses Bauwerk, im klassizistischen Stil, durch hohe Mauern von der Straße abgeschirmt und in einen lauschigen Garten eingebettet, war geöffnet. Der Pfarrer, der zufällig aus einem Nachbargebäude kam, erklärte mir, dies sei eine evangelisch-lutherische Kirche, um 1850 errichtet. Er sei Deutscher und seit einigen Jahren in Istanbul tätig.

Offiziell würden sich viele türkische Muslime zu religiöser Toleranz gegen Christen bekennen, antwortete der Pfarrer auf meine Frage, ja, es könnten leicht auch freundschaftliche Kontakte zu Muslimen entstehen. Aber sobald er als Pfarrer konkretere Maßnahmen für einen Dialog der Religionen anstrebe, gebe es Probleme. Er habe anfangs versucht, türkische Muslime zu multi-religiösen Veranstaltungen mit Christen zu animieren. Auf ein solches Angebot habe er zwar niemals eine eindeutige Absage erhalten, aber auch keine Zusage, sondern nur ausweichende Antworten. Über Umwege habe er dann erfahren müssen, dass viele Muslime seine Einladungen als einen Versuch christlicher Missionierung gewertet hatten. Und Missionierung würde als ein Angriff auf den islamischen Glauben angesehen. Eine solche Haltung sei erst recht im Landesinneren der Türkei anzutreffen.

Welche Funktion er denn als Pfarrer in Beyoğlu noch habe, wo doch so viele Christen abgewandert seien, wollte ich wissen. Er antwortete: Besonders seit dem Jahr 1955, dem Pogrom gegen Christen in Istanbul, sei es schwierig geworden für kirchliche Aktivitäten. Seit 1955 leben kaum noch Christen mit türkischer Staatsangehörigkeit in Beyoğlu. Für die Kirchen aller Konfessionen in Beyoğlu gelte, dass in Gottesdienste nur noch Christen westeuropäischer Staaten kämen, die in Istanbul beruflich zu tun hätten. Entsprechend leer seien die Kirchen an Sonntagen, entsprechend spärlich die Kontakte mit Gläubigen.

Er verabschiedete sich mit einem Achselzucken.

Offene Fragen.
Audienz beim Ökumenischen Patriarchen von Konstantinopel

Im Frühjahr 2008 bot sich mir die Gelegenheit, zusammen mit einer religionswissenschaftlich interessierten Studiengruppe eine Audienz beim Ökumenischen Patriarchen von Konstantinopel zu besuchen. So bekam ich aus einem anderen Blickwinkel einen zusätzlichen Eindruck, wie es mit der Beziehung zwischen Muslimen und christlichen Minderheiten in der Türkei bestellt ist.

Die Audienz war auch Anlass, mich mit einem wichtigen Aspekt west-östlicher Kirchengeschichte auseinanderzusetzen, der in Westeuropa fast völlig aus dem kollektiven Gedächtnis verschwunden ist – aber das Bewusstsein der Christen im östlichen Mittelmeerraum wie auch in der Türkei nachhaltig bis heute prägt. Ein Westeuropäer weiß zwar mehr oder weniger Bescheid über die Bedeutung des Papstes, nicht jedoch über die des Ökumenischen Patriarchen von Konstantinopel.

Wir besuchten Bartholomaios I., das geistliche Oberhaupt der orthodoxen Ostkirche mit nahezu 300 Millionen Mitgliedern. Die Macht dieses religiösen Führers ist allerdings nicht zu vergleichen mit der des Papstes, denn er hat auf die rranghöchsten Bischöfe der einzelnen Landeskirchen in Griechenland, Russland, Serbien, Rumänien, Bulgarien nicht denselben Einfluss wie etwa der Papst auf die Kardinäle und Bischöfe der katholischen Landeskirchen. Die Machtverhältnisse waren jedoch im Mittelalter noch völlig anders. Über viele Jahrhunderte erhoben der Patriarch von Konstantinopel und der Papst von Rom jeweils den Anspruch, das religiöse Oberhaupt der gesamten Christenheit zu sein. Es war ein Streit auf Augenhöhe, der schließlich Mitte des 11. Jahrhunderts zur Spaltung in eine orthodoxe Ostkirche und eine römisch-katholische Westkirche führte. Die Rivalität beider Ämter offenbarte sich schon in den Titeln und Konfessionsnamen. *Ökumenisch* bedeutet »die ganze Welt umfassend«, *orthodox* meint »rechtgläubig«, *katholisch* bedeutet »allumfassend«.

Aber zu einem erheblichen Machtverlust für das orthodoxe Patriarchat kam es, als der Osmanen-Sultan Mehmet II. am 29. Mai 1453 Konstantinopel eroberte. Bis dahin hatte der religiöse Führer der Ostkirche in der Hagia Sophia residiert, einem der damals prächtigsten Sakralkomplexe der gesamten Christenheit. Nun jedoch ließ Sultan Mehmet die Hauptkirche von

Konstantinopel in die Hauptmoschee von Istanbul umwandeln, und der Patriarch musste die repräsentative Residenz verlassen. Das Oberhaupt der Ostkirche war nun wesentlich vom politischen Willen des siegreichen Sultans abhängig, was den Einfluss des Ökumenischen Patriarchen auf die ihm untergeordneten Landeskirchen sehr rasch schmälerte. Immer mehr entwickelten sich in den folgenden Jahrhunderten die einzelnen Landeskirchen der orthodoxen Christenheit zu Patriarchaten, die sehr eigenständig regierten, so besonders die in Moskau und Athen. Dem Patriarchen von Konstantinopel blieb letztendlich nur noch die Funktion, »spirituell« und nominell das Oberhaupt aller Ostkirchen zu sein.

Der türkische Sultan gestattete allerdings dem Oberhaupt der Ostkirchen, weiterhin in der ihm traditionell zugeschriebenen Stadt zu residieren, auch wenn aus dem christlichen Konstantinopel das islamische Istanbul geworden war. Dies war ein bemerkenswertes Kennzeichen islamischer Toleranz gegenüber geistesverwandten Religionen. Umgekehrt hätte sich zur damaligen Zeit kein christlicher Eroberer gegenüber einem religiösen Führer der Muslime derart duldsam verhalten. Trotzdem war es von Anfang an eine Toleranz mit Einschränkungen. Bald zeigte sich, dass das Patriarchat von Konstantinopel unter islamischer Oberhoheit auf Gedeih und Verderb von den taktischen Erwägungen – und auch Launen – der Sultane abhängig war. Der Patriarch konnte seinen neuen Amtssitz in der Pammakaristos-Kirche nur bis zum Jahr 1591 bewohnen, dann ließ Sultan Murat III. diese prachtvolle byzantinische Kirche ebenfalls in eine Moschee umwandeln. Seither müssen sich die Patriarchen mit einer wesentlich kleineren Residenz begnügen. Dort amtiert nun ein Patriarch, der hartnäckig auf Konstantinopel als spirituellem Mittelpunkt der gesamten Ostkirche beharrt – aber die türkische Regierung erkennt ihn nur als religiösen Führer der wenigen noch verbliebenen griechisch-orthodoxen Christen in der Türkei an.

Ich war von vornherein darauf gefasst, dass das Erscheinungsbild der heutigen Patriarchen-Residenz nur noch wenig gemeinsam haben konnte mit der einstigen Pracht eines Bischofssitzes in der Hagia Sophia. Mein erster Eindruck verstärkte allerdings noch die Ernüchterung. Die Residenz liegt am Westufer des Goldenen Horns, aber die Kirche und das Verwaltungsgebäude wirken so unscheinbar, dass sie von vorbeifahrenden Schiffen aus kaum wahrzunehmen sind. Den Blickfang bilden die viel markanter wirkenden Moscheen in unmittelbarer Umgebung.

Von der Schiffsanlegestelle sind es nur wenige Minuten durch eine Gasse zu gehen, um zu dem Amtssitz »Griechisch-orthodoxes Patriarchat« (türkisch: *Rum Orthodox Patrikhanesi*) zu gelangen. Die Kirche Hagios Georgios (Heiliger Georg) und das benachbarte Verwaltungsgebäude sind durch eine hohe Mauer von den umgebenden Wohnvierteln abgegrenzt. Außerhalb des Mauerrings führen winklige Gassen, gesäumt von traditionellen Holzhäusern vergangener Jahrhunderte, den Berg hinauf. Auffallend sind dort die vielen Frauen mit Kopftuch und Pluderhose, die Männer mit Schirmmützen oder weißen Käppchen, der Kleidung von Dorf- und Kleinstadtbewohnern. Dabei war dieser Stadtteil mit dem griechischen Namen *Phanar* (türkisch: *Fener*) bis weit in das 20. Jahrhundert hinein überwiegend von griechischen Christen bewohnt – das Patriarchat war bis dahin also eingebettet in ein ausgedehntes Wohnviertel mit Christen derselben Konfession. Aber im Stadtteil Fener vollzog sich in den Jahren 1922 und 1955 derselbe dramatische Umbruch wie in Beyoğlu: Die wachsenden politischen Spannungen zwischen der Türkei und Griechenland führten dazu, dass zahlreiche Griechen vor randalierenden Türken flohen. Auch hier zogen daraufhin muslimische Zuwanderer aus notleidenden Dörfern Anatoliens und der Schwarzmeerküste in die leer stehenden Wohnungen ein.

Unsere Studiengruppe besuchte zunächst die Kirche Hagios

Georgios, ein barockes Gebäude des frühen 18. Jahrhunderts. Aber bevor wir die Kirche betraten, war ich abgelenkt vom Anblick einer massigen Moschee, die mit hohen Minaretts nur wenige Meter außerhalb des Patriarchats die christliche Kultstätte beträchtlich überragt. Diese Moschee schien nahezu zur selben Zeit wie die Kirche errichtet – eine religiöse Demonstration, mehr noch, eine Provokation. Wie sehr ich mit einer solchen Vermutung recht hatte, sollte ich nur eine halbe Stunde später erfahren.

Das Innere der Georgskirche wirkte mit seiner prachtvollen Ikonostase und den von vielen griechischen Heiligenbildern sehr byzantinisch, ganz im Gegensatz zur barocken Außenfassade. Den Blickfang bildete der Thron des Patriarchen im Stil eines Baldachins. Wir waren zu dem Gottesdienst gekommen, den der Patriarch Bartholomaios persönlich leitete. Außer unserer 15-köpfigen Gruppe saßen in der Kirche noch zwei ältere Griechen; der Raum wirkte beklemmend leer. Bartholomaios war umgeben von zehn Mönchen, ihre Gesänge in byzantinischem Ritus erzeugten – gerade auch für mich als Zuhörer einer anderen Konfession – eine mystische Atmosphäre. Aber dann geschah etwas, das uns alle jäh aus der sakralen Stimmung riss: Mitten in den Mönchsgesang dröhnte plötzlich der Gebetsruf des Muezzins aus Lautsprechern der bedrängend nahen Minarette. Solange die Lautsprecher dröhnten, waren die Stimmen der Mönche nicht mehr zu hören. Als wir die Kirche verließen, antwortete mir einer der Mönche auf meine Frage: Jawohl, die Lautsprecher der Moschee seien mit besonderer Lautstärke installiert. Mehr sagte er nicht.

Wir betraten das Verwaltungsgebäude, dessen Fassade schlicht mit braun bemalten Brettern verkleidet war. Im Treppenaufgang zum Audienzsaal gingen wir an einem mannshohen Mosaikbild vorbei, das im historisierend byzantinischen Stil gestaltet war: Sultan Mehmet II. überreicht nach der Eroberung Konstantinopels 1453 dem damaligen Patriarchen einen

Schutzbrief, es ist die Garantie, dass das Oberhaupt der orthodoxen Kirche weiterhin unter islamischer Herrschaft in der Stadt residieren darf.

Im Audienzsaal waren die Stühle für Besucher zu beiden Seiten an der Wand aufgereiht. Wir setzten uns und mussten kurz warten, bis der Patriarch in Begleitung eines Dolmetschers erschien. Wir erhoben uns von den Stühlen, wie es das Protokoll forderte, während der Patriarch zur Stirnseite des Saals schritt. Dort nahm er auf einem Thronsessel im byzantinischen Stil Platz, über den eine Stoffplane mit einem Christus-Bild gespannt war.

Patriarch Bartholomaios I., Jahrgang 1940, seit 1991 im Amt, ein weißbärtiger großgewachsener Mann, sprach griechisch, und der neben ihm stehende Priester übersetzte ins Deutsche. »Seine Heiligkeit«, wie er bei Fragen laut Protokoll angeredet werden musste, entpuppte sich im Gespräch als sehr leutselig und strahlte menschliche Wärme aus. Seine Auskünfte hielt er allerdings sehr allgemein, weil der Gefragte wohl jedes seiner Worte mit Rücksicht auf die türkische Regierung sorgfältig abwägen musste. Der Grundtenor war, dass sich Bartholomaios ausdrücklich zum Dialog mit allen Religionen bekannte, und hierbei erschienen ihm besonders dringend Kontakte mit den Christen anderer Konfessionen, aber auch mit den Muslimen. Das eindeutige Bekenntnis zum Dialog unterscheidet Bartholomaios erheblich von vielen Patriarchen der orthodoxen Landeskirchen in Griechenland, Bulgarien, Rumänien, Serbien und Russland. Diese größere Toleranz hat allerdings auch pragmatische Gründe: Bartholomaios vertritt im Gegensatz zu den ihm (nominell untergeordneten) Würdenträgern konkret nur die wenigen noch in der Türkei verbliebenen orthodoxen Christen – eine verschwindend kleine Minderheit also, und schon deshalb ist es für ihn eine Frage des politischen Überlebens, auf Toleranz für religiöse Minderheiten bedacht zu sein.

Bartholomaios äußerte sich nur knapp über die Kontakte des

Patriarchats zur türkischen Regierung. Dagegen lenkte er das Gespräch auf weniger verfängliche Themen, etwa den Schutz der Umwelt, und er betonte, dass ein behutsamer Umgang mit der Natur eine »religiöse Pflicht« sei. Dann verabschiedete er sich rasch wegen weiterer dienstlicher Termine und sagte, sein Dolmetscher stünde noch für weitere Fragen zur Verfügung.

Der Dolmetscher sprach ebenfalls lieber über die »religiöse Pflicht« zum Umweltschutz als über die Beziehungen zu türkischen Politikern. Ihm ließ sich aber die Auskunft entlocken, dass die »konservativ islamische« Regierung unter Erdoğan wesentlich konzilianter mit der griechisch-orthodoxen Minderheit umgehe als viele der vorhergehenden Regierungen mit »nationalistisch säkularer« Ideologie. Denn Erdoğan gestehe den Christen prinzipiell die Toleranz zu, die der Koran vorschreibe. Frühere Ministerpräsidenten dagegen hätten besonders in den Griechen, wie auch den Armeniern, vorrangig die nationalen Erbfeinde gesehen, und deshalb seien sie viel weniger bereit gewesen, von schikanöser Unterdrückung abzuweichen. – Ob sich unter der Regierung Erdoğan schon viel zum Besseren gewendet habe? Der Gefragte antwortete, Erdoğan betone nachdrücklicher als seine Vorgänger, wie notwendig der Dialog zwischen Christen und Muslimen sei. Erdoğan habe auch dafür gesorgt, dass etliche vom Zerfall bedrohte Kirchen der Armenier restauriert würden. Das seien lobenswerte Signale, aber eben nur ein Anfang.

Ich hätte gerne noch gefragt, ob er denn glaube, dass unter der Regierung Erdoğan die theologische Hochschule für die Ausbildung griechisch-orthodoxer Priester auf der Insel Chalki nahe Istanbul wieder geöffnet werde. Diese Hochschule war von der konservativ nationalistischen Regierung unter Ministerpräsident Süleyman Demirel geschlossen worden, nachdem sich die politischen Beziehungen zwischen der Türkei und Griechenland wieder einmal verschlechtert hatten. Seit 1971 können daher in der Türkei keine Geistlichen der orthodoxen

Ostkirche mehr ausgebildet werden, sie müssen im Ausland studieren, was für die religiöse Minderheit zu immer größeren Schwierigkeiten führt. (Das gleiche Problem stellt sich für die Armenier, deren theologische Hochschule 1970 geschlossen wurde.) Der griechische Priester gab an, keine Zeit mehr zu haben. Ohnehin hatte er bereits auf ähnliche Fragen anderer Teilnehmer der Studiengruppe nur sehr vage geantwortet. Es war offensichtlich: Die Diplomatie verbot es, genauer zu antworten. Jede Auskunft, die in der Öffentlichkeit zitiert würde, könnte sich nachteilig für das Patriarchat in Istanbul auswirken

Der Konflikt um eine christliche Hochschule

Eineinhalb Jahre nach der Audienz beim Ökumenischen Patriarchen von Konstantinopel, im Dezember 2009, konnte ich in westlichen Medien lesen, dass die Spannungen zwischen dem Patriarchat und der türkischen Regierung eskalierten. Bartholomaios I. hatte in einem Interview mit dem amerikanischen Sender CBS erklärt, er fühle sich »wie ans Kreuz geschlagen« – Worte, die bei vielen Türken Empörung auslösten.[12] Der Konflikt basiert aber, wie viele andere zwischen türkischen Muslimen und Christen, nicht in erster Linie auf religiösen, sondern religiös-politischen Gegensätzen.

Bartholomaios hatte wieder einmal sein Bedauern darüber geäußert, dass die theologische Hochschule auf der Insel Chalki schon seit 1971 geschlossen sei. Da seither keine Geistlichen mehr dort ausgebildet werden könnten, gehe der griechisch-orthodoxen Kirche in der Türkei allmählich der Nachwuchs an Priestern aus. Bartholomaios appellierte an die türkische Regierung, das Verbot nach bald vier Jahrzehnten endlich aufzuheben, zumal sich die politischen Beziehungen zwischen der Türkei und Griechenland erheblich gebessert hätten. Es seien ja Zusagen vonseiten der Regierung schon 2004 gegeben worden, aber den Worten sollten endlich Taten folgen. Briefe des Patriarchen an die türkische Regierung, mittlerweile 19 an der Zahl, blieben allerdings unbeantwortet.[13]

Die theologische Hochschule wurde 1844 mit Billigung des reformfreudigen Osmanen-Sultans Abdul Meçid gegründet. Zum Standort hatte das Patriarchat das Kloster Hagia Triada (»Heilige Dreieinigkeit«) auf der Insel Chalki (türkisch: Heybeli Ada) gewählt. Es ist ein weitverzweigter Gebäudekomplex auf einem waldigen Hügel, dessen mächtige Mauern und Türme vom Hafen aus zu sehen sind. Die Insel liegt eine Stunde Fahrt mit dem Schiff von Istanbul entfernt. Von hier aus ist es nur noch eine weitere halbe Stunde zur Nachbarinsel Büyük Ada, dort befindet sich das Kloster St. Georg, wohin griechisch-orthodoxe Christen wie auch türkische Muslime pilgern (ich habe den Ort im Abschnitt »Muslime und Christen – die Gemeinsamkeiten« beschrieben).

Die theologische Hochschule auf der Insel Chalki überstand nahezu alle politischen Umwälzungen, nicht nur den Zusammenbruch des Osmanischen Reiches, sondern auch die massenhafte Vertreibung der Griechen 1922 nach der fehlgeschlagenen Invasion in Anatolien. Erst als auf der Insel Zypern Anfang der 1970er-Jahre der Konflikt zwischen der türkischen Minderheit und der griechischen Mehrheit eskalierte und damit die Türkei und Griechenland auf Konfrontation gingen, musste die Hochschule ihre Pforten schließen. Es war zwar seit 2004 eine Öffnung wieder im Gespräch, als sich die Regierung Erdoğan um eine Aufnahme in die EU bewarb. Aber die Gespräche scheiterten daran, dass die türkische Regierung darauf beharrte, die theologische Hochschule der orthodoxen Ostkirche müsse der theologischen Fakultät des sunnitischen Islam an der Istanbuler Universität angegliedert werden. Das Patriarchat fürchtete um die Unabhängigkeit der Ausbildung.[14]

Bemerkenswert an diesem Konflikt ist, dass das Patriarchat hier nicht dezidiert ein Problem mit der »konservativ-islamischen« Regierung unter Führung von Erdoğan sah. Denn, so der Pressesprecher des Patriarchats, die Regierung Erdoğan sei in der Auseinandersetzung mit christlichen Minderheiten »die liberalste, die wir in der türkischen Republik je hatten«. Das Problem sei der türkische Staat.[15] Gemeint war damit der Nationale Sicherheitsrat des türkischen Militärs, der bisher jedes Zugeständnis Erdoğans sowohl an die griechischen als auch an die armenischen Christen blockierte. In der 2009 immer noch mächtigen Institution dominierten weiterhin ideologisch verhärtete Nationalisten, aus deren Sicht die Griechen und Armenier zuallererst als politische Feinde und nicht als loyale christliche Staatsbürger einzustufen waren.

Vor diesem Hintergrund ließ sich auch verstehen, dass sich bisher jede türkische Regierung – allein schon unter dem Druck des Nationalen Sicherheitsrats – weigerte, den Ökumenischen Patriarchen von Konstantinopel als Oberhaupt aller orthodoxen Ostkirchen anzuerkennen, also von rund 300 Millionen orthodoxen Christen. Nach offizieller türkischer Deutung kann Bartholomaios nur der religiöse Führer der in Istanbul noch verbliebenen 4000 Griechen sein. Damit ist jede Verbindung zu den anderen orthodoxen Ostkirchen abgeschnitten – und damit bleibt die säkulare Republik Türkei weit hinter jenen Zugeständnissen zurück, die einst die Osmanen-Sultane dem Patriarchen von Konstantinopel eingeräumt haben.

»Islam-Faschisten« gegen Christen

Dass es in der Türkei bis heute Muslime gibt, die sich fanatisch gegen Andersgläubige wenden und in jedem christlichen Priester bereits einen Missionar und »Verführer schwacher Gläubiger« sehen, musste die Weltöffentlichkeit in den Jahren 2006 und 2007 schockiert zur Kenntnis nehmen. Muslime schritten zur Selbstjustiz, weil der Staat zu schwach sei, gegen »Missionare« vorzugehen. So wurde in Trabzon ein katholischer Geistlicher beim Gebet in seiner Kirche erstochen, in Samsun ein Pater mit dem Messer attackiert, in Kayseri und Izmir wurden Patres überfallen. Im Januar 2007 wurde der armenische Christ Hrant Dink in Istanbul erschossen.

Zur bisher schlimmsten Bluttat kam es aber im April 2007 in der osttürkischen Stadt Malatya. Fünf Jugendliche im Alter von 19 und 20 Jahren überfielen eine Niederlassung des christlichen Verlags *Zirve* (»Gipfel«), fesselten drei Mitarbeiter, zwei türkische und einen deutschen Christen, folterten sie und töteten sie anschließend mit einem Schnitt durch die Kehle. Die Verhafteten begründeten ihre Tat damit, dass der Verlag Bibeln in türkischer Übersetzung an die Einwohner Malatyas verteilt hätte, um glaubensschwache Muslime zum Christentum zu bekehren. Zwei der Getöteten seien bereits »Verführte« beziehungsweise Opfer dieser Missionierung gewesen und hätten allein schon wegen ihres »Abfalls vom wahren Glauben« den Tod verdient. Der Skandal erhielt noch eine weitere Dimension, als im Dezember 2007 nach monatelangen Ermittlungen immer deutlicher wurde, dass die Täter vor der Bluttat Kontakte zu den türkischen Sicherheitskräften gehabt hatten und darüber hinaus mit ihren Handys nicht nur verschiedene ranghohe Polizeibeamte, sondern auch Politiker der radikal-nationalistischen MHP wie auch der islamistischen Partei Erbakans angerufen hatten.[16]

Alle Täter, ob nun in Trabzon, Samsun, Kayseri, Izmir, Istanbul oder Malatya, hatten eines gemeinsam: Sie waren auffallend jung und kamen keineswegs aus dem Umfeld traditionell orientierter Koranschulen, sondern aus der radikal-nationalistischen Jugendorganisation der »Grauen Wölfe«, die mit der MHP, der Nationalen Bewegung des Alparslan Türkeş, eng verbunden ist. Im Gedankengut dieser 1965 entstandenen Partei sowie der zugehörigen Jugendorganisation fließen ein radikaler Nationalismus – dessen geistige Anleihen beim deutschen Nationalsozialismus unverkennbar sind – und fundamentalistische Strömungen des Islam zusammen. Ihre Ideologie lässt sich daher zu Recht als eine Art »Islam-Faschismus« bezeichnen, der sich durch seine völkische Tendenz völlig vom herkömmlichen politischen Islam unterscheidet.

Die osttürkische Stadt Malatya war besonders in den 1970er-Jahren eine Hochburg der »Grauen Wölfe«. Bis heute ist Malatya eine Stadt, in der überproportional viele Türken die MHP wählen. Bei den Parlamentswahlen von 2002 erhielt die MHP rund 33 Prozent der Stimmen, im Landesdurchschnitt waren es nur rund 8 Prozent. Eines der prominentesten Mitglieder der »Grauen Wölfe« und der MHP in Malatya war Mehmet Ali Ağca, der 1979 den prominenten liberalen Chefredakteur der türkischen Zeitung *Milliyet* tötete, bevor er 1981 durch sein Attentat auf Papst Johannes Paul II. weltweit bekannt wurde.

In den Jahren dieser blutigen Ausschreitungen gegen Angehörige christlicher Minderheiten regierte bereits Ministerpräsident Recep Tayyip Erdoğan, dessen Partei AKP sich als islamisch definiert. Aber Erdoğan distanzierte sich sofort von dem extrem nationalistisch aufgeladenen, intoleranten Islam. Wer seiner eigenen Religion vertraue, brauche keine Angst vor der Glaubensfreiheit zu haben, sagte Erdoğan und betonte:

»In Europa haben wir an die 6000 Moscheen, die gleiche Sicherheit müssen wir in unserem Land allen Synagogen und Kirchen gewähren.«[17]

Ähnlich reagierten auch einige Vertreter der säkularen Elite, die in ihrer Mehrheit Atatürks Republikanischer Volkspartei zuneigen. So schrieb Ertuğrul Özkök, Chefredakteur der kemalistisch orientierten Zeitung *Hürriyet* (»Unabhängigkeit«):

»Die Türken in Deutschland haben an die 3000 Moscheen erbaut. Wo bleibt unsere Zivilisation, wenn wir nicht ein paar Kirchen und ein paar Missionare dulden können?«[18]

Solch kritische Sätze sind bemerkenswert in einem Presse-organ, das mit seiner reißerischen Aufmachung dem deut-schen Massenblatt *Bild* ähnelt und auflagenstärkste Zeitung der Türkei ist. Aber Özkök als einer der einflussreichsten Poli-tiker des Landes möchte das Image der *Hürriyet* als einer strikt nationalistischen Zeitung ändern und eine differenziertere Berichterstattung ermöglichen.

Auffallend wenige prominente Türken haben bisher so ein-deutig wie Erdoğan und Özkök hervorgehoben, dass in West-europa die türkischen Muslime mehr Freiheiten haben als umgekehrt die Christen in der Türkei. Es wurde und wird groß-teils noch immer von der Mehrheit der Türken widerspruchs-los hingenommen, dass Christen in der Türkei eingeschränkt leben müssen. Was sind die Ursachen für das bisherige Schwei-gen?

Eine Studie der Universität Köln, die im Frühsommer 2007 veröffentlicht wurde, machte auf eine bedenkliche Grundein-stellung vieler Türken zu Fragen der Religionsfreiheit aufmerk-sam. Nur 16 Prozent der Befragten sprachen sich für die Frei-heit der Religionen aus.[19] Ein solcher Tatbestand liefert eine erste Antwort darauf, weshalb viele Türken an der Diskrimi-nierung Andersgläubiger kaum Anstoß nehmen.

Wir Europäer sollten diese Meinungsäußerungen allerdings nicht als spezifisch »islamisch« einstufen. Denn besagte Studie weist auf eine ähnliche Geisteshaltung im Nachbarstaat Grie-chenland mit orthodoxer Staatskirche hin.

Wie tolerant sind Christen im Nachbarstaat Griechenland?

Es lohnt sich, einen Blick auf den Nachbarstaat Griechenland zu werfen, schließlich waren die griechisch-christlichen und türkisch-islamischen Kulturräume über Jahrhunderte eng ver-flochten. Sie sind es in gegenseitiger Rivalität und entsprechenden Schuldzuweisungen bis heute noch. Die Antipathien, die viele Griechen sogar in religiöser Hinsicht gegen Türken hegen, konnte ich aus vielen Gesprächen heraushören. Und jedesmal stellte ich mir die Frage, wie es denn um die griechisch-christliche Toleranz gegenüber Andersgläubigen sowie das Verständnis der Griechen von einem säkularen, religiös wertneutralen Staat bestellt sei.

Zwei Begegnungen beziehungsweise Gespräche während meiner Griechenlandreise 2004 geben einen Anschauungsunterricht. Beide Male unterhielt ich mich mit orthodoxen Priestern, die fließend Deutsch sprachen, weil sie etliche Jahre in Deutschland unter Griechen seelsorgerisch tätig gewesen waren. Der eine wie der andere machte im ersten Moment einen sehr weltoffenen Eindruck und äußerte sich anerkennend über die sozialen Errungenschaften in Deutschland. Dies änderte sich sofort, als wir auf das Thema Religion und im Speziellen auf den Islam zu sprechen kamen.

Der erste Priester, auf der Insel Karpathos ansässig, furchte die Stirn, nachdem ich darauf hingewiesen hatte, dass unter der Herrschaft der Osmanen die Griechen nur politisch unterdrückt, nicht aber in ihrer Glaubensfreiheit eingeschränkt gewesen seien, entsprechend sei auch die griechisch-orthodoxe Kirche in der Ausübung ihrer Riten nicht behindert worden. Der Priester schüttelte heftig den Kopf und antwortete, die Türken hätten viele Heilige grausam getötet. – Die Türken? Ich erwiderte: Die orthodoxe Kirche sei es doch vor allem gewesen, die viele Christen umgebracht habe. – Ob ich damit die Ketzer meine? Ich nickte. Der Priester schwieg, schaute an mir vorbei und schüttelte wieder den Kopf. Dann wechselte er das Thema.

Der andere Priester, in einer Athener Pfarrei tätig, klärte mich darüber auf, weshalb allein die griechisch-orthodoxe Kirche im vollständigen Besitz der Wahrheit Gottes sei. Diese Kirche sei die einzige, die im Laufe von 1500 Jahren ihre Dogmen nie geändert habe. Sie sei die einzige, die unverändert an den

Glaubenssätzen des Ersten Ökumenischen Konzils von Nikäa im Jahr 325 festhalte. Alle anderen Kirchen aber, die katholische und erst recht die vielen protestantischen Kirchen, hätten die Glaubenslehre durch allerlei Abirrungen und Zugeständnisse an den Zeitgeist späterer Jahrhunderte erheblich verfälscht. Daher könne es keine Toleranz in dem Sinne geben, dass man Christen außerhalb der griechisch-orthodoxen Kirche im vollen Sinne als Christen anerkenne. Und erst recht könne es keine Toleranz gegenüber Muslimen und sonstigen Andersgläubigen geben.

Sind das nun willkürlich ausgewählte und durch bloßen Zufall diktierte Gespräche?

Die bereits zitierten Studien der Universität Köln belegen das Gegenteil. Dort werden ausdrücklich Parallelen zwischen der Geisteshaltung türkischer Muslime und griechischer Christen hergestellt. Weder in der Türkei noch in Griechenland ist die strikt säkular orientierte Bildungsschicht zahlenmäßig besonders stark. Kein anderer Mitgliedsstaat der Europäischen Union kennt noch eine derartige Einflussnahme der Kirche auf die Politik und das gesellschaftliche Leben. Daher kann man Griechenland auch nicht nach unseren strengen westeuropäischen Maßstäben als einen schon durchweg säkular strukturierten Staat bezeichnen.

Es ist noch gar nicht so lange her, dass in Griechenland entscheidende Voraussetzungen für einen säkularen Staat nach westlichem Vorbild geschaffen wurden. 1982 kam es zu einem heftigen Konflikt zwischen Kirche und Staat, als die sozialistische Regierung unter Ministerpräsident Andreas Papandreou eine grundsätzliche Änderung des Familienrechts durchsetzte: Reine Zivilehen waren nun möglich – 50 Jahre nach deren Einführung in der Türkei und über 100 Jahre nach deren Einführung im Deutschen Reich gegen den Willen der Kirchen (im sogenannten Kulturkampf). Bis zum Jahr 1982 waren in Griechenland Ehebündnisse ohne den Segen der griechisch-orthodoxen Kirche nicht gültig; Kinder aus Verbindungen mit Protestanten, Muslimen oder Atheisten galten als unehelich.[20] Die Regierung Papandreou hatte damit aber ohnehin nur eine Reform auf den Weg gebracht, ohne die von Griechenland nicht die Voraussetzungen für einen EU-Beitritt erfüllt worden wären.

Aber weitere Reformen im Sinne einer konsequent säkularen Staatsverfassung wurden noch bis in unsere unmittelbare Gegenwart verschleppt. Als die Regierung unter dem sozialistischen Ministerpräsidenten Kostas Simitis, dem Nachfolger Papandreous, im Jahr 2000 in Personalausweisen und Reisepässen die Angabe der Religionszugehörigkeit streichen ließ, leistete die Kirche heftigen Widerstand. Wortführer war der Metropolit Christodoulos I., Erzbischof von Athen, der von 1998 bis zu seinem Tod 2008 Oberhaupt der orthodoxen Christen Griechenlands war. Christodoulos brachte in Athen nahezu drei Millionen Demonstranten auf die Straße, um die Regierung zu einer Rücknahme dieser Reform zu zwingen. Jeder Grieche, so argumentierte der Erzbischof, solle in all seinen Personaldokumenten weiterhin als Anhänger der einzig wahren christlichen Lehre erkennbar sein. Wer dies ablehne, habe als Ungläubiger die Folgen zu tragen (was eine Diskriminierung bedeutete).[21] Der Streit um den Vermerk in Personalausweis und Reisepass dauerte nahezu sieben Jahre, ohne dass Kirche oder Staat nachgaben. Erst 2007 konnte der Zwist beendet werden, indem der Oberste Gerichtshof in einem Urteil zugunsten der Reformer entschied. Vor dem Hintergrund solcher Vorgänge mutet die Haltung der griechisch-orthodoxen Kirche sehr heuchlerisch an, wenn sie kritisiert, dass die Christen in der Türkei den Muslimen nicht gleichgestellt seien. Denn die Kirche tritt hier keineswegs im Namen der Demokratie für die Glaubensfreiheit aller Religionen ein, sondern nur für die Freiheit der eigenen Klientel, wenn diese unter dem Absolutheitsanspruch Andersgläubiger zu leiden hat.

In Griechenland sind weitere Reformen im Sinne einer konsequent säkularen Staatsverfassung dringend nötig. Noch immer ist der griechisch-orthodoxe Religionsunterricht Pflichtfach für alle Schüler bis zur zehnten Klasse. Bis heute übt die Kirche eine strenge Kontrolle über den weltanschaulichen Inhalt aller Schulbücher aus. Der bereits erwähnte Erzbischof Christodoulos I. strengte immer wieder Gerichtsverfahren gegen Autoren von Geschichtsbüchern an und warf ihnen Säkularisierung vor, womit er weltanschauliche Abweichungen von kirchlichen Dogmen meinte. Er beschuldigte sie, zu weltlich zu sein und die religiös geprägten nationalen Werte Griechenlands zu verraten.[22]

Solche Aktionen muten aus heutiger Sicht seltsam antiquiert an, bleiben aber von trauriger Aktualität. Ein Blick in Nachbarländer der orthodoxen Ostkirchen zeigt bis heute ähnliche Tendenzen. Der Anstoß zu solchen Aktionen resultiert aus der Grundhaltung, die Regeln eines säkularen Staates nicht zu akzeptieren. Letztendlich beharren viele kirchliche Würdenträger Griechenlands (ähnlich wie Vertreter anderer orthodoxer Kirchen in Bulgarien, Russland, Serbien und Rumänien) auf der innigen Verbindung von religiöser und politischer Ordnung. Es ist eine Geisteshaltung, die wir Westeuropäer nur noch in einem islamisch geprägten Land für möglich halten, kaum aber in einem christlich geprägten Mitgliedstaat der EU.

Schwierigkeiten in Fragen der Glaubensfreiheit gab es in Griechenland noch in den 1990er-Jahren, als amerikanische Sekten unter griechisch-orthodoxen Christen zu missionieren versuchten. Die Behörden wollten einschreiten und die Missionare inhaftieren, sie mussten sich jedoch von den übrigen EU-Mitgliedstaaten darauf hinweisen lassen, dass Andersgläubige nicht unterdrückt werden dürfen. Der sozialistische Ministerpräsident Kostas Simitis, der bis 2004 im Amt war, äußerte sich sehr pessimistisch sowohl über die Haltung der Kirche als auch über die Grundeinstellung vieler seiner Landsleute: Die Kirche versuche eine noch größere Rolle als bisher im öffentlichen Leben zu spielen, und dies könne der Kirche vielleicht auch gelingen, denn die Mehrheit der Griechen wünsche noch immer keine laizistische Staatsverfassung, etwa nach dem Beispiel Frankreichs. Simitis sprach hier als Vertreter der äußerst schmalen konsequent säkular orientierten Bildungsschicht und teilte ihre Meinung, es gebe nach wie vor keine Gleichheit zwischen griechisch-orthodoxen Christen und dem Rest der Bevölkerung, der immerhin acht bis zehn Prozent ausmacht. Es sei unwahrscheinlich, dass selbst aufgeklärte Politiker in absehbarer Zeit eine strikte Trennung von Staat und Kirche in allen Bereichen forderten. Die konservative Grundstimmung im Volk würde das nicht erlauben.[23]

Türkischer Islam –
innere Spannungen

Konflikte zwischen Sunniten und Aleviten

Vielen Westeuropäern ist nicht bekannt, dass es in der Türkei eine Glaubensgemeinschaft gibt, die sich Aleviten nennt, und dass diese religiöse Minderheit nahezu ein Viertel bis ein Drittel der türkischen Bevölkerung ausmacht, heute also zwischen 15 und 20 Millionen Menschen. Sie bildet ein beachtliches Gegengewicht zur sunnitischen Mehrheit. Ist es ein harmonisches Nebeneinander?

Für kurze Zeit rückten während der 1990er-Jahre Ereignisse in die internationalen Schlagzeilen, die deutlich machten, dass zwischen beiden islamischen Konfessionen erhebliche Spannungen bestehen. 1993 zündeten sunnitische Extremisten während eines Kulturfestivals in der ostanatolischen Stadt Sivas ein Hotel an, 37 alevitische Künstler und Intellektuelle verbrannten oder erstickten; daraufhin erschütterten schwere Unruhen die Türkei. 1995 kam es landesweit zu Ausschreitungen, nachdem radikale Sunniten in Istanbul ein Attentat auf Aleviten verübt hatten. Solche Vorfälle mit Toten und Verletzten sind aber nur die augenfälligsten Anzeichen eines untergründigen Dauerkonflikts zwischen Sunniten und Aleviten.

Viele westliche Beobachter sind verblüfft, dass sich solche religiös motivierten Exzesse ausgerechnet in der Republik Türkei entladen, die ja nach ihrem Selbstverständnis stärker säkular ausgerichtet ist als jeder andere Staat der islamischen Welt.

Aber zunächst einmal einige Anmerkungen zur Herkunft

dieser Glaubensgemeinschaft. Die Bezeichnung *Alevi* bedeutet im Türkischen wie Arabischen »Anhänger des Ali«. Gemeint ist Ali ibn Abi Talib, der vierte Kalif des Islam, der Vetter und Schwiegersohn des Propheten Mohammed. Damit geben sich die Aleviten – trotz aller Distanz zu den orthodoxen Schiiten – als eine schiitische Bewegung zu erkennen. Entstanden ist ihre Glaubensgemeinschaft im 9. Jahrhundert im Irak, hat sich dann in Syrien und von dort während des Spätmittelalters über weite Teile des östlichen Anatolien ausgebreitet. Die türkischen Hauptsiedlungsgebiete befinden sich in Zentralanatolien, dort vor allem in den Städten Gaziantep (ca. 1,8 Mio. Einwohner), Sivas (über 300 000) und Tokat (über 100 000); außerdem die Metropole Istanbul mit über 14,8 Mio. Einwohner. Ihre Anhänger entwickelten jedoch im türkischen Kulturraum teilweise andere Traditionen als im arabischen, deshalb besteht zwischen den Aleviten der Türkei und denen in Syrien (wo sie Alawiten genannt werden) heute nur noch eine lockere Verbindung.

In Syrien macht die schiitische Sekte allerdings nur elf Prozent der Bevölkerung aus. Trotzdem ist auch ihre Existenz auffällig ins Bewusstsein der Weltöffentlichkeit gerückt. Denn Hafis al-Assad und sein Sohn Baschar al-Assad, die mit harter Hand regierenden Diktatoren, gehören dieser religiös umstrittenen Glaubensgemeinschaft an, daher ist ihre Herrschaft schon aus religiös-politischen Gründen von der Mehrheit syrischer Sunniten angefeindet – und war eine der Ursachen, weshalb der 2011 beginnende Bürgerkrieg rasch von religiösem Fanatismus bestimmt wurde. Eine Herausforderung – oder Provokation für »rechtgläubige« Muslime bedeuten also Alawiten in Syrien wie Aleviten in der Türkei.

Was aber macht den Gegensatz zwischen Sunniten und Aleviten so explosiv? Weshalb können selbst heute religiöse Differenzen nicht auf dem Weg eines friedlichen Dialogs gelöst werden, und dies ausgerechnet in einem säkularen Staat?

Ich habe in der Türkei Aleviten gebeten, die Unterschiede

zwischen ihrer und der sunnitischen Glaubensrichtung zu erklären. Aber ich konnte mich dem Kern des Problems nur schrittweise nähern, denn alle Befragten zeigten anfangs Scheu vor eindeutigen Auskünften. Zuerst bekam ich nur zu hören, die Aleviten seien geistig viel freier, viel moderner, viel weniger traditionsgebunden als die Sunniten. Die Aleviten fänden es unnötig, fünfmal täglich zu beten, die Fastengebote des Ramadan einzuhalten und nach Mekka zu pilgern. Auch lehnten sie die Gesetzgebung der Scharia ab. Sie tränken ganz selbstverständlich Alkohol. Und ihre Frauen genössen viel größere Freiheiten als die der Sunniten.

Aber solche Differenzen können nicht die eigentliche Ursache für die Konflikte sein. Schließlich äußern sich viele türkische Sunniten, gerade in den Ballungsräumen, sehr ähnlich. Ohnehin wurde die Scharia bereits 1924 von Atatürk durch eine Gesetzgebung nach westlichem Vorbild ersetzt.

Es gibt jedoch weitere Unterschiede. Die Aleviten feiern aus besonderer Verehrung für Jesus Weihnachten und Ostern, auch halten sie zeitweise ein religiös-rituelles Gedächtnismahl ab, das mit Brot und Wein an das Heilige Abendmahl erinnert. Solche Traditionen könnten sie von den Christen übernommen haben, die im Anatolien des 14. Jahrhunderts noch die Bevölkerungsmehrheit bildeten. Die Aleviten verehren auch in besonderem Maße die Jungfrau Maria, ja sie pflegen in mancher Hinsicht einen Marienkult wie Katholiken und griechisch-orthodoxe Christen. Ich lernte einen in Wien lebenden Aleviten kennen, der zum Marienwallfahrtsort Maria Schutz pilgerte, um dort heiliges Wasser abzufüllen und dieses »Marienwasser« seiner kranken Mutter als Genesungsmittel in die Türkei zu bringen. Solche Formen der Volksfrömmigkeit werden von der islamischen Orthodoxie geduldet, aber nicht anerkannt. Schließlich pilgern sunnitische Muslime – nicht anders als Aleviten und türkische Christen – zum »Sterbehaus« der Jungfrau Maria nahe Ephesus.

Der eigentlich explosive Gegensatz zwischen Sunniten und Aleviten betrifft einen anderen Aspekt. Aleviten kommen darauf meist erst nach längerem Zögern zu sprechen. Dieses Ausweichen hat eine historische Ursache, denn eine klare Auskunft über ihren Glauben war früher, unter sunnitisch-osmanischer Herrschaft mehr oder weniger gefährlich, mitunter lebensgefährlich.

Ein Alevit der Bildungsschicht gab mir diese Auskunft, nicht zufällig, in Deutschland, wo er sich mit seinem eindeutigen Glaubensbekenntnis sicherer fühlte. Er sagte, die Aleviten verehrten Kalif Ali, den Ahnherrn aller Schiiten, mehr als den Propheten Mohammed. Ali gelte als eine menschliche Erscheinungsform Gottes. So wie Gott einst in Jesus erschienen sei, so habe sich Gott auch in Ali offenbart. – Wie aber stehe es dann mit dem Propheten Mohammed? – Mohammed habe zwar den Koran als Offenbarung von Gott empfangen, antwortete der Alevit. Aber Ali habe den mündlich offenbarten Koran als erster Muslim schriftlich fixiert, und dieser sei der einzig reine, unverfälschte. Diesen Koran hätten jedoch Alis Gegner vernichtet, deshalb existiere für die Mehrzahl der Muslime nur noch die verfälschte Ausgabe, die die Sunniten unter Kalif Othman erstmals veröffentlicht hätten. Nur bei den Aleviten besäßen noch einige weise Männer das geheime Wissen über die einstige reine Fassung des Koran.

In einer solchen Auskunft liegt Sprengstoff: Ali als Ahnherr der Schiiten sei der eigentliche Verkünder und Vollender des Islam, nicht Mohammed. Diese Aussage richtet sich nicht nur gegen den Glauben der Sunniten, sondern auch gegen den der Schiiten. Zwar verehren die Schiiten Ali als ihren Ahnherrn, aber er ist in der Hierarchie eindeutig Mohammed untergeordnet. Eine schwere Ketzerei bedeutet es für Sunniten wie Schiiten, Ali als eine Erscheinung Gottes zu verehren – hierin sehen sie eine Parallele zu dem, was die Christen in Jesus sehen: den Sohn Gottes. Dies sei ein erster Schritt hin zur Vielgötterei.

Eine besondere Brisanz entsteht dadurch, dass die Aleviten auf Ali auch die Aussage zurückführen, religiöse Gebote wie etwa das Einhalten des Fastenmonats Ramadan und die Wallfahrt nach Mekka seien unwichtig für das Heil.

Der Begriff »göttlich« in Bezug auf Ali steht in heftigem Kreuzfeuer der Meinungen – gerade auch bei den Aleviten und Alawiten selbst. In Gesprächen erlebte ich, dass manche der Gefragten betonten, Ali sei in der Rangfolge eindeutig dem Propheten Mohammed untergeordnet, es sei eine Verleumdung, den Aleviten (oder Alawiten) einen solch »unislamischen« Glauben zu unterstellen. Andere aber hielten gerade an der übergeordneten Bedeutung von Ali fest. Wiederum andere erklärten, Ali sei zwar »göttlich«, dies jedoch müsse man im Sinn der islamischen Mystik verstehen. Gemeint sei das Göttliche, das jedem Menschen mit der Fähigkeit zu religiös-mystischer Erfahrung eigen sei. Ali überrage nur in seiner Intensität der Gottesnähe die meisten Menschen.

Eine derartige Diskussion führte ich 2008 auch in Şahkulu, dem spirituellen Zentrum der Aleviten in Istanbul. Dort stellten die Gefragten durchweg in Abrede, Ali sei Mohammed gleichgeordnet oder gar übergeordnet. Als ich aber in der dortigen Buchhandlung eine deutschsprachige Veröffentlichung unter dem Titel *Türkische Aleviten heute* entdeckte, stieß ich auf ein Kapitel mit der Überschrift »Abweichende Ansichten über Ali«. Entgegen den Antworten, die mir die Aleviten in Şahkulu bei einer Tasse Tee gegeben hatten, konnte ich in diesem Kapitel lesen: »Ali ist Gottheit in einer Dreieinigkeit mit Allah und Mohammed.« Und: »Viele, die den Ausdruck Allah-Mohammed-Ali verwenden, setzen damit bewusst die Autorität dieser drei gleich.«[24]

Solche Sätze müsse man richtig deuten, solche Sätze könne man missverstehen. Antworten dieser Art habe ich von Aleviten und Alawiten immer wieder zu hören bekommen. Aber solche Sätze sind es, die den Widerspruch orthodoxer Sunniten wie auch Schiiten herausfordern. Solche Sätze machen erst deutlich, weshalb viele Sunniten und Schiiten den Aleviten gleichermaßen das Recht absprechen, sich als vollwertige Muslime zu bezeichnen. Oft zeigen sich Sunniten und Schiiten gegenüber Christen und Juden toleranter als gegenüber Aleviten, denn schließlich gelten Christentum und Judentum als Vorläuferreligionen des Islam. Dagegen werden Aleviten mehr oder weniger als Abtrünnige vom Islam, der höchsten und reinsten Glaubensform, eingestuft.

In solchen Auseinandersetzungen wiegt dann besonders schwer, dass immer mehr Aleviten ausdrücklich betonen, sie würden sich selbst gar nicht als Angehörige einer islamischen Konfession betrachten, ihre Gemeinschaft bilde eine eigene Religion. Derartige Abgrenzungen werden meist von Aleviten getroffen, die in Deutschland und Österreich leben, wo sie sich frei entfalten können und sich nicht in gleichem Maß dem dogmatischen Druck »rechtgläubiger« Muslime ausgesetzt fühlen müssen. Ich lernte etliche solcher Aleviten in Gesprächen kennen. Aber mich überraschte, als ich 2016 einer Studie über Moscheen in Deutschland entnehmen konnte, dass schätzungsweise nahezu die Hälfte aller deutsch-türkischen Aleviten die Meinung vertreten, sie seien keine Muslime.[25] Eine derartige Haltung verstärkt die Spannungen nicht nur gegenüber Sunniten und Schiiten, sondern auch unter den ganz unterschiedlich denkenden Gruppierungen der Aleviten selbst.

Über viele Jahrhunderte wurden die Aleviten wegen ihrer »Ketzerei« von der sunnitischen Mehrheit unterdrückt, was zeitweise so weit ging, dass Aleviten es nicht wagen konnten, sich öffentlich zu ihrem Glauben zu bekennen. Auch waren sie gezwungen, ihre Kultstätten geheimzuhalten. So hielten sie, ob nun in Syrien oder in Anatolien, ihre religiösen Versammlungen in Wohnhäusern ab, was sie auch heute noch tun, obwohl eine derartige Tarnung nicht mehr im gleichen Maße notwendig ist und nur aus Gründen der Tradition aufrechterhalten wird. Für sunnitische Muslime, und erst recht für westliche Touristen, ist der besondere Charakter dieser Häuser äußerlich nicht zu erkennen. Ihr Name ist *cem*. Der Begriff ist abgeleitet vom arabischen Wort *jama'a*, »Versammlungsort«, das sich auf die Moschee bezieht. Vom selben Begriff kommt auch das türkische Wort für Moschee: *camii*. Ich hatte Gelegenheit, im alevitischen Pilgerort Hacibektaş, dem einstigen Zentrum der Bektaşi-Derwischbruderschaft, ein *cem* zu besuchen und mit religiösen Würdenträgern zu diskutieren. Aber dies war nur möglich, weil Aleviten mich dorthin führten.

Die »ketzerischen« Aleviten waren allerdings schon im 14. Jahrhundert so zahlreich, dass die Sunniten Anatoliens sie nicht mehr wirksam bekämpfen konnten. Im Gegenteil: Die Aleviten blieben umgekehrt bis zum Zusammenbruch des Osmanischen Reiches eine ständige Bedrohung für die Sultane, weil einige ihrer Führer sich an die Spitze von Aufständen notleidender Bauern und Landarbeiter gegen sunnitische Feudalherren stellten. Stets war ihnen daran gelegen, die sunnitische Herrschaft zu schwächen, um den eigenen Freiheitsraum zu erweitern.

Kein Zufall konnte es daher sein, dass sich vor allem Aleviten sehr engagiert der Reformbewegung Atatürks anschlossen. Denn von Atatürks Ziel, Religion und Politik strikt zu trennen, erhofften sich die Aleviten, dass die religiös-politische Bedrohung durch die Sunniten endgültig der Vergangenheit angehörte. Aleviten befürworten auch am entschiedensten die Ideale eines säkularen und laizistischen Staates. Wie keine andere religiöse Gruppierung machen die Aleviten außerdem Front gegen islamisch orientierte Parteien, die dem sunnitischen Islam wieder stärkeren Einfluss in der politischen Mitbestimmung einräumen wollen.

Ich habe Sunniten über ihre Meinung zu Aleviten befragt und bin auf sehr gegensätzliche Reaktionen gestoßen. Einige

Sunniten zeigten sich sehr verlegen, sobald ich ihnen sagte, ich hätte in Zentralanatolien Hacibektaş, das wichtigste Pilgerzentrum der Aleviten, besucht. Manche sahen mich mit hochgezogenen Augenbrauen an, als ob es ihnen Schwierigkeiten bereite, die Motive eines solchen Besuches zu verstehen. Manche taten meine Auskunft mit ironisch herablassender Handbewegung ab, als hätten sie es mit einer skurrilen touristischen Neugier zu tun. Manche sagten unverblümt, die Aleviten brächten Unfrieden. Auf weitere Fragen weigerten sie sich, ihre Behauptung mit Argumenten zu untermauern. Ich gewann den Eindruck, ein solches Thema sei unerwünscht – und man sei vor allem nicht bereit, einem neugierigen Besucher aus dem Westen darüber Rechenschaft abzulegen.

Leichter hatte ich es mit Türken, die sich von vornherein als Befürworter der laizistischen Staatsform zu erkennen gaben, so etwa der Hotelbesitzer im anatolischen Dorf Güzelyurt, der sich selbst als säkular denkenden Sunniten definierte. Er äußerte sich auch über die Aleviten. In Güzelyurt seien etwa zwölf Prozent der Einwohner Aleviten, so die offizielle Statistik. Wie viele es tatsächlich seien, wisse er nicht. Auf jeden Fall gebe es hier im Ort keinerlei Spannungen zwischen den Konfessionen. Er habe zwei Freunde unter den Aleviten. Dabei habe er anfangs gar nicht gewusst, dass sie Aleviten seien. Er habe dies erst bemerkt, als er sie zu Hause besucht habe, denn bei ihnen im Wohnzimmer hänge das Bild des Kalifen Ali. In ihrer Freundschaft habe das Religiöse nie eine Rolle gespielt, deshalb habe er auch nie nach der Konfession gefragt.

Überhaupt sollte man das Religiöse nicht überbewerten, das sorge nur für Unfrieden, erklärte der Hotelier. Mit seinen alevitischen Freunden verbinde ihn die gemeinsame Überzeugung, dass allein ein säkularer Staat echten Fortschritt schaffe. Aleviten nähmen in der Republikanischen Volkspartei, der Partei Atatürks, oft einflussreiche Posten ein, ebenso in der Armee. Der im Rang zweithöchste General sei zur Zeit ein Alevit. Aleviten könnten es besonders in politisch-säkularen Institutionen sehr weit bringen, wo man ihnen nicht mit Vorurteilen begegne oder ohnehin nicht religiös sei. Ach, Religion ... Er winkte mit einer Geste demonstrativer Verärgerung ab. Wie viele Dummheiten seien schon im Namen der Religion gesagt, wie viele Verbrechen begangen worden!

Ob die Feindseligkeiten zwischen Sunniten und Aleviten zunehmen könnten, wollte ich wissen. Er verneinte. Zwar komme es immer wieder zu Spannungen, erklärte er, aber diese würden hauptsächlich von radikalen Gruppen aufseiten der Sunniten geschürt. Solchen Leuten gehe es darum, die säkulare Staatsordnung zu zerstören. Sie seien keine richtigen Türken. Es sei nicht entscheidend, ob man Sunnit, Alevit oder Christ sei, ein guter Türke habe man zu sein, ein guter Türke.

Ein weiteres aufschlussreiches Gespräch führte ich mit einem sunnitischen Imam, dies allerdings nicht in der Türkei, sondern im Ballungsraum Mannheim-Ludwigshafen. Als ich ihn nach den Aleviten fragte, meinte er, es sei wichtig, dass Sunniten und Aleviten in Frieden miteinander lebten, beide Seiten müssten sich bewusst sein, dass sie Zweige ein und desselben Baumes seien. Allerdings müsse man die Vorbehalte der Sunniten verstehen, und man dürfe die Unterschiede nicht kleinreden. Einzig die Sunniten verkörperten den reinen Islam. Schon bei den Schiiten würden die islamischen Glaubensinhalte stark durch christliche Einflüsse überlagert, man denke hier nur an den Märtyrerkult, an den Heiligenkult und so weiter. Aber bei den schiitisch geprägten Aleviten kämen neben den christlichen Einflüssen auch noch Einflüsse aus der heidnischen Nomadenkultur der Schamanen hinzu. Die Aleviten hätten sich von den Wurzeln des Islam am weitesten entfernt. Dialog müsse trotzdem sein, dieser sei für die Stabilität der türkischen Republik unabdingbar. Aber die Aleviten müssten sich religiös bewegen. – Sie müssten Sunniten werden? – Nein, nein. Sie dürften nur gewisse religiöse Positionen nicht mehr vertreten, die mit dem Islam unvereinbar seien. Er habe Verständnis für einige schiitische Glaubenssätze, nur eben nicht für alle.

Dieses Gespräch lieferte eine weitere Facette zur widersprüchlichen Vielfalt des Religionskonfliktes zwischen Sunniten und Aleviten.

Aufschlussreich ist in diesem Zusammenhang eine Äußerung von Ali Ertan Toprak, dem Generalsekretär der Alevitischen Gemeinde in Deutschland. Er verglich im März 2008 die Situation seiner Glaubensgemeinschaft in der Türkei mit derjenigen in seiner jetzigen Heimat mit folgenden Worten:

> »Wir Aleviten schätzen die durch Aufklärung und Moderne geprägte Kultur in Deutschland. Sie bietet uns Entfaltungsmöglichkeiten, die uns in unserem Herkunftsland Türkei verwehrt sind. Diese Errungenschaften sind wir jederzeit bereit zu schützen und zu verteidigen. Deutschland ist unsere Heimat! Wir sind Bürger dieses Landes!«[26]

Dass der Konflikt zwischen Aleviten und Sunniten in der Türkei auch weiterhin ein nur schwer lösbares Problem darstellt, hat jedoch nicht nur mit religiösen Affekten und Vorbehalten auf privater Ebene zu tun – sondern auch mit der politischen Struktur der Türkei. Es ist die Frage zu stellen, wie säkular und laizistisch denn die Republik Türkei eigentlich noch ist. Bei näherem Hinsehen zeigt sich, dass die Verfassung, wie sie Atatürk in die Wege leitete, in entscheidenden Funktionen verändert worden ist und dem Islam sunnitischer Prägung eine beherrschende Stellung eingeräumt hat. Kritiker sprechen gar sarkastisch schon vom sunnitischen Islam als einer »quasi Staatsreligion«. Es ist eine Entwicklung, die aber schon Jahrzehnte vor der Regierung der »konservativ-islamischen« Partei AKP unter Führung von Erdoğan eingesetzt hat. Davon ausführlich im Abschnitt *Wie säkular und laizistisch ist die Türkei? Der sunnitische Islam als »Staatsreligion«.*

Der Koran in arabischer oder in türkischer Sprache?

Ich besuchte in der anatolischen Provinzhauptstadt Kayseri die altehrwürdige Hauptmoschee, die *Huant Hatun Külliyesi*, eine noch aus der Zeit der Seldschuken stammende Kultstätte mit reich verziertem Portal und siebenschiffiger Gebetshalle.

Ich saß in dem großen Zentralraum an eine der vielen Säulen gelehnt und beobachtete etwa 20 Männer, die auf dem Teppichboden mit gekreuzten Beinen kauerten, jeder mit einem Koran in der Hand. Einer von ihnen rezitierte laut in einer Art Singsang aus dem Koran in arabischer Sprache, machte nach jedem Satz eine Pause, worauf die anderen im gleichen Tonfall die Worte wiederholten. Sie alle übten die Aussprache des Arabischen, wobei der Lehrer sie mehrmals korrigierte. Ich hatte den Eindruck, dass kein Einziger den arabischen Text ins Türkische hätte übersetzen können, sie vermochten nur die fremden Schriftzeichen zu lesen.

Ich ging zu einem der Bücherregale und blätterte stichprobenartig mehrere Koranausgaben durch. Mich interessierte, wie viele Exemplare auf Arabisch, wie viele auf Türkisch, wie viele in beiden Sprachen abgefasst waren. Ich fand nur Korane mit arabischen Schriftzeichen. Es überraschte mich, dass es hier keinen einzigen Koran mit türkischer Übersetzung gab. Den Rezitierenden blieb damit der Sinn des Textes verborgen, sie waren auf die Erklärungen arabischkundiger Geistlicher angewiesen.

Das war exakt eine jener religiösen Traditionen, die Atatürk als reaktionär und verdummend, als eine missbräuchliche Herrschaft der Geistlichen bezeichnet hatte und daher hatte abschaffen wollen. Reformer im Geist Atatürks waren es auch, die als erste Politiker der islamischen Welt anregten, den Koran in die Sprache des Volkes zu übersetzen und damit das Heilige Buch nichtarabischen Muslimen leichter zugänglich zu machen (was in der Türkei allerdings erst viele Jahre nach Atatürks Tod verwirklicht wurde). Hier in dieser Moschee aber erlebte ich ein Ritual, wie es anders nicht zur Zeit der Osmanen hätte sein können.

Ich ließ den Gesang auf mich wirken, der mich im Tonfall sehr an die gesungenen Texte byzantinischer Priester erinnerte. Es entstand im Halbdunkel des Raums eine nahezu mystische Atmosphäre, die mich – trotz aller weltanschaulichen Vorbehalte – stark berührte.

Die Rezitation wurde unterbrochen. Ein älterer Mann war gekommen, der den Lesenden Fladenbrote mitgebracht hatte und sie austeilte. Nun saßen alle plaudernd beisammen und aßen. Plötzlich entstand eine Pause. Alle blickten zu mir herüber. Der ältere Mann kam auf mich zu und gab auch mir ein Stück Brot. Ich, der Nichtmuslim, war mit einem Mal als Gast in ihre Runde aufgenommen. Diese Gelegenheit nutzte ich, um Fragen zu stellen. Aber die Männer schüttelten nur verlegen den Kopf, keiner beherrschte auch nur bruchstückhaft eine Fremdsprache.

Eine Woche später ergab sich die Gelegenheit zu den nötigen Fragen in der anatolischen Metropole Konya. In der verwinkelten Altstadt betrat ich eine kleine Moschee. Der Imam, ein graubärtiger, etwa 70-jähriger Mann, begrüßte mich freundlich auf Deutsch. Er hatte mehr als zwei Jahrzehnte in Köln in einer Maschinenfabrik gearbeitet, war nebenberuflich Imam einer dortigen Moschee gewesen und lebte nun seit zwölf Jahren mit einer deutschen Rente in seiner Heimatstadt Konya. Er sprach voll Hochachtung und Sympathie von Deutschland, aber als alter Mann lebe er nun doch wieder lieber in der Türkei.

Beim Rundgang in der Moschee zeigte mir der Imam die Kabine, von der aus er fünfmal am Tag den Gebetsruf über

Lautsprecher aussandte. Ich stellte ihm die rhetorische Frage, ob er auf Arabisch zum Gebet rufe. Natürlich bejahte er. Daran knüpfte ich eine zweite Frage: Wie gut er selbst die arabische Sprache beherrsche. Er verzog das Gesicht. Er habe gelernt, die arabischen Schriftzeichen zu lesen, entsprechend könne er auch aus dem Koran auf Arabisch rezitieren. – Ob er auch das Arabische ins Türkische übersetzen könne, wollte ich wissen. Er lachte verlegen. – Verstehe er denn, was er rezitiere? fragte ich weiter. – Er kenne die türkische Übersetzung ohnehin. – Ob es da nicht besser sei, dass er von vornherein den Text auf Türkisch rezitiere?

Das Lachen verschwand aus seinem Gesicht. Arabisch sei die Sprache Gottes, erklärte er feierlich, Gott habe den Koran dem Propheten Mohammed in Arabisch offenbart. Diese offenbarten Worte dürften nicht übersetzt werden. – Aber es gebe doch einen ins Türkische übersetzten Koran. – Ja, aber dieser Koran sei nicht vollwertig, Menschen hätten an ihm herumformuliert. Der arabisch geschriebene Koran sei exakt Wort für Wort von Gott diktiert worden. – Trotzdem sähe ich da ein Problem, wandte ich ein. Ich hätte beobachtet, dass junge und ältere Männer in Moscheen Koranverse auf Arabisch auswendig lernten, ohne sie übersetzen zu können. Ein solches Auswendiglernen in einer fremden, unverständlichen Sprache erfordere doch sehr viel Energie. Ob er nicht finde, dass dies eine verlorene Energie sei, die anders sinnvoller verwendet werden könne. – Arabisch sei die Sprache Gottes, wiederholte er nun fast schon beschwörend, und in seinen zuvor so freundlichen Blick war etwas Ablehnendes, Hartes gekommen.

Aber bei den Aleviten, sagte ich, werde in türkischer Sprache zum Gebet gerufen. Und sie fänden es selbstverständlich, dass der Koran ins Türkische übersetzt werde. – Die Aleviten! Er musterte mich mit einem Blick, der Irritation und Empörung darüber ausdrückte, dass ich bei ihm, dem rechtgläubigen Sunniten, diese schiitische Konfession erwähnte. Die Aleviten seien keine echten Muslime. Ich verzichtete darauf, das Thema zu vertiefen.

Als wir an einem Bücherregal vorbeikamen, fragte ich den Imam, ob ich mir die Korane kurz ansehen dürfe. Er nickte lächelnd, nun wieder erfreut über mein Interesse. Alle Korane waren auch in dieser Moschee nur in Arabisch. Ob es türkische Moscheebesucher gebe, die das Arabische übersetzen könnten? – Hier in seiner Moschee kenne er niemanden, erklärte er. Manche hätten wie er die Schriftzeichen lesen gelernt, es werde ja in etlichen Moscheen ein entsprechender Unterricht erteilt. Mehr konnte ich von diesem Imam nicht erfahren, er war für einen differenzierten Gedankenaustausch nicht gerüstet.

Diesen Eindruck bestätigten mir in späteren Gesprächen Türken der Bildungsschicht. Sie erklärten mir nahezu übereinstimmend, dass man solche Imame vor allem in kleineren Moscheen treffe, sie seien schlecht ausgebildet und eben nur für einfache Leute da. Gerade in solchen Moscheen fänden sich kaum Korane in türkischer Übersetzung. An den Gläubigen dort seien alle Reformen seit Atatürk fast spurlos vorübergegangen. Dies betreffe besonders Zentralanatolien sowie den äußersten Osten der Türkei und ohnehin viele Dörfer. Bedenklich sei, dass die Menschen, die in diesen Gebieten lebten, sehr zahlreich seien.

Die meisten Befragten bekannten sich mehr oder weniger zu den Reformen Atatürks – zur Trennung von Religion und Politik. Umso mehr überraschte mich, dass sich viele genauso ausdrücklich nicht nur als gläubige Muslime bezeichneten, sondern auch die arabische Sprache im religiös-sakralen Bereich sogar für unverzichtbar hielten. Obwohl ich mit ihnen interessante Diskussionen über religiöse Themen führen konnte, kritisierten sie an den Imamen kleinerer Moscheen die mangelnden Arabischkenntnisse. Ein theologisch gut ausgebildeter Geistlicher, erklärten sie nahezu übereinstimmend, müsse den

Koran in der Originalsprache lesen können, denn nur dann könne er wirklich beurteilen, was Gott dem Propheten Mohammed im Wortlaut vermittelte. Eine Übersetzung des Koran ins Türkische könne den Sinngehalt verfälschen, schließlich sei sie von Menschen gemacht. Das Arabische aber, in dem Gott durch seinen Engel Gabriel zu Mohammed gesprochen habe, sei fehlerfrei, schließlich sei Gott über alle Fehler erhaben, daher müsse man strikt an der arabischen Sprache des Koran als der heiligen Sprache festhalten. Was Gott auf Arabisch diktiert habe, dürfe von Menschen in keiner Silbe geändert werden.

Ich stellte auch diesen Gesprächspartnern die Frage, ob sie selbst die arabische Sprache beherrschten. Die Angesprochenen – Lehrer, Ingenieure, Rechtsanwälte, Kaufleute – verneinten. Manche taten dies mit einer gewissen Verlegenheit. Einer, ein Lehrer, sagte mir, es sei schwierig, mit gebildeten Imamen über religiöse Themen zu diskutieren, denn wenn man den Koran nur in türkischer Übersetzung lesen könne, werde einem die Fähigkeit abgesprochen, das Heilige Buch im Detail richtig zu interpretieren.

Den Koran nur auf Arabisch lesen ... Noch häufiger als in der Türkei bin ich auf diesen uns eher paradox erscheinenden Sachverhalt in Iran, Afghanistan, Pakistan, Indien und Indonesien gestoßen. Immer wieder konnte ich in diesen Ländern beobachten, dass Kinder in Koranschulen lange Suren auf Arabisch auswendig lernten, indem der Lehrer sie ihnen vorsprach und sie die Verse im Chor nachsprechen mussten, ohne auch nur ein Wort zu verstehen. Ein pakistanischer Dozent für Geschichte erklärte mir sarkastisch, er halte diese Art von Lernen für Volksverdummung. Allerdings, so ergänzte er resignierend, viele gläubige Muslime seien von dieser rigiden Praxis nicht abzubringen.

Mehrere Türken aus der Bildungsschicht äußerten sich ähnlich kritisch. Dies ist ein Anzeichen dafür, dass gerade in der Türkei die Zahl derer nicht gering ist, die auf Distanz zur Hochschätzung des Arabischen als unantastbar »heilige« Sprache gehen und eine Übersetzung des Koran in andere Sprachen für wichtig erachten.

Welche Probleme für Muslime entstehen, wenn sie den auf Arabisch geschriebenen Koran nicht lesen können, erfuhr ich anschaulich bei der Lektüre eines Korankommentars. Das 1986 erschienene Buch mit dem Titel *Was sagt der Koran dazu?* ist von dem Türken Yüksel Yücelen in deutscher Sprache für die in Deutschland lebenden türkischen Muslime wie auch für nicht-muslimische Deutsche geschrieben worden.

In der Einleitung präsentiert der 1932 geborene Autor ein aufschlussreiches biographisches, kulturhistorisches Detail:

»Ich lebe seit 25 Jahren in München und habe einen technischen Beruf. Meine Religion, der Islam, interessiert mich schon seit dem Schulalter. Als heiliges Buch durfte der Koran damals nicht in meine Muttersprache, das Türkische, übersetzt werden. Wie jeder andere habe auch ich einige Suren und Verse aus dem Koran [in arabischer Sprache] so weit auswendig gelernt, dass ich das Gebet verrichten konnte. Als ich 1955 nach Europa kam, habe ich meinen ersten Koran in deutscher Übersetzung gekauft und mit großem Interesse gelesen. Ich war sehr verwundert darüber und habe bedauert, dass es uns vorher nicht möglich war, das heilige Buch zu lesen. Inzwischen ist der Koran in mehreren Ausgaben in türkischer Sprache erschienen. Aber meine Landsleute werden ihn nicht leicht lesen können. Denn es sind Abschnitte darin, die man nicht verstehen kann, wenn man den damaligen religiösen und geschichtlichen Hintergrund nicht kennt.«[27]

Bemerkenswert an diesem Buch ist, dass sich der türkische Autor nicht nur in deutscher Sprache an die in Deutschland lebenden Türken wendet, sondern auch betont, dass er den

Koran auf Deutsch »kennengelernt« habe. Er bekennt sich damit ausdrücklich zu der Notwendigkeit, den Koran in andere Sprachen zu übersetzen. Und ebenso bemerkenswert ist, dass der Autor zwar promoviert hat, aber nicht in Theologie, sondern in Physik.

Widerstand gegen die historisch-kritische Interpretation des Koran

Westlichen Beobachtern stellt sich die Frage: Weshalb wird aus der Sicht zahlreicher Muslime bis in unsere unmittelbare Gegenwart eine heilige Regel verletzt, sobald jemand den Koran in eine andere Sprache überträgt?

Es geht hier um einen zentralen Bereich orthodoxen Glaubens, wie die Gespräche zur Genüge andeuten. Für die islamische »Rechtgläubigkeit« gründet der Wahrheitsgehalt des Koran vor allem darauf, dass dem Propheten Mohammed die Botschaft Gottes Wort für Wort vom Engel Gabriel auf Arabisch übermittelt wurde. Muslime verwenden diesen unmittelbaren Kontakt zwischen dem Propheten und Gott gern als ein Argument für die Überlegenheit der koranischen Offenbarung gegenüber den heiligen Büchern anderer Religionen, insbesondere dem Neuen Testament.

Im Gespräch mit einem religiös gebildeten Muslim in Damaskus konnte ich anschaulich eine derartige Argumentation erleben. Er war mit der biblischen Quellenproblematik überraschend gut vertraut und sagte zu mir, die Evangelien seien ja erst viele Jahre nach dem Tod Jesu verfasst worden. Vier verschiedene Autoren hätten die Offenbarungen Gottes niedergeschrieben. Vier! Sie alle hätten ihre Texte mit eigenen Worten formuliert, hätten sehr verschiedene Versionen dessen geliefert, was dem Propheten Jesus von Gott offenbart worden war. Wie viele Ungenauigkeiten, wie viele Verfälschungen und Entstellungen hätten sich da wohl eingeschlichen! Und dann liege das Neue Testament den Christen nicht einmal in der Sprache Jesu, dem Aramäischen, vor, sondern nur auf Griechisch und Lateinisch. Was Christen oft an der Offenbarung des Koran missverstünden: Mohammed sei nicht der Verfasser des Koran in dem Sinne, wie die Evangelisten das Neue Testament verfasst hätten. Mohammed sei nur das Gefäß, durch das Gott seine Botschaft den Menschen vermittelt habe. Der Koran habe Wort für Wort bereits vor der Geburt Adams, des ersten Menschen, bei Gott existiert; der Koran sei eine im Himmel ewig aufbewahrte Urschrift der Offenbarung. Der Muslim zitierte hier den Vers 23 in der 85. Sure des Koran.[28]

Einen weiteren anschaulichen Eindruck von alltäglicher Orthodoxie bekam ich, als ich mit türkischen und arabischen Muslimen ausführlich über den Propheten Mohammed sprach. Ich vertrat die Ansicht, Mohammed sei in seinem Glauben an den »einen Gott« durch jüdische und christliche Überlieferung beeinflusst worden, und gerade dies weise auf die enge geistige Verwandtschaft der drei großen monotheistischen Weltreligionen hin. Mit dieser Auffassung erntete ich heftigen Widerspruch. Meine Gesprächspartner antworteten mir mit Argumenten wie: Mohammed habe es nicht nötig gehabt, von Juden und Christen auch nur irgendetwas über den »einen Gott« zu erfahren – eben weil Mohammed die Botschaft Gottes direkt von einem Engel übermittelt bekommen habe. Man könne also nicht behaupten, wie das oft christliche Religionswissenschaftler oder Orientalisten täten, dass Mohammed sich in seiner religiösen Botschaft von zeitbedingten menschlichen Einflüssen habe leiten lassen.

Die hier zitierten Muslime lehnten es ab, dass man den Koran mit der Methodik historisch-kritischer Textanalyse untersucht. Denn dann müsste man ja glauben, Mohammed sei Autor des Koran und habe seine Botschaft in der Sprache und den Denkvorstellungen der damaligen Zeit abgefasst – was zur Konsequenz habe, dass man sorgfältig trennen müsse zwischen bloß zeitgebundenen Aussagen und den ewigen »Kern-wahrheiten« der Religion. Eine historisch-kritische Exegese, wie sie im Islam erst vor wenigen Jahrzehnten und in der christlichen Theologie schon vor mehr als einem Jahrhundert einsetzte, wird von vielen orthodoxen und erst recht funda-mentalistisch orientierten Muslimen als Einfluss aus dem »ungläubigen Westen« zurückgewiesen.

Derartige Sachverhalte vermitteln den Eindruck, als habe der Islam eine starre Grundstruktur und als seien Muslime schon deshalb in keiner Weise fähig, sich einem modernen Verständnis heiliger Texte zu öffnen. Aber wir sollten nicht vergessen, dass es in den kulturellen Glanzzeiten des klassi-schen Islam (vom 8. bis zum 14. Jahrhundert unserer Zeit-rechnung) muslimische Theologen gab, die in ihrer Weltoffen-heit den meisten zeitgenössischen Theologen des christlichen Abendlands überlegen waren. Um den Rahmen der Darstellun-gen nicht zu sprengen, kann ich nicht auf die Ursachen einge-hen, die zum Verlust des hohen Denkniveaus muslimischer Theologen führten; ich verweise hier auf die ausführliche Dar-stellung in meinen Büchern zum Thema Islam.[29] Hier muss es genügen, auf heutige muslimische Gelehrte hinzuweisen, die versuchen, wieder an die große Tradition klassischer isla-mischer Theologie anzuknüpfen – und hierbei Anstöße auch aus westlichem Denken erhalten. Diese Theologen geraten aber in Widerspruch zur Orthodoxie, und sie werden entsprechend gerade von traditionell orientierten Muslimen beargwöhnt, wenn nicht gar angefeindet.

Kritik an »verfälschtem Islam« –
der Erfolg des Reformtheologen Öztürk

Yaşar Nuri Öztürk ist bisher der einzige türkische Theologe, der in Deutschland zumindest bei einschlägig interessierten Le-sern relativ bekannt ist. Einige seiner in der Türkei mit hohen

Auflagen verbreiteten Bücher liegen inzwischen auf Deutsch vor. Ein solcher Bekanntheitsgrad weit über den eigenen Kulturraum hinaus ist für einen muslimischen Theologen ungewöhnlich.

Ungewöhnlich ist schon Öztürks Lebenslauf. Yaşar Nuri Öztürk wurde 1945 in Bayburt geboren, einer Stadt im zerklüfteten Pontischen Gebirge. Sie liegt bis heute abseits aller großen Verkehrsadern, nur eine unzureichend ausgebaute Straße verbindet Bayburt im Norden mit der Hafenstadt Trabzon am Schwarzen Meer und im Südosten mit der ostanatolischen Bezirkshauptstadt Erzurum. Bis heute zählt diese Region zu den ärmsten, am wenigsten entwickelten in der Türkei. Öztürk verbrachte seine Jugend in provinzieller Abgeschiedenheit und daher in einer streng traditionalistisch orientierten Gesellschaft. Er begann als Sohn besonders frommer Eltern bereits im Alter von drei Jahren den Koran auf Arabisch auswendig zu lernen. Sein Vater schickte ihn nicht auf eine staatliche Schule, sondern unterrichtete ihn zu Hause in Arabisch und Persisch, den klassischen Bildungssprachen der Osmanenzeit, darüber hinaus machte er ihn mit theologischen und philosophischen Standardwerken wie auch mit islamischer Mystik bekannt. Erst im Alter von 16 Jahren erwarb Öztürk als Externer sein Grundschulzeugnis und eignete sich in den folgenden Jahren die säkularen Bildungsinhalte der Republik Türkei an. 1968, nun 23 Jahre alt, erhielt er die Zulassung zur Universität und studierte zunächst in Istanbul Jura. Bis 1976 arbeitete er als promovierter Rechtsanwalt, schrieb aber daneben schon theologische Kolumnen für verschiedene Zeitungen.

1980 promovierte Öztürk in islamischer Philosophie. Sieben Jahre später moderierte er seine erste Fernsehsendung zu Glaubensfragen. Seither ist kein türkischer Theologe häufiger im Fernsehen aufgetreten. Sein Einfluss auf breite Schichten des türkischen Bildungsbürgertums wuchs gerade durch solche Sendungen mit populärwissenschaftlichem Anspruch. Die

Zahl seiner Bücher, alle sehr verständlich geschrieben, beläuft sich inzwischen auf über 30, viele von ihnen erreichen hohe Auflagen. Seit 1993 ist er ordentlicher Professor und Dekan der Theologischen Fakultät an der Universität Istanbul. Seit 2002 engagiert sich Öztürk auch in der Politik. In jenem Jahr, als die islamisch orientierte AKP unter Führung von Recep Tayyip Erdoğan die besten Aussichten hatte, die Parlamentswahlen zu gewinnen und die nächste Regierung zu stellen, bewarb sich auch Öztürk um einen Sitz als Abgeordneter im Parlament. Aber er kandidierte nicht für die AKP, sondern für die Republikanische Volkspartei (CHP), jene Partei, die Atatürk gegründet hatte und die sich bis heute als Wächterin über das Prinzip der strikten Trennung von Staat und Religion versteht. In seinen Wahlreden sagte er, es sei mit dem religiösen Gewissen vereinbar, ein frommer Muslim zu sein und gleichzeitig den Laizismus im Sinne Atatürks zu bejahen. Er wolle dem Missverständnis entgegenwirken, die strikte Trennung von Politik und Religion sei unreligiös oder gar antireligiös. Er trete für eine zeitgemäße Interpretation des Islam ein und lehne jeden religiösen Traditionalismus, erst recht Fundamentalismus, entschieden ab. Der politisch engagierte Theologe Öztürk wurde mit solchen Äußerungen sofort zur Zielscheibe von Politikern und Journalisten, die für eine Islamisierung der Türkei eintreten.

Die AKP gewann die Wahl im November 2002 mit einer komfortablen Mehrheit. Öztürk konnte trotzdem als Abgeordneter ins Parlament einziehen, weil die Republikanische Volkspartei sich mit 19 Prozent der Stimmen als einzige der unterlegenen Parteien eindrucksvoll behauptete. Öztürk blieb aber nur drei Jahre Abgeordneter dieser Partei. Im Frühjahr 2005 gründete er in Ankara die Partei des Volksaufschwungs *(Halkin Yükselisi Partisi)*, deren Vorsitzender er wurde. Das Motto dieser Partei ist »die Aussöhnung von Ratio und Religion«.[30] Öztürk signalisierte hiermit, dass er trotz seiner entschiedenen Gegnerschaft zum religiösen Radikalismus eben doch nicht in der strikt laizistischen Partei Atatürks seine politische Heimat finden konnte. Das Motto »Aussöhnung« lässt ahnen, dass er nun stärker als bisher auf einen Weg zwischen den so gegensätzlich anmutenden Positionen von Verweltlichung und Religion setzt. (Bei den Parlamentswahlen 2007 sollte Öztürks kleine Partei dann allerdings wie viele andere an der Zehn-Prozent-Hürde scheitern.)

Im Jahr 2000, zwei Jahre bevor er sich politisch engagierte, brachte Öztürk ein 600-seitiges Buch mit dem Titel *Geschichte des Islam* heraus. Es stand monatelang auf den Bestsellerlisten der Türkei und erlebte in kurzer Zeit mehr als zehn Auflagen. 2007 erschien eine deutschsprachige Ausgabe unter dem Titel *Der verfälschte Islam*. Sie ist eine auf 190 Seiten gekürzte Fassung der 14. türkischen Auflage, eine – wie es Öztürk im Vorwort formuliert – für Leser im Westen erstellte Kurzfassung.[31] Das Buch gibt einen guten Einblick nicht nur in die Denk- und Argumentationsweise des Reformtheologen Öztürk, sondern vermittelt – gerade auch wegen seines großen Publikumserfolgs – exemplarisch einen Eindruck von den grundsätzlichen Spannungen, unter denen der türkische Islam heute steht. Lohnend ist es daher, sich etwas ausführlicher mit dem Inhalt zu beschäftigen.

Für westliche Beobachter ist oft von vorrangigem Interesse, dass sich ein muslimischer Reformtheologe gegen die Unterdrückung der Frauen wendet. Naturgemäß finden sich entsprechende Kapitel auch in diesem Werk. Ob es sich nun um die Verschleierung, die rechtliche Benachteiligung, die soziale Ausgrenzung handelt: Öztürk belegt anhand zahlreicher Beispiele aus Geschichte und Gegenwart, dass »archaische Sitten und Gebräuche« in der islamischen Gesellschaft teilweise die ursprünglichen Aussagen des Koran überdecken, der den Frauen mehr Freiheit und Würde einräumt.[32] Aber ich möchte auf solche Beispiele nicht näher eingehen, denn sie zählen zum

Repertoire aller muslimischen Reformtheologen. Mir kommt es darauf an, jene neuen Denkansätze hervorzuheben, gegen die der Widerstand orthodoxer Muslime am stärksten ist.

Besonderes Gewicht bekommt bei Öztürk die Auseinandersetzung mit dem Arabischen als der Sprache des Koran. Eine der Kapitelüberschriften stellt daher die Frage: Ist Arabisch eine heilige Sprache? Öztürk kommt zu einer Antwort, die diametral dem entgegensteht, was ich in Gesprächen sogar mit vielen Angehörigen der türkischen Bildungsschicht erfahren habe. Bei Öztürk sind folgende Sätze zu lesen:

> »Im gesamten Koran findet sich weder eine direkte Aussage noch eine Andeutung darüber, dass das Arabische eine den anderen Sprachen überlegene Sprache sei. [...] Im Vers 4 der Sure 14 heißt es: Und wir schicken keinen Gesandten, es sei denn in der Sprache seines Volkes, damit er sie (wirksam) aufkläre.«[33]

Öztürk folgert daraus, dass jede Sprache heilig sein müsse, in der ein von Gott gesandter Prophet dem Volk gepredigt habe. Die besondere Hervorhebung des Arabischen sei damit absurd. Mehr noch: Sie habe sich in der Geistesgeschichte des Islam sehr verhängnisvoll ausgewirkt. Denn Millionen Muslimen, deren Muttersprache nicht Arabisch ist, sei damit der Zugang zum Koran erschwert worden; sie seien oft nur auf die bruchstückhafte Information von Geistlichen angewiesen, die das Arabische studiert hätten.

Öztürk fordert ausdrücklich, den Koran in andere Sprachen zu übersetzen, um den Muslimen der ganzen Welt gleichermaßen den Zugang zur »heiligen Offenbarung« zu ermöglichen. Er bekennt sich damit in letzter Konsequenz zur Gleichwertigkeit der arabischen Originalversion mit den Übersetzungen – im Gegensatz zu vielen Vertretern der islamischen Orthodoxie:

»Die Weisheit der arabischen Botschaft [des Koran] er-
schließt sich für alle, die nicht Arabisch sprechen, nur in
der Übersetzung. Kurz: die Heiligkeit des Koran kann
nicht als Beweis für die Heiligkeit der arabischen Sprache
ins Feld geführt werden. Es ist eine schmerzliche historische Tatsache, dass Muslime, deren Muttersprache das
Arabische nicht ist – speziell auch die Türken –, infolge
der irreführenden Behauptung über Jahrhunderte hinweg
eine Art Imperialismus gegen die eigene Sprache betrieben haben. Dieser Imperialismus gegen sich selbst bedeutete für diese Gesellschaft ein Maß an Tyrannei, das im
Verlauf der Geschichte fast beispiellos ist.«[34]

Folgerichtig lehnt Öztürk die Auffassung strikt ab, nur der
könne den Koran wirklich korrekt interpretieren, der ihn in der
arabischen Originalsprache zu lesen verstehe:

»Diese erfundene Lehrmeinung von jenen, die den Arabern und dem Arabischen zugeneigt waren, ist den nichtarabischen Völkern teuer zu stehen gekommen. Schon die
Patres der mittelalterlichen Inquisition hatten behauptet, die Bibel sei unübersetzbar und könne daher nur von
Geistlichen gelesen und verstanden werden. Die These,
der Koran könne nicht übersetzt werden, ist nichts anderes als eine unbewusste Neuauflage dieses Dogmas. Daraus wurde ein so starkes Tabu, dass sich niemand mehr
zu fragen traute, warum denn einem, der den Koran in
der Übersetzung zu Ende liest, nicht der Ehrentitel eines
Hatim gebühren sollte, während jemand, der den Koran in
einer ihm unverständlichen Sprache wie Arabisch zitiert,
diesen Titel in Anspruch nehmen kann, ohne zu verstehen, was Gott von uns will?«[35]

Entsprechend bezeichnet Öztürk die traditionell fest verankerte Auffassung als Irrglaube, das Arabische sei die Sprache der Gottesverehrung und des Gottesdienstes:

>>Eine der bedeutendsten, wenn nicht die schwerwiegendste Irrlehre ist die Doktrin, die besagt, dass der Gottesdienst in arabischer Sprache abzuhalten sei. Dieser über Jahrhunderte verbreitete Schwindel, der die Muttersprache und die kulturelle Identität ganzer Völkerschaften in Abrede stellt, wird noch immer propagiert, als handle es sich dabei um eine religiöse Vorschrift. Dabei liegt die Wahrheit auf der Hand: Den Gottesdienst, das persönliche Bittgebet und das Ritualgebet kann jeder Mensch in seiner Muttersprache verrichten [...]. So hat es der Prophet Mohammed seinerzeit seinen Gefährten erlaubt, deren Muttersprache das Arabische war. Und genauso dürfen nicht-arabische Muslime von diesem Recht Gebrauch machen.<<[36]

Öztürk gehört aufgrund solcher Thesen zu den wenigen sunnitischen Theologen, die es für unnötig erachten, den Gebetsruf vom Minarett auf Arabisch erschallen zu lassen. Er gibt damit säkularen Reformern in der Gefolgschaft Atatürks recht, die in den 1950er-Jahren den öffentlichen Gebetsruf nur wieder zulassen wollten, wenn er auf Türkisch erfolgte. Er gibt aber auch den Aleviten recht, die bis heute auf Türkisch zum Gebet rufen.

Öztürk geht aber mit seiner Kritik an >>Verfälschungen<< des ursprünglichen Islam noch einen Schritt weiter. Er stellt grundsätzlich die Neigung von >>Rechtgläubigen<< in Frage, ihre eigenen Glaubensvorstellungen als unantastbar richtig gegen alle anderen religiösen Überzeugungen abzugrenzen. Diese Neigung hält er für eine Dekadenzerscheinung, die nichts mehr mit der ursprünglichen kulturellen Vitalität des Islam und der Fähigkeit zu geistigem Austausch zu tun hat. Auf die Epoche des klassischen Islam zurückblickend, urteilt er:

»So reichhaltig und lebendig die Kultur religiösen Denkens in einer Gesellschaft ausfällt, so groß ist die Anzahl und so reichhaltig sind die Aktivitäten der verschiedenen Bekenntnisgruppen in dieser Gesellschaft. Mit der Zahl der religiös Gebildeten und religiösen Denker steigt die Zahl unterschiedlicher Interpretationen, die diese zustande bringen. Aus einer größeren Zahl koexistierender Interpretationen resultiert eine größere Zahl von Bekenntnisgruppen. Die ersten drei Jahrhunderte des Islam waren eine kreative Periode religiösen Denkens; in diesem Zeitraum sind Hunderte von Bekenntnisgruppen entstanden. Dies war ein Anzeichen für gesellschaftliche Freiheit und Entwicklung. Zu der Zeit, als die Kultur religiösen Denkens zerfiel, schickte sich jedermann an, nicht mehr im eigenen Namen, sondern im Namen Gottes zu urteilen. Und solche, denen die jeweilige Interpretation zum Bestandteil ihres Glaubens geworden war, erklärten die Anschauungen für sakrosankt und heilig. Weil keine neuen Interpretationsansätze mehr hervorgebracht wurden, begannen sich die alten Bekenntnisschulen in so etwas wie Religionsgemeinschaften zu verwandeln.«[37]

Öztürk nennt in diesem Zusammenhang zwar nicht einzelne Bekenntnisgruppen konkret beim Namen, aber für jeden Muslim, jeden Türken ist klar: Gemeint sind einerseits Sunniten, Schiiten, Aleviten, die sich teilweise schroff gegeneinander abgrenzen, andererseits islamistisch und säkular orientierte Muslime mit ähnlicher Tendenz zu entschiedener Abgrenzung. Öztürk, selbst sunnitischer Muslim, kritisiert die Dominanz des sunnitischen Islam in der Türkei, die auf Kosten eines Dialogs unterschiedlicher religiöser Bekenntnisse gehe. Wenn er auch die geistige Vielfalt des klassischen Islam in diesem Zusammenhang etwas zu idealisierend darstellt, so ist doch schwer in Abrede zu stellen, dass die Religionsgemeinschaft in den ersten drei Jahrhunderten des Islam im Vergleich zu heute tatsächlich weit vitaler und pluralistischer war. Die »ideale« Vergangenheit bietet Anlass, der unvollkommenen Gegenwart kritisch den Spiegel vorzuhalten.

Öztürk geht noch einen Schritt weiter. Er betont, dass nicht nur Muslime, sondern auch »Angehörige der Buchreligionen«, Christen und Juden, »ewige Erlösung« finden können. Zum Beleg weist Öztürk auf Sure 2, Vers 62, und Sure 5, Vers 69, hin. Öztürk kommt zu dem Ergebnis, dass auch Anhänger anderer Religionen ins Paradies gelangen können:

> »Die Angehörigen der semitischen Religionen haben kein Monopol auf das Paradies. Welcher Mensch auch immer so handelt, wie es gefordert ist, wird sich diesen Lohn verdienen.«[38]

Eine solche Schlussfolgerung bedeutet naturgemäß eine Herausforderung für die Mehrzahl der Muslime, denen der Islam als der einzige Zugang zum Heil erscheint. Aber es ergibt sich auch eine Parallele zur Haltung jener Christen, die sich provoziert fühlen, sobald jemand behauptet, es gebe ein Heil außerhalb ihrer eigenen Kirche.

Theologie und Sufismus –
Öztürks Annäherung an Dschelaleddin Rumi

Für einen Reformtheologen wie Öztürk ist es nur folgerichtig, dass er mit seinem Denken einen neuen Zugang auch zu einer Strömung des Islam findet, die von der Orthodoxie oft als ketzerisch eingestuft wird: zur Mystik, dem Sufismus.

Der Begriff leitet sich vom arabischen Wort *Sufi* ab und

meint einen in einfachen Wollstoff gekleideten Menschen, der durch Meditation Gott zu erfahren sucht. Das persische Wort *Derwisch* meint grundsätzlich dasselbe: den in freiwilliger Armut lebenden Menschen, der sich meditativ auf Gott konzentriert. Diese geistige Strömung, die bereits seit dem 9. Jahrhundert im islamischen Kulturraum eine beträchtliche Rolle spielt und seit dem 13. Jahrhundert gerade in Anatolien eine überragende Bedeutung erhielt – die bis in die Gegenwart anhält –, betrachtet Öztürk als unabdingbaren Teil der türkischen Kultur.

Öztürks besonderes Interesse gilt in diesem Zusammenhang Dschelaleddin Rumi, einem der größten Mystiker und Dichter des Islam. Rumi, 1207 in Balch, einer Stadt im östlichen Iran (heute Afghanistan), geboren und 1273 in der anatolischen Stadt Konya gestorben, wird in der Türkei nach wie vor als Dichter mystischer Verse und Begründer des ekstatischen Drehtanzes der Derwische hoch verehrt. Sein Mausoleum in Konya ist gar das meistbesuchte Pilgerzentrum in der Türkei. Aber nur wenige türkische Muslime wissen heute noch, dass Dschelaleddin Rumi wie kaum ein anderer Großer der islamischen Geistesgeschichte die Grundsätze einer starren Orthodoxie und ihre Intoleranz gegen »Ungläubige« radikal in Frage stellte. Für zahlreiche Muslime ist Rumi vor allem ein großer Dichter mit hilfreichen Lebensweisheiten oder gar ein Heiliger, an dessen Grab die Pilger um Kindersegen und Gesundheit beten.

Gerade weil Öztürk bei vielen Muslimen ein nur sehr einseitiges und oberflächliches Wissen über Rumi festgestellt hatte, veröffentlichte er im Jahr 2000 ein Buch über diesen großen Denker, das 2002 in einer deutschsprachigen Ausgabe unter dem Titel *Rumi und die islamische Mystik* erschien. Wie sehr Öztürk mit seiner Interpretation islamischer Mystik in der Türkei neue Wege geht, verrät bereits die Einleitung. Dort bedauert er, dass bisher die wichtigsten wissenschaftlichen Untersuchungen über Rumi von nichtmuslimischen Autoren verfasst wurden, denn muslimische Autoren begnügten sich in der Regel damit, die mystische Lehre »traditionell« zu erörtern, das heißt, ohne sich mit Rumis tiefgreifender Kritik an der Orthodoxie analytisch auseinanderzusetzen.[39]

Vehement verteidigt Öztürk in seinem Buch über Rumi den von der Orthodoxie beargwöhnten, ja angefeindeten Anspruch von Sufis und Derwischen, man könne die intensivsten religiösen Erfahrungen nur durch Meditation machen, und diese mystische Erfahrung sei umfassender und tiefer als die begrifflich-dogmatisch fixierte Wahrheit der Korangelehrten. Öztürk hebt an Rumi hervor, dass dieser muslimische Denker über die dogmatische Gebundenheit an seine eigene Religion hinausgewachsen sei und die Dogmen aller anderen Religionen als gleichwertig anerkenne. Denn die Glaubenswahrheiten der unterschiedlichen Religionen seien nur verschiedene Schalen, seien das Äußere, die das Innere, den Kern, nämlich die mystische Gotteserfahrung, umschließen. Die Schalen der Dogmatik mit ihrem Anspruch auf absolute Wahrheit seien nur untergeordnete Teile des Ganzen, hierbei spiele es keine Rolle, ob es sich um Glaubensbekenntnisse des Islam, des Christentums, des Buddhismus oder sonstiger Religionen handle.

Kein religiöses Dogma kann nach Ansicht des Dschelaleddin Rumi – wie auch vieler anderer Klassiker der islamischen Mystik – den Anspruch erheben, das universale Wesen Gottes oder des Göttlichen zu erfassen. Dies könne nur der Mystiker in seiner Meditation »jenseits aller Worte«. Bei Rumi wird dieser Zustand der Trance durch Musik und Tanz erreicht (daher »tanzende Derwische«), bei anderen Sufis und Derwischen durch konzentrierte Atemtechniken. Entscheidend ist, dass Rumi betont, der Gott der Mystik habe nichts mit dem Gott der Theologen gemeinsam, denn die mystische Erfahrung sei ein Zustand im Menschen selbst und beziehe sich nicht auf einen Schöpfergott, der in seinem Jenseits existiere. Rumi spricht von »Gott im Menschen«.

Es handelt sich um ein sprachloses Erleben, das die Mystiker aller Religionen eint. Der Mystiker, der den Islam als kulturelle Wurzel hat, macht in der Meditation letztendlich dieselbe Erfahrung des Göttlichen wie ein Mystiker aus einer völlig anderen Religion. Die Mystiker aller Religionen finden damit zu einer »Mitte«, in der die Unterschiede zwischen dem Glauben an den *einen* personalen Gott, an viele Götter oder an ein unpersönliches Weltgesetz bedeutungslos werden – somit auch die Unterschiede zwischen Monotheismus und Polytheismus, zwischen »richtigem« und »falschem« Glauben, zwischen Glauben und Unglauben. Entsprechend können die vom Sufismus geleiteten Muslime die Andersgläubigen mit ihren spezifischen Gottesvorstellungen und ihrer Ethik nicht als Unwissende, Irrende oder gar doktrinär als Ungläubige abwerten. Zur Erläuterung des Verhältnisses von »Schale« (Dogma) und »Kern« (mystische Gotteserfahrung) zitiert Öztürk einen poetisch besonders anschaulichen Vers aus dem *Diwan-e Kebir* (»Großer Diwan«), einem der Hauptwerke Dschelaleddin Rumis:

> »Solange die Frucht unreif ist, bleibt sie besser in der Schale; wenn sie aber reif ist, schadet ihr die Schale. Für einen Vogel, dem im Ei Flügel wachsen, ist die Schale ein Gefängnis.«[40]

Öztürk ist mit seinen Ausführungen, ob es sich nun um die Kritik am Arabischen als der dominierenden Sakralsprache handelt oder um eine positive Einschätzung »ketzerischer« Sufis und Derwische, eine Provokation für traditionell orientierte Muslime. Die Kritik seiner Gegner gipfelt in dem Vorwurf, er sei »vom wahren Glauben abgefallen«. Öztürks Anhänger aber, Angehörige einer religiös reformorientierten Bildungsschicht, verehren ihn als einen »türkischen Luther« oder als einen »Jungtürken des Islam«.[41] Sie vertreten die Ansicht, Öztürk sei es mit seiner starken Präsenz in den Medien gelungen, vielen säkularen Türken den Islam in einer Form nahezubringen, die im Einklang mit der Moderne stehe. Dadurch habe er dazu beigetragen, dass religiöse und säkulare Türken über die von ihnen errichtete Mauer hinweg wieder miteinander kommunizierten.[42]

Ömer Özsoy und der »Euro-Islam«

Einige religiös orientierte Reformer der Türkei werden inzwischen mit dem Entstehen eines sogenannten Euro-Islam in Verbindung gebracht. Zu ihnen gehört an herausragender Stelle Ömer Özsoy, der eine enge Beziehung zum deutschen Sprachraum hat. An seinem Beispiel bekommt der bei uns vieldiskutierte Begriff Euro-Islam schärfere Umrisse.

Ömer Özsoy wurde 1963 in Bünyan nahe der zentralanatolischen Provinzhauptstadt Kayseri als Sohn eines Berufsschullehrers geboren. In Kayseri machte er das Abitur. Er wuchs somit in einer Region auf, in der die orthodoxe sunnitische Ausprägung des Islam eine beträchtliche Rolle im Alltag spielt und wo darüber hinaus auch islamistische Gruppierungen viele Anhänger haben. Aber Özsoy übernahm nur die starke Verwurzelung im Religiösen, nicht jedoch das Bedürfnis, in gewohnten Traditionen zu verharren. Seine Diplomarbeit, mit der er an der Universität Ankara 1985 das Studium der Theologie und islamischen Philosophie abschloss, hatte bereits einen Titel, mit dem er das Thema seiner späteren Forschung vorwegnahm: *Diskussion über die Anwendung der persönlichen Meinung bei der Koraninterpretation.*

Özsoy arbeitete von 1985 bis 1986 als Archivexperte für osmanische und arabische Handschriften an der Generaldirektion für Stiftungen in Ankara, dann war er zehn Jahre lang wissenschaftlicher Assistent im Bereich der Koraninterpretation an der Theologischen Fakultät derselben Stadt, anschließend Dozent, bis er 2004 dort eine Professur bekam. Er hatte wesentlichen Anteil an der Gründung der sogenannten Ankaraner Schule, einer der wichtigsten Reformströmungen des Islam weltweit, die sich um 1997 in der türkischen Hauptstadt herausbildete. Neben Ömer Özsoy tragen einige weitere herausragende Reformtheologen zum internationalen Ansehen dieser Fakultät bei, wie etwa Mehmet Paçacı, Adil Çiftçi, Ilhami Güler.[43]

Wesentliche Anregungen erhielt Özsoy aber auch durch etliche Studienjahre in Deutschland. Er spricht gut Deutsch, beherrscht das Arabische und Persische und hat auch Grundkenntnisse im Hebräischen. Von 1991 bis 1993 arbeitete er an der Universität Heidelberg und beschäftigte sich mit deutschsprachigen orientalistischen Studien mit dem Schwerpunkt Koranforschung. 2005 war er Stipendiat der Universität Göttingen, wo er unter dem Orientalisten Tilman Nagel an einem Projekt mitwirkte, das die geschichtlichen Dimensionen des Korantextes untersuchte. 2006 lehrte er im Sommersemester als Gastprofessor für den Islam an der Katholischen Fakultät der Universität Salzburg, anschließend übernahm er eine Stiftungsprofessur an der Universität Frankfurt am Main, wo er im Fachbereich Evangelische Theologie einen Lehrstuhl für Koraninterpretation innehatte. Gastvorträge über die Koranforschung an verschiedenen Universitäten ergänzten seine intensive Tätigkeit in Deutschland.

Die Kernthese des Koraninterpreten Özsoy lautet: Nur zehn Prozent dessen, was der Koran sagt, steht im Koran selbst; der Rest ist interpretationsbedürftige Geschichte. Man müsse berücksichtigen, dass alle Aussagen im Koran abhängig seien von den damaligen sozialen Gegebenheiten. Es sei die Aufgabe des Interpreten, sorgfältig zu trennen zwischen zeitgebundenem Text und jener Wahrheit, wie sie für den Menschen des 20. und 21. Jahrhunderts unter ganz anderen gesellschaftlichen Voraussetzungen vermittelbar sei. Der Koran müsse immer wieder neu gedeutet werden, »heute anders als früher, in Deutschland anders als in der Türkei«. Der Interpret müsse den Text, der vor 1400 Jahren geschrieben worden sei, in die Verständnisformen der Gegenwart übersetzen.[44]

Eine derartige historisch-kritische Interpretation des Koran stellt für viele Muslime zu Beginn des 21. Jahrhunderts noch immer eine beträchtliche Herausforderung dar. Denn eine solche Lesart widerspricht diametral dem herkömmlichen, über Jahrhunderte verfestigten Verständnis der Orthodoxie, demzufolge der Koran als ein »von Gott wörtlich diktiertes Buch« an die Menschen gesandt worden sei und entsprechend unveränderbar interpretiert werden müsse. Gerade weil Özsoy dies ablehnt, muss sein historisch-kritischer Ansatz nach wie vor vielen orthodoxen Muslimen als pure Ketzerei, ja als eine »vom Unglauben des Westens« beeinflusste Geisteshaltung erscheinen.

Die Parallele zur historisch-kritischen Bibelauslegung ist offensichtlich. Was zumindest von strikt traditionalistisch orientierten Christen noch immer als Unglaube empfunden wird, ist in der christlichen Theologie spätestens seit dem evangelischen Theologen Rudolf Bultmann Mitte des 20. Jahrhunderts zu einer wichtigen Strömung geworden. Bultmann hat mit dem Begriff Entmythologisierung eine neue Methode der Bibelwissenschaft eingeleitet: Die Botschaft des Neuen Testaments solle aus ihren zeitbedingten »mythologischen Einkleidungen« befreit werden, dann erst könne sie dem Menschen von heute verständlich gemacht werden, dann erst könne sich die religiöse Substanz dem modernen Menschen in ihrer ganzen Tiefe erschließen. Özsoy hat sich an deutschen Universitäten auch mit solch modernen Strömungen der Bibelwissenschaft vertraut gemacht.

Nicht zu unterschätzen ist aber auch der Einfluss muslimischer Theologen. An erster Stelle ist hier der Ägypter Nasr Hamid Abu Zaid zu nennen, der, 1943 geboren, sich bereits eine Generation früher in Kairo mit historisch-kritischer Auslegung des Koran befasste. Es ist kein Zufall, dass sich Özsoy mit mehreren seiner Veröffentlichungen auf diesen bedeutenden Denker bezieht. Schon in den 1970er-Jahren war Abu Zaid in seiner koranwissenschaftlichen Dissertation zu dem Ergebnis gekommen, »dass sich die Wahrheit verändert, je nachdem, wer sie betrachtet«.[45] In diesem Sinn forderte er eine Interpretation des Koran, die deutlich mache, dass die sprachliche Fassung des Heiligen Buches abhängig von den kulturellen Bedingungen der damaligen Zeit sei. Entsprechend könne der Interpret heute den Text nur abhängig von der kulturellen Situation unserer Gegenwart verstehen. Abu Zaid hat mit Ömer Özsoy gemeinsam, dass er sich einerseits auf die pluralistische Vielfalt und das kritisch-rationale Niveau der Theologie in den Zeiten der »Klassik des Islam« (vom 9. bis zum 13. Jahrhundert) rückbesinnt, andererseits aber mit größtem Interesse Anregungen aus westlichem Denken aufnimmt. Abu Zaid hat einen Großteil der Literatur zu seiner Dissertation nicht in den Bibliotheken Ägyptens aufgespürt, sondern in den USA an der Universität von Pennsylvania.

Die Parallelen zwischen dem Ägypter Abu Zaid und dem Türken Ömer Özsoy enden aber spätestens bei den Konsequenzen, die das historisch-kritische Denken im eigenen kulturellen Umfeld hat. Abu Zaids Doktorarbeit war Mitte der 1980er-Jahre in Kairo veröffentlicht und 1992 in erweiterter Buchfassung herausgebracht worden. 1996 erschien sie in Deutschland unter dem Titel *Islam und Politik. Kritik des religiösen Diskurses.* Anfangs waren die Dissertation sowie die Buchfassung von ägyptischen Gebildeten positiv aufgenommen worden. Aber Mitte der 1990er-Jahre hatten ägyptische Fundamentalisten die Stimmung gegen den »Ketzer« derart angeheizt, dass unter dem Druck der öffentlichen Meinung 1995 ein Prozess gegen den Autor angestrengt und er dazu verurteilt wurde, sich von seiner Frau scheiden zu lassen. Die Begründung lautete, er habe sich vom Islam abgewandt und sei ein Ungläubiger geworden. Nach mehreren Morddrohungen islamischer Extremisten ging Abu Zaid ins Exil in die Niederlande, wo er an der Universität Leiden einen Lehrstuhl für Religionswissenschaft innehatte. Nach Ägypten reiste er nur noch sporadisch, bei einem Aufenthalt in Kairo starb er dort 2010.[46]

Anders Ömer Özsoy. In der Türkei besteht für derartige Reformtheologen nicht die Gefahr, dass ein Gericht sie wegen Ketzerei oder »Abfall vom Glauben« verurteilt. Denn die Gerichtsbarkeit untersteht ja streng laizistischen Normen. Gefahr könnte einem »Ketzer« wie ihm höchstens von fundamentalistischen Muslimen drohen, die in Opposition zur säkularen Staatsordnung stehen. Aber islamistische Gruppierungen haben in der Türkei einen viel geringeren Einfluss als in vielen anderen Staaten der islamischen Welt. Die bereits erwähnte Ankaraner Schule konnte sich daher seit 1997 ausdrücklich unter dem Schutz des Staates entfalten, daran hat sich auch unter der Regierung der islamischen AKP seit 2002 nichts geändert. Allerdings findet eine solch historisch-kritische Koraninterpretation auch in der Türkei nur begrenzt positive Aufnahme, nämlich bei einer schmalen reformorientierten Bildungsschicht, während die Masse der traditionell orientierten Muslime sie kritisiert oder einfach ignoriert.

Immer mehr Aufmerksamkeit findet Özsoy dagegen in Westeuropa (dies hat er mit Abu Zaid gemeinsam), hier vor allem im deutschen Sprachraum. Im Jahr 2009 wurde an der Frankfurter Goethe-Universität im Fachbereich Sprach- und Kulturwissenschaften ein »Institut für Studien der Kultur und Religion des Islam« und eine Stiftungsprofessur eingerichtet, deren Inhaber Ömer Özsoy ist. Die Stiftungsgastprofessur finanziert das türkische Präsidium für Religiöse Angelegenheiten (»Diyanet Isleri Baskanligi«)

Özsoys Aufgabe besteht nun darin, auf die muslimischen Religionslehrer in Deutschland Einfluss zu nehmen, damit sie ihren Schülern den Koran in historisch-kritischer Deutung vermitteln. Özsoy leistet damit einen wesentlichen Beitrag, einem sogenannten Euro-Islam mehr Geltung zu verschaffen. Die Stiftungsprofessur an der Universität Frankfurt am Main wurde eingerichtet, um einem »europäisch geprägten« Islam eine akademische Plattform zu bieten.

»Euro-Islam« ist ein inzwischen vieldiskutierter und häufig auch missverstandener Begriff. Besonders unter den Muslimen hat er Anlass zu intensiven Auseinandersetzungen gegeben. Das erste Mal benutzte ihn in den 1990er-Jahren der deutsch-syrische Politikwissenschaftler Bassam Tibi, der viele Jahre an der Universität Göttingen lehrte. Er forderte, die über 17 Millionen in Europa lebenden Muslime so ins gesellschaftliche Leben der Gastländer einzubinden, dass sie sich nicht mehr als Fremde, sondern als europäische Bürger fühlen und wahrgenommen werden. Aber die Voraussetzung sei, dass sich diese Muslime von »vormodernen« Positionen ihrer Religion und Kultur lösen und in einer von Europa bestimmten Moderne ihren Platz finden. Entsprechend hält Tibi eine historisch-kritische Interpretation des Koran sowie auch eine Übersetzung in andere Sprachen für notwendig. Darüber hinaus betrachtet Tibi das Verhältnis von Scharia und deutscher Verfassung als eines wie »zwischen Feuer und Wasser«, und er folgerte schon in den 1990er-Jahren:

> »Als Muslim trete ich zwar für die Aufnahme des Islam als dritte Religion in Europa ein, möchte diese aber eindeutig in einen europäischen Rahmen eingeordnet, das heißt als Euro-Islam reformiert wissen. Dieser orientiert sich an einer europäischen Leitkultur.«

Der von Tibi zitierten »Leitkultur«

> »liegen fünf zentrale Werte zugrunde: Trennung von Religion und Politik, Demokratie, Menschenrechte, religiöser und kultureller Pluralismus und Zivilgesellschaft. Diese

Werte müssen für alle Menschen, die in Europa leben, verbindlich sein.«

Nur ein derart europäisch orientierter Islam könne zugewanderte Muslime davor bewahren, sich in Parallelgesellschaften mit vormodernen Strukturen von der Gesamtgesellschaft ihres Gastlandes abzuschotten.[47]

Diese von Bassam Tibi erstmals entworfene Konzeption stieß aber bei vielen in Europa lebenden Muslimen, so auch bei vielen Deutschtürken, auf Widerstand. Sie warfen und werfen Tibi vor, mit dieser Forderung nach Anpassung an europäische Werte die »islamische Identität« in Frage zu stellen. Wesentliche Glaubensinhalte des Islam wie auch dessen innige Verbundenheit von sakraler und weltlicher Sphäre seien eben nicht völlig mit europäischen Strukturen vereinbar. Diese Kritik äußern vor allem jene Muslime, die in traditioneller Orthodoxie – oder mehr noch in islamistischer Ideologie – verhaftet sind. Aber selbst reformorientierte Muslime scheuen sich teilweise, vom Euro-Islam zu sprechen, und verwenden besonders in Bezug auf eine »zeitgemäße Koraninterpretation« lieber Begriffe wie »modernistische Auslegung« oder auch »Historisierung der Quellen«.

Der Konflikt wurde besonders deutlich im Juni 2003, als in der österreichischen Universitätsstadt Graz die »Konferenz der Leiter islamischer Zentren und Imame in Europa« eine Resolution verabschiedete. In ihr ist zwar davon die Rede, dass sich die in Europa lebenden Muslime zu Demokratie, Pluralismus und den Menschenrechten bekennen – und dass islamische und europäische Identität nicht in unauflöslichem Widerspruch zueinander stehen. Aber die Konferenzteilnehmer, unter ihnen viele Türken, hatten nach langer Diskussion im Schlussdokument die Bezeichnung »europäischer Islam« zurückgewiesen und stattdessen die Formulierung »Islam in Europa« gewählt.[48] Auf diese Weise erweckten sie den Eindruck, es gebe nach ihrer Meinung einen unveränderbaren Islam, dessen Zentrum außerhalb Europas liege – einen Islam, der nicht nachhaltig durch andere Kulturräume beeinflusst werden könne. Die Imame hatten sich in ihrer Mehrheit nicht zu der Einsicht durchringen können, dass ein »europäisch geprägter Islam« eine zusätzliche Facette innerhalb einer weltweit ohnehin schon sehr ausdifferenzierten islamischen Kulturlandschaft bedeutet.[49]

Der moderne Ansatz bei Ednan Aslan

Eine ähnliche Funktion wie Ömer Özsoy hat im deutschen Sprachraum inzwischen auch der türkische Religionspädagoge Ednan Aslan. Seine Biographie weist manche Parallelen zu der von Ömer Özsoy, wie auch von Yaşar Nuri Öztürk auf.

Ednan Aslan wurde 1959 in Bayburt geboren, jenem entlegenen Ort im Nordosten Anatoliens, in dem auch Öztürk zur Welt kam. Allen drei religiös geprägten Reformern ist also gemeinsam, die Kindheit und Jugend in Regionen verbracht zu haben, deren konservative religiöse Traditionen in starkem Kontrast zu den säkularen Idealen der Republik Türkei stehen. Aber auch Aslan wechselte früh in moderne Zentren. Nach dem Abitur in Istanbul studierte er ab 1980 Sozialpädagogik und Politikwissenschaft an den Universitäten Stuttgart, Tübingen, Klagenfurt und Wien. 1996 promovierte er an der Universität Klagenfurt mit dem Thema *Religiöse Erziehung der muslimischen Kinder in Österreich und Deutschland*.

Seit dem Wintersemester 2006/2007 ist Aslan Leiter der Islamischen Religionspädagogik an der Fakultät für Philosophie und Bildungswissenschaft der Universität Wien. Er ist damit hauptverantwortlich für die Ausbildung muslimischer Religionslehrer an Österreichs höheren Schulen. Wie Ömer Özsoy betont auch er, dass nur eine historisch-kritische Auslegung des Koran den Islam mit der Moderne in Einklang bringen könne. Ohne die Einbettung in den historischen Zusammenhang seines Entstehens sei die Bedeutung des heiligen Textes für einen weltoffenen gläubigen Muslim von heute einfach nicht darstellbar. Viele koranische Offenbarungen seien konkrete Antworten auf konkrete Fragestellungen der ersten Hälfte des 7. Jahrhunderts. Sie seien für einen Muslim, der Anfang des 21. Jahrhunderts in Europa lebt, ohne Übersetzung und Einordnung in die gelebte Gegenwart nicht nachzuvollziehen.[50]

Aslan erteilt in diesem Zusammenhang auch der Scharia als einem für viele Muslime heute noch verbindlichen Rechtssystem eine eindeutige Absage. Eine solche Haltung ist zwar für einen aufgeklärten Muslim in der Türkei, wo die Scharia ohnehin seit 1924 kompromisslos durch ein europäisches Rechtssystem ersetzt wurde, nicht neu. Aber Aslan greift mit seiner Haltung in jene Diskussion ein, die schon seit Jahrzehnten unter Muslimen der gesamten islamischen Welt heftig geführt wird. An dieser Diskussion beteiligen sich auch »islamisch« orientierte Türken, die sich bis heute nicht voll und ganz mit der laizistischen Reform Atatürks abfinden können und teilweise im Alltag noch scharianahe Traditionen praktizieren.

Aslan weist in einem am 15. Februar 2008 veröffentlichten Kommentar der Wiener Tageszeitung *Die Presse* darauf hin, dass sich die Verwendung des Begriffs Scharia nicht im Koran findet, sondern dass dieses religiös-politische Rechtssystem erst durch spätere Generationen auf der Grundlage des Koran und mündlicher Äußerungen Mohammeds, der sogenannten Hadithen, entwickelt wurde. Aber weil die Scharia von Menschen unter bestimmten kulturellen und politischen Bedingungen geschaffen wurde – und damit Menschenwerk bleibt –, kann sie unter anderen kulturellen Voraussetzungen, etwa denen einer europäischen Gesellschaft, durch ein neues, westlich orientiertes Rechtssystem ersetzt werden. Der Islam werde damit nicht in seinen ewigen Werten angetastet.[51]

Ednan Aslans Thesen stoßen naturgemäß bei vielen traditionell gesinnten Muslimen auf den gleichen Widerstand wie die seines türkischen Kollegen Ömer Özsoy. Entsprechend kann auch Aslan seine Thesen völlig ungehindert nur in der liberalen Atmosphäre westeuropäischer Staaten verbreiten – und nur dort die türkischen Landsleute breitenwirksam erreichen. Aus dieser Einsicht heraus wehrt sich Aslan dagegen, dass Imame für den Religionsunterricht der Türken in Österreich und Deutschland weiterhin aus der Türkei geholt werden. Wichtig sei es, dass künftig sämtliche muslimische Religionslehrer wie auch Imame an den Universitäten ihrer Gastländer Österreich und Deutschland ausgebildet werden. »Importierte Imame sind Teil des Problems.« Mit ihnen kämen Ideologien nach Europa, die mit den hiesigen säkularen Rahmenbedingungen nicht vereinbar seien.[52]

An den beiden türkisch-muslimischen Reformern Ömer Özsoy und Ednan Aslan zeigt sich, dass die Entwicklung zu einem eigenständigen Euro-Islam unaufhaltsam ist. Ein »europäischer Islam« wird innerhalb der islamischen Welt künftig eine ebenso bedeutsame Rolle spielen wie die anderen kulturellen Ausprägungen etwa des türkischen, arabischen, persischen, indischen, fernöstlichen und schwarzafrikanischen Kulturraums. Mehr noch: Dieser »europäische Islam« wird bis in die Türkei hineinwirken, nicht zuletzt aufgrund der engen Verbindung zwischen Deutschtürken und »türkischen« Türken.

Aber eine Frage bleibt offen: In der Türkei selbst ist seit Mitte des 20. Jahrhunderts zu beobachten, dass politische Parteien versuchen, dem Islam wieder einen dominierenden Platz auch im öffentlichen Leben zu verschaffen. Damit soll die Krise beendet werden, die durch die säkulare Revolution entstanden ist.

Wir werden allerdings im Folgenden sehen, dass eine derartige Entwicklung den Intentionen der hier vorgestellten religiösen Reformer nur sehr unzureichend entspricht – ja in mancher Hinsicht sogar zuwiderläuft.

»Islamisierung« der Politik

Adnan Menderes, der erste »islamische« Politiker

Es ist ein makabres Pressefoto: Drei Männer im dunklen Anzug mit Krawatte, die Hände auf den Rücken gefesselt, hängen
am Galgen. Der Mann in der Mitte ist Adnan Menderes. Er
hatte nahezu zehn Jahre die Republik Türkei regiert, bevor ihn
das Militär am 27. Mai 1960 durch einen Putsch stürzte und ihn
nach einem Schauprozess mit zweien seiner Minister am
12. September 1961 auf der Gefängnisinsel Imrali nahe Istanbul
hinrichten ließ. Die offizielle Begründung für das Urteil lautete, die Regierung Menderes habe erheblich gegen die Regeln
der säkularen Verfassung verstoßen, indem sie oppositionell
Andersdenkende, vor allem die erklärten Anhänger Atatürks,
unterdrückt und eine »islamisch reaktionäre« Politik betrieben
habe.

Aus westlicher Sicht ist es schockierend, Fotos hingerichte-
ter Politiker in Zeitungen veröffentlicht zu sehen. Ein solches
Vorgehen hatte aber System. Die Generäle glaubten, nur mit
dem Einsatz äußerst brutaler Abschreckung könne man eine
Entwicklung aufhalten, die um das Jahr 1950 begonnen hatte:
die sogenannte Islamisierung der Türkei – und damit der Angriff auf das säkulare Erbe Atatürks. Adnan Menderes war der
erste führende Politiker der Türkei, der in Konflikt mit dem
Nationalen Sicherheitsrat, dem »Hüter der Verfassung«, geriet.
Menderes war allerdings der einzige Ministerpräsident, der
diesen Konflikt mit dem Leben bezahlte, andere wurden nur

inhaftiert. Aber Menderes stand am Anfang einer Entwicklung, an der es immer offensichtlicher wurde, dass sich in der Türkei eine konsequent säkulare oder gar strikt laizistische Gesellschaftsordnung im Sinn des Kemalismus nicht aufrechterhalten ließ. Und gerade weil Menderes der erste Politiker einer neuen, alternativen Ideologie war, traf ihn die Reaktion der militärischen Führung besonders hart.

Menderes ist trotz der demütigenden Umstände seines Todes bis heute nicht vergessen. Im Gegenteil, sein Andenken wurde nahezu vier Jahrzehnte später, zu Beginn des 21. Jahrhunderts, politisch verstärkt instrumentalisiert. Seit 1987 ist der internationale Flughafen von Izmir nach dem hingerichteten Politiker benannt. 1990 wurden seine Gebeine von der Gefängnisinsel Imrali nach Istanbul überführt, was symbolisch einen weiteren Schritt hin zu einer Rehabilitierung bedeutete. Dort ist er auf einem Friedhof in einem repräsentativen Mausoleum nahe der historischen byzantinischen Stadtmauer bestattet, wo 1993 auch der politisch geistesverwandte Staatspräsident Turgut Özal (von ihm später) ein auffälliges Grabmal erhielt. Beide Mausoleen sind auf dem Stadtplan Istanbuls von 2008 eingezeichnet. Außerdem trägt die breite Durchgangsstraße, die vom Stadtinnern direkt an dem Friedhof vorbeiführt, neben dem älteren Namen *Vatan Caddesi* nun auch den Namen *Adnan Menderes Bulvari*.

Auf meiner Reise 2002 ins Innere Anatoliens kam ich in der Stadt Nevşehir zu einem Busbahnhof, der – in großen Lettern angeschrieben – den Namen »Adnan Menderes Terminal« trägt. Und als ich 2011 Aydin, die Geburtsstadt des türkischen Politikers, durchquerte, entdeckte ich dort auf einem der zentralen Plätze eine große Statue von Adnan Menderes mit gebieterisch erhobener Hand, wie man das sonst nur in der stereotypen Ikonographie von Atatürk-Standbildern sieht. An einer Straßenkreuzung war ein auffälliger Wegweiser zu einer Adnan-Menderes-Universität angebracht.

2006 wurde das Leben dieses umstrittenen Ministerpräsidenten in einer türkischen Fernsehserie verfilmt. Und im Juli 2007 ließ sich der islamisch orientierte Ministerpräsident Recep Tayyip Erdoğan im Wahlkampf auf einem Plakat zusammen mit einem Porträt von Adnan Menderes abbilden, einem Politiker also, den er offensichtlich als sein Vorbild betrachtete und ganz bewusst für Werbezwecke verwendete.[53] Nichts könnte augenfälliger demonstrieren, wie sehr sich das politische Klima im Verlauf der Jahrzehnte in der Türkei geändert hat. Es ist offensichtlich nicht mehr riskant, wenn Politiker eine Verbindung zu Menderes signalisieren.

Menderes war, als er 1950 Ministerpräsident wurde, 51 Jahre alt. Er entstammte einer reichen Familie von Gutsbesitzern und war 1899 in Aydin, der bereits erwähnten westanatolischen Provinzhauptstadt (nahe den Ruinen von Ephesus), geboren worden. Als Jurist trat er 1946 erstmals auffällig in Erscheinung, als er zusammen mit Celâl Bayar und etlichen anderen die erste Oppositionspartei in der Geschichte der Republik Türkei gründete: die *Demokrat Partisi* (Demokratische Partei). Zuvor hatten diese Politiker dem rechten Flügel von Atatürks Republikanischer Volkspartei angehört.[54] Atatürks Nachfolger, Staatspräsident Ismet Inönü, hatte 1945 die Gründung von Oppositionsparteien zugelassen und damit dem Drängen einer zunehmend selbstbewusst gewordenen bürgerlichen Schicht nachgegeben. Diese verlangte nach Reformen auf wirtschaftlicher Ebene, wollte aber auch den Islam religiös und kulturell wieder mehr in der Öffentlichkeit zur Geltung bringen.

Inönü ließ die ersten Wahlen im Zeichen des Mehrparteiensystems bereits im Juli 1946 abhalten. Dahinter steckte eine wohlüberlegte Taktik. Gerade weil die Demokratische Partei erst im Januar desselben Jahres gegründet worden war, hatten Bayar und Menderes kaum Zeit, diese Partei aufzubauen und zu etablieren. Die Rechnung des Staatspräsidenten ging auf:

Die schlecht vorbereitete Oppositionspartei konnte nur 64 der 465 Parlamentssitze gewinnen, so dass die Macht der bisherigen Regierungspartei ungeschmälert erhalten blieb. Von einer fairen demokratischen Wahl konnte damals noch nicht die Rede sein. Völlig anders war die Situation vier Jahre später. 23 weitere Parteien waren inzwischen gegründet worden. Sieben davon traten für eine Islamisierung des öffentlichen Lebens ein, alle anderen bekannten sich zum strikten Laizismus Atatürks. Innerhalb dieser nun weitgefächerten Opposition hatte die Demokratische Partei mit ihrer inzwischen ausgereiften Organisation die besten Chancen für eine nachhaltige Etablierung im Parlament. Damit waren erstmals die Voraussetzungen für eine freie demokratische Wahl gegeben.

Diese erste unverfälscht demokratische Wahl wurde am 24. März 1950 abgehalten. Nun errang die Demokratische Partei einen Erdrutschsieg über die zum damaligen Zeitpunkt politisch erstarrte Republikanische Volkspartei; vier Fünftel der Parlamentssitze gingen an sie. Neuer Staatspräsident wurde Celâl Bayar, der den kemalistischen Staatspräsidenten Ismet Inönü ablöste. Ministerpräsident wurde Adnan Menderes.

Den überwältigenden Sieg verdankte die Demokratische Partei vor allem zwei Programmpunkten ihrer Wahlversprechen. Zum einen war es die in Aussicht gestellte Abkehr von der damals staatlich gelenkten Planwirtschaft hin zur Privatwirtschaft. Hier äußerte sich das Interesse des aufstrebenden Bürgertums in den industriellen Ballungszentren sowie der Großgrundbesitzer in ländlichen Gebieten. Nicht minder erfolgreich bei den Wählern war aber das Versprechen, den Islam als Religion und Kultur wieder verstärkt öffentlich zur Geltung zu bringen und damit Regelungen sowie Verbote der Regierungen Atatürks und Inönüs rückgängig zu machen. Hier äußerte sich das Bedürfnis traditionell gläubiger Muslime, denen es als zutiefst gottlos erschien, Religion als Privatsache zu deklarieren und in ihrem öffentlichen Wirken mehr oder weniger einzuschränken.

In der Religionspolitik waren Menderes während der folgenden zehn Jahre die größten und nachhaltigsten Erfolge beschieden. Die Reformen auf diesem Gebiet – nicht aber die neuen (und eher problematischen) Ansätze in der Wirtschaftspolitik – führten bei traditionell orientierten Muslimen zur späteren Verklärung seiner Regierung. Seiner Religionspolitik gilt unsere besondere Aufmerksamkeit.

Menderes, der sich demonstrativ dazu bekannte, praktizierender Muslim zu sein, machte schon zu Beginn seiner Amtszeit eines seiner wirksamsten Wahlversprechen wahr: Seit 1950 darf der Gebetsruf des Muezzins wieder fünfmal am Tag vom Minarett erschallen. Atatürk hatte gerade dies zunächst als »Propaganda einer Weltanschauung« völlig verboten, und er hatte schließlich 1932 nur halbherzig zugelassen, dass der Muezzin öffentlich in türkischer Sprache zum Gebet rief. Menderes aber gestattete den Gebetsruf sogar mit Lautsprecher – und was noch entscheidender war: Der Gebetsruf konnte wieder auf Arabisch, der »heiligen Sprache des Koran«, erschallen.

Weitere Änderungen kamen in rascher Reihenfolge: Der Koran und Predigten durften von nun an über den Rundfunk verbreitet werden, was sowohl Atatürk als auch İnönü strikt abgelehnt hatten. Außerdem durfte der Religionsunterricht, der unter der Alleinherrschaft der Republikanischen Volkspartei an sämtlichen Schulen verboten war, nun neben dem von Atatürk eingeführten nationalpolitischen Unterricht an allen Schulen gehalten werden. Zwar hatte die Republikanische Volkspartei noch 1949, kurz vor der drohenden Wahlniederlage, den freiwilligen Religionsunterricht wenigstens in der 4. und 5. Grundschulklasse gestattet, um religiös gesinnte Wähler zu gewinnen. Aber die Regierung Menderes setzte durch, dass die Schüler sämtlicher Schulgattungen am Religionsunterricht teilzunehmen hatten, es sei denn, die Eltern konnten das

Fernbleiben schriftlich ausreichend begründen.[55] Menderes bewirkte auch, dass die bisher illegal wirkenden Koranschulen offiziell erlaubt wurden und fortan – unter strenger staatlicher Aufsicht – ihre Arbeit tun konnten.

Der Beifall vieler Türken zu solchen Maßnahmen machte deutlich, wie unpopulär die Unterdrückung islamischer Traditionen durch die Einparteienherrschaft der Kemalisten eigentlich war. Das zeigt sich auch daran, dass unter der Regierung Menderes mehr Moscheen als Schulen gebaut wurden – und dass diese Maßnahmen viel Beifall in der Bevölkerung fanden. Angesichts solcher Erfolge sahen sich nun bald auch andere Parteien angespornt, in künftigen Wahlkämpfen ebenfalls mit dem Versprechen zu punkten, islamischen Traditionen stärker als bisher öffentlich zur Geltung zu verhelfen.

Derartige Reformen standen zwar unter dem Motto »Zurück zum Islam«, bedeuteten jedoch keine Re-Islamisierung eines religiös gleichgültig gewordenen Volkes. Man liest zwar immer wieder, unter der Regierung Menderes habe die Tendenz zur Re-Islamisierung begonnen, die bis heute anhalte. Aber diese Interpretation ist irreführend. Denn im Bewusstsein breiter Bevölkerungsschichten der Türkei hat der Islam nie an Bedeutung verloren. Die hier beschriebenen Reformen stellten nur einen zutiefst demokratischen Prozess dar, in dem die Türken wieder die Möglichkeit bekamen, Religiosität öffentlich zu äußern. Einige oppositionelle Gruppierungen gingen allerdings schon in den 1950er-Jahren so weit, wieder eine enge Verflechtung von Religion und Politik wie zur Zeit der Osmanen zu fordern. Aber derartige Äußerungen blieben damals noch Randerscheinungen.

Menderes selbst vermied es strikt, durch unbedachte Äußerungen das Laizismus-Prinzip Atatürks in Frage zu stellen. Darum fand der Nationale Sicherheitsrat unter Führung des Militärs zehn Jahre lang keine wirkliche Handhabe, um den islamisch orientierten Ministerpräsidenten als »Feind der Verfassung« zu stürzen. Menderes konnte es vielmehr gelingen, bei den Parlamentswahlen 1954 und 1957 mit ausreichender Mehrheit für weitere Amtszeiten bestätigt zu werden. Damit brachte er etwas zustande, das die meisten seiner Nachfolger nicht mehr schafften (und das nur von Recep Tayyip Erdoğan eindrucksvoll übertroffen wurde). Umso schwieriger war es für das Militär, gegen Menderes vorzugehen.

Solange Menderes durch seine Politik mit dem Motto »Zurück zum Islam« bei den Wählern populär blieb, hielt sich das Militär zurück. Für die Gegner galt es abzuwarten, dass Menderes in anderen Bereichen seiner Politik Schwäche zeigte und dadurch an Beliebtheit wie an Ansehen im Volk verlor. Dies geschah im Bereich der Wirtschaft. Anfangs hatte Menderes auf diesem Sektor ebenfalls eine erfolgreiche Bilanz vorzuweisen, was ihn zunächst auch hier unangreifbar machte.

Die Regierung Menderes hatte zu Beginn der 1950er-Jahre mit ihrer Neuorientierung in der Wirtschaftspolitik eine bisher nicht gekannte Dynamik in Gang gesetzt. Menderes war es gelungen, Teilbereiche der Industrie und der bäuerlichen Großbetriebe aus den Fesseln einer staatlich strikt kontrollierten Planwirtschaft zu lösen, und damit konnte er der Produktivität bei Fabrikanten, Händlern und Großgrundbesitzern größere Freiräume öffnen.

Besonders für die Großgrundbesitzer schuf Menderes, selbst Spross einer reichen Gutsbesitzerfamilie, eine viel günstigere Situation, als dies Atatürk und Inönü getan hatten. Menderes forcierte eine »Modernisierung der Landwirtschaft« und ließ dafür massenhaft Traktoren und anderes technisches Gerät aus den USA importieren. Diese Mechanisierung bäuerlicher Betriebe konnte tatsächlich die landwirtschaftliche Produktion um Vieles steigern. Aber – und hier zeigten sich schon sehr früh zwiespältige Folgen – die Reform war sozialpolitisch wenig durchdacht, denn Traktoren und anderes technisches Zubehör sowie auch Kunstdünger konnte sich nur eine schmale

Schicht wohlhabender Türken leisten. Der erwirtschaftete Reichtum kam also nur den Großgrundbesitzern und Großbauern zugute, nicht jedoch der Masse der Kleinbauern, bei denen der Staat jede stützende Maßnahme unterließ.[56]

Eine solche Entwicklung hatte schwerwiegende Folgen in einem Land, in dem zum damaligen Zeitpunkt noch mehr als 70 Prozent der Einwohner in Dörfern lebten. Während der 1950er-Jahre wurden in der Türkei durch die erste Phase einer Mechanisierung der Landwirtschaft über eine Million Landarbeiter überflüssig, die bis dahin als Pächter und Tagelöhner die Felder bestellt hatten.[57] Und so begann unter der Regierung Menderes die verhängnisvolle Entwicklung, dass notleidende Bauern massenweise arbeitsuchend in die Großstädte strömten und dort nur in ausufernden Slums ihr Auskommen fanden. Es ist eine Entwicklung, die bis heute in der Türkei – selbst bei den wirtschaftlichen Erfolgen unter der Regierung Erdoğan seit 2003 – ein ungelöstes Problem darstellt.

In der Bevölkerung führten derartige Veränderungen zu sozialen Unruhen. Gerade in der zweiten Amtszeit der Regierung Menderes, nach der noch einmal erfolgreich geschlagenen Wahl von 1954, geriet die Türkei in eine schlimme Wirtschaftskrise. Der Staat musste immense Schulden machen, weil der Wert der eingeführten Handelsgüter den der ausgeführten um ein Vielfaches überstieg. Hinzu kamen die hohen Militärausgaben, die rasant stiegen, nachdem die Türkei 1952 Mitglied der NATO geworden war. Die Krisenstimmung steigerte sich, als es im September 1955 zu verheerenden Ausschreitungen von muslimischen Türken gegen christliche Minderheiten in Istanbul gekommen war. Die Unruhen waren entstanden, nachdem griechische Nationalisten auf der Insel Zypern die dort lebende türkische Minderheit bedrängten.[58] Für die Regierung Menderes war dies ein Anlass, nun die Türken in Istanbul gegen die dort wohnenden Griechen aufzuhetzen. Die Ausschreitungen, die mit zahlreichen Todesopfern und brennenden Häusern völlig außer Kontrolle gerieten, konnten daher zunächst von der wachsenden Korruption und Misswirtschaft der Regierung ablenken und den Blick der türkischen Wähler auf den sogenannten Zypern-Konflikt richten. In dieser aufgeheizten nationalistischen Stimmung konnte die Demokratische Partei 1957 noch einmal einen Wahlsieg über die oppositionelle Republikanische Volkspartei erringen. Aber dann nützten keine außenpolitischen Krisen mehr, um die wachsenden innenpolitischen Schwierigkeiten zu verschleiern.

Ende der 1950er-Jahre spitzte sich die Situation weiter zu, weil inzwischen nicht nur die Masse der Kleinbauern und der Landarbeiter, sondern auch immer größere Teile des Mittelstandes von sozialer Verelendung bedroht waren. Menderes, der viel von seiner Popularität eingebüßt hatte, reagierte auf Kritik von Journalisten wie auch von der oppositionellen Republikanischen Volkspartei zunehmend repressiv. Er verschärfte das Pressegesetz und ließ regierungskritische Zeitungen verbieten, außerdem benutzte er, wie zuvor Atatürks unumschränkt regierende Partei, das Staatsradio ausschließlich als Propagandainstrument für die eigene Politik. Den oppositionellen Parteien wurde der Freiheitsraum für ihre politischen Stellungnahmen immer mehr eingeschränkt. Mit einer derartigen Unterdrückung besonders jener großen Oppositionspartei, die sich als die maßgebende Sachwalterin der säkularen Prinzipien Atatürks ansah, erregte Menderes naturgemäß den Unwillen der militärischen Führung. Aber zum Sturz der Regierung kam es erst, als Menderes in dieser wirtschaftlich äußerst prekären Situation weitere Reformen in seiner Religionspolitik mit dem Motto »Zurück zum Islam!« ankündigte – und dabei auch noch einen schweren taktischen Fehler im Umgang mit der militärischen Führung beging.

Am 27. Mai 1960 putschte das Militär und verhaftete sämtliche Mitglieder der Regierung. Der Anlass war, dass sich Menderes mit General Kemal Gürsel, dem Oberbefehlshaber der

Landstreitkräfte, wegen des scharfen Vorgehens gegen die Republikanische Volkspartei sowie auch über Fragen der Wirtschafts- und der Religionspolitik zerstritten hatte. Menderes hatte sogar den General nach einer heftigen Auseinandersetzung aus dem Amt entlassen. Damit wagte Menderes das bis dahin Undenkbare: Er wollte die militärische Führung dem Parlament und der Regierung unterordnen. Menderes, der selbst sehr autoritär regierte und dem Militär an schroffem Gebaren in nichts nachstand, weigerte sich damit, zu akzeptieren, dass das Militär mit seiner Kontrollfunktion als »Hüter der Verfassung« die Regierung bevormundete. Indem nun aber der entlassene General Gürsel den Putsch organisierte, machte er in brutaler Direktheit deutlich, wer in Fragen der Macht weiterhin das letzte Wort hatte. Die Hinrichtung von Menderes und zweien seiner wichtigsten Minister sowie langjährige Gefängnisstrafen für viele andere Regierungsmitglieder besiegelten diese Botschaft.

General Gürsel übte ein Jahr lang sowohl das Amt des Staatspräsidenten wie auch das des Ministerpräsidenten aus, er fungierte damit jenseits aller demokratischen Regeln als Militärdiktator. Dann aber ließ er wieder demokratische Wahlen zu und folgte damit einem Grundsatz, den auch später putschende Generäle beherzigen sollten: diktatorisch nur so lange zu regieren, bis sich die Unruhe im Volk gelegt hatte und die Voraussetzungen für die Demokratie wieder gegeben waren.

Die Militärregierung unter Staatspräsident General Kemal Gürsel ließ jedoch 1960, bevor sie wieder demokratische Wahlen gestattete, eine neue Verfassung ausarbeiten. In ihr wurde – so schien es zunächst – das demokratische Element gestärkt, denn nun wurde das Demonstrations- und Streikrecht verfassungsrechtlich garantiert. Zudem wurde ein Verfassungsgericht installiert. Dieses Verfassungsgericht sollte neben dem Nationalen Sicherheitsrat unter Führung des Militärs eine zusätzliche Kontrollinstanz für die Einhaltung demokratischer

Rechte und die strikte Trennung von Religion und Politik bilden. Offiziell war damit eine weitere Instanz geschaffen, die »verfassungsfeindliche« Politiker und Parteien in ihre Schranken weisen sollte. Dass aber Militär und Verfassungsgericht dann meist sehr eng zusammenarbeiteten und entsprechend den Handlungsspielraum von Regierungen oft undemokratisch einschränkten, zeigen spätere Entwicklungen. Die Beispiele reichen bis in unsere unmittelbare Gegenwart.

Aufschlussreich ist aber in diesem Zusammenhang, dass die Militärregierung nicht die von Menderes eingeleiteten Reformen auf religiösem Sektor rückgängig machte: weder den Gebetsruf vom Minarett auf Arabisch noch die Verbreitung von Predigten und Koranlesungen im Rundfunk noch den verstärkt praktizierten Religionsunterricht an Schulen noch die offizielle Zulassung der bisher illegal wirkenden Koranschulen. Hier hatte sich beim Militär die Einsicht durchgesetzt, dass diese Reformen in der Bevölkerung sehr willkommen waren und dass erneute Einschränkungen nur zu politischen Unruhen führen würden. Die Veränderungen, die zu einer verstärkten Präsenz des Islam im öffentlichen Leben geführt hatten, wurden nicht mehr als Gefahr für die laizistische Struktur des Staates angesehen. Es galt in Zukunft nur, so die offizielle Sprachregelung, eine »radikale Islamisierung« zu verhindern.

Im Jahr 1961 ließ die Armee wieder freie Wahlen zu. Wahlsieger wurde diesmal die Republikanische Volkspartei und konnte damit an die Macht zurückkehren. General Kemal Gürsel blieb zwar Staatspräsident, aber Ministerpräsident wurde Ismet Inönü, der zehn Jahre lang Atatürks Partei in der Opposition geführt hatte. Inönü regierte in Koalition mit der konservativen Gerechtigkeitspartei bis 1965, dann fegte ihn wieder eine Wahlniederlage aus dem Amt, so dass er zum zweiten Mal in der Opposition seine Partei führen musste (er starb 1973).

Neuer Ministerpräsident wurde Süleyman Demirel, der seit 1960 Führer der konservativen Gerechtigkeitspartei war. Die

Wahlen hatte Demirel vor allem dadurch gewonnen, dass ihm Muslime ihre Stimme gaben, die früher die inzwischen verbotene Demokratische Partei des Adnan Menderes und Celâl Bayar gewählt hatten. Demirel hatte es geschickt verstanden, an Themen anzuknüpfen, mit denen Menderes 1950 und später seine Wahlsiege errungen hatte. Zum einen plädierte auch Demirel für die Stärkung der Privatwirtschaft, zum anderen umwarb er die traditionell denkenden Muslime und versprach ihnen, den Islam stärker als bisher öffentlich zur Geltung zu bringen. Beide Wahlversprechen sollten in Zukunft Merkmale von Parteien sein, sie sich selbst als konservativ und islamisch zugleich deklarierten.

Der 1924 geborene Politiker Süleyman Demirel konzentrierte sich allerdings vorrangig auf die Wirtschaftspolitik; das Thema Islam lag ihm nicht gleichermaßen nahe – er benutzte es eher aus wahlstrategischen Gesichtspunkten, eben weil seine Partei in Nachfolge der Demokratischen Partei die muslimisch-konservativen Wähler benötigte. Demirel regierte bis 1971. Wie Menderes hatte er anfangs mit seinem wirtschaftsliberalen Kurs Erfolg, bis auch er die Wirtschaftskrise nicht mehr meistern konnte. Außerdem gelang es ihm nicht, die wachsende Gewaltbereitschaft links- und rechtsextremer Terrorgruppen einzudämmen, die bei den sozial Benachteiligten immer mehr Anhänger fanden. Die Türkei drohte in einem bürgerkriegsähnlichen Chaos zu versinken.

1971 putschte das Militär zum zweiten Mal. Der Nationale Sicherheitsrat zwang Demirel zum Rücktritt. Allerdings kam es diesmal nicht zur Anklage, denn Demirel hatte sich ausdrücklich zu den Zielen des Militärputsches von 1960 bekannt und alle Äußerungen unterlassen, die ihn in den Verdacht hätten bringen können, einem politisch motivierten Islam nahezustehen. Er konnte daher wenige Jahre später in die Politik zurückkehren und wieder Vorsitzender der Gerechtigkeitspartei und auch wieder Ministerpräsident werden, ja, er amtierte

1993 bis 2000 gar in der einflussreichen Funktion des Staatspräsidenten.

Die folgenden Jahre waren durch wachsende soziale Gegensätze geprägt, die in immer stärkere politische Radikalisierung links- und rechtsextremer Gruppierungen und wieder in terroristische Aktivitäten mündeten. Auch ein politischer Islam begann eine immer größere Rolle zu spielen, allerdings fiel er weniger durch gewalttätige Aktionen auf als durch seine Erfolge in regionalen und landesweiten Wahlen.

Nun schoben sich zwei Politiker in den Vordergrund, von denen der eine sich als islamistisch, der andere als »gemäßigt islamisch« verstand. Der erstere war Necmettin Erbakan, der letztere Turgut Özal.

Necmettin Erbakan, der erste erfolgreiche Ideologe des Islamismus

Die Politiker Necmettin Erbakan und Turgut Özal waren jahrelang ideologisch miteinander verbunden, bevor sie wegen weltanschaulicher Differenzen unterschiedliche Wege gingen. Aber der gemeinsame Ausgangspunkt wurde in ihrem Verhalten immer wieder deutlich.

Erbakan war der Erste der beiden, der in die Schlagzeilen der westlichen Medien rückte.

Er wurde 1926 in Sinop, einer Stadt an der Küste des Schwarzen Meeres, geboren. Er studierte Maschinenbau in Istanbul, setzte sein Studium an der Technischen Hochschule in Aachen fort und arbeitete anschließend in Köln als Ingenieur, bevor er drei Jahre später nach Istanbul zurückkehrte und dort an der Universität Dozent für Maschinenbau wurde. 1965 wurde er an derselben Universität zum Professor ernannt. 1969 begann seine politische Laufbahn. Erbakan trat erstmals an die Öffentlichkeit, indem er in flammenden Reden die Istanbuler Großkonzerne kritisierte, die mit ihrem rücksichtslosen Preisdumping die kleinen Händler und Produzenten Anatoliens ruinierten. Diesen Kapitalisten und mit ihnen verbündeten Politikern fehle es an jener Ethik, die der Islam den Gläubigen vorschreibe. Erbakan beschloss, in die Politik zu gehen, und strebte für die nächsten Wahlen einen Listenplatz in Süleyman Demirels Gerechtigkeitspartei an. Aber der damalige Minister- präsident Demirel, der selbst die Großindustrie begünstigte, fühlte sich durch Erbakans Kritik persönlich angegriffen und verweigerte dem religiösen antikapitalistischen Eiferer einen aussichtsreichen Listenplatz.

So gründete Erbakan 1970 eine eigene Partei. Es war die erste Partei der Türkei, die eine ausdrücklich islamistische Ideologie vertrat und damit über die islamisch orientierte Ideologie Adnan Menderes' hinausging. Erbakans Partei trug den Na- men *Milli Nizam Partisi*, Nationale Ordnungspartei, was auf den ersten Blick eher auf türkischen Nationalismus als auf reli- giös-politische Zielsetzungen schließen ließ. Ein derartiger Anschein sollte zur Tarnung ganz bewusst erweckt werden. Aber unbedachte Äußerungen des Parteiführers riefen wenig später das Verfassungsgericht auf den Plan und führten zum Verbot der Partei. 1972 gründete Erbakan bereits die nächste islamistische Partei unter dem Namen *Selamet Partisi*, Natio- nale Heilspartei, und diesmal war er behutsamer mit seinen öffentlichen Äußerungen, so dass seine Partei bei den nächsten Parlamentswahlen 1973 antreten konnte. Das Jahr 1973 brachte für Erbakan den ersten großen Überraschungserfolg, so dass er nun erstmals auch in die Schlagzeilen der westlichen Medien rückte. Auf Anhieb bekam er 11,8 Prozent der Wählerstimmen und galt seitdem als Politiker mit Zukunft.

Was aber unterscheidet Erbakans islamistisches Programm grundsätzlich von den islamisch orientierten Absichtserklä- rungen bisher genannter Parteien? An welchem Punkt über- schritt Erbakan eine Grenze und wurde dadurch zum Islamis- ten?

Erbakan forderte, die Trennung religiöser und politischer Institutionen müsse grundsätzlich aufgehoben werden, die Scharia sei wieder einzuführen und ein Gremium geistlicher Rechtsgelehrter solle wieder wie einst zur Osmanen-Zeit alle Entscheidungen der Politiker kontrollieren. Ein solches Programm bedeutete eine eindeutige Absage an das laizistische Modell; es konnte nach geltendem türkischen Recht nur als verfassungsfeindlich eingestuft werden. Erbakan rückte mit derartigen Parolen (die er aus taktischen Gründen nur selten unverhüllt äußerte) in die Nähe arabischer und iranischer Islamisten. Trotzdem weist sein Programm gegenüber arabischen und iranischen Positionen beträchtliche Unterschiede auf – eben weil die Rahmenbedingungen im türkischen Kulturraum völlig anders sind.

Zunächst aber die Gemeinsamkeiten aller islamistischen Bewegungen: Sie führen den Niedergang der einzelnen islamischen Staaten nicht auf die Strukturkrisen in der eigenen Gesellschaft zurück – sondern auf die »Verwestlichung«. Die Muslime hätten sich dazu verleiten lassen, Elemente westlicher Philosophie und Gesellschaft zu übernehmen. Besonders verhängnisvoll sei in diesem Zusammenhang gewesen, dass viele Politiker angefangen hätten, Religion und Politik völlig zu trennen. Scharf verurteilen Islamisten die Absicht, geistliche Rechtsgelehrte als oberste Schiedsrichter in politischen Sachfragen auszuschalten. Die muslimischen Politiker müssten ihre Entscheidungen wieder ganz nach den Grundsätzen von Koran und Scharia ausrichten, nur dann seien sie fähig, die islamische Welt aus ihrer schweren Krise herauszuführen, nur dann könnten die Muslime wieder mit einer überlegenen Kultur über das Abendland triumphieren.

Aus dem Westen wollen die Islamisten zwar die technischen Errungenschaften übernehmen, keinesfalls jedoch irgendwelche Anregungen aus der Philosophie und staatlicher Organisation. Daher ist es kein Widerspruch, dass viele führende Islamisten technische Berufe ausüben und teilweise auch das westliche Ausland aus eigener Erfahrung kennen. Erbakan zum Beispiel ist Maschinenbauingenieur, außerdem war er 1974 in einer türkischen Koalitionsregierung Industrieminister. »Mit Koran und Computer in die Zukunft« ist eine gängige Losung auch bei Islamisten.

»Zurück zum ursprünglichen Islam« – diese Parole gilt für alle Islamisten. Aber beträchtliche Unterschiede zeigen sich bei der Frage, auf welche Epoche denn die Ideologen ihre Idealvorstellungen projizieren. Islamisten arabischer Länder und des Iran fordern die Rückbesinnung auf jene Gesellschaftsform, wie sie in den ersten vier Jahrzehnten des Islam, vom Propheten Mohammed bis Kalif Ali, bestand. Alle späteren Entwicklungen sind aus ihrer Sicht nur noch Fehlentwicklungen, nur noch Abwendung vom ursprünglichen Islam. Sie verurteilen damit selbst schon die kulturelle Glanzzeit des Kalifats von Bagdad als eine Epoche des Niedergangs, erst recht das Sultanat der Osmanen.

Anders die meisten türkischen Islamisten: Sie wollen die sozialreligiöse Struktur gerade des Osmanischen Reiches (zumindest in Grundzügen) wiederherstellen. Sie bleiben damit betont innerhalb der türkischen Tradition. Auch verzichten sie ausdrücklich darauf, einen gewaltsamen Umsturz und die Diktatur eines islamistischen Gottesstaates anzustreben. Sie bekennen sich dazu, ihre Ziele auf demokratischem Weg durchzusetzen und die Entscheidungen der Wähler zu respektieren.

Eine abweichende Position haben nur etliche kleinere türkische Gruppierungen bezogen: Sie propagieren die Diktatur eines Gottesstaates und wollen die Türkei in eine »Islamische Republik« umwandeln. Da diese Gruppierungen alle in ihrem Herkunftsland verboten sind, entfalten sie ihre Aktivitäten hauptsächlich in Deutschland unter den dort lebenden Türken, denn hier müssen sie nicht die Verfolgung durch türkische Behörden fürchten. Zu erwähnen wäre besonders der Verband der islamischen Vereine, 1984 in Köln gegründet und von Cemalettin Kaplan (den seine Gegner spöttisch den »Khomeini von Köln« nannten) bis zu seinem Tod 1995 geführt. Aber repräsentativ sind solche Gruppierungen nicht einmal für die türkischen Islamisten, geschweige denn für die Mehrheit der gläubigen Muslime.

Im Vergleich zu derart radikalen und extrem wirklichkeitsfremden Gruppierungen nahm sich Erbakans Nationale Heilspartei gemäßigt aus. Gerade der Blick für religiöse Sehnsüchte vieler traditionell gläubiger Muslime und die Absage an Gewalt bescherten Erbakan den Wahlerfolg. Aber dieser zweiten von ihm gegründeten Partei war ebenfalls keine allzu lange Lebensdauer beschieden. Wenn auch Erbakan selbst immer wieder zur Mäßigung aufrief, so konnte er doch manche Anhänger nicht zügeln, die davon sprachen, notfalls auch mit Waffengewalt die Auflösung der laizistischen Staats- und Rechtsordnung der Republik Türkei zu erzwingen. 1979 brachte eine Durchsuchung der Polizei in einem Parteigebäude in Ankara entsprechende Flugblätter zutage.[59]

Die Nationale Heilspartei wurde 1980 verboten. Dies geschah nach dem Militärputsch vom 12. September 1980. Das Militär hatte nun zum dritten Mal geputscht. Die Ursache war die politisch bedrohlich werdende Situation durch rechts- und linksradikale Terroristen, die angesichts der wachsenden sozialen Misere immer neue Anhänger fanden und mit blutigen Attentaten und einem regelrechten Guerillakrieg die Ordnung für eine »neue Gesellschaft« (was auch immer das sein sollte) zu schaffen versuchten. Die jeweiligen demokratisch gewählten Regierungen – in den 1970er-Jahren abwechselnd die konservative Gerechtigkeitspartei unter Süleyman Demirel und die mittlerweile sozialdemokratisch ausgerichtete Republikanische Volkspartei unter Bülent Ecevit – waren nicht stark genug, um den wachsenden Terrorismus wirksam zu bekämpfen. Mit dem Putsch von 1980 versuchte das Militär auch, den Machtzuwachs von Erbakans islamistischer Nationaler Heilspartei sowie sonstiger radikaler Parteien zu verhindern.

Erbakan war durch den Putsch härter getroffen als viele andere. Denn während der Nationale Sicherheitsrat unter Führung des Militärs maßgebende Politiker wie Süleyman Demirel und Bülent Ecevit nur unter Hausarrest stellte, musste Erbakan wegen »staatsgefährdender Gesinnung« ins Gefängnis. Diesen traurigen Ruhm teilte er mit Alparslan Türkeş, dem rechtsextremen Nationalisten, dessen Jugendorganisation »Graue Wölfe« zahlreiche Terrorakte verübt hatte.

Im Jahr 1980 schien damit das Ende der Karriere des islamistischen Politikers Erbakan gekommen zu sein. Aber er verschwand nur für drei Jahre aus dem Blickfeld der Öffentlichkeit. Bevor er erneut Politik machte und größeren Erfolg als je zuvor erntete, rückte ein anderer Politiker in den Vordergrund: Turgut Özal, jahrelang mit Erbakan ideologisch verbunden.

Turgut Özal, der religiöse Wirtschaftsfachmann

Turgut Özal, 1927 in der ostanatolischen Stadt Malatya geboren und nur um ein Jahr jünger als Erbakan, übte wie dieser zunächst einen technischen Beruf aus. 1950 hatte er an der technischen Hochschule von Istanbul ein vierjähriges Studium als Elektroingenieur abgeschlossen. Schon hier lernte er Erbakan kennen, außerdem Süleyman Demirel, mit dem er später ebenfalls zusammenarbeitete. Seine berufliche Laufbahn begann er im Staatsdepartment für Elektrifizierung in Ankara, wo er als tiefgläubiger Muslim Kontakte zur Demokratischen Partei unter ihrem Vorsitzenden Adnan Menderes pflegte. 1952 absolvierte er ein einjähriges Praktikum als Wirtschaftsingenieur in den USA und war sechs Jahre später Leiter einer wirtschaftlichen Planungskommission in der Türkei. Zwei Jahre arbeitete er als Berater für industrielle Projekte bei der Weltbank in New York.

Seine politische Heimat fand der Techniker und Wirtschafts-fachmann Özal zunächst in Erbakans islamistischer Nationaler Heilspartei. 1977 war er bei Regionalwahlen gar als Kandidat dieser Partei in Izmir angetreten, wurde aber nicht gewählt. Sein Bruder Korkut Özal war einer der führenden Funktionäre der Partei, während Turgut Özal dort nur eine Nebenrolle spielte. Mit dem Parteiführer Erbakan verbanden ihn einige Gemeinsamkeiten, aber im Verlauf der Jahre entfernte er sich innerlich immer mehr von der fundamentalistischen Ideologie der Partei.

Für Turgut Özal war die Beachtung islamischer Werte überaus wichtig, aber noch wichtiger der Stellenwert der Ökonomie.[60] Ende der 1970er-Jahre wechselte er in die Regierung des Ministerpräsidenten Süleyman Demirel über, der die letzten vier Jahre vor dem Militärputsch 1980 wieder an der Macht war. Demirels Politik entsprach letzten Endes mehr seiner eigenen Anschauung. So hatte Demirel 1976 eine Formulierung gefunden, die einerseits die Treue zur Verfassung und andererseits zu islamischen Werten betonte:

»Der Staat ist zwar laizistisch, nicht aber die Nation.«[61]

Was Özal allerdings am stärksten mit Demirel verband, war die pragmatische Wendigkeit und letztlich die Konzentration auf wirtschaftliche Fragen. 1979 wurde Özal in der Regierung Demirel Staatssekretär und Leiter der wirtschaftlichen Planungsorganisation.

Anders als Erbakan und auch Demirel überstand Özal den Militärputsch vom 12. September 1980 unbeschadet. Gerade dem Putsch verdankte er eigentlich seine politische Karriere. Noch im September ernannte ihn die Militärregierung unter General Kenan Evren zum Wirtschaftsminister. Die Militärs, allesamt keine Wirtschaftsexperten, überließen die Sanierung der krisengeschüttelten Wirtschaft dem Fachmann Özal, den sie für unverzichtbar hielten. Özal hatte eine schwierige Aufgabe vor sich, denn seit Beginn der Wirtschaftskrise 1977, die bis Anfang der 1980er-Jahre dauerte, waren die Reallöhne in der Türkei um rund die Hälfte gesunken, entsprechend war die Kaufkraft drastisch zurückgegangen. Dem Wirtschaftsminister Özal gelang es, die Inflationsrate von 100 Prozent (1980) auf unter 30 Prozent (1983) zu drücken; Özal erwarb sich damit den Ruf eines Bezwingers des »Monsters Inflation«.[62] Damit aber waren für Özal die besten Voraussetzungen geschaffen für eine große Karriere auch in der demokratisch strukturierten Parteienlandschaft der Türkei.

Der Nationale Sicherheitsrat, dessen Vorsitzender der Militärdiktator General Evren war, kündigte für das Jahr 1983 demokratische Wahlen an. Aber um für die »Rückkehr der Demokratie« stabilere Verhältnisse zu ermöglichen, verabschiedete die Militärregierung 1982 noch eine neue Verfassung – und in diesem Zusammenhang auch ein neues Wahlgesetz: Eine Partei musste mindestens zehn Prozent der Wählerstimmen bekommen, um den Einzug ins Parlament zu schaffen. Mit dieser ungewöhnlich hohen Sperrklausel, die unverrückbar bis in die 2010er-Jahre gilt, sollte verhindert werden, dass kurdische Parteien ins Parlament gelangten. Andererseits sollte dafür gesorgt sein, dass überhaupt die zahlreichen kleineren Parteien aus dem politischen Leben verschwanden und so die Bildung von Regierungskoalitionen erleichtert wurde.

In der neuen Verfassung wurden dem Staatspräsidenten noch größere Machtbefugnisse zugestanden als zuvor. Nun hatte der Staatspräsident in allen wichtigen Fragen das letzte Entscheidungsrecht, er konnte alle Gesetzesentwürfe des Parlaments und der Regierung durch sein Veto blockieren. Da aber General Kenan Evren noch unter der Militärregierung ins Amt des Staatspräsidenten gewählt wurde, bedeutete dies, dass das Militär auch in Zeiten einer normalen Demokratie die Oberaufsicht über das politische Geschehen ausübte. Das Schlagwort von der sogenannten »gelenkten Demokratie« behielt seine schon Jahrzehnte zuvor gewonnene Bedeutung.

Im November 1983 fanden die angekündigten Parlamentswahlen statt. Nur drei der 15 neugegründeten Parteien durften antreten, weil das Militär zwölf von ihnen sofort als verfassungsfeindlich verboten hatte. Unter den dreien hatte die *Anavatan Partisi (AnaP*, Mutterlandspartei) die größte Chance. Sie war von Turgut Özal gegründet worden. Özal errang einen Erdrutschsieg und wurde damit Ministerpräsident. Er übte dieses Amt bis 1989 aus.

Seinen Wahlsieg verdankte Özal dem Umstand, dass er sich unter der Militärregierung den Ruf eines Wirtschaftsexperten erworben hatte, der die erschreckende Wirtschaftskrise hatte bewältigen können. Aber nicht minder wichtig war, dass er als gläubiger Muslim für die Masse religiös konservativer Wähler attraktiv erschien. In seinen sechs Regierungsjahren profilierte sich Özal sowohl in der Wirtschafts- als auch in der Religionspolitik.

Özal förderte von Anfang an stark die Industrialisierung. Seine Pionierleistung war jedoch, dass er seit 1986 als erster türkischer Ministerpräsident den Ausbau des Massentourismus forcierte. Mit allen Mitteln der Propaganda versuchten Özal und sein Tourismusminister Mesut Yılmaz (der später auch Ministerpräsident werden sollte), ausländische Investoren ins Land zu locken. Unter Özal begann jener Tourismusboom, der in den folgenden Jahrzehnten dazu führte, dass die Strände der West- und der Südtürkei mit Hotelkomplexen zugebaut wurden. Diese sehr zwiespältige Entwicklung bescherte der Türkei einerseits dringend benötigte Devisenreserven und entsprechendes Wirtschaftswachstum, konnte andererseits aber die Krisenanfälligkeit der sozialen Entwicklung nicht beseitigen. Im Gegenteil: Eine Wirtschaftskrise folgte dem anfänglichen Boom.

Gegen Ende der 1980er-Jahre hatte eine Inflationsrate von

über 80 Prozent den Lebensstandard der Türken drastisch sinken lassen und trieb gerade auch Angehörige des unteren Mittelstandes in die Verelendung. Ein Großteil der Löhne sank plötzlich unter das Existenzminimum, während sich Özals Familie und Funktionäre seiner Partei durch Cliquenwirtschaft schamlos bereicherten.[63] Özals Ruf als Wirtschaftsexperte und eines »Bezwingers des Monsters Inflation« war ruiniert. Bei den Kommunalwahlen im April 1989 hatte er dramatische Verluste hinzunehmen, weigerte sich aber, vom Amt des Ministerpräsidenten zurückzutreten.

Nachhaltiger war Özals Erfolg in der Religionspolitik, auch wenn dieser Erfolg äußerst zwiespältige Begleiterscheinungen hatte. Özal war es bereits 1982 gelungen, die militärische Führung unter General Evren davon zu überzeugen, den Religionsunterricht an staatlichen Schulen zum Pflichtfach für alle zu machen, ohne jede Ausnahme. Er argumentierte, man könne nur, indem man einen verpflichtenden Religionsunterricht an sämtlichen Schulen einführe, den Einfluss der immer stärker werdenden illegalen Koranschulen – und damit den Einfluss radikaler Fundamentalisten – zurückdrängen. Dies würde umgekehrt den Einfluss des säkular orientierten Staates auf die religiöse Erziehung verstärken und die Regierung könne dann umso besser für einen »gemäßigten Islam« im Bewusstsein der Bevölkerung sorgen. Özal konnte die Früchte seiner Argumentation bereits 1982 ernten. In der neuen Verfassung, die 1982 von der offiziell laizistischen Militärregierung verabschiedet wurde, war festgelegt, dass zukünftig für alle Türken der Religionsunterricht Pflicht sei. Diese Regelung ging über das von Adnan Menderes geschaffene Gesetz weit hinaus, weil nun die Eltern nicht mehr die Möglichkeit hatten, ihre Kinder durch eine schriftliche Begründung vom Religionsunterricht fernzuhalten.

Als Özal 1983 Ministerpräsident wurde, konnte er darangehen, das Gesetz im Detail umzusetzen. In den folgenden zwei

Jahren wurde an allen Schulen der Religionsunterricht als Pflichtfach eingeführt. Dabei wurde das bisherige Pflichtfach Ethik, das religiös-nationalistisch ausgerichtet war, mit dem Religionsunterricht zusammengelegt. Nur oberflächlich gesehen bedeutete diese Neuerung einen Erfolg auch aus der Sicht liberaler Muslime. Denn problematisch an dem neuem Pflichtfach Religion war, dass die Freiheit religiöser Unterweisung nur für sunnitische Muslime galt, nicht aber für die schiitisch geprägte Glaubensgemeinschaft der Aleviten, die nahezu 20 Prozent der türkischen Bevölkerung ausmachten, auch nicht für türkische Christen und Juden. Die Aleviten waren sogar gezwungen, den Religionsunterricht der Sunniten zu besuchen, und dieser Zwang galt bis 1990 sogar für türkische Christen und Juden.[64] Ein islamisch orientierter Ministerpräsident sowie das strikt laizistisch orientierte Militär hatten hier gleichermaßen zu einem äußerst fragwürdigen Konstrukt beigetragen, das bis heute – gerade auch unter Erdoğans konservativ-islamischer AKP – für immer neue Konflikte sorgt (ausführlicher über diese Veränderung im Abschnitt »Wie säkular und laizistisch ist die Türkei?«).

Problematisch war auch der neue Erziehungsminister, den Özal 1983 in sein Kabinett berufen hatte. Der strenggläubige Muslim Vehbi Dinçerler erließ sofort mehrere Vorschriften, die seinen Maßstäben einer islamischen Lebensführung entsprachen: eine strenge Kleiderordnung für Mädchen, die Einschränkung des Alkoholausschanks in der Umgebung von Moscheen, die Einführung des Arabischen als Fremdsprache an Schulen und – letztendlicher Höhepunkt – die Streichung von Darwins Evolutionslehre aus den Schulbüchern, da diese dem Islam widerspreche.[65] Die Gesetzesinitiativen des neuen Erziehungsministers stießen allerdings nicht nur bei säkular und laizistisch orientierten Türken auf Widerstand, sondern auch bei einer beträchtlichen Zahl gläubiger Muslime, die zu Özals vorrangigem Wählerpotential gehörten. Özal entließ daraufhin seinen Erziehungsminister. Dies zeigt deutlich, dass es für religiöse Indoktrination Grenzen gab. Militante Fundamentalisten konnten keinen breiten Wirkungskreis finden, so sehr auch viele Wähler Özals dafür eintraten, der Religion einen höheren Stellenwert beizumessen als früher. Allerdings wurde Erziehungsminister Dinçerler nicht völlig entmachtet, sondern als Beamter ins Staatsministerium abgeschoben, wo er weiterhin über viele verschlungene Kanäle auf das Schulwesen Einfluss ausüben konnte.[66]

Özal selbst versäumte keine Gelegenheit zu demonstrieren, dass er strenggläubiger Muslim sei, und er ging mit öffentlichen Manifestationen weit über die Haltung seiner Amtsvorgänger hinaus. So unternahm er eine vielbeachtete Pilgerfahrt nach Mekka, verzichtete im Fastenmonat Ramadan auf alle Reisen in nichtislamische Länder und tat auch kund, sich strikt an die Fastengebote zu halten. Im Sommer 1984 ließ seine Regierung die Werbung für Bier im Staatsfernsehen verbieten.[67]

Özal konnte 1987 mit der Parlamentsmehrheit seiner Partei außerdem – wenn auch nur kurzfristig – durchsetzen, dass Studentinnen an den Universitäten ein Kopftuch tragen durften. Bisher hatte es in dieser Frage kein Problem gegeben, weil Frauen an der Universität ohnehin aus der schmalen säkular orientierten Oberschicht kamen und diese Verhüllung strikt ablehnten. Aber seit auch Töchter konservativer Provinzfamilien vermehrt Zugang zur Bildung hatten und immer mehr von ihnen studierten, wurde das von Atatürk geächtete Kleidungsstück zu einem Problem. Während der islamisch orientierte Ministerpräsident Özal den Bedürfnissen einer aufsteigenden konservativen Bildungsschicht Rechnung trug, legte der strikt laizistische Staatspräsident Kenan Evren »im Namen der Verfassung« sein Veto ein. Pragmatisch und wendig verzichtete Özal zunächst darauf, den Streit um das Kopftuch zu einem größeren Konflikt eskalieren zu lassen. Zwei Jahre später setzte er noch einmal durch, dass Studentinnen an Universitäten das Kopftuch tragen durften. Aber wieder musste er das Gesetz – diesmal auf Druck des Verfassungsgerichts – zurücknehmen. Hier stieß Özal an die Grenzen seiner »islamischen« Politik.

Bei aller demonstrativen Frömmigkeit hatte Özal das streng laizistische Prinzip des Staates ohnehin nie in Frage gestellt. Stets betonte er, die Religion sei die Privatsache jedes einzelnen Gläubigen. Dies unterschied ihn von seinem Mentor Erbakan, von dessen Partei er sich Ende der 1970er-Jahre getrennt hatte. Özal konnte auf diese Weise jeden größeren Konflikt mit dem Nationalen Sicherheitsrat wie auch mit dem streng laizistischen Staatspräsidenten vermeiden. Mehr noch: Als Staatspräsident Evren im Herbst 1989 nach sieben Jahren aus dem Amt schied, gelang es Özal, im Parlament eine Mehrheit zu finden, die ihn zum Nachfolger wählte. Er war aber nach Celâl Bayar erst der zweite zivile Staatspräsident in der Geschichte der Republik Türkei und wurde von der militärischen Führung, die am liebsten wieder einen General mit strikt kemalistischer Orientierung in diesem Amt gesehen hätte, nur argwöhnisch geduldet.

Grund für Argwohn hatte eine Reihe Generäle genug, denn Özal hatte bereits als Ministerpräsident gegen ein Tabu verstoßen. 1984 hatte Özal seine Berater beauftragt, mögliche Szenarien zu erarbeiten, wie die Republik Türkei einen dauerhaften Frieden mit den Armeniern erreichen könne – und hierbei wusste er sehr wohl, dass eine Versöhnung nur möglich sei, wenn die türkische Regierung die Massaker an Armeniern 1916 als Genozid, organisierten Völkermord, anerkenne und sich dafür offiziell entschuldige. Özal hatte sich zu diesem Vorhaben anregen lassen, weil sein Studienaufenthalt in den USA ihm intensive Kontakte mit armenischen Diaspora-Gemeinden bescherte und bei ihm die Einsicht förderte, es müsse dringend zu einer Verständigung mit den Armeniern kommen. Aber Özal erntete mit seiner Initiative von Anfang an heftige

Ablehnung, dies nicht nur bei radikalen Nationalisten und nicht allein beim Militär, sondern auch bei weiten Teilen der türkischen Bevölkerung, ja, auch bei seiner eigenen Partei. Özal hielt trotzdem an dem Vorhaben fest, mit dem Argument, ohne entsprechende Zugeständnisse an die Armenier wäre ein Beitritt der Republik Türkei zur Europäischen Union nicht möglich.[68]

Die Gesetze, die Özal in seiner Eigenschaft als Staatspräsident forcierte, sollten die Türkei weiter den Normen Westeuropas angleichen. Sie blieben allerdings Stückwerk, weil sich auch Özal nicht völlig aus der Abhängigkeit von der militärischen Führung lösen konnte. 1991 annullierte Özal das 1983 unter dem Druck des Militärs verabschiedete Gesetz, das den Gebrauch der kurdischen Sprache in der türkischen Öffentlichkeit rigoros verbot. Er tat sich mit der Reform, die von der Europäischen Union eingefordert wurde, viel leichter als viele der strikt säkular ausgerichteten Nationalisten. Denn er orientierte sich als strenggläubiger Muslim nicht vorrangig an ethnischen Unterscheidungen, sondern sah in der gemeinsamen Religion das entscheidende Kriterium (hier ähnelte er dem geistesverwandten späteren Ministerpräsidenten Erdoğan). Aber Özal wagte darüber hinaus keine weiteren Verbesserungen für die Kurden durchzusetzen, weil das Militär starke Kritik äußerte. Nicht anders bei der Reform des Strafgesetzbuches. Özal ließ 1991 die Paragraphen 140 bis 142 sowie 163 streichen, durch welche kommunistische sowie islamistische Aktivitäten mit hohen Strafen belegt waren. Aber im selben Jahr unterschrieb er ein sogenanntes Antiterrorgesetz, das zwar offiziell nur der Bekämpfung des Terrorismus diente, jedoch mit mehreren Vorschriften ausgestattet war, die dann doch wieder die bürgerlichen Rechte einschränkten und dem Militär weiterhin eine intensive Kontrolle zugestanden.[69]

Trotzdem arbeitete Özal nachdrücklich für die europäische Ausrichtung der Türkei. 1987 hatte seine Regierung einen Antrag des Landes auf Vollmitgliedschaft in der Europäischen Union gestellt. Interessant ist in diesem Zusammenhang, mit welchen Worten sich die Republik Türkei während der folgenden Jahre in Deutschland als vollwertigen und unentbehrlichen Partner der Europäer präsentierte. Stellvertretend ist hier in Ausschnitten ein Werbetext aus dem Anzeigenteil des Wochenmagazins *Der Spiegel* von 1990 zitiert:

»Die Türkei – ein Land mit einer langen Geschichte blühender Hochkulturen – ist heute konsequent nach Westeuropa orientiert. Das Bild der Republik zeigt sich in vielen Einzelheiten – in der Verfassung demokratischer Institutionen, der Rechtsprechung, dem Bildungswesen und der Kultur. Die 450 Abgeordneten des türkischen Parlaments werden alle fünf Jahre neu gewählt. Das Frauenwahlrecht wurde schon vor mehr als 50 Jahren eingeführt – früher als in Frankreich. Bereits 1934 kamen 18 weibliche Abgeordnete in die Große Nationalversammlung. Seit Gründung der Republik nehmen Frauen am Kabinett aktiv teil. Auch heute sitzt eine Frau im Ministerrat. Die Türkei ist ein laizistischer Staat. Staat und Religion sind streng getrennt. Rechtssysteme verschiedener europäischer Staaten wurden adaptiert, heute gilt modernes Rechtswesen. [...] Die Türkei ist ein Teil der westlichen Welt. [...] Die Vollmitgliedschaft der Türkei in der Europäischen Gemeinschaft ist der nächste logische Schritt – er wird zum gegenseitigen Vorteil sein.«[70]

Anfang der 1990er-Jahre, als derartige Werbetexte vermehrt mit großer Aufmachung in deutschen Zeitungen erschienen, war die Türkei allerdings durch gegenläufige Entwicklungen auffällig gespalten: einerseits eine Liberalisierung der Gesetze und ein immer intensiveres Werben um westeuropäische Touristen – andererseits eine halbe Rücknahme der Liberalisierung und ein verstärkter Einfluss der sunnitischen Orthodoxie mit Unterdrückung anderer Glaubensgemeinschaften.

Die gegenläufigen Entwicklungen prägten die folgenden Jahrzehnte. Özal konnte darauf allerdings keinen Einfluss mehr nehmen, denn er starb am 17. April 1993 nach nur vier Jahren im Amt des Staatspräsidenten. Der plötzliche Tod des 66-jährigen Politikers, der gerade erst von einem Staatsbesuch in Usbekistan zurückgekehrt war, warf viele Fragen auf. Offiziell lautete das ärztliche Attest »Herzversagen«, was bei dem labilen Gesundheitszustand des übergewichtigen und herzkranken Özal glaubhaft erschien. Aber viele seiner Freunde, vor allem Mitglieder seiner Familie, äußerten den Verdacht, dass er vergiftet worden sei. Feinde hatte Özal genug, besonders vonseiten radikal-nationalistischer Gruppierungen, die seine Verständigungspolitik mit den Armeniern und den Kurden heftig kritisierten. Bereits 1988 war es zu einem Attentat durch ein Mitglied der Terror-Organisation »Graue Wölfe« gekommen, das Özal überlebte. Der Mordverdacht im Jahr 1993 wurde jedoch von den Behörden als unbewiesenes »Gerücht« zurückgewiesen. Die Leiche wurde ohne Autopsie beerdigt, weshalb keine Nachforschungen angestellt werden konnten. Angeblich soll dies seine Familie so gewünscht haben, was diese jedoch bestritt.[71]

Die Umstände des Todes sind bis heute nicht völlig aufgeklärt. Aber 2012, fast zwei Jahrzehnte nach Özals Tod, ordnete das Präsidialamt – nun unter Staatspräsident Abdullah Gül, einem Parteifreund von Erdoğan – die Obduktion an, um Eindeutigkeit über das Ableben des geistig verwandten, islamisch orientierten Politikers zu schaffen. Bei der Obduktion wurden vier verschiedene Gifte in den Knochen gefunden. Der Beweis eines Mordes war damit erbracht, aber es war nicht mehr möglich, die Täter zu ermitteln – wenn auch der Verdacht sich auf Kreise des sogenannten »tiefen Staates« konzentrierte, einer mafiosen Verflechtung von radikalen Nationalisten in der Justiz, Politik, im Militär und organisierten Verbrechen.[72]

Özals Nachfolger im Amt des Staatspräsidenten wurde Süleyman Demirel. Er war der dritte zivile Politiker in dieser Position, der zudem – wie Özal und zuvor schon Menderes – um religiös konservative Wähler warb.

Aber zur eigentlichen Herausforderung in den folgenden Jahren wurde der erneute Aufstieg des islamistischen Politikers Erbakan.

Neue Stärke des Islamismus

Necmettin Erbakan hatte, solange Turgut Özal im Rampenlicht der Öffentlichkeit stand, ein eher unauffälliges Dasein als Politiker gefristet. Nach dem Ende der Militärdiktatur hatte er 1983 eine neue Partei unter dem Namen *Refah Partisi* (Wohlfahrtspartei) gegründet, die aber bei den Wahlen im selben Jahr nicht antreten durfte. Erbakan stand weiterhin unter Verdacht, mit seiner Politik den säkularen Staat durch einen islamischen Staat ersetzen zu wollen, und dies erschwerte zunächst die Startchancen für seine Partei. Er musste erleben, dass viele seiner Anhänger zu Özals Mutterlandspartei überliefen, weil sie dort eher eine politische Chance sahen.

Erbakan vertrat weiterhin ähnliche Ansichten wie sein Rivale Özal. Aber was ihn dann doch vom »gemäßigten Islam« der Mutterlandspartei trennte, zeigte eine internationale islamische Konferenz, die unter seiner Leitung im September 1986 in Istanbul stattfand. Der offizielle Titel »Wirtschaftliche Integration in der islamischen Welt« war zwar unverfänglich, einer der Konferenzredner setzte jedoch unverblümt radikale Akzente. Erbakan hatte aus Ägypten Scheich Umar Abd ar-Rahman eingeladen, der Jahre zuvor internationales Aufsehen erregte, weil er in einem religiösen Rechtsgutachten die Mörder des ägyptischen Staatspräsidenten Anwar as-Sadat verteidigt hatte. Der Scheich, der in Ägypten nach dem Attentat auf Sadat verhaftet und dann wieder freigelassen worden war, erklärte vor den Kongressteilnehmern in Istanbul, er würde jederzeit wieder einen derartigen »Tyrannenmord« gutheißen. Er rief die Kongressdelegierten dazu auf, für den Sturz der Regierungen aller Staaten zu kämpfen, in denen zwar eine muslimische Bevölkerungsmehrheit lebe, aber nicht die Scharia, das koranische Recht, die Grundlage sei. Das war ein äußerst brisanter Aufruf, schließlich gehörte die Türkei seit den Tagen Atatürks in besonderem Maß zu diesen »gottlos« regierten Staaten. Türkische Zeitungen reagierten auf diese Kongressrede mit Schlagzeilen wie »Mitten in Istanbul: Ein Aufruf zum Putsch«.[73] Während Journalisten vor den »Umtrieben der Fundamentalisten« warnten und auch der kemalistische Staatspräsident Evren sich öffentlich scharf über eine derartige Radikalisierung äußerte, hielt sich Ministerpräsident Özal zurück. Bei Wahlen hoffte er noch immer, dem Islamisten Erbakan Wähler abzuwerben, und hierbei wäre eine allzu scharfe Verurteilung radikal-islamistischer Tendenzen eher hinderlich gewesen.

Die Kommunalwahlen im April 1989 wurden für Erbakan sowie für Özal ein Test, wer von beiden Politikern die stärkere Anziehungskraft auf gläubige Muslime hatte. Beide nahmen den in der Öffentlichkeit neu entflammten Streit um das Kopftuch zum Anlass, sich gegenseitig Wähler abzuwerben. Zu Beginn des Jahres 1989 hatte das Verfassungsgericht das von Özal erlassene Gesetz für verfassungswidrig erklärt, das Studentinnen erlaubte, das Kopftuch auf dem Universitätsgelände zu tragen. Özal wagte über diese Streitfrage einen öffentlichen Disput mit Staatspräsident Evren, der das Verbot billigte. Aber Özal gebrauchte als »gläubiger Muslim« zur Verteidigung des Kopftuchs an Universitäten nahezu gleiche Argumente wie Erbakan.

Bei den Kommunalwahlen im April 1989 verlor Özals Mutterlandspartei dramatisch. Hatte Özal fünf Jahre zuvor noch 41 Prozent der Wählerstimmen erreicht, so waren es jetzt nur noch knapp 22 Prozent. Atatürks Republikanische Volkspartei sowie Süleyman Demirels Partei des Richtigen Weges überrundeten ihn. Die schlimme wirtschaftliche Lage sowie Korruption in der eigenen Familie hatten vor allem zu der Niederlage beigetragen. In der Rivalität mit der Wohlfahrtspartei war jedoch entscheidend, dass Özal vom Thema Kopftuch nicht profitierte, sondern seinem islamistischen Rivalen Erbakan das Feld überlassen musste. Dessen Wohlfahrtspartei erreichte gerade wegen ihres Engagements für die »wahrhaft gläubigen« Kopftuchträgerinnen zehn Prozent der Stimmen und errang die Macht in fünf Provinzhauptstädten.[74]

Im April 1994, ein Jahr nach Özals Tod, konnte Erbakans Wohlfahrtspartei aber noch wesentlich eindrucksvollere Erfolge bei den Kommunalwahlen erringen und die Mutterlandspartei endgültig überholen. Und es dauerte nur noch ein weiteres Jahr, bis bei den Parlamentswahlen im Dezember 1995 die Wohlfahrtspartei zur stärksten politischen Kraft der Türkei aufstieg. Nun kam es zu dem späten Erfolg eines Politikers, der nicht islamisch, sondern islamistisch orientiert war – und an den Grundlagen des säkularen und laizistischen Staates rüttelte.

Für die Türken wie auch für die Weltöffentlichkeit stellte sich die Frage, was die Ursachen für den wachsenden Erfolg einer islamistischen Partei bei Wählern sind. Die Ergebnisse sind in mancherlei Hinsicht überraschend.

Dörflicher Islam in Großstadtslums: Folgen für die Politik

»Hier haben alle die Wohlfahrtspartei gewählt«, sagte mein Begleiter, ein junger Türke, im Herbst 1995. Die Gasse, gesäumt von ebenerdigen Lehmhütten, Backsteinbauten mit Wellblechdächern, überragt von Beton- und Stahlgerippen halbfertiger eingeschossiger Häuser, wimmelte von Menschen.

Viele Frauen hatten das Haar mit einem Kopftuch bedeckt und waren in lange Kleider gehüllt, viele ältere Männer trugen Schirmmützen oder weiße Kappen, Attribute, wie man sie oft in den Dörfern vor allem des östlichen Anatolien sieht. Dörflich mutete auch die Gasse mit ihrem Lehmbelag an, wo vereinzelt Ziegen und Hühner an den Hausmauern entlang nach Futter suchten.

Ich befand mich in einer Gecekondu-Siedlung von Istanbul. Wörtlich übersetzt bedeutet der Begriff »über Nacht gebaut« (*gece* = über Nacht, *kondu* = gebaut); er ist erstmals 1945 im Wörterbuch der türkischen Sprachgesellschaft verzeichnet worden. Die Hütten und eingeschossigen Häuser sind von dörflichen Zuwanderern, die sich keine Mietwohnungen leisten können, meist über Nacht errichtet worden, um das Eingreifen der Polizei zu verhindern. Das Land war und ist in der Regel Gemeindebesitz, seltener in Privatbesitz. Vielfach fehlt den Behörden die Durchschlagskraft, um die rasche Ausbreitung solcher Siedlungen zu verhindern.[75] Es existieren zu viele derartige Siedlungen, die von den immer zahlreicher werdenden Zuwanderern aus Dörfern innerhalb kürzester Zeit in Istanbul errichtet wurden. Schon Mitte der 1980er-Jahre war es nahezu unmöglich, die Anzahl der Gecekondu-Siedlungen zu benennen, die sich an den Hügeln und im Flachland zwischen traditionell gebauten Vorortvierteln und modernen Wohnblocksiedlungen der Metropole drängten. 1985 schätzte man, dass rund 50 Prozent der Gesamtbevölkerung Istanbuls in Gecekondu-Siedlungen wohnten.[76]

Bevor ich im Detail auf konkrete Beobachtungen in einem dieser spezifischen Gecekondu-Viertel Istanbuls eingehe, soll kurz die allgemeine Entwicklung beschrieben werden, die zu der Verelendung geführt hat – und letztlich der Wohlfahrtspartei immer größeren Zulauf verschaffte.

Wenn auch die Bezeichnung *Gecekondu* schon in den 1940er-Jahren aufkam, hat doch der große Andrang von Zuwanderern erst während der 1950er-Jahren begonnen. Damals förderte Ministerpräsident Adnan Menderes die Mechanisierung der Landwirtschaft zur Steigerung der Ernteerträge ausgerechnet nur in den wirtschaftlich ohnehin schon produktiven Agrarregionen. Indem die Regierung für die Großbauern den Erwerb von Traktoren und anderen technischen Geräten wesentlich erleichterte, verloren durch den plötzlich starken Einsatz von Maschinen Hunderttausende Kleinbauern und Saisonarbeiter ihre Existenzgrundlage. Ihnen blieb gar keine andere Möglichkeit, als arbeitsuchend in die Stadt abzuwandern.

Die Tendenz, in ländlichen Regionen nur die Großbauern zu fördern und die Kleinbauern zu vernachlässigen, setzte sich unter nahezu allen späteren Regierungen fort. Entsprechend schwoll die Zahl verelendeter Kleinbauern und Saisonarbeiter zu immer größeren Dimensionen an. Waren 1950 nur 14 Prozent der türkischen Bauern ohne Land, so waren es bis Mitte der 1970er-Jahre schon 32 Prozent. Umso mehr ballte sich die ländliche Wirtschaftsmacht bei den Großgrundbesitzern, die sich das Land der verelendeten Bauern aneigneten: 1977 erwirtschafteten sie 58 Prozent aller bäuerlichen Einnahmen, obwohl sie nur 7 Prozent der Landbevölkerung ausmachten.[77]

Viele Großstädte in bereits industriell entwickelten Ballungsräumen verzeichneten innerhalb von nur wenigen Jahrzehnten das Dreifache, Fünffache, manche gar mehr als das Achtfache ihrer Einwohnerzahlen. Der in den Städten erwirtschaftete Wohlstand drohte so durch das Elend der immer größeren Slumsiedlungen erschüttert zu werden.

Das beklemmendste Beispiel bietet Istanbul. Die einstige Hauptstadt des Osmanischen Reiches hatte um 1900 gerade erst eine Million Einwohner. Ihre Zahl war auch um 1950 noch kaum gestiegen und hatte 1960 erst 1,5 Millionen erreicht. Aber 1985, als Turgut Özal regierte, waren es schon sechs Millionen, zehn Jahre später, als die Wohlfahrtspartei ihre ersten großen Wahlsiege errang, waren es bereits rund zehn Millionen und zu Beginn des 21. Jahrhunderts rund 15 Millionen – ein An-zeichen dafür, dass es auch heute, unter der Regierung der AKP, keine Umkehr des unkontrolliert raschen, zu raschen Wachs-tums gibt.

Eine ähnlich problematische Entwicklung zeichnete sich in Ankara, der zweitgrößten Metropole des Landes, ab. Ankara war 1923, als es zur Hauptstadt der Republik Türkei wurde, erst ein Provinzort von nur 30 000 Einwohnern gewesen, aber 50 Jahre später zählte die Stadt schon 1,5 Millionen, 1980 waren es 2,3 Millionen und 2008 4,2 Millionen. Nahezu 70 Prozent der Bevölkerung wohnten dort Mitte der 1970er-Jahre in Gece-kondu-Siedlungen.[78] Und so war ausgerechnet die neue Haupt-stadt der Türkei, die von Atatürk programmatisch zum Symbol der Moderne stilisiert wurde, zu einem Wohnort gerade auch »orientalischer«, »rückständiger« Bauern geworden.

Stark gewachsen war auch Izmir, die drittgrößte Metropole der Türkei. Die Stadt hatte 1925 erst 100 000 Einwohner gezählt, aber 1965 waren es rund 380 000 und 30 Jahre später schon 1,5 Millionen, 2008 um die zwei Millionen. Rund 60 Prozent der dortigen Bevölkerung lebten Ende der 1980er-Jahre in »über Nacht gebauten« Häusern.[79]

Die Situation ist typisch für die Zeitspanne im letzten Drittel des 20. Jahrhunderts. Dass die Gecekondus allerdings immer mehr rasch gebauten Hochhaus- und Plattenbausiedlungen weichen, in denen die Zuwanderer dicht gedrängt wohnen, konnte ich 2008 in Istanbul feststellen. Der Slumcharakter war nicht mehr so offensichtlich, wenn auch das Problem Armut nicht grundsätzlich beseitigt schien.

Nun im Detail zu jener Gecekondu-Siedlung in Istanbul, die ich 1995 besuchte. Ein Jahr zuvor hatte die Wohlfahrtspartei bei Kommunalwahlen in einer Reihe strategisch wichtiger Großstädte das Amt des Oberbürgermeisters erobern können, so in Istanbul, Ankara, Konya, Kayseri, Erzurum, Diyarbakır. Die islamistische Partei regierte nun in Istanbul für vier Jahre unter Oberbürgermeister Erdoğan 17 der 33 Bezirke (von denen manche mehr als eine Million Einwohner zählten).

Mein Begleiter war ein junger Türke, der mich auf Englisch angesprochen hatte, als ich am Rand dieses Wohnviertels stand und den Berghang hinaufblickte. Er, ein Mechaniker und auf dem Heimweg von der Arbeit, hatte sichtliche Freude daran, sein in der Schule gelerntes Englisch anzuwenden. Er lud mich mit einem Kopfnicken ein, mit ihm gemeinsam durch die Gassen zu gehen. Ich fragte ihn, weshalb hier in diesem Viertel »alle« die Wohlfahrtspartei des Islamisten Erbakan gewählt hätten. – Die Leute hier, so seine Auskunft, hätten die Partei gewählt, die sich am meisten um das Viertel gekümmert habe. Hierher seien keine Politiker der anderen Parteien gekommen, vielmehr hätten nur Politiker der Wohlfahrtspartei mit den Menschen gesprochen und sich über deren Probleme informieren lassen: über den vielen Abfall in den Gassen, die schlechte Versorgung mit Wasser, die fehlende Schule und den entsprechend weiten Schulweg der Kinder und so weiter. Diese Partei habe bisher alle ihre Versprechen gehalten. Hier im Viertel habe es schon ein halbes Jahr nach dem Wahlsieg mehr Wasserleitungen gegeben. Auch kämen seither Lastwagen zur Beseitigung des Mülls. Und eine Schule nicht weit von hier werde zur Zeit geplant. Er werde das nächste Mal wieder die Wohlfahrtspartei wählen.

Während wir uns lebhaft unterhielten, kamen wir an einstöckigen Häusern vorbei, aus deren offenen Fenstern Radiomusik tönte oder in denen Bildschirme von Fernsehapparaten flimmerten – erste Anzeichen eines bescheidenen Wohlstands von Zuwanderern wie meines Gesprächspartners, des Mechanikers. Wir gingen allerdings nicht mehr weiter die steile Gasse hinauf. Mein Begleiter winkte naserümpfend ab. Dort oben drängten sich sehr ärmliche Hütten, die nur aus Wellblech, Brettern und Sackleinen zusammengefügt waren, Behausungen der zuletzt angekommenen Zuwanderer.

Mir fiel auf, dass mein Begleiter auch im weiteren Gesprächsverlauf nur die sozialen Maßnahmen der Wohlfahrtspartei hervorhob, mit keinem Wort jedoch auf die islamistische Doktrin einging. Was er von Erbakan, was er von Erdoğan halte, wollte ich wissen. – Beide hätten ihre Versprechen gehalten, beide täten etwas für die einfachen Menschen, antwortete er. Wieder kein Wort über die religiös-politische Doktrin. Auf meine weiteren Fragen hin konnte ich nur erfahren, dass seine beiden Schwestern Kopftuch trugen, weil die Religion das vorschreibe. Aber über diese sparsame Erklärung hinaus war für ihn weder Religion noch Politik ein Thema.

Eine ähnliche Atmosphäre und ähnliche Menschen wie in diesem Gecekondu-Viertel waren inzwischen aber auch typisch für viele Teile der historisch gewachsenen Altstadt Istanbuls. Dort hatte ich zwar schon bei meinem ersten Besuch Mitte der 1960er-Jahre zur Genüge Menschen erlebt, die mit ihrer traditionellen Kleidung an die Atmosphäre anatolischer Dörfer erinnerten. Aber damals waren es noch zu einem größeren Teil Menschen, die hier geboren waren und sich als betont traditionsorientierte Istanbuler den Modernisierungsschüben in den stark verwestlichten Stadtteilen verweigerten. Erst in den 1970er- und 1980er-Jahren hat hier massiv der Zustrom landflüchtiger Bauern eingesetzt. Es waren arbeitsuchende Familien, die in leerstehende, vom Verfall bedrohte Häuser einzogen, deren ursprüngliche Bewohner in neuere Wohnviertel mit besseren Arbeitsmöglichkeiten übergesiedelt waren. Aufschlussreich sind in diesem Zusammenhang die statistischen Angaben zu solchen traditionellen Wohnvierteln. In manchen waren schon Mitte der 1980er-Jahre mehr als die Hälfte der Bewohner Zuwanderer aus dem dörflichen Anatolien. Im Altstadtviertel Zeyrek etwa, das innerhalb der Stadtmauern des alten Byzanz auf der Halbinsel zwischen Marmara-Meer und Goldenem Horn liegt, gaben 1984 sogar nur noch rund 12 Prozent der Haushaltsvorstände Istanbul als Geburtsort an.[80]

Aber ob nun Gecekondu oder historisch gewachsenes Altstadtviertel – auffällig ist hier wie dort, dass bestimmte dörfliche Traditionen trotz enormer sozialer und ökonomischer Veränderungen (Bildungsstand, Gesundheitsfürsorge, Produktionsweise) nach wie vor wirksam sind. Die meisten Zuwanderer aus Dörfern halten unbeirrbar an Gebräuchen wie Brautwerbung, Brautpreis und Mitgift fest. Sie essen vom niederen Tisch am Boden aus einer einzigen Schüssel ohne Messer und Gabel, nehmen die bloße rechte Hand und helfen mit einem Stück Fladenbrot nach. Noch immer gehen viele dieser Familien nicht ins Kino und sind strikt dagegen, dass eine Frau ohne Kopftuch, mit kurzen Ärmeln und kurzem Rock das Haus verlässt. Sie legen Wert auf Bräuche wie Dankopfer, rituelle Schlachtungen und Besuch von Pilgerstätten.[81]

Umgekehrt grenzen sich vielfach die Bewohner verwestlichter Stadtviertel in Istanbul herablassend bis verächtlich gegen die traditionell lebenden »Dörfler« in den Gecekondus und in der Altstadt ab. Und so verläuft zwischen zahlreichen Bezirken eine schroffe Kulturgrenze, je nachdem, ob sich deren Bewohner als westlich und modern oder als traditionell verstehen. Angesichts derartiger Unterschiede schon im äußeren Flair wie auch in der Geisteshaltung kann man verstehen, dass für einen Bauern aus einem anatolischen Dorf die erste Begegnung mit der türkischen Großstadt zu einem Kulturschock wird. Er braucht gar nicht erst nach Deutschland oder Frankreich auszuwandern, um die eigenen kulturell-religiösen Maßstäbe zutiefst verunsichert, zutiefst in Frage gestellt zu sehen – es genügt bereits eine Stadt wie Istanbul. Oder Ankara. Oder Izmir. Daher entstehen schon in Metropolen mit einer sogenannten türkischen Moderne Parallelgesellschaften, die sich in spezifischen Stadtvierteln gegen die unverstandene verwestlichte Stadtkultur abschotten.

Dass es der Wohlfahrtspartei gelingen konnte, bei diesen Zuwanderern aus Dörfern massenhaft Wähler zu gewinnen, stellt einen wesentlichen Einschnitt in der politischen Geschichte der Türkei dar. Zuvor war es einer derart islamisch-traditionell und fundamentalistisch orientierten Partei wie ihr nur vergönnt gewesen, Wählerschichten in anatolischen Dörfern und Kleinstädten zu erobern. Nun aber hatte sie auch den Sprung in die Städte geschafft, indem sie Verständnis für die dörflich-islamischen Traditionen der Zuwanderer signalisierte und gleichzeitig konkrete soziale Hilfsprogramme anbot. Mit ihrer Sozialpolitik ähnelte sie zwar den säkular und sozialistisch orientierten Parteien, aber sie setzte ihre Versprechungen entschiedener in konkrete Hilfe um. Den letzten Ausschlag gab jedoch, dass sie zudem mit ihrem demonstrativen Bekenntnis zu einer »islamischen Ethik« den konservativ islamischen Zuwanderern attraktiver erschien.

Allerdings ist das religiös-kulturelle Bewusstsein in den Gecekondu-Vierteln und traditionellen Wohnbezirken Veränderungen unterworfen. Der oben beschriebene starre Traditionalismus ist hauptsächlich nur bei der ersten Generation dörflicher Zuwanderer zu beobachten. Bereits die Söhne und Töchter, die in der Großstadt geboren sind und anders als ihre Eltern meist schon eine städtische Schulbildung genossen haben, entwickeln zunehmend Distanz zu einigen dörflichen Traditionen. Die Männer lernen am Arbeitsplatz in der Stadt nicht nur neue Produktionsmethoden, sondern auch eine andere Geisteshaltung, den Individualismus des Großstädters, kennen. Junge Frauen sind erleichtert, dass sie sich, durch bessere Schulbildung beflügelt und selbst schon berufstätig, aus der strengen Aufsicht der Schwiegermütter lösen können. Wenn auch soziale Bindungen zu den Heimatdörfern weiter bestehen bleiben, so ist doch spätestens bei der zweiten und dritten Generation der dörflichen Zuwanderer zu beobachten, dass sie zunehmend »vergroßstädtert«.[82]

Eine solche Entwicklung hatte aber zur Folge, dass eine islamistische Partei wie die Wohlfahrtspartei ihre Politik neuen

Bedingungen anpassen musste, um auch die zweite und dritte Generation der Zuwanderer anzusprechen. Wir werden noch sehen, in welchen Maß der islamistische Politiker Erbakan durch diese neue Schicht dörflicher Zuwanderer in Schwierigkeiten geriet und von den Wählern zunehmend im Stich gelassen wurde. Ein neuer Typ von Politiker und Partei war gefragt, um verlorenes Terrain zurückzuerobern oder gar auszuweiten. Zur Galionsfigur dieses Umformungsprozesses sollte zu Beginn des 21. Jahrhunderts Recep Tayyip Erdoğan, der politische Ziehsohn Necmettin Erbakans, werden.

Aber bevor wir zu diesen Veränderungen kommen, ist noch zu klären, in welchem Maß religiöse und soziale Defizite ineinandergreifen – und gerade so zu einem Nährboden des Islamismus werden.

Religiöse und soziale Defizite als Nährboden des Islamismus

Ein Tischnachbar in einem Straßencafé der repräsentativen Boulevards von Ankara hatte mich auf Englisch angesprochen, und im weiteren Verlauf des Gesprächs waren wir auf das Thema Politik und Religion gekommen. Er war Rechtsanwalt und gab sich als entschiedener Anhänger der CHP zu erkennen. »Atatürk hatte recht«, sagte er eindringlich und bezog sich hiermit auf die Verbote und Einschränkungen, mit denen Atatürk den Einfluss des Islam auf das öffentliche Leben strikt unterbunden hatte. Es sei gut gewesen, dass die Koranschulen abgeschafft wurden, und er beobachte mit Sorge, dass Koranschulen und religiöse Gymnasien nun immer mehr an Bedeutung gewännen. Diese religiösen Fanatiker richteten ihre ganze Energie darauf, solche Verbote rückgängig zu machen. Diese Reaktionäre wollten die Türkei ins Mittelalter zurückführen. – Man könne aber nicht alle religiös orientierten Muslime von vornherein als reaktionär oder fanatisch bezeichnen, wandte ich ein, man müsse doch zwischen sehr unterschiedlichen Geisteshaltungen innerhalb des Islam differenzieren. – Unterschiedlich seien diese Geisteshaltungen nicht, wehrte er mit einer sichtlich geringschätzigen Handbewegung ab, es gebe im Islam insgesamt nur *eine* Grundtendenz, und die sei kaum mit modernem Denken vereinbar.

Hier sprach ein Kemalist der alten Schule, wie er in den 1930er-Jahren, zu Lebzeiten Atatürks, nicht anders gesprochen hätte. Er repräsentierte jenen Typus eines »modernen« Menschen, dem nicht an einem Dialog mit religiös orientierten Menschen liegt, weil ihm Religion mehr oder weniger problematisch und fortschrittsfeindlich erscheint. Kemalisten dieses Typs spielen bis heute, auch noch unter der Regierung der islamisch orientierten AKP, in der Türkei eine wichtige Rolle. Gerade sie tragen dazu bei, dass es zwischen der etablierten, strikt kemalistischen und einer aufstrebenden islamisch orientierten Bildungsschicht noch nicht zum nachhaltigen Dialog gekommen ist. Unvergessen ist bei vielen türkischen Muslimen, dass mehrere Generationen Jugendliche ohne Religionsunterricht an staatlichen Schulen auskommen mussten und dadurch wenig über den Islam erfuhren – sofern sie nicht von ihren Eltern zum Unterricht in illegale Koranschulen geschickt wurden.

Von solchen Symptomen religiöser Defizite profitierten zunächst Politiker wie Adnan Menderes, Süleyman Demirel und Turgut Özal, die alle dafür eintraten, dass der Islam stärker im öffentlichen Leben zur Geltung kommen sollte. Genauso aber konnte Erbakan aus diesem Unbehagen Nutzen ziehen – weil er als Erster die Tabuschranke überschritt und mal offener, mal verschlüsselt für einen »islamisch geprägten« Staat, für die Beseitigung der säkularen und laizistischen Verfassung plädierte.

Ich habe schon mehrmals darauf hingewiesen, dass bei den Türken nur eine kleine Minderheit einen Staat wünscht, in dem die Scharia wieder eingeführt werden sollte. Trotzdem konnte es Erbakan gelingen, die Wohlfahrtspartei zu immer größeren Wahlerfolgen zu führen. Aber Erbakan verdankte seine eindrucksvollen Wahlsiege bei weitem nicht der Tatsache, dass er anstatt einer islamischen eine islamistische Ideologie anbot. Viel entscheidender war, dass er anstelle der gescheiterten Wirtschaftspolitik bisheriger Regierungen eine bessere Wirtschaftspolitik auf »wahrhaft islamischer« Grundlage propagierte.

Erbakan konnte jene Klasse religiös konservativer Wähler ansprechen, die sich zwar von der Religionspolitik der islamisch orientierten Politiker Menderes, Demirel und Özal beeindruckt zeigten – aber von deren Sozialpolitik zunehmend enttäuscht waren. Diese Politiker hatten in besonderem Maß durch ihre wirtschaftlichen Maßnahmen die Verelendung der Landwirtschaft und die Massenflucht der Bauern in die Großstadtslums beschleunigt. Sowohl Menderes als auch Demirel und Özal hatten mit ihrem Verständnis von Marktwirtschaft vor allem die Bedürfnisse der Großindustrie und der Großgrundbesitzer befriedigt, was kurzfristig das Wirtschaftswachstum stets beflügelte und dann aber die Kluft zwischen Reich und Arm immer weiter vertiefte.

Erbakan warb nun mit einem neuen Konzept unter den Slumbewohnern. Er kritisierte scharf alle Politiker, die aufseiten der Großindustrie und der Großgrundbesitzer standen, und geißelte deren Politik als eine Nachahmung des »westlichen Kapitalismus«. Er selbst trete für die kleinen Gewerbetreibenden, für die Basarhändler, die Handwerker und die Kleinbauern ein, die durch die »westlichen Kapitalisten« bedroht seien, er plädiere für eine Wirtschaftsordnung auf islamischer Grundlage, und dies bedeute Hilfe für die sozial Benachteiligten. Man solle auf der Grundlage von Koran und Scharia einen echten Wohlfahrtsstaat schaffen, erst dann könne ein Ausweg aus der sozialen Krise gefunden werden. Fortschritt nach westlichem Vorbild müsse, weil nicht von Gott geleitet, nach einer kurzen Scheinblüte zum Niedergang führen.

Der Name *Refah Partisi*, Wohlfahrtspartei, war von Erbakan absichtsvoll in Hinblick auf wirtschaftliche Not und Sozialfürsorge gewählt worden. Mit seiner Kritik zielte er auf die säkularen Politiker im ideologischen Gefolge Atatürks wie auch auf die islamischen Politiker, beide seien gleichermaßen den »Weg des westlichen Kapitalismus« gegangen, gleichgültig gegenüber sozial Notleidenden. Der letztere Vorwurf zielte gerade auch auf Süleyman Demirel sowie auf Turgut Özal in der Endphase ihrer Amtszeit. Schon seit Mitte der 1980er-Jahre hatten Politiker der Wohlfahrtspartei Suppenküchen für Arme organisiert, private Hilfsdienste im Krankheitsfall, Arbeitsvermittlung für Menschen aus dem Kleingewerbe, Beihilfen für Schüler aus ärmeren Familien, kostenlosen Zugang zu Wasser für Slumbewohner. Mit solchen karitativen Maßnahmen konnte die Wohlfahrtspartei zwar kein grundsätzliches Konzept zur Bekämpfung der Armut bieten, aber den Hilfsbedürftigen erschien die islamistisch-soziale Partei doch eher wählbar als alle anderen. Denn an derartigen Leistungen fehlte es nach wie vor bei den etablierten Parteien der Türkei, ob sie nun säkular oder islamisch orientiert waren.

Gerade deshalb kam es dazu, dass die Wohlfahrtspartei ihre ersten Massenerfolge in den Großstadtslums erntete. Für solch rapid wachsende Sympathiewerte für Islamisten gibt es Parallelen in arabischen Ländern und im Iran. Im Nahen Osten gab es zwar islamistische Gruppen schon erheblich früher als in der Türkei (die erste Muslimbruderschaft bereits 1928 in Kairo). Aber zu einer Bedrohung etablierter Parteien konnten die Islamisten auch außerhalb der Türkei erst werden, als sich seit den 1950er-Jahren die Zahl der entwurzelten Slumbewohner in Ballungsräumen durch den Zustrom notleidender Bauern explosionsartig vergrößerte. Und auch arabische und iranische Islamisten zeigen oft erheblich mehr soziales Engagement für

Notleidende und Entwurzelte als ihre Gegner, die Vertreter sogenannter säkularer Parteien. Besonders diese Tatsache hat zum plötzlichen Massenerfolg der Islamisten beigetragen, erst in zweiter Linie wirkten die religiösen Parolen.

Die Utopie eines islamischen Wohlfahrtsstaates sollte zum weiteren Aufstieg Erbakans führen. Für ihn selbst war eine derartige Propaganda allerdings nur ein Vehikel, um dem Ideal einer islamisch strukturierten Gesellschaftsordnung – jenseits des bisherigen Laizismus – näherzukommen. Erbakans Partei entfaltete daher zusätzlich immer wieder Aktivitäten auch in rein religiösen Fragen.

Der Streit um die Hagia Sophia und andere religiöse Symbole

Im August 1989 demonstrierten in Istanbul Islamisten unter der Führung von Necmettin Erbakan mit Sprechchören und Transparenten, die Hagia Sophia sei für Muslime zum Gebet zu öffnen. Islamisten unternahmen mit dieser Demonstration wieder einmal einen Versuch, ein Gesetz als fragwürdig erscheinen zu lassen, mit dem Atatürk den Wandel zum laizistischen Staat signalisiert hatte.

Die Hagia Sophia, im Jahr 537 vom byzantinischen Kaiser Justinian I. eingeweiht und bis zur Eroberung Konstantinopels durch die Osmanen 1453 die prächtigste Kirche der Christenheit, war von Sultan Mehmet II. bereits drei Tage nach seinem Einzug in die besiegte Stadt in eine Moschee umgewandelt worden. Nahezu 470 Jahre lang diente dieses Bauwerk, mit vier Minaretten erweitert und in seiner Architektur ein Vorbild für alle anderen osmanischen Moscheen, als die zentrale Gebetsstätte für die Muslime in der Hauptstadt des Osmanischen Reiches. Dies aber änderte sich, als Atatürk 1934 in einem Erlass verfügte, die Hagia Sophia in ein Museum umzuwandeln. Die Folge war, dass nun wieder die prächtigen byzantinischen Mosaiken mit Christus- und Marienbildern, Heiligenfiguren und Engeln freigelegt wurden und von Besuchern aus aller Welt betrachtet werden konnten. Atatürk verstand seine Maßnahme als ein Signal, dass die laizistisch gesinnten Türken die einst wichtigste Kirche griechisch-orthodoxer Christen und die gleichermaßen wichtigste Moschee osmanisch-türkischer Muslime neutral als ein höchst bedeutsames Kulturdenkmal jenseits aller religiös-politischen Besitzansprüche auffassen sollten. Es gehe bei diesem berühmten Bauwerk um »gemeinsame Werte der Zivilisation«, nicht um das Trennende unterschiedlicher Religionen.

Eben dieses laizistische Verständnis von Kultur und Geschichte stellten die Islamisten unter der Führung Erbakans in Frage. Zum Zeitpunkt ihrer Demonstration im August 1989 waren sie von starkem Selbstbewusstsein erfüllt, gerade weil sie wenige Monate zuvor, im April, bei den Kommunalwahlen erfolgreich abgeschnitten hatten. Das Thema Hagia Sophia religiös-politisch zu instrumentalisieren sollte die erste Chance bieten, die Zahl der Sympathisanten für die Wohlfahrtspartei beträchtlich zu vermehren, so Erbakans Kalkül.

Dass Erbakan die Situation richtig einschätzte, zeigte die Reaktion von Politikern konkurrierender islamisch orientierter Parteien auf die provozierende Demonstration. Selbst ein religiös moderater Politiker wie Süleyman Demirel, Führer der Partei des Richtigen Weges, zeigte Verständnis für die Forderung, man müsse der Hagia Sophia den neutralen Status eines Museums entziehen, indem er sagte: »Wenn in der Hagia Sophia der Muezzin zum Gebet ruft, wird davon die Welt nicht untergehen.« Und Galip Demirel, der stellvertretende Vorsitzende von Özals Mutterlandspartei betonte, es sei nötig, die Hagia Sophia in eine Moschee zurückzuverwandeln, denn dies bedeute die »Erfüllung des Testaments« von Sultan Mehmet II., der die byzantinische Kirche 1453 zur Moschee gemacht habe.[83] Vertreter beider Parteien äußerten sich hier in verblüffender

Übereinstimmung mit Erbakan, weil auch sie schon die kommenden Wahlkämpfe im Auge hatten, in denen sie ebenfalls um die Stimmen traditionalistisch orientierter Muslime warben.

Die Auseinandersetzung um den Status der Hagia Sophia nahm an Schärfe zu, als die Wohlfahrtspartei in den Kommunalwahlen von 1994 ihren spektakulären Durchbruch erzielte und in mehreren strategisch wichtigen Großstädten das Amt sogar des Oberbürgermeisters erringen konnte. Besonderes Aufsehen erregten die Wahlsiege der Islamisten in den Ballungszentren Istanbul und Ankara – den beiden exponierten Großstädten der Türkei, die bisher als unantastbare Hochburgen einer laizistisch geprägten Bildungsschicht galten. Gerade in diesen beiden Metropolen sollte es in der Folge verstärkt zu islamistischen Kampagnen für eine Neubewertung religiöser Symbole kommen.

Ein Brennpunkt solcher Auseinandersetzungen blieb zunächst Istanbul, wo von 1994 bis 1998 Recep Tayyip Erdoğan als Oberbürgermeister regierte, der damals noch Vertrauensmann des Islamisten-Führers Erbakan war. Erdoğan hatte im Wahlkampf auf unverfängliche und strikt sachorientierte Themen wie etwa den Kampf gegen Misswirtschaft und Korruption gesetzt. Aber religiöse Eiferer in seiner Partei waren es, die die Diskussion um die Hagia Sophia weiter anheizten. Erdoğan duldete solche Kampagnen, wenngleich er sich selbst taktisch vorsichtig zurückhielt und sich darauf beschränkte, die Wünsche »gläubiger Muslime« mit Gesetzesvorlagen zum Alkoholverbot in Restaurants, zu strikter Geschlechtertrennung in öffentlichen Bädern und Autobussen zu befriedigen.

Die Auseinandersetzung um den zukünftigen Status der Hagia Sophia erregte die Gemüter bald aber weit über die Türkei hinaus, sie beschäftigte vor allem auch den Nachbarstaat Griechenland. Für die meisten Griechen ist der byzantinisch-orthodoxe Glaube noch immer ein zentrales Element ihrer historischen und nationalen Identität, und insofern halten sie auch an der Hagia Sophia als dem überragenden Symbol ihrer Religion unverrückbar fest. Sie haben die einstige Umwandlung ihrer heiligsten Kirche in eine Moschee nie verwunden. Daher begrüßten sie es, dass Atatürk die Moschee 1934 in ein Museum umwandelte und die noch erhaltenen prächtigen byzantinischen Fresken freilegen ließ.

Der Vorstoß der Islamisten, nun wieder den Zustand einer Moschee herzustellen, drohte sich zu einem heftigen Konflikt nicht nur mit Griechenland, sondern auch mit westeuropäischen Staaten auszuwachsen. Die Wogen der Auseinandersetzung glätteten sich erst, als der damalige Kulturminister der Türkei eine öffentliche Erklärung abgab, an eine Umwandlung des Museums in eine Moschee sei »aktuell nicht gedacht«.[84] Doch die vage Andeutung von »aktuell« zeigt, dass die Grundforderung im Prinzip stehen blieb.

Im selben Jahr kam es aber auch in Ankara zu einem aufsehenerregenden Streit um religiöse Symbole. Dies geschah ausgerechnet in jener Metropole, die Atatürk zur neuen Hauptstadt der Türkei gemacht hatte, einer nach westlichem Vorbild ausgerichteten Stadt, in der möglichst nichts mehr an »rückständige islamische Traditionen« erinnern sollte. Der 1994 an die Macht gekommene Bürgermeister aus der Wohlfahrtspartei führte für Ankara ein neues Stadtwappen ein: die vier Minarette der Kocatepe-Camii. Diese Moschee war zwischen 1967 und 1988 aus privaten Spenden, vor allem aber mit Geld aus Saudi-Arabien errichtet worden.[85] Sie fasst 20 000 Gläubige zum Gebet und ist damit die größte islamische Kultstätte der Türkei, die an Ausdehnung sogar das architektonische Vorbild, die Süleyman-Moschee in Istanbul, übertrifft. Optisch beherrscht sie als weithin sichtbares Symbol einer sich verstärkenden Religiosität das moderne Stadtbild auffälliger als das wuchtige Mausoleum Atatürks auf dem Hügel Anit Kabir.

Für die Kemalisten war schon dies eine Provokation. Aber

zu heftigen Auseinandersetzungen kam es erst 1994 durch den Beschluss des islamistischen Bürgermeisters. Denn das neue Stadtwappen mit den Minaretten der Kocatepe-Moschee war an die Stelle eines Wappens getreten, das Atatürk 1923 persönlich angeregt hatte: ein stilisierter Hirsch vor einer Sonnenscheibe. Die von Atatürk vorgeschlagene Symbolik knüpfte an die Ikonographie der Hethiter an, die zu den ältesten Kulturvölkern Anatoliens in der Region Ankara zählen. Bewusst hatte Atatürk mit seiner Anregung ein Zeichen gesetzt, dass der Islam nicht mehr – oder zumindest nicht mehr beherrschend – die historische Erinnerung bestimmen sollte. Aber der islamistische Bürgermeister des Jahres 1994 hatte mit der neuen Symbolik gerade eine islamisch dominierte Identität der Hauptstadt Ankara im Sinn. Die Kemalisten kündigten in der heftig geführten Auseinandersetzung an, dass sie, falls sie die nächsten Wahlen gewännen, sofort wieder das hethitisch geprägte Wappen einführen würden.

Im Verlauf der Jahre hat sich der Streit allerdings beruhigt. Mehr noch: Inzwischen ist es selbst für viele Politiker strikt laizistisch orientierter Parteien selbstverständlich geworden, dass in dieser Moschee das Totengebet für Verstorbene, auch für die eigene Verwandtschaft, gesprochen wird.[86] Mit solcher Konfliktstrategie um religiöse Symbole konnte es den Islamisten gelingen, den Islam im öffentlichen Leben noch stärker zur Geltung zu bringen. Aber der entscheidende Vorstoß, auch das Prinzip des Laizismus mit seiner strikten Trennung von Politik und Religion aufzuweichen – wie dies die Anhänger Atatürks als »Gefahr für die Republik« beschworen –, blieb aus.

Spätestens jetzt ist zu fragen, ob denn Säkularisierung und Laizismus überhaupt in jener strengen Form bestehen, dass die Regierung sich neutral gegenüber jeder Religionsgemeinschaft verhält. Hier gibt es Überraschungen. Der türkische Laizismus, den die Islamisten bekämpfen, hat nur an der Oberfläche

Gemeinsamkeiten mit unserem westlichen Verständnis von Laizismus.

Wie säkular und laizistisch ist die Türkei? Der sunnitische Islam als »Staatsreligion«

In der Präambel der türkischen Verfassung ist über das Prinzip der Säkularisierung und des Laizismus zu lesen,

> »dass heilige religiöse Gefühle [...] auf keine Weise mit den Angelegenheiten und der Politik des Staates vermischt werden«

dürften. Das türkische Verfassungsgericht präzisierte diese Aussage im Jahr 1989:

> »In der laizistischen Ordnung wird die Religion von der Politisierung befreit, als Führungsinstrument verdrängt und ihr der richtige und ehrenvolle Platz im Gewissen der Bürger zugewiesen.«[87]

Solche Formulierungen lesen sich aus westeuropäischer Sicht gut. Es scheinen hier tatsächlich die Voraussetzungen gegeben, dass die Religion nach dem Vorbild westlicher Staatsverfassungen zur Privatsache geworden ist – und damit religiöse und staatliche Institutionen aus gegenseitiger Abhängigkeit befreit sind. Nach den Erfahrungen unserer westeuropäischen Geschichte müsste das bedeuten, dass zwar die Religion an politischer Macht verloren, aber desto mehr Freiheit im privaten Raum gewonnen hat. Und eine derartige Situation würde für alle in der Türkei existierenden Religionen gelten, die nun, unabhängig von der Zahl ihrer Mitglieder, unter dem ausdrücklichen Schutz des Staates gleiche Freiheitsrechte genießen. So gesehen würde sich der Staat mit keiner Religion identifizieren, sondern sich religiös und weltanschaulich neutral verhalten.

Nichts davon in der Türkei. Der Blick auf die Situation der Christen, aber auch der Aleviten hat schon zur Genüge die nur eingeschränkte Freiheit einer ganzen Reihe von Religionsgemeinschaften deutlich gemacht. Wie aber steht es mit dem sunnitischen Islam, dem nahezu 75 bis 80 Prozent der Türken angehören? Bei näherem Hinsehen entdecken wir auch bei dieser Mehrheitsreligion einige Details, die sich nur schwer mit unserer westeuropäischen Vorstellung von einem säkularen, laizistischen Staat vereinbaren lassen.

Die Problematik zeigt sich schon deutlich in dem 1924 geschaffenen Präsidium für religiöse Angelegenheiten (türkisch *Diyanet Isleri Reisliği*), im späteren Sprachgebrauch meist nur noch mit der Kurzform *Diyanet* benannt. Diese Behörde hatten die Begründer der Republik installiert, um das entstandene religiös-institutionelle Vakuum nach dem Sturz des politisch mächtigen *Scheich ul-Islam* aufzufangen. Die Formel »religiöse Angelegenheiten« vermittelt zwar den Eindruck, dass das Präsidium neutral für alle in der Türkei existierenden Religionen steht, tatsächlich aber bezieht sich »religiös« ausschließlich auf den Islam – mehr noch: ausschließlich auf den sunnitischen Islam. Die Aleviten als schiitische Glaubensgemeinschaft sind in dieser Behörde nicht vertreten, dementsprechend werden ihre Interessen von vornherein nicht wahrgenommen.

Solange Atatürk und sein Nachfolger Ismet Inönü regierten und der Islam vollständig aus dem öffentlichen Leben verdrängt war, hatte das religiös-staatliche Präsidium *Diyanet* nur eine sehr untergeordnete Funktion. Dies änderte sich aber, als 1950 mit Ministerpräsident Adnan Menderes die bisherige Oppositionspartei die Macht errang. Menderes hatte sich ja zum Ziel gesetzt, den Islam – genauer: den sunnitischen Islam – wieder in seiner religiösen und öffentlich rechtlichen Stellung zu stärken. Nun wurde das *Diyanet* zu einer gewichtigen Interessensvertretung des sunnitischen Islam. Und dies blieb auch so, nachdem das Militär Menderes im Jahr 1960 gestürzt und hingerichtet hatte, denn die Rückkehr islamischer Religiosität ins öffentliche Leben war durch die kemalistischen Politiker nicht mehr zu verhindern.

Allerdings wurde das *Diyanet* in der neuen Staatsverfassung 1961 in der Struktur so verändert, dass es noch stärker staatlicher Kontrolle unterworfen war. Der *Müfti*, der Präsident des Präsidiums, gilt zwar als die höchste religiöse Autorität der Türkei, ist zugleich aber hoher Staatsbeamter und als solcher direkt dem Ministerpräsidenten unterstellt. Er wird durch den Staatspräsidenten ernannt, und von ihm kann er auch abgesetzt werden, falls er sich nicht im Sinne der laizistischen Verfassung verhält. Alle Mitarbeiter und religiösen Würdenträger des *Diyanet* sind vom Staat besoldete Beamte. Was dies konkret bedeutet, besagt eine Interpretation des türkischen Verfassungsgerichts von 1970. Dort heißt es, den religiösen Instanzen sei es strikt verboten, sich in politische Entscheidungen der Regierung einzumischen – umgekehrt aber sei es dem Staat erlaubt, ja zur Pflicht gemacht, die Religion zu kontrollieren.[88] Im Klartext: Jedes religiöse Gutachten, das von Religionsbeamten des *Diyanet* erstellt wird, kann nicht ohne Zustimmung der Regierung und des Nationalen Sicherheitsrates veröffentlicht werden. Religiöse Propaganda sowie die Predigten der Imame unterliegen ebenfalls staatlicher Zensur. An dieser Konstellation änderte sich auch dann nichts grundsätzlich, als 2002 die islamisch orientierte Partei AKP an die Macht kam, allerdings verlor der Nationale Sicherheitsrat als Kontrollorgan des laizistischen Militärs an Einfluss (davon später mehr).

Von einer Unabhängigkeit religiöser Instanzen konnte und kann also nicht die Rede sein. Religion und Politik bleiben eng verflochten – nur eben, dass der Staat die Richtlinien für die Religion vorgibt und nicht umgekehrt. Eine solche Verflechtung ist sogar im Verlauf der Jahrzehnte immer enger geworden, je stärker politische Parteien mit islamischen oder gar islamistischen Parolen Erfolg bei den Wahlen hatten. Nun mussten die Machthaber, die sich am Erbe Atatürks orientierten, größtes Interesse daran haben, den erstarkten Islam in die laizistische Staatsordnung einzubinden. Sie taten dies, indem sie der Mehrheit der sunnitischen Muslime immer größere Zugeständnisse machten und ihnen bisher unvorstellbare Privilegien einräumten, um sich die Loyalität auch frommer Muslime zu sichern.

Besonders deutlich ist dieser Wandel an der Entwicklung des Religionsunterrichts zu ersehen. In den ersten drei Jahrzehnten hatten Atatürk und sein Nachfolger Ismet Inönü den Unterricht für alle Religionsgemeinschaften an Schulen weitgehend verhindert, weil sie ihn als fortschrittsfeindlich und reaktionär ansahen.

Seit 1950 gelang es aber den gut organisierten Interessenvertretungen des sunnitischen Islam, diese Einschränkungen für ihre eigene Glaubensrichtung schrittweise zu beseitigen. Zum Höhepunkt kam diese Entwicklung unter Ministerpräsident Turgut Özal, als 1982 und 1983 das Pflichtfach Ethik mit dem Religionsunterricht zusammengelegt wurde. Damit war plötzlich eine Kombination von nationalistischer und religiöser Indoktrinierung zur Pflicht für alle Schüler geworden – wobei aber allein die Dogmen des sunnitischen Islam gelehrt wurden. Zur Pflicht wurde diese religiös-sunnitische Unterweisung nicht nur für sunnitische Schüler, sondern auch für Aleviten, ja bis zum Jahr 1990 sogar für türkische Christen und Juden.[89]

Die Aleviten sind bis heute (dem Jahr 2016) gezwungen, an dieser türkisch-nationalistischen, islamisch-sunnitischen Indoktrinierung teilzunehmen. Zwar hatte der Europäische Gerichtshof für Menschenrechte in Straßburg im Sommer 2007 der Klage eines alevitischen Vaters recht gegeben und sich gegen diese Praxis in der Türkei gewandt, aber das Erziehungsministerium in Ankara weigerte sich, dem Straßburger Gerichtsurteil Folge zu leisten und den religiösen Minderheiten der Türkei eine Unterweisung in ihrem eigenen Glauben zu gewähren. Das einzige Entgegenkommen leistete das Erziehungsministerium, indem es die Schulbücher insoweit ändern ließ, als dort inzwischen auch in einem Absatz über die Religion der Aleviten informiert wird.[90]

2008 erfuhr ich in Şahkulu, dem kulturellen Zentrum der Aleviten von Istanbul, dass ein eigenständiger Religionsunterricht für ihre Konfession bereits in einigen Bundesländern Deutschlands eingeführt worden sei. Begonnen habe das 2003 in Berlin, inzwischen hätten sich Hessen, Nordrhein-Westfalen und Rheinland-Pfalz angeschlossen. In der Türkei werde diese Entwicklung von Aleviten sorgfältig beobachtet. Vielleicht könne Deutschland mit dem längst fälligen Reformschritt beispielgebend auf die Türkei einwirken, das sei die große Hoffnung.

2013 konnte ich der österreichischen Rundfunksendereihe *Tao – Religionen der Welt* entnehmen, dass in Österreich im Mai dieses Jahres die Aleviten als eine eigenständige Religionsgemeinschaft staatlich anerkannt wurden – mit der Konsequenz, dass Aleviten wie in Deutschland das Recht haben, für ihre Gemeinschaft einen eigenständigen Religionsunterricht an Schulen abzuhalten, mit staatlichen Geldern gefördert. Der islamische Verband Österreichs, sunnitisch dominiert, versuchte dieses Gesetz zu verhindern mit dem Argument, die Aleviten seien eine islamische Konfession, nicht eine eigenständige Religion. Die Aleviten selbst sind über die Frage zerstritten, ob sie sich dem Islam zugehörig fühlen sollen oder nicht, dies in Deutschland, Österreich, ja, auch in der Türkei und Syrien. Die Befürworter einer eigenständigen Religion meinen, nur durch die Loslösung von islamischen Verbänden könnten sich aus der Bevormundung durch die Sunniten befreien.[91] Genauere Zahlen, wie viele Aleviten sich als Muslime fühlen oder sich außerhalb ihrer Herkunftsreligion stellen, gibt es nicht. Aber einem Bericht über Moscheen in Deutschland von 2016 konnte ich (wie bereits im Abschnitt *Konflikte zwischen Sunniten und Aleviten* erwähnt) entnehmen, dass nahezu die Hälfte der in Deutschland lebenden Aleviten die Auffassung vertrete, keine Muslime zu sein.

In der Türkei selbst änderte sich an der hartnäckigen Diskriminierung auch dann nichts grundsätzlich, als das Präsidium für religiöse Angelegenheiten davon abrückte, das Selbstbestimmungsrecht der Aleviten völlig zu ignorieren. Die Religionsbeamten des *Diyanet* bieten seit 2004 den Aleviten scheinbar großzügig an, innerhalb der Religionsbehörde Ämter auszuüben – Bedingung ist nur, dass die Aleviten zuvor eine staatliche, sunnitische Ausbildung als Theologen absolvieren.[92] Hierzu passt, dass der seit 2003 regierende Ministerpräsident Erdoğan, Führer einer gemäßigt islamischen Partei, sich nach wie vor weigert, religiöse Vertreter der Aleviten auch nur zu empfangen.[93]

Im November 2008 entlud sich der Unmut der Aleviten in Protestmärschen. Zehntausende versammelten sich im Zentrum von Ankara und forderten in Sprechchören die von der Regierung Erdoğan versprochene Religionsfreiheit. Es handelte sich um die größte Protestaktion der Aleviten seit vielen Jahrzehnten. Die Wahlsiege der AKP 2002 und 2007 hatten bei den Aleviten erneut Hoffnung auf die Besserung ihrer Lage aufkommen lassen, denn Erdoğan hatte den EU-Beitritt der Türkei zur höchsten Prioriät erklärt und zugesagt, in diesem Zusammenhang allen religiösen Minderheiten die gleichen Rechte zu gewähren wie den Sunniten. Die Aleviten stellten vor allem drei Forderungen an die Regierung: Es sollten die religiösen Kultstätten, die *cemevi*, endlich vom Staat anerkannt werden; zudem sollte die Ausbildung ihrer religiösen Führer, der *dede*, in freier Entfaltung genehmigt werden; auch sollten die Kinder der Aleviten an staatlichen Schulen nicht mehr zum Unterricht in sunnitischer Religion gezwungen werden. Alevitische Kinder würden im sunnitisch doktrinierten Unterricht nur lernen, dass sie schlechte Muslime seien, weil sie sich nicht an die Gebote der Sunniten hielten. Erdoğans Regierung reagierte auf den Protest reserviert und bezeichnete die Forderungen der Aleviten als »extreme Ideen«.[94] An der religiösen Benachteiligung der Aleviten hat sich seither nichts geändert.

Dass Aleviten trotzdem Karriere in der Politik machen können, ja im Militär bis in Generalsränge aufsteigen und sogar Eingang in das höchste Machtorgan, den Nationalen Sicherheitsrat, finden, hat einen anderen Grund: Politische Karriere machen Aleviten dort, wo niemand nach ihrer Religion fragt – wo die Sunniten ganz im Sinne Atatürks allein die nationale Zugehörigkeit, das Türkentum, in den Vordergrund rücken. Kein Zufall ist es daher, dass Aleviten vorwiegend in der Republikanischen Volkspartei (die ja auf Atatürk zurückgeht) oder in ähnlich strukturierten sozialdemokratischen Parteien zu finden sind. Die Situation für Aleviten im öffentlich-rechtlichen Raum verschlechtert sich aber immer, wenn Religion zum Thema wird. In diesem Fall können die Aleviten oft auch nicht mehr mit der Unterstützung sogar betont säkular eingestellter Politiker rechnen.

An solchen religiös-politischen Zwängen lässt sich ermessen, wie stark inzwischen die Macht des sunnitischen Islam geworden ist. Sunnitischer Islam und Staat sind zu einer innigen Interessengemeinschaft zusammengewachsen: Indem ranghohe sunnitische Geistliche mit religiösen Gutachten den Staat in seiner jetzigen Form als unantastbar rechtfertigen, räumt der Staat der sunnitischen Religionsgemeinschaft eine Monopolstellung ein. Wie ich schon an früheren Beispielen ausführte, ist zwar in der türkischen Verfassung die Glaubensfreiheit für alle Religionen festgeschrieben. Aber nur dem sunnitischen Islam ist die Möglichkeit geboten, dass er sich zivilrechtlich organisieren kann. Das heißt: Allein den Sunniten ist es erlaubt, den Bestand ihrer religiösen Ausbildungsstätten zu erweitern, neue Moscheen zu bauen und Religionsunterricht an öffentlichen Schulen abzuhalten.

Nach westeuropäischen Maßstäben kann man hier nicht mehr von einer säkularen und erst recht nicht von einer laizistischen Staatsordnung sprechen. Das türkische Prinzip des Laizismus hat schon in seiner ursprünglichen Form nur sehr eingeschränkt dem erklärten Vorbild des französischen Laizismus entsprochen. Denn von Anfang an war in der Türkei den einzelnen Religionsgemeinschaften als privat wirkenden Institutionen nicht gleiches Recht und gleiche Freiheit zugestanden worden. Aber seit den 1980er- und 1990er-Jahren – also noch bevor die islamistische Partei Erbakans an die Macht gelangte – ist es zu der paradoxen Konsequenz gekommen, dass der sunnitische Islam mehr und mehr in die Rolle einer Staatsreligion mit beträchtlichen Privilegien hineingewachsen ist.

Eindeutig identifiziert sich nun der Staat mit einer einzigen Religion und schränkt alle anderen in ihrer Entfaltung ein. In dieser Entwicklung ähnelt die Türkei zusehends arabischen Staaten wie Ägypten, Jordanien, Syrien, Marokko, Algerien und anderen. Allerdings wird in den genannten arabischen Staaten – auch dies paradox genug – den christlichen Minderheiten mehr zivilrechtliche Entfaltung zugebilligt als in der offiziell laizistischen Republik Türkei.

Es gibt aber noch weitere Entwicklungen, die dazu beitragen, das laizistische Prinzip des Staates auszuhöhlen.

Die Kulturvereine der Derwischbruderschaft Naqschbandiya

Der Name Naqschbandiya ist uns bereits begegnet. Er ist mit einem tragischen Ereignis aus den Anfängen der Republik Türkei verknüpft: Als 1925 ein Aufstand kurdischer Stämme gegen die Zentralregierung in Ankara ausbrach, wurde die Rebellion von einem Scheich der Derwischbruderschaft Naqschbandiya angeführt. Dieser Revolte hatten sich auch viele Türken in ländlichen Gebieten und Kleinstädten angeschlossen, so dass die Unruhen innerhalb kürzester Zeit das halbe Staatsgebiet der Türkei erfassten. Das Ziel der Aufständischen war, den »gottlosen« Laizismus Atatürks zu beseitigen und wieder die kulturelle Autonomie der einzelnen Regionen sowie eine innige Verbindung von Religion und Politik wie unter der Herrschaft der Osmanen herzustellen. Atatürk hatte diesen Aufstand brutal niedergeschlagen und 40 führende Derwische der Naqschbandiya öffentlich hinrichten lassen. Er verbot die Naqschbandiya und mit ihr sämtliche andere Derwischbruderschaften, weil sie alle mehr oder weniger eng mit der religiös-politischen Sozialstruktur des Osmanischen Reiches verflochten waren.

Aber mit dem Verbot von 1925 sind die Derwischbruderschaften keineswegs aus dem Bewusstsein der Türken verschwunden. Im Gegenteil.

Dem westlichen Besucher fällt das Weiterwirken des Derwischtums besonders durch das lebhafte Pilgertreiben rund um das Mausoleum des Dschelaleddin Rumi in Konya auf. Rumis Bruderschaft der *Mevlevi*, der sogenannten Tanzenden Derwische, bleibt zwar bis heute ebenfalls strikt verboten, aber sie entfaltet ihre Aktivitäten in Form von Kulturvereinen, was der Staat offiziell (wenn auch misstrauisch) duldet. Von dieser heute noch sehr populären Bruderschaft geht allerdings keine politische Gefahr für die säkulare Republik mehr aus, denn im Zentrum ihrer Aktivitäten steht nur noch die Pflege religiöser Seminare, des rituell mystischen Tanzes sowie eine außergewöhnliche Toleranz gegenüber Andersgläubigen, was für die Türkei längst als eine gute Werbung erscheint. Ähnlich politisch unauffällig sind inzwischen auch die meisten anderen Derwischbruderschaften geworden, so dass der Staat ihnen genauso gestattet, neutral als Kulturvereine zu wirken.

Anders die Naqschbandiya. Diese Bruderschaft ist zwar ebenfalls um größtmögliche Unauffälligkeit bemüht – aber ihre Kulturvereine verfolgen nach wie vor politische Ziele und stehen mehr oder weniger in Opposition zum Laizismus der modernen Türkei.

Im Gespräch mit Türken erfuhr ich zu meiner Überraschung, dass die Naqschbandiya in der Türkei die meisten Anhänger unter den offiziell verbotenen Derwisch-Bewegungen hat und auch bei den in Deutschland lebenden Türken am stärksten vertreten ist. Je mehr ich mich mit der Naqschbandiya beschäftigte, desto mehr stieß ich auf beeindruckende Fakten – gerade was die Zahl ihrer Anhänger und die Netzwerke betrifft. Diese Bruderschaft hat in zahlreichen islamischen Ländern die dichtesten Netzwerke aller Derwischbruderschaften geknüpft und kann in vielen dieser Staaten auch offen in Erscheinung treten. Die Zahl der Anhänger und Sympathisanten wird auf weltweit nahezu 50 Millionen geschätzt, daher gilt die Naqschbandiya als eine der größten Bruderschaften überhaupt.[95]

Frappierend ist, dass die Naqschbandiya bis heute Einfluss auf zahlreiche Politiker nicht nur in der Türkei, sondern auch in anderen Staaten der islamischen Welt ausübt. Daher lohnt es sich, kurz auf die Ursprünge und die Wirkungsgeschichte dieser Bewegung einzugehen.

Der geistige Ahnvater ist Mohammed Baha-ud-Din Naqschband. Er wurde 1318 in Buchara geboren, einer traditionsreichen Handelsstadt an der Seidenstraße. Viele prächtige blauglasierte, bunt ornamentierte Moscheen und Paläste künden vom Glanz einstiger islamisch-persischer Hochkultur. Naqschband lebte nahezu ein Jahrhundert nach Dschelaleddin Rumi. Er wirkte damit bereits in der nachklassischen Epoche des Sufismus, in der zwar immer noch neue Bruderschaften, aber kein wegweisend neues philosophisch-mystisches Gedankensystem mehr entstand. Naqschband wurde so zu einem herausragenden Vertreter jener Derwischführer, die das Überlieferte systematisierten und innerhalb der sufischen Tradition Elemente der »Rechtgläubigkeit« von denen der »Ketzerei« trennten. Ihm ging es darum, die Bindung der Sufis und Derwische an die Orthodoxie zu festigen.

So spielt bei Naqschbandiya-Derwischen das Bekenntnis zum sunnitischen Glauben und zur Scharia eine große Rolle. Etliche Bruderschaften, die aus der Tradition der Naqschbandiya hervorgegangen sind, haben in diesem Zusammenhang sogar eine entschieden anti-schiitische Haltung entwickelt. Eine derart eingeschränkte Toleranz war bei der Mevleviya, der Bruderschaft des Dschelaleddin Rumi, undenkbar. Aber die Naqschbandiya gewann viele Anhänger gerade durch ihre Ausrichtung: einerseits eine gefühlvoll gelebte Religiosität jenseits trockener Dogmen, andererseits nachdrückliches Beharren auf einer unantastbaren religiösen Rechtsordnung der Scharia. Daher war diese Derwisch-Vereinigung von vornherein weniger dem Verdacht der Ketzerei ausgesetzt als viele andere Bruderschaften mit ihrem Ursprung in der sufischen Klassik.

Die Naqschbandiya war schon während des 15. Jahrhunderts stark in Zentralasien und auf dem indischen Subkontinent vertreten. Den Ruf einer stark kämpferischen Organisation erwarb sie sich Mitte des 19. Jahrhunderts, als die russischen Zaren den zentralasiatischen Orient ihrer Herrschaft unterwarfen. Allein die inzwischen militärisch organisierte Naqschbandiya leistete den Russen energischen Widerstand. Naqschbandiya-Derwische waren es auch, die unter sowjetrussischer Herrschaft geheime Netzwerke knüpften, um illegale Koranschulen gegen die religionsfeindliche Politik der Kommunisten zu schaffen. Ihre Aufgabe sahen sie darin, den Islam gegen den verordneten Atheismus zu stärken. Gerade auf diese Weise konnten islamische Traditionen in Zentralasien überdauern.

Naqschbandiya-Derwische waren während des 17. Jahrhunderts nach Anatolien gekommen, hatten dort aber zunächst weniger Einfluss als die Mevlevi-Bruderschaft des Dschelaleddin Rumi und die Bektaşi-Bruderschaft des (alevitischen) Ahn-vaters Haci Bektaş. Aber dies änderte sich in der Endphase des Osmanischen Reiches. Je mehr die Sultane Reformen nach westlichem Vorbild durchsetzten, um dem Niedergang des Reiches gegenzusteuern, desto mehr Zulauf bekam die Naqsch-bandiya von Muslimen, die sich in ihrer traditionellen Religio-sität bedroht sahen. Denn nun präsentierte sich die Naqsch-bandiya in der Funktion, ein Bollwerk gegen die Neuerungen »ungläubiger« Reformer zu bilden.

Es war daher nur folgerichtig, dass sich Naqschbandiya-Der-wische 1925 im Aufstand gegen Atatürk an die Spitze der Revolte stellten. Aus der Sicht der Naqschbandiya war dieser Aufstand wiederum ein Glaubenskrieg, um den Islam – wie im Kampf gegen die Russen – vor »atheistischer Zersetzung« zu retten. Nach ihrer Maßgabe bestand damals kein großer Unterschied zwischen der Religionsfeindlichkeit sowjetischer Kommunis-ten und der des radikalen Reformers Atatürk.

Die ersten zwei Jahrzehnte nach dem Verbot durch Atatürk war die Naqschbandiya aus dem Bewusstsein der Türken völlig verdrängt, es gab nur noch die traumatische Erinnerung an den Aufstand von 1925. In der Öffentlichkeit waren zunächst nicht einmal Kulturvereine wahrzunehmen, die in irgendeiner Form mit der im Untergrund weiter wirkenden Naqschbandiya ver-knüpft waren. Dies änderte sich Ende der 1940er-Jahre, nach-dem Staatspräsident Ismet Inönü ein Mehrparteiensystem und demokratische Wahlen zugelassen hatte. Nun wurden verschiedene Kulturvereine, mit der Naqschbandiya im Hinter-grund, aktiv. In den 1950er-Jahren unterstützten sie zunächst die Demokratische Partei von Adnan Menderes und später ver-schiedene Nachfolgeparteien, so die konservative Gerechtig-keitspartei von Süleyman Demirel.[96] Ihre Prediger, die beträcht-lichen Rückhalt im Volk genossen, hoben lobend hervor, dass diese Parteien sich für eine stärkere Bedeutung des Islam im öffentlichen Leben einsetzten und das Land wieder »religiöser«

machten. Allerdings hielten sie sich in der Öffentlichkeit mit ihrer Kritik am Laizismus zurück, um kein scharfes Vorgehen der Polizei zu riskieren. Bei Politikern wie Adnan Menderes und Süleyman Demirel war allerdings noch keine enge Bindung an die Naqschbandiya-Bruderschaft nachweisbar.

Der erste ranghohe türkische Politiker, der eine solche enge Bindung hatte, war Turgut Özal. Dass Özal ein Anhänger oder gar ein Mitglied der Naqschbandiya war, wird kaum ein Türke offiziell bestätigen. Hier ist immer noch die Sprachregelung entscheidend, nach der es in der Türkei eigentlich gar keine Naqschbandi mehr gibt. Ich aber fand die Bestätigung auf sehr überraschende Weise dort, wo sich das zentrale Heiligtum befindet: im Mausoleum des Scheichs Naqschband in Buchara. Als ich 2007 die Stadt in der Republik Usbekistan besuchte und mich einen Tag lang im Naqschbandiya-Heiligtum aufhielt, entdeckte ich in einem Ausstellungsraum mehrere Fotos von Özal. Die Fotos mit dem Datum vom 14. April 1993 zeigen den türkischen Staatspräsidenten in Begleitung des usbekischen Ministerpräsidenten Islam Karimow; beide gehen durch den Innenhof, dessen umliegende Gebäude damals noch rissige Mauern, eingebrochene Dächer und unkrautüberwucherte Böden aufwiesen. Der Museumsführer, ein Naqschbandi, erklärte mir auf Deutsch (das er in der deutschsprachigen Schule von Buchara gelernt hatte), die Gebäude seien unter sowjetischer Herrschaft ganz dem Zerfall preisgegeben worden. Aber Staatspräsident Özal habe an diesem Tag seiner Besichtigung versprochen, für die Renovierung des Heiligtums umgerechnet 45 000 Dollar bereitzustellen. – Weshalb ein Türke so viel Geld in einem fremden Staat zu spenden bereit sei, fragte ich. – Özal sei bis zu seinem Tod Mitglied der Naqschbandiya-Bruderschaft gewesen, antwortete der Naqschbandi. Er habe die Geldspende deshalb als heilige Pflicht betrachtet.

Warum aber hatte sich Özal sogar weit entfernt von der Türkei für die Naqschbandiya-Bruderschaft derart auffällig finanziell engagiert? Auf diese Frage gab es nur eine Antwort: Özal setzte selbst noch im fernen Usbekistan Akzente für die türkische Innenpolitik. Zum einen signalisierte er mit seinem Staatsbesuch in einem islamischen Land, dass die Türkei sich künftig nicht mehr einseitig an westlichen Staaten orientieren werde. Zum anderen aber erwies er am Grab des Naqschband einer Derwischbruderschaft die Ehre, die unter der Herrschaft der militant atheistischen Sowjet-Kommunisten von 1920 bis 1992 trotz aller Verbote im Verborgenen weitergewirkt hatte. Mitglieder der Naqschbandiya waren es ja in erster Linie, die die unterdrückte islamische Religiosität durch geheimen Unterricht und Gottesdienst am Leben hielten. Hier ließ sich eine vage Parallele zu den Verhältnissen in der Türkei ziehen, wo Atatürk versuchte, mit seiner strikten Form von Laizismus den Einfluss der Religion auf das öffentliche Leben völlig zurückzudrängen – und über Jahrzehnte auch keinen Religionsunterricht an öffentlichen Schulen zuzulassen. In der Türkei war daher der verbotenen Naqschbandiya-Bruderschaft eine führende Rolle zugefallen, in illegalen Koranschulen religiösen Unterricht zu organisieren.

Aber Turgut Özal war tiefer mit der Naqschbandiya-Bruderschaft verbunden. Denn er selbst verdankte einem ihrer Kulturvereine in der Türkei nicht nur seine religiöse Ausbildung, sondern auch entscheidende Hilfe auf dem Weg zur politischen Karriere. Die Kulturvereine der Naqschbandiya unterstützten in Wahlkämpfen vorrangig Politiker, die sich ideologisch einer Islamisierung der laizistischen Gesellschaft der Türkei verschrieben hatten. Sie mobilisierten in großer Zahl Wählerstimmen aus religiös-konservativen Kreisen und legten ihnen eine ganz bestimmte Partei nahe. In den 1980er-Jahren favorisierten die Naqschbandiya vor allem die von Turgut Özal gegründete Mutterlands-Partei. Özal bedankte sich für die Unterstützung, indem er nicht nur seine Religiosität demonstrierte und islamische Traditionen ein Stück weiter in die öffentliche

Wahrnehmung der Türkei rückte – sondern auch, indem er durch die Geldspende in Usbekistan die Naqschbandiya-Bruderschaft offiziell ehrte und seinerseits unterstützte.

Für Özals religiös-politische Entwicklung entscheidend war Scheich Mehmet Zahid Kotku (1897–1980) geworden. Dieser in Bursa geborene und in Istanbul residierende Scheich, stand einer von der Naqschbandiya geprägten Bruderschaft vor. Seine Bruderschaft aber wurde – wie viele andere – ebenfalls nur als Kulturverein in der Öffentlichkeit wahrgenommen. Dabei galt Scheich Kotku in eingeweihten Kreisen als einer der führenden Korangelehrten, die einen politisierten Islam propagierten und Atatürks strikt säkulare Staatsordnung in Frage stellten. Kotku war in der religiös konservativen Bildungsschicht der Türkei derart angesehen, dass auch noch andere später prominent gewordene Politiker zu seinen Schülern gehörten. Zwei von ihnen sollten schließlich ebenfalls als türkische Ministerpräsidenten Politik mit konservativ-islamischer Zielsetzung machen: Necmettin Erbakan und dessen politischer Ziehsohn Recep Tayyip Erdoğan. Erbakan soll sogar erst von Scheich Kotku inspiriert worden sein, in die Politik zu gehen.[97] Der Kulturverein des Scheichs Kotku zeigte 1973 erstmals auffälliges politisches Engagement, indem er intensiv Wählerstimmen für die Nationale Heilspartei des aufstrebenden Politikers Erbakan mobilisierte.

Von welchem Geist sind nun solche Kulturvereine der Naqschbandiya geprägt?

Es gibt widersprüchliche Signale. In einem Bericht der deutschen Wochenzeitung *Die Zeit* war folgendes Zitat eines türkischen Naqschbandiya-Scheichs zu lesen:

»Alle Religionen sind gleichwertig. Alle lehren eine gute Moral, alle kommen von Gott [...] Was immer deine Wahrheit ist, Gott möge sie dir geben.«[98]

Diese Aussage eines Naqschbandiya-Scheichs, der bis heute im östlichen Anatolien große Verehrung genießt (sein Name ist allerdings nicht genannt), spricht von der »Gleichwertigkeit aller Religionen«. Dies erinnert stark an Äußerungen von Dschelaleddin Rumi und anderen Klassikern des Sufismus. Ich habe Ähnliches auch von Naqschbandiya-Derwischen in ihrem zentralen Heiligtum von Buchara zu hören bekommen. Solche Aussagen stehen in Kontrast zu jenen bereits erwähnten Aktivitäten der Naqschbandiya. Aber solch gegensätzliche Fakten zeigen, dass die Bruderschaft nicht einheitlich auf die Praxis einer intolerant verengenden Politik festzulegen ist, sondern sich in sehr verschiedene Richtungen auffächert.

Wie tolerant ist aber ein Kulturverein der Naqschbandiya, in dem Politiker wie Özal, Erbakan und Erdoğan religiös ausgebildet wurden? Özal war es, der wesentlich dazu beitrug, dass 1983 ein Religionsunterricht mit ausschließlich sunnitischer Dogmatik Pflichtfach an allen öffentlichen Schulen wurde, wie bereits geschildert auch für Andersgläubige, also für die Aleviten und etliche Jahre lang sogar für türkische Christen und Juden. Wenn nun Turgut Özal vom religiös grenzüberschreitenden sufischen Geist geprägt gewesen wäre, hätte er diese Form von Religionsunterricht niemals akzeptieren oder gar selbst einführen können. Seine Nachfolger Necmettin Erbakan und Recep Tayyip Erdoğan haben keinen Versuch unternommen, diesen Typ von Religionsunterricht in seiner Struktur ernsthaft zu ändern.

Özal hatte sich jedoch entschieden davon distanziert, das Prinzip des Laizismus anzutasten und die in der Verfassung verankerte strikte Trennung von Religion und Politik zu kritisieren. Und für Erdoğan trifft das in abgeschwächten Maß auch zu, obwohl bei ihm, wie sich noch zeigen wird, die Haltung immer ambivalenter wurde. Özal wie Erdoğan rückten zumindest offiziell von jener Zielvorstellung ab, wie sie gerade in einer Reihe von Kulturvereinen der Naqschbandiya mehr oder weniger deutlich vertreten wird. Allerdings hat sich ein prominenter Schüler der Naqschbandiya, der es ebenfalls zum Ministerpräsidenten bringen sollte, offiziell nicht eindeutig von einer Gegnerschaft zum Laizismus abgegrenzt: Necmettin Erbakan. Er hatte enge Kontakte zu doktrinären Gruppierungen der Naqschbandiya, deren Strukturen für Außenstehende nur schwer zu durchschauen sind. Die Gruppe um Scheich Kotku war nur eine von ihnen.

In enger Verbindung mit dem Namen Erbakan und der Naqschbandiya-Tradition steht vor allem die Organisation *Milli Görüş*. Sie ist 1977 in Deutschland unter Mitwirkung von Erbakan gegründet worden und soll dazu dienen, unter deutsch-türkischen Muslimen Propaganda für eine islamisch strukturierte Gesellschaftsordnung zu betreiben. Der türkische Begriff *Milli Görüş* bedeutet wörtlich übersetzt »Nationale Sicht«, aber der islamisch-nationale Verband bezeichnet sich in deutscher Übersetzung gerne mit »Neue Weltsicht«, was dem politischen Konzept des Islamisten-Führers Erbakan eher entspricht.[99] Die *Milli Görüş* sieht sich für »soziale, kulturelle und religiöse Aufgaben« zuständig. Sie versteht sich als Sammelbecken muslimischer Auslands-Türken in Europa und verfügt über Netzwerke nicht nur in Deutschland, sondern auch in Belgien, Dänemark und Frankreich, ja sogar im außereuropäischen Raum, so in Kanada und Australien. 25 Jahre nach ihrer Gründung zählte die Organisation in Deutschland, so die Angaben von 2002, rund 27 000 Mitglieder. Die Aktivisten dieser Organisation werden vom deutschen Verfassungsschutz schon seit vielen Jahren mit Argwohn beobachtet, weil die *Milli Görüş* vor allem in Deutschland lebende junge Türken fasziniert, die sozial keinen Anschluss finden. Die *Milli Görüş*, so die Befürchtung deutscher wie türkischer Soziologen, verhindere durch ihre religiös-ideologische Schulung, dass sich die jugendlichen Gefolgsleute in die deutsche Gesellschaft integrieren. Eine derart islamisch ausgerichtete Organisation scheint die Abkapselung in einem konservativ-islamischen Weltbild zu fördern.[100] Hierzu passt, dass die Moscheen, die von der *Milli Görüş* eingerichtet sind, besonders häufig von Mitgliedern und Sympathisanten der Naqschbandiya besucht werden.[101]

Weitere türkische Kulturvereine, die in der Tradition der Naqschbandiya stehen und internationale Netzwerke mit religiöser Schulung wie auch sozialer Betreuung aufgebaut haben, zeigen ideologisch die gleiche Grundtendenz. So die Menzil-Gruppe, die, in der türkischen Stadt Menzil gegründet, in Deutschland 55 Sufi-Zentren unterhält, europaweit ungefähr 130 (nach der Zählung von 2004). Sie unterstützt wie die Gruppierungen um (den 1980 verstorbenen) Scheich Kotku in besonderem Maß konservativ-islamische Parteien.[102] Eine andere einflussreiche Gruppierung ist die *Nurculuk*, Gemeinde des Lichts, die ideologisch stark anti-schiitisch ausgerichtet ist.[103] Dies gilt ebenso für die *Süleymanci*, gegründet von dem Naqschbandiya-Mitglied Hilmi Tunalihan (gestorben 1959). Allein in Deutschland hatte die *Süleymanci* zu Beginn des 21. Jahrhunderts über 20 000 Mitglieder.[104]

Diese von der Naqschbandiya geprägten Kulturvereine bieten eine Mischung aus traditionalistisch islamischem Gedankengut und mystischer Frömmigkeit. Sie bejahen zwar alle mehr oder weniger technische und naturwissenschaftliche Errungenschaften der westlichen Industriegesellschaft – aber letztlich haben sie das Ziel, den »wahren Islam« gegen »verderbliche Einflüsse« aus westlicher Philosophie und Politik abzuschirmen. Eine solch zwiespältige Haltung zur Moderne verkörpert sich besonders augenfällig gerade in der Person des Necmettin Erbakan selbst: Der islamistische Politiker lehrte ja als Professor für Maschinenbau an der Universität Istanbul.

Eine weitere »Islamisierung«?

Von Erbakan zu Erdoğan

Erbakan: Aufstieg und Krise des politischen Islam

Bei den Parlamentswahlen am 24. Dezember 1995 feierte die Wohlfahrtspartei ihren größten Triumph: Sie wurde mit 21,8 Prozent der Wählerstimmen die stärkste Partei der Türkei. Nach dem schon zuvor erstaunlichen Erfolg bei den Gemeinderatswahlen 1994 hatte sich damit die Entwicklung beschleunigt, die sowohl von den Kemalisten als auch von westlichen Beobachtern immer wieder befürchtet wurde: Mit dem ständigen Machtzuwachs einer fundamentalistisch ausgerichteten Partei könnte der Bestand der laizistischen Staatsordnung im Sinne Atatürks ernsthaft gefährdet werden.

Erbakan hatte im Wahlkampf mit etlichen Aussagen Grund für solche Befürchtungen gegeben. So hatte er gefordert, den 1987 gestellten Antrag der Türkei auf den Beitritt zur Europäischen Union zurückzuziehen. Auch müsse die Zollunion mit der EU, die ab 1. Januar 1996 in Kraft trete, neu ausgehandelt werden. Die Türken seien »keine Sklaven des Westens«, man habe der »Imitation des Westens« ein Ende zu bereiten. Eine Wirtschaftsgemeinschaft mit islamischen Staaten sei anstelle einer Union mit europäischen Staaten anzustreben, denn es sei »ehrenvoller, Führungsnation in der islamischen Welt zu sein, als Schlusslicht des Westens«.[105]

Die Befürchtungen erhielten umso größeres Gewicht, als

Erbakan im Juni des folgenden Jahres Ministerpräsident wurde und damit erstmals in der Geschichte der Republik Türkei ein Islamist das Land regierte. Erbakan befand sich nun auf dem Gipfel seiner Macht. Doch wie stabil war diese Macht?

Trotz des großen Wahlsiegs besaß die Wohlfahrtspartei keine Massenbasis in der Bevölkerung. Nahezu 78 Prozent der Wählerstimmen verteilten sich auf andere Parteien. Der Vorsprung der Islamisten gegenüber den wichtigsten Konkurrenten war gering. Nur knapp unterlegen war die konservative Mutterlandspartei des zurückgetretenen Ministerpräsidenten Mesut Yılmaz mit 19,6 Prozent der Wählerstimmen. Und mit 19,1 Prozent folgte die ihr ideologisch verwandte Partei des Richtigen Weges, die von der früheren Ministerpräsidentin Tansu Çiller geführt wurde. Diese beiden konkurrierenden Parteien waren zunächst stark genug, um mit einer Koalitionsregierung Erbakan am weiteren Aufstieg zur Macht zu hindern. Er hätte noch lange vergeblich auf die Erfüllung seines Traumes warten müssen, wäre die Koalition nicht schon wenige Monate später wegen unüberbrückbarer politischer Rivalitäten zwischen Yılmaz und Çiller zerbrochen.

Jetzt erst konnte Erbakan Ministerpräsident werden. Aber er war darauf angewiesen, mit einer der beiden ungeliebten Parteien nun selbst eine Koalitionsregierung zu bilden. Und hierbei musste er erhebliche Zugeständnisse machen. Das Bündnis der Wohlfahrtspartei mit der Partei des Richtigen Weges, das im Juni 1996 nach langem Hin und Her zustande kam, enthielt folgende Klausel: Erbakan müsse nach zwei Jahren das Amt des Ministerpräsidenten an Tansu Çiller abgeben, die bis dahin Außenministerin sei. Um jedoch überhaupt so lange diese Position halten zu können, musste Erbakan zusätzlich einige ideologische Verrenkungen durchführen: Ausdrücklich hatte er sich öffentlich zum Laizismus und zum revolutionären Vorbild Atatürks zu bekennen – eine Haltung, die sich weder mit der Mehrheit seiner Gefolgsleute in der Partei noch seiner

Wähler deckte. Dass es sich nur um ein Lippenbekenntnis handeln könnte, unterstellten ihm die politischen Gegner von vornherein. Entscheidend aber war, dass er sich angesichts seiner nur labilen Macht zu diesem Bekenntnis gezwungen sah.

Erbakan versuchte nun im Folgenden die schwierige Balance zwischen den offiziellen Bekenntnissen und seiner islamistischen Ideologie. Zunächst intensivierte er die diplomatischen Beziehungen zu den muslimischen Nachbarstaaten. Bevor er einer Regierung in Europa seine Aufwartung machte, absolvierte er einen Staatsbesuch im Iran und hob in vagen Andeutungen die Qualitäten einer »islamisch geleiteten Regierung« hervor. Und er kündigte an, seine Regierung werde die Beziehungen zu Israel neu überdenken. Ein solches Ansinnen rührte an ein Tabu. Denn die Türkei war das einzige Land der islamischen Welt gewesen, das 1948 den Staat Israel kurz nach seiner Gründung diplomatisch anerkannt hatte. Zudem war Anfang der 1990er-Jahre ein Abkommen ausgehandelt worden, nach Israel Wasser aus türkischen Staudämmen zu liefern und im Gegenzug militärische Logistik zu erhalten. Erbakan ließ durchblicken, dieses Abkommen mit Israel aufkündigen zu wollen, und erntete dafür Beifall in den arabischen Staaten.[106]

Nach nur einem halben Jahr im Amt spitzte sich für Erbakan die Situation bedrohlich zu. Anlass war ein Vorfall zu Beginn des Jahres 1997. Ein islamistischer Bürgermeister der Wohlfahrtspartei veranstaltete in Sincan, einem Vorort von Ankara, ein Fest der »Jerusalem-Nacht«, zu der auch der Botschafter des Gottesstaates Iran eingeladen war. Der fromme Fundamentalist aus dem Iran rief während der Veranstaltung dazu auf, die Scharia in der Republik Türkei einzuführen. Drei Tage später rollten Panzer der türkischen Armee durch Sincan – zum Zeichen, dass das Militär eine derartige Bewegung sofort stoppen würde.[107] Erbakan reagierte auf den Vorfall mit vagen, zweideutigen Äußerungen, um einerseits das Militär zu beschwichtigen und andererseits die radikalen Islamisten unter seinen

Anhängern nicht völlig vor den Kopf zu stoßen. Diese Haltung der Zweideutigkeit kennzeichnete seine Amtsführung über Monate hinweg.

Im Sommer 1997 war dann Erbakans vielpropagierte Neuorientierung hin zur »islamischen Welt« gegenstandslos geworden. Denn der Nationale Sicherheitsrat unter Führung des Militärs zwang ihn zum Rücktritt – mit der Begründung, er gefährde mit seiner Politik das Erbe Atatürks. Im Januar 1998 verbot das Verfassungsgericht außerdem die Wohlfahrtspartei als verfassungsfeindlich.

Wieder einmal hatte das Militär in die Politik eingegriffen. Es war nun – nach den Jahren 1960, 1971 und 1980 – das vierte Mal, dass ein Ministerpräsident gestürzt wurde. Und dieses Mal hatte, wie schon 1971, die bloße Drohung genügt, um die Regierung zum Rücktritt zu bewegen. Auf Gewalt konnte verzichtet werden. Denn im Unterschied zu vielen anderen Ländern der islamischen Welt beugten sich die Islamisten dem Druck des Militärs. Der entmachtete Ministerpräsident ging daran, eine neue Partei mit dem Namen *Fazilet Partisi*, Tugend-Partei, zu gründen. Und dieser Partei gestattete die militärische Führung, erneut demokratisch um Wähler zu werben – solange die Partei ein Bekenntnis zum säkularen, laizistischen Prinzip des Staates ablegte. Erbakan beeilte sich, dieses Bekenntnis öffentlich zu äußern.

Eine Mehrheit der entmachteten Islamisten schätzte die Situation sehr realistisch ein, um von vornherein gewalttätige Unruhen und Aufstände zu vermeiden. Diese Realisten wussten nur zu gut, dass ihnen in der Türkei für eine Mobilisierung zum Volksaufstand die Massenbasis fehlte. Einer Studie türkischer Sozialwissenschaftler der Bosporus-Universität in Istanbul zufolge, die 1996 veröffentlicht wurde, sahen nahezu 79 Prozent der befragten Türken keinen Zusammenhang zwischen Religion und Politik, ja lehnten entsprechend auch die Ideologie eines politischen Islam ab.[108] Diese Haltung unterschied sich grundsätzlich von der in arabischen Ländern, wo ein wesentlich größerer Prozentsatz der Bevölkerung eine Verflechtung von Religion und Politik wünschte.

An dieser Umfrage zeigt sich, dass die Idee der Säkularisierung in der Türkei tiefer verankert ist als in jedem anderen Staat der islamischen Welt. Und damit wird auch offenkundig, dass die Wohlfahrtspartei ihren sensationellen Aufstieg nicht wegen, sondern trotz ihrer islamistischen Ideologie hatte zuwege bringen können. Populär wurde sie, weil sie auffälliger als alle anderen Parteien soziale Hilfsdienste zu bieten hatte. Kaum Beifall hatten dagegen Erbakans Äußerungen zu einem politischen Islam bei einem großen Teil der Bevölkerung gefunden – was dazu führte, dass Erbakan selbst sehr viel weniger populär war als seine Partei mit dem verheißungsvollen Namen *Refah*, Wohlfahrt. Das aber hieß, dass auch eine andere Partei, die keine betont islamistische Ideologie propagierte, die Wahlen gewinnen konnte, sobald ihr Sozialprogramm noch attraktiver erschien.

Genau dies zeigte sich bei den vorgezogenen Parlamentswahlen im April 1999. Ministerpräsident wurde nun Bülent Ecevit, der lange Zeit als Sozialdemokrat Vorsitzender von Atatürks Republikanischer Volkspartei gewesen war und 1987 die von ihm gegründete Demokratische Linkspartei führte. Ecevits betont säkulare Partei erhielt beeindruckende 22 Prozent der Wählerstimmen – sie wurde damit stärker, als es die islamistische Wohlfahrtspartei zur Zeit ihres größten Triumphes gewesen ist. Der Stimmenanteil von Erbakans Tugend-Partei als Nachfolgeorganisation der Wohlfahrtspartei war hinter den sämtlicher säkularer Parteien zurückgefallen.

Unter dem Eindruck schwindender Popularität kam es in der Tugend-Partei zu schweren Auseinandersetzungen über die Frage, wie sehr denn der Islam als eine politische Ideologie instrumentalisiert werden sollte. Auf der einen Seite bildete sich ein konservativer Flügel um den Parteigründer Erbakan, dessen Anhänger unverändert am Zukunftsmodell eines Staates mit einer engen Verflechtung von Religion und Politik festhielten. Auf der anderen Seite entstand ein sogenannter reformistischer Flügel, dessen Wortführer Recep Tayyip Erdoğan wurde. Erdoğan hatte vier Jahre lang als Oberbürgermeister von Istanbul die Megastadt äußerst effizient verwaltet und war als »pragmatischer Macher« populär geworden. Dieser »Macher« trat energisch dafür ein, den Islam nicht mehr zu politisieren, sondern Wähler auch jenseits des eigenen religiösen Spektrums zu suchen und gläubige Muslime mit betont säkularer Ausrichtung ebenso anzusprechen. Erdoğans Forderung führte zu erheblichen Spannungen mit Erbakan, der sich nach wie vor als politischer Ziehvater des Rebellen verstand. Eine Parteispaltung drohte – und damit eine weitere Schwächung der Ideologie eines politischen Islam.

Zum offenen Bruch zwischen Erbakan und Erdoğan kam es im Sommer 2001. Anlass war ein Urteil des Verfassungsgerichts, das auf Druck der militärischen Führung nun auch die *Fazilet-Partisi*, die Tugend-Partei, wegen »islamistischer Umtriebe« verbot. Erbakan gründete daraufhin als Nachfolgepartei die *Saadet Partisi*, die Partei der Glückseligkeit. Er wollte mit diesem Namen auf die »glückselige« Zeit anspielen, als Prophet Mohammed selbst noch die Gläubigen regierte. Aber Erdoğan gehörte dieser Partei nicht mehr an: Er gründete zusammen mit seinem politisch wichtigsten Weggefährten Abdullah Gül eine Partei mit dem Namen *Adalet ve Kalkınma Partisi*, wovon sich das Kürzel AKP ableitet. Die deutsche Übersetzung lautet »Partei für Gerechtigkeit und Entwicklung«. Erdoğan und Gül verwarfen ausdrücklich alle ideologischen Programmpunkte einer Islamisierung der Gesellschaft und hoben als Schwerpunkte ihrer Politik soziale und wirtschaftliche Reformen hervor.

Diese Auseinandersetzung zwischen islamistischen und islamischen Parteigängern fand zunächst unbemerkt von der

Öffentlichkeit statt. Dass der Konflikt eindeutig zugunsten der islamischen Partei Erdoğans endete und eine herbe Niederlage für die Ideologie des politischen Islam bedeutete, zeigte sich im November 2002. Bei den vorgezogenen Parlamentswahlen errang Erdoğans Partei für Gerechtigkeit und Entwicklung 34 Prozent der Wählerstimmen. Dagegen kam Erbakans Partei der Glückseligkeit nur auf dürftige 2,5 Prozent. Erdoğan konnte seinen triumphalen Wahlsieg gerade deshalb erringen, weil er sorgfältig alle islamistischen Parolen vermieden hatte.

Der »islamische« Politiker Recep Tayyip Erdoğan

Erdoğan bezeichnete sich im Wahlkampf des Jahres 2002 als »gläubigen Muslim«, der voll und ganz zu den Idealen einer »säkularen und laizistischen Demokratie«, zu der strikten Trennung von Religion und Politik, stehe. Seine Beziehung zu Gott sei »rein persönlich«, er betrachte Religion im Sinne der Verfassung als »Privatsache«.

Für die Gegner aber waren solche Aussagen nur Lippenbekenntnisse, wie sie zuvor schon der politische Ziehvater Erbakan abgegeben habe. Erdoğan sei ein »Wolf im Schafspelz«, der sein »wahres islamistisches Gesicht« erst zeige, sobald er genug Macht gewonnen habe. Und dann würde er versuchen, das Erbe Atatürks völlig aus der Staatsverfassung zu verdrängen, bis am Ende »iranische Verhältnisse« in der Türkei eingekehrt seien.

Bis heute sind die Diskussionen um die »wahren Absichten« des »gläubigen Muslim« Erdoğan nicht verstummt. Seine Persönlichkeit wie auch sein Lebenslauf sind jedoch zu vielschichtig, als dass die Vorwürfe seiner Gegner das Wesentliche treffen könnten.

Erdoğan entstammt einer sozialen Schicht, die nur oberflächlich die säkulare Gedankenwelt der Kemalisten verstand. Sein Vater, ein einfacher Seemann, war aus einer sehr traditionell geprägten Region der Schwarzmeerküste arbeitsuchend nach Istanbul zugewandert und hatte im übervölkerten Hafen-viertel Kasımpaşa am östlichen Ufer des Goldenen Horns ein bescheidenes Auskommen gefunden. Dort wurde Erdoğan 1954 geboren. Dass Menschen seiner Herkunft einmal in das Macht-zentrum der laizistischen Republik Türkei aufsteigen könn-ten, musste in der Jugendzeit Erdoğans noch als völlig undenk-bar erscheinen. Erdoğan erhielt seine Bildung nicht an einem staatlichen Gymnasium, sondern dem Willen seiner streng-gläubigen Eltern gemäß an einem religiös geprägten Gym-nasium, einer sogenannten Imam-Hatip-Schule. Schon eine derartige Ausbildung stempelte ihn aus der Sicht der kemalis-tischen Bildungselite zu einem minderqualifizierten Anwärter auf höhere Ämter, denn islamisch orientierte höhere Schulen waren ja lange Zeit von den säkularen Machthabern verboten und schließlich, nur mit Rücksicht auf religiös konservative Wähler, halbherzig zugelassen worden. Anstatt europäischer Fremdsprachen steht an solchen Gymnasien das Arabische, die Sakralsprache des Koran, an erster Stelle.

Da Erbakans Nationale Heilspartei und später dessen Wohl-fahrtspartei zu den wesentlichen Förderern der Imam-Hatip-Schulen gehörten, lag es nahe, dass Erdoğan in die Einfluss-sphäre dieser Parteien geriet. Mitte der 1970er-Jahre trat er in die Jugendorganisation der Nationalen Heilspartei ein und wurde bereits nach weniger als einem Jahr zum Vorsitzenden des Jugendverbandes von Istanbul gewählt. Bei einem derart raschen Aufstieg konnte es nicht ausbleiben, dass Parteiführer Erbakan auf ihn aufmerksam wurde und ihn seither maßge-bend förderte. Erbakan war es auch, der ihn in den inneren Kreis des Naqschbandiya-Scheichs Mehmet Zahid Kotku ein-führte. Erdoğan genoss den Unterricht bei diesem Scheich noch in dessen letzten Lebensjahren, denn 1980 starb Scheich Kotku.

Erdoğan wechselte von der staatlich diskriminierten Imam-Hatip-Schule zum Studium der Wirtschaftswissenschaften an die Marmara-Universität von Istanbul. Es gibt derzeit Gerüchte, dass das Diplom gefälscht sei. Seit 1980 war er erfolgreich in der Privatwirtschaft tätig, bevor er sich in der Kommunalpolitik von Istanbul engagierte. Sehr bald zeigte sich seine Fähigkeit, in der Stadtverwaltung pragmatisch Probleme zu lösen und gleichzeitig durch große rhetorische Begabung Zuhörer anzusprechen. Die Folge war, dass er Anfang der 1990er-Jahre zum populärsten Politiker seiner Heimatstadt wurde. Die islamistische Wohlfahrtspartei nominierte ihn daraufhin 1994 bei den Kommunalwahlen zum Spitzenkandidaten für das Amt des Oberbürgermeisters von Istanbul. Das Ergebnis dieser Wahl war sensationell. Mit Erdoğan hatte erstmals ein Anhänger aus der Schicht der religiös orientierten anatolischen Zuwanderer das höchste politische Amt der Megastadt Istanbul erreicht. Für die säkulare Elite der Türkei bedeutete die Kommunalwahl von 1994 schon deshalb einen Schock, weil auch in etlichen anderen großen Städten der Türkei erstmals islamistische Kandidaten der Wohlfahrtspartei Oberbürgermeister wurden. Aber Erdoğan als der prominenteste Gefolgsmann Erbakans war der politisch gewichtigste unter allen islamistischen Wahlsiegern.

Der neue Oberbürgermeister von Istanbul schien allerdings zu Beginn seiner Amtszeit die Befürchtungen einer westlich orientierten Oberschicht zu bestätigen, als er die erste Sitzung des Stadtrates mit einem Koranzitat eröffnete anstatt mit der einst von Atatürk eingeführten Schweigeminute. Auch bezeichnete er sich in einem Interview mit der türkischen Tageszeitung *Milliyet* als Befürworter der Scharia,[109] womit er zeigte, dass er sich damals noch wenig vom doktrinären Einfluss seines Mentors Erbakan gelöst hatte. Ähnlich problematisch erschienen einige Forderungen, mit denen er die Wahlversprechen gegenüber seinen traditionell gläubigen Anhängern einlösen wollte. Zukünftig dürfe in den Restaurants kein Alkohol mehr ausgeschenkt werden, in den Schulbussen seien Schülerinnen und Schüler streng nach Geschlechtern zu trennen, an Badestränden ebenfalls. Außerdem ermahnte er die Frauen Istanbuls, in der Öffentlichkeit ein Kopftuch zu tragen. Demonstrativ lebte seine eigene Frau dieses Beispiel vor, indem sie selbst nie ohne Kopftuch zu sehen war.

Aber der Oberbürgermeister ließ sofort wieder von seinen Forderungen ab, als ihm aus den Reihen der säkularen Gegner massiver Widerstand entgegenschlug. Und er tat das, was in der Folge nahezu ein Jahrzehnt lang ein Merkmal seines Erfolges geworden ist: Mit Verzicht auf alle religiös-politischen Parolen konzentrierte er sich auf eine völlig sachorientierte Politik.

Erdoğan gewann sehr rasch den Respekt seiner politischen Gegner, als es ihm in den vier Jahren seiner Amtszeit gelang, die seit Langem anstehenden Sanierungsprogramme um Vieles zügiger durchzuführen als die bisherigen Stadtoberhäupter. Erdoğans wichtigste Leistung war die Lösung des Wasserproblems. Während unter seinem unmittelbaren Vorgänger in vielen Stadtteilen das Wasser derart knapp war, dass die Bewohner am Tag nur ein bis zwei Stunden über die öffentlichen Leitungen mit Wasser versorgt werden konnten, gab es während Erdoğans Amtszeit kaum mehr eine Unterbrechung der Wasserversorgung. Die Menge des in Istanbul täglich verbrauchten Wassers wurde vielmehr auf 1,7 Millionen Kubikmeter verdreifacht. Von 1994 bis 1998 ließ Erdoğan außerdem über zwei Millionen Quadratmeter neue Grünanlagen schaffen und rund 600 000 Bäume pflanzen. Hinzu kam, dass er das Heizsystem von Braunkohle auf Gas umstellte, was die Luftqualität in der smogbelasteten Stadt erheblich verbesserte. Und indem er den Bau einer U-Bahn tatkräftig vorantrieb, konnte er die Staus im Berufsverkehr auf den Hauptverkehrsstraßen deutlich verringern. Außerdem ging in seiner Amtszeit die Korruption erheblich zurück.[110]

Aber so pragmatisch und wendig Erdoğan auch die Geschicke der Stadt zu lenken vermochte – zwischendurch bekam er doch immer wieder Probleme mit zwiespältigen Äußerungen.

Eine Rede sollte ihm zum Verhängnis werden und seine Karriere zunächst abrupt beenden. Auf einer Wahlveranstaltung zitierte er einige Zeilen aus einem Gedicht des in der Türkei populären Dichters Ziya Gökalp:

> »Die Moscheen sind unsere Kasernen,
> die Kuppeln unsere Helme,
> die Minarette unsere Bajonette,
> die Gläubigen unsere Soldaten.«[111]

Es waren Äußerungen, die auf den ersten Blick als eine flammende »islamistische Volksverhetzung«, als Störung des sozialen Friedens anmuten, wie dann die Richter später in ihrer Anklage begründeten. Aber Erdoğan hatte geglaubt, er könne unbefangen diese verfänglichen Zeilen zitieren, weil der Dichter Gökalp gerade auch von säkularen türkischen Nationalisten geschätzt wird. Ziya Gökalp (1876–1924), gilt offiziell als der wegweisende Ideologe des modernen Türkentums, weil er bestrebt war, einen an arabischen Traditionen orientierten Islam zu »türkisieren«, und zwar bis in die Sprache hinein. Atatürk selbst hat Gökalps Buch *Die Grundlagen des Türkentums* sehr geschätzt und sich in etlichen Aspekten seiner Ideologie ausgerechnet auf dieses Buch gestützt.[112] Insofern konnten die zitierten Zeilen nur dann als »islamistisch« missverstanden werden, wenn man sie aus dem Zusammenhang riss.

Erdoğan nutzte es allerdings wenig, nachträglich auf die »nationale türkische« Bedeutung des Dichters zu verweisen. Das Gericht, das je zur Hälfte aus zivilen und militärischen Richtern bestand, unterstellte ihm, den Dichter für »islamistische« Zwecke zu instrumentalisieren, zu missbrauchen. Entsprechend hart fiel das Urteil aus: zehn Monate Gefängnis und lebenslanges Berufsverbot als Politiker. Es war ein juristisch äußerst fadenscheiniges Urteil, aber dem Gericht ging es ohnehin nur darum, einen der führenden Köpfe der Wohlfahrtspartei unter einem Vorwand politisch auszuschalten, zumal Erdoğan bei den Wählern um Vieles populärer war als sein politischer Ziehvater Erbakan. Im September 1998 bestätigte das Gericht in einem Berufungsverfahren das Urteil. Erdoğan musste sein Amt als Oberbürgermeister von Istanbul aufgeben und verbüßte eine Gefängnisstrafe, die auf vier Monate begrenzt wurde.

Der erzwungene Rücktritt bedeutete nicht nur für Erdoğan selbst eine tiefe Krise. Seine Partei insgesamt hatte zu jener Zeit mit großen Existenzproblemen zu kämpfen. Denn im Sommer 1997 war Ministerpräsident Erbakan auf Druck des Militärs gezwungen worden, nach nur einem Jahr von seinem Amt zurückzutreten. Und im Januar 1998 hatte das Verfassungsgericht die Wohlfahrtspartei wegen »staatsfeindlicher« Tendenzen verboten. Als Erdoğan aus dem Gefängnis entlassen wurde, hatte Erbakan zwar bereits wieder eine neue Partei, die *Fazilet Partisi*, Tugendpartei, gegründet – aber ihre Mitglieder waren zerstritten darüber, auf welche Weise sie sich nach derartigen politischen Rückschlägen ideologisch neu orientieren sollten.

Im Gefängnis hatte Erdoğan, wie er später in Interviews zu erkennen gab, viel Zeit zum Nachdenken und fand endgültig zur Klärung seiner politischen Positionen. Was er bisher teilweise schon praktiziert hatte, wurde nun zur Leitlinie seines Handelns: Es sei falsch, den Islam zu politisieren; ein »islamisch« orientierter Politiker dürfe nur dafür eintreten, dass der Gläubige seine Religion »privat« ungehindert leben könne – Religion sei also ganz im Sinne der »säkularen« Republik als »Privatsache« zu betrachten. In Zukunft wolle er ausschließlich eine sehr pragmatisch orientierte Sozial- und Wirtschaftspolitik betreiben.

Das war das Rezept seiner im Sommer 2001 gegründeten Partei für Gerechtigkeit und Entwicklung, mit der er eineinhalb Jahre später in den Wahlkampf zog – die erste Bewährungsprobe für seine ideologische Neuorientierung.

Der Erdrutschsieg der AKP – und die Ursachen

Am 4. November 2002 kam es zu vorgezogenen Neuwahlen, weil die Regierungskoalition unter dem sozialdemokratischen Ministerpräsidenten Bülent Ecevit an inneren Interessenkonflikten zerbrochen war. Im Hintergrund aber stand die Wirtschaftskrise, die im Verlauf des Jahres immer schlimmere Ausmaße angenommen hatte.

Schon im März 2002 mussten zahlreiche Inhaber von kleineren und mittleren Betrieben ihre Geschäfte schließen, weil sie die von den Banken geforderten horrenden Zinsen für Darlehen nicht mehr bezahlen konnten. Tausende Arbeiter und Angestellte wurden entlassen oder waren gezwungen, unbezahlten Urlaub zu nehmen, Tausende andere warteten wochenlang vergeblich auf die Auszahlung ihrer Löhne. Angesichts dieser bedrohlichen Situation war in den internationalen Medien immer häufiger die Rede vom »kranken Mann am Bosporus« – womit bewusst auf die Zeitspanne vor dem Zusammenbruch des Osmanischen Reiches angespielt wurde. Die Auslandsschulden der Türkei waren auf nahezu 100 Milliarden Dollar angestiegen, und wieder einmal schien ein Staatsbankrott in bedrohliche Nähe gerückt.[113]

Erdoğan zog mit seiner Partei für Gerechtigkeit und Entwicklung in einen Wahlkampf, in dem sich die Bevölkerung vorrangig für eine rasche Lösung der drängenden Wirtschaftsprobleme interessierte. Und Erdoğan errang mit seiner neugegründeten Partei einen Erdrutschsieg über die etablierten Parteien – eben weil er es besser als alle anderen verstand, wirtschaftliche Themen anzusprechen und konkrete Lösungen anzubieten. Er gewann 34 Prozent der Wählerstimmen. Dagegen sackte Erbakans konkurrierende islamistische Partei der Glückseligkeit auf 2,5 Prozent ab und war damit nicht mehr im Parlament vertreten. Aber schlimmer noch erging es Ecevits bisher regierender Demokratischer Linkspartei, die bei den

Wahlen von 1999 noch auf 22 Prozent der Wählerstimmen gekommen war – sie rutschte auf ein Prozent ab. Auch die Koalitionspartner, die konservative Mutterlandspartei sowie die extrem nationalistische Partei der Nationalen Bewegung (MHP) scheiterten an der Zehn-Prozent-Hürde. Allein Atatürks Republikanische Volkspartei, CHP, konnte sich mit rund 19 Prozent der Wählerstimmen als Oppositionspartei im Parlament behaupten.

Die Partei Atatürks war nun die einzige, die weiterhin eindeutig die Interessen der urbanen, säkular und laizistisch denkenden Wählerschichten vertrat, unter anderem auch die der (unorthodoxen) Aleviten. Dagegen hatte Erdoğans Partei dafür geworben, ein Sammelbecken für die vielen »gläubigen« sunnitischen Muslime zu sein. Die »islamische« AKP hatte mehrheitlich Wähler angezogen, die in Dörfern und Kleinstädten wohnten oder die als Zuwanderer aus ländlichen Gebieten in den ärmeren Vierteln der rasch wachsenden Städte lebten. Diese religiös konservativen Wähler, die noch einige Jahre zuvor in ihrer Mehrheit für die islamistische Partei Erbakans gestimmt hatten, sahen nun in Erdoğans Partei die Alternative, weil sich in ihr das demonstrative Bekenntnis zum Islam mit erheblich mehr Wirtschaftskompetenz verband. Attraktiv war die AKP allerdings auch für Protestwähler geworden, die zwar »säkular« dachten, sich jedoch von der Misswirtschaft und Korruption der etablierten säkularen Parteien zunehmend abgestoßen fühlten.

Dies war der bemerkenswerteste Umbruch bei der Parlamentswahl vom 4. November 2002: Sogar liberalere Wähler trauten plötzlich einer islamisch orientierten Partei noch eher als den bisherigen Parteien zu, die schwierigen sozialen Probleme der Türkei zu meistern. Die Protestwähler stießen sich nicht an dem ideologischen Prädikat »islamisch«. Dies war der eigentliche Sieg Erdoğans: Es war ihm gelungen, den Wählern zu vermitteln, dass seine Partei in erster Linie marktwirtschaftlich ausgerichtet und daher für alle Türken, ob konservativ islamisch oder säkular, wählbar sei.

Erdoğan verfügte allerdings auch über eine beträchtliche Bandbreite an Gefolgsleuten, die einem sehr breitgefächerten Erwartungsprofil entsprachen: Neben religiös konservativen Kandidaten, die eine entsprechende Wählerschaft abzudecken hatten, gingen für die AKP auch Muslime ins Rennen, die als Fachleute in der Industrie, im Handel und im Verwaltungswesen Karriere gemacht hatten, teilweise sogar im Ausland. Diese pragmatisch eingestellten Manager und Bankiers sollten Wähler ansprechen, die bisher strikt säkular orientierte Parteien bevorzugt hatten.

Zu einem herausragenden Repräsentanten dieser neuen Generation innerhalb der AKP war der 1956 in Istanbul geborene Unternehmer Cüneyt Zapsu geworden. Er war ein Gründungsmitglied der AKP und kannte Erdoğan seit den frühen 1990er-Jahren; er wurde sogar Erdoğans Freund, als er 1994 dem damaligen Kandidaten für das Amt des Oberbürgermeisters Kontakte zu den großen Unternehmern Istanbuls hergestellt hatte. Im Wahlkampf 2002 diente er als wichtigster Berater Erdoğans und trug wesentlich dazu bei, dass die AKP einen pragmatisch orientierten Kurs der »Mitte« einschlug, ohne den religiösen Hintergrund zu verleugnen.

Es lohnt sich, den politischen Werdegang des jungen Unternehmers Cüneyt Zapsu näher zu betrachten, denn daran sehen wir, welche Entwicklung innerhalb der AKP selbst möglich war.

Zapsu stammte aus einer streng religiösen kurdischen Familie. Sein Großvater hatte sich als einer der großen Religionsgelehrten der Türkei einen Namen gemacht, hatte aber unter der streng laizistischen Regierung während der 1940er-Jahre eine Gefängnisstrafe zu verbüßen, weil er darauf bestand, seine Kinder nicht in eine staatliche, sondern eine religiös orientierte Schule zu schicken. Sein Sohn, Zapsus Vater, engagierte sich dann in der Demokratischen Partei des Ministerpräsidenten Adnan Menderes, weil Menderes das Ziel verfolgte, dem Islam wieder mehr Gewicht im öffentlichen Leben zu geben. Nach dem Militärputsch von 1960 floh Zapsus Vater mit seiner Familie ins Exil nach München, wo der Sohn Cüneyt Volkswirtschaft studierte. Eng befreundet war die Familie Zapsu später mit Ministerpräsident Turgut Özal.

Cüneyt Zapsu aber war schon sehr früh nicht mehr in das enge Korsett einer religiös konservativen Ausrichtung einzuordnen. Er wurde nicht nur Mitglied des einflussreichen türkischen Industriellenverbandes TÜSIAD, der sich immer wieder kritisch über Fehlentwicklungen in Wirtschaft und Politik äußerte, sondern auch Mitglied beim Wirtschaftsforum in Davos. Bei seinen Gegnern im säkular-nationalistischen Lager war Zapsu einerseits als »Kommunist« abgestempelt worden, weil er die Folterpraktiken des Geheimdienstes, der Polizei und des Militärs gegen politisch Andersdenkende anprangerte, andererseits als »Separatist«, weil er Verständnis für die Probleme der Kurden zeigte (und selbst Kurde ist).[114] Cüneyt Zapsu wurde aber zu einer Galionsfigur innerhalb jenes Flügels der AKP, der für mehr Rechtsstaatlichkeit in der Türkei und eine Machtbeschränkung des Militärs eintritt. Es ist jener Flügel, dem Erdoğan sowie sein Außenminister Abdullah Gül die größte Stoßkraft innerhalb der Partei gegeben haben. Und Männer dieses Typs sollten unter der Führung Erdoğans den Reformen während des folgenden Jahrzehnts ihr Gepräge geben.

Erdoğan, der »Hoffnungsträger«: Überraschungen in der Innen- und Außenpolitik

Für Erdoğan bedeutete eine betont pragmatisch orientierte Wirtschaftspolitik allerdings ein beträchtliches Risiko. Seine Regierung wurde zuallererst am wirtschaftlichen Erfolg gemessen, sie würde also bei den nächsten Wahlen gnadenlos abgestraft, falls sie mit ihren Reformen scheiterte. Dass Erdoğan vier Jahre später triumphal im Amt bestätigt wurde, hat gerade damit zu tun, dass er die Türkei tatsächlich aus der Wirtschaftskrise führen konnte. Seit dem Jahr 2004 hatte die zuvor vom Staatsbankrott bedrohte Republik plötzlich Wachstumsraten von fünf bis acht Prozent pro Jahr zu verzeichnen.

Aber bevor Erdoğan mit seiner Reformpolitik überhaupt beginnen konnte, hatte er eine schwerwiegende Barriere zu überwinden. Er musste das Gerichtsurteil zur Revision bringen, das ihn 1998 mit einem lebenslangen Verbot politischer Führungsaufgaben belegt hatte. Selbst den Wahlkampf konnte er nicht in dem Sinn führen, dass er als Kandidat für den Posten des Ministerpräsidenten antrat. Offiziell musste er sowohl die Führung der Partei als auch das Regierungsamt seinem treuesten politischen Gefolgsmann Abdullah Gül überlassen. Umso bemerkenswerter war es, dass die Partei trotzdem überzeugend den Wahlkampf gewinnen konnte, und umso stärker wuchs nach dem Wahlsieg der Druck auf das Verfassungsgericht und das Militär, das Urteil zu revidieren. Es dauerte nur wenige Monate, bis das Urteil aufgehoben wurde. Erdoğan, vom Verdacht »islamistischer Agitation« freigesprochen, konnte im März 2003 offiziell das Amt des Ministerpräsidenten übernehmen, während Abdullah Gül in das Amt des Außenministers wechselte. Diese beiden Politiker bestimmten nun mit strategisch sorgsam verteilten Rollen die Richtlinien der »islamischen« Partei.

Abdullah Gül entstammt einem ähnlich streng religiösen Milieu wie Erdoğan. Entsprechend tritt auch seine Frau in der Öffentlichkeit nur mit Kopftuch auf. Gül wurde 1950 als Sohn eines einfachen Handwerkers in Kayseri geboren, einer Provinzhauptstadt im zentralen Anatolien, die als Hochburg konservativ sunnitischer Orthodoxie sowie islamischer Gruppierungen gilt. Auch Gül hatte eine Imam-Hatip-Schule besucht und studierte anschließend an einer staatlichen Universität.

Seine Doktorarbeit schrieb er über das Thema *Islam und Ent-wicklung*, wobei er sich vor allem auf die wirtschaftliche Ent-wicklung konzentrierte. Aber schon als Doktorand wandte er sich von den Prinzipien eines starr konservativen Fundamentalismus ab. Begünstigt wurde dieser Wandel dadurch, dass er zwei Jahre in London Wirtschaftswissenschaften studierte und sich mit westlichen Gesellschaftsformen auseinandersetzte. Anschließend war er Dozent in der Türkei, bevor er acht Jahre für die Islamische Entwicklungsbank in Saudi-Arabien arbeitete. Aufgrund dieser Tätigkeiten im Ausland spricht Gül sowohl fließend Englisch als auch Arabisch.

Ministerpräsident Erdoğan und sein Außenminister Gül waren die entscheidenden Exponenten, die das Parteiprogramm der AKP in der Öffentlichkeit vertraten. Beide verwarfen ausdrücklich alle ideologischen Ziele einer »Islamisierung« der Gesellschaft, bekannten sich zum Prinzip der »säkularen Demokratie« und hoben als Schwerpunkte ihrer Politik soziale und wirtschaftliche Reformen hervor. Mit dem Bekenntnis, »die Türkei nach Europa zu führen« – also in die Europäische Gemeinschaft zu integrieren – unterschieden sich Erdoğan und Gül kaum noch von den Zielsetzungen, die Atatürks Republikanische Volkspartei vertrat. Erdoğan bot aber eine Überraschung, als er in Interviews zu verstehen gab, er wolle sich mit seiner »islamischen« Partei AKP am Vorbild christdemokratischer Parteien Europas orientieren und ihr ein ähnlich religiös-säkulares Gepräge, nur eben muslimisch-türkischen Zuschnitts, geben.

Aufschlussreich ist in diesem Zusammenhang ein Interview, das Murat Mercan, der Vizechef der AKP, im Oktober 2004 dem österreichischen Nachrichtenmagazin *Profil* gab. Mercan antwortete auf die Frage, weshalb seine islamische Partei ausgerechnet der Europäischen Volkspartei (EVP) mit ihrem betont christlichen Werten beitreten wolle:

»Wir alle sind Demokraten, und es gibt keine Demokratie ohne Säkularismus. Wären die Christdemokraten nicht säkular, würden wir dort wirklich nicht hineinpassen. Denn die AKP ist eine säkulare Partei. Was uns mit den europäischen Konservativen vereint, sind die Werte der Tradition und der Familie. Das haben die Religionen gemeinsam, und das unterscheidet uns von Sozialdemokraten, Liberalen und Grünen.«

Und auf die Frage, wo der Platz der Religion in der Politik sei, erklärte er:

»Sie [die Religion] kann als Inspiration dienen. Christlich-soziale Politiker mögen religiöser sein und öfter in die Kirche gehen als andere. Ihre Werte können vom Christentum abstammen, aber in der praktischen Politik von demokratischen Parteien darf Religion keine Rolle spielen.«[115]

Ein solch ausdrückliches Bekenntnis zur säkularen Gesellschaftsform unterscheidet sich erheblich von der islamistischen Ideologie. Deshalb findet die AKP auch kaum Zustimmung bei Islamisten, die gerade die enge Verflechtung von Religion und Politik zum Kern ihrer Zielsetzung machen. Die strikt säkular orientierten Gegner werfen der AKP allerdings vor, dass sie sich nur aus taktischen Gründen zum Säkularismus bekenne, letztlich aber eine Theokratie anstrebe. Die Maske werde fallen, sobald Erdoğan seine Macht abgesichert habe.

Aber Erdoğan, der schon als Oberbürgermeister von Istanbul zwischen 1994 und 1998 jenseits aller Ideologie sachbezogene Reformen in der Verkehrspolitik, der Armutsbekämpfung und der Umweltpolitik durchgesetzt hatte, handelte nun ähnlich pragmatisch in seinem neuen Amt. Der »islamische« Ministerpräsident leitete mehrere Reformen ein, die den Vorgaben der Europäischen Union entsprachen. Außenminister Gül verhielt sich bei den Beitrittsverhandlungen zur EU flexibler und legte eindeutiger ein Bekenntnis zu »europäischen Werten« ab, als dies seine betont kemalistisch orientierten Vorgänger getan hatten.

Die Regierung Erdoğan zeigte sich vor allem in der Politik gegenüber ethnischen Minderheiten von vornherein um Vieles beweglicher als die Kemalisten. Erdoğan brachte Bewegung in bisher beharrlich blockierte Reformbestrebungen. Seit dem 7. Juni 2004 war die kurdische Sprache in den Medien präsent. Was viele Jahrzehnte lang unter der Regierung strikt säkularer und sozialdemokratischer Parteien vehement verhindert wurde, konnte ausgerechnet unter einer islamisch orientierten Regierung möglich werden.

Zwar hatte schon die Vorgänger-Regierung unter Ministerpräsident Bülent Ecevit 2002 die Verwendung der kurdischen Sprache in den Medien zugelassen, aber die Verabschiedung dieses Gesetzes war erst nach vielen Streitigkeiten mit dem radikal-nationalistischen Koalitionspartner, der Partei MHP, möglich gewesen. Ecevit selbst – Sozialdemokrat und strammer türkischer Nationalist zugleich – hatte zu erkennen gegeben, dass er dieses Gesetz eigentlich nur unter dem Druck der EU in die Wege geleitet habe. Aber kaum hatte das Militär seine Bedenken angemeldet, hatte Ecevit auch schon wieder die Reform mit sehr rigiden Ausführungen abgewürgt. Erdoğan dagegen, mit einer satten absoluten Mehrheit ausgestattet und nicht mehr im gleichen Maß durch das Militär bedroht, ging die Reform entschiedener an. Zwar konnten auch seine Maßnahmen aus kurdischer sowie aus westeuropäischer Perspektive nur der bescheidene Anfang größerer Reformen sein, aber immerhin war nun ein erster Schritt getan. Eine konservativ-islamische Regierung tat sich hier leichter als eine nationalistisch-sozialdemokratische, denn für »islamisch« gesinnte Türken spielte das Ziel einer »Türkisierung« nicht die gleiche Rolle wie für ideologisch fanatisierte Nationalisten, von denen es unter den erklärten Anhängern Atatürks, auch unter Sozialdemokraten, bedeutend mehr gibt als in der Partei Erdoğans.

Eine Reihe Überraschungen bescherte Erdoğan auch in der Außenpolitik. So vollzog er – in Zusammenarbeit mit dem Außenminister Abdullah Gül und dessen wichtigstem Berater Ahmet Davutoğlu – eine beachtliche Öffnung hin zur arabischen Welt. 2004 empfing er in Begleitung Güls, der ja fließend arabisch spricht, den syrischen Präsidenten Baschar al-Assad zu Gesprächen in Ankara. Erstmals seit Bestehen der Türkischen Republik 1923 kam damit ein arabischer Regierungschef in die Türkei, und dies auch noch aus Syrien, einem Staat, der in westlichen Ländern argwöhnisch als »bedrohlich«, von den USA gar als »Schurkenstaat« eingestuft wurde. Als sensationell wurde diese Annäherung schon deshalb empfunden, weil seit dem Unabhängigkeitskampf der arabischen Völker gegen die osmanische Herrschaft Anfang des 20. Jahrhunderts die Beziehungen zwischen den Türken und den Arabern äußerst frostig gewesen sind.

Aber Erdoğan unterschied sich – was die weiteren Ereignisse zeigten – im Grundsätzlichen von seinem politischen Ziehvater Erbakan. Während sich Erbakan völlig einseitig auf die islamischen Nachbarstaaten konzentriert und sich vehement gegen die Aufnahme der Türkei in die EU ausgesprochen hatte, pflegte Erdoğan intensive Kontakte nach beiden Seiten. Mehr noch: Während Erbakan nähere Kontakte zu Israel entschieden abgelehnt hatte, hielt Erdoğan nicht nur den Beitritt zur EU, sondern auch den Kontakt zu Israel für unverzichtbar. In einem Interview mit der saudi-arabischen Zeitung *Al-Yaum* bestätigte Erdoğan, dass seine Regierung mit Israel ebenfalls einen Vertrag über die Lieferung von Wasser abgeschlossen hatte, und begründete dies mit folgenden Worten:

»Unsere Beziehungen zu Israel gründen auf ein langes gegenseitiges Verstehen zwischen Türken und Juden. Diese Beziehungen haben eine besondere Bedeutung und wir bemühen uns, in diesem Rahmen nach einem dauerhaften Frieden und einer dauerhaften Stabilität in der Region zu suchen. Diese Beziehungen hindern uns allerdings nicht daran, unsere Kritik, was die Palästina-Frage angeht, vorzubringen. In diesem Rahmen verurteilen wir aber auch die Angriffe gegen israelische Zivilisten und die Gewalt, mit der Israel gegen die Palästinenser vorgeht.«[116]

Erdoğan versuchte mit seiner Außenpolitik die bisherige einseitige Anbindung der Türkei an den Westen zu lockern, ohne nun umgekehrt sich allzu stark an den islamischen Osten, die arabische Welt und den Iran, zu binden. In der Hinwendung zu islamischen Ländern spielten zwar auch religiös-ideologische Erwägungen eine Rolle – und damit erfüllte Erdoğan die Erwartungen jener Wähler, die religiös konservativ dachten –, aber entscheidender waren wirtschaftliche Gesichtspunkte. Die Exporte türkischer Produkte in die Länder des Nahen Ostens verdreifachten sich von 2000 bis 2004 fast, und diese Entwicklung galt es durch gute Kontakte zu stabilisieren.[117]

Erdoğan bot einerseits den arabischen Staaten an, als »gläubiger Muslim« zwischen den verfeindeten Gruppierungen der islamischen Welt und dem Westen zu vermitteln, andererseits weigerte er sich, die politischen Führer der radikal-islamischen *Hamas* zu einem Gespräch zu empfangen. Er demonstrierte damit, dass seine Öffnung zum Nahen Osten nicht so weit ging, sich als Erfüllungsgehilfe radikal-islamischer Interessensgruppen in der arabischen Welt vereinnahmen zu lassen. Unmissverständlich machte er klar, dass er als Führer einer islamischen Partei die Türkei nicht als ein im Nahen Osten angesiedeltes muslimisches Land betrachtete – sondern als ein »europäisches Land mit muslimischer Bevölkerung«.[118]

Diese neue Tendenz in der Außenpolitik ist später von Kritikern als »neo-osmanisch« apostrophiert worden. Zum einen äußerten die Kritiker Verständnis, dass Erdoğan sich aus der einseitigen Bindung an westeuropäische Staaten löste. Zum andern aber befürchteten sie, dass eine starke Konzentration auf den nahöstlichen Raum zu einer Großmachtpolitik mit unabwägbaren Risiken mutieren könnte. Wie sehr sich diese Befürchtung bewahrheiten sollte, zeigte sich spätestens seit dem Jahr 2011, als die Unruhen des sogenannten »Arabischen Frühlings« den gesamten Nahen Osten erschütterten. Für die Türkei sollte besonders verhängnisvoll der syrische Bürgerkrieg werden (davon mehr im Abschnitt *Die Türkei im Sog des syrischen Bürgerkriegs*).

Erste Fragezeichen

In vielerlei Hinsicht war es Erdoğan zunächst gelungen, eine geschickte Balance-Politik zu betreiben, ohne nun bei westlichen Staaten, und hier vor allem bei der EU, auf Widerstand zu stoßen. Das änderte sich aber schlagartig im Mai 2005, als die Regierung Erdoğan ein neues Gesetz zur Strafrechtsreform verabschiedete. Dieses Gesetz, das von Westeuropäern sowie einer schmalen liberal gesinnten türkischen Bildungsschicht abgelehnt wurde, brachte keineswegs, wie offiziell angekündigt, eine weitere Annäherung an die Wertvorstellungen der EU. Im Gegenteil: Bisherige Einschränkungen der Meinungsäußerung wurden sogar verschärft. So drohte Journalisten, die sich kritisch über die Außenpolitik äußerten oder die Massaker an Armeniern als Völkermord bezeichneten, nun sogar eine höhere Gefängnisstrafe als zuvor. Mit bis zu vier Jahren Haft wurde bedroht, wer das »Türkentum« im Ausland »herabsetzte«. Eine weitere Verschärfung bedeutete, dass sich das Verbot eines kritischen Journalismus nicht nur auf die klassischen Medien wie Zeitung, Radio und Buch bezog, sondern

darüber hinaus auch kritische Äußerungen im Internet straf-
bar machte.[119]

Mit einem derartigen Maulkorb-Gesetz für regierungskritische Journalisten folgte Erdoğan der autoritären Tradition
früherer Regierungen und ließ bisherige Reformansätze rück-
blickend nur als halbherzig erscheinen. Aber eines war deutlich: Einen strikt »islamischen« Kurs verfolgte die Regierung
Erdoğan auch hier nicht. Vielmehr ähnelte diese Politik zum
Verwechseln der Haltung radikaler »säkularer« Nationalisten.
Und der Verdacht liegt nahe, dass Erdoğan hier nicht nur
die eigene Macht autoritär im herkömmlichen Stil absichern
wollte, sondern darüber hinaus Zugeständnisse an die türkischen Nationalisten machte, um auch ihre Loyalität zu gewinnen.

Im April 2007 überraschte Erdoğan jedoch umgekehrt wieder
durch seine tolerante Haltung gegenüber ethnischen wie auch
religiösen Minderheiten. Als in der osttürkischen Stadt Malatya radikal-orthodoxe Sunniten zwei türkische und einen deutschen Christen brutal ermordet hatten, weil sie ihnen »Missionierung« in einem islamischen Land vorwarfen, fand der
»islamisch orientierte« Ministerpräsident Erdoğan die passenden Worte – ganz im Gegensatz zum »säkular nationalistisch«
orientierten Staatspräsidenten Ahmet Sezer. Erdoğan sagte:

>»Wir haben 36 verschiedene Völker und andere Religionen
>und Identitäten, die respektiert werden müssen. In Europa
>gibt es rund 6000 Moscheen. Wir müssen bei uns den Kir-
>chen und Synagogen die gleiche Sicherheit geben.«

Dagegen sagte der strikt an den Idealen Atatürks ausgerichtete
Staatspräsident Sezer nur:

>»Die Menschen müssen ihre Reaktionen demokratisch
>und gewaltfrei zeigen.«[120]

Während Erdoğan also die Vielfalt an Völkern und Religionen hervorhob und unterschiedslos ihnen gegenüber Respekt einforderte, ging sein kemalistischer Widersacher Sezer mit keinem Wort auf die Vielfalt ein. Sezer wünschte nur ein gewaltfreies Verhalten der Demonstranten und brachte zum Ausdruck, dass er an der muslimisch-nationalen Identität der Türken in ihrer bisherigen Form festhielt – einer monolithischen Einheit anstelle der Vielfalt. Erdoğan tat sich mit der Toleranz gegenüber ethnischen Minderheiten und anderen Religionen leichter, eben weil der Islam ursprünglich keinen ethnisch motivierten Nationalismus kennt und Toleranz gegenüber anderen monotheistischen Weltreligionen vorschreibt.

Trotzdem müssen wir Fragezeichen setzen. Die säkularen Gegner werfen der AKP auch vor, dass viele ihrer führenden Politiker nicht an staatlichen Schulen, sondern an sogenannten Imam-Hatip-Schulen ausgebildet wurden. Diese seien mit ihrer religiösen Orientierung eine Gefahr für die laizistische Staatsordnung, eben weil sie den Laizismus durch eine mehr oder weniger islamistisch geprägte Ideologie in Frage stellten.

Diesen Vorwurf gilt es zu überprüfen.

Die wachsende Bedeutung der Imam-Hatip-Schulen

Imam Hatip ist mit »der predigende Imam« zu übersetzen. Ein solcher Name weist unmissverständlich auf die Funktion dieser Schulen hin: Sie dienen der Ausbildung von Predigern in Moscheen und haben damit eine völlig andere Aufgabe als die staatlichen Schulen, zumindest ursprünglich. Aber sie haben im Verlauf der Jahrzehnte weitere Bereiche übernommen und wurden erst dadurch zum Streitpunkt zwischen Parteien mit strikt laizistischer und islamischer Ideologie. Aus den Ausbildungsstätten für Prediger sind religiös orientierte Gymnasien für eine breite Schicht konservativer Muslime geworden. Auf

Türkisch lautet der Name *Imam-Hatip-Lisesi* (wobei das französische Wort *lycée* für Gymnasium prägend war).

Diese religiös geprägten Ausbildungsstätten sind keine Erfindung der Islamisten. Ihre Geschichte reicht bis in die Anfänge der Türkischen Republik. Nachdem Atatürk 1924 die Medresen (Koranschulen) abgeschafft hatte, waren den säkular ausgerichteten Mittelschulen sogenannte Imam-Hatip-Schulen angeschlossen worden, die vom laizistischen Staat streng kontrolliert wurden. Die Zahl dieser Institutionen sank allerdings in den Jahren 1924 bis 1929 wegen mangelnder Nachfrage von 29 auf 2, weshalb im Schuljahr 1931/32 alle Imam-Hatip-Schulen aufgelöst wurden, ohne dass Atatürks Behörden dafür einen Ersatz schufen. Desto mehr begannen in den folgenden Jahren Koranschulen im Verborgenen jenseits aller staatlichen Kontrolle zu wirken.[121]

An die Öffentlichkeit treten konnte dieses betont religiös orientierte Schulsystem erst wieder, als 1950 die oppositionelle Demokratische Partei unter der Führung von Adnan Menderes die Wahlen gewann. Unter Menderes kam es zu einer sogenannten »Wiederbelebung islamischer Werte«. In diesem Zusammenhang konnten 1951 Imam-Hatip-Schulen neu eröffnet und wie zuvor als gesonderter Zweig des staatlichen Schulsystems geführt werden. Seither ist das Wachstum dieser Schulen nicht mehr aufzuhalten. Hatten sich 1961 erst 4200 Schüler an 19 Schulen auf den Beruf des Imam vorbereitet, waren es 1985 schon 229 000 Schüler an 716 Schulen.[122]

Diese erstaunliche Wachstumsrate innerhalb von nur 20 Jahren zeigt, wie stark das Bedürfnis nach einem religiös orientierten Schulsystem war, das sich auf Dauer nicht unterdrücken ließ. Der Wunsch nach einem solchen Unterricht beschränkte sich jedoch nicht nur auf Türken, die selbst Prediger an einer Moschee werden wollten. Vielmehr schickten bald auch viele traditionell denkende Eltern ihre Kinder in Imam-Hatip-Schulen, damit diese dort eine »islamische« Ausbildung erhielten. Besonders Mädchen wurden in derartige Schulen gegeben, weil es ihnen dort – im Gegensatz zu den vom Staat betriebenen säkular ausgerichteten Bildungsstätten – gestattet war, ein Kopftuch zu tragen.

Aber bald entstand ein Problem: Eben weil an den religiös orientierten Schulen weit mehr Kinder ausgebildet wurden, als man Prediger benötigte, mussten diese Einrichtungen einen neuen Status erhalten. Ohnehin war den Frauen das Predigtamt in der Moschee verschlossen (zumindest galt dies noch bis vor wenigen Jahren), so dass die ursprünglich spezialisierte Form des Unterrichts hinfällig war. Angesichts des großen Andrangs von männlichen wie weiblichen Schülern wurde es demnach immer dringlicher, die Absolventen »islamischer« Schulen denen der staatlichen gleichzustellen, sonst wäre den »Religiösen« der Zugang nicht nur zum Arbeitsmarkt, sondern auch zu den Universitäten erheblich erschwert worden.

Die islamisch orientierten Politiker setzten sich seit Mitte des 20. Jahrhunderts entschieden für die Gleichstellung der Imam-Hatip-Schulen mit staatlichen Schulen ein. Und sie verstanden es alle mehr oder weniger, sich gerade in diesem Zusammenhang auch für die Anliegen der Frauen stark zu machen und ihnen eine bessere Bildung zu ermöglichen. Die Politiker kümmerten sich allerdings vorrangig um Frauen, die aufgrund ihrer strengen religiösen Überzeugung Kopftuch trugen und mit großer Wahrscheinlichkeit bei Parlamentswahlen ihre Stimme den Parteien mit konservativ islamischer Ideologie gaben.

In den 1970er-Jahren gelang dem islamistischen Politiker Necmettin Erbakan ein erster entscheidender Durchbruch, was den Status dieser Schulen betraf. Seine damalige Nationale Heilspartei hatte 1973 bei den Parlamentswahlen 11,8 Prozent der Wählerstimmen auf sich vereinigt und war damit politisch so stark geworden, dass der sozialdemokratische Ministerpräsident Bülent Ecevit nur dann eine Regierung bilden konnte, wenn er die Partei Erbakans in die Koalition einbezog. Der politische Preis dafür aber war: Ecevit musste gestatten, dass die Islamisten das System der Imam-Hatip-Schulen weiter ausbauten, ohne staatliche Eingriffe fürchten zu müssen. In den folgenden Jahren wurden dann die religiös orientierten Schulen immer mehr dem staatlichen Schulsystem rechtlich gleichgestellt.

Seither qualifizieren sich Schüler der Imam-Hatip-Schulen im Rahmen einer vierjährigen Mittel- und einer dreijährigen Gymnasialausbildung nicht nur für die Laufbahn des einfachen Predigers und Imam. Vielmehr gestattet der beträchtlich erweiterte und qualitativ erheblich verbesserte Lehrstoff den Absolventen von Imam-Hatip-Schulen den Zugang zu allen Studiengängen der türkischen Universitäten mit Ausnahme der Militärakademie.[123] Diese Entwicklung wurde zwar für einige Jahre unterbrochen, als das Militär 1980 putschte, um den Machtzuwachs der islamistischen Nationalen Heilspartei sowie einiger extrem nationalistischen Parteien zu stoppen. Aber kaum hatte das Militär 1983 wieder demokratische Wahlen zugelassen, konnten sich die Imam-Hatip-Schulen weiterhin ungehindert ausbreiten. Turgut Özal förderte ebenfalls engagiert diesen religiös orientierten Schultyp.

Der syrisch-deutsche Politikwissenschaftler Bassam Tibi hat die Imam-Hatip-Schulen als »Instrumente der Entwestlichung« bezeichnet und schreibt ihnen eine »fundamentalistische Umwandlung der Türkei« zu. Seine Argumente sind hier kurz vorzustellen.

Zu den »Merkmalen der Entwestlichung«, so beurteilte Tibi 1994 in der *Frankfurter Allgemeinen Zeitung* die Situation,

»gehört die Tatsache, dass Arabisch als Sprache des Koran die westlichen Sprachen im Ausbildungsprogramm ablöst. Derzeit lernen eine Million türkischer Schüler Arabisch als erste Fremdsprache in den Imam-Hatip-Schulen. Mit

dieser allgemeinen Entwicklung hängt auch ein entscheidender Wandel in der Richtung der türkischen Elite zusammen. Ein neuer Typ einer islamisch orientierten Bildungselite lehnt die westlich gesinnte kemalistische Elite
ab, ohne dass dies außerhalb der Türkei zur Kenntnis
genommen wird.«

Diese Entwicklung werde, so Tibi, durch die Ministerialbe-
amten im türkischen Erziehungsministerium stark gefördert,
weil sie, die die Lehrpläne der Imam-Hatip-Schulen ministe-
riell genehmigen, vorwiegend Erbakans fundamentalistischer
Wohlfahrtspartei nahestünden.[124]

Eine solche Einschätzung, 1994 geäußert, scheint bis heute –
zumindest auf den ersten Blick – nichts von ihrer Aktualität
verloren zu haben. Vor allem scheint das Engagement gerade
auch radikaler Islamisten für diesen religiös orientierten Schultyp Anlass zu Misstrauen zu bieten und zumindest kritische
Wachsamkeit zu rechtfertigen. Aber bei genauerer Betrach-
tung können wir feststellen, dass die Imam-Hatip-Schulen
nicht in dem Maß, wie prophezeit, eine »Entwestlichung« ihrer
Zöglinge zur Folge haben. Schließlich gehören auch viele
Führungskräfte in Erdoğans AKP zu diesem »neuen Typ einer
islamisch orientierten Bildungselite«, der seine Ausbildung an
solch religiös orientierten Schulen abgeschlossen hat und von
dort zum Studium an die Universität kam. Dies gilt nicht nur
für Ministerpräsident Erdoğan selbst, sondern auch für den
zweiten starken Mann der AKP, Abdullah Gül. Aber gerade diese Absolventen von Imam-Hatip-Schulen praktizieren eine besonders »europafreundliche«, »westorientierte« Politik. Wenn
auch die ideologische Ausrichtung der AKP mit manchen Fragezeichen versehen werden muss, so ist doch inzwischen eines
unbestritten: Eine Ausbildung an einer Imam-Hatip-Schule
muss nicht die vielbeschworene »Abkehr vom Westen« nach
sich ziehen.

Eine »Entwestlichung« mit bedenklichen Spätfolgen findet auch nicht schon dadurch statt, dass an Imam-Hatip-Schulen das Arabische als erste Fremdsprache gelehrt wird, wogegen westliche Sprachen aus ihrer absolut dominierenden Rolle verdrängt werden. Denn ein Teil der künftigen türkischen Bildungsschicht wird auf diese Weise lediglich wieder das Arabische als die Sprache des Koran kennenlernen und damit differenzierter mit dem Erbe arabisch-islamischer Überlieferung umgehen können. Sie wird dadurch auch besser in der Lage sein, eine emotionale Brücke zu den Muslimen der arabischen Nachbarstaaten zu schlagen. Die rabiate Konsequenz, mit der türkische Nationalisten in der Nachfolge Atatürks versuchten, alles Arabische aus der türkischen Kultur zu tilgen und völlig einseitig durch eine »Westorientierung« zu ersetzen, wird damit gemildert und könnte – bei gutem Willen – einer ausgewogeneren Haltung weichen.

Entscheidend ist für die politische Zukunft der Türkei allerdings, dass es zu einem demokratischen Nebeneinander der beiden Schulsysteme kommen müsste – und nicht zu einem ideologischen Grabenkampf, in dem ein säkulares und ein islamisches Bildungssystem als unvereinbar angesehen werden.

»Das Tal der Wölfe«. Der große Filmerfolg

Im Februar 2006 rückte ein türkischer Spielfilm mit dem Titel *Das Tal der Wölfe* in die Schlagzeilen der deutschen Presse. Weshalb die Aufmerksamkeit in westlichen Medien?

Dieser Film hatte alle Zuschauerrekorde in der Türkei gebrochen, eine Million Menschen soll ihn bereits in den ersten drei Tagen gesehen haben. Die Begeisterung reichte sogar in die höchsten politischen Ränge. Ministerpräsident Erdoğan hatte sich *Das Tal der Wölfe* privat vorführen lassen und gab seine Begeisterung in Interviews an die Öffentlichkeit weiter.[125] Diese Empfehlung eines populären Ministerpräsidenten heizte den

Massenansturm noch einmal an. Aber auch in Deutschland hatte der Film bei einem türkischen Publikum durchschlagenden Erfolg. Die Premiere in Köln am Abend des 8. Februar 2006 fand in zehn Kinosälen gleichzeitig statt. Außerordentlich gut besucht war der Film über viele Wochen ebenso in Wien, wo ich ihn in der türkischen Originalversion mit deutschen Untertiteln gesehen habe.

Es ist kein Werk von künstlerischem Rang, sondern unter die Kategorie »Blockbuster« einzureihen, deutlich vom Vorbild entsprechender Hollywood-Filme inspiriert. Wegen der aufwendigen Spezialeffekte ist es der teuerste Spielfilm, der je in der Türkei produziert wurde. Aber die Aufmerksamkeit in westlichen Medien ist notwendig, denn es ist ein Film mit aggressiv politischer Tendenz. Kritiker im deutschen Sprachraum werfen dem Film überwiegend einen gefährlichen Anti-Amerikanismus vor, wo es zu einem ideologischen Schulterschluss extrem türkischer Nationalisten mit Islamisten komme. Verwiesen wird hierbei auf die Tatsache, dass auch mehrere säkulare Nationalisten den Film schlecht beurteilten. So ist im türkischen Massenblatt *Milliyet* zu lesen:

> »Das Hauptmenü besteht aus Nationalismus, über den eine volle Kanne islamische Sauce gekippt wird.«[126]

Die hier angesprochene Koppelung von antiwestlichem Nationalismus und islamistischer Ideologie ist für uns aus zweierlei Gründen interessant. Zum einen sollte die Meinungsumfrage eines amerikanischen Instituts zu denken geben, dass in keinem anderen Staat der islamischen Welt das Ansehen der USA einen derartigen Tiefpunkt wie 2006 in der Türkei erreicht hat. Die Abneigung richtete sich hierbei allerdings nicht gegen das amerikanische Volk und den sogenannten American Way of Life, denn nach wie vor bringt ein Studium an einer amerikanischen Universität hohes Prestige in der Türkei (auch Erdoğan ließ seine Töchter in den USA studieren). Aber gerade neun Prozent der Türken hatten von der als imperialistisch und anti-islamisch eingestuften Nahost-Politik des US-Präsidenten George W. Bush eine gute Meinung. Nur noch zwei Prozent empfanden für Bush persönliche Sympathie. Sogar der in der Türkei vielgeschmähte Osama bin Laden genoss mit fünf Prozent noch mehr Zustimmung.[127] Unser Interesse verdient der Film jedoch auch, weil sich Ministerpräsident Erdoğan als Führer einer »gemäßigt islamischen« Partei begeistert geäußert hat. Spiegelt also *Das Tal der Wölfe* manches von der politischen Weltsicht Erdoğans und der AKP wider?

Der türkische Originaltitel veranschaulicht deutlicher als der deutsche die politische Tendenz: *Kurtlar vadisi Irak*. Das Wort *Kurt* im Singular bedeutet »Wolf« und weckt Assoziationen zu *Bozkurt*, dem »Grauen Wolf«, dem mythischen Fabeltier, mit dem die Ursprungslegende der Turkstämme verbunden ist: Ein grauer Wolf soll einst den türkischen Stämmen den Weg nach Westen gewiesen haben, wo sie im islamischen Kulturraum große Reiche errichteten. Dass dann aber im türkischen Originaltitel noch der Staatsname Irak hinzugefügt ist, gibt dem Film die eigentliche Brisanz.

Schauplatz der Filmhandlung ist der nördliche Teil des Irak im Sommer 2003, wo die irakischen Kurden nach dem Sturz Saddam Husseins durch den Einmarsch amerikanischer Truppen und dem Sturz Saddam Husseins erstmals sich selbst autonom regieren konnten. Der Film nimmt zum Ausgangspunkt ein für die Türken traumatisches Ereignis: Elf türkische Offiziere, die mit ihren Soldaten in die Kurden-Region des Irak vorgerückt waren, wurden im Juli 2003 von amerikanischen Soldaten verhaftet und beschuldigt, terroristische Anschläge auf die kurdische Verwaltung geplant zu haben. Die Verhafteten wurden zwar nach wenigen Tagen wieder freigelassen, aber die türkische Öffentlichkeit war durch die amerikanische Aktion tief schockiert. Das Ereignis signalisierte mit bisher nicht gekannter Deutlichkeit, wie schroff die Interessengegensätze zwischen Amerikanern und Türken über die Zukunft der Kurden im Nordirak sind. Für die Türken erschien es als eine Bedrohung, dass die irakischen Kurden durch Förderung der Amerikaner einen eigenen Staat bekommen würden – und diese Entwicklung auch den Kurden in der östlichen Türkei entsprechend Auftrieb geben könnte. Die amerikanische Regierung setzte sich, so suggeriert der Film, über solche türkischen Befürchtungen erstmals bedenkenlos hinweg.

Im Film ist dazu eine Handlung konstruiert, die in erster Linie dem verletzten nationalen Ehrgefühl der Türken Rechnung trägt. Ein türkischer Geheimagent – eine Mischung aus Rambo und James Bond – wird mit zwei Begleitern in den Nordirak gesandt; er soll den amerikanischen Kommandanten töten, der die Verhaftung der türkischen Offiziere veranlasst hatte. Dies gelingt auch nach vielerlei siegreichen Kämpfen gegen eine erdrückende Übermacht amerikanischer sowie kurdischer Söldner. Dass die Amerikaner und die Kurden mit allen nur denkbaren Negativklischees behaftet sind, versteht sich in einem Actionfilm wie diesem von selbst. Sämtliche Amerikaner erscheinen wie seelenlose Kampfmaschinen, die Kurden als stupide Vasallen amerikanischer Befehlshaber.

Einen beklemmenden Höhepunkt bilden Szenen im berüchtigten Gefängnis Abu Ghraib, in dem amerikanische Soldaten gefangene Iraker foltern. Akribisch werden von den Filmemachern Szenen der Erniedrigung der Gefangenen nachgestellt, wie sie ein Jahr zuvor durch die Weltpresse gingen und international für Empörung sorgten. Die Szenen selbst sind nicht unsachlich polemisch, denn sie werden durch Fakten auch in westlichen Presseberichten bestätigt. Problematisch wird es jedoch, wenn der amerikanische Kommandant als Hauptbösewicht des Films mit seiner Vision von »Kreuzzug« aufdringlich als Parallelfigur zu George W. Bush und damit zum frömmelnden Fundamentalisten stilisiert wird. Eine solch plakative Gestaltung veranlasste westliche Kritiker, den Film als antiwest-liche Propaganda auf dem Niveau undifferenzierter Klischees anzuprangern. Aber bei solchen Vorwürfen sollten sie der Fair-ness halber wenigstens hinzusetzen, dass auch westliche Actionfilme im Stil von Rambo und James Bond muslimische Bösewichter mit nahezu austauschbaren Versatzstücken dar-stellen.

Der Film wäre allerdings für uns im Westen nicht weiter interessant, wenn er sich nur auf diese thematische Ebene be-schränkte. Es gilt noch zu klären, was mit der bereits zitierten »vollen Kanne islamischer Sauce« gemeint ist. Auf dieser zwei-ten Ebene – die auf die politische Grundhaltung des Minister-präsidenten Erdoğan abzielt – wird die Filmhandlung differen-zierter und geht wesentlich über das Niveau hinaus, das wir von entsprechenden Action-Filmen westlicher Machart ken-nen.

Der Hauptrepräsentant islamischer Ideologie ist im Film ein Derwischscheich, dessen Bruderschaft nicht mit Namen ge-nannt wird. Brisant an dieser Gestalt ist von vornherein, dass Derwischbruderschaften ja in der Türkei bis heute strikt ver-boten sind, wogegen sie im Irak besonders auf die kurdische Bevölkerung nach wie vor starken Einfluss ausüben. Dieser Scheich erscheint in seinem Äußeren betont traditionell, er trägt Turban und Kaftan, sein Gesicht ist von einem langen grauen Bart umrahmt. Gerade er bildet im Film den religiös-politischen Wegweiser. Er ermuntert die Muslime, stark im Glauben und stark im Kampf gegen ausländische »Aggres-soren« zu sein. Aber er verurteilt Selbstmordattentate als un-islamisch und unmenschlich. Zum Beleg, dass der Film es ernst mit dieser Verurteilung meint, wird wenig später ein ira-kischer Selbstmordattentäter gezeigt, der an amerikanischen Soldaten seine ermordete Familie rächt. Die Explosion reißt auf dem belebten Markt nicht nur Amerikaner in den Tod, son-dern auch zahlreiche unschuldige Kurden und Araber. Gnadenlos verharrt die Kamera auf den blutüberströmten Leichen vor allem von Frauen und Kindern mit der Absicht, beim Publikum Reaktionen des Abscheus hervorzurufen.

Der Derwischscheich gibt darüber hinaus auch Urteile ab, mit denen er sowohl in Gegensatz zur Geisteshaltung engstirniger orthodox gläubiger Muslime gerät als auch zum Denken verbohrter türkischer Nationalisten. Er sagt, die Muslime sollten endlich ihre Streitereien darüber beilegen, ob der sunnitische oder der schiitische Glaube der richtige sei. Auch sollten die Türken, Araber und Kurden endlich aufhören, sich wegen ethnischer und politischer Gegensätze zu bekämpfen. Sie alle sollten sich vielmehr ihrer Gemeinsamkeit als Muslime bewusst sein, denn nur diese Einigkeit mache sie stark im Kampf gegen »ausländische Aggressoren«. Das Wort »Christen« wird in diesem Zusammenhang vermieden. Der Kampf soll nur gegen jene gehen, die im Stil christlicher Kreuzzüge muslimische Völker bekämpfen.

Aber das aufregendste Signal sendet der Derwischscheich, indem er von »Kurden« spricht, was jahrzehntelang in einem türkischen Spielfilm undenkbar war. Ja, er hebt Kurden als Muslime auf die gleiche Ebene mit Türken und Arabern. Der Film geht noch einen Schritt weiter. Plötzlich gibt einer der Haupthelden des Films zu erkennen, dass er selbst Kurde ist. Es ist einer der drei Geheimagenten, die im Feindesland heroisch für die »türkische Sache« kämpfen. Seine beiden Mitstreiter sind im ersten Moment fassungslos, weil er, wie sie sagen, doch »sehr sympathisch« sei. Im weiteren Verlauf des Films sind die Zuschauer gezwungen, einen Kurden als Sympathieträger zu empfinden. Er spricht zwar den ganzen Film über nur Türkisch – und erfüllt damit eine der wesentlichen Voraussetzungen türkisch nationaler Erwartung –, aber neu ist, dass sich dieser Türke ungeniert als Kurde bezeichnen kann. Hier durchbricht ausgerechnet ein Actionfilm mit ungeheurer Publikumswirkung das lang gehegte Tabu.

In solchen Szenen wird eine Parallele zu einer Vergangenheit hergestellt, in der es die scharfen ethnischen Abgrenzungen noch nicht gab: im Vielvölkerstaat des Osmanischen Reichs. Für türkische Nationalisten, denen es um ethnische »Reinheit des Türkentums« geht, ist eine solche Parallele eine Provokation. So kann die herablassende Ablehnung, wie sie die türkische Massenzeitung *Milliyet* dem Film entgegenbrachte, aus einem neuen Blickwinkel heraus verstanden werden. Der Journalist dieser säkular orientierten Massenzeitung schrieb zwar relativ neutral von Nationalismus, aber sehr emotionsgeladen von »islamischer Sauce«. Am wenigsten können Journalisten wie er die »islamische« Tendenz akzeptieren, dass Muslime über die Schranken des türkischen Nationalismus hinaus zu einer religiös motivierten Einheit mit anderen muslimischen Völkern gelangen sollten.

Und doch bietet dieser Film, was das Kurden-Problem angeht, auch für Nationalisten – zumindest der gemäßigten Richtung – eine Lösung: Negativ charakterisiert bleiben alle Kurden, die einen eigenen Staat wünschen und für dieses Ziel auf die Hilfe der »imperialistischen Großmacht« USA bauen. Positiv dargestellt sind letztlich nur Kurden, die wie der Geheimagent sich zwar als Kurden bezeichnen, aber eben doch nur türkisch sprechen und sich im Dienst des türkischen Nationalismus engagieren.

Das Tal der Wölfe, nach den Prinzipien des Actionfilms handwerklich perfekt gemacht, greift viele brennende Gegenwartsfragen auf, die das türkische Publikum beschäftigen, und gerade das macht den überwältigenden Massenerfolg aus. Dem Erfolg tut es keinen Abbruch, dass im Film nationalistische und »islamische« Ideologien teilweise widersprüchlich nebeneinander stehen und gedanklich nicht wirklich zu einer Synthese geführt werden. Im Gegenteil: Gerade diese Vielfalt letztlich unvereinbarer Versatzstücke schafft für ein breites Publikum einen sehr unterschiedlichen Zugang, sich mit emotional aufgeladenen Geisteshaltungen zu identifizieren. Der Film ist damit ein beredter Ausdruck für die Erwartungshaltung vieler Menschen – in der von zahlreichen Widersprüchen geprägten Umbruchsituation der Türkei am Beginn des 21. Jahrhunderts.

Frauenrechte und Religion

Islamische Tradition und Reformen

Dass ich ausgerechnet in Wien 2007 einen Anschauungsunterricht darüber bekommen würde, was ein konservativer Türke über Frauen denkt, überraschte mich.

Der Anlass war eine Fahrt in einem Wiener Bus. Meine Frau und ich saßen direkt hinter dem Chauffeur, ohne zu ahnen, dass er Türke war. Wir stritten uns, ob wir bei unserer Hast in die richtige Buslinie eingestiegen seien, und nach einigen Minuten stellte sich heraus, dass ich zu Recht behauptet hatte, dies sei der falsche Bus. Der Chauffeur hatte unseren Wortwechsel aufmerksam verfolgt, denn bei der nächsten Haltestelle drehte er sich vor der Weiterfahrt nach uns um, sah meine Frau vorwurfsvoll an und sagte zu ihr mit hochgehobenem Zeigefinger: Die Frau solle auf den Mann hören, der Mann habe immer recht. Der feierliche Ernst, mit dem er diese Mahnung von sich gab, verblüffte uns. Er schien sichtlich irritiert, dass meine Frau mir so heftig wie auch ausdauernd widersprochen hatte, und übte nun Männer-Solidarität, indem er an meiner Stelle die doch so dringend notwendig erscheinende Zurechtweisung aussprach. Aus Neugier und auch um der Szene die Peinlichkeit zu nehmen, fragte ich ihn, aus welchem Land er komme. Der schnauzbärtige Mann antwortete, er sei Österreicher. – Aber in welchem Land er zuvor gelebt habe? – In der Türkei. Er wohne schon seit 15 Jahren in Wien.

Die eineinhalb Jahrzehnte in Österreich hatten also an seiner Einstellung gegenüber Frauen wenig geändert. Dies zeigt, wie nachhaltig solche Denkweisen über lange Zeit auch in fremden Kulturräumen wirken können. Aber wie repräsentativ sind derartige Äußerungen für die Türkei insgesamt?

Diese Frage stellt sich vor dem Hintergrund, dass es in der Republik Türkei immerhin zahlreiche Frauen mit bemerkenswerter beruflicher Karriere gibt. Eine Frau hat es gar bis an die Spitze der politischen Macht geschafft: Tansu Çiller. Die 1946 in Istanbul geborene Tochter aus reichem Haus hatte zunächst ein Wirtschaftsstudium in Istanbul, dann in den USA absolviert, wo sie promoviert wurde. Anschließend wirkte sie als Wirtschaftsprofessorin an der Bosporus-Universität von Istanbul, einer Elite-Universität, sowie als Beraterin bei der Weltbank, bevor sie in die Politik ging. Tansu Çiller war eine von den allerdings nur 8 Frauen unter 450 Abgeordneten im türkischen Parlament. Aber auf dem Sonderparteitag der konservativen Partei des Richtigen Weges wurde sie, die bisherige Ministerin für Wirtschaftspolitik, 1993 zur neuen Vorsitzenden und schließlich zur ersten Ministerpräsidentin der Republik Türkei gewählt.

Tansu Çiller übte dieses Amt von 1993 bis 1995 aus. Ihre politische Bilanz ist umstritten, denn der Vorwurf der Korruption lastete schwer auf ihr. Sie war jedoch fähig, es in einer von Männern dominierten Gesellschaft in die höchsten Etagen nicht nur des akademischen Lehrbetriebes und des Wirtschaftslebens, sondern auch der Politik zu schaffen. Frauenemanzipation ist also möglich in der Türkei, so signalisiert es dieser steile Aufstieg der Frau Çiller. Umso beeindruckender wirkt dies, weil Tansu Çiller einer konservativen Partei zuzurechnen ist, die sich für eine stärkere Geltung des Islam im öffentlichen Leben einsetzt. Frauenemanzipation wird damit auch im Umkreis konservativ islamischer Schichten bereits bis zu einem gewissen Grad toleriert.

Für die Türkei trifft zu, was in mehreren anderen Ländern der islamischen Welt, so in Ägypten, Syrien, Iran, Irak, Libanon und Tunesien, ebenfalls zu beobachten ist: Frauen sind zumindest in Lehramts- oder Arztberufen genauso häufig wie Männer vertreten. Im Bereich der Politik ist das jedoch anders: Von den 550 Abgeordneten im türkischen Parlament sind nur 50 Frauen; das entspricht 9,1 Prozent. Diese Zahlen aus dem Jahr 2007 bedeuten zwar eine erhebliche Verbesserung gegenüber dem bereits genannten Jahr 1993, wo unter 450 Abgeordneten nur 8 Frauen vertreten waren. Aber der Anteil der Frauen im Parlament des EU-Kandidaten Türkei macht weiterhin lediglich einen Bruchteil des EU-Durchschnitts aus. Die Kluft auf lokaler Ebene ist noch deutlicher. So waren im Jahr 2007 unter den 3225 gewählten türkischen Bürgermeistern nur 18 Frauen zu finden – das sind 0,56 Prozent. Im EU-Raum lag der Durchschnitt bei 20 Prozent.[128]

Angesichts solcher Daten stellt sich für westliche Beobachter die Frage, ob denn die soziale Benachteiligung der Frauen deshalb so hartnäckig erhalten bleibt, weil durch einige Aussagen im Koran hierfür die Strukturen vorgegeben sind. Werfen wir kurz einen Blick auf die meistzitierten Suren.

Eindeutig heißt es in der 4. Sure *Al Nisa* (»Die Frauen«), Vers 34: »Die Männer sollen vor Frauen bevorzugt sein, weil Gott die einen vor den anderen mit Vorzügen begabte.« Und im selben Vers ist zu lesen, dass der Mann die Frau bei Ungehorsam in ihre Gemächer sperren und sie züchtigen darf. Wenn auch inzwischen einige Korangelehrte meinen, das arabische Wort *daraba*, »schlagen«, »züchtigen«, sei falsch interpretiert und müsse als »ermahnen« oder »scharf zurechtweisen« aufgefasst werden, so bedeutet selbst diese Milderung ein einseitiges Herrschaftsverhältnis. Ohnehin verstehen zahlreiche Korangelehrte und mit ihnen viele Muslime die Anweisung im herkömmlichen Sinn. Daher hat sich die landläufige Tradition verfestigt, dass nicht wenige Frauen von ihren Männern in

Berufung auf den Koran »bei Ungehorsam« geschlagen werden dürfen.

Die Unterordnung der Frau unter die Vorherrschaft des Mannes ist auch dadurch im Koran festgeschrieben, dass ein Mann als der traditionelle Ernährer der Familie Anspruch auf doppelt so viel Erbschaft hat wie die Frau (4. Sure, Vers 11). Auch darf ein Mann bis zu vier Frauen heiraten – umgekehrt die Frau nur einen Mann. Das Vorrecht des Mannes ist jedoch dadurch eingeschränkt, dass er verpflichtet ist, alle seine Gattinnen gleich gut zu behandeln, das heißt, ihnen auch materiell den gleichen Komfort zu bieten. Gelingt ihm dies nicht, muss er sich mit weniger Frauen, ja mit einer Frau zufrieden geben (4. Sure, Vers 4). Gleichheit zwischen Mann und Frau gibt es nur auf der rein religiösen Ebene außerhalb der sozialen Zwänge: Beide Geschlechter haben bei richtigem Glauben und gutem Lebenswandel dieselbe Chance, ins Paradies zu gelangen (4. Sure, Vers 124; 16. Sure, Vers 97; 40. Sure, Vers 40).

Manche Gewohnheiten, die Frauen zu benachteiligen, haben sich allerdings erst Jahrzehnte oder Jahrhunderte nach Mohammeds Tod eingebürgert und sind weder auf »Gottes Offenbarung« im Koran noch auf mündlich überlieferte Aussagen des Propheten zurückzuführen, so etwa die Vorschrift, dass Frauen in der Moschee nur strikt abgesondert beten dürfen. So auch, dass Frauen im öffentlichen Leben möglichst nicht mitbestimmen sollen, sondern sich als Gattin und Mutter ausschließlich auf ein dienendes Leben zu konzentrieren haben. Einige Frauen Mohammeds entsprachen gerade nicht dieser einengenden Rolle. Allen voran gilt dies für seine erste Ehefrau Chadidscha, die als Geschäftsführerin eines Handelshauses in Mekka Karawanen bis nach Syrien zusammenstellte. Mohammed war in seinem Verhalten gegen Frauen fortschrittlicher als die spätere islamische Tradition. Ein Sozialrevolutionär war er trotzdem nicht. So befreite er die Frauen zwar aus der völligen Rechtlosigkeit, unter der sie in Arabiens vorislamischer

Beduinengesellschaft zu leiden hatten, aber er gab ihnen nicht die Gleichheit vor dem Gesetz, sondern milderte nur bestimmte Missstände ab.[129]

Kritisch denkende Muslime berufen sich in diesem Zusammenhang auf den »liberalen Propheten« und lehnen alle Traditionen ab, die nicht ausdrücklich durch Aussagen des Koran zu belegen sind. Sie bieten so zumindest einige Voraussetzungen, um die Frauen vom Druck »verfälschter« islamischer Tradition zu befreien. Sie stoßen allerdings auf den Widerstand strikt traditionsgeleiteter Muslime, die ausgerechnet solche späteren, für Frauen nachteiligen sozialen Entwicklungen unreflektiert auch noch als »von Gott gewollt« bezeichnen.

Für die Reformer im Geist Atatürks waren derartige Unterscheidungen jedoch unerheblich, ob spätere Traditionen durch den Koran gerechtfertigt sind oder eine »Verfälschung« bedeuten. Aus ihrer Sicht sind sozial-religiöse Gebote des Koran ohnehin keine »Offenbarung Gottes«, sondern nur Anweisungen aus arabischer Beduinentradition. Diese können umso unbedenklicher im Namen des Fortschritts (der an den Standards der westlichen Zivilisation orientiert ist) beseitigt werden.

Die Republik Türkei hat schon früher als alle anderen islamisch geprägten Staaten politische Maßnahmen zur »Befreiung der Frau« aus »traditionellen Fesseln« ergriffen. Schon 1926 hatte Atatürk gegen die Scharia Gesetze zur Emanzipation der Frauen durchgesetzt, und 1934 führte er für Frauen das aktive und passive Wahlrecht ein. Damit wurde die Türkei zum ersten Land der islamischen Welt, in dem Mann und Frau in Teilbereichen rechtlich gleichgestellt wurden und Frauen überdies wählen durften. Ähnliche Reformen folgten in anderen Staaten erst 20 bis 40 Jahre später: 1956 setzte Gamal Abd an-Nasser in Ägypten das Frauenwahlrecht durch, wenngleich er zögerte, die Frau auch familienrechtlich dem Mann gleichzustellen. 1957 folgte im unabhängig gewordenen Tunesien Habib Bourguiba mit der entsprechenden Reform, 1963 Schah Mohammed

Reza Pahlevi im Iran, Ende der 1960er-Jahre die Baath-Sozialisten im Irak, 1971 der Baath-Sozialist Hafis al-Assad in Syrien. Schließlich war Anfang der 1980er-Jahre in den meisten islamischen Staaten das Frauenwahlrecht üblich geworden, sogar in dem von Ajatollah Khomeini regierten Gottesstaat Iran. Eine Ausnahme bildeten nur Saudi-Arabien und das von den Taliban beherrschte Afghanistan.

Aber allen Staaten haftete der Ruf an, nur halbherzig die Frauen aus bisher einengenden Traditionen befreit zu haben. In welchem Maß gilt dies auch für die Türkei?

Die Gesetze, die Atatürk 1926 zur »Befreiung der Frauen« erließ, waren – an den Zeitumständen gemessen – im Kern sehr fortschrittlich. Damals wurde dem Mann die Erlaubnis entzogen, mehrere Frauen zu heiraten, und den Frauen wurde erstmals gestattet, sich auf eigenen Wunsch scheiden zu lassen (was bisher auf der Basis der Scharia nur dem Mann möglich war). Darüber hinaus wurde den Mädchen die Möglichkeit der höheren Schulbildung, also auch der Zugang zu Universitäten, eröffnet, ebenso der Einstieg ins Berufsleben. Aber die neuen Gesetze, die nach dem Vorbild des französischen *Code civil* ausgearbeitet waren, behielten andererseits viele traditionelle Elemente. So blieb der Mann »Oberhaupt der Familie«, und bei einer Scheidung konnte die Frau nur jenes Eigentum behalten, das unter ihrem Namen registriert war, und dies hieß häufig: fast nichts. Zwar wurde den Frauen 1934 das aktive und passive Wahlrecht eingeräumt, und damit fand die rechtliche Gleichstellung von Mann und Frau offiziell ihren Abschluss. Aber es blieben weiterhin Gesetzeslücken, durch die viele Bestandteile des traditionellen Familienrechts und entsprechend die soziale Benachteiligung der Frauen weiterlebten.

Die noch immer mühsame Frauenemanzipation

Im November 2001, unter der Regierung des sozialdemokratischen Ministerpräsidenten Bülent Ecevit, wurde ein neues Zivilgesetzbuch verabschiedet, um bisherige Mängel des Familienrechts zu korrigieren. »Eine Revolution für Frauen«, titelte nun die türkische Tageszeitung *Hürriyet*, »Abschied von der Männerherrschaft« die zweite große Tageszeitung *Milliyet*.[130]

Dies verrät, wie sehr in der Türkei zumindest von einer liberalen Bildungsschicht die Mängel der bisherigen Gesetzgebung registriert wurden. Das neue Gesetz räumte den Frauen erstmals das Recht ein, ohne Einwilligung des Ehemannes außerhalb des Hauses zu arbeiten. Damit wurde endgültig festgeschrieben, was ein Gericht den Frauen schon 1994 offiziell per Entscheid zugestanden hatte – was aber durch andere Bestimmungen einer konservativ geprägten Gesellschaft weiterhin blockiert wurde.

Nun hatten die Frauen sogar bei einer Scheidung das Anrecht auf den gleichen Anteil am ehelichen Vermögen wie die Männer. Diese neue Regelung half den Frauen, sich aus einer unerträglich gewordenen Ehe zu lösen. Denn bis dahin ertrugen Frauen häusliche Gewalt oft nur deshalb, weil sie befürchteten zu verhungern, wenn sie den Ehemann verließen, so die Auskunft einer türkischen Selbsthilfegruppe für geschiedene Frauen.[131]

Das sind entscheidende Fortschritte, um die Türkei im Familienrecht schrittweise den Normen in Westeuropa anzupassen. Dabei sind in mancher Hinsicht auch schon die von Atatürk eingeleiteten Reformen nachhaltig: Kaum ein Türke würde heute mehr fordern, dass gemäß der Scharia die Zeugenaussage einer Frau vor Gericht nur halb so viel gilt wie die eines Mannes, auch nicht, dass eine Frau nur halb so viel erbt wie ein Mann. Aber solche Fortschritte dürfen nicht darüber hinwegtäuschen, dass viele andere Reformmaßnahmen – und hier gerade auch die Neuerungen des Jahres 2001 – nur eine Minderheit der gut ausgebildeten Bevölkerung in den modernen Ballungsräumen erreichen.

Hinzu kommt ein weiteres Problem. An der traditionellen Auffassung, dass die Frau ein sexuell übermächtiges Wesen darstellt und entsprechend streng durch Regeln und Verbote kontrolliert werden muss, hat sich bis heute wenig geändert. Für diese Auffassung steht der arabische Ausdruck *fitna*. Seine Bedeutung reicht von »Versuchung«, »verführerische Schönheit« bis hin zu »Aufruhr«, »Aufstand«, »Unfrieden«, »Chaos«. Der Ausdruck findet sich entsprechend im Türkischen und lautet dort *fitne*.[132]

Wenn auch der Prophet Mohammed an den Frauen die sexuelle Anziehungskraft lobte und eine positive Einstellung zur Erotik zeigte, dürfen die Gläubigen doch nach seinen Anweisungen die sexuellen Freuden nur in der Ehe genießen. Umso mehr Kontrollmechanismen mussten eingerichtet werden, die dazu dienten, dass niemand außerhalb der Ehe »Körperfreuden« auslebte. Die Strafen für Geschlechtsverkehr vor der Ehe oder für eheliche Untreue waren oder sind in vielen Ländern der islamischen Welt ebenso streng und barbarisch, wie sie es im christlichen Europa bis ins Zeitalter der Aufklärung waren. Und wie einst im christlichen Abendland waren und sind auch im islamischen Kulturraum die Frauen ungleich härter von Strafen wegen sexueller Verfehlung bedroht, weil die Männer vor allem in den Frauen die Ursachen der »Verführung« sehen.

Offiziell sind in der Türkei derartige Strafen spätestens nach der Verabschiedung des neuen Familienrechts im Jahr 2001 völlig ungesetzlich. Aber die Realität sieht anders aus. Frauen werden noch immer geschlagen, eingesperrt – oder noch schlimmer: hingerichtet – und dies oft nur auf den bloßen Verdacht hin, dass sie sich nicht an die archaischen Moralvorstellungen ihrer Großfamilie halten. Gerade weil die staatlichen Gerichte solche »Vergehen« der Frauen nicht ahnden, werden vielerorts die Familien aktiv und schaffen »Ordnung« nach ihren Vorstellungen.

Sechs Jahre nach Verabschiedung des neuen Familienrechts konnten wir eine Information der deutsch-türkischen Journalistin und Schriftstellerin Dilek Zapçıoğlu lesen, die am 10. Juli 2007 im deutschen Nachrichtenmagazin *Der Spiegel* veröffentlicht wurde:

> »Die Zahlen sind alarmierend: Laut jüngster Polizeistatistik wird in der Türkei alle drei Minuten eine Frau geschlagen oder misshandelt. Die Zahl der weiblichen Opfer ist um 76 Prozent auf rund 73 000 gestiegen. [...] Die Untersuchung umfasst den Zeitraum von 2005 und 2006. [...] Insgesamt registrierte die Polizei in den beiden Jahren mehr als 333 000 »mit Gewalt verbundene Straftaten« gegen Frauen. [...] Mit 5852 Fällen im Jahr 2006 hat sich die Zahl der Selbstmordversuche von Frauen und Mädchen im Vergleich zum Vorjahr ungefähr verdoppelt.«[133]

Worin besteht nun das Vergehen dieser Frauen, dass sie derartige Gewalt erleiden müssen? Oft sind es Frauen, die sich gegen die Zwangsehe mit einem Mann wehren und damit der unantastbaren Entscheidung des Familienrats widersprechen, oder solche, die ihren Ehemann verlassen, um mit einem anderen Mann zusammenzuleben. Oder es sind junge unverheiratete Mädchen, die mit einem jungen Mann flirten und damit »ihre Jungfräulichkeit gefährden«; oder Frauen, die von einem Mann vergewaltigt werden und als entehrt gelten, wenn der Vergewaltiger sie nicht heiratet. Hat die Frau Glück, kommt sie mit einer Tracht Prügel davon, aber häufiger ist, dass sie von ihrem Vater oder einem ihrer Brüder getötet wird, weil nur so die »Ehre der Familie« wiederhergestellt werden kann. In der Regel wird nicht den beteiligten Männern die Hauptschuld gegeben, sondern den Frauen, weil sie nicht sorgfältig genug ihre erotischen Reize verborgen haben. Daher verurteilten die Gerichte viele Jahrzehnte lang den Vergewaltiger oder den Mörder einer Frau meist »verständnisvoll« zu einer nur geringfügigen Strafe.

Die noch immer häufige Tradition der Zwangsehe führt oft auch zu einer anderen tragischen Konsequenz: Junge Frauen begehen Selbstmord, um der Entscheidung des Familienrates oder der bei Verweigerung drohenden Tötung zu entkommen. Dies geschieht vor allem im Osten der Türkei, wo die autoritären Strukturen der Großfamilie viel starrer erhalten sind als in der Westtürkei. Die Großfamilie sieht oft keinen anderen Weg, selbst den Vergewaltiger als künftiges Mitglied ihrer Gemeinschaft zu akzeptieren, weil entjungferte Frauen sonst keinen Mann mehr finden.[134] Die Morde aus »verletzter Ehre« (auch »Ehrenmorde« genannt) werden allerdings mittlerweile von der Gesetzgebung keineswegs mehr so nachsichtig wie noch vor wenigen Jahren beurteilt. Da die Gesetze inzwischen voll und ganz den EU-Normen angepasst wurden, gilt die »verletzte Ehre« des männlichen Familienmitglieds nicht mehr als strafmildernder Grund. Mord ist Mord, entscheiden die Richter, und es spielt keine Rolle, aus welchem Antrieb er begangen wurde. Die Täter haben seither mit hohen Gefängnisstrafen zu rechnen.[135]

Weshalb aber, so müssen wir angesichts der zügigen Modernisierung im Rechtswesen fragen, nimmt in der Türkei die Zahl dieser archaischen Morde trotzdem eher zu als ab? Hier kommen wir zu einem Problem, das nicht nur für die Türkei charakteristisch ist.

Gerade weil die Modernisierung voranschreitet, nimmt die Zahl der Gewaltverbrechen an Frauen zu. Denn die Information über veränderte Gesetze zugunsten der Frauen dringt inzwischen unaufhaltsam bis in die entferntesten Dörfer, ebenso zeigen Fernsehbilder das freiere Leben der Frauen in Großstädten der Westtürkei. Allein in Istanbul gibt es Zehntausende unverheiratet zusammenlebende Paare. Für die meisten Menschen aus der Provinz ist dieser »westliche Lebensstil« ein Skandal. Die Flut aufwühlender Informationen erschüttert in den Regionen des östlichen und südöstlichen Anatolien bisher weitgehend unreflektierte patriarchalische Traditionen. Ehrenmorde ereignen sich zwar zu mehr als 50 Prozent in modernen Ballungszentren westtürkischer Städte, aber oft in Familien, die arbeitsuchend aus dem Osten und Südosten Anatoliens zugewandert sind – und sich durch die freieren Lebensgewohnheiten in der Westtürkei umso stärker einem Kulturschock ausgesetzt fühlen. In ihrer Hilflosigkeit sehen diese noch in mittelalterlicher Tradition lebenden Muslime keinen anderen Ausweg, als die Herausforderung einer unverstandenen Moderne mit Gewalt abzuwehren. Hierbei kann auch ein verschärftes Strafmaß die Täter nicht von der »Wiederherstellung ihrer Ehre« abhalten.[136]

Höhere muslimische Geistliche grenzen sich mehr oder weniger scharf gegen solche Ehrenmorde ab und bezeichnen sie als unislamisch, weil sie nicht aus dem Koran abzuleiten sind. Aber das heißt nicht, dass alle Geistlichen Gewalt gegen Frauen kompromisslos ablehnen. Es ist in diesem Zusammenhang auf die Äußerung eines religiös-politisch sehr einflussreichen Beamten hinzuweisen, nämlich des Präsidenten der vom Staat installierten Religionsbehörde *Diyanet*. Nach einem Bericht der türkischen Tageszeitung *Hürriyet* sagte er im Januar 1995: Nach dem Koran seien Schläge gegenüber Frauen »kein Gebot« und würden deshalb nicht gebilligt. Andererseits dürften Frauen im Einklang mit dem Koran geschlagen werden, »wenn dadurch der Fortbestand der Familie gewährleistet« sei.[137]

Der Begriff »Fortbestand« ist frei interpretierbar. Das kann heißen: die Frau in eine Ehe zwingen, weil es den wirtschaftlichen Interessen der Großfamilie dient; die Frau strikt von allen Kontakten mit fremden Männern fernhalten, weil dies die »Ehre« der Familie rettet; die Frau in eigenen Willensäußerungen hemmen, weil nur so die »Harmonie« in der Familie erhalten werden kann. Dass bei entsprechenden Verstößen Schläge als angemessen erscheinen, eröffnet die Möglichkeiten hin zu immer mehr Gewalt: Von bloßer körperlicher Züchtigung hin zur familiär angeordneten Hinrichtung ist es ein fließender Übergang. Umso bedenklicher muss es stimmen, dass ein solches religiöses Gutachten nicht irgendein beliebiger Korangelehrter erstellte, sondern ausgerechnet der Präsident des Staatsamtes für Religionsangelegenheiten – also ein Gutachten mit höchster allgemeinverbindlicher Autorität.

Weibliche Imame, Frauen im Aufbruch – und der Islam der AKP

Dann aber gibt es doch wieder Anzeichen, die einer konservativen Beharrung widersprechen. Dies gilt gerade auch für religiöse Würdenträger selbst. In ihren Reihen existiert seit wenigen Jahren eine Reformbewegung, die sich engagiert dafür einsetzt, dass Frauen in Moscheen predigen und religiösen Unterricht erteilen dürfen. Weibliche Imame predigen inzwischen in Moscheen sowohl in der Türkei selbst als auch in einigen vom türkischen Staat betreuten Moschee-Gemeinden Deutschlands. Eine solche Neuerung ist aus der Sicht traditionalistisch orientierter Muslime pure Ketzerei und gilt als »unislamisch«. Seit nahezu 1400 Jahren war das islamische Predigeramt ein unantastbares Privileg der Männer.

Allerdings sind schon seit mehr als einem Jahrzehnt in vielen Teilen der islamischen Welt heftige Diskussionen über diese strittige Frage zu beobachten. Sie erinnern in ihrem Kern an die Auseinandersetzungen, die in der katholischen Kirche darüber geführt werden, ob Frauen zum Priesteramt zugelassen werden sollen oder nicht. Aber religiöse Behörden des Islam können bei derart schwerwiegenden Entscheidungen beweglicher reagieren als die der katholischen Kirche, denn jede geistliche Führung der einzelnen muslimischen Staaten kann autonom Reformen einleiten. Weder der sunnitische noch der schiitische Islam kennen eine zentral übergeordnete Institution mit einem Imam an der Spitze, die etwa wie der Vatikan und der Papst für die eigene Religionsgemeinschaft weltweit richtungsweisende Reformen in Gang setzen oder blockieren könnte. Selbst die Al-Azhar-Universität in Kairo, die von westlichen Beobachtern gern als »Vatikan des Islam« bezeichnet wird, besitzt nicht eine derartige Macht wie der Vatikan; ihr Scheich als das geistliche Oberhaupt kann zwar religiöse Gutachten für die sunnitischen Muslime weltweit erstellen, aber sie gelten nur als Empfehlung und sind nicht bindend.

Aber es ist kein Zufall, dass die Türkei der erste Staat der islamischen Welt ist, in dem Frauen das Amt des Imam ausüben dürfen. Denn die dort von einem strikt säkularen und laizistischen Staat installierte (sunnitische) Religionsbehörde *Diyanet* ist in keiner Weise mehr durch die traditionelle Orientierung an Teilen der Scharia gehemmt. Es ist allerdings jene Religionsbehörde, deren Präsidenten ich mit einem bedenklichen Zitat über das Züchtigungsrecht gegen Frauen aus dem Jahr 1995 vorgestellt habe. Dieselbe Institution hat jedoch mit einem anderen Oberhaupt, dem seit 2002 amtierenden Präsidenten Dr. Ali Bardakoğlu, die entscheidenden neuen Akzente gesetzt. Bardakoğlu begründete im Juli 2004 seine Haltung, Frauen als Imame sowie als Stellvertreter der übergeordneten Müftis in Moscheen einzusetzen, mit folgenden Worten:

«Die Botschaft der Religion unterscheidet niemals zwischen Geschlechtern und Klassen.«

Er bezog sich hierbei auf den Koran, der schon vor 1400 Jahren die »Gleichheit« der Geschlechter zum Ausdruck gebracht habe.[138] Allerdings ist diese Neuerung nicht ohne Einschränkung: Frauen sind als Imame hauptsächlich nur für Frauen-Gottesdienste zuständig, entsprechend auch ausschließlich für die religiöse und soziale Beratung von Frauen. Nur in seltenen Ausnahmen ist es weiblichen Imamen gestattet, einen Gottesdienst zu leiten, zu dem auch Männer kommen.[139] Zu groß ist noch immer der Widerstand vieler Männer gegen diese Neuerung.

Trotzdem ist es ein beachtlicher Schritt, um die Stellung der Frauen gerade in sozial-religiöser Hinsicht aufzuwerten. In der islamischen Welt ist bisher kaum eine ähnliche Entwicklung zu beobachten. Eine Ausnahme bildet Marokko, wo es der in Frankreich ausgebildete Sultan Mohammed VI. seit 2005 Frauen gestattet, sich an theologischen Instituten auf das Amt des Imam vorzubereiten (weswegen er gegen beträchtliche Widerstände vieler traditionalistisch orientierter Muslime anzukämpfen hat). Ein ähnlicher Umbruch ist auch in Ägypten sowie in etlichen islamischen Regionen Indiens zu registrieren. Aber damit endet schon die Reihe der Beispiele.

In der Türkei gab es zu Beginn des Jahres 2008 andererseits wieder sehr widersprüchliche Signale. Nachdem im Juli 2007 Ministerpräsident Erdoğan nach seinem überwältigenden Wahlsieg eine neue, moderne und liberale Verfassung versprochen hatte, waren Informationen über Teile des Entwurfs der Verfassung – auf die Situation der Frauen bezogen – in die Öffentlichkeit gesickert. Vertreterinnen von Frauenbewegungen protestierten sofort bei der Lektüre der entsprechenden Passagen. Der neue Artikel 9 definierte die Frauen als eine besonders schutzbedürftige Gruppe und rückte sie damit auf dieselbe Ebene wie Kinder, Greise und Behinderte. Dieser Artikel sollte an die Stelle einer Verfassungsänderung im Jahr 2004 treten, die erstmals in der Türkei die volle Gleichstellung von Mann und Frau garantierte. Erdoğan, der nach vielen ideologischen Auseinandersetzungen mit politischen Weggefährten seine Partei AKP als eine »Partei der Mitte« definierte, gab in der Frauen-Frage dann doch wieder dem islamisch konservativen Teil seiner Gefolgschaft nach.[140]

Für diese Männer, die ihre geistigen Wurzeln im politischen Islam haben, beschränkt sich der Aufgabenbereich der idealen Frau in erster Linie auf das Haus: Die ideale Frau ist eine gute Gattin und vor allem eine gute Mutter. Wenn auch Mitglieder der »islamisch« orientierten AKP in der Regel befürworten, dass ihre Töchter und Frauen studieren – und sie dadurch für die arabisch-islamische Welt erstaunlich modern wirken –, so denken sie hier weniger an die geistige Selbstverwirklichung der Frau nach dem Vorbild einer westlichen Frauenemanzipation. Im Vordergrund steht für sie, dass gebildete Frauen eher in der Lage sind als ungebildete, ihren Kindern (und vor allem ihren Söhnen) eine gute Ausbildung zu ermöglichen.[141] Der Frau wird hier im traditionellen Sinn gewährt, Hüterin des Hauses zu sein. Innerhalb des Hauses genießen Frauen – vor allem wenn sie älter sind (und Söhne geboren haben) – eine Autorität, die ihnen ein traditionsgeleiteter Muslim außerhalb des Hauses nicht zugesteht.

Erdoğan hat durch weitere Kommentare zu seiner Vorstellung vom Aufgabenbereich der Frauen Aufsehen erregt – lebhafte Zustimmung bei vielen konservativen Muslimen seiner Gefolgschaft, heftige Ablehnung dagegen bei einem Teil der säkular orientierten Türken in urbanen Ballungszentren, hier besonders bei Jugendlichen. Etwa als Erdoğan 2008 bei einer Rede zum Weltfrauentag den »lieben Schwestern« im Publikum riet, mindestens drei, am besten fünf Kinder zu gebären. Oder als er 2010 zu Vertreterinnen von Frauenorganisationen sagte: »Ich glaube nicht an die Gleichheit von Mann und Frau.« Mit solchen Aussagen bekräftigte er aber nur, was er schon 1994 als Oberbürgermeister von Istanbul einer Mitarbeiterin erklärt hatte: Frauen dürften niemals in den engsten Führungskreis der Politik aufrücken, weil dies »wider die menschliche Natur« sei.[142] Äußerungen dieser Art wiederholte er im Verlauf der

Jahre nahezu wortgleich. Andererseits verurteilte er die wachsende Gewalt gegen Frauen in der Türkei, dies widerspreche den Geboten des Islam.[143]

Aber dann auch wieder Erdoğans »Sorge« als »konservativer Demokrat« um das Sexualverhalten der Jugend: Im November 2013 unternahm er einen Vorstoß für eine Gesetzesvorlage, um unverheirateten Studentinnen und Studenten zu verbieten, dass sie zusammen wohnten. In der Absicht, strikt die Geschlechter zu trennen, hatte er nicht nur staatlich betreute Wohnheime im Blickfeld, sondern auch WGs in Privatwohnungen, wie es sie zahlreich in den Großstädten Istanbul, Ankara, Izmir und anderen gab. Auf die heftigen Demonstrationen von Jugendlichen in den urbanen Ballungszentren antwortete Erdoğan scheinbar beschwichtigend: Er wolle sich nicht in die Privatsphäre der Bürger einmischen – nur gebe es eben »legitimes Privatleben und illegitimes Privatleben«.[144]

Konkrete Maßnahmen, um derartige Gesetze durchzusetzen, sind bisher nicht erfolgt, so der aktuelle Stand von 2016. Erdoğan bleibt hier anscheinend seiner Taktik treu, die er in der Vergangenheit immer wieder pragmatisch ausgeübt hat: Er prescht vor, um den konservativ islamischen Teil seiner Wählerschaft zu befriedigen, und er relativiert seine Äußerungen, sobald der Widerstand von Gegnern zu massiv wird. Ja, er nimmt manchmal eine Ankündigung zurück – um dann irgendwann doch wieder beharrlich auf sein Vorhaben zurückzukommen.

Erdoğan erwies sich andererseits als liberal, indem er prinzipiell die Reform bejahte, dass weibliche Imame in Moscheen predigen durften – was konservative Muslime zum Teil heftig ablehnen. Aber es gab für Erdoğan auch hier eine eindeutige Grenze: Weibliche Imame haben sich auf den Kontakt mit Frauen zu beschränken.

Wie konservativ ist die Türkei, wie progressiv? Diese Frage stellt sich eindringlich gerade im Hinblick auf die Situation der Frauen.

Dass Erdoğan und die AKP mit ihrer Sicht eine Mehrheitsmeinung vertreten, dies beweisen nicht zuletzt ihre Wahlerfolge. Dass sich aber auch eine beträchtliche Opposition gegen diese Haltung formiert, zeigen die Proteste in den urbanen Ballungsräumen. Eine besonders akzentuierte – künstlerisch und intellektuell – geäußerte Form von Kritik bieten in jüngerer Zeit türkische Filmregisseure. Zu nennen ist hier als Beispiel die Regisseurin Deniz Gamze Ergüven mit ihrem 2016 gedrehten Spielfilm *Mustang*. Der Titel ist hintergründig: Der Mustang, ein amerikanisches Präriepferd, ist ein kraftvolles Freiheitssymbol, wild und von keinem Reiter zu beherrschen. Der Titel bezieht sich auf die Hauptfiguren, fünf junge Schwestern, die sich in einem Dorf nahe dem Großraum Istanbul gegen die Unterdrückung durch die patriarchalische Gesellschaft auflehnen. Aber die Rebellion ist nur von kurzer Dauer, eine Zwangsheirat folgt auf die andere.[145]

Man kann diesen Film als pessimistisch einstufen, weil er darstellt, wie schwer es türkische Frauen oftmals noch mit dem Wunsch nach individueller Selbstbestimmung haben. Oder doch auch mit einer Prise Optimismus: Die jüngere Generation beginnt mit der Rebellion, das Problembewusstsein ist vorhanden. Auch dies ist ein Signal aus der Türkei, in der die AKP mit absoluter Mehrheit regiert. Aber der Film steht genauso für Verhältnisse, wie sie Jahrzehnte zuvor schon unter der Regierung und der Bevormundung durch säkulare Eliten bestanden.

Wie »islamisch« ist die Unterdrückung der Frau?
Ein Kulturvergleich

Gerade in unserer unmittelbaren Gegenwart sind wir daran gewöhnt, unterdrückte Frauen vor allem im islamischen Kulturraum wahrzunehmen. Mehr noch: Nach landläufiger Meinung in Europa wie in Nordamerika scheint der Islam jene Religion zu sein, die schon aufgrund ihrer Aussagen durch den

Koran und die Scharia die schlimmsten Voraussetzungen liefert, um Frauen zu beherrschen und sie von der Gleichberechtigung fernzuhalten.

Wie realitätsfern solche Urteile – oder besser gesagt: Vorurteile – sind, zeigt bereits ein Blick auf das vielzitierte Problem der Zwangsehe. Dieses tatsächlich weit verbreitete Phänomen ist keineswegs auf Muslime beschränkt. Laut einer in Wien 2007 in Auftrag gegebenen Studie über das soziale Verhalten von Zuwanderern aus fremden Kulturräumen werden in Österreichs Hauptstadt pro Jahr rund 35 Zwangsehen arrangiert (die Dunkelziffer könnte um etliches höher sein). Aber die Betroffenen sind eben nicht nur Muslime und bleiben erst recht nicht auf Türken beschränkt. Vielmehr finden sich Zwangsehen ebenso häufig bei zugewanderten Griechen, Christen also, wie auch bei Mazedoniern und Albanern (von denen viele ebenfalls Christen sind), darüber hinaus bei Indern und Tamilen.[146] Die hier genannten Christen gehören zwar durchweg zur Ostkirche, die nicht vom Geist der westeuropäischen Aufklärung berührt wurde, aber nahezu das gleiche Verhalten zeigen immer noch auch Christen der römisch-katholischen Westkirche, etwa in Süditalien, besonders Sizilien, und in Teilen Spaniens.

Bei meiner ersten Reise quer durch Asien 1964 und 1965 konnte ich mich selbst davon überzeugen, dass viele hauptsächlich dem Islam angelastete frauenfeindliche Traditionen genauso ausgeprägt in völlig anderen Kulturräumen zu finden sind. Zuerst fielen mir im hinduistischen Indien verblüffende Gemeinsamkeiten mit islamischen Tabus auf. Unterwegs im Bus oder der Eisenbahn saßen Frauen stets strikt getrennt von den Männern. Und ich beging auch in Indien zunächst einmal den Fauxpas, einer Frau zur Begrüßung die Hand entgegenzustrecken, was die Betroffene mit schamhaft gesenktem Blick ignorierte. Und der nächste Fauxpas: Aus westlich verstandener Höflichkeit erkundigte ich mich bei einem Hindu nach dem Befinden seiner Frau; der Mann »überhörte« diese Frage mit peinlich zusammengepressten Lippen. Ähnlich wie bei vielen Muslimen stieß ich auch bei vielen Hindus auf Unverständnis, als ich ihnen erklärte, in Europa wählten die meisten Söhne und Töchter ohne Vermittlung ihrer Eltern den Ehepartner selbst. – Auch die Töchter? – Auch die Töchter! Ein ratloseres Schweigen hätte ich auch bei traditionell orientierten Muslimen nicht ernten können.

Was traditionell denkende Hindus von individuellen Entfaltungsspielräumen der Frauen halten, zeigt sich besonders augenfällig im *Gesetzbuch des Manu*, einer der heiligsten Schriften der Hindus (aus dem 1. Jahrhundert vor unserer Zeitrechnung): Eine Frau dürfe niemals selbständig handeln, sie habe stets abhängig von einem Mann zu sein, zuerst als Tochter von ihrem Vater, dann als Gattin von ihrem Ehemann und schließlich als Witwe von ihren Söhnen.[147]

Im fernöstlichen, konfuzianisch geprägten Kulturraum wie auch bei den Buddhisten entdeckt man weitere verblüffende Parallelen. So heißt es in der Sippenordnung des Konfuzius (die im 12. Jahrhundert zu ihrer schärfsten frauenfeindlichen Form gefunden hat): Die Frau habe sich strikt an die »Drei Gehorsamkeiten« zu halten – als Tochter habe sie dem Vater, als Gattin dem Ehemann und als Witwe den Söhnen zu gehorchen.[148] Im Buddhismus ist die Geringschätzung der Frauen schon beim Begründer der Weltreligion zu finden. Buddha wehrte sich entschieden dagegen, dass Frauen im öffentlichen Leben eine bedeutsame Rolle einnehmen, weil Frauen in ihrem Wesen den Männern weit unterlegen seien.[149]

Keine heilige Überlieferung, ob nun bei den Hindus, Konfuzianern oder Buddhisten, billigt den Frauen autonome Entfaltung zu. Und umso leichter lässt sich dort bis heute in großen Teilen der Bevölkerung die Tradition aufrechterhalten, dass es den Frauen verwehrt bleibt, den Ehemann nach eigenem Gutdünken auszuwählen. Entsprechend wird ein eigenmächtiges

Verhalten der Frauen mit strengen Strafen geahndet, während Männer größere Freiheiten genießen.[150]

Aber wie schon für den islamischen Kulturraum kann man auch für die anderen orientalischen Kulturräume feststellen, dass derart frauenfeindliche Traditionen ihren Ursprung nicht in den heiligen Schriften haben. Vielmehr bestanden patriarchalische Lebensformen schon lange vorher und wurden in den heiligen Schriften akzeptiert, wobei schlimme Auswüchse oft nur gemildert wurden. In späteren Jahrhunderten wurden solch gemilderte patriarchalische Hierarchien durch den Einfluss älterer – resistent gebliebener – Traditionen wieder verschärft.

Aber auch unser christlich-abendländischer Kulturraum war über viele Jahrhunderte durch ähnliche sozial-religiös geprägte Prinzipien strukturiert. Auch die Christen forderten mehrheitlich von ihren Frauen strikte Unterordnung. Die Christen konnten sich hierbei auf die Autorität des Apostels Paulus berufen, der im 5. Kapitel des Epheser-Briefes, Vers 2–4, folgende Ermahnung schrieb:

»Ihr Frauen, ordnet euch euren Männern unter! Dadurch zeigt ihr, dass ihr euch dem Herrn unterordnet. Denn der Mann steht über der Frau, so wie Christus über der Gemeinde steht. […] Wie nun die Gemeinde Christus unterordnet ist, so müssen sich auch die Frauen ihren Männern unterordnen.[151]

Und wenn es darum geht, Frauen die Erlaubnis zum Priesteramt abzusprechen, wie es besonders restriktiv noch immer durch die Leitung der katholischen Kirche geschieht, finden sich ebenfalls schon bei Paulus die passenden Worte: So ist im ersten Paulus-Brief an Timotheus, 2. Kapitel, Vers 1–4, zu lesen:

»Einer Frau aber gestatte ich nicht, dass sie lehre, auch nicht, dass sie des Mannes Herr sei, sondern still sei.«

Oder im ersten Brief an die Korinther, 14. Kapitel, Vers 34:

»Lasst eure Frauen schweigen in der Gemeinde.«

Heute sind sich allerdings Theologen und Kulturwissenschaftler nicht mehr einig, ob Sätze wie diese tatsächlich dem Apostel Paulus zugeschrieben werden können oder ob sie nicht erst ein bis zwei Jahrhunderte später in die Texte eingefügt wurden. Entscheidend ist aber, dass solche Sätze, durch die Autorität der Heiligen Schrift bekräftigt, in einer ohnehin patriarchalisch geprägten Gesellschaft eminent geschichtsmächtig wurden. Die Kirche jedenfalls hat während vieler Jahrhunderte solche Anweisungen propagiert und oft Bibeltexte ignoriert, in denen Jesus Christus die Frauen keineswegs in derart strikte Hierarchien eingeordnet wissen wollte.

Vergleicht man die soziale Praxis im islamischen Orient und im christlichen Okzident, so kann man – was die Beziehung zwischen Mann und Frau betrifft – bis in die frühe Neuzeit im Kern keine gravierenden Unterschiede feststellen. Hier wie dort war für die Ehe nicht persönliche Zuneigung entscheidend, sondern der wirtschaftliche Nutzen; hier wie dort bestimmten die Eltern oder der Rat der Großfamilie über die Wahl des Ehepartners; hier wie dort durfte sich der Mann größere sexuelle Freiheiten herausnehmen als die Frau. Es gab zwar in der Ehe solcher Christen auch Zärtlichkeit und Liebe, aber sie brauchten nicht vorausgesetzt zu werden; es gab zwar auch selbstbewusste Frauen, die innerhalb einer männerbestimmten Welt eine bedeutsame Rolle zu spielen vermochten, aber sie waren die Ausnahme. Solche Ausnahmen gab und gibt es genauso im islamischen Kulturraum.

Erst im Zeitalter der Aufklärung und der industriellen Moderne bahnte sich für Frauen des Okzidents ein grundsätzlicher sozialer Wandel an, und es wurden jene Unterschiede zu »östlichen«, sogenannten »orientalischen« Hochkulturen geschaffen, wie wir sie heute kennen. Die Aufklärung selbst kann zwar mit ihrem Anspruch, gleiche Rechte für alle Menschen jenseits von Rasse, Volk und sozialem Stand zu verwirklichen, ihre christlichen Wurzeln nicht verleugnen (mehrere Aufklärer waren bekennende Christen). Aber derartige Ideale waren trotzdem nur gegen den Willen der Kirchen durchzusetzen, gerade auch, wenn es um gleiche Rechte für Frauen ging, weil kirchliche Machthaber sich lange Zeit jeder Emanzipation widersetzten.

Erste Ansätze, die Gleichberechtigung der Frauen per Gesetz herzustellen, gehen in Europa auf die Französische Revolution von 1789 zurück. Weitergehende Maßnahmen folgten dann jedoch erst während des 20. Jahrhunderts. Seit 1908 dürfen in Deutschland erstmals Frauen an der Universität studieren (1889 war in Berlin das erste Mädchengymnasium gegründet worden). Das Wahlrecht für Frauen wurde in Deutschland und Österreich 1918 eingeführt. Die USA, die schon seit 1786 eine demokratische Verfassung mit bürgerlicher Freiheit besitzen, konnten sich erst 1920 zum Frauenwahlrecht durchringen. In der Republik Frankreich geschah dies erst 1944 – also ausgerechnet dort, wo die Französische Revolution die ersten weitreichenden Signale einer Modernisierung setzte. Frankreich hat also das Frauenwahlrecht sogar zehn Jahre später als die Türkei verabschiedet. Griechenland folgte erst 1952 und die Schweiz gar erst 1971.

Allerdings wirken in westlichen Industriestaaten die Reformen aufgrund völlig anderer politischer und sozialer Rahmenbedingungen viel nachhaltiger als bisher in islamisch geprägten Staaten.

Das Kopftuch in seiner religiös-politischen Dimension

Das Kopftuch muslimischer Frauen ist in der Türkei ein Streitthema, seit Atatürk dieses Kleidungsstück als Symbol eines rückständigen Islam abgelehnte. Frauen mit diesem traditionellen Stück Stoff gelten nach offiziellem Verständnis der Kemalisten als Personen, die sich noch nicht aus den vielen Unterdrückungsmechanismen gelöst haben, wie sie die islamische Tradition vorgab. Politiker aber, die sich in Opposition zu den Kemalisten für das Tragen des Kopftuches einsetzen, geraten in den Verdacht, die Unterdrückung der Frauen zu verteidigen und selbst davon zu profitieren.

Diese Auseinandersetzung dauert in der Türkei nun schon viele Jahrzehnte, ohne dass sie an Schärfe verloren hat. Denn die Zahl der Kopftuch tragenden Frauen hat keinesfalls abgenommen, sondern ist gestiegen, gerade auch in den größeren Städten der Westtürkei, wo die säkulare Revolution der Kemalisten sich viel stärker durchgesetzt hat als im östlichen Anatolien.

Wo liegen die Ursachen? Zu dem veränderten Erscheinungsbild in westtürkischen Städten haben vor allem zwei Gruppierungen von Frauen beigetragen: Zum einen Frauen aus notleidenden Dörfern, deren Familien seit den 1970er- und 1980er-Jahren massenweise in Großstädte abwanderten und dorthin viele ihrer traditionellen Sitten, entsprechend auch ihre ländliche Kleidung, mitbrachten. Ganze Stadtviertel, besonders aber Altstadtbezirke sowie Randzonen mit Elendsbehausungen, vermitteln auf diese Weise zunehmend den Charakter eines dörflichen Traditionalismus. Daneben aber gibt es eine stark wachsende Gruppierung von Frauen der klein- wie auch großstädtischen Mittelschicht, die das Kopftuch mit der demonstrativen Überzeugung trägt, dass dies die Religion vorschreibe und »Gott es will«. Diese neuere Entwicklung in den

Städten ist im Zusammenhang mit der sogenannten Islamisierung zu verstehen.

Nach wie vor hat sich allerdings nichts daran geändert, dass Frauen mit Kopftuch und sonstiger traditioneller Kleidung zumindest in den modernen Stadtzentren eine Minderheit bilden. Aber selbst dort, wo Frauen oft mit Kopftuch auftreten, bleibt das Erscheinungsbild widersprüchlich. Bei weitem nicht alle Merkmale passen in das bei uns im Westen weit verbreitete Klischee, dass es sich bei Frauen mit Kopftuch durchweg um scheue, unterwürfige und unterdrückte Geschöpfe handelt.

Einen ersten irritierenden Eindruck bekommen viele westliche Beobachter, wenn sie Frauen mit Kopftuch einträchtig neben Frauen mit offenem Haar gehen sehen, die einen mit langen Mänteln bekleidet, die anderen mit offenen Blusen und kurzen Röcken oder engen Jeans. Solche Frauen gehen teilweise miteinander in fröhlichem Gespräch oder gar Arm in Arm, anscheinend miteinander befreundet. Das widerlegt die bei uns weit verbreitete Annahme, dass das Kopftuch als religiöses Symbol die türkische Bevölkerung in zwei unversöhnliche Gruppierungen mit völlig unterschiedlichem Verhaltenskodex spaltet.

Ich sprach 2008 in Köln mit einem türkischen Imam, der das Tragen eines Kopftuches als religiöse Pflicht der Frauen betrachtet. Aber im Verlauf des Gesprächs gestand er, dass sich nicht einmal in seiner eigenen Verwandtschaft alle Frauen an diese »religiöse Pflicht« hielten. Seine Schwester habe noch nie ein Kopftuch getragen. – Und wie verkrafte er eine derartige Weigerung? – Gott überlasse dem Menschen die Entscheidung, es gebe keinen Zwang im Glauben. Er lächelte etwas verlegen, als er hinzufügte: Außerdem sei diese Frau seine Schwester, er liebe seine Schwester. Dann sagte er nach einer weiteren kurzen verlegenen Pause: Sicherlich gelange seine Schwester noch zur Einsicht.

Das sind versöhnliche Töne. Andererseits dürfen wir das

Konfliktpotential nicht unterschätzen, das eben doch zwischen einzelnen Gruppierungen besteht. In Behörden und im Parlament war noch 2008 den Frauen das Kopftuch ebenso strikt verboten wie in Schulen und Universitäten. Verstöße gegen das Verbot konnten zur Entlassung aus dem öffentlichen Amt sowie zu einem Ausschluss von der Schule oder der Universität führen. Dass sich eine derartige Situation dann aber doch innerhalb weniger Jahre entscheidend ändern sollte, war zu diesem Zeitpunkt noch nicht abzusehen.

Ist das Kopftuch nun ein religiös vorgeschriebenes Kleidungsstück – oder nur eine altertümliche Tradition, die sich ohne tiefere Konflikte mit den Weisungen des Koran beseitigen ließe?

Eine solche Frage berührt ein heikles Problem, das bis heute in allen islamischen Gesellschaften – und hier eben auch in der Türkei – einerseits eine religiöse, andererseits auch eine politische Dimension hat. Denn mit dem Kopftuch, und im weiteren Sinn mit der Verhüllung, verbinden sich zahlreiche Regeln, die die Rolle der Frauen im sozialen Leben einengen. Was steht im Koran?

Nirgends im Koran ist eindeutig vorgeschrieben, dass Frauen ihr Haar mit einem Kopftuch bedecken müssten, erst recht nicht, dass sie die untere Gesichtshälfte oder gar das ganze Gesicht zu verhüllen hätten. In den Koran-Suren 24,31 und 33,59 finden sich lediglich die sehr vage gehaltenen Anweisungen, die Frau müsse in der Öffentlichkeit ihren Körper so weit bedecken, dass ihr Anblick fremde Männer sexuell nicht aufreize. Über die Details der Bedeckung streiten sich die Korangelehrten bis heute. Und so bleibt es gerade in der Türkei nicht aus, dass eine Reihe Theologen das Kopftuch keinesfalls als ein religiös zwingend vorgeschriebenes Kleidungsstück propagiert. Entsprechend finden sich in der Türkei zur Genüge Frauen, die sich als »gläubige Muslima« bezeichnen, aber kein Kopftuch tragen.

Es gibt in der Türkei allerdings verschiedene Formen der Verhüllung für Frauen, und entsprechend unterschiedlich ist auch die Geisteshaltung. Am häufigsten bestimmt das Bild der Öffentlichkeit nach wie vor das traditionelle Kopftuch, das vorn oder im Nacken mit einem Knoten zusammengebunden wird. Es wird bevorzugt von Bäuerinnen und Frauen in anatolischen Kleinstädten sowie großstädtischen Slumsiedlungen getragen, wo bäuerliche Zuwanderer wohnen. Deren Widerstand gegen »Verwestlichung« ist meist unreflektiert. Sie alle halten an altgewohnter Tradition fest, weil es angeblich »immer so war«, ohne dass sie das Problembewusstsein besäßen, über politische Instrumentalisierung von Traditionen nachzudenken.

Anders bei der städtischen Mittelschicht: Dort handelt es sich um einen mehr oder weniger reflektierten Widerstand, der sich aus der Befürchtung nährt, dass eine »radikale Verwestlichung« die islamische Kultur in ihrer Substanz bedroht. Bei solchen Frauen hat sich während der letzten 20 bis 30 Jahre eine andere Form des Kopftuches durchgesetzt: der sogenannte *Türban*. Dieses Tuch wird, einem Turban ähnlich, um den ganzen Kopf gewickelt, so dass außer dem Haar auch der Hals und Kinn bedeckt wird und das Gesicht nur nach vorn offen bleibt.

Solche Frauen der städtischen Mittelschicht verfügen in immer größerem Ausmaß über Bildung, ja drängen zum Studieren an die Universität. Aber es handelt sich hier teilweise um Frauen, deren Mütter kein Kopftuch tragen. Nicht wenige Töchter gehen also in bewusstem Protest zum sogenannten *Türban* über. Hierzu passt, dass während der letzten 30 bis 40 Jahre die Zahl der sogenannten Imam-Hatip-Schulen sprunghaft gestiegen ist. In diesen Schulen ist – im Gegensatz zu staatlichen Schulen – das Kopftuch nicht nur ausdrücklich erlaubt, sondern sogar gewünscht.

Wie traditionell, wie unterwürfig sind solche Frauen?

Sie unterscheiden sich sowohl von den Bäuerinnen, die sich

unreflektiert allen vorgegebenen sozialen Einschränkungen unterwerfen, als auch von strikt säkular orientierten Studentinnen. *Türban*-Frauen demonstrieren einerseits mit ihrem Willen zu höherer Schulbildung und beruflicher Karriere, dass sie gegen lähmende Traditionen ankämpfen – andererseits aber, dass sie keineswegs dem Vorbild westlicher Frauenemanzipation nacheifern wollen. Solche bildungswillige Frauen aus den religiös geprägten Imam-Hatip-Schulen setzen sich zwar mehr oder weniger kritisch mit der Überlieferung des Koran auseinander und betonen meist, dass Gott die Frauen den Männern menschlich als gleichwertig ansehe. Sie stellen aber andererseits die im Koran propagierten sozialen Vorrechte des Mannes nicht in Frage.

Diese Frauen betrachten die Verdrängung der religiös konservativen Lebensform aus der Öffentlichkeit als »Diktatur« einer schmalen »verwestlichten« Elite. Gegen den kollektiven Druck säkularer Reformer erheben sie die Forderung nach islamischer Individualität. Es soll den Frauen überlassen bleiben, ob sie das Kopftuch tragen wollen oder nicht – die individuelle Wahlmöglichkeit bedeutet »Demokratie«, das Verbot »Diktatur«. Es kommt damit eine paradoxe Verkehrung jener Fronten zustande, wie wir sie zu sehen gewohnt sind: »Verwestlichung« ist bei uns eher mit »Demokratisierung« verbunden, »Islamisierung« mit »kollektivem Druck«.

Die Streitfrage, ob eine muslimische Frau das Kopftuch als Ausdruck eines »wahrhaft muslimischen« Glaubens tragen soll oder nicht, wurde politisch brisant seit den Wahlerfolgen von Parteien mit »islamisch« orientierter Ideologie. Die Ehefrau des Ministerpräsidenten Erdoğan war und ist in der Öffentlichkeit stets mit dem *Türban* zu sehen, ebenso die Ehefrau des Außenministers und späteren Staatspräsidenten Abdullah Gül, ebenso die des späteren Außenministers Ahmet Davutoğlu. Eine derartig offensive Demonstration war neu in der Geschichte der als säkular und laizistisch definierten Republik Türkei.

Aber immer offensichtlicher wurde hierbei der Widerspruch zur Gesetzgebung der strikt laizistischen Republik: Solchen Frauen blieb der Zugang zu Universitäten sowie zum Parlament versperrt, ja, sie durften auch an keinen politischen Empfängen teilnehmen, selbst wenn sie die Ehefrauen regierender Politiker waren. Erdoğan, der mächtigste Mann der Türkei, geriet angesichts der eigenen Familie in eine knifflige Situation: Seine Töchter hatten an Imam-Hatip-Schulen ihr Abitur gemacht, aber da ihnen eine Ausbildung an einer türkischen Universität wegen ihres *Türbans* verboten war, schickte Erdoğan sie an eine Universität in den USA.[152]

Die Zahl der *Türban*-Frauen hatte sprunghaft zugenommen, seit Erdoğans AKP 2002 ihren eindrucksvollen Wahlsieg errang. Nach aktuellen Untersuchungen hat sich die Zahl der *Türban*-Frauen seit 2003 mehr als vervierfacht und lag 2007 bei 11 Prozent. Inzwischen gilt der *Türban* als eine Demonstration der neuen türkischen Mittelschicht, die vom Wirtschaftsaufschwung ebenso profitiert wie von ihrer Nähe zur regierenden Partei AKP. Insgesamt ist während der letzten vier Jahre in der Türkei die Zahl der Frauen, die den Kopf mit einem Tuch bedecken, von 65 auf 70 Prozent gestiegen.[153]

Erdoğan hatte seit Beginn seiner Regierung 2003 immer wieder Versuche unternommen, das Kopftuchverbot an staatlichen Schulen, Universitäten und im Parlament aufzuheben – und mit diesem zentralen Wahlversprechen zu erreichen, was seine »islamisch« orientierten Vorgänger im Amt des Ministerpräsidenten wie Adnan Menderes, Turgut Özal und Necmettin Erbakan nicht gelungen war. Nachdem Erdoğan im Juni 2007 erneut einen überzeugenden Wahlsieg erringen konnte (auf den ich an anderer Stelle noch ausführlich eingehe), war seine Macht im Parlament noch einmal gestärkt – und unter diesen Voraussetzungen konnte er darauf hoffen, für Frauen die Freigabe des Kopftuchs zunächst einmal an Universitäten durchzusetzen. Am 9. Februar 2008 stimmten im türkischen Parlament 411 der 550 Abgeordneten der Gesetzesvorlage zu. Eine derart überwältigende Mehrheit kam zustande, weil auch die oppositionelle Partei MHP das Gesetz akzeptierte, schließlich hatte diese radikal-nationalistische Partei unter ihren Anhängern ebenfalls viele religiös-konservative Muslime, für die es ein solches Wahlversprechen einzulösen galt.

Aber der strikt kemalistisch orientierte Generalstaatsanwalt legte sein Veto gegen die Entscheidung des Parlaments ein und konnte den türkischen Verfassungsgerichtshof davon überzeugen, dass eine Freigabe des Kopftuchs an Universitäten verfassungswidrig sei. Er argumentierte, es müsse gegen die AKP wegen »antisäkularer«, »islamistischer« Tendenzen ein Verbotsverfahren eingeleitet werden. Aber die höchsten Richter empfanden das Verbot von vornherein als zu riskant. Sie befürchteten, es könnte durch das Verbot einer Partei, die 2007 von nahezu 47 Prozent der Bevölkerung gewählt worden war, ein Machtvakuum entstehen, soziale Unruhen wären die Folge. Ohnehin lehnte die Mehrheit der Türken das Verbotsverfahren ab, ja, sogar die Vertreter der griechisch-orthodoxen Kirche.[154] Es kam daher nicht zu diesem Parteiverbot. Am 30. Juli wies der Verfassungsgerichtshof den Antrag des Generalstaatsanwalts zurück.

Damit war aber auch das Gesetz für die Freigabe des Kopftuchs an Universitäten durchgesetzt. Schon zwei Jahre später, zu Beginn des Wintersemesters 2010, war es nach langen Debatten endgültig offiziell erlaubt, dass Studentinnen mit Kopftuch den Hörsaal betreten durften, und innerhalb kürzester Zeit gehörte der *Türban* in jeder türkischen Universität selbstverständlich zum Erscheinungsbild.

Regte sich kein Widerstand im Volk? Diese Frage hätte noch ein Jahrzehnt zuvor mit einer gewissen Berechtigung gestellt werden können, schließlich hatte der sogenannte Kopftuch-Streit die türkische Nation lange genug polarisiert. Aber eine landesweite Umfrage eines türkischen Meinungsforschungs-

instituts ergab im Oktober 2010, dass rund 80 Prozent der Türken eine Aufhebung des Kopftuchverbots an Universitäten und
staatlichen Schulen bejahten.[155] Und es mussten nur noch zwei
bis drei weitere Jahre vergehen, bis Frauen mit Kopftuch selbstverständlich in öffentlichen Behörden arbeiten und als Abgeordnete im Parlament sitzen konnten.[156]

Kritiker aus den Reihen der Kemalisten sahen gerade in der
Demonstration des *Türban* ein weiteres augenfälliges Indiz,
dass die AKP die türkische Gesellschaft immer weiter von den
Prinzipien eines modernen Staatswesens wegführen wollte.
Inwieweit sie recht hatten und ob mit einem weiteren Machtzuwachs der AKP nun doch eine radikalere »Islamisierung« folgen würde, dies blieb eine offene Frage. Was tatsächlich folgte,
war eine viel komplexere – sehr widersprüchliche – Entwicklung.

Erdoğan und die »Islamisch-Türkische Moderne«

Die Entmachtung des Militärs – und andere markante Änderungen

Als Erdoğan 2002 mit seiner »konservativ-islamisch« orientierten Partei AKP einen überraschend deutlichen Wahlsieg errang und in den folgenden Jahren durch weitere Wahlsiege seine Macht noch ausbauen konnte, wurde eines deutlich: Dieser Politiker und diese Partei waren nicht nur eine Episode, die man in der Aufeinanderfolge der ohnehin schon zahlreichen Ministerpräsidenten und Parteien bald wieder würde vergessen können. Hier war ein neuer Abschnitt in der Geschichte der Türkei angesagt. Aber mit welcher Akzentuierung?

Die Diskussionen über eine drohende »Islamisierung« wurden von Anfang an vor dem Hintergrund geführt, dass die säkular orientierten Türken in urbanen Ballungsräumen (die sogenannten »weißen Türken«) aus ihrer bisher beherrschenden Stellung in Politik und Wirtschaft verdrängt werden könnten zugunsten einer aufstrebenden Mittelschicht aus dem konservativ islamischen Anatolien (den sogenannten »schwarzen Türken«). Aber ein Problem für die Gegner der AKP war, dass Erdoğan durch die Erfolge seiner Wirtschaftspolitik ein Jahrzehnt lang auch viele Wähler zu mobilisieren vermochte, die einer vielbeschworenen »Islamisierung« völlig fernstanden. Mehr noch: dass es Erdoğan gelang, durch geschickte taktische Manöver auch so manche Gegner von dringend nötigen Reformen im institutionellen Gefüge des Staates zu überzeugen.

Der Machtkampf trat bereits im Juli 2003 in eine entscheidende Phase, als Erdoğan erst wenige Monate im Amt war. Im Juli 2003 beschloss das türkische Parlament ein Gesetz, das einen Wendepunkt in der Geschichte der Republik Türkei bedeutete. Die Macht des Nationalen Sicherheitsrats – und damit auch die Macht der militärischen Führung – wurde beschnitten. Künftig sollte es für die Generäle keine verfassungsrechtliche Grundlage mehr geben, um als »Hüter der Verfassung« einen Ministerpräsidenten zum Rücktritt zu zwingen oder gar durch einen Putsch zu stürzen.

Bemerkenswert war an dieser Entscheidung, dass sie nicht nur von der »islamischen« AKP getragen wurde, die das Militär am ehesten zu fürchten hatte – sondern auch von der Republikanischen Volkspartei (CHP), die sich der kemalistischen Führungselite des Militärs besonders verbunden fühlte. Weshalb eine derartige Geschlossenheit über alle politischen Gegensätze hinweg? Der Druck der Europäischen Union hatte zu dieser einschneidenden Neuerung beigetragen, und dieser Druck half der AKP entschieden, für ihre Gesetzesvorlage eine breitere Zustimmung im türkischen Parlament zur erreichen. Die europäischen Staaten würden keinem Land den Beitritt zur EU ermöglichen, in dem das Militär die Regierung bevormundet. Auf den ersten Blick überraschte aber auch, dass die Generäle selbst die Entscheidung des Parlaments akzeptierten. Sie beugten sich ebenfalls dem Druck, weil sie genauso an einer engen Verbindung mit dem industriell hochentwickelten Westeuropa interessiert waren. Doch wie ehrlich war ihre Zustimmung?

Viele westliche wie auch türkische Beobachter waren von Anfang an skeptisch, und sie konnten sich vier Jahre später bestätigt fühlen. Im April 2007 trat die militärische Führung erneut an die Öffentlichkeit, um sich als »Hüter der Verfassung« in das politische Geschehen einzumischen – und den Druck der EU nicht zu akzeptieren.

Den Anlass lieferte die Wahl des nächsten Staatspräsidenten.

Die 17-jährige Amtszeit von Ahmet Necdet Sezer endete im Mai 2007. Sezer, der ehemalige Vorsitzende des Verfassungsgerichts, war ein entschiedener Kemalist und daher ein strikter Gegner aller islamisch orientierten Parteien. Immer wieder hatte er mit seinem Veto Gesetzesvorlagen von Erdoğans AKP blockiert. Im April 2007 bot sich nun aber für die AKP die Chance, mit ihrer satten Mehrheit im Parlament spätestens beim zweiten Wahlgang einen Kandidaten ihrer eigenen Partei durchzubringen. Erdoğan überlegte anfangs, ob er selbst kandidieren solle, aber wegen des erwarteten Widerstandes der Kemalisten ließ er seinen Außenminister Abdullah Gül antreten. Gül verfehlte zwar beim ersten Wahlgang am 27. April, wie erwartet, die erforderliche Zweidrittelmehrheit, aber spätestens beim dritten Wahlgang, bei dem die einfache Stimmenmehrheit genügte, wäre ihm der Sieg sicher gewesen. Damit würde dieselbe Partei sowohl den Ministerpräsidenten als auch den Staatspräsidenten stellen – und weil dieser Machtzuwachs ausschließlich einer islamisch orientierten Partei zugute kam, hätten die Kemalisten erheblich an politischem Einfluss verloren.

Um diese Entwicklung doch noch aufzuhalten, meldete sich die militärische Führung zu Wort. In der Nacht vom 27. auf den 28. April stellte der Generalstab eine ungewöhnlich scharf formulierte Botschaft ins Internet: Die Armee könne nur einen Staatspräsidenten akzeptieren, der sich nicht nur nach außen hin »mit Worten«, sondern auch »mit seiner Persönlichkeit« dem Laizismus verbunden fühle. Niemand solle vergessen, dass die Armee »entschiedene Verteidigerin des Laizismus« sei.[157] Der Generalstab vermied natürlich in seiner Botschaft das Wort »Putsch«, aber eine derart eindeutige Drohung war nicht nötig, um in der Öffentlichkeit entsprechend verstanden zu werden und stürmische Reaktionen auszulösen.

Während der folgenden Tage formierten sich in Ankara vor dem Mausoleum Atatürks sowie in den Straßen Istanbuls und anderer großer türkischer Städte Demonstrationen mit mehreren Hunderttausend Menschen und einem Meer wogender roter Nationalflaggen. Die Demonstranten skandierten: «Wir sind die Soldaten Atatürks.« – »Die Türkei ist laizistisch und wird es bleiben«. Ihre Redner begrüßten unter dem tosenden Beifall der Versammelten die indirekte Putschdrohung des Militärs. Denn allein das Militär, so argumentierten sie, könne die Islamisierung der Türkei verhindern. Sobald ein Mitglied der AKP Staatspräsident sei, lasse diese Partei ihre demokratische Maske fallen und zeige ihr wahres Gesicht, sie werde ihre erweiterte Machtfülle nutzen, um die laizistische Struktur des Staates aufzulösen. Die Redner waren vorwiegend Vertreter der Republikanischen Volkspartei. Organisiert waren diese Kundgebungen von einem »Verein zur Pflege des Gedankenguts Atatürks«, der hauptsächlich von ehemaligen Offizieren geführt wird.

Zu einer weiteren Zuspitzung in dieser emotional aufgeheizten Atmosphäre kam es, als das Verfassungsgericht Anfang Mai den ersten Wahldurchgang nach dem relativen Sieg des Kandidaten Gül für ungültig erklärte mit der fadenscheinigen Begründung, es hätten bei der Abstimmung mindestens zwei Drittel der Abgeordneten anwesend sein müssen. Das widersprach jedoch der bisherigen Gepflogenheit, denn demnach hätte in der Vergangenheit kein einziger Staatspräsident gewählt werden können. Die juristische Haltbarkeit des Urteilsspruchs zweifelten nicht nur die Anhänger der AKP an, sondern ebenso zahlreiche liberale Intellektuelle in der Türkei und ohnehin Rechtsexperten in Westeuropa. Der Verdacht war zwingend, dieses juristisch unseriöse Urteil sei nur auf Druck des Militärs zustande gekommen.

Mitte Mai veröffentlichten rund 500 türkische Intellektuelle eine Erklärung gegen die Putschdrohung des Militärs.

»Wir glauben nicht«, hieß es dort, »dass die laizistische Republik durch Memoranden des Militärs gestärkt wird, sondern nur durch mehr Demokratie.«

Diese Kritiker des Militärs wandten sich gegen die vielfach verbreitete Propaganda, dass von der »islamischen« AKP eine »Gefahr für die Demokratie« ausgehe, und betonten dagegen, die größte Gefahr komme vom Militär, das versuche, verschiedene religiöse, ethnische und soziale Gruppierungen von der politischen Integration fernzuhalten.[158]

Eine solche Erklärung gerade von repräsentativen Vertretern einer säkular orientierten Bildungsschicht zeigte, dass die einst dominante Kontrollfunktion des Militärs selbst bei Türken mit Vorbehalten gegen die AKP höchst unpopulär geworden war. Als dann neun Jahre später, 2016, etliche ranghohe Offiziere trotzdem einen Putsch gegen Erdoğan versuchten, wurde an dessen Scheitern deutlich, dass sich die gesellschaftlichen Rahmenbedingungen endgültig geändert hatten – wenn auch nicht in Richtung »mehr Demokratie« (davon ausführlich im Abschnitt *Erdoğan als Staatspräsident – und die Folgen*).

Um im Mai 2007 einen Ausweg aus der politisch verfahrenen Situation zu finden, kamen die zerstrittenen Parteien zu der Lösung, die für den November 2007 vorgeschriebenen Parlamentswahlen auf den 22. Juli vorzuverlegen. Der Nationale Sicherheitsrat stimmte diesem Vorschlag zu. Laizistische wie islamische Gruppierungen hofften gleichermaßen, dass die Wahl die politischen Gewichte zu ihren Gunsten verlagern würde.

Die Monate bis zur vorgezogenen Parlamentswahl waren durch den erbitterten ideologischen Grabenkampf von 14 rivalisierenden Parteien geprägt. Aber dominierend waren auf der einen Seite die CHP, Atatürks Republikanische Volkspartei, sowie die rechtsradikale, ultranationale MHP (berüchtigt durch ihre »Grauen Wölfe«) – und auf der anderen Seite Erdoğans AKP. Es waren jene drei Parteien, denen die Meinungsumfragen angesichts der hohen Zehn-Prozent-Hürde allein den sicheren Einzug ins Parlament voraussagten.

Die CHP fokussierte ihren Wahlkampf nun vollends auf die

untergründige Angst vieler säkular und laizistisch orientierter Türken: Letztlich würden die konservativ islamischen Politiker eine Diktatur nach dem ideologischen Muster des Mullah-Regimes im Iran oder den Vorstellungen arabischer Fundamentalisten anstreben. Man solle sich nicht täuschen lassen durch die Behauptungen der »Religiösen«, sie wollten »islamische Sitten«, etwa das Tragen des Kopftuches in Universitäten oder die Aufwertung religiöser Gymnasien ausschließlich auf demokratischem Weg erreichen. Die AKP würde sich nur so lange nominell zur strikten Trennung von Religion und Staat bekennen, wie ihr die Macht fehle, die Forderung nach einem islamisch strukturierten Staat mit Gewalt durchzusetzen. Man brauche zur Kontrolle dieser »rückwärts gewandten Frommen« einen überzeugten Laizisten als Staatspräsidenten. Allein die CHP sei ein Garant dafür, dass es bei dem bisherigen demokratischen Gleichgewicht – und damit einer streng laizistischen Staatsordnung – bleibe.

Die CHP warf den »Islamisten« der AKP außerdem vor, nicht im nationalen Sinn Atatürks die Interessen des türkischen Volkes zu vertreten. Das hieß: nicht »türkisch« genug zu sein. Erdoğan gebe viel zu sehr dem Druck der EU nach, indem er etwa den Kurden schrittweise kulturelle Autonomie zubillige und diesen damit helfe, sich als eigene Volksgruppe zu verstehen und sich vom »Türkentum« abzuspalten. Die AKP sei nicht die geeignete Partei, die mit der EU hart genug verhandeln könne, um »Identität, Werte und Ehre der Türkei« zu wahren.

Solche Parolen machten deutlich, dass die CHP sich in ihrer Programmatik gewandelt hatte. Atatürks Partei, die sich in den 1970er- und 1980er-Jahren unter der Führung von Bülent Ecevit vorrangig als »sozialdemokratisch« definiert und einen Beitritt zur EU ohne Einschränkung bejaht hatte, war seit Mitte der 1990er-Jahre unter der Führung von Deniz Baykal zu einem radikal nationalistischen Kurs zurückgekehrt. Und gerade weil dieser verschärfte Nationalismus auf Kritik der EU stieß, war es für die neue Parteiführung die logische Konsequenz, auf Distanz zum »Diktat der EU« zu gehen.

Ähnlich, wenn auch im Ton schärfer, agierte die MHP, Partei der Nationalistischen Bewegung, die, von Alparslan Türkeş gegründet, die extremste Form des türkischen Nationalismus vertritt. Ihre Wahlkampfredner warnten einerseits vor einer schleichenden Entwicklung zu einer »islamischen Diktatur« und andererseits vor einem Ausverkauf nationaler Interessen an die EU, sollte die AKP an der Regierung bleiben. Erdoğan sei im Kampf gegen »untürkische« Gruppierungen zu lasch, es gelte sowohl gegenüber Kurden als auch Griechen und Armeniern eine entschieden härtere Haltung zu vertreten, um die Identität des »Türkentums« zu wahren. Da die EU den türkischen Staat zu einer derart nachgiebigen Politik im Umgang mit »Separatisten« dränge, sei ein Beitritt zur EU strikt abzulehnen.

Beide Parteien, die CHP wie die MHP, gaben zu erkennen, dass sie zu einer Regierungskoalition bereit seien – was den Wählern bei der Ähnlichkeit der Parolen plausibel erschien. Beide Parteien waren sich nicht nur einig in ihrem Unbehagen an dem völkerrechtlichen »Diktat« der EU, sondern auch in der Bereitschaft, dem Militär das Recht zuzugestehen, bei einer »Gefährdung der nationalen Sicherheit« in die Politik einzugreifen. Was weniger verschlüsselt bedeutete: im äußersten Notfall eben doch einen Militärputsch gegen eine »unzuverlässige« Regierung zu billigen.

Die AKP antwortete auf die säkular-nationalistische Wahlkampfrhetorik der CHP und MHP, sie selbst halte strikt an der Trennung von Religion und Politik fest. Aber sie trete für »mehr Demokratie« ein, was die »privaten« Bedürfnisse religiöser Menschen betreffe. So solle es zukünftig durch eine demokratische Mehrheitsentscheidung im Parlament möglich sein, Frauen in den Universitäten das Tragen des Kopftuchs zu erlauben. Es könne nicht weiterhin so sein, dass eine »Minderheit« (angespielt wurde hier auf die Wahlniederlage der kemalistischen CHP), einer »Mehrheit« (den Wahlsiegern der islamisch orientierten AKP im Jahr 2002) bis in Einzelheiten die Form ihrer religiösen Praxis vorschreibe.

Zum eigentlichen Wahlkampfthema wurde für die AKP allerdings nicht der ideologische Streit zwischen »Religiösen« und »Laizisten«, sondern schlichtweg der Erfolg in der Wirtschaftspolitik. Auf diesem Sektor hoffte die AKP jene Vielzahl von Wählern anzusprechen, denen es in erster Linie um die ökonomische Zukunft des Landes, um das eigene wirtschaftliche Wohlergehen oder gar das bloße soziale Überleben ging. Gerade mit Wirtschaftsthemen konnte die AKP weit über ihre traditionelle Wählerschicht hinaus säkular orientierte Türken beeindrucken. Wenn es auch der Regierung Erdoğan bisher nicht gelingen konnte, die große soziale Kluft zwischen den ökonomisch aufstrebenden Ballungsräumen und dem arm gebliebenen Hinterland zu mildern – und hier unterschied sich Erdoğans Bilanz nicht von der seiner Vorgänger –, so war doch in der anatolischen Provinz eine neue kaufkräftige Mittelschicht entstanden. Seit 2003, also in nur vier Jahren, hatte sich dadurch das Pro-Kopf-Einkommen der Türkei nahezu verdoppelt, und das jährliche Wachstum bewegte sich bei rund sieben Prozent.

Erdoğan achtete darauf, dass für die AKP einerseits Muslime mit strikt religiösem Hintergrund kandidierten und damit weiterhin den traditionell konservativen Wählerblock ansprachen – andererseits aber Muslime, die als Unternehmer oder als Investmentbanker teilweise im Ausland Karriere gemacht hatten und ein weiteres Wirtschaftswachstum garantieren sollten. Mit dieser Doppelgleisigkeit hatte Erdoğan bereits 2002 den Wahlsieg errungen und hoffte den Erfolg jetzt noch auszuweiten.

Eine Außenseiterposition zwischen diesen beiden ideologischen Blöcken »nationalistisch-laizistischer« und »islamischsäkularer« Ideologien nahm die Partei der Demokratischen Gesellschaft (DTP) ein. Ihre Kandidaten waren ausschließlich Kurden – entsprechend vertrat sie, die im Südosten Anatoliens ihr größtes Wählerpotential besaß, vehement die Interessen der ethnischen Minderheit. Von der Ideologie her war sie strikt laizistisch orientiert wie die CHP und definierte sich ebenfalls als »sozialdemokratisch«. Aber sie stand in schroffem Gegensatz zur CHP wegen deren anti-kurdischer Politik. Deutlich grenzte sich die DTP auch gegen die AKP ab, weil sie eine eindeutige Interessenvertretung für die ethnische Minderheit eigentlich nur von einer »rein kurdischen« Partei für möglich hielt.

Chancen für einen Einzug ins Parlament schienen dieser Kurden-Partei allerdings von vornherein verwehrt, weil sie an der Zehn-Prozent-Hürde scheitern würde. Diese für europäische Verhältnisse ungewöhnlich hohe Hürde war 1982 in der Verfassung auf Druck des Militärs vor allem deshalb verankert worden, um den Einzug kurdischer Parteien ins Parlament auf Dauer zu verhindern. Trotzdem konnte sich die kurdische DTP Chancen auf politische Einflussnahme nach den Wahlen am 22. Juli ausrechnen. Denn sie benutzte einen Trick, um die Zehn-Prozent-Hürde zu umgehen. Sie stellte zahlreiche unabhängige Kandidaten auf, die, wenn sie in ihrem Wahlkreis die absolute Mehrheit errangen, einen Sitz im Parlament erhielten. Und falls es der DTP gelingen konnte, sogar 20 solcher unabhängiger Kandidaten zum Sieg zu verhelfen, so war es den »Unabhängigen« per Verfassung erlaubt, im Parlament eine Fraktion zu bilden. Meinungsumfragen sagten eine solche Möglichkeit voraus, und so würde erstmals in der Geschichte der Republik Türkei eine kurdische Partei eine Fraktion stellen, die bei Abstimmungen im Parlament mitwirken konnte. Auch diese Perspektive war ein Grund, dem Ereignis der vorgezogenen Parlamentswahl mit Spannung entgegenzusehen.

Säkulare Sympathisanten der »islamischen« AKP

Die Parlamentswahl am 22. Juli 2007 gewann die AKP mit fast 47 Prozent der Stimmen und konnte damit ihr triumphales Ergebnis des Jahres 2002 noch um nahezu 12 Prozent steigern. In absoluten Zahlen wählten diese Partei nun 6 Millionen Türken mehr als fünf Jahre zuvor.

Die CHP aber hatte mit 20 Prozent der Wählerstimmen nur wieder jenes magere Ergebnis erreicht, das sie schon 2002 als schmerzliche Niederlage gegen die »rückständig Religiösen« hatte empfinden müssen. Dagegen konnte die rechtsradikale MHP von der wachsenden Radikalität des Nationalismus profitieren und mit rund 14 Prozent Wählerstimmen die Rückkehr ins Parlament schaffen. Bedenklich an diesem Erfolg war, dass die MHP in ihrer Mandatsstärke nahe an die CHP herangerückt war. Diese beiden Parteien mit ihrer stark nationalistischen Tendenz bildeten damit die einzige Opposition gegen die AKP, denn alle anderen Parteien waren an der Zehn-Prozent-Hürde gescheitert.

Der eigentliche Verlierer dieses Wahlkampfes war das Militär. Zu groß war die Zahl derer, die mit ihrem Votum für die AKP den Anspruch der militärischen Führung zurückwiesen, weiterhin in die Politik einzugreifen und einer islamisch orientierten Partei mit Putsch zu drohen. Wie ließ sich ein solches Ergebnis bewerten? War etwa nahezu die Hälfte aller türkischen Wähler zu »Islamisten«, zu radikalen Muslimen mit dem Wunsch nach einer »Scharia-Diktatur« geworden? Die Propaganda der laizistisch-nationalistischen Gegner hatte mit exakt solchen Schlagworten die Sympathisanten der AKP einem Generalverdacht ausgesetzt.

Schon die in der internationalen Presse veröffentlichten Fotos von jubelnden Frauen zum Wahlsieg der AKP widerlegten die gezielte Panikmache, nun stehe ein entscheidender weiterer Schritt zur »Islamisierung« der Türkei bevor. Viele Fotos zeigten zwar Frauen mit Kopftuch und vermittelten den Eindruck, es handle sich hier ausschließlich um Sympathisanten aus ländlichen Gebieten oder einer konservativ-islamisch geprägten Mittelschicht anatolischer Städte. Aber oft waren auf denselben Bildern auch Frauen ohne Kopftuch zu sehen, dem äußeren Erscheinungsbild nach eher einer urbanen, säkular und laizistisch orientierten Mittelschicht zuzurechnen. Solche Fotos vermitteln einen ersten Eindruck von einer Umschichtung im Wählerverhalten, wie sie so deutlich in den Prognosen nicht vorhergesagt war.

Im Juli 2007 war es der AKP noch erheblich besser als fünf Jahre zuvor gelungen, auch für Protestwähler aus der strikt säkular orientierten Bildungsschicht attraktiv zu werden. Jetzt erst habe es eine historisch zutiefst folgenreiche Verschiebung im Wahlverhalten gegeben, so lautete der übereinstimmende Kommentar türkischer Intellektueller, die selbst überwiegend säkular denken. Liberale und sogar Linke der städtischen Mittelschicht hatten erstmals in größerer Zahl der AKP ihre Stimmen gegeben, obwohl sie ideologisch deren »islamischen« Zielen fernstehen. Den Ausschlag für diesen Wandel gab die Frustration über den starren Nationalismus besonders der CHP, Atatürks Republikanischer Volkspartei, denn sie hatte sich im Wahlkampf ideologisch beträchtlich der rechtsradikalen MHP angenähert. Hinzu kam, dass beide Parteien gleichermaßen einen Militärputsch befürworteten. Einer der führenden Intellektuellen, der Historiker Murat Belge, der als Graue Eminenz der Liberalen in der Türkei gilt, kommentierte stellvertretend für viele andere: Ihn beunruhigten nicht etwa die 47 Prozent Stimmen für die konservativ-islamische AKP, sondern vielmehr die 36 Prozent, welche die CHP und die MHP zusammen erhalten hätten.[159] Aus solchen Worten sprach die Enttäuschung eines säkular orientierten Intellektuellen, der selbst zwar weiterhin der AKP misstraute, aber von ihr trotzdem noch eher Reformschritte hin zu »mehr Demokratie« erwartete als von der alteingesessenen kemalistischen Elite mit ihrer engen Bindung an ein putschbereites Militär.

Eine Überraschung im Wahlverhalten lieferten auch die Kurden. Im Südosten der Türkei, ihrem Hauptsiedlungsgebiet, konnte die AKP ihren Stimmenanteil gegenüber dem November 2002 mehr als verdoppeln. Mit 53 Prozent der Wählerstimmen feierte sie dort ihren landesweit größten Triumph. Das ist ein verblüffendes Resultat, hatte sich doch für die Kurden eine Alternative mit einer eigenen kurdischen Partei geboten: der sozialdemokratisch orientierten Partei der demokratischen Gesellschaft (DTP), die vorrangig die Interessen der ethnischen Minderheiten vertritt. Der DTP gelang es zwar, 22 unabhängige Kandidaten ins Parlament zu bringen und damit eine Fraktion zu bilden, aber dieser Erfolg blieb dadurch beeinträchtigt, dass die AKP die kurdische Interessenpartei DTP in der Wählergunst der Kurden weit überrundet hatte. Wie das?

Erdoğan war der erste Ministerpräsident der Türkei, der – gegen den Widerstand der kemalistischen CHP sowie der ultranationalen MHP – zumindest einige Reformen zugunsten einer kulturellen Autonomie der Kurden durchsetzte. Und er versicherte als erster ranghoher Politiker ausdrücklich, dass ein türkischer Staatsbürger Kurde bleiben könne, ohne sich ausschließlich Türke nennen zu müssen. Diese Grundsatzerklärung war für viele Kurden ein Signal, in der AKP einen neuen Hoffnungsträger auch ihrer Interessen zu sehen. Und da Erdoğans Regierungspartei einige wirtschaftliche Sanierungsprogramme in den meist bettelarmen kurdischen Regionen eingeleitet hatte, erschien die AKP vielen dort lebenden Wählern verlockender als die kurdische Interessenpartei DTP, der es an solchen Möglichkeiten aus Mangel an Macht und Geld fehlte.

Eine weitere Überraschung im Wahlverhalten lieferten die Aleviten. Diese religiöse Minderheit einer schiitischen Gruppierung, die orthodoxe Sunniten oft als »unislamisch« beschimpfen, hatte bisher überwiegend für die CHP oder eine andere geistig verwandte laizistisch orientierte Partei gestimmt. Denn die Aleviten glaubten sich von den »Laizisten« eher beschützt als von den »Religiösen«. Aber diesmal hatten sogar fünf Aleviten als Abgeordnete auf den Wählerlisten der AKP kandidiert, was bisher unvorstellbar war. Dabei weigerte sich Erdoğan, die Aleviten als Gesprächspartner auf religiöser Ebene zu akzeptieren.[160] Unvergessen ist für Aleviten auch, dass die CHP im Bündnis mit dem Militär sowie der konservativen Mutterlandspartei dazu beigetragen hat, Aleviten seit 1982 zur Teilnahme am sunnitischen Religionsunterricht zu zwingen.[161] Ausschlaggebend bei den Wahlen vom 22. Juli 2007 ist, dass die Aleviten trotz ihrer Vorbehalte gegen die AKP dieser Partei den Vorzug gaben, weil sie jetzt von ihr am ehesten eine Verbesserung ihrer Situation erwarteten.

Eine Überraschung im Wahlverhalten lieferten aber auch die Christen. Über viele Jahre hatten türkische Staatsbürger mit christlichem Bekenntnis, ob nun armenisch oder griechisch-orthodox, ebenfalls vorwiegend die CHP gewählt, weil sie nur dieser betont säkular und laizistisch orientierten Partei zutrauten, die Religionsfreiheit christlicher Minderheiten gegenüber »radikalen Islamisten« aufrechtzuerhalten. Aber je mehr nationalistische Scharfmacher in den Reihen der CHP die Stimmung gegen die Armenier und Griechen anheizten, weil diese Staatsbürger von ihrer innersten Überzeugung her eigentlich »keine Türken« seien, sondern eher mit dem »türkenfeindlichen« Ausland sympathisierten – desto mehr rückten die Christen in der Türkei von der CHP ab. Aufschlussreich ist die Analyse des Armeniers Etyen Mahçupyan, Chefredakteur der armenischen Wochenzeitung *Agos* in Istanbul und Nachfolger von Hrant Dink. Den Mord an seinem Vorgänger im Januar 2007 lastete Mahçupyan nicht »fanatischen Muslimen« an, sondern »fanatischen Nationalisten«, und er folgerte: Es gebe zwar türkische Nationalisten, die sich demonstrativ zum Islam bekennen, aber gefährlich seien sie nicht wegen ihres Glaubens, sondern wegen ihres Nationalismus. Auf die Parlamentswahl am 22. Juli angesprochen, antwortete er:

>Ganz ehrlich, wir Christen ziehen es vor, eher unter einer konservativ-muslimischen Regierung zu leben als unter einer national-säkularen Regierung.«[162]

Der armenische Christ Etyen Mahçupyan hatte schon zweimal die AKP gewählt. Auch der Sprecher der griechisch-orthodoxen Minderheit, Pater Dositheos, begründete seine Vorliebe für die AKP ähnlich, indem er sich auf die Morde an Christen im Frühjahr 2007 bezog:

>Die Mörder der christlichen Missionare sind Nationalisten, die den Islam benutzen, aber auf jeden Fall aus dem nationalistischen Spektrum stammen.«

Viele türkische Christen lobten an der AKP, dass sie die christlichen Minderheiten zumindest im Rahmen der vom Koran vorgeschriebenen Toleranz respektiere und sie weniger an der Ausübung ihrer Religion hindere als die CHP.

Ob nun säkular gesinnte Städter oder Kurden, Aleviten oder Christen – bei allen Gruppierungen zeigte sich eine Gemeinsamkeit im Wahlverhalten: Sie standen für ein wachsendes Misstrauen gegenüber den herkömmlichen laizistisch-nationalistischen Parteien sowie dem Militär mit seiner unverändert angemaßten Rolle als »Wächter der laizistischen Staatsordnung«. Es eröffnete der AKP weitere Möglichkeiten, ihre Macht auszubauen. Noch war es nicht so weit, dass sich das Misstrauen der Wähler verstärkt gegen den bisherigen Hoffungsträger Erdoğan wandte.

Erstmals ein »konservativ-islamischer« Staatspräsident

Der 28. August 2007 bedeutete eine zusätzliche historische Zäsur in der Geschichte der Republik Türkei. An diesem Tag wurde Abdullah Gül, der Außenminister aus den Reihen der AKP, nach dem dritten Wahlgang vom Parlament in das Amt des Staatspräsidenten gewählt.

Es war zwar von vornherein zu erwarten, dass Gül in den ersten beiden Wahlgängen die erforderliche Mehrheit verfehlte, aber im dritten Wahlgang genügte die absolute Mehrheit der AKP-Abgeordneten. Überraschende Hilfe bekam Gül außerdem von der ultra-nationalistischen MHP. Obwohl diese Partei einen erbitterten Wahlkampf gegen die AKP geführt hatte, kündete ihr Führer Devlet Bahçeli an, die 71 Abgeordneten der MHP wollten, um die Staatskrise nicht unnötig zu verlängern, bei der Wahl im Parlament anwesend sein und sich der Stimme enthalten. Dasselbe verkündeten die 22 Abgeordneten der Kurden-Partei DTP. Damit war die vorgeschriebene Teilnehmerzahl von 367 Parlamentsmitgliedern garantiert. Allein die CHP beharrte auf ihrem bisherigen Boykott, aber sie hatte mit ihren 112 Abgeordneten keine Chance, durch ihre Abwesenheit Güls Wahl zu verhindern.

Die AKP hatte nun doch noch ihr Ziel erreicht, das höchste Amt im Staat mit einem profilierten Politiker aus den eigenen Reihen zu besetzen. Das hatte erhebliche Konsequenzen. Weil nun diese »islamische« Partei sowohl den Ministerpräsidenten als auch den Staatspräsidenten stellte, entfiel die bisherige Kontrollfunktion durch einen strikt kemalistischen Politiker. Was also konnte unter diesen veränderten Rahmenbedingungen weiterhin vom ideologischen Erbe Atatürks bleiben?

Abdullah Gül, einst ein Parteigänger des politischen Islam unter Erbakan, beteuerte, dass er ein »Präsident für alle Türken« sein wolle und sich penibel an die vorgegebenen Prinzipien des

Laizismus halten werde. Aber er machte genauso unmissverständlich klar, dass er sich auch für Gläubige einsetzen werde, damit sie ohne Einschränkung ihre religiösen Traditionen leben könnten. Damit spielte er auf das Kopftuch-Verbot in staatlichen Institutionen an, das im Wahlkampf polemisch zu einer existentiellen Entscheidungsfrage zwischen »Laizismus« und »Islamismus« hochgespielt worden war. Staatspräsident Gül würde kein Veto einlegen, wenn die AKP mit ihrer großen Mehrheit im Parlament das Kopftuchverbot an Universitäten aufheben sollte. Aus der Sicht entschiedener Kemalisten bedeutete gerade dies einen Tabubruch: Sie sahen damit den Laizismus in seinen Grundfesten erschüttert. Aber unbeeindruckt von diesbezüglichen Protesten deutete Gül in seiner Amtsantrittsrede an, dass er auch Frauen mit Kopftuch zu Gesprächen in seinem Amtssitz empfangen werde. Gül konnte es wagen, derart unverblümt zu sprechen, denn er stützte sich auf das Ergebnis einer Meinungsumfrage, der zufolge es nur rund 20 Prozent der Türken stört, wenn die Gattin des neuen Staatspräsidenten den von den Laizisten geächteten *Türban* trägt.[163]

Ein Problem allerdings beschäftigte viele Türken sowie die Weltöffentlichkeit unmittelbar vor der Wahl Güls zum Staatspräsidenten: Wie würde sich die militärische Führung nun verhalten? Diesmal drohte das Militär nicht mit Putsch. Zu tief saß der Schock über die Wahlniederlage jener Parteien, die sich offen für eine politische Einmischung des Militärs oder gar einen Putsch ausgesprochen hatten. Allerdings hatte der Generalstab wenige Stunden vor der Wahl Güls zum Staatspräsidenten noch einmal die frühere Warnung verlauten lassen: Die Streitkräfte seien weiterhin entschlossen, die Demokratie und die Trennung von Staat und Religion zu verteidigen. Denn die »Zentren des Bösen« würden nach wie vor versuchen, die Grundfesten der laizistischen Republik zu zersetzen.[164] Bei solch formelhaften, schon sattsam bekannten Erklärungen blieb es dann aber.

»Haltet endlich den Mund!« Dieser Ausruf kam von Ali Bayramoğlu, einem prominenten säkularen Intellektuellen, und richtete sich gegen Verlautbarungen von Generälen, die versteckt eben doch auf der politischen Mitsprache des Militärs, ja auf politischem Eingreifen beharrten.[165] Dass ein prominenter Intellektueller wie er, der entschieden für einen säkularen Staat eintritt, sich nun genauso entschieden gegen die Ansprüche des Militärs wandte, wurde von der kemalistischen Elite als Alarmsignal verstanden. Die bisherige Achse zwischen Atatürks Republikanischer Volkspartei und dem Generalstab war weder bei säkular gesinnten Intellektuellen noch in breiten Bevölkerungsschichten weiterhin populär.

Erste Anzeichen für einen stockenden Reformprozess der AKP

Drei Monate nach der Parlamentswahl vom 22. Juli 2007 diskutierte ich mit einem türkischen Lehrer im Raum Mannheim-Ludwigshafen über die aktuelle Situation. Interessant war hierbei, wie der liberale Muslim die beiden stärksten Parteien der Türkei einschätzte.

Er, ein Angehöriger der kemalistisch orientierten Bildungsschicht in Istanbul, war rund acht Jahre zuvor als Student nach Deutschland gekommen und hier geblieben, weil er sich mit der politischen Situation seines Heimatlandes immer weniger identifizieren konnte. In seiner Jugend habe er die CHP gewählt, aber seit einigen Jahren tue er sich schwer, die Politik dieser Partei zu akzeptieren. Er habe volles Verständnis dafür, dass sich die Mehrheit der Türken jetzt für die AKP entschieden habe. Dabei sei das Prinzip des laizistischen Staates, wie es die Kemalisten propagierten, absolut richtig. Aber wie konsequent halte denn die CHP selbst an diesem Prinzip fest? Sie habe doch eine staatlich gelenkte Religionsbehörde geschaffen, die den Muslimen bis in Einzelheiten vorschreibe, wie sie den Islam zu leben hätten. – Ob er von der AKP die Lösung solcher Probleme erwarte? – Man müsse wachsam sein, in welche Richtung sich diese Partei bei ihrer jetzigen Machtfülle entwickle. Es könne sehr wohl sein, dass sie ihr Versprechen »mehr Demokratie« vergesse, sobald sich die Chance biete, ihre Vorstellung vom Islam mit Gewalt durchzusetzen.

Der biographische Hintergrund des türkischen Lehrers ist angesichts solcher Erklärungen aufschlussreich. Er erzählte, in seinem Elternhaus spiele Religion keine große Rolle, sein Vater wie seine Mutter gingen kaum einmal in die Moschee, höchstens zu seltenen Anlässen. Auch trügen weder seine Mutter noch seine Großmutter ein Kopftuch, sie hielten dies für eine Sache von ungebildeten, rückständigen Leuten. – Ob seine Eltern den Fastenmonat Ramadan einhielten? – Nein. – Und er? – Ja, er halte sich an die Fastengebote, antwortete er zu meiner Überraschung. – In Deutschland? – Ja, auch in Deutschland, das mache keinen Unterschied.

Seine türkische Frau, die neben ihm saß, bestätigte dies. Sie stammt aus einer religiös orientierten Bildungsschicht und sie erklärte, das Fasten sei religiöse Pflicht. Sie trug kein Kopftuch. Daher fragte ich sie, ob sie das Tragen des Kopftuchs nicht auch für eine religiöse Pflicht halte? Sie antwortete: Nirgends im Koran finde sich eine eindeutige Vorschrift. Weshalb also solle man von einer religiösen Pflicht sprechen? Jede Frau solle nach eigenem Gutdünken entscheiden. Ein Verbot des Kopftuchs, wie es die Kemalisten an Schulen und im Parlament strikt aufrechterhielten, sei falsch. Überhaupt sei Zwang in politischen wie religiösen Fragen ein Problem. Viel zu viele Gesetze würden in der Türkei nur mit Zwang durchgesetzt. In dieser Hinsicht seien bisher alle Parteien gleich.

Hier äußerten sich zwei türkische Staatsbürger, die den Laizismus der Kemalisten für unabdingbar halten. Aber sie sind religiös und wählen inzwischen eine »islamische« Partei, die sie allerdings auch misstrauisch beobachten. Wie lassen sich derartige Äußerungen in die uns vertraute Frontstellung von »säkular« und »islamisch« einfügen?

Zu diesem Gespräch passt, was die Deutschtürkin Lale Akgün, SPD-Abgeordnete des Deutschen Bundestags und Islam-Beauftragte, über die gegenwärtige Situation in der Türkei sagt:

»Eine Schwarz-Weiß-Einteilung der türkischen Gesellschaft in zwei Lager – Scharia versus Demokratie – ist verfehlt. Diese Blockbildung ist vielmehr [...] ein Totschlagargument der Träger der Staatsideologie, die um ihre Macht fürchten. Nicht der Laizismus ist in Gefahr, sondern das 85-jährige Machtmonopol der [...] kemalistischen Eliten. Ein letztes Aufbäumen, glaube ich. Pluralisierung und Demokratisierung sind so weit vorangekommen, dass sich die Türkinnen und Türken nicht mehr das Denken verbieten lassen.«[166]

Zu den Paradoxien der letzten Jahrzehnte gehörte es, dass ausgerechnet islamisch orientierte Politiker mit deutlicher Kritik an den Positionen der Kemalisten plötzlich ideologisch beweglicher und pragmatischer auftraten als die betont säkularen Nationalisten. Nicht die CHP plädierte nun für erweiterte demokratische Befugnisse und eine Machtbeschränkung des Militärs, sondern die AKP. Nicht die CHP war nun die entschiedenste treibende Kraft für einen Beitritt zur EU, sondern wiederum die AKP. Die »islamische« Partei hatte in den ersten sechs Jahren ihrer Regierung keineswegs gegen die Prinzipien des Laizismus verstoßen. Vielmehr hatte sie 2007 in ihren Wahlversprechen einen demokratischen Pluralismus nicht nur für religiöse, sondern auch für ethnische Gruppierungen wie die Kurden in Aussicht gestellt. Und damit erschien sie mit einem Mal »westlicher« als die von Atatürk gegründete Partei.

Aus der Sicht vieler westeuropäischer Beobachter, aber auch einer Reihe türkischer Intellektueller, schien es nach dem

Wahlsieg der AKP 2007 möglich, dass eine so pragmatisch bewegliche »islamische« Partei eher Reformen durchführen könne als ihre Gegner mit der Ideologie eines extrem intoleranten Nationalismus.

Aber eine offene Frage blieb für viele Beobachter auch damals schon, inwieweit die mit absoluter Mehrheit regierende AKP ihren propagierten »Weg nach Europa« konsequent fortsetzen würde. Misstrauen gegenüber dieser Partei äußerten nicht nur viele ihrer politischen Gegner in der Türkei, sondern teilweise auch jene, die die AKP aus Mangel an einer überzeugenden Alternative gewählt hatten. Die Befürchtungen verdichteten sich bereits innerhalb eines Jahres. Nur wenige Monate nach ihrem Wahlsieg 2007 ließ die AKP jeden Schwung für weitere Reformen vermissen, die den Weg in die EU ermöglichen sollten.

Die Beseitigung des berüchtigten Paragraphen 301 mit seiner »Herabwürdigung des Türkentums« ist eine Grundvoraussetzung für eine weitere Demokratisierung der Türkei. Aber konkrete Schritte ließen monatelang auf sich warten. Häufig wurden immer noch Gerichtsurteile wie jenes gefällt, das Ende Januar 2008 gegen den türkischen Professor für Politologie, Attila Yayla, an der Universität Ankara erging: 15 Monate Haft auf Bewährung. Das Vergehen war, dass er in einer Rede die Regierungszeit Atatürks als »in gewisser Hinsicht rückschrittlich« bezeichnete und außerdem sagte, die zahlreichen Statuen und Porträts des Staatsgründers wirkten auf Europa »befremdlich«.[167] Ähnliche Urteile drohten aber andererseits genauso Personen, die sich kritisch über den türkischen Islam sowie betont negativ über die Regierung Erdoğan äußerten. Und hier zeigte sich: Es gab auch in der AKP Gruppierungen, die sich einer Reform des Paragraphen 301 widersetzten. Die Zahl der unter diesem Gesetz verfolgten Personen hatte sich bereits 2006 verdoppelt. Dies war Ende 2007 im Bericht der EU-Kommission zu lesen, der damit der Regierung Erdoğan ein schlechtes Zeugnis ausstellte.[168] Als dann Ende April 2008 schließlich eine Reform des Paragraphen 301 beschlossen wurde, erwies sich diese Änderung als nur sehr halbherzig.

In der Neufassung des Gesetzes war zwar nicht mehr von der »Herabwürdigung des Türkentums« die Rede, aber doch von der »Herabwürdigung der türkischen Nation«. Wie bisher durften der Staat, das Parlament, die Regierung, das Justizwesen, die Sicherheitskräfte und das Militär nicht »verächtlich gemacht« werden. Was im Klartext heißt: Betont kritische Kommentare zu politischen Fehlentwicklungen wurden weiterhin kriminalisiert. Daran änderte auch nichts die Tatsache, dass die Höchststrafe von drei auf zwei Jahre Gefängnis gemildert wurde. Auch bedeutete es keinen grundsätzlichen Wandel, dass nun zur Einleitung eines Untersuchungsverfahrens eine besondere Erlaubnis des Justizministeriums eingeholt werden musste, um die Willkür vonseiten einzelner Amtspersonen zu verhindern.

Erdoğan versuchte hier einerseits der Europäischen Union guten Willen zu signalisieren und wollte andererseits die strikt nationalistisch gesinnten Anhänger der MHP und der CHP sowie das Militär nicht allzusehr provozieren. Aber es galt auch, »unzulässige« Kritik an der Regierung Erdoğan einzudämmen. Das Ergebnis war, dass die AKP-Regierung sowohl von den Westeuropäern als auch von der nationalistischen Opposition Kritik erntete: Den einen ging die Reform nicht weit genug, den anderen erschien sie bereits als ein »Verrat an der Identität der Türkei«.

Erdoğan zögerte auch, die Kurden in ihrem Streben nach kultureller Autonomie weiter tatkräftig zu unterstützen. Daher hat Emine Ayna, eine der beiden Führungskräfte der kurdischen Partei DTP, sechs Monate nach der Wahl im Dezember 2007 ihre Enttäuschung geäußert: Die Ideologie des türkischen Staates sei sich bis zum heutigen Tag gleich geblieben, man müsse ethnisch Türke sein, um einen Rechtsstatus zu haben.

Alle bisherigen Reformen der AKP seien äußere Kosmetik gewesen, hätten aber nicht wirklich die Situation der Kurden und anderer ethnischer Minderheiten verbessert.[169]

Eine Gesetzesvorlage aber war weniger umstritten. Am 20. Februar 2008 verabschiedete das Parlament in Ankara mit großer Mehrheit – diesmal auch mit Stimmen der oppositionellen CHP – den lang erwarteten Beschluss, christlichen Minderheiten ihr vom Staat beschlagnahmtes Eigentum zurückzugeben. Allerdings ließ sich die große Einigkeit über Parteigrenzen hinweg nur erzielen, weil die EU-Kommission schon einige Jahre zuvor der türkischen Regierung klargemacht hatte, dass es ohne Reformen auf diesem Sektor keine Mitgliedschaft in der EU geben könne. Trotzdem wies das Gesetz auch nach seiner Verabschiedung noch einen gravierenden Mangel auf: Es waren, so kritisierten die betroffenen christlichen Organisationen, für Grundstücke und Immobilien keine Entschädigungen vorgesehen, die vom Staat bereits weiterverkauft worden waren.[170]

All diese nur unzureichend durchgeführten Gesetze erzeugten zunächst keine tiefgehende Krise. Dies änderte sich allerdings nur wenige Monate später durch die Konfrontation mit Gewerkschaften. Der Konflikt hatte sich angebahnt, weil Erdoğan unter dem Druck des Internationalen Währungsfonds starke Einschnitte bei sozialen Vergünstigungen von Arbeitern und Angestellten sowie Beamten der unteren Einkommensklassen beschloss. Durch dieses neue Gesetz drohten sich die Unterschiede zwischen Reich und Arm erheblich zu verschärfen. Die Enttäuschung der Gewerkschaften wuchs sich zur Erbitterung aus, als die AKP-Regierung schroff auf die Kritik an den problematischen Folgen ihrer Sozialpolitik reagierte und einige Gewerkschaftsführer vorübergehend verhaften ließ.

Am 1. Mai eskalierte der Konflikt, nachdem die Gewerkschaftsverbände für diesen Tag zu einer Großdemonstration auf dem Taksim-Platz in Istanbul aufgerufen hatten. Die Regie-

rung verbot die angekündigte Veranstaltung mit dem fadenscheinigen Argument, ein Verkehrschaos und geplante Provo-
kationen würden zur einer »Gefahr« für die Öffentlichkeit. Aber
die Gewerkschaften bestanden trotz immer stärkerer Drohungen aus Regierungskreisen auf der Kundgebung. Und so kam es
in Istanbul am 1. Mai zu schweren Unruhen, als ein massives
Aufgebot an Polizei und Sicherheitskräften schon am frühen
Morgen brutal gegen Demonstranten vorging.

Das Ausmaß der Mai-Unruhen lenkte den Blick auf ein weiteres Versagen der Politik. An diesem 1. Mai 2008 verlor nicht
nur die AKP-Propaganda »mehr Demokratie« einiges an Glaubwürdigkeit, sondern auch das gepriesene »Wirtschaftswun-
der«. Es gab zwar weiterhin ein eindrucksvolles Wachstum von
6 bis 8 Prozent, aber es war nicht zu übersehen, dass diese Entwicklung nur einen Teil der Bevölkerung erreichte. Ein solcher
Prozess konnte, wie schon öfter in der Geschichte der Türkei,
ein erstes Anzeichen einer neuen Wirtschaftskrise sein.

Aber das Jahr 2008 signalisierte erst in vagen Umrissen, dass
die eigentliche Bewährungsprobe der Regierung Erdoğan erst
in den folgenden Jahren bevorstand.

»Europäische« und »asiatische« Türken –
der verschärfte Konflikt

Das Jahr 2008: ein Jahr des Hoffens auf Reformen, ein Jahr der
Enttäuschungen über nicht eingelöste Versprechen. Es war
auch ein Jahr von sich zuspitzenden Gegensätzen zwischen
»säkular« und »konservativ-islamisch« gesinnten Türken. In
diesem Jahr 2008 hatte ich in Istanbul eine Begegnung, die mir
mehr als viele andere vor Augen führen sollte, welch tiefe Kluft
weltanschaulich und religiös die Türkei eigentlich spaltet.

Bei meinem Bummel durch verschiedene Stadtteile erlebte
ich schon im Flair und der Architektur Istanbuls erhebliche Kontraste. Eben noch war ich in einem Viertel unterwegs gewesen,

in denen die verwinkelten Gassen von Häusern mit Balustraden osmanischen Stils gesäumt sind. Fast alle Frauen dort tragen Kopftücher, viele auch Pluderhosen, wie man sie sonst nur noch in anatolischen Dörfern sieht. In den Restaurants und Teestuben war manchmal nicht das sonst obligate Wandbild Atatürks zu sehen, sondern nur das des Ministerpräsidenten Erdoğan. Undenkbar, dass in einem dieser Lokale Alkohol ausgeschenkt würde. Eine Stunde später aber saß ich im Straßencafé eines Neustadtviertels und blickte auf Hausfassaden, die sich von denen einer modernen europäischen Großstadt kaum unterscheiden. In diesem Café saß am Nachbartisch ein junger Türke. Er bestellte ein zweites Glas Bier und empfahl mir zuerst auf Englisch, dann in fließendem Deutsch dieselbe Marke, es gebe auch in der Türkei Bier bester Qualität.

Mit diesem Türken kam ich ins Gespräch. Er hatte in Berlin Maschinenbau studiert, jetzt lebte er wieder in seiner Heimatstadt Istanbul. Ein charmanter, geistreicher Plauderer. Er wies mit einer schwungvollen Geste auf die vorbeiströmenden Passanten, Berufstätige am frühen Abend auf dem Heimweg, Müßiggänger unterwegs in ein Lokal, junge Liebespaare Arm in Arm. Man sehe hier in dieser Straße viel weniger Frauen mit Kopftuch als in manchen Stadtteilen Berlins, erklärte er schmunzelnd: Hier sei Istanbul europäischer als Berlin. Die junge Frau, die jetzt gerade vorbeigehe, heiße vielleicht Necla, ihr Freund neben ihr Selim, die andere Frau Fatma, der junge Mann neben ihr Mehmet, aber von ihrer Kleidung und Körpersprache her könnten sie ebenso gut Renate, Birgit, Hans oder Georg heißen. Ob ich verstünde, was er damit meine?

Ich sah ihn demonstrativ fragend an. Hier in diesem Stadtteil sei Istanbul geistig noch Europa, nicht Asien, erklärte er. Und vor drei, vier Jahrzehnten sei ganz Istanbul noch wesentlich europäischer gewesen. Aber das ändere sich zusehends, seit sich immer mehr Zuwanderer aus dem hintersten Anatolien und der Schwarzmeerküste im Großraum Istanbul niedergelassen hätten. Es seien Muslime aus völlig unterentwickelten Dörfern. Diese würden ihre Frauen am liebsten voll verschleiern. Solchen Männern sitze das Messer locker, wenn sie den leisesten Verdacht spüren, man wolle die sogenannte Ehre ihrer Gattinnen und Töchter antasten. Es genüge, einen flüchtig neugierigen Blick auf ihre Frauen zu werfen. Finsteres Asien sei das. In manchen Stadtteilen sehe man heute dreimal so viel Frauen mit Kopftuch und Pluderhosen als noch vor 20 Jahren. Wenn das so weitergehe, habe Istanbul in spätestens weiteren 20 Jahren seine europäische Identität vollends verloren, dann dominiere hier Anatolien mit einem Islam, für den das Wort »modern« ein Fremdwort sei und bleibe.

Was sagte er da? Seine Wortwahl erinnerte mich an manche Deutschen oder Österreicher, die in Frankfurt, Hamburg oder Wien ihre »europäische« Identität angesichts »asiatischer« Türken bedroht sehen.

Ich führte das Gespräch, wie schon erwähnt, 2008. Ein Jahr zuvor hatte Ministerpräsident Recep Tayyip Erdoğan bei vorgezogenen Parlamentswahlen 2007 mit einem Erdrutschsieg zum zweiten Mal mit seiner »islamisch« orientierten Partei AKP die absolute Mehrheit gewonnen. Darüber hinaus hatte das türkische Parlament Abdullah Gül, einen der treuesten Gefolgsleute Erdoğans, zum Staatspräsidenten gewählt. Mein Gesprächspartner wehrte mit gefurchter Stirn ab, als ich die Namen Erdoğan und Gül erwähnte. Entsprechend sarkastisch äußerte er sich über die Glaubenswelt »asiatischer« Muslime (zu denen er Erdoğan und Gül zählte).

Er habe schon lange keine Moschee mehr von innen gesehen, erklärte er. Und warum sollte er auch? Diese Rezitationen auf Arabisch, die so dahingemurmelt und ohnehin von niemand verstanden würden. Diese Imame! Er frage sich, wozu die überhaupt nützlich seien. Ihr Beruf sei mit der Position eines Geistlichen im Christentum, wie er das in Deutschland gesehen habe, nicht zu vergleichen. Die Imame in der Türkei seien Staatsbeamte, die nichts anderes täten, als fünfmal am Tag wie ein Papagei den Gebetsruf zu leiern. Und sonst? Imame seien noch dazu da, die Fenster der Moschee zu putzen und fleißig mit dem Staubsauger über die Teppiche zu fahren. Aber sonst? Nein, sonst falle ihm nichts ein.

Ob er einen unüberwindbaren Gegensatz zwischen Islam und Moderne sehe, wollte ich wissen.

Er zögerte mit seiner Antwort. Im Islam seien sehr viele reaktionäre Tendenzen vorhanden, erklärte er schließlich. Vieles sei gedankenlose Tradition, manches purer Aberglaube, weit entfernt von jeder Rationalität.

Ob er Moslem sei? Oder Atheist?

Er ließ seinen Blick rasch zu den Nachbartischen gleiten, so, als fühle er sich plötzlich von Lauschern überwacht.

Er sei Muslim, natürlich. »In der Türkei gibt es keine Atheisten«, sagte er nach einer kurzen Pause angespannter Verlegenheit. »In keinem islamischen Land gibt es Atheisten«, fügte er nach einer weiteren Pause von wenigen Sekunden hinzu. Sein Lächeln war dünn, sarkastisch.

Der Islam ... Er dämpfte den Tonfall, nachdem er wieder kurz seinen Blick zu den Nachbartischen hatte gleiten lassen. Der Islam sei für viele wie eine Droge. Es wäre ihm lieber, wenn es in der Türkei mehr Menschen gäbe, die mit Hilfe der Naturwissenschaften und der Philosophie, nicht aber nur mit Hilfe der Religion die Welt verstehen wollten.

Ob er nicht doch Atheist sei?

Wieder sein dünnes, sarkastisches Lächeln. Nirgends in der islamischen Welt vertrete jemand offen den Atheismus, wiederholte er mit noch schärferer Ironie. Atheismus sei eine Erfindung der Europäer. Er sei Muslim.

Er beugte sich noch einmal nach vorne und kam mit dem Kopf nahe an meinen. Er wolle nicht mit solchen Muslimen verwechselt werden, die ihre eigene Religion starr für die einzige Offenbarung Gottes hielten und andere Glaubensinhalte entweder gar nicht oder nur herablassend dulden würden. In dieser Hinsicht sei er allergisch dagegen, wenn man ihn für einen sunnitischen Muslim halte. Er sei zwar in diese Konfession hineingeboren wie nahezu zwei Drittel oder drei Viertel der Türken, aber er habe mit seiner Konfession nichts am Hut. Seine Eltern übrigens auch nicht, seine Geschwister ebenso wenig. Der sunnitische Islam sei Quelle für allerlei fanatische Ausprägungen der Religion, angefangen vom Islam der Wahhabiten in Saudi-Arabien bis hin zur al-Qaida. Der schiitische Islam sei aber auch nicht besser. Ach, überhaupt … Er schätze religiöse Menschen, wenn sie tolerant seien, und verachte intolerante Dogmatiker, egal welcher Religion. Er schätze Atheisten, wenn sie tolerant seien … Ach, Atheisten gebe es ja gar nicht unter den Muslimen. Er lachte.

Er hob das Bierglas und prostete mir zu. Wir sollten darauf anstoßen, dass es den asiatischen Provinzlern noch nicht gelungen sei, das Bier zu verbieten. Er möge keine Regierung, die ihre Vorstellung von Islam zum Zwang für alle machen wolle. Ihm bereite die Zukunft Sorgen, erklärte er. In der Türkei verschiebe sich immer mehr das politische und kulturelle Schwergewicht von Europa nach Asien. Jawohl, das sei so, das werde doch immer deutlicher. Jene Revolutionäre, die ein Stück modernes Europa in der Türkei geschaffen hätten, seien Türken aus dem europäischen Kulturraum gewesen. Atatürk sei in Griechenland geboren und aufgewachsen, damals eine osmanische Provinz, viele seiner politischen Weggefährten stammten ebenfalls aus dem Balkan. Aber woher käme die Familie von Ministerpräsidenten Erdoğan? Von der Schwarzmeerküste! Woher Staatspräsident Gül? Aus dem innersten Anatolien! Sie seien asiatische Türken, sie hätten wenig gemeinsam mit der alteingesessenen Bildungsschicht Istanbuls und anderer Großstädte im Westen der Türkei.

Welche Partei habe er denn letztes Jahr gewählt?

Bestimmt nicht die AKP. Mit Unbehagen habe er die CHP –

die Republikanische Volkspartei, die kemalistische Sozialdemo-
kratie der Türkei – gewählt. Aber was habe denn die CHP noch
mit Atatürk gemeinsam? Er wisse nicht, ob er das nächste Mal
überhaupt noch zur Wahl gehe. Er traue keinem Politiker, keiner Partei mehr. Was ihm Sorge bereite, sei die tiefe Spaltung,
ja Zersplitterung der Türkei. Es gebe zahlreiche politische, religiöse und kulturelle Strömungen mit äußerst unterschiedlichen, gegensätzlichen Ideologien, aber es existiere nicht
wirklich die Fähigkeit, religiös und ideologisch anders gerich-
tete Meinungen gelten zu lassen. Es werde zwar viel von Dialog
geredet – gerade auch Erdoğan rede viel davon –, aber faktisch
ende jeder Versuch zum Dialog in Streiterei, sturer Rechthabe-
rei. Erdoğan trage wesentlich dazu bei, das Land zu polarisie-
ren. Viele seiner Gegner täten das allerdings auch, sie seien
nicht besser. Egal welches politische Lager: Die meisten seiner
Landsleute hätten noch immer kein Bewusstsein dafür, dass
jede Wahrheit nur relativ gültig sei und auch der Andersdenkende in manchen Punkten recht haben könne. Es gebe keine
wirkliche Demokratie in der Türkei, dafür fehlten bisher einfach die Voraussetzungen. Die Türkei sei ein zerrissenes Land,
Istanbul eine zerrissene Stadt. Die vielen politischen Gruppierungen, die sozialen Schichten, die Angehörigen unterschiedlicher Religionen – sie alle würden nebeneinander, nicht miteinander leben.

Der junge Türke saß kopfschüttelnd vor seinem Bier. Er hob
das Glas und prostete mir noch einmal zu. Das Bier könnten die
asiatischen Moralisten eben doch nicht verbieten. Er lachte
wieder bitter. Eigentlich sei es ein Vorteil, dass die Türkei zer-
splittert sei. Keine Partei sei stark genug, eine religiöse Doktrin
angesichts der vielen Gegensätze konsequent durchzusetzen.
Vor allem in Istanbul funktioniere das nicht.

Soweit das Gespräch.

Zersplitterte Türkei? Keine Partei könne sich mit ihrer Doktrin völlig durchsetzen? Diese Meinung meines Gesprächspart-

ners 2008 sollte acht Jahre später eine besondere Aktualität bekommen. Erdoğan drängte nach dem gescheiterten Militärputsch vom 15. Juli 2016 darauf, seine Macht mit Hilfe einer »Notstandsgesetzgebung« weiter auszubauen. Doch schon 2008 zeichnete sich deutlich ab, dass die »asiatischen Türken« nicht nur politisch, sondern auch religiös-kulturell versuchten, die bisherige Dominanz der »europäischen Türken« zurückzudrängen. In den offiziellen Sprachgebrauch ist dieser Konflikt als eine Auseinandersetzung zwischen »Schwarzen Türken« (»Kara Türkler« oder »Siyah Türkler«) und »Weißen Türken« (»Beyaz Türkler«) eingegangen. Die Türken selbst definieren das so.

Mein Gesprächspartner hatte allerdings mir gegenüber von »asiatisch« (gleichbedeutend mit »schwarz«) und »europäisch« (»weiß«) gesprochen, er wollte sich anscheinend mir, dem Fremden, verständlicher machen. Dass mein »europäischer« Gesprächspartner bei allem ironischen Scharfsinn seine Ablehnung der »Schwarzen Türken« überspitzte und zur Einseitigkeit neigte, entspricht auf der Gegenseite der Haltung vieler »Asiaten« – und gerade dies macht den Konflikt so explosiv.

Der Konflikt, der schon seit den radikalen Reformen Atatürks für Unruhe sorgte, hat über viele Jahrzehnte die Dominanz der Kemalisten nicht ernsthaft gefährden können. Nun aber tragen umgekehrt die bisher unterdrückten Gegner zur Verschärfung des Konflikts bei. Sie demonstrieren ihre Vorstellung von dem, was »Kultur« zu bedeuten habe, mit immer größerem Selbstbewusstsein.

Ein aufsehenerregendes Signal in diese Richtung bildete schon eine seit 2008 beginnende Kampagne gegen die »Irrlehre« des Darwinismus. Ihr Initiator war der türkische Autor Harun Yahya (mit bürgerlichem Namen Adnan Oktar), dessen Bücher sich nach seinen eigenen Angaben innerhalb kürzester Zeit rund 8 Millionen mal allein in der Türkei verkauft haben sollen. *Der Altar der Schöpfung* ist hier von besonderer Bedeutung, ein ungewöhnlich aufwendig ausgestattetes Buch von 800 Seiten, in dem der Autor äußerst scharf die These vertritt, Darwins Lehre von der »Entwicklung der Arten« lasse sich wissenschaftlich widerlegen. Allein die Schöpfung Gottes, wie sie im Koran und in der Bibel beschrieben sei, stelle die unwiderlegbare Wahrheit dar. Unterstützt wurde er in seiner Ablehnung der Evolutionstheorie Darwins vehement von Journalisten der Tageszeitung *Zaman,* einer der auflagenstärksten Zeitungen der Türkei – finanziert von Fethullah Gülen, Medienmogul und einflussreicher Prediger, der im Jahr 2008 noch ein enger Verbündeter der Regierung Erdoğan war. Unterstützt wurde Harun Yahya aber auch vom Erziehungsminister der Regierung Erdoğan, der die Lehre Darwins als »eine Waffe der Materialisten und Gottlosen« bezeichnete.[171]

Ausgerechnet in der Türkei mit ihrem offiziell damals betont »säkularen« Erziehungssystem überraschte ein solcher Verkaufserfolg von nahezu 8 Millionen Exemplaren eines Buches, das die Lehre Darwins als »Irrlehre« und »gottlos« bezeichnet, in mehrfacher Hinsicht. Nach Auskunft türkischer Erziehungswissenschaftler wurde 2008 – fünf Jahre nach dem Regierungsantritt von Recep Tayyip Erdoğan – Darwins Evolutionstheorie noch immer »in jeder Schule, in jedem Klassenzimmer, auch in der tiefsten Provinz« gelehrt. So betrachtet sei die Türkei moderner als mancher Bundesstaat der USA, wo versucht werde, im Schulunterricht die Schöpfungslehre nach Auslegung christlicher Fundamentalisten zu präsentieren und Darwin als »unwissenschaftlich« abzuqualifizieren.

Aber die Umfrage aus dem Jahr 2006 zeigt auch, auf welch geringe Akzeptanz die Lehre Darwins bei der Mehrheit der Türken stößt: Nur jeder vierte Türke erkennt sie als »richtig« an, also nur ein Viertel der Bevölkerung. Die Umfrage wurde in 34 Ländern durchgeführt; die Türkei rangiert dabei in der Zustimmung zu Darwin weit hinten auf Platz 33.[172] Die hier zitierte Umfrage bietet allerdings auch eine Überraschung, die

die Feststellung von der zutiefst konservativen, ja antimodernen Grundhaltung vieler Türken relativiert. Zwar rangiert die Türkei bei der Akzeptanz von Darwins Lehre auf Platz 33 von 34 Ländern, aber auf Platz 32 befinden sich die USA.[173]

Vermutlich noch mehr überrascht, dass in der Türkei eben nicht nur *Der Atlas der Schöpfung* mit seiner aggressiven Wendung gegen den »gottlosen« Darwinismus sehr viel Beachtung gefunden hat, sondern auch das Buch *Der Gotteswahn* von Richard Dawkins, einem der prominentesten Vertreter eines militanten Atheismus und Verteidiger des Darwinismus. Innerhalb kürzester Zeit sind in der Türkei 15 000 Exemplare des Atheisten Dawkins verkauft worden, so die Zahlen aus dem Jahr 2008.[174]

Es nehmen sich 15 000 verkaufte Exemplare von *Der Gotteswahn* allerdings bescheiden aus gegenüber 8 Millionen von *Der Atlas der Schöpfung*. Aber das antidarwinistische Buch des frommen Muslim Harun Yahya wurde von der Regierung Erdoğan sowie regierungsnahen Zeitungen propagandantisch beeinflusst und nachdrücklich gefördert. Viele der genannten 8 Millionen Exemplare wurden an Schulen und Behörden als Freiexemplare verschickt. Dagegen stößt ein militant atheistischer Autor wie Dawkins von vornherein auf viel Ablehnung in einem islamischen Land, wo – wie mir ja mein Gesprächspartner, der junge Türke ironisch bitter mitteilte – es überhaupt keinen Atheismus geben könne. Dass Dawkins dann trotzdem Interesse zumindest bei einer städtischen Bildungsschicht gefunden hat und seine Bücher gekauft werden, zeigt, dass eine »islamisch-konservative« Regierung nur bedingt der »Gottlosigkeit« Einhalt gebieten kann.

Wie kann in der Türkei eine Gesellschaft erhalten bleiben, die eine freie, offene und demokratische Diskussion über gegensätzliche Weltanschauungen zulässt? Was gewährleistet den Zusammenhalt und das Fundament dieser Gesellschaft? Schon 2008 war dies eine offene Frage – und das Problem sollte in den folgenden Jahren noch weiter an Schärfe gewinnen.

Die Verfassungsreform von 2010 – mehr Demokratie?

Das Jahr 2010 sollte der Türkei einen weiteren Modernisierungsschub mit einer grundlegenden Verfassungsreform bringen. Erdoğan präsentierte dem eigenen Volk wie der Weltöffentlichkeit ein solches Vorhaben unter der Devise »mehr Demokratie«. Innenpolitisch wie außenpolitisch war es dieselbe Botschaft: Durch die Entwicklung zu »mehr Demokratie« sollten die Verhandlungen für einen Beitritt zur EU einen neuen Anstoß erhalten. Zur damaligen Zeit versprachen sich führende AKP-Politiker wie auch eine Mehrheit der türkischen Bevölkerung (noch) viel von einer weiteren türkisch-europäischen Annäherung.

Aber es gab auch damals Schwierigkeiten, um die zahlreichen Skeptiker in der EU zu überzeugen. Obwohl im Oktober 2005 offiziell die Beitrittsverhandlungen in die entscheidende Phase getreten waren, zeigte eine Reihe westeuropäischer Staaten wenig Interesse, die Verhandlungen für eine türkische Mitgliedschaft in der EU zu intensivieren und zügig durchzuführen. Sie empfanden einerseits eine drohende Wirtschaftskrise der Türkei als Belastung für die westeuropäische Wirtschaft, andererseits zweifelten viele an einer echten Reformbereitschaft der Türkei. Nicht wenige der EU-Politiker äußerten überdies Bedenken gegen die fremde »islamische« Religion und Kultur. Besonders zögerlich, ja abweisend, verhielten sich Deutschland und Frankreich.

Erst das Jahr 2010 schuf neue Voraussetzungen für einen besseren Dialog mit der Europäischen Union. In diesem Jahr erreichte die Republik Türkei mit kräftigem Wirtschaftswachstum weltweit eines der besten Ergebnisse: fast 12 Prozent im ersten Quartal, in späteren Monaten rund 9 Prozent. Wäre zu diesem Zeitpunkt die Türkei Mitglied der EU gewesen, hätte sie mit solchen Daten wirtschaftlich einen beachtlichen 7. Platz hinter Deutschland, Frankreich, Großbritannien, Schweden, Italien und Spanien erreicht, worauf die Deutsch-Türkische Industrie- und Handelskammer in ihrem *Wirtschaftsbericht Türkei 2010* hinwies. Entscheidend fachten das Transportwesen, der Finanzsektor und die Immobilienbrache die wirtschaftliche Dynamik neu an. Unvermindert vegetierten allerdings die unteren Bevölkerungsschichten am Rand des Existenzminimums dahin.[175]

Es war zwar eine ambivalente Bilanz, aber sie stärkte erneut Erdoğans Prestige innenpolitisch wie auch im Ausland. In dieser Phase eines Aufschwungs konnte Erdoğan auf das Vorhaben einer schon lang geplanten Verfassungsreform zurückkommen.

Die bis dahin gültige Verfassung der Republik Türkei stammte aus dem Jahr 1982 und war von der damaligen Militärdiktatur unter General Kenan Evren initiiert worden. In ihr war das Prinzip einer »gelenkten Demokratie« festgeschrieben, in der das Militär unangefochten das höchste Kontrollorgan einer »laizistischen Staatsordnung« bildete. Schon in früheren Jahren war es Erdoğan gelungen, schrittweise einige wesentliche Elemente dieser Verfassung abzumildern. Bis dahin hatte er es jedoch nicht geschafft, die Verfassung von 1982 grundsätzlich zu verändern, um auf diese Weise dem Militär die Rückkehr zu seiner früheren, unantastbaren Machtposition in jeder Hinsicht zu vereiteln. Erdoğan wollte nun seine AKP endgültig von der Gefahr befreien, durch militärisches Eingreifen beim Regieren behindert oder gar entmachtet werden zu können. Die erforderliche Zweidrittelmehrheit im Parlament blieb Erdoğan allerdings versagt. Mit einer demokratischen Abstimmung erreichte er die ersehnte Verfassungsänderung nicht. Also plante er – nun mit wieder gefestigtem Ansehen – ein Verfassungsreferendum durch das Volk. Eine einfache Mehrheit genügte.

Der 12. September 2010, das Datum für die Volksabstimmung, war symbolträchtig gewählt. Denn am 12. September 1980 hatte ein Putsch zur blutigen Militärdiktatur von General Evren geführt; nun sollte auf den Tag genau 30 Jahre später über die neue Verfassung abgestimmt werden.

Zur Wahl standen grundsätzliche Veränderungen. An erster Stelle des Reformkatalogs stand das Versprechen, dass die Rechte von Frauen, Kindern und Rentnern verbessert werden sollten. Im Gesamtzusammenhang wirkte dieses hehre Verfassungsziel wie schmückendes Beiwerk. Der Schwerpunkt dieser Verfassungsreform lag bei folgenden, ganz grundsätzlichen Änderungen: Parteienverbote sollten nicht mehr durch den Nationalen Sicherheitsrat erfolgen, der stark vom Militär geprägt sei, sondern nur noch durch eine Kommission des demokratisch gewählten Parlaments erfolgen. Der Nationale Sicherheitsrat sollte zwar weiterhin bestehen bleiben, nun aber nicht mehr dem Generalstabchef des Militärs, sondern vielmehr dem Ministerpräsidenten unterstellt sein. Das bedeutete eine mehr als bemerkenswerte Machtverlagerung. Ebenso sollten auch die Richter des Verfassungsgerichts zukünftig dem Parlament verantwortlich sein, ihm folglich unterstehen; sie dürften nur vom Parlament kontrolliert werden. Die Befugnisse der Militärgerichte wurden zugunsten der Zivilgerichte eingeschränkt und gleichzeitig die politische Immunität der Mitglieder der einstigen Militärdiktatur aufgehoben. Künftig sollten sich also auch Generäle vor zivilen Gerichten wegen Verbrechen an der türkischen Bevölkerung verantworten müssen. Die Militärs könnten also von Zivilgerichten verurteilt werden.

Am 12. September 2010 sprachen sich 57,9 Prozent der türkischen Wähler für die Verfassungsänderungen aus und befürworteten die Machtverlagerung vom Militär hin zum Parlament. Internationale Beobachter lobten das Wahlergebnis, und Gremien der Europäischen Union bezeichneten die Reformvorschläge als »einen Schritt in die richtige Richtung«.[176]

Für Erdoğan bedeuteten diese Reaktionen im In- und Ausland einen doppelten Erfolg. Zum einen stärkte dies seine Macht im eigenen Land, zum anderen seinen lädierten Ruf in Europa. Nun also konnte er einen erneuten Anlauf nehmen, um Vertrauen für die Mitgliedschaft einer reformbereiten Türkei in der Europäischen Union zu schaffen.

Eine wesentliche Änderung in der bisherigen Verfassung blieb Erdoğan allerdings verwehrt: das Amt des Staatspräsidenten politisch neu zu gewichten. Die geltende Verfassung gestand dem Staatspräsidenten eine vorwiegend repräsentative Funktion zu. Zwar konnte dieser in besonderen Fällen eine Unterschrift für ein umstrittenes Gesetz verweigern (und in solcher Hinsicht hatten ja bisherige Präsidenten für Erdoğan das Regieren zeitweilig erschwert). Derartige Befugnisse erschienen aber nun zu gering, denn Ministerpräsident Erdoğan selbst wollte dieses Amt übernehmen. Das Parteistatut der AKP erlaubte ihm nach drei Regierungsperioden nicht, eine vierte in seiner bisherigen Funktion als Ministerpräsident auszuüben. Also blieb ihm – dem Machtmenschen – nur noch ein Wechsel in das andere Amt. Spätestens zu diesem Zeitpunkt sollte der Staatspräsident mit mehr Kompetenzen ausgestattet sein – in einem Ausmaß, wie es sonst nur dem amerikanischen oder französischen Präsidenten zusteht.

Eine derart weitreichende Verfassungsänderung hätte Erdoğan allerdings wiederum nicht im Parlament durchsetzen können, wo ihm die nötige Zweidrittelmehrheit fehlte. Ob er einen Machtzuwachs für die eigene Person durch eine weitere Volksabstimmung hätte erreichen können? Spöttisch bezeichneten Erdoğan damals schon viele seiner Gegner als »Sultan«. Trotzdem verlor Erdoğan das Ziel eines Präsidialsystems nach amerikanischem oder französischem Vorbild nicht aus den Augen. Sein ganzes Hoffen setzte er auf die Parlamentswahlen im darauffolgenden Jahr 2011, um für die AKP endlich die Zweidrittelmehrheit zu erreichen. Im Parlament, davon war er felsenfest überzeugt, wollte er das eigentliche Herzstück seiner neuen Verfassung durchsetzen.

Die Wahlen am 12. Juni 2011 brachten für die AKP einen weiteren Triumph. Die Regierungspartei konnte ihre absolute Mehrheit mit 49,8 Prozent gegenüber den Parlamentswahlen von 2007 noch um 3,7 Prozent ausbauen. Aber die AKP verfehlte die ersehnte Zweidrittelmehrheit der Parlamentssitze, wenn auch nur knapp. Denn die Oppositionsparteien schnitten besser ab als erwartet: Die Republikanische Volkspartei (CHP) kam auf 26 Prozent und konnte ihren Stimmenanteil gegenüber 2007 um 5,1 Prozent steigern; die extrem nationalistische MHP verlor zwar leicht an Stimmen, aber war mit 13 Prozent der Wähler immer noch stark genug, um zusammen mit der CHP Erdoğan den erneuten, ersehnten Machtzuwachs zu verwehren.

Die Verfassungsreform von 2010 war also nur zur Hälfte verwirklicht. So sah es Erdoğan. So sahen es aus anderen Gründen bald auch viele Kritiker in der Türkei, erst recht Beobachter aus der Europäischen Union. Und die Frage wurde immer häufiger gestellt: Bedeuteten die bisherigen Änderungen tatsächlich, wie von Erdoğan behauptet, einen weiteren Schritt »in Richtung Demokratie«?

Die folgenden Jahre wiesen überwiegend in eine andere, nicht selten entgegengesetzte Richtung. Die Reform des Justizwesens belegt dies besonders gut. Die Richter, vor allem die Obersten Richter, waren nun der Kontrolle durch das Militär entzogen und dem Parlament unterstellt. Dort, im Parlament, besaß aber Erdoğans AKP die absolute Mehrheit und beanspruchte die ausnahmslose Kontrolle über die Justiz. Die Richter tauschten also ihre Abhängigkeit vom einst kemalistischen Nationalen Sicherheitsrat gegen die Abhängigkeit von einer »konservativ-islamischen« Partei ein. Die Konsequenz davon war: Nicht mehr das Militär, aber desto mehr hatte nun die demokratisch gewählte Regierungspartei die Macht, unbequeme Kritiker mit Hilfe der Justiz einzuschüchtern, was sie auch umgehend in die Tat umsetzte.

Bezeichnenderweise ließ die AKP den berüchtigten § 301 in der Substanz unangetastet; nach diesem Paragraph konnten Personen wegen »Herabwürdigung des Türkentums« verurteilt werden. Die Verhaftungen aus Gründen der »Staatssicherheit« nahmen unter der Regierung Erdoğan nach der Verfassungsreform von 2010 sogar noch zu. Die Anklage der Verunglimpfung des säkularen Staates Türkei und der Verunglimpfung des Islam wurden immer häufiger erhoben (davon später ausführlicher).

Waren angesichts einer solchen Entwicklung in der Türkei überhaupt schon genügend Voraussetzungen gegeben, um weitere entscheidende Schritte »zu mehr Demokratie« zu unternehmen? Was trieb Erdoğan dazu, die Versprechungen seiner Verfassungsreform in entscheidenden Punkten zum Erliegen zu bringen? Und in welchem Ausmaß war in der Bevölkerung das Bedürfnis nach »mehr Demokratie« überhaupt vorhanden?

Solche Fragen stellten sich verstärkt im Frühjahr 2013, als eine landesweite Protestbewegung gegen Erdoğans AKP die Türkei erschütterte – ausgelöst durch eine anfänglich nur lokale Demonstration in Istanbul im Streit um den Gezi-Park.

Die Proteste im Gezi-Park und der Beginn einer Dauerkrise

Es begann am 28. Mai 2013. Hunderte von Menschen hatten sich in Istanbul rund um den Gezi-Park und auf dem nahegelegenen Taksim-Platz zu einer Protestdemonstration versammelt, in der Mehrzahl junge Leute. Es waren überwiegend Mitglieder von Umweltschutzgruppen, die gegen die geplante Abholzung von Bäumen im Gezi-Park protestierten. Brutal rückte die Polizei mit Tränengas und Wasserwerfern gegen die

Demonstranten vor. Diese Bilder gingen durch die Medien, und sie mobilisierten in Istanbul viele Tausende und schließlich landesweit Hunderttausende. Bei den Unruhen im ganzen Land starben 7 Menschen, über 5000 wurden verletzt.

Vordergründig entzündeten sich die heftigen Proteste zunächst nur an einem lokal begrenzten Konflikt. Die Regierung Erdoğan hatte beschlossen, auf dem Gelände des Gezi-Parks eine Kaserne im Stil des osmanischen Rokoko zu errichten: Ein Gebäude sollte rekonstruiert werden, das von 1806 bis zu seinem Abriss 1940 an dieser Stelle gestanden hatte. Erdoğan wollte mit diesem Baukomplex symbolisch vergangene Zeiten aufleben lassen, als noch Sultane regierten. Gleichzeitig wollte er der modernen Geschäftswelt Tribut zollen, denn hinter den Fassaden des osmanischen Rokoko sollte ein großes Einkaufszentrum entstehen. Aber für dieses Bauvorhaben musste mehr als die Hälfte der Bäume gefällt werden. Die Anrainer waren alarmiert. Den Verlust des Parks in der Betonwüste von Istanbul wollten sie nicht hinnehmen. Bald wurden Umweltschützer im riesigen Ballungsraum der Metropole auf die Unruhen aufmerksam.

Die Demonstranten errichteten Zelte rings um den Park, um die bedrohten Bäume vor den Arbeitern der Stadt zu schützen. Aber sie protestierten darüber hinaus gegen das rüde Verhalten der Regierung, die über die Köpfe der Bevölkerung hinweg die Abholzung der Bäume angeordnet hatte und den Beschluss als »unabänderlich« präsentierte. Innerhalb von wenigen Tagen wuchs die Zahl der Demonstranten noch einmal, als bekannt wurde, dass das Bauvorhaben auf dem Gelände des Gezi-Parks von einer Holding forciert wurde, in der Erdoğans Schwiegersohn Vorstandsmitglied war.[177]

Überall in Istanbul und schließlich auch in anderen türkischen Metropolen, allen voran Ankara und Izmir, waren innerhalb einer Woche regierungskritische, ja regierungsfeindliche Parolen zu lesen. »Taksim ist der neue Tahrir«, war unter diesen Plakaten das auffälligste. Das Plakat erinnerte an den Tahrir-Platz in Kairo, wo die Demonstranten des sogenannten »Arabischen Frühlings« 2011 den Sturz des ägyptischen Machthabers Hosni Mubarak erzwangen. »Die Glühbirne ist geplatzt«, war auf anderen Plakaten zu lesen – eine Persiflage auf die AKP, Erdoğans Regierungspartei, deren Symbol eine Glühbirne ist.[178]

Solche Plakate wurden euphorisch geschrieben und in der Öffentlichkeit präsentiert, nachdem Erdoğan seiner Polizei den Befehl zum Rückzug gegeben hatte und eine Volksbefragung über die Zukunft des Gezi-Parks versprach. »Das Volk hat gesiegt!« Und ein solcher Optimismus, nun einen »Türkischen Frühling« zustande zu bringen, kennzeichnete die weitverbreitete Stimmung unter den Demonstranten.

Für die AKP und hier vor allem für Erdoğan selbst bedeuteten die Unruhen einen Schock, die im Frühjahr und Sommer 2013 das Land in immer neuen Schüben erschütterten. Längst konzentrierten sich die Demonstranten nicht mehr um die lokale Konfliktzone Gezi-Park, sondern brachten das tiefsitzende Unbehagen an der Regierung Erdoğan insgesamt zum Ausdruck: so gegen die wachsende Verfolgung Andersdenkender durch eine zunehmend gleichgeschaltete Justiz, so gegen die schleichende Gleichschaltung der Medien. Beispielsweise sollten Gesetze, die ein »freizügiges«, »unislamisches« Verhalten der Jugend verhindern, erlassen werden. Rund 2,5 Millionen Menschen hatten seit Ende Mai bis Dezember 2013 nach Zählung des türkischen Innenministeriums an Demonstrationen gegen die AKP-Regierung teilgenommen.[179]

»Taksim ist der neue Tahrir.« Was aber ist aus dem Optimismus geworden? Lassen sich Parallelen zwischen den Vorgängen auf dem Taksim-Platz in Istanbul und dem Tahrir-Platz in Kairo ziehen? Eine Parallele gibt es, aber es ist eine pessimistische: Weder der Protest gegen Mubarak noch derjenige gegen Erdoğan führte zu »mehr Demokratie«. Im Gegenteil: In Ägypten hatte sich bereits am 3. Juli 2013 mit Abd al-Fattah as-Sisi ein neuer Diktator an die Macht geputscht. In der Türkei sollte Erdoğan nach einem gescheiterten Militärputsch vom 15. Juli 2016 ebenfalls mit nahezu diktatorischer Machtfülle regieren. Die Unterschiede zwischen Ägypten und der Türkei überwiegen jedoch.

In Ägypten konnte sich Mubarak angesichts des Massenprotests nicht mehr im Amt halten, weil der größte Teil des Volkes angesichts von Diktatur, Korruption und Wirtschaftskrise gegen Präsident Mubarak eingestellt war. Sein Nachfolger Mohammed Mursi, der Führer der Muslim-Bruderschaft, verlor rasch viele Sympathien, weil er ebenfalls despotisch regierte und eine noch viel größere Wirtschaftskrise heraufbeschwor, als sie unter Mubarak bestanden hatte. Anders in der Türkei: Erdoğan löste zwar immer mehr Kritik gegen seine Person und Amtsführung aus, weil er sich zunehmend autokratisch gebärdete und Mitglieder seiner Partei korrupt geworden waren. Erdoğan war jedoch dreimal demokratisch zum Ministerpräsidenten gewählt worden, und dies jeweils mit absoluter Mehrheit. Ihn und seine Partei hatten teilweise sogar Türken gewählt, die sich auffallend von der »islamischen« Ideologie der AKP distanzierten und auch das »Gebaren« Erdoğans ablehnten.

Überaus anschaulich habe ich selbst erlebt, mit welchen Worten Türken mit dieser distanzierten Einstellung ihre Entscheidung begründeten: Die AKP sei ihnen unsympathisch, Erdoğan auch – aber es gebe keine Alternative, allein Erdoğan garantiere wirtschaftlichen Aufschwung und Stabilität. Demokratie erschien den Gefragten offensichtlich nicht im selben Maß wichtig. Jene Demonstranten, denen in der Türkei eine pluralistische Demokratie nach westlichem Vorbild vorschwebte, blieben eine Minderheit und entsprechend ohne Einfluss auf die weitere Entwicklung. Dies allerdings stellt dann wieder eine Parallele zur Entwicklung in Ägypten her.

Politisch unbeschädigt überstand Erdoğan die gegen ihn

entfachten Proteste trotzdem nicht. Denn seit dem Mai 2013 gilt die Türkei als nicht mehr so stabil wie zuvor. Eine starke Kapitalflucht ausländischer Investoren setzte ein, rund 2,2 Mrd. Euro allein im Juli 2013.[180] Eine eminente Gefahr für Erdoğan zeichnete sich ab, weil seine Popularität in der türkischen Bevölkerung über weltanschauliche Grenzen hinweg doch hauptsächlich auf seiner erfolgreichen Wirtschaftspolitik beruhte. Erdoğan hatte zwar schon immer Gegner aus betont säkular orientierten Kreisen, aber zunehmend kamen weitere Gegner inzwischen aus dem eigenen politischen Lager hinzu.

Zur herausragenden Figur der religiös frommen Kritiker sollte Fethullah Gülen werden. In der Türkei ist er als Prediger und Führer einer einflussreichen Reformbewegung schon seit den 1980er Jahren bekannt, nicht allerdings in der westlichen Öffentlichkeit. Seit 2013 änderte sich das schlagartig. Fethullah Gülen wurde für Erdoğan politisch gefährlicher als alle Gegner aus den Reihen der sogenannten »weißen Türken«, der erklärten Anhänger einer säkularen Moderne.

Fethullah Gülen und sein Verständnis einer »Islamisch-Türkischen Moderne«

Ein älterer Herr mit spärlichem weißen Haarkranz in seiner Wohnung, deren Wände von Buchregalen bedeckt sind: Dieses Foto ist inzwischen medienwirksam verbreitet und unzählige Male reproduziert worden. Abgebildet ist der inzwischen 75 Jahre alte Prediger Fethullah Gülen. Die Wohnung befindet sich jedoch nicht in der Türkei, sondern im amerikanischen Bundesstaat Pennsylvania. Gülen lebt dort im Exil, dies aber nicht erst, seit er sich mit Erdoğan zerstritten hat, sondern bereits seit 1999.

Gülen verließ die Türkei fluchtartig, ein Jahr nachdem das Verfassungsgericht die islamistische Refah-Partei von Necmettin Erbakan verboten hatte. Im selben Jahr 1998 war Erdoğan als Oberbürgermeister von Istanbul wegen »islamistischer Volksverhetzung« zu einer Gefängnisstrafe und zu lebenslangem Politikverbot verurteilt worden. Diese Gleichzeitigkeit lässt zunächst einmal vermuten, dass den Prediger Gülen eine enge geistige Gemeinsamkeit mit Erbakan sowie Erdoğan verbindet – oder wenigstens verbunden hat.

Gülens Persönlichkeit und seine Lehre sind, wie sich bei genauerem Hinsehen zeigt, wesentlich vielschichtiger und lassen sich nicht so ohne weiteres in eine Kategorie einordnen. Den einen ist Gülen ein äußerst wichtiger islamischer Gelehrter. Ihm gelinge es, Islam und Moderne im Einklang zu bringen; darüber hinaus fördere er maßgeblich den Dialog der Religionen. Den anderen ist Gülen ein verkappter Islamist. Er versuche, die Ideale der säkularen Republik Türkei auszuhöhlen und wolle sie letztendlich durch einen islamisch strukturierten Staat ersetzen – in seiner Haltung nicht anders als Erdoğan oder gar Erbakan.

Was aber begeisterte Anhänger wie entschiedene Gegner eint: Sie sehen in Fethullah Gülen eine in der Türkei sehr einflussreiche Persönlichkeit, mit der man sich auseinandersetzen muss. Zur Gülen-Bewegung gehören zahlreiche Unternehmen und Institutionen, Privatschulen und Universitäten, Radio- und Fernsehsender, Verlage und Tageszeitungen, darunter *Zaman* (»Die Zeit«), über viele Jahrzehnte die auflagenstärkste Zeitung der Türkei. Viele Türken sind Anhänger der Gülen-Bewegung, die mittlerweile international verbreitet ist.

Im Sommer 2004 hatte ich in Wien ein Interview mit deutsch-türkischen Journalisten von *Zaman*, eben jener auflagenstärksten Zeitung der Türkei, deren Herausgeber Fethullah Gülen ist. Die Journalisten ließen durchblicken, dass die Zeitung beträchtliche Wahlhilfe für Erdoğans AKP im November 2002 geleistet hatte und ihn auch weiterhin kräftig unterstützte. Als Werbegeschenk überreichten sie mir ein 2004 in

Istanbul veröffentlichtes Buch, das im selben Jahr auf Deutsch unter dem Titel: *Aufsätze – Perspektiven – Meinungen* erschien. Der Autor ist Fethullah Gülen. Auf der Rückseite des Buches waren lobende Kommentare bekannter Persönlichkeiten über die »Weltoffenheit« und »Toleranz« des Predigers zu lesen.

So schrieb etwa Bülent Ecevit, der ein sozialdemokratisch, strikt kemalistisch orientierter türkischer Ministerpräsident – und Gegner Erdoğans – war: »Gülen erinnert uns an jenen toleranten Islam, der auf den sufistischen Konzepten Gottes und der Liebe zum Menschen beruht. Er macht deutlich, dass der Islam sehr wohl mit Moderne, Demokratie und Fortschritt vereinbar ist.« Und Bartholomaios I., der griechisch-oththodoxe Patriarch von Konstantinopel, schrieb: »Mit seinem Eintreten für Harmonie und Toleranz ist Gülen ein Vorbild für uns alle; und mit seinen erhabenen Werten gibt er der ganzen Menschheit ein Beispiel.« Und Rainer Hermann, Orientalist und Journalist der *Frankfurter Allgemeinen Zeitung*: »Fethullah Gülen ist ein Mann des Dialogs. Es ist eine Stimme der Vernunft, die Gewicht hat. Sie sollte über die Türkei hinaus auch bei jenen Gehör finden, die Brücken des Dialogs suchen und nicht den Abgrund des Terrors«. Im Rückblick irritieren diese Kommentare, wenn man bedenkt, dass eben dieser Prediger des »Dialogs« die AKP intensiv unterstützte und erst viel später auf Distanz zum autokratischen Regierungsstil des türkischen »Hoffnungsträgers« Erdoğan ging.

In dem bereits erwähnten Buch finden sich eine Reihe Belege für die hier angesprochene Weltoffenheit und weitgespannte Toleranz. So liest man bereits in der Einleitung, dass Fethullah Gülen intensive persönliche Kontakte mit führenden Vertretern anderer Religionen pflegte: zu Botschaftern des Vatikan bis hin zu Papst Johannes Paul II., zu Patriarchen der Ostkirchen, vor allem zu Bartholomaios I., aber auch zum Patriarchen der Armenier sowie zu ranghohen Rabbinern.

Gülen selbst schreibt, um nur ein exemplarisches Beispiel zu nennen: »Das Ziel eines Dialogs der Weltreligionen ist aber nicht nur, die materialistische Denk- und Lebensweise zu verurteilen. Nein, dieser Dialog ist fest im Wesen der Religionen verankert. Judentum, Christentum, Islam und Hinduismus, Buddhismus und andere Religionsgemeinschaften berufen sich auf viele gemeinsame Werte und verfolgen alle das gleiche Ziel. Als Muslim akzeptiere ich alle Propheten und alle Bücher, die verschiedenen Völkern zu verschiedenen Zeiten gesandt worden sind. Diese Anerkennung halte ich gleichzeitig für ein äußerst wichtiges islamisches Prinzip (...). Die Religionen sind Glaubenssysteme, die alle Rassen und Glaubensrichtlinien umfassen. Sie sind Straßen, die die Menschheit zusammenführen. (...) Liebe, Respekt, Toleranz (...), Brüderlichkeit, Freiheit (...). Diese Werte genießen auch in den Schriften Mose, Jesu und Mohammeds und in den Botschaften Buddhas, Zarathustras, Lao-Tses, Konfuzius' und hinduistischer Gelehrter höchste Priorität.«[181]

Bemerkenswert an diesem Bekenntnis ist, dass Gülen sich in seiner Verbundenheit nicht nur auf die drei geistig verwandten Weltreligionen Islam – Judentum – Christentum bezieht, sondern auch Glaubenssysteme außerhalb des Monotheismus mit einschließt: so die ostasiatischen Religionen. Eine solch religiös-grenzüberschreitende Haltung erinnert an die spirituelle Dimension eines Dschelaleddin Rumi und anderer Vertreter des Sufismus. Anerkennend zitiert Gülen einen der berühmtesten Verse Rumis: »Einer meiner beiden Füße steht im Zentrum, der andere schweift wie ein Zirkel in 72 Kreisen (Menschen aller Nationen) umher.«[182] Mit *Zentrum* ist der Islam gemeint. An anderer Stelle betont Gülen, der Sufismus sei »eine natürliche und zwingende Entwicklung innerhalb der islamischen Tradition«.[183] Folgerichtig zieht Gülen eine scharfe Trennlinie zwischen seiner Auffassung des Islam und dem starren Dogmatismus wie auch der theokratischen Ideologie etwa des wahhabitischen Islam und erst recht zu den ideologischen Ablegern, die im Terrorismus der al-Qaida und anderer islamistischer Organisationen münden.[184]

Die Stellung der Frau im Islam beschreibt Gülen selbstbewusst und eigenständig; energisch bezieht er Stellung gegen einengende islamische Traditionen: »In der sozialen Atmosphäre von muslimischen Gesellschaften, die nicht von den Sitten unislamischer Traditionen verunreinigt sind, nehmen die Frauen am alltäglichen Leben teil. In der Frühzeit des Islam beispielsweise führte Aischa, die Frau des Propheten, ein Heer an. Außerdem fungierte sie als religiöse Gelehrte, deren Ansichten jedermann akzeptierte. Frauen beteten in den Moscheen mit den Männern gemeinsam.«[185] In einem Interview mit Journalisten der *Frankfurter Allgemeinen Zeitung* am 6. Dezember 2012 führte Gülen aus: »Frauen können nahezu alle Rollen übernehmen, sie können Richter und Staatsoberhaupt sein. Zu beachten sind zwar die Natur der Frau und religiöse Empfindlichkeiten. Die Rolle der Frau ist aber nicht auf die Beschäftigung zu Hause und auf das Großziehen der Kinder beschränkt.«[186]

Ein solches Denken – ob nun in der Offenheit gegenüber anderen Religionen oder gegenüber Frauen – äußert sich auch in vielen Schulen der Gülen-Bewegung. Solche Schulen sind in der Türkei und anderen islamisch geprägten Ländern gegründet worden, darüber hinaus in den USA, in westeuropäischen sowie ostasiatischen Staaten. In Gülen-Schulen außerhalb des islamischen Kulturraums werden nicht nur Muslime unterrichtet, sondern ebenso Christen, Buddhisten, Hindus.[187] In den Klassenräumen fällt, wie Fotos zeigen, auf, dass Jungen und Mädchen gemeinsam unterrichtet werden und bei weitem nicht alle Mädchen Kopftuch tragen. Obwohl Gülen selbst für das Kopftuch plädiert, ist es für ihn kein entscheidendes Kriterium dafür, ob eine Schülerin in eine Gülen-Schule aufgenommen wird oder nicht. Der fromme Muslim Gülen ging so weit, konservativ-islamischen Studentinnen in der Türkei zu empfehlen, mit offenem Haar die Universität zu besuchen, solange dort das Tragen des Kopftuchs verboten sei. Wer sich, so seine Einstellung, zwischen Kopftuch und einer guten Ausbildung entscheiden müsse, solle sich für Bildung entscheiden.[188]

Eine umfassende Bildung ist aus Gülens Sicht das beste Instrument nicht nur, um die Herausforderungen des religiösen Menschen durch die wissenschaftliche Moderne zu bewältigen, sondern auch, um die eigene Religion in ihrer Vielschichtigkeit besser zu verstehen.

Trotz solcher Signale einer demonstrativen Weltoffenheit und Toleranz sind die Schulen der Gülen-Bewegung umstritten. Das zeigt sich gerade auch in jenen Schulen, die in deutschen Städten mit großem türkischen Bevölkerungsanteil, in Berlin, Köln, Stuttgart, Mannheim, gegründet worden sind. Einerseits finden dort viele junge Türken eine bessere Ausbildung als an staatlichen deutschen Schulen. Die Lehrer kümmern sich intensiver um das Erlernen der deutschen Sprache und ermöglichen es, dass es jungen Türken gerade dadurch gelingt, durch ein differenziertes und qualifiziertes Bildungsangebot sozial aufzusteigen. Andererseits befürchten Kritiker aber, dass an solchen Schulen trotzdem eine ideologische Ausrichtung auf die Gülen-Bewegung erfolge. Es bilde sich eine Sekte, die mit hochqualifizierten Anhängern staatliche Institutionen unterwandere. Selbst Experten wissen bisher wenig Konkretes über die Struktur der Gülen-Bewegung, die sich nach wie vor in ihren Äußerungen betont neutral und vage gibt.[189]

Also letztlich doch eine Indoktrination mit dem Ziel eines nur begrenzt »modernen Islam«?

Die bisher genannten Zitate erwecken durchaus den Eindruck, es handle sich bei Fethullah Gülen um einen religiösen Reformer, der in jeder Hinsicht dogmatische Schranken islamischer Tradition überwunden hat. Konflikte mit den Prinzipien westlicher Moderne scheinen nicht zu drohen. Andere Quellen nennen allerdings Aspekte, die letztlich doch die Modernität des Reformers relativieren – und zumindest einige Verbindungslinien zur religiösen Ideologie der AKP verdeutlichen.

Unverrückbar hält Fethullah Gülen an der absoluten Wahrheit des Islam fest. Sie stellt er als undiskutier- und nicht mehr hinterfragbar über alle Erkenntnisse moderner Wissenschaft. Die Wissenschaft müsse, so erklärte Gülen in einem Interview mit der *Welt* am 9. Mai 2004, an ihrer Übereinstimmung mit den Lehren des Islam gemessen werden. »Koran und Hadith – also das Heilige Buch des Islam wie auch die Aussprüche und Handlungen Mohammeds, die von den Gefährten des Propheten überliefert wurden – sind nämlich wahr und absolut. Wissenschaft und wissenschaftliche Fakten sind wahr, solange sie mit Koran und Hadith übereinstimmen. Sobald sie aber eine andere Position einnehmen oder von der Wahrheit von Koran und Hadith wegführen, sind sie fehlerhaft. Selbst zweifelsfrei etablierte wissenschaftliche Fakten können nicht die Säulen sein, auf denen die Wahrheit des *imam* (Glaubens) ruhen.«[190]

Entsprechend verwirft der religiöse Reformer vehement die Evolutionstheorie Darwins, und dies kommt auch in Artikeln von Gülens wichtigster Zeitung *Zaman* zum Ausdruck, wie ich bereits im Abschnitt *»Europäische« und »asiatische« Türken* erwähnte. Dies bedeutet einen irritierenden Kontrast zu der Tatsache, dass Gülen naturwissenschaftliche Bildung an seinen Schulen für überaus wichtig hält – wobei die Evolutionslehre von Darwin ausdrücklich ausgeklammert wird.

Entsprechend ambivalent steht Gülen auch zum Prinzip *Demokratie*. Demonstrativ bekennt er sich zu einer demokratischen Gesellschaftsordnung; den Islam stellt Gülen aber über die Demokratie. Ein Urteil über »weltliche Systeme« sei immer »relativ«, gemessen an der absoluten Wahrheit des Islam. Und ein Abfall vom Glauben bedeute Hochverrat. Unglauben sei, so Gülen 1970, ein schwerwiegenderes Verbrechen als Mord.[191]

Ambivalent ist die Lehre des Fethullah Gülen insgesamt, und gerade deshalb bietet der Prediger vielfältige Projektionsflächen für Verehrer wie für Gegner. Entsprechend schillernd ist sein Aufstieg, sind seine Reibungsflächen und Konfliktfelder innerhalb der türkischen Gesellschaft.

Mohammed Fethullah Gülen, so sein vollständiger Name, wurde 1941 geboren, drei Jahre nach dem Tod Atatürks. Er erlebte in seiner Jugend noch besonders intensiv die rechtliche und soziale Benachteiligung der sogenannten »schwarzen Türken«, jener in den Provinzen lebenden Bewohner der Kleinstädte und Dörfer mit fester Verwurzelung in den religiösen Traditionen. Gülen, der Sohn eines Imam, entstammte einem solchen Milieu, sein Geburtsort ist ein Dorf nahe Erzurum im äußersten Nordosten der Türkei. Schon in früher Jugend wurde er Mitglied der Bewegung *Nurculuk* (»Anhänger des Lichts«). Diese religiöse Bewegung richtete sich von Anfang an gegen die Reformpolitik Atatürks und wollte in der Türkei dem Islam wieder zu starker Geltung verhelfen – allerdings mit dem Reformziel, den Islam mit den Erfordernissen der modernen Welt zu versöhnen. *Nurculuk* ist aus der Derwischbruderschaft der Naqschbandiya hervorgegangen, äußert sich sehr konziliant und verhält sich sehr tolerant gegenüber Christen und Juden, lehnt aber vehement Schiiten und Aleviten ab, weil diese vom »wahren Islam« abweichen (vergleiche hierzu den Abschnitt *Die Kulturvereine der Derwischbruderschaft Naqschbandiya*).

Gülen erhielt 1959 eine staatliche Lizenz als Prediger in Edirne, 1966 wurde er nach Izmir versetzt; von dort aus war er intensiv als Wanderprediger tätig. Er wurde innerhalb der Nurculuk-Bewegung zur führenden Persönlichkeit. Seine Anhängerschaft wuchs rasch in Teilen des türkischen Bildungsbürgertums, insbesondere unter jenen Oberschülern und Studenten, die in der strikt laizistischen Gesellschaftsordnung den zunehmenden Verlust religiöser Orientierung beklagten. Gülen hatte Erfolg damit, dass er nicht die Rückkehr zu einem traditionellen Islam von einst predigte, sondern den Islam durch ein reformorientiertes Denken mit der Moderne in Einklang bringen wollte. Dass aber für Gülen der Begriff «Moderne» nur eingeschränkt Bedeutung hatte, weil er beispielsweise die Lehre Darwins strikt als »gottlos« ablehnte und den Abfall vom wahren Glauben als Todsünde betrachtete – diese Relativierung von »Moderne« steigerte seinen Erfolg.

Gülen erreichte in den späten 1980er Jahren eine breite Öffentlichkeit. Unter führenden Politikern fand er erstmals entscheidende Unterstützer, vor allem Turgut Özal (der wie Gülen ebenfalls eine starke Beziehung zur Naqschbandiya hatte) wie auch Suleyman Demirel. Beide Politiker mit Sympathien für einen konservativen Reform-Islam lobten öffentlichkeitswirksam die Schulen der Gülen-Bewegung; Gülen dankte es ihnen, indem Journalisten seiner Bewegung lobend über die Genannten berichteten und Wahlempfehlungen für sie abgaben.

Von Anfang an wahrte Gülen allerdings Distanz zu Necmettin Erbakan. Dessen islamistische Ideologie lehnte er entschieden ab. Als 1995 Erbakans umstrittene religiös-konservative Partei »Refah Partisi« (»Wohlfahrtspartei«) stärkste politische Kraft wurde und 1996 die Regierung übernahm, sagte Gülen in Interviews: Es sei falsch, die Trennung von religiöser und politischer Sphäre völlig aufzuheben. Er respektiere den laizistischen Staat, ihm sei wissenschaftlich säkulare Bildung genau so wichtig wie religiöse Bildung. Diese Distanzierung gegenüber Erbakan trug dem Reformtheologen Gülen die Freundschaft wiederum zu einem führenden Politiker ein – diesmal zu Bülent Ecevit, einem entschiedenen Laizisten und Gegner aller islamistischen Machtbestrebungen.[192]

Bereits in den 1990er Jahren hatte Gülen begonnen, seine

Bewegung sowohl ideologisch wie auch wirtschaftlich zu einer wesentlichen Macht im Staat auszubauen. Die 1986 gegründete Zeitung *Zaman* sollte bald zur auflagenstärksten Tageszeitung der Türkei werden und die *Cumhuriyet,* das Sprachorgan der säkularen CHP, der Partei Atatürks, an Öffentlichkeitswirkung übertreffen. Dies wog schwer, weil die Journalisten von *Zaman* für eine konservativ-islamische Moderne und entsprechende politische Parteien warben. Aber die Redakteure von *Zaman* vermieden es, einseitig für einen konservativen Islam zu werben, sondern propagierten Toleranz über alle religiösen Grenzen hinweg, und deshalb konnte sie zur Plattform für Diskussionen aus unterschiedlichen weltanschaulichen Richtungen werden. Prominente Intellektuelle mit eindeutig säkularer Haltung, darunter die Muslimin Elif Shafak und der armenische Christ Etyen Mahçupyan, haben in *Zaman* ihre Kolumnen veröffentlicht.[193] *Zaman* war allerdings nur eines unter vielen der meinungsbildenden Instrumente. Zum Gülen-Konzern gehörten im Laufe der Jahre noch zahlreiche andere Tageszeitungen und Verlage, außerdem Radio- und Fernsehsender, darüber hinaus ein Netz von Schulen und Bildungseinrichtungen.

Aber der Aufstieg der Gülen-Bewegung wurde 1999 jäh gestoppt, zumindest vorübergehend. Eine heimlich gefilmte Rede Gülens, in einem türkischen Fernsehsender in stark geschnittener Fassung ausgestrahlt, wurde zum Skandal. Dort hatte Gülen seine Anhänger aufgefordert, geduldig zu arbeiten, um dann letztendlich die Kontrolle im Staat zu übernehmen. Dort hieß es: »Man muss die Stellen im Justiz- und Innenministerium, die man in eine Hand bekommen hat, erweitern. Diese Einheiten sind unsere Garantie für die Zukunft. Die Gemeindemitglieder sollten sich jedoch nicht mit Ämtern wie zum Beispiel denen der Richter oder Landräte begnügen, sondern versuchen, die Höheren Organe des Staates zu erreichen. Ohne euch bemerkbar zu machen, müsst ihr immer weiter vorangehen.«[194]

Der Entrüstungssturm in der türkischen Öffentlichkeit

wurde für Gülen gefährlich. Erst wenige Monate war es her, dass Erbakans Wohlfahrtspartei wegen »verfassungsfeindlicher« Tendenzen verboten worden war, und nun schien in der Türkei – einem Staat, der noch immer strikt laizistisch war – eine zusätzliche »islamische« Unterwanderung zu drohen. Anhänger der Gülen-Bewegung reagierten umgekehrt ebenso entrüstet und behaupteten, die Rede sei tendenziös gekürzt und entstellt worden. Gülen wartete das Ende der Auseinandersetzung nicht ab, er floh im Juni 1999 aus der Türkei in die USA, um einer Verhaftung zu entgehen, und lebt seither in einem konfortablen Landsitz nahe New York im Bundesstaat Pennsylvania.

Aber Gülens Aktivitäten tat dies auf Dauer keinen Abbruch. Im Gegenteil. Vom Exil aus baute er nun international sein Netzwerk an Schulen und sonstigen Bildungsinstitutionen aus. Und er brauchte nicht lange zu warten, um auch in der Türkei selbst wieder rasch an Einfluss zu gewinnen. Denn er knüpfte Kontakte zu einem aufstrebenden Politiker: Recep Tayyip Erdoğan. Anders als zu Erbakan, von dem er sich distanziert hatte, fühlte sich Gülen zu dessen politischem Ziehsohn hingezogen. Denn Erdoğan schien wie Gülen eine Vorstellung vom politischen Islam zu propagieren, die keinerlei Gemeinsamkeiten mit dem traditionellen Islamismus hatte. Es schien so, als könne durch dieses Bündnis dauerhaft ein Paradigmenwechsel von Atatürks »Türkischer Moderne« zu einer »Islamisch-Türkischen Moderne« eingeleitet werden.

In den ersten zehn Jahren der Regierung Erdoğan schien es tatsächlich so, als könnten Gülen wie auch Erdoğan von diesem Bündnis profitieren.

Erdoğan und Fethullah Gülen.
Vom Bündnis zur Feindschaft

Als Erdoğan am 3. November 2002 bei den Parlamentswahlen einen Erdrutschsieg errang, hatte Fethullah Gülen zu diesem grundlegenden Machtwechsel in der Türkei beigetragen. Denn Journalisten hatten in den populären Medien der Gülen-Bewegung, vor allem in *Zaman*, vehement für die AKP geworben.

Erdoğan dankte dem Medienmogul die Hilfe. Er ließ es zu, dass Gülen in den folgenden Jahren seine Netzwerke in der Türkei weiter ausbaute. So konnte Gülen vor allem in die Polizei, in die Justiz sowie auch in den Lehrbetrieb von Schulen und Universitäten seine Anhänger einschleusen – Gefolgsleute, die zuvor in Institutionen der Gülen-Bewegung eine gute Ausbildung, einen breiten Bildungshorizont, erworben hatten. Umgekehrt warben Gefolgsleute Gülens weiterhin für die AKP und halfen medienwirksam und einflussreich mit, dass Erdoğan bei späteren Parlamentswahlen seine Macht mehr und mehr festigen konnte. Obwohl Gülen nach wie vor in seinem amerikanischen Exil wohnte, war er nun in der Türkei – unter der Regierung Erdoğan – gegenwärtiger und mächtiger als je zuvor.

Besonders hilfreich erwies sich die Gülen-Bewegung für Erdoğan in dem Bestreben, das Militär aus seiner politisch beherrschenden Stellung zu verdrängen. Nach der Verfassungsreform von 2010, bei der die Macht des Nationalen Sicherheitsrates vom Militär endgültig auf das Parlament übergegangen war – und Generäle vor ein ziviles Gericht gestellt werden konnten – wagte Erdoğan den entscheidenden Schritt: Er ließ eine Reihe Generäle und Offiziere, die ihn beinahe gestürzt hätten, verhaften und in einem zivilen Prozess wegen angeblicher »Verschwörung gegen den Staat« verurteilen. Die Richter waren durchweg Gefolgsleute der Gülen-Bewegung. Die Prozesse begannen bereits 2011 und endeten 2013 mit langen Haftstrafen für 19 Angeklagte, darunter Ilker Başbuğ, der frühere Generalstabschef und Hauptgegner Erdoğans.

Das Gerichtsverfahren war zwar international wegen nur vager Beweise als juristisch sehr fragwürdig eingestuft worden. Aber Erdoğan wies alle Vorwürfe zurück und verteidigte die Justiz als eine »unabhängige« Instanz. Erdoğan profitierte hier von der Tatsache, dass Justiz sowie Polizei weitgehend von Anhängern seines politischen Partners okkupiert waren. Gülen erwies sich mit diesem Prozess allerdings auch selbst einen großen Gefallen, schließlich lag es genauso in seinem Interesse, das Militär als Kontrollorgan mit seiner strikt säkularen Ideologie zu schwächen.

Das Jahr 2013 markierte aber die beginnende Krise zwischen beiden Partnern. Das Misstrauen auf beiden Seiten wuchs. Erdoğan begann zu fürchten, dass ihm in der Gülen-Bewegung eine gefährliche Konkurrenz erwuchs. Könnte sich die Justiz, durchsetzt von Anhängern Gülens, auch einmal gegen ihn wenden? Und ebenso der Polizeiapparat? Würde Erdoğan nicht bald erpressbar sein, wenn die Gülen-Bewegung noch mächtiger wurde? Umgekehrt argwöhnten Anhänger Gülens, Erdoğan könnte bei einer weiter wachsenden Popularität dazu neigen, eine eigenständige Politik ohne Abstimmung mit seinem Bündnispartner zu betreiben.

Die erste Zerreißprobe drohte im Juni des Jahres 2013. Anlass waren die Protestdemonstrationen im Gezi-Park und auf dem Taksim-Platz, die am 28. Mai 2013 begonnen hatten. In Gülens einflussreicher Tageszeitung *Zaman* kritisierten Journalisten heftig, dass Erdoğan mit dem brutalen Einsatz von Polizei gegen die Demonstranten der »nationalen Psyche« einen »enormen Schaden« zugefügt habe. Eine andere, maßvollere Politik sei notwendig. Fehmi Koru, ein bisher regierungsnaher Journalist, dachte laut darüber nach, ob die Gülen-Bewegung nicht eine eigene Partei gründen sollte, falls sich die Differenzen zwischen Gülen und Erdoğan verschärfen sollten.[195]

Erdoğan reagierte auf derartige Alarmsignale nicht, indem er auf die Kritik seines politischen Partners einging. Gülens Gefolgsleute erwarteten, er würde weitere Maßnahmen mit Andersdenkenden im eigenen religiös-ideologischen Lager abstimmen. Aber das Gegenteil war der Fall, Erdoğan blockte Kritik schroff ab, sah Kritiker im eigenen Lager als bloße Konkurrenz an und versuchte sie zu schwächen. Zu einer derartigen Haltung neigte er erst, seit er nach zwei siegreichen Wahlen und der Verfassungsreform von 2010 populärer und mächtiger denn je geworden war. Erdoğan kündigte im November 2013 an, Tausende von Gülens Schulen in der Türkei zu schließen. Damit versuchte er das Herzstück der Gülen-Bewegung zu treffen, denn deren Einfluss entstand gerade auch durch die zehntausende Schüler, die aus diesen Bildungseinrichtungen hervorgingen.

Aber auf Erdoğan wartete nach dieser Maßnahme eine böse Überraschung, die ihn spüren ließ, wie weit das Netzwerk der Gülen-Bewegung bereits gesponnen war. Ende Dezember 2013 verhaftete die Polizei auf Veranlassung hochrangiger Richter eine Reihe Politiker und Geschäftsleute wegen des dringenden Verdachts auf Korruption. Betroffen war der engste Umkreis von Erdoğan – und an der Aufdeckung arbeiteten vorrangig Polizisten und Richter aus der Gülen-Bewegung, ebenso Journalisten von *Zaman*, der auflagenstärksten Zeitung der Türkei, dem wichtigsten medialen Sprachrohr Gülens. Sie alle hatten anscheinend schon seit längerer Zeit belastendes Material gegen die Regierung Erdoğan gesammelt, das in dem Moment an die Öffentlichkeit gelangen sollte, falls sich ein tieferer Konflikt zwischen der AKP und der Gülen-Bewegung anbahnen sollte.

Was war konkret geschehen? Ende Dezember 2013 war bei einer Razzia nicht nur der Direktor der staatlichen Volksbank, sondern es waren auch drei Söhne von AKP-Ministern festgenommen worden wegen Schmiergeldzahlungen bei Bauaufträgen sowie wegen illegaler Geschäfte mit dem Iran. Mehr noch: Die Vorwürfe lauteten, Bilal Erdoğan, der Sohn des Ministerpräsidenten, sei massiv in die Korruption verwickelt, und sein Vater habe davon gewusst, ja, habe die illegalen Geschäfte gut geheißen und habe selbst kassiert.[196]

Für Erdoğan waren diese Vorgänge fatal. Von einem Tag auf den anderen war er in seinem Ansehen schwer geschädigt, denn er war ja bisher in Wahlkämpfen vehement gegen Korruption angetreten und hatte gerade auch mit einer solchen Kampagne die Wahlen 2002 gewonnen. In den Augen vieler unterschied er sich nun plötzlich nicht mehr von den vielen »schmutzigen« Politikern, die sich einst in autokratischer Selbstherrlichkeit auf Kosten des Volkes schamlos bereicherten. Und er tat das, was vor ihm in ähnlicher Weise schon andere Regierende getan hatten, um Korruptionsermittlungen zu stoppen: Er ließ rund 400 ranghohe Polizisten und Richter entlassen oder strafversetzen, die gegen die AKP ermittelt hatten, und tauschte sie gegen willfährige Beamte aus.[197] Und etliche Monate nach diesen Aktionen holte Erdoğan zum finalen Schlag gegen *Zaman* aus, jener Zeitung, von der wesentliche Anstöße zur Aufdeckung des Korruptionsskandals ausgegangen waren. Erdoğan ließ am 14. Dezember 2014 den Chefredakteur und weitere Journalisten verhaften; dann ließ er das bisher wichtigste mediale Sprachrohr der Gülen-Bewegung völlig der Kontrolle der AKP-Regierung unterstellen.

Spätestens seit diesem Zeitpunkt war aus dem einst engen Bündnis zwischen Erdoğan und Gülen tiefe Feindschaft geworden. Und ein solcher Prozess vollzog sich ausgerechnet zwischen zwei Partnern, die sich weder weltanschaulich, noch religiös-politisch, noch ideologisch auch weiterhin keineswegs dramatisch unterschieden oder voneinander entfernt hatten: Beide bekannten sich nominell zur religiösen Toleranz und zu einem Islam, der die Kluft zwischen Tradition und Moderne überwinden sollte. Beiden ging es um das gemeinsame Projekt mit verteilten Rollen: das Modell von Atatürks »Türkischer Moderne« zu korrigieren. Aber nun war die Türkei nicht nur gespalten in Fronten zwischen den sogenannten »weißen« und »schwarzen« Türken, den »Kemalisten« und den »Religiösen«, – vielmehr spalteten sich die »Religiösen« selbst in zwei unversöhnliche Fronten. Dabei handelte es sich bei der AKP und der Gülen-Bewegung zunächst nur um die Verteilung von Pfründen im gemeinsam eroberten politischen Feld. Aber indem sich beide immer weiter von ihren offiziell proklamierten Idealen entfernten, fügten sie der Zielsetzung einer »islamischen Moderne« großen Schaden zu.

Der Konflikt eskalierte vollständig im Sommer 2016, als ein Militärputsch gegen Erdoğan scheiterte und die AKP der Gülen-Bewegung die Hauptverantwortung in der »Verschwörung gegen den Staat« anlastete (davon später mehr).

»Neo-osmanische« Außenpolitik – und die wachsende Distanz zur Europäischen Union

Erdoğan war gerade erst ein Jahr an der Macht, als er 2004 die Weltöffentlichkeit mit zwei politischen Neuorientierungen überraschte. Zum einen hatte er innenpolitisch schon mit beträchtlichen Reformen begonnen, zum anderen aber auch schon außenpolitisch erste neue Akzente gesetzt. In Zusammenarbeit mit dem damaligen Außenminister Abdullah Gül und dem wichtigsten außenpolitischen Berater Ahmet Davutoğlu hatte er eine Öffnung hin zu den Nachbarstaaten des Nahen Ostens eingeleitet.

Es begann damit, dass Erdoğan 2004 Syriens Staatspräsidenten Baschar al-Assad zu Gesprächen in Ankara empfing; erstmals seit Bestehen der Türkischen Republik 1923 war damit ein arabischer Regierungschef in die Türkei gekommen (ich habe darüber bereits im Abschnitt Erdoğan, der »Hoffnungsträger« berichtet). Erdoğan hatte aber damals schon angekündigt, dass er nicht nur Kontakte mit Syrien, sondern auch mit anderen arabischen Staaten sowie mit den Palästinensern und darüber hinaus mit dem Iran vertiefen wolle. Er hatte betont, dass es notwendig sei, die einseitige Anbindung der Türkei seit Atatürk an den Westen zu lockern. Allerdings wolle sich die Türkei umgekehrt nun nicht einseitig an die islamischen Nachbarstaaten binden, sondern sie wolle eine sorgfältig abgewogene Balance zwischen »Ost« und »West« herstellen. Die Türkei werde damit erst ihrer historischen Funktion voll gerecht, einen Brückenkopf zwischen »Okzident und Orient« zu bilden. Priorität habe für die Türkei aber gerade in diesem Zusammenhang, einen Beitritt zur EU anzustreben. Er als Führer einer islamischen Partei sehe die Türkei nicht als ein im Nahen Osten angesiedeltes muslimisches Land, sondern als ein »europäisches Land mit muslimischer Bevölkerung«.[198]

Diese neue Tendenz in der Außenpolitik der Türkei ist wenige Jahre später von Befürwortern wie von Kritikern als »neo-osmanisch« bezeichnet worden. Gemeint ist damit, dass türkische Politiker zunehmend versuchen, an die mehrhundertjährige Herrschaft der Osmanen-Sultane über große Teile des Nahen Ostens anzuknüpfen und dort wieder wie einst eine Vorherrschaft anzustreben – oder, wie es die Regierung Erdoğan formulierte, eine Vermittlerrolle als Regionalmacht zwischen den politisch rivalisierenden Gruppierungen einzunehmen. Erdoğan war aber nicht der Architekt dieses »Neo-Osmanismus«, sondern nur der augenfälligste und medienwirksamste Vertreter. Der eigentliche Gestalter war von Anfang an Ahmet Davutoğlu, der langjährige außenpolitische Berater. Erdoğan wiederholte oft wortgetreu in Interviews und Reden auszugsweise dessen Thesen. In Davutoğlus 2001 erschienenem Buch *Strategie der Tiefe* waren bereits die zukünftigen Leitlinien festgeschrieben. Aber Davutoğlu, der zierlich gewachsene Mann mit Schnauzbart und randloser Brille, wurde einer breiten westlichen Öffentlichkeit erst bekannt, als er am 1. Mai 2009 in das Amt des Außenministers aufrückte und nun neben Erdoğan ebenfalls medienwirksam präsent war.

Die Biographie des 1959 geborenen Ahmet Davutoğlu ähnelt in mancher Hinsicht der seines neun Jahre älteren Mentors Abdullah Gül. Wie dieser stammte Davutoğlu aus Zentralanatolien und wuchs in einer streng religiösen Familie auf. Auch er kam von einer Imam-Hatip-Schule, machte aber sein Abitur an einer deutschen Auslandsschule. Wie Gül beherrscht er mehrere Fremdsprachen perfekt. Bei Gül sind es Arabisch und Englisch, bei Davutoğlu Arabisch, Englisch und Deutsch. Seine Doktorarbeit schrieb Davutoğlu am Institut für Politikwissenschaft und Internationale Beziehungen der Bosporus-Universität in Istanbul. Später arbeitete er als Dozent an verschiedenen türkischen Universitäten und unterrichtete an einer Universität in Malaysia, bevor er in die Türkei zurückkehrte und dort eine Professur erhielt. Nach dem Wahlsieg der AKP 2002 wurde er in dieser Partei zum Chefberater in außenpolitischen Fragen. Sowohl Erdoğan und Gül nannten ihn bald »Hodscha«, »Lehrer«, womit sie ihm schon sehr früh hohe Anerkennung für seine Fachkenntnisse zollten.

Nachdem Davutoğlu am 1. Mai 2009 offiziell in das Amt des Außenministers gewechselt hatte, stellten ihm westliche Journalisten häufig die immer gleiche Frage: Was es denn zu bedeuten habe, dass sich die Türkei immer mehr auf islamische Nachbarländer konzentriere? Ob denn der Beitritt zur EU nicht mehr höchste Priorität besitze? Und Davutoğlu antwortete meist so wie 2011 in einem Interview mit dem deutschen Nachrichtenmagazin *Der Spiegel*: «Ich kann ihnen drei Gründe nennen, warum wir in die Europäische Union gehören. Erstens: Die Türkei ist seit Jahrhunderten ein Teil der europäischen Diplomatie (...) Zweitens: Europa braucht die Türkei aus strategischen Gründen. Nur zusammen mit der Türkei kann die EU eine Großmacht werden. Und drittens: Wir teilen zentrale europäische Werte, die in den Kopenhagener Kriterien festgelegt sind. Die Türkei ist ein wichtiges Mitglied in der Familie der Demokraten.«[199]

Es waren Beteuerungen, die von vielen westlichen Beobachtern skeptisch aufgenommen wurden. Schließlich gab es schon damals eine Reihe Belege, dass türkische Journalisten wegen regierungskritischer Zeitungsartikel verhaftet wurden und die Zahl der Verhaftungen wuchs, dies trotz der Verfassungsreform von 2010 mit ihrer Devise »mehr Demokratie«. Aber offenkundig war, dass Davutoğlu – und mit ihm auch Erdoğan – weiterhin Wert auf einen Beitritt zur EU legten. Allerdings klang bei beiden die Enttäuschung über die schleppenden Verhandlungen durch.

Die Türkei hatte sich bereits 1959 erstmals um eine Mitgliedschaft in die Europäische Wirtschaftsgemeinschaft beworben. Aber es hatte nahezu vierzig Jahre gedauert, bis sie 1999 offiziell als Beitrittskandidat, nun zur Europäischen Union, akzeptiert wurde. Und noch einmal vergingen sechs Jahre, bis 2005 die Beitrittsverhandlungen starten konnten. Dann jedoch verzögerten gerade maßgebliche Staaten den weiteren Verlauf: Deutschland unter Bundeskanzlerin Angela Merkel, die seit 2005 amtierte, und Frankreich unter Nicolas Sarkozy (im Amt seit 2007). Sowohl Merkel als auch Sarkozy wünschten auf keinen Fall eine Vollmitgliedschaft der Türkei und boten ihr als äußerstes Zugeständnis eine »privilegierte Partnerschaft« an. Angesichts einer derartigen Ablehnung änderte sich die Stimmung in der türkischen Bevölkerung innerhalb von vier Jahren dramatisch. Bei einer Umfrage 2008 sprachen sich nur noch 42 Prozent der Türken für den Beitritt zur EU aus; im Jahr 2004 waren es noch rund 70 Prozent gewesen.[200]

In eben diesem Zeitraum veränderte auch Erdoğan sein Verhalten unverkennbar. Er, der sich in den ersten Regierungsjahren bemüht hatte, möglichst viele Reformvorgaben der EU in Richtung »mehr Demokratie« zu erfüllen, ließ nun die nötige Dynamik vermissen – dies als Reaktion darauf, dass westeuropäische Staaten beharrlich ihre Skepsis, ja Distanz äußerten. Der abrupt nachlassende Reformeifer schien den Skeptikern in Europa recht zu geben, die meinten, Erdoğan habe kein echtes Interesse, die Türkei in die demokratische Wertegemeinschaft der Europäischen Union zu integrieren.

Nicht wenige Kritiker gingen bei ihren Vorbehalten gegen Erdoğan noch erheblich weiter, vor allem in Bezug auf seine Außenpolitik. Sie unterstellten ihm, er wende sich gänzlich vom »Westen« ab und nähere sich gerade jetzt »islamischen« Staaten an, mit denen die Türkei ja ohnehin mehr religiöse und kulturelle Gemeinsamkeiten besitze. Erdoğan würde damit die Erwartungen einer breiten Schicht religiös konservativer Wähler erfüllen, die sowieso dem »Christenclub der EU« sehr ablehnend gegenüberstünden. Erdoğan setze nun voll und ganz auf die »islamische« Karte.

Islamische Gemeinsamkeiten? Religiös gleichgesinnte Verbündete? Eine solche Einschätzung traf nicht zu – zumindest nicht für die Jahre 2008 bis 2011, bevor die Unruhen des sogenannten »Arabischen Frühlings« den Nahen Osten erschütterten.

Erdoğan war und blieb Pragmatiker. Er ließ sich seit 2004 in seiner Annäherung an islamische Nachbarstaaten – wie auch schon in seiner Annäherung an die EU – zuallererst von wirtschaftlichen Interessen leiten. Er wollte aufgrund der dynamischen Wirtschaftsentwicklung im eigenen Land neue lohnende Absatzmärkte im Nahen Osten erschließen. Sein Ziel war darüber hinaus, aufgrund wachsender wirtschaftlicher Macht dort schließlich auch eine politische Vormachtstellung zu erreichen – und damit umso mehr politisches Gewicht gegenüber der EU zu gewinnen. Die Exporte türkischer Produkte in den Nahen Osten hatten sich bereits 2001 bis 2004 fast verdreifacht, aber die Zahlen nahmen sich 2008 noch um vieles eindrucksvoller aus: Der Wert der türkischen Exporte war von rund 2,5 auf 25 Milliarden Dollar, also um rund das Zehnfache gestiegen.[201]

Angesichts solcher Erfolge waren für Erdoğan die Sympathien zu geistig verwandten Muslimen von untergeordneter Bedeutung. Wichtige Handelspartner wurden vor allem der Iran und Syrien. Aber gerade im Kontakt mit diesen beiden Ländern zeigte sich, dass besondere religiöse Sympathien eben keine Rolle spielen konnten. Denn im Gegensatz zu den vielen orthodoxen Sunniten der AKP war die Regierung des Iran schiitisch und die in Syrien alawitisch. Erdoğan jedoch hegte, trotz aller Toleranz für Christen und Juden, eine Abneigung gegen Schiiten und Aleviten oder Alawiten (ebenso wie sein ehemaliger Weggefährte Fethullah Gülen). Erdoğan musste seine religiösen Vorbehalte zurückstellen, sonst hätte er sich den Regierungen des Iran und Syriens politisch nicht annähern können.

Die Beziehung zwischen Erdoğan, dem Sunniten, und Assad, dem Alawiten, verdient in diesem Zusammenhang besondere Aufmerksamkeit, denn sie ist wie keine andere vielschichtig und widersprüchlich. Es wird aus dem Blickwinkel des Jahres 2016 gerne vergessen, dass Erdoğan und Assad viele Jahre lang demonstrativ freundschaftlich miteinander verkehrten, ja sich sogar mit Vornamen anredeten. Mehr noch: Im Sommer 2008 verbrachten die Ehepaare Erdoğan und Assad sogar gemeinsame Ferien in Bodrum, einem der schönsten Urlaubsorte an der türkischen Riviera. Durch die Medien gingen damals Fotos, wie Erdoğan und Assad plaudernd am Strand entlang schlenderten, und hinter ihnen die beiden Frauen. Es sind Fotos, die gezielt türkisch-syrische Freundschaft auf privater Ebene illustrierten. Ein Gegensatz zeigte sich nur im Erscheinungsbild der Frauen: Emine Erdoğan trug den *Türban*, das obligate Kopftuch konservativ-sunnitischer Frauen, und einen langen Mantel; Asma al-Assad dagegen, Repräsentantin eines eher westlichen Freizeitverhaltens, zeigte sich mit offenem Haar und einem eleganten, körperbetonten Sommerkleid.

Die Beziehung zwischen dem Sunniten Erdoğan und dem

Alawiten Assad erreichte in den Jahren 2008 bis 2011 eine besondere Intensität. Zu jener Zeit trug gerade auch die Diplomatie des wendigen Beraters und späteren Außenministers Davutoğlu zu häufigen Begegnungen bei. Gegenseitige Besuche in der Türkei und Syrien wechselten einander ab. Die Gespräche drehten sich vor allem um intensivere Wirtschaftsbeziehungen, aber auch – was die Weltöffentlichkeit erst später erfuhr – um den Versuch, eine Lösung im Dauerkonflikt zwischen Syrien und Israel herbeizuführen. Erdoğan sah hier eine einmalige Chance, dass er als Ministerpräsident eines islamischen Landes mit traditionell guten Beziehungen zu Israel ein idealer Vermittler sein könnte. Falls seine Diplomatie zu einem Frieden zwischen Syrien und Israel führen würde, käme er durch seine Vermittlerrolle dem Ziel ein Stück näher, der Türkei eine führende Position im Nahen Osten einzuräumen. Und er selbst würde auch einen entscheidenden Schritt getan haben, um sich im Geschichtsbuch als Politiker zu verewigen, dessen Bedeutung weit über die Türkei hinausreicht – Erdoğan als der eigentlich richtungsweisende Führer in der gesamten nahöstlichen Region.

Erdoğan und Davutoğlu scheiterten mit diesem Ansatz einer »neo-osmanischen« Politik. Dies lag einerseits daran, dass beide die Gestaltungsmöglichkeiten türkischer Politik im Nahen Osten überschätzten. Andererseits zeigten sich weder die syrische noch die israelische Regierung wirklich bereit, mit weitreichenden Kompromissen Frieden herbeizuführen. Vor allem Israel lieferte bereits Ende des Jahres 2008 einen Beleg für die mangelnde Bereitschaft. Die Geheimverhandlungen zwischen dem israelischen Premierminister Ehud Olmert und Assad über einen Separatfrieden – unter Vermittlung von Erdoğan und Davutoğlu – waren im vollen Gang, aber sie mussten am 27. Dezember 2008 abgebrochen werden. Denn Olmert startete an diesem Tag einen Großangriff auf Gaza. Er begründete die militärische Aktion damit, es müsse das dortige Hamas-Regime empfindlich geschwächt werden, denn nur so ließen sich die schon seit Jahren andauernden Raketenangriffe auf israelische Städte beenden.

Die »Operation Gegossenes Blei«, die in Gaza bis zum 18. Januar 2009 dauerte, forderte auf palästinensischer Seite mehr als 1300 Tote, viele davon in der Zivilbevölkerung. Solch verheerende Zerstörungen durch israelische Flugzeuge und Panzer vor allem auch in Wohngebieten lösten in der arabischen Welt Empörung aus, aber auch die westliche Öffentlichkeit reagierte überwiegend ablehnend angesichts der zahlreichen Toten und der vernichteten Infrastruktur. Unter diesen Umständen musste die syrische Regierung den politischen Geheimkontakt mit Israel sofort abbrechen, denn jede weitere Verhandlungsbereitschaft wäre nur als Affront gegen die anderen arabischen Staaten ausgelegt worden. Für Syrien wie für die Türkei aber stellte sich nun die Frage, wieso Israel den Dauerkonflikt mit dem Hamas-Regime ausgerechnet jetzt hatte derart eskalieren lassen – wohlwissend, dass damit auch der Weg zu einem Frieden mit Syrien verbaut war.

Vor dem Hintergrund dieser Ereignisse ließ sich erst verstehen, weshalb Erdoğan vier Wochen später seinerseits den Konflikt mit Israel eskalieren ließ. Es geschah am 28. Januar 2009 auf dem jährlich stattfindenden Wirtschaftsgipfel von Davos. Erdoğan zerstritt sich bei einer Podiumsdiskussion mit Israels Staatspräsident Schimon Peres darüber, ob der Einmarsch in Gaza berechtigt gewesen sei und ob die israelischen Truppen die vielen Toten unter der Zivilbevölkerung nicht fahrlässig oder gar mutwillig in Kauf genommen hätten. Peres erläuterte mit einer emotionalen Rede nahezu 20 Minuten lang die Motive Israels für das Vorgehen in Gaza. Darauf antwortete Erdoğan, er sei zutiefst enttäuscht, dass die Vermittlungsversuche seiner Regierung zwischen Israel und Syrien gescheitert seien. Es hätte nur noch wenig gefehlt, und man hätte die Einigung erzielt. Doch anstatt auf die detaillierten Vermittlungsangebote zu antworten, sei Israel am 27. Dezember in Gaza einmarschiert.[202]

Erdoğan redete sich in Wut. Aber nach wenigen Minuten schnitt ihm der Moderator das Wort ab. Erdoğan, sichtlich erbost darüber, dass ihm nicht ebenso viel Redezeit eingeräumt wurde wie Peres, verließ das Podium und sagte zum Abschied, er werde nie wieder nach Davos kommen. Der Eklat war perfekt, und die Weltöffentlichkeit rätselte darüber, ob Erdoğan wieder einmal das Temperament durchgegangen war oder ob dieser Wutausbruch vor laufenden Fernsehkameras nicht bewusst kalkuliert war.

Zum einen war die Frustration verständlich, die Erdoğan gegenüber Israel empfand, denn er musste sich als Vermittler zwischen Israel und Syrien herabgewürdigt fühlen. Zum andern aber fehlte ihm, so seine Kritiker, das diplomatische Geschick, nun angesichts dieser neuen Komplikation diszipliniert und geduldig nach neuen Lösungen zu suchen. Sein Außenminister Davutoğlu hätte wohl in derselben Situation besonnener gehandelt. Andererseits aber konnte Erdoğan damit rechnen, dass ein solch medial wirksamer Wutausbruch ihm verstärkt Sympathien im gesamten Nahen Osten einbringen würde – vor allem in den arabischen Nachbarstaaten, die in der Erinnerung an die osmanische Fremdherrschaft noch immer Ressentiments gegen die Türken hegten. Und dieses Kalkül könnte eine große Rolle gespielt haben.

Falls Erdoğan tatsächlich seine Wut bewusst strategischmedial eingesetzt hatte, so ging die Rechnung auf. Zumindest kurzfristig. Nach der überstürzten Abreise aus Davos wurde Erdoğan am nächsten Morgen auf dem Flughafen in Istanbul von nahezu 5000 jubelnden Türken empfangen. Hierbei schwenkten sie türkische und palästinensische Flaggen sowie Spruchbänder mit Texten wie »Willkommen zurück, Eroberer von Davos« oder »Welt, schau auf unseren Ministerpräsidenten«.[203]

Dieser Jubel setzte sich in der arabischen Welt fort. Araber, die in Demonstrationen Porträts von Erdoğan schwenkten und ihn als den »Helden von Davos« feierten, wurden in den folgenden Monaten die Regel. Aber eine ungewöhnliche Huldigung erwartete Erdoğan aus dem Gottesstaat Iran: Er wurde zum Ehrenbürger der Stadt Teheran ernannt. Erdoğan hatte so mit einer derart enthusiastischen Zustimmung zwei Hürden auf einmal genommen: Er, der Türke, wurde von Arabern und Iranern gefeiert, zwei Völker, die aus historischen Gründen über viele Jahrhunderte eine Distanz, ja offene Feindschaft zu Türken geäußert hatten. Erdoğan konnte dies als einen emotionalen Durchbruch und Voraussetzung für weitere Erfolge verstehen. So zumindest erschien dies aus der Perspektive des Jahres 2009.

Am 13. Oktober 2009 traf Erdoğan zu einem Staatsbesuch in Teheran ein. Dieser Besuch war auch in Hinblick auf die aktuelle Gegenwart der Versuch eines Tabubruchs. Erdoğan kam offiziell als Vertreter eines streng laizistischen Staates, in dem Religion und Politik strikt getrennt sind. Der ihn empfangende Präsident Mahmud Ahmadinedschad repräsentierte dagegen einen »Gottesstaat«, für den »Säkularismus« und »Laizismus« als Abweichung vom wahren Islam und als »Sünde« gelten. Erdoğan hielt zwar selbst nicht streng an den vorgegebenen Idealen Atatürks fest, wie es ihm die offizielle türkische Staatsdoktrin vorschrieb, aber der ideologische Gegensatz blieb trotzdem. Außerdem existierte noch eine zweite Trennlinie: die zwischen Sunniten und Schiiten. Gerade die sunnitischen Osmanen-Sultane und die schiitischen Schahs des Iran hatten sich Jahrhunderte lang auch wegen der konfessionellen Gegensätze bekämpft.[204] Das alles sollte nun vergessen sein angesichts einer neuen, grenzüberschreitenden Partnerschaft. Für Erdoğan galt es zu demonstrieren, dass die Türkei fähig sei, durch ihre Außenpolitik neue Maßstäbe zu setzen. Und für den Iran hieß das: Es bot sich ein Partner an, der ein Mitgliedstaat der NATO ist – und dies bedeutete für den Iran einen ersten Schritt, um sich aus der bisherigen Ächtung durch westliche Staaten zu lösen.

Noch wesentlich engere Bande knüpften Erdoğan und sein Außenminister Davutoğlu zur selben Zeit mit Syrien. Mitte Oktober 2009 trafen sich an der türkisch-syrischen Grenze der türkische und der syrische Außenminister. Sie verabredeten, in Zukunft die Handelsbeziehungen weiter zu intensivieren, auch sollten beide Staaten gemeinsame Militärmanöver abhalten.

Die Strategie »neo-osmanischer« Außenpolitik schien für alle Beteiligten von Vorteil zu sein und der ganzen Region eine neue Phase der Stabilität – unter Führung der Türkei – zu eröffnen. Dass diese Vision nur von kurzer Dauer war, ist spätestens seit dem Ausbruch des syrischen Bürgerkriegs 2011 deutlich geworden. In jenem Jahr 2011 verlor die Türkei ausgerechnet die beiden vielversprechendsten Bündnispartner: sowohl Syrien als auch den Iran. In den Ländern des Nahen Ostens entstand eine Dynamik, deren zerstörerischen Kräften sich auch die Türkei auf Dauer nicht entziehen konnte.

Die Türkei im Sog des syrischen Bürgerkriegs

Das Jahr 2011 ist mit dem ambivalenten Schlagwort »Arabischer Frühling« in die Geschichte eingegangen – ein Schlagwort, das bald nicht mehr in optimistischem Sinn gebraucht werden konnte. Denn die Massenproteste, die damals gegen die Diktatoren der gesamten Region von Nordafrika bis weit in den Nahen Osten wüteten, ließen zwar etliche der damaligen Despoten stürzen, so in Tunesien Ben Ali, in Ägypten Hosni Mubarak, in Libyen Muammar al-Gaddafi, aber eine neue und stabile Ordnung ist nicht entstanden. Im Gegenteil, etliche der Länder drohten im Chaos zu versinken.

Die Türkei schien von derartigen Unruhen nicht bedroht.

Vorerst zumindest nicht. Wenn auch Erdoğan mit einer Opposition säkularer Türken aus den Reihen der Kemalisten konfrontiert war, hatte er doch in demokratischen Wahlen wiederholt eine satte Mehrheit gewinnen können. Und wenn auch Erdoğan schon in den Jahren 2007 und 2008 begonnen hatte, die Pressefreiheit einzuschränken – und damit längst den Nimbus verloren hatte, ein energischer Vorkämpfer für »mehr Demokratie« zu sein –, konnte er doch dem Land weiterhin ein stabiles Wirtschaftswachstum bescheren. Selbst als dann im Mai 2013 eine städtische Bildungsschicht wegen des Gezi-Parks gegen den zunehmend autoritären Führungsstil Erdoğans rebellierte, konnten diese Unruhen den türkischen Ministerpräsidenten nicht ernsthaft in seiner Macht gefährden. Die Türkei blieb auch dann noch ein weitgehend stabiles Land.

Gefahr drohte der Türkei dagegen durch die Unruhen der arabischen Welt. Denn Erdoğan und Davutoğlu blieben darauf fixiert, mit ihrem Konzept einer »neo-osmanischen« Außenpolitik die Türkei zu einer dominierenden Regionalmacht des Nahen Ostens auszubauen. Und hierbei glaubten sie sogar, die wachsenden Bürgerkriegswirren zu ihren Gunsten nutzen zu können. Sie wurden aber gerade durch diese Überzeugung immer tiefer in den Strudel einer Entwicklung hineingerissen, die sie bald nicht mehr zu kontrollieren vermochten.

Zur Schicksalsfrage wurde für die Türkei das Nachbarland Syrien. Wie schon im vorigen Abschnitt erwähnt, hatten Erdoğan und Assad seit 2008 ihre Kontakte intensiviert. Ihre Familien hatten sogar im Sommer 2008 einen gemeinsamen Urlaub verbracht, und seither hatten sich beide Regierungschefs vertraulich mit dem Vornamen Recep und Baschar angeredet. Diese offiziell demonstrative Freundschaft schien durch gegenseitige politische Interessen unerschütterlich. Für Syrien bedeutete die immer engere Bindung an das NATO-Mitglied Türkei, selbst ein Stück näher an den »Westen« zu rücken. Und für die Türkei behielt das Nachbarland weiterhin wirtschaftliche

Bedeutung, denn Syrien sei, wie Erdoğan im Dezember 2009 bei seinem Besuch in Damaskus erklärte, das Tor in den Nahen Osten. Syrien mit seinen 20 Millionen Einwohnern bilde die Voraussetzung, um einen Markt mit nahezu 320 Millionen Konsumenten im ganzen arabischen Raum zu erschließen.[205] Noch im Dezember 2010, jenem Monat, als es in Tunesien erste Anzeichen für die Unruhen des sogenannten »Arabischen Frühlings« gab, bezeichnete Außenminister Davutoğlu in einem Interview mit der syrischen Nachrichtenagentur SANA die Beziehung der Türkei zu Syrien als »modellhaft für praktische und erfolgreiche internationale Beziehungen«. Er erklärte: »Syrien ist für die Sicherheit, Stabilität und den Frieden in der Region eines der wichtigsten Länder in der Region. Ein Frieden im Nahen Osten ist ohne Syrien undenkbar.«[206]

Im März 2011 griffen aber die Unruhen des »Arabischen Frühlings« auf Syrien über. Zu diesem Zeitpunkt waren die Diktatoren Ben Ali in Tunesien und Hosni Mubarak in Ägypten bereits entmachtet. Wie in anderen arabischen Ländern demonstrierte nun auch in Syrien eine unzufriedene Bevölkerung gegen grassierende Korruption, Misswirtschaft und skrupellose Ausbeutung ärmerer Volksschichten. Aber im Unterschied zu Tunesien und Ägypten richtete sich der Zorn der Demonstranten zunächst nicht gegen den Diktator selbst, sondern gegen untergeordnete Provinzgouverneure. Baschar al-Assad, lange Zeit als Reformer eingeschätzt, genoss eine gewisse Popularität. Erst als Regierungstruppen brutal gegen die Demonstranten vorgingen und Assad keine Bereitschaft zu Verhandlungen zeigte, forderten die Protestierenden den Sturz der gesamten Regierung – und so zeichnete sich im April 2011 auch in Syrien die bedrohliche Situation ab, das Land könnte auf lange Dauer politisch instabil werden. Zu diesem Zeitpunkt konnte sich kaum jemand vorstellen, dass die Unruhen in einen Bürgerkrieg mit verheerenden Folgen für die ganze Region münden könnten.

Auch der türkische Außenminister Davutoğlu war noch weit davon entfernt, eine derartige Katastrophe zu befürchten. Er reiste im Juni, drei Monate nach dem Beginn der sich steigernden Unruhen, nach Damaskus und erklärte dort, die Türkei bilde mit Syrien eine starke Schicksalsgemeinschaft. Seine Regierung werde die Reformbemühungen der Regierung Assad weiterhin unterstützen, um die Stabilität in Damaskus und der gesamten Region zu gewährleisten. Davutoğlu zeigte sich sogar noch im August 2011 zuversichtlich, dass die Regierungen in Ankara und Damaskus gemeinsam die Krise meistern könnten.[207]

Wenige Wochen später war von dieser Zuversicht nichts mehr zu spüren. Im Gegenteil. Anfang September kam es zum offenen Bruch zwischen Erdoğan und Assad. Was sind die Ursachen? Nach türkischer Darstellung hatte die Regierung Assad alle Reformvorschläge abgelehnt, die einen Ausweg aus der Krise hätten weisen können. Aus syrischer Sicht dagegen hatte es die Regierung Erdoğan gewagt, sich in die inneren Angelegenheiten eines souveränen Staates einzumischen.

Was nun exakt zwischen den Politikern beider Staaten verhandelt wurde und an welchen Punkten eine Übereinkunft letztlich scheiterte, ist schwer abzuschätzen, denn Details gelangten nicht an die Öffentlichkeit. Aber die Gespräche scheiterten zu einem Zeitpunkt, als sich in Syrien bereits bürgerkriegsähnliche Fronten herausgebildet hatten – und hierbei der konfessionelle Gegensatz eine immer größere Rolle spielte. Die Tatsache lässt Rückschlüsse auf das Konfliktpotential der Gespräche zu.

Assads Regierung besteht ja, wie bereits erwähnt, überwiegend aus Alawiten, einer schiitischen Sekte, die in Syrien eine Minderheit von rund elf Prozent bildet. Die Aufständischen dagegen rekrutierten sich überwiegend aus Sunniten, in Syrien eine Mehrheit von rund 60 Prozent. Rund 11 Prozent Christen und 3 Prozent Drusen stellten sich überwiegend auf die Seite

Assads, weil der alawitische Diktator sich als ein Schutzherr der anderen religiösen Minderheiten verstand. Die türkischen Gesprächspartner drängten auf Verständigung mit den Rebellen – was aber bedeutete: Die alawitische Regierung Assads hätte Zugeständnisse an die Sunniten machen müssen.

Assad lehnte aus verschiedenen Gründen ab. Zum einen war es für ihn unvorstellbar, als Diktator die Macht mit Andersdenkenden zu teilen, selbst wenn diese in mancher Hinsicht eine ähnliche Meinung vertraten (und in dieser mangelnden Fähigkeit zum Kompromiss unterschied er sich nicht von den anderen Diktatoren der Region). Aber für Assad gab es noch einen weiteren gewichtigen Grund, Kompromisse mit seinen Gegnern abzulehnen – oder für unmöglich zu halten. Denn im Sommer 2011 war schon deutlich geworden, dass in der Rebellion gegen seine Regierung bereits sunnitische Islamisten die Oberhand gewonnen hatten, und diese hatten sämtliche politisch gemäßigten Gruppierungen dank einer straffen Organisation zur Seite gedrängt. Bereits im Juli 2011 hatten Gegner des Assad-Regimes skandiert: »Christen nach Beirut – Alawiten in den Sarg.«[208] Eine solche Hetzparole bedeutete, dass derartige Rebellen keine religiösen Minderheiten duldeten, aber Christen wenigstens nur vertreiben, Alawiten dagegen als »abtrünnige Muslime« durchweg töten wollten. Assad setzte von vornherein auf Abgrenzung gegenüber den Sunniten insgesamt, weil er vermutete, dass unter ihnen eine große Mehrheit aus religiösen Gründen gegen die Alawiten eingestellt sei. Und er glaubte, dass er die Rebellen relativ rasch mit Hilfe eines starken Militärs besiegen könne.

Im Sommer 2011 schätzten aber sowohl die syrische als auch die türkische Regierung die Situation falsch ein: Zu dieser Zeit war die syrische Armee bei weitem nicht mehr so stark, wie sich das Assad wünschte, und die sunnitischen Rebellen bei weitem nicht mehr so verhandlungsbereit, wie sich das Erdoğan vorstellte.

Im Sommer 2011 war in Syrien unter den Rebellen eine Widerstandsbewegung entstanden, die über Waffen verfügte. Und sie plädierte für Gewalt, nachdem alle gewaltlosen Demonstrationen durch Militär und Polizei brutal niedergeschlagen wurden. Diese Widerstandsbewegung nannte sich »Freie Syrische Armee« (FAS). In ihrer Vereinigung sammelten sich überwiegend Soldaten, die aus der regulären Armee desertierten. Es waren Sunniten, die nicht mehr unter der Führung alawitischer Offiziere gegen Aufständische ihrer eigenen sunnitischen Konfession kämpfen wollten. Deshalb mündeten die immer heftiger werdenden Volksunruhen in einem militärisch organisierten Widerstand gegen die geschwächte Armee Assads, und erst damit nahm der Konflikt den Charakter eines Bürgerkriegs an.

Die türkische Regierung unter Erdoğan widmete dieser Bewegung der »Freien Syrischen Armee« von Anfang an große Aufmerksamkeit. Je mehr Erdoğan und Davutoğlu sich mit Assad zerstritten, desto mehr erschien ihnen in dieser Rebellenbewegung eine Alternative. Die Aufständischen wünschten einen »Islamischen Staat Syrien« unter einer sunnitischen Führung und sie grenzten sich deutlich gegen alle anderen radikal-islamischen Rebellengruppen ab. Sie wollten eine konservativ-islamische Regierung bilden, ähnlich wie die AKP in der Türkei, und sie wollten zumindest Elemente einer säkularen Staatsordnung bewahren. Vor allem sollten die religiösen Minderheiten weitgehend ihre Rechte behalten. Erdoğan verbündete sich nun mit der »Freien Syrischen Armee« und forderte den Sturz des Assad-Regimes. Er glaubte an einen raschen Sieg dieser Rebellengruppe über Assad, was hieß, dass er dann gemeinsam mit der nachfolgenden, religiös verwandten Regierung erst recht eine gute Basis für Handelsbeziehungen haben würde – und desto intensiver den Einfluss einer »konservativ-islamischen« AKP-Türkei in der gesamten Nahostregion ausbauen könnte.

Der türkische Außenminister Davutoğlu sprach dieses Ziel ganz offen aus, als er am 26. April 2012 in der Großen Nationalversammlung in Ankara den Kurswechsel gegenüber Syrien erläuterte: »Wir sind die führende Kraft im neu entstehenden Nahen Osten und die Region wird uns gehören.« Gegenüber Assad war der Tonfall nun äußerst schroff: Niemand könne und dürfe von der türkischen Regierung erwarten, dass sie angesichts der Massaker des Assad-Regimes an unschuldigen Zivilisten die Entwicklungen im Nachbarland Syrien tatenlos hinnehme.[209]

Erdoğan fand mit diesem radikalen Kurswechsel seiner Syrien-Politik in der Türkei bei einem Großteil der Bevölkerung Zustimmung. Dies galt besonders für die Masse seiner konservativ-sunnitischen Wählerschaft. Denn Erdoğan war nun nicht mehr mit einem syrischen Regime von Alawiten verbündet, mit Muslimen, die aus orthodox-sunnitischer Sicht als »Abtrünnige des Islam« gelten, sondern der Sunnit Erdoğan unterstützte nun »rechtgläubige Sunniten«. Erdoğan betrieb also nicht mehr eine rein pragmatisch orientierte Politik, sondern wollte, nach Maßgabe vieler seiner religiös motivierten Anhänger, unterdrückten Sunniten zur Herrschaft verhelfen. Er nahm damit seine eigentliche Aufgabe wahr, »Schutzherr der Gläubigen« zu sein. Gegner dieses Kurswechsels, strikt säkular orientierte Türken, fürchteten dagegen eine düstere Zukunft durch ein »islamisches Regime« in Syrien. Gegner dieses Kurswechsels blieben naturgemäß auch viele türkische Aleviten, die in Syrien nun die Alawiten durch Sunniten bedroht sahen.

Aber die Entwicklung verlief völlig anders, als sich dies die Strategen einer »neo-osmanischen« Außenpolitik vorgestellt hatten. Anders auch, als dies von vielen Beobachtern arabischer wie auch westlicher Länder erwartet wurde.

Die von der Türkei geförderte »Freie Syrische Armee« blieb nicht die einzige militärisch operierende Widerstandsgruppe gegen das Assad-Regime. Im Herbst 2011 traten verschiedene Fraktionen auf, die sich in einem Dachverband mit dem Namen »Islamische Front« zusammengeschlossen hatten. Sie strebten – anders als die »Freie Syrische Armee« – eine radikal-sunnitische Form eines »Islamischen Staates« an und lehnten schroff alle »säkularen« Elemente in der Verfassung ab. Entsprechend scharf bekämpften sie Schiiten und Alawiten. Eine weitere Gruppierung bildete sich ab Januar 2012 mit der »Dschabhat al-Nusra«, was »Unterstützungsfront für das syrische Volk« bedeutet. Diese Kampfgruppe galt als offizielle Vertretung der Terror-Organisation al-Qaida, pflegte aber auch Kontakte zur ideologisch ähnlich ausgerichteten »Islamischen Front«.[210] Letztendlich erregte aber eine islamistische Organisation Aufsehen, die bald mehr als alle anderen Rebellengruppen die Schlagzeilen beherrschte: der sogenannte »Islamische Staat« (IS). Diese radikalste und auch brutalste aller Organisationen war 2006 im Irak als sunnitische Widerstandsgruppe gegen die amerikanisch-britische Besatzung gegründet worden und kämpfte später gegen die dortige schiitische Regierung. Im März 2013 eroberten ihre »Glaubenskämpfer« Teile Nordsyriens, schließlich auch Teile des Irak und proklamierten im Juni 2014 ein »Kalifat« für ein Staatsgebiet, das sich über Syriens Norden wie den nördlichen Irak erstreckte.

Für die Türkei bedeuteten diese radikal-sunnitischen Rebellentruppen eine Gefahr. Denn deren Dschihadisten strebten in Syrien eine strikt theokratische Staatsform an – nach dem Vorbild des wahhabitischen Islam in Saudi-Arabien und den Golf-Emiraten. Entsprechend bekämpften sie nicht nur das »säkularistische« Assad-Regime, sondern auch die mit der Türkei verbündete »Freie Syrische Armee«, denn jene gemäßigt islamistischen Rebellen waren aus ihrer Sicht »halb säkular«. Finanziert und mit Waffen versorgt wurden die radikal-sunnitischen Organisationen folgerichtig von strenggläubigen Wahhabiten der arabischen Halbinsel; dies galt sowohl für die al-

Nusra als auch für den »Islamischen Staat«. Dabei spielte es keine Rolle, dass sich al-Nusra und der IS schließlich ebenfalls bald bekämpften, weil sie sich nicht über die Verteilung zukünftiger Macht in Syrien einigen konnten. Entscheidend für die Geldgeber und Waffenlieferanten war, dass sich al-Nusra wie IS als nützliche Vorkämpfer für die Ausdehnung des wahhabitischen Islam erwiesen.

Saudi-Arabien zeigte das stärkste Interesse an der Förderung radikal-sunnitischer Dschihadisten, denn die Machthaber des wahhabitischen Königreichs hofften, es könnte in Syrien nach der (bald erwarteten) Niederlage Assads ein theokratischer Staat nach saudischem Vorbild entstehen. Damit bekäme der Einfluss Saudi-Arabiens in der gesamten arabischen Welt ein noch größeres Gewicht. Und mit dem Ziel, zur eigentlich dominanten Macht im Nahen Osten aufzusteigen, würde Saudi-Arabien auch zu einem bedrohlichen Konkurrenten für die Türkei. Das Bündnis zweier so ungleicher Partner wie Saudi-Arabien und der Türkei gegen Assad war also von Anfang an labil und krisenanfällig.

Aber die Situation wurde für die »neo-osmanischen« Strategen der Türkei bald noch komplizierter. Denn das Assad-Regime brach trotz derart vieler militärisch hochgerüsteter Gegner keineswegs zusammen. Auch Assad hatte mächtige Verbündete, allen voran den schiitischen Gottesstaat Iran. Die enge Beziehung zwischen Iran und Syrien reichte bis in das Jahr 1980 zurück. Dabei unterschieden sich der Iran und Syrien ideologisch ausgesprochen stark: der Iran als ein schiitischer Gottesstaat, Syrien als ein säkularer Staat. Aber eine derart pragmatische Zweckgemeinschaft einte die ungleichen Partner. 1980 hatten Syriens Diktator Hafis al-Assad, der Vater von Baschar al-Assad, und Ayatollah Khomeini ein Bündnis gegen Saddam Hussein geschlossen, weil der irakische Diktator als eine Bedrohung sowohl für Syrien als auch für den Iran empfunden wurde. Die Interessengemeinschaft beider Staaten überdauerte die Konfrontation mit Saddam Hussein. Syrien blieb auf Wirtschaftshilfe durch den Erdölstaat Iran angewiesen, und der Iran brauchte Syrien, um enge Kontakte mit der schiitischen Organisation Hisbollah im Libanon zu pflegen und auf diese Weise den Einfluss im arabischen Raum zu festigen. Erdoğan dagegen hatte es von Anfang an darauf abgesehen, aus dem Bündnis dieser beiden Staaten Nutzen zu ziehen und strategisch eine politische Dreiecksgemeinschaft Türkei – Syrien – Iran herzustellen. Dann aber begann der Bürgerkrieg in Syrien.

Nun wurde der Iran als Verbündeter Assads zum Gegner der Türkei, und Erdoğan kam auf dem Schlachtfeld Syrien weiter in Bedrängnis. Der Iran schickte schlagkräftige Milizen seiner Revolutionsgarden nach Syrien und aktivierte auch die Hisbollah mit ihren Milizen zur Unterstützung für Assad. Islamisten kämpften so Seite an Seite mit Soldaten des säkularen Assad-Regimes gegen radikal-sunnitische Dschihadisten, die vorrangig von Saudi-Arabien finanziert wurden – aber sie kämpften auch gegen die »Freie Syrische Armee«, deren Soldaten Geld und Waffen aus der Türkei bekamen.

Neben dem Iran hatte Assad noch einen weiteren wichtigen Verbündeten: Russland. Und auch hier reichten die engen Beziehungen über Jahrzehnte zurück. Moskau unterhielt seit 1971, dem ersten Jahr des Assad-Regimes, in der syrischen Hafenstadt Tartus einen Flottenstützpunkt, den einzigen im ganzen Mittelmeerraum und daher unverzichtbar. Russland musste daran gelegen sein, Baschar al-Assad an der Macht zu halten, denn nur Assad – und nicht ein nachfolgendes islamistisches Regime – konnte eine Garantie für die russische Präsenz im östlichen Mittelmeer geben. Die russische Luftwaffe sollte für Assad bald zu einem wichtigen Hilfsmittel werden, um sich gegen die Aufständischen zu behaupten.

Die Situation wurde für die Türkei bald noch schwieriger. Zum Problem wurden für Erdoğan auch die syrischen Kurden.

Die Kurden, die in Syrien rund fünf Prozent der Bevölkerung ausmachen und überwiegend nahe der türkischen Grenze leben, waren offiziell keine Gegner Erdoğans. Denn Syriens Kurden rebellierten gegen Assad. Aus diesem Grund galten sie offiziell sogar als Verbündete der türkischen Regierung. Aber Erdoğan zögerte, ja er scheute sich, die syrischen Kurden zu unterstützen. Mehr noch: Erdoğan versuchte zunehmend, sie an einem militärischen Erfolg zu hindern. Wie das? Hatte Erdoğan nicht maßgeblich dazu beigetragen, dass die Kurden in der Türkei mehr Rechte bekamen, als sie es jemals zuvor unter der Regierung von säkularen, kemalistischen Nationalisten hätten erhoffen können?

Im Spannungsfeld des syrischen Bürgerkriegs wurde Erdoğan mit einer neuen Variante des Kurden-Problems konfrontiert. Syriens Kurden, sunnitisch und säkular, bekämpften das Assad-Regime nicht wegen der Vorherrschaft alawitischer »Ketzer«, sondern weil Assad als arabischer Nationalist den Kurden keine kulturelle und erst recht keine politische Autonomie zugestehen wollte. Es war eine ähnliche Konfliktsituation wie in der Türkei. Die Situation spitzte sich zu, als es den syrischen Kurden Ende 2013 gelang, im Norden Syriens nahe der türkischen Grenze eine autonome Zone zu erkämpfen. Für viele türkische Nationalisten bedeutete eine solche Situation einen Alptraum. Sie fürchteten, nun könnten sich die türkischen Kurden ermutigt fühlen, im Osten der Türkei ebenfalls erneut für eine autonome Zone oder gar einen eigenen Staat zu kämpfen; so war dies ja zwei Jahrzehnte lang durch die PKK, die »Kurdische Arbeiterpartei«, unter Führung Abdullah Öcalans geschehen. Erdoğan sah den Erfolg syrischer Kurden nahe der türkischen Grenze mit Unbehagen. Denn wenn er untätig blieb, zog er den Zorn nationalistischer Türken auf sich, die ja eine wichtige Wählerschicht auch für die AKP bedeuteten.

Erdoğan sah sich vor eine schwierige Entscheidung gestellt, als am 15. September 2014 die Terror-Organisation »Islamischer

Staat« auf die Stadt Kobanê, dem Zentrum der autonomen kurdischen Zone, vorrückte und Teile der Stadt eroberte. Sollte er nun den bedrängten Kurden militärisch beistehen, weil sie doch ebenfalls Gegner Assads waren? Oder sollte er die Niederlage der Kurden begünstigen, was das Ende ihrer autonomen Zone bedeuten würde? Im letzteren Fall würde er dazu beitragen, den IS in seinem Siegeszug noch weiter Auftrieb zu geben.

Erdoğan ließ Panzer an der türkisch-syrischen Grenze auffahren, wo sie in Sichtweite der heißumkämpften Stadt Kobanê warteten. Aber der Befehl zum Eingreifen kam nicht. Erdoğan erklärte in Interviews, die Angriffe müssten hauptsächlich aus der Luft durch amerikanische Flugzeuge erfolgen, der Einsatz zusätzlicher Bodentruppen sei momentan wenig sinnvoll. Erdoğan erweckte so unfreiwillig den Eindruck, er wolle die Einsatzbereitschaft türkischer Truppen nur vortäuschen und dem IS Zeit geben, die bedrängten Kurden zu besiegen. Es schien, als ob ihm eine Niederlage der Kurden wichtiger war, als den IS zu besiegen. Monatelang blieb der äußerst blutige Kampf um Kobanê in den Schlagzeilen der Weltpresse präsent, dann erst konnte die radikal-islamische Terror-Organisation vertrieben werden. Der IS scheiterte am hartnäckigen Widerstand der Kurden wie auch an den immer heftigeren Angriffen der amerikanischen Luftwaffe. Am 15. Februar 2015 konnte Kobanê als »befreit« gelten, auch wenn die Stadt fast völlig zerstört war.

Für Erdoğan bedeutete das militärische Zaudern beim Kampf um Kobanê eine Niederlage – einen starken Ansehensverlust international, erst recht bei den Kurden. Immer deutlicher wurde, dass sich Erdoğan und Davutoğlu in heillose Widersprüche mit ihrem Bestreben verwickelten, die Türkei durch das Engagement im syrischen Bürgerkrieg zur dominierenden Regionalmacht zu machen. Immer mehr setzte sich die »konservativ-islamische« Regierung der Türkei dem Verdacht aus, sie arbeite nicht nur mit gemäßigten Islamisten der »Freien

Syrischen Armee« zusammen, sondern auch mit radikal-isla-
mistischen Gruppierungen, allen voran dem IS.

Erdoğan selbst rückte ins Zentrum der Kritik. Hatte er vielleicht engeren Kontakt zum »Islamischen Staat«? Empfand er
gar Sympathien? Die Verwicklungen der Türkei in die Wirren
des syrischen Bürgerkriegs bekamen angesichts solcher Aspekte
eine zusätzliche Dimension.

Erdoğan und der radikale Islam

Offenkundig war schon seit 2014, dass »Glaubenskämpfer« aus
verschiedenen islamischen Ländern und auch aus Europa
ungehindert über die Türkei nach Syrien einreisen konnten
und sich dort der Terror-Organisation »Islamischer Staat«
anschlossen. 2015 erhärtete sich immer mehr auch der Verdacht, ein Großteil der Waffen und der Logistik würden über
türkisches Gebiet an radikal-islamische Rebellengruppen und
so auch an den IS in Syrien geliefert. Die türkische Regierung
wies diesen Vorwurf entschieden zurück.

Im Mai 2015 bestätigte sich jedoch geradezu blamabel eben-
dieser Verdacht. *Cumhuriyet* (»Republik«), eine der führenden
türkischen Tageszeitungen, veröffentlichte einen Artikel mit
ausführlichen Enthüllungen speziell zu diesem Thema. Verfasser waren der Chefredakteur Can Dündar und sein Kollege
Erdem Gül. Erdoğan forderte äußerst erregt die Verhaftung
dieser beiden Journalisten und lebenslängliche Gefängnisstrafen – der Anklagepunkt: Verleumdung, »Herabwürdigung der
türkischen Nation«. Erdoğan tat alles, um der türkischen sowie
der westlichen Öffentlichkeit den Eindruck zu vermitteln, die
Journalisten von *Cumhuriyet*, dem medialen Sprachrohr der
oppositionellen Republikanischen Volkspartei (CHP), wollten
ihm als der höchsten Autorität des Staates durch dunkle Ver-
schwörungstheorien persönlich schaden.

Was war der brisante Inhalt dieses Artikels? Can Dündar gab

der westlichen Öffentlichkeit Monate später detaillierte Auskünfte in seinem *Brief aus dem Gefängnis*. Verfasst hatte er ihn Mitte Dezember 2015 in einer Einzelzelle des Silivri-Gefängnisses, zwei Fahrstunden von Istanbul entfernt. Der handgeschriebene Brief konnte aus dem Gefängnis geschmuggelt werden und ist im deutschen Nachrichtenmagazin *Der Spiegel* mit dem oben genannten Titel veröffentlicht worden. Provokativ ist vor allem der Untertitel: *Meine Straftat besteht aus einem Artikel, der die Regierung der Lüge überführt.*

Ich zitiere einen wesentlichen Ausschnitt aus dem Brief:

»In diesem Artikel haben wir nachgewiesen, wie mit Lastwagen des türkischen Nachrichtendienstes heimliche Waffentransporte nach Syrien durchgeführt wurden. Mit hoher Wahrscheinlichkeit waren die Waffen für radikalislamische Organisationen bestimmt. Der Skandal wurde offenkundig, als aufgrund eines Hinweises Staatsanwälte und Gendarmerie die Lastwagen des Nachrichtendienstes stoppten. Da Meldungen zu dieser Geheimoperation die türkische Regierung national und international in Bedrängnis gebracht hätten, verhängte sie eine Nachrichtensperre. Die Regierung sagte, dass sich in den Lastwagen keine Waffen, sondern ›humanitäre Hilfsgüter‹ befänden. Das war eine Lüge. Sowohl in der medialen Berichterstattung als auch von Abgeordneten wurde dies zur Lüge erklärt. Doch den endgültigen Beweis, mit dem am Ende die letzten Zweifel beseitigt wurden, lieferten Videoaufnahmen eines Lastwagens. Darin ist eindeutig erkennbar, wie bei der Kontrolle die Türen geöffnet werden und unter Medikamentenkartons im Frachtraum Waffen und Munition zum Vorschein kommen. Die Vertreter des Nachrichtendienstes und des Militärs richteten in dem Video ihre Waffen gegeneinander, und nur im allerletzten Moment wird ein großes Gefecht abgewendet.

Just diese Aufnahmen veröffentlichten wir in der Zeitung *Cumhuriyet*, deren Chefredakteur ich bin, sowie in unserer Onlineausgabe. Wir titelten mit der Schlagzeile: ›Hier sind die von Erdoğan für nichtexistent erklärten Waffen.‹ Wenn ein Staat Waffen in einen Nachbarstaat bringt, dann stellt das ein Verbrechen dar. Auch verfügte der Nachrichtendienst über keine derartige Befugnis. Noch dazu hatte die Regierung ihr eigenes Volk belogen und war dabei in flagranti ertappt worden. Diese Meldung publik zu machen, wäre die Aufgabe eines jeden Journalisten an jedem beliebigen Ort der freien Welt gewesen. Und das haben wir getan.«[211]

Es gehörte viel Mut dazu, einen derartigen Brief aus dem Gefängnis zu schmuggeln und ihn von Freunden an ein deutsches Nachrichtenmagazin mit großer Leserschaft weiterleiten zu lassen. Schließlich war Dündar durch einen äußerst gereizten Regierungschef Erdoğan ins Gefängnis gekommen, der in einem Interview des Staatsfernsehens erklärt hatte: »Wer diese Nachricht veröffentlicht hat, der wird einen hohen Preis dafür bezahlen. So einfach lasse ich ihn nicht davonkommen.«[212] Erdoğan forderte, wie bereits erwähnt, lebenslang Gefängnis. Trotzdem wies Can Dündar in seinem *Brief aus dem Gefängnis* auch noch darauf hin, Erdoğans Androhung einer lebenslangen Gefängnisstrafe sei einem Befehl an die Justiz gleichgekommen, die »ohnehin schon vollständig unter Regierungskontrolle« geraten sei. Can Dündar erwähnte außerdem die schon oft zitierte Statistik noch einmal, dass die Türkei im internationalen Ranking für Pressefreiheit auf den 149. Platz von rund 180 aufgelisteten Staaten abgerutscht sei und dass sich 2015 rund 30 Journalisten wegen freizügig geäußerter Meinung in Haft befänden.[213]

Can Dündar fürchtete anscheinend nicht härtere Schikanen oder gar um sein Leben, als er diesen hochbrisanten Brief an das Nachrichtenmagazin *Der Spiegel* weiterleiten ließ. Aber gerade weil sein Brief und vorher schon seine Verhaftung international derart viel Aufsehen erregt hatten, personifizierte Dündar im In- wie im Ausland mit seinem Schicksal den Kampf für Meinungsfreiheit. Die türkische Regierung war also zur Zurückhaltung gezwungen. Brisant wurde für Erdoğan außerdem, dass am 25. Februar 2016 das türkische Verfassungsgericht die Verhängung der Untersuchungshaft für Dündar und seinen Kollegen Erdem Gül als »unrechtmäßig« erklärte. Die beiden inhaftierten Journalisten mussten folglich bis zum Beginn des Gerichtsverfahrens freigelasssen werden. Aber wie gefährlich die Situation für Dündar trotzdem blieb, zeigte sich, als am 6. Mai 2016 ein Attentäter unmittelbar vor der Urteilsverkündung auf den Angeklagten schoss (ihn allerdings nicht traf). In der Hauptgerichtsverhandlung wurden Dündar und Gül zu sechs Jahren Gefängnis verurteilt, nicht jedoch, wie Erdoğan gefordert hatte, zu lebenslanger Haft.

Erdoğan ging aus diesem Verfahren politisch beschädigt hervor. Nun erst wurde in aller Welt offen und eindringlich die Frage diskutiert, ob die türkische Regierung tatsächlich heimlich radikal-islamische Organisationen in Syrien massiv unterstütze, vor allem auch den IS. Und immer mehr Fakten waren durch beharrliche Recherchen bekannt geworden. Wesentliche Bestandteile der IS-Bombenindustrie wurden von den Dschihadisten in aller Welt gekauft, in die Türkei verschifft und von dort diskret, mit Wissen des türkischen Geheimdiensts, nach Syrien transportiert: Aluminiumpaste, Ammoniumnitrat, Zündkabel und Zünder – alles in der Türkei völlig »legal«, weil die Materialien auch im Bergbau verwendet werden.[214]

Die Beweise für eine derartige Begünstigung radikal-islamischer Dschihadisten scheinen auf den ersten Blick die Meinung mancher scharfer Gegner Erdoğans zu bestätigen, dass eine religiös-ideologische Nähe zwischen der »konservativ-islamischen« AKP und dem radikalen Islam von fanatischen

Dschihadisten bestehe. Hatte nicht auch die AKP ihre geistigen Wurzeln im sogenannten »Islamismus«? Und waren nicht die offiziell »säkulare« Türkei und das rigoros islamistische Saudi-Arabien im Bündnis gegen Assad vereint – mit dem nahezu gleichlautenden Bekenntnis, bedrängte Sunniten vor den Alawiten und Schiiten zu schützen?

Eindeutig beweisen ließ sich schließlich, dass die Türkei nicht nur die gemäßigten Islamisten der »Freien Syrischen Armee« unterstützte, sondern darüber hinaus auch radikal-islamistische Organisationen, so die al-Nusra und vor allem den »Islamischen Staat«. Diese Organisationen fanatischer Dschihadisten verfügten über lukrative Verbindungen einerseits zum türkischen Geheimdienst und andererseits zu Saudi-Arabien wie auch zu privaten Spendern in Golf-Emiraten, besonders Kuwait und Katar. Aber mit religiös-politischer Nähe zum radikalen Islamismus hatte diese Unterstützung von Seiten des türkischen Geheimdiensts nichts zu tun. Erdoğan agierte hier, wie so oft, kalkuliert, kühl und ganz pragmatisch.

Dem Islam-Verständnis eines Recep Tayyip Erdoğan stehen sowohl die al-Qaida als auch der »Islamische Staat« äußerst feindselig gegenüber, in abgeschwächter Form auch Saudi-Arabien. Eine große Provokation musste für radikale Islamisten von vornherein erscheinen, dass Erdoğan im türkischen Parlament seine Reden stets vor dem übergroßen Porträt des Republikgründers Atatürk hält und sich gar offiziell zum Erbe Atatürks bekennt. Atatürk bedeutet für nahezu alle Islamisten die Verkörperung eines »gottlosen«, vom »Islam abgefallenen« Tyrannen. Denn Atatürk hatte doch wie kein anderer Politiker unentwegt versucht, durch den »Säkularismus« die »gottgewollte« islamische Staatsordnung zu »zerstören«. Und die Antwort auf dieses Verbrechen Atatürks sei noch in eben jenem Jahr 1928 erfolgt: Damals, als Atatürk aus der türkischen Verfassung sämtliche religiöse Formeln streichen ließ, habe in

Kairo Hassan al-Bannā aus Protest gegen diese »gottlose« Verfassung die Muslim-Bruderschaft begründet, die erste islamistische Bewegung des 20. Jahrhunderts.

Aus der Sicht radikaler Islamisten konnte es daher nicht genügen, wenn Erdoğan schrittweise versuchen würde, die »Türkische Moderne« Atatürks in Richtung einer »Islamisch-Türkischen Moderne« zu korrigieren. Erdoğan sei zu unzulässigen Kompromissen bereit, denn es würden doch in diesem propagierten Richtungswechsel zu viele Elemente der »Moderne« erhalten bleiben – mit geistiger Anpassung an eine westliche Moderne.

Der Befund ist richtig. Aber aus dem Blickwinkel radikaler Islamisten bedeutet dies einen schweren Tadel. Aus der Sicht gemäßigter Islamisten dagegen und auch vieler moderater Muslime ist Erdoğan gerade durch diese Haltung zu einem »Hoffnungsträger« geworden. Ja, mehr noch: Bei näherem Hinsehen zeigt sich, dass Erdoğan bei vielen politischen Weichenstellungen eher pragmatisch handelte und sich überhaupt nicht von religiösen Motiven leiten ließ.

Das pragmatisch orientierte Denken galt und gilt besonders für seine Wirtschaftspolitik. Den wirschaftlichen Aufschwung im ersten Jahrzehnt seiner Regierung hat Erdoğan der Tatsache zu verdanken, dass er sich vorrangig an Ökonomen orientierte. Diese hatten an westlichen Universitäten studiert und zogen den Koran nicht als Richtlinie für die Wirtschaftspolitik heran. Über etliche Jahre hinweg forcierte Erdoğan den Beitritt der Türkei zur Europäischen Union und passte seine Reformpolitik europäischen Normen an, um die Türkei weiter zu »demokratisieren«. Gerade mit dieser »westlichen« Politik überzeugte Erdoğan einen Teil der säkular orientierten Türken, die er bei den folgenden Parlamentswahlen auf seine Seite ziehen konnte. Auch wenn Erdoğan seit 2010 autoritativ bis autoritär regierte und damit zunehmend demokratische Strukturen aushöhlte, so blieb er doch weit davon entfernt, einen »Gottesstaat« nach dem Vorbild radikaler Islamisten anzustreben. Eine Theokratie wäre angesichts einer breitgefächerten säkular orientierten Bildungsschicht in der Türkei nicht durchsetzbar. Erdoğan weiß das und orientiert sich – immer im Sinne seiner Machtpolitik pragmatisch wendig – an vorgegebenen gesellschaftlichen Verhältnissen.

Trotz aller Feindschaft zu Fethullah Gülen seit 2013 blieb Erdoğan doch in vielerlei Hinsicht mit der religiös-politischen Ideologie seines ehemaligen Weggefährten verbunden. Er teilte mit Gülen weiterhin die Auffassung, man müsse als gläubiger Muslim religiösen Minderheiten wie Christen und Juden größtmögliche Toleranz entgegenbringen, und verurteilte die Intoleranz besonders von al-Qaida und des »Islamischen Staates«.

Allerdings hegte Erdoğan, wie schon mehrmals erwähnt, eine Abneigung gegen Schiiten und Aleviten; diese Haltung teilte er mit Gülen und stieß in dieser Hinsicht auch auf Verständnis bei sunnitischen Extremisten. Andererseits kritisierten Erdoğan und Gülen scharf, dass radikale Dschihadisten des IS gefangene Schiiten und Aleviten (oder Alawiten) vor die Wahl stellten, entweder zum Islam wahhabitischer Prägung überzutreten oder getötet zu werden.

Verständnis bei radikalen Islamisten konnten Erdoğan und Gülen wiederum erlangen, weil sie eine »gottlose« Wissenschaft wie die Evolutionslehre von Charles Darwin entschieden ablehnten. Andererseits bejahten Erdoğan wie Gülen doch in vielerlei Hinsicht Schulen mit einem weitgefächerten Bildungsangebot, um konkurrenzfähig mit westlichen Staaten zu werden, Schulen, in denen auch Frauen weitreichende Chancen für eine Ausbildung erhalten.

Wenn man Erdogan angesichts solcher Differenzen trotzdem als einen »Islamisten« bezeichnen will, so wird doch deutlich, dass seine religiös-politische Überzeugung wenig mit dem »Islamismus« etwa von al-Qaida oder IS zu tun hat.

Erdoğans Zweifrontenkrieg gegen den »Islamischen Staat« und die Kurden

Trotz solcher grundsätzlicher Unterschiede zwischen den Positionen Erdoğans und jener von radikalen Islamisten bleibt die Tatsache unumstößlich: Erdoğan begünstigte radikale Islamisten, indem er stillschweigend zahlreichen Dschihadisten aus vielen Ländern gestattete, über die Türkei in Syrien einzureisen und sich auf diese Weise dem IS anzuschließen. Vor allem ließ er dem IS Waffen liefern, teilweise mit Hilfe des türkischen Geheimdienstes.

Am Beispiel der heißumkämpften kurdischen Stadt Kobanê lässt sich zeigen, welche Überlegungen Erdoğan zu einer derartigen Politik bewogen. Ich habe bereits im Abschnitt *Die Türkei im Sog des syrischen Bürgerkriegs* auf ein ausschlaggebendes Motiv hingewiesen. Erdoğan hoffte, der IS werde in Kobanê durch einen Sieg über die Kurden dazu beitragen, die Entstehung eines autonomen Kurdistan auf syrischem Boden zu verhindern. Erdoğan hatte deshalb den Kurden militärisch nicht geholfen, obwohl gerade die Kurden doch wichtige Verbündete im Kampf gegen Assad waren. Erdoğan hatte sich aus innenpolitischen Gründen zu einer derartigen Taktik entschlossen. Nationalistische Türken hatten ihn unter Druck gesetzt und gedroht, ihm bei den bevorstehenden Parlamentswahlen die Gefolgschaft zu verweigern, falls er weiterhin die Kurden in seiner Reformpolitik begünstigte.

In Interviews beteuerte Erdoğan allerdings, er unterstütze den Kampf der Kurden gegen Assad. Medienwirksam distanzierte er sich von den Terror- Exzessen des IS, obgleich noch zu diesem Zeitpunkt Waffenlieferungen über türkisches Gebiet an den IS erfolgten. Von Anfang an spielte Erdoğan Vabanque und wagte politisch ein äußerst hochriskantes Spiel, das nur so lange funktionieren konnte, wie die Weltöffentlichkeit seine heimlichen Machenschaften noch nicht konkret bewiesen hatte.

Dies änderte sich genau in dem Augenblick, als Can Dündar und sein Kollege Erdem Gül im Mai 2015 ihre Enthüllungen in der Tageszeitung *Cumhuriyet* veröffentlichten. Nun wuchs der internationale Druck auf Erdoğan, jede Hilfe für den IS einzustellen. An Erdoğan erging nun die Forderung: Sollte er sich nicht eindeutig in die Front islamischer wie westlicher Staaten gegen den IS einreihen, habe die Türkei keine Chance mehr für einen Beitritt zur EU. Unter diesem Druck sah sich Erdoğan wieder einmal gezwungen, pragmatisch seine Politik neuen Verhältnissen anzupassen und schickte das türkische Militär nun verstärkt in den Kampf gegen den IS.

Die Folgen dieses erneuten Kurswechsels sollten innerhalb nur weniger Monate verheerend sein. Erdoğan hatte offensichtlich wirklich geglaubt, er könne den IS für seine eigenen Ziele – jedenfalls eine Zeitlang – instrumentalisieren, musste nun jedoch hinnehmen, dass ihm die Kontrolle sogar in der Türkei selbst zunehmend entglitt. Erdoğan geriet nun in einen offenen Krieg sowohl mit dem »Islamischen Staat« als auch mit kurdischen Organisationen – einen Zweifrontenkrieg, der auf die Türkei überzugreifen und den Staat immer mehr in den Strudel des syrischen Bürgerkriegs zu ziehen drohte.

Es begann mit einem Sprengstoffanschlag am 20. Juli 2015. Schauplatz war die Kleinstadt Suruç im Südosten der Türkei nahe der Grenze zu Syrien. Ein Selbstmordattentäter riss durch eine Bombe 34 Menschen in den Tod, mindestens 76 wurden teils schwer verletzt. Es geschah während einer Versammlung von rund 300 jungen Menschen, meist Kurden, im Garten des dortigen Kulturzentrums. Bei dem Attentäter handelte es sich um einen 20-jährigen Türken, ein Mitglied des IS. Ort und Zeitpunkt des Anschlags waren vom IS mit perfidem Gespür für optimale Wirkung gewählt worden. Suruç liegt unmittelbar an der türkisch-syrischen Grenze, nur 10 Kilometer vom syrischen Kobanê entfernt und gilt als »Schwesterstadt«. In einem Camp nahe Suruç lebten zur Zeit des Anschlags rund 35 000 syrische

Flüchtlinge, viele davon aus Kobanê. Und im Kulturzentrum von Suruç hatten sich Aktivisten versammelt, um eine Rückführung von Flüchtlingen in die vom IS befreite Stadt Kobanê zu organisieren.

Das Attentat von Suruç bedeutete somit eine Botschaft des IS an sehr unterschiedliche Gruppierungen: einerseits an die Kurden, die von einer Rückkehr nach Kobanê abgeschreckt werden sollten, andererseits an die Türken, die sich nun im eigenen Land nicht mehr sicher fühlen konnten. Vor allem aber war es eine Botschaft an die türkische Regierung, der IS nehme Rache für die politische Kehrtwendung. Offen sprachen nun die Propagandisten des IS davon, Erdoğan sei ein Feind aller »wahren Muslime«, weil er sich dem Diktat der »Ungläubigen« in westlichen Staaten beuge.

Das strategische Gespür des IS für verheerende Wirkung ging aber noch weiter. Indem das Attentat vor allem Kurden tötete, rührte dies an der ohnehin gespannten Beziehung zwischen Kurden und Türken. Viele der Kurden waren zuvor schon verbittert gewesen, weil das türkische Militär im Kampf um Kobanê nicht helfend gegen den IS eingegriffen hatte. Und nun wurden kritische Stimmen laut, die türkische Polizei habe gar kein Interesse für einen besseren Schutz der Kurden. In dieser emotional aufgeheizten Atmosphäre eskalierte eine lang angestaute Wut. Nur einige Tage nach dem Sprengstoffanschlag in Suruç töteten Mitglieder der PKK, der »kurdischen Arbeiterpartei«, etliche türkische Polizisten im Südosten der Türkei. Die kurdischen Attentäter begründeten ihre Morde damit, dass es sich bei den Polizisten um Feinde der Kurden und Sympathisanten des IS handle.

Erdoğan reagierte prompt. Er gab dem türkischen Militär Befehl, die Dschihadisten des IS nun offen zu bekämpfen. Zugleich griff das Militär erstmals nach drei Jahren eines brüchigen Waffenstillstands ohne Frieden wieder Stellungen der PKK an. Erdoğan verwickelte sich damit in einen Zweifrontenkrieg mit desaströsen Folgen beim Kampf gegen die PKK. Zahlreiche, mehrheitlich von Kurden bewohnte Städte im Südosten der Türkei wurden zu rauchenden Trümmerfeldern und gemahnten binnen kurzem fatal an jene Ruinen- und Trümmerstädten jenseits der Grenze in den Wirren des syrischen Bürgerkriegs.

Die Situation eskalierte noch einmal, als am 10. Oktober 2015, also nur zweieinhalb Monate nach dem Terroranschlag in Suruç, Tausende Kurden in Ankara sich zu einer Demonstration formierten, um gegen die Regierung Erdoğan zu protestieren. Mitten in der Demonstration explodierte eine Bombe und tötete über 120 Kurden: Erneut war der Selbstmordattentäter ein Mitglied des IS. Mehr noch: Die Ermittlungen ergaben, dass der Massenmörder ein Bruder jenes Mannes war, der am 20. Juli 2015 in Suruç seinen Sprenggürtel gezündet hatte.[215] Nicht genug damit: Am 12. Januar 2016 tötete ein weiterer Selbstmordattentäter des IS in Istanbul auf dem Platz zwischen der Hagia Sophia und der Blauen Moschee 10 Menschen, vor allem deutsche Touristen, mit verheerender Wirkung auf den Tourismus in der Türkei. Und am 20. März 2016 riss ein IS-Selbstmordattentäter auf einer der belebtesten Einkaufsstraßen Istanbuls, der Istiklal-Caddesi (»Unabhängigkeitsstraße«), nahe dem Taksim-Platz, vier Menschen in den Tod und verletzte Dutzende weitere Passanten. Den strategisch empfindlichen Schlag gegen den »Verräter« Erdoğan verübten IS-Terroristen jedoch am 26. Juni 2016, als sie im Atatürk-Flughafen von Istanbul ein Massaker mit 44 Toten und mehr als 200 Verletzten anrichteten.

Der IS überzog die Türkei mit Attentaten, ebenso Zweigorganisationen der kurdischen PKK. Bei einem Bombenanschlag am 8. September 2015 töteten Kurden in der Osttürkei 12 Polizisten, beim Anschlag auf einen Militärkonvoi in Ankara am 17. Februar 2016 starben 30 Soldaten, am 13. März 2016 wiederum in Ankara 37 Soldaten.[216] Eine verheerende Bilanz für Erdoğan: Innerhalb eines einzigen Jahres, vom 20. Juli 2015 bis zum 26. Juni 2016, erschütterten 9 Terroranschläge das Land, 6 durch den IS und 3 durch kurdische Organisationen; mehr als 300 Menschen verloren bei diesen Anschlägen ihr Leben.[217]

Aber ein Ende war nicht abzusehen. Am 20. August tötete ein Selbstmordattentäter des IS in der südostanatolischen Stadt Gaziantep mit einer Bombe bei einer Hochzeitsfeier 54 Kurden und verletzte mehr als 70 Gäste. Dieses Attentat war eine Antwort auf Erdoğans Ankündigung, nun noch entschiedener als bisher militärisch gegen den IS im türkisch-syrischen Grenzgebiet vorzugehen. Erdoğan ließ in der Folge tatsächlich türkische Truppen im Norden Syriens vorrücken und Stellungen des IS beschießen. Aber andere türkische Truppenverbände rückten genauso intensiv gegen Stellungen der kurdischen PKK und ihrer Zweigorganisationen vor. Die Türkei hatte sich damit endgültig auf einen Zweifrontenkrieg eingelassen, dessen Folgen nicht abzusehen sind.

Erdoğan stand damit endgültig vor den Trümmern seiner »neo-osmanischen« Außenpolitik. Statt die politische und wirtschaftliche Bedeutung der Türkei zu stärken, indem er sein Land zur führenden Regionalmacht des Nahen Ostens machen wollte, verlor er zunehmend die Kontrolle über die immer komplexer werdenden Entwicklungen. Die Türkei hatte innerhalb von ein bis zwei Jahren den Nimbus eingebüßt, ein Vorbild und Muster für aufstrebende »Entwicklungsländer« innerhalb der islamischen Welt zu sein. Zu sehr ähnelten die Probleme der Türkei inzwischen denen im übrigen Nahen Osten. Unter solchen Vorzeichen spitzte sich die Krise in der Folgezeit weiter zu.

Erdoğan als Staatspräsident – und die Folgen

Während die Türkei im Nahen Osten zunehmend an Einfluss verlor, hatte Erdoğan im eigenen Land immer mehr um seine Machtposition zu kämpfen. Am 28. August 2014 fand eine Wahl statt, die für seine politische Zukunft eine entscheidende Weichenstellung bedeutete: Er musste seine Position in dieser Wahl neu definieren.

Ohnehin markierte diese Wahl für die Republik Türkei eine historische Zäsur: Erstmals sollte ein Staatspräsident durch das Volk gewählt werden und nicht mehr wie bisher durch die Parteien. Diese Entscheidung hatte die parlamentarische Mehrheit der Regierungspartei AKP getroffen – aus dem Hintergrund entscheidend angetrieben von Ministerpräsident Erdoğan. Er selbst war entschlossen, als Spitzenkandidat seiner Partei zur Wahl anzutreten; seit Jahren hatte er immer wieder davon gesprochen. Ihm blieb auch gar nichts anderes übrig, falls er weiterhin eine aktive Rolle in der Politik spielen wollte. Denn für Angehörige der AKP hatte das Parteienstatut eine Drei-Amtszeiten-Regel eingeführt; demnach konnte ein Ministerpräsident nur zweimal wiedergewählt werden und musste dann einem anderen Politiker Platz machen. Dieser Fall war für Erdoğan eingetreten.

Aber Erdoğan war nun mit dem Problem konfrontiert, als Staatspräsident über wesentlich weniger politische Macht zu verfügen als zuvor. Laut türkischer Verfassung nimmt der Staatspräsident vorwiegend repräsentative Aufgaben wahr. Nur im äußersten Fall einer Staatskrise kann der Präsident im Ministerrat übergangslos und kurzzeitig den Vorsitz übernehmen. Erdoğan wollte mehr – und sich mit einer derart eingeschränkten Rolle nicht zufriedengeben. Er hätte sich in die zweite Reihe der Politik zurückziehen müssen und seine herausragende Sonderstellung in der AKP verloren. Mehr noch: Er wäre dann nicht mehr sicher gewesen, ob sich seine Mission zu Ende führen ließe, die Türkei im Sinne einer »Islamisch-Türkischen Moderne« umzugestalten – als Antwort auf Atatürks »Türkische Moderne«.

Am liebsten hätte Erdoğan schon in der Verfassungsreform von 2010 ein Präsidialsystem nach amerikanischem oder französischem Vorbild durchgesetzt: Die politische Entscheidungs-gewalt würde sich dann beim Staatspräsidenten konzentrieren und nicht mehr wie bisher beim Ministerpräsidenten. Aber für eine derartige Verfassungsänderung fehlte Erdoğan im Parla-ment die nötige Zweidrittelmehrheit; 2010 war das Risiko zu hoch, diese neue politische Bedeutung des Staatspräsidenten einer Volksabstimmung zu überlassen. Angesichts der vielen Widerstände wäre es damals völlig ungewiss gewesen, ob er Zustimmung gefunden hätte.

Erdoğan plante deshalb, das von ihm gewünschte Präsidial-system schrittweise innerhalb der nächsten Jahre durchzuset-zen. Dabei sollten ihm zwei Wahlen die entscheidenden Vor-aussetzungen schaffen: die Wahl des Staatspräsidenten am 28. April 2014, bei der er selbst antreten würde, und die Parla-mentswahl vom 7. Juni 2015. Im Jahr 2015 wollte er endlich ertrotzen, was der AKP noch 2011 verwehrt war, nämlich die parlamentarische Zweidrittelmehrheit, um die ersehnte Ver-fassungsänderung durch eine Abstimmung im Parlament zu gewinnen.

Um das Amt des Staatspräsidenten bewarben sich drei Kan-didaten: Neben Erdoğan als dem Vertreter der politisch stärks-ten Partei AKP waren es Ekmeleddin İhsanoğlu, ein prominen-ter Islam-Wissenschaftler, der als gemeinsamer Kandidat der sozialdemokratischen CHP und der rechtsnationalistischen MHP antrat, und Selahattin Demirtaş, der Führer der Kurden-Partei HDP. Vier ganz unterschiedliche Parteien beteiligten sich somit am Wahlkampf; niemand bezweifelte seine demo-kratische Legalität. Dennoch war von vornherein klar, dass nur Erdoğan, der weitaus populärste Politiker der Türkei, den ers-ten Platz erreichen könnte. Die Frage war nur, ob er bereits im ersten Wahlgang siegen oder ob das überraschend gute Ab-schneiden eines Rivalen ihm erst nach der Stichwahl einen (abgeschwächten) Triumph ermöglichen würde.

Erdoğan gewann die Wahl am 10. August 2014 bereits im ersten Durchgang mit 52 Prozent der Stimmen. Der Gegenkandidat İhsanoğlu kam auf 39 Prozent, Demirtaş auf 9,7 Prozent. İhsanoğlu verschwand nach diesem respektablen Ergebnis wieder aus der Öffentlichkeit. Anders aber Demirtaş, der Kandidat auf dem dritten Platz: Er, der kurdische Führer einer Partei, die bisher noch nicht einmal im Parlament vertreten war, wurde noch im selben Jahr 2014 und erst recht 2015 zu einem herausragenden Gegner Erdoğans.

Zunächst bestimmten aber andere Konflikte die Politik. In der AKP selbst war es schon vor der Wahl 2014 zu beträchtlichen Spannungen gekommen. Was sollte mit Abdullah Gül geschehen? Der bisher amtierende Staatspräsident Gül hätte laut Verfassung für eine zweite Amtszeit kandidieren können, und dazu wäre er auch gerne bereit gewesen, aber der Anspruch Erdoğans auf dieses Amt hatte ihm dieses Ziel verwehrt. Wieder musste Gül, der besonders treue Gefolgsmann, eigene Vorstellungen und Ziele zugunsten des Parteivorsitzenden Erdoğan, der alles und alle nach Belieben beherrschte, zurückstellen. Berichte kursierten in den türkischen Medien, Gül kehre in das Amt des Ministerpräsidenten zurück, das er von November 2002 bis März 2003 als »Statthalter« des damals inhaftierten Parteiführers Erdoğan vorübergehend ausgeübt hatte. Gül dementierte alle derartigen Gerüchte, ohne jedoch die politischen Beobachter zu überzeugen.

Erdoğan gab schließlich bekannt, sein Nachfolger im Amt des Ministerpräsidenten werde der bisherige Außenminister Ahmet Davutoğlu. Die Beweggründe für diese Weichenstellung ließen sich wiederum allein auf strategische Überlegungen Erdoğans zurückführen. Ihm war Gül in seiner Position als Staatspräsident bereits zu mächtig und zu eigenständig geworden. Gül hatte sich schon verschiedene Male kritisch zum autoritären Regierungsstil Erdoğans geäußert – so besonders 2013 angesichts des Vorgehens der Polizei gegen Demonstranten im Gezi-Park. Aus der Sicht Erdoğans bedeutete das, ihm die bedingungslose Treue aufzukündigen. Er zog Davutoğlu als seinen Nachfolger im Amt des Ministerpräsidenten vor, weil Davutoğlu solch eigenständige Tendenzen noch nicht zu erkennen gegeben hatte. Gül reagierte verbittert auf diese Zurückweisung, und Erdoğan hatte sich unter den wichtigsten Politikern der eigenen Partei einen Gegner geschaffen.

Aber Spannungen sollte es innerhalb weniger Monate auch schon mit Ministerpräsident Davutoğlu geben. Erdoğan hielt sich als Staatspräsident keinesfalls politisch zurück und agierte auch nicht überparteilich, wie ihm die damals gültige Verfassung dies vorschrieb. Er erteilte dem Ministerpräsidenten ständig Ratschläge, die quasi Befehlen gleichkamen. Erdoğan verhielt sich wie der sakrosankte Führer seiner Partei. Damit aber stieß er zunehmend auf Widerstand bei Davutoğlu, der sich in seiner Eigenständigkeit massiv eingeschränkt sah. Es sollte nur neun Monate dauern, bis Davutoğlu am 22. Mai 2016 von seinem Amt als Ministerpräsident zurücktrat, nach heftigen innerparteilichen Auseinandersetzungen. Ihm folgte Binali Yildirim, ein bis dahin unauffälliger AKP-Politiker, von dem Erdoğan nun erwartete, ein treuer Befehlsempfänger seines Herrn zu sein.

Erdoğan hatte damit in neun Monaten zwei seiner wichtigsten Gefolgsleute verloren, die wesentlich die AKP geprägt hatten – nach Abdullah Gül nun auch Ahmet Davutoğlu. Zunehmend vereinsamte der Machtmensch Erdoğan, weil ihm Partner abhandenkamen, die ihm einst freundschaftlich verbunden waren und ihn nun konstruktiv-kritisch hätten beraten können.

Zurück in das Jahr 2015, als Erdoğan gerade in das Amt des Staatspräsidenten gewählt war. Die Verschiebung in der Machthierarchie der AKP stellte den neuen Staatspräsidenten von Anfang an vor ein Problem. Umfragen des türkischen Meinungsforschungsinstituts Sonut ergaben Ende August 2014, dass die erfolgsverwöhnte AKP mit Davutoğlu statt mit Erdoğan an der Spitze auf höchstens 23 Prozent der Stimmen käme; zur Zeit der Umfrage kurz nach der Präsidentenwahl lag die AKP noch bei 45 Prozent.[218] Wie konnte die AKP angesichts solcher Prognosen überhaupt noch die ersehnte Zweidrittelmehrheit erreichen, die notwendig war, um die Verfassungsänderung endlich erreichen und durchsetzen zu können?

Das Amt des Staatspräsidenten in einer veränderten Funktion ... Diese von Erdoğan vertretene Vision stieß in immer weiteren Bevölkerungskreisen auf Argwohn, ja auf Unwillen. Einen besonderen Anlass für Kritik bot Ende Oktober 2014 eine Veranstaltung mit großem Pomp: die Einweihung eines neuen Palastes für den Staatspräsidenten in Ankara. Erdoğan hatte sich eine neue Residenz errichten lassen, die umgerechnet 300 Millionen Euro kostete – auch von über 600 Millionen Euro[219] war die Rede: ein weitverzweigter Gebäudekomplex mit nahezu 1000 Räumen, mit einem Präsidentenbüro nach dem Vorbild des Oval Office in Washington, einem eigenen Trakt für Staatsgäste, einer Moschee, einem botanischen Garten, einer unterirdischen Befehlszentrale, der nicht einmal atomare Angriffe Schaden zufügen konnten.[220] Erdoğans Residenz übertraf an Prunk bei weitem alles, was je Atatürk als Amtssitz in Ankara bewohnt hatte. Sie weckte Erinnerungen an den pompösen Dolmabahçe-Palast, den der Osmanen-Sultan Abdul Mecid Mitte des 19. Jahrhunderts am Ufer des Bosporus hatte errichten lassen. Nicht zufällig wirkte die neue Residenz wie ein Sultanspalast; Erdoğan hatte es ganz bewusst darauf abgesehen, derartige Parallelen hervorzurufen. Ebenso wenig zufällig war es, dass Erdoğan im Volksmund längst »Sultan Erdoğan« meist voller Spott genannt wurde.

Selbst die intendierte Symbolik war in diesem Palast beabsichtigt: Erdoğan stand bei offiziellen Anlässen an einem Rednerpult; hinter ihm bedeckte in überdimensionaler Größe ein Bildnis von Atatürk die Wand, daneben befand sich Erdoğans Porträt in gleicher Größe. Aufdringlich wurde eine Bezugnahme zwischen beiden »Staatsmännern« wachgerufen, ja provoziert: Atatürk als revolutionärer Begründer der modernen Republik Türkei, Erdoğan als charismatischer Vollender des begonnenen historischen Werks. Eine derartige Beziehung stellten gerne überschwängliche Anhänger Erdoğans her – nicht aber seine Gegner, die einen solchen Vergleich für unangemessen und anmaßend hielten. Kritiker nahmen Anstoß nicht nur an der zunehmenden Arroganz des »Sultans«, sondern konkret auch an seinem Bauprojekt, dem Palast. Sie bemängelten, dass die eminenten Baukosten von etwa 300 Millionen Euro, wenn nicht noch mehr, besser für Sozialausgaben hätten verwendet werden sollen. Sie spielten damit auf das Unglück an, das sich unmittelbar vor der Einweihung des Palastes in einem schlecht gesicherten Bergwerk ereignet und 18 Arbeiter verschüttet hatte.[221]

Der wachsende Unmut in der Bevölkerung löste in der AKP deutlich sichtbar Nervosität aus, je näher die Parlamentswahlen vom 7. Juli 2015 rückten. Hinzu kam aber noch ein weiterer Faktor: In diesem Wahlkampf gelang es einem Gegner Erdoğans sich zu profilieren: Selahattin Demirtaş, der Führer der Kurden-Partei HDP. Er wurde mehr als alle anderen Oppositionspolitiker zur Gefahr für die regierende AKP.

Das »Kurdenproblem« kehrt in die türkische Politik zurück

Politische Spannungen in der Türkei selbst wie auch an der türkisch-syrischen Grenze hatten nachhaltigen Einfluss auf die Parlamentswahlen am 7. Juni 2015.

Im Februar desselben Jahres hatten syrische Kurden mit Hilfe der amerikanischen Luftwaffe die Stadt Kobanê von der Bedrohung durch den IS befreit. Türkische Truppen aber hatten sich nicht am Kampf gegen die Islamisten beteiligt. Diese Taktik Erdoğans war (wie ja bereits im letzten Abschnitt geschildert) von seinem Argwohn bestimmt, ein Sieg der syrischen Kurden könnte türkische Kurden ermutigen, nun eine autonome Zone in ihrer Region zu fordern und zu erkämpfen. Erdoğan hatte damit allerdings gewaltig an Ansehen bei den Kurden des eigenen Landes eingebüßt; und dies sollte für die bevorstehenden Parlamentswahlen verhängnisvolle Folgen für die AKP haben. Denn nun konnte eine kurdisch orientierte Partei, die HDP, unter Führung von Demirtaş enttäuschte Kurden für eine alternative Politik motivieren. Das sogenannte »Kurden-Problem«, das gerade Erdoğan ein Jahrzehnt zuvor durch seine Reformpolitik deeskaliert und entschärft hatte, rückte plötzlich – ebenfalls durch Erdoğan selbst – wieder bedrängend nah und hatte nichts von seiner aggressiven Vehemenz verloren.

Selahattin Demirtaş wurde zur Leitfigur des kurdischen Unbehagens. Er, 1973 in Palu nahe Diyarbakir geboren, hatte sich schon als Achtzehnjähriger politisch engagiert. Anlass war eine Trauerfeier in Diyarbakir für einen Kurdenpolitiker gewesen, den Sicherheitskräfte ermordet hatten. Die Polizei eröffnete das Feuer auf die Trauergäste und erschoss zahlreiche Teilnehmer der Trauerfeier. Daraufhin beschloss Demirtaş, in Ankara Rechtswissenschaft zu studieren und danach als Anwalt zu arbeiten, um Kurden zu ihrem Recht zu verhelfen. In dieser Funktion wurde er zunächst Mitglied der kurdischen, sozialdemokratisch orientierten DTP (*Demokratik Toplum Partisi*, »*Partei der demokratischen Gesellschaft*«) und erhielt bei den Parlamentswahlen 2007 als Abgeordneter für die Provinz Diyarbakir einen Sitz in der Nationalversammlung. Wegen angeblich enger Verbindung zur »Terror-Organisation« PKK wurde diese Partei im Dezember 2009 durch das Verfassungsgericht verboten. Demirtaş trat einer Nachfolgepartei bei, der ebenfalls keine Dauer beschieden war, und 2012 von der neu gegründeten HDP, der »*Demokratischen Partei der Völker*« (*Halklarin Demokratik Partisi*) abgelöst wurde.

Die HDP jedoch sollte für die AKP zu einer gewaltigen Herausforderung werden, nachdem ihr Vorsitzender ab Juni 2014 Selahattin Demirtaş hieß. Eine Woche nach seiner Kür wurde Demirtaş zum Kandidaten für die Präsidentschaftswahl nominiert. Nach dem Achtungserfolg mit fast 10 Prozent der Wählerstimmen geriet der bis dahin noch weithin unbekannte Politiker plötzlich in den Fokus der öffentlichen Wahrnehmung. Mit seiner Person verbanden sich mehr und mehr die Hoffnung all jener Türken, die einen weiteren Machtzuwachs der AKP verhindern wollten – und damit folgerichtig auch einen »Sultan Erdoğan« in der Rolle eines politisch gestärkten Staats- und »Überpräsidenten«.

Demirtaş wollte das Ziel erreichen, mit seiner Partei bei den Parlamentswahlen am 7. Juni 2015 die Zehn-Prozent-Hürde zu überwinden. Damit gelänge Demirtaş und der HDP, was bisher noch keiner Partei vorher geglückt war, die maßgeblich die Interessen der Kurden vertrat. Zehn Prozent bedeuteten eine außergewöhnlich hohe Sperrklausel für demokratische Wahlen; eine derart hohe Barriere bestand in keinem westeuropäischen Land. Eingeführt wurde dieses Wahlgesetz 1983, als die Generäle des Militärputsches von 1980 wieder freie Wahlen gestatteten. Mit dieser ungewöhnlich hohen Sperrklausel wollte das Militär die frühere Zersplitterung in unzählige kleine Parteien verhindern, aber die eigentliche Absicht war, den Einzug einer kurdischen Partei ins Parlament unmöglich zu machen. Diese Strategie hatte bis 2015 Erfolg. Selahattin Demirtaş jedoch gelang, was kaum jemand für möglich gehalten hätte und erschütterte die festgefahrenen Machtverhältnisse der Türkei. Und er brachte das sogenannte »Kurdenproblem« mit frischem Elan und neuen Ideen in die türkische Politik zurück.

In diesem Wahlkampf zeigte sich sehr bald, dass Selahattin Demirtaş der einzige Führer der Oppositionsparteien war, der ein ernstzunehmender Herausforderer für Erdoğan werden konnte und es auch wurde. Demirtaş konnte spielend mit der

Ausstrahlung von Erdoğan konkurrieren. Demirtaş zog durch seine mitreißenden Reden die Zuhörer ebenso in Bann wie Erdoğan, der charismatische Wahlkämpfer für die AKP. Zudem bestach der 42-jährige Demirtaş durch sein Aussehen, seine Jugendlichkeit, seinen Charme und nicht zuletzt durch sein Charisma. Seine Bewunderer nannten ihn den »türkischen Obama« in Anspielung an den amerikanischen Präsidenten Barack Obama.

Aber Demirtaş bot auch im politischen Programm einen beeindruckenden Gegenentwurf zur Haltung der AKP. Er forderte »mehr Demokratie« für die benachteiligten Minderheiten in der Türkei, so für die Kurden, so für die Aleviten, so für die Frauen, aber auch mehr Meinungsfreiheit in der Presse, im Rundfunk und auf dem Buchmarkt. Mit solchen Forderungen erreichte er Wählerschichten außerhalb seiner eigenen Klientel, den Kurden, also auch strikt säkular orientierte Türken, darunter viele Aleviten. Junge Frauen und Männer, die sich schon in der Gezi-Park-Protestbewegung gegen die AKP engagiert hatten, fühlte sich von Demirtaş angesprochen. »Wer einen Machtzuwachs von Erdoğan verhindern will, muss die HDP wählen«, keinen Satz wiederholte Demirtaş so oft wie diesen.[222]

Auf das äußerste gereizt reagierte Recep Tayyip Erdoğan auf Selahattin Demirtaş, seinen eigentlichen Herausforderer. Obgleich er als Staatspräsident zur strikten Neutralität verpflichtet gewesen wäre, betrieb er einen Wahlkampf, als sei er immer noch Ministerpräsident der Türkei und Führer der AKP. Erdoğan vermittelte mit dieser Haltung bereits eine Vorahnung, was die Türken erwartete, wenn ihm – dem Staatspräsidenten – durch eine Verfassungsänderung eine noch größere Machtfülle zugestanden würde. Erdoğan warf Demirtaş vor, mit der kurdischen Terror-Organisation PKK zu sympathisieren; er befürworte Gewalt und sei in seiner geistigen Grundhaltung und Einstellung selbst ein Terrorist. Demirtaş erweise sich politisch als eine Marionette des inhaftierten PKK-Führers

Abdullah Öcalan. Demirtaş habe sogar wie ein Befehlsempfänger Öcalan auf der Gefängnisinsel Imrali einen Besuch abgestattet. Mit solchen Anschuldigungen versuchte Erdoğan, die Wähler beständig an die kurdische Herkunft von Demirtaş zu erinnern; sie hindere den Oppositionspolitiker Demirtaş daran, »türkisch« zu denken; daher sei der »Kurde« Demirtaş für »Türken« unwählbar.

Plötzlich äußerte sich Staatspräsident Erdoğan, der sich in der politischen Auseinandersetzung eigentlich neutral verhalten sollte, extrem nationalistisch und benutzte ein Vokabular, wie man es zuvor nur von der rechtslastigen und kurdenfeindlichen MHP gehört hatte. Erdoğan vollzog diesen Kurswechsel, weil er spürte, dass ihm ohnehin jene Kurden verlorengehen würden, die ihn bisher gewählt hatten. Erdoğan meinte, diesen Verlust nur dadurch ausgleichen zu können, wenn er Wähler aus dem extrem nationalistischen Lager gewinnen könnte.

Demirtaş seinerseits erinnerte Erdoğan daran, dass jener als Ministerpräsident einmal eine ganz andere, nämlich kurdenfreundliche Politik betrieben habe. Erdoğan sei es doch gewesen, der 2004 den Kurden in der Türkei erstmals erlaubt habe, im Fernsehen sowie im Schulunterricht die kurdische Sprache zu verwenden. Erdoğan sei damals in seiner Reform weitergegangen als all seine Vorgänger. Als erster türkischer Ministerpräsident habe Erdoğan 2012 überhaupt erst offizielle Gespräche mit der PKK begonnen, dies ein beachtlicher Fortschritt für eine friedliche Lösung des Kurdenkonflikts. In der Folge habe die PKK ihrerseits darauf verzichtet, einen autonomen Staat Kurdistan auf türkischem Boden zu fordern. Aber dann habe Erdoğankeine weiteren Reformschritte mehr unternommen, ja, er habe die syrischen Kurden bei der Verteidigung von Kobanê im Stich gelassen. Mehr noch, Erdoğan habe sogar die türkischen Kurden gehindert, den Kurden in Kobanê zu helfen. Erdoğan erwecke mehr und mehr den Eindruck, als wünsche er die Zerstörung der autonomen kurdischen Zone in Syrien und begünstigte den Vormarsch des IS. Er brauche sich also nicht zu wundern, dass sämtliche türkische Kurden von ihm enttäuscht seien und kaum einer noch die AKP wählen würde.

Das Ergebnis der Parlamentswahlen am 7. Juni 2015 schockierte die AKP und besonders Erdoğan. Anstatt endlich die ersehnte Zweidrittelmehrheit zu erreichen, stürzte die AKP gegenüber dem triumphalen Wahlsieg 2011 von 49,8 Prozent auf 40,9 Prozent ab, verlor also fast 9 Prozent. Die kemalistische CHP erzielte mit 26 Prozent leichte Gewinne, und die extrem kurdenfeindliche MHP erreichte mit 16,3 Prozent einen Zuwachs von 3,3 Prozent. Der eigentliche Sieger aber war Selahattin Demirtaş: Seine Partei HDP gewann 13,1 Prozent der Wählerstimmen und übertraf bei weitem alle Prognosen, die sich zwischen 9 und 11 Prozent bewegt hatten. Bis zuletzt war es unsicher, ob die HDP die kritische Zehn-Prozent-Hürde überspringen würde, und mit einem Mal besaß eine Kurden-Partei erstmals denselben Rechtstatus im türkischen Parlament wie die anderen Parteien.

Die AKP, offiziell von Ministerpräsident Davutoğlu geführt – tatsächlich aber immer noch von Erdoğan gelenkt –, war in eine bisher nie gekannte Lage geraten: Erstmals seit 2002 hatte die Regierungspartei ihre absolute Mehrheit verloren und musste Koalitionsverhandlungen mit einer Oppositionspartei führen. Für einen demokratischen Staat, als den sich die Republik Türkei weiterhin definierte, eine pure Selbstverständlichkeit – und in der Vergangenheit hatten immer wieder Koalitionsregierungen die Türkei regiert. Aber für einen Machtmenschen vom Schlage Erdoğans hätten solche Besprechungen mit dem Charakter von Verhandlungen einen Rückschlag, wenn nicht bereits den eigenen Machtverlust selbst bedeutet. Erdoğan hätte sich auf Kompromisse einlassen müssen. Sein Fernziel, die Krönung seiner exzentrischen Bahn, die auf ständigen politischen Machtzuwachs angelegt war, hätte dies möglicherweise gefährdet: Erdoğan schien als Staatspräsident so mächtig werden zu wollen wie einst Atatürk, im Bestreben Atatürk zu ›korrigieren‹, wenn nicht gar als Staatslenker zu überflügeln. Aus der Kulisse der politischen Bühne lenkte Erdoğan alles so, dass Davutoğlu, der offizielle Führer der Koalitionsverhandlungen, mit keinem Gesprächspartner auch nur in die Nähe einer Einigung gelangte. Erdoğan ließ sämtliche Unterredungen platzen; parlamentarische Neuwahlen mussten für den 1. November 2015 angesetzt werden. Die absolute Mehrheit für seine Partei und die Zweidrittelmehrheit hoffte Erdoğan zurückzugewinnen, um seine Verfassungsänderung doch noch durchzusetzen.

Entsprechend hart, entsprechend schmutzig wurde der Wahlkampf in den verbleibenden fünf Monaten bis zum Wahltermin. Der bisher unterschätzte Gegner Selahattin Demirtaş wurde der erklärte Hauptfeind. Ihm konnte Erdoğan nicht verzeihen, dass durch den überraschend hohen Stimmengewinn der HDP sein Ziel für die erweiterte Macht des Staatspräsidenten möglicherweise auf lange Sicht verbaut sein könnte. Die HDP musste also wieder aus dem Parlament gedrängt, ja die Partei völlig vernichtet werden. Erdoğan scheute kein Mittel bei dieser Kampagne, auch wenn er sich gezwungen sah, scheinbar fest verankerte politische Überzeugungen pragmatisch flexibel zu austauschen. Wieder einmal bewies Erdoğan, wie wendig er sich neuen Gegebenheiten anzupassen imstande war – nun aber immer zynischer. Ministerpräsident Davutoğlu erwies sich eine Zeitlang als williges Werkzeug des Wahlstrategen im Hintergrund.

Demirtaş und seine Partei HDP sollten möglichst als Sympathisanten der »Terror-Organisation« PKK angeschwärzt werden, ja, als Mittäter erscheinen. Dass Demirtaş sich ausdrücklich von allen gewaltsamen Aktionen der PKK distanzierte und für eine friedliche Verständigung plädierte, stellten Erdoğan und Davutoğlu als bloße Heuchelei dar. Und in der Tat hatte Demirtaş die Kontrolle über junge radikalisierte Kurden verloren, die sich weder von der HDP noch von der PKK mäßigen, beraten oder steuern ließen, weil sie über die Politik der AKP verbittert waren. Aber dem Führer der HDP eine enge Komplizenschaft mit solchen Gruppierungen vorzuwerfen und gar zu unterstellen, war eine Taktik wider besseres Wissen.

Zum perfiden Höhepunkt einer solchen Taktik gelangten die Wahlstrategen der AKP nach dem Attentat am 10. Oktober 2015. An diesem Tag hatte der IS in Ankara bei einer Protestdemonstration der Kurden gegen die AKP mehr als 120 Kurden getötet (vergleiche hierzu den Abschnitt *Erdoğans Zweifrontenkrieg gegen den »Islamischen Staat« und die Kurden*). Ministerpräsident Davutoğlu erklärte, dieses Attentat hätte nicht der IS allein verübt, auch die PKK und verschiedene linksextremistische Gruppen hätten daran mitgewirkt; alle diese Gruppierungen hätten das gemeinsame Interesse, der AKP-Regierung zu schaden.[223] Mit dieser Behauptung vermischte Ahmet Davutoğlu bedenkenlos Gruppen, die unversöhnlich, ja tödlich verfeindet sind. Davutoğlu selbst hätte das besser, eigentlich sogar sehr genau wissen müssen, ebenso wie Erdoğan. Beide Politiker wollten den Wählern vermitteln, die Türkei werde von einer geschlossenen Front dunkler Mächte mit verschiedenen Organisationen fundamental bedroht, die sich nur durch verschiedene Zweige minimal unterschieden. Diese Argumente waren nahezu austauschbar mit denen der rechtsradikalen Partei MHP. Und die AKP übte nun einen ideologischen Schulterschluss mit den extremen Nationalisten – nicht aber, um ihnen eine künftige Regierungskoalition anzubieten, sondern um ihnen Wähler abzuwerben und auf diese Art selbst wieder eine absolute Mehrheit zu erringen.

Diese Taktik funktionierte. Bei den vorgezogenen Parlamentswahlen am 1. November 2015 konnte die AKP die absolute Mehrheit wiedergewinnen, erreichte 49,5 Prozent der Stimmen und hatte damit 8,6 Prozent hinzugewonnen – auf Kosten der rechtsextremen MHP, die diesmal nur auf 11,9 Prozent kam und über 4 Prozent der Wähler an die AKP abgeben musste. Die kemalistische CHP blieb mit rund 25 Prozent nahezu unverändert. Aber Erdoğan konnte sein eigentliches Wahlziel trotzdem nicht erreichen, die Kurden-Partei HDP unter die Zehn-Prozent-Hürde zu drücken und damit aus dem Parlament zu verdrängen. Zwar verlor die HDP gegenüber den Wahlen vom 7. Juni 2,3 Prozent, aber sie vermochte sich mit 10,8 Prozent zu behaupten – und von neuem war der AKP eine Zweidrittelmehrheit vereitelt. Erdoğan konnte wieder nicht darauf hoffen, im Parlament eine Verfassungsänderung in Bezug auf das Amt des Staatspräsidenten durchzusetzen.

Wie also nun mit der »Kurden-Partei« umgehen, wenn sie sich nicht auf dem Weg demokratischer Wahlen beseitigen ließ? Eine solche Frage stand für Erdoğan in der ersten Hälfte des Jahres 2016 im Vordergrund. Während dieser Zeit verübten Zweigorganisationen der PKK zwei schwere Attentate in Ankara, das eine am 7. Februar, das andere am 13. März, beide Male starben über 30 türkische Soldaten. Die AKP nutzte diese Terrorakte, um die Stimmung gegen die HDP als »Handlanger« der Mörder weiter aufzuheizen. Ohnehin waren in der Bevölkerung die Affekte gegen die Kurden insgesamt wieder aktiviert, und es zeigte sich, dass das sogenannte »Kurdenproblem« durch die einstige Reformpolitik Erdoğans nur oberflächlich hatte gemildert werden können.

Wie tief die Affekte gegen die Kurden insgesamt noch verankert waren, zeigte sich am 20. Mai 2016. An diesem Tag kam im türkischen Parlament auf »demokratischem« Weg ein folgenschweres Gesetz zustande. Eine Zweidrittelmehrheit stimmte für die Verfassungsänderung, dass die Immunität von Abgeordneten aufzuheben sei, wenn diese im Verdacht stünden, mit »Terroristen« zu sympathisieren oder gar aktiv mit ihnen zusammenzuarbeiten. Dieses Gesetz zielte eindeutig auf die HDP ab und war in erster Linie gegen sie gerichtet. Nun ergab sich die Möglichkeit, Abgeordnete der HDP aufgrund eines bloßen

Verdachts anzuklagen und damit aus dem Parlament zu entfernen. Was bei den Wahlen am 1. November 2015 nicht gelungen war, konnte durch das Gesetz einer Zweidrittelmehrheit nachgeholt werden. Vertreter der Oppositionsparteien kritisierten heftig, dies sei der erste Schritt in die Diktatur, und der Kurdenkonflikt würde sich damit noch einmal verschärfen. Naturgemäß kam auch von westeuropäischen Staaten der EU mit einem Schlag deutliche, ja scharfe Kritik, aber es blieb bei bloßen Mahnungen.

Wie aber hatte eine Zweidrittelmehrheit im türkischen Parlament zustande kommen können, um in dieser Hinsicht die Verfassung zu ändern? Die AKP brauchte hierzu Verbündete. Von vornherein bot die extrem nationalistische MHP ihre Unterstützung an. Das jedoch genügte noch nicht für die benötigte Zweidrittelmehrheit. Mindestens 20 Abgeordnete der links-säkularen, kemalistischen CHP mussten in der geheimen Abstimmung für den AKP-Vorschlag gestimmt haben. Dabei war die CHP grundsätzlich gegen Erdoğan eingestellt, aber jetzt, weil es gegen die Kurden ging, fanden sich genug Überläufer für das fragwürdige Gesetz.[224]

Die Türkei unter Erdoğan auf dem Weg in die Diktatur? Keine zwei Monate später bewahrheiteten sich derartige Befürchtungen und erhielten mit einem Schlag deutliche, ja scharfe Konturen.

Der Mititärputsch vom 15. Juli 2016 – und Erdoğans ziviler Gegenputsch

In der Nacht vom Freitag, den 15. auf Samstag, den 16. Juli 2016, erlebte ich in Wien kurz nach 22 Uhr einen denkwürdigen Moment, als die Nachrichten des Österreichischen Fernsehens ausgestrahlt wurden. Anfangs beherrschten die Sendung Szenen des Schreckens über das Attentat, das ein IS-Terrorist am französischen Nationalfeiertag in Nizza mit 84 Toten und über

100 Verletzen verübt hatte – aber plötzlich unterbrach der Moderator die Sendung für eine Sondermeldung: Eben sei eine aktuelle Nachricht aus der Türkei eingetroffen; in Istanbul und in Ankara habe das Militär strategisch wichtige Plätze besetzt; man wisse noch nicht, was das zu bedeuten habe; vielleicht könne man noch am späteren Abend mehr und ausführlicher berichten.

Ein Militärputsch? Aber wie sollte dies möglich sein, wo doch Erdoğan weitgehend das Militär entmachtet hatte? An diesem Abend waren keine konkreteren Einzelheiten mehr zu erfahren. Bezeichnend war allerdings, dass der Moderator die vage Information für wichtig genug hielt, um sie auf der Stelle an die Fernsehzuschauer weiterzugeben. Er tat dies wohl in der Meinung, die Ereignisse in der Türkei könnten womöglich in ihrer Tragweite bald das Attentat eines muslimischen Fanatikers in Nizza beträchtlich übertreffen.

Am nächsten Morgen wurden weitere Fakten bekannt. Es war tatsächlich ein Militärputsch – der vierte in der Geschichte der Republik Türkei, aber der erste, der scheiterte. Fotos zeigten zerschossene Wände im Parlament und im Büro des Ministerpräsidenten, Schäden, die durch das Bombardement während der Putschnacht entstanden waren. Fernsehbilder zeigten Hunderte gefangene Soldaten, die gefesselt vor schwerbewaffneten Wächtern knieten. Fernsehbilder zeigten auch den Taksim-Platz, auf dem sich Tausende Menschen mit wehenden Nationalflaggen, dem flammenden Rot und dem weißen Halbmond, versammelt hatten und Erdoğan zujubelten. Im Verlauf des Tages erfuhr man Einzelheiten der Putschnacht. Um Haaresbreite war Präsident Erdoğan einer 28-köpfigen Spezialeinheit der Streitkräfte entkommen, die in drei Hubschraubern zu seinem Urlaubsort Marmaris an der Ägäis geflogen war, um ihn »tot oder lebendig« – so der Auftrag – nach Ankara zu bringen. Um eine halbe Stunde hätten ihn die Soldaten verfehlt, bestätigte ein Regierungssprecher.[225]

Warum war der Putsch gescheitert? Und wer hatte ihn veranlasst? Beide Fragen standen von Anfang an im Mittelpunkt und wurden kontrovers erörtert. Der Putsch war überhastet und dilettantisch – so viel wurde rasch klar – ausgeführt worden. Ferner konnten die Putschisten nur einen Teil des Militärs hinter sich versammeln. An der Spitze standen Generäle und ranghohe Offiziere, die befürchten mussten, demnächst von der AKP-Regierung entlassen zu werden: Dieser »Säuberung« wollten sie durch einen eilig durchgeführten Putsch zuvorkommen.

Aber es misslang nicht nur der Überraschungsangriff auf das Feriendomizil von Erdoğan; die rebellierenden Soldaten stießen außerdem auf massiven Widerstand in der Bevölkerung. Die AKP-Regierung hatte es verstanden, noch in derselben Nacht blitzschnell Hunderttausende Anhänger im ganzen Land zu mobilisieren. Zu diesem Zweck wurden vor allem die Imame der Moscheen aufgerufen, die Gläubigen über die Minarette-Lautsprecher aufzufordern, Straßensperren gegen das putschende Militär zu errichten. Viele tausend Menschen versperrten daraufhin den Putschisten in Straßen und auf Brücken den weiteren Vormarsch. Das Militär hätte ein Blutbad unter der Bevölkerung anrichten müssen, aber angesichts einer derart massiven Demonstration erschien jede Gewalt aussichtslos. Und als die Nachricht verbreitet wurde, führende Generäle und Offiziere stellten sich auf die Seite der Regierung, brach der Aufstand in sich zusammen.

Etwas bisher Undenkbares hatte sich in der Geschichte der Republik Türkei ereignet: Ein Militärputsch scheiterte, weil sich die militärische Führung in ihrem Widerstand nicht einig war, vor allem aber, weil es der bedrohten Regierung gelang, große Massen der Bevölkerung gegen die Soldaten zu mobilisieren. Ein solcher Appell könnte erfolgreich sein, denn für die Mehrzahl der Türken erschien ein Militärputsch nicht mehr geeignet, eine bessere Ordnung zu schaffen. Vielen Türken erschien trotz aller Vorbehalte, ja Kritik an der Regierung, dass eher die AKP als das Militär die »Demokratie« in der Türkei gewährleiste. Entsprechend äußerten sich schon am Tag nach den Unruhen einhellig alle Parteien: Sie verurteilten den gescheiterten Militärputsch als einen »Angriff auf die Demokratie« und stellten sich demonstrativ auf die Seite der AKP-Regierung. In diesem Sinn äußerte sich auch die CHP, jene strikt kemalistisch orientierte Partei, die in früheren Jahrzehnten gerade das Militär als die höchste Ordnungsmacht im Staat gepriesen – und notfalls einen Putsch – befürwortet hatte.

Aber diese demonstrative Eintracht währte nur wenige Tage. Sogleich trat wieder an Stelle der Solidarität das gegenseitige Misstrauen in der Bevölkerung und zwischen den politischen Parteien. Während viele Sympathisanten der AKP den gescheiterten Putsch als eine Chance sahen, nun endlich eine neue Staatsordnung zu schaffen, befürchteten viele Gegner, die AKP werde nun das System von einer ohnehin labilen zu einer gelenkten Demokratie umformen: Die Türkei drohe, so ihre Befürchtung, in ein autoritäres Präsidialsystem, wenn nicht sogar in eine ›Demokratur‹ mit demokratischen Scheinrechten umgebaut zu werden.

Präsident Erdoğan hatte unmittelbar nach den Unruhen in einer ersten Pressekonferenz davon gesprochen, der Putsch sei ein »Geschenk Allahs«. Was konnte er damit gemeint haben? Wie würde er mit diesem »Geschenk« umgehen?

Am 20. Juli, fünf Tage nach dem Putschversuch, verkündete Erdoğan den »Ausnahmezustand«, der für drei Monate gelten sollte: In dieser Zeit konnte der Staatspräsident per Dekret regieren, konnte er Grundrechte wie Versammlungs- und Pressefreiheit nach eigenem Befinden und Belieben einschränken, ja er konnte die Meinungsfreiheit gänzlich außer Kraft setzen, konnte Parteien verbieten, Ausgangssperren verhängen, Verhaftungen verdächtiger Personen erheblich erleichtern. Aus Gründen der »Staatssicherheit« sei dies gerechtfertigt – vorübergehend, drei Monate lang, hieß es. Mit einem Schlag verfügte Erdoğan für einen bestimmten Zeitraum über eine nie gekannte, unerhörte Machtfülle, wie er sie nie zuvor besessen hatte. Mit einem Mal vereinigte er in seiner Person das Amt des Staats- und des Ministerpräsidenten, ohne irgendeine demokratische Kontrolle, jedenfalls keine ausreichende. Erdoğan – ein Diktator? Empört und entrüstet wies Erdoğan diese Unterstellung zurück: Ihm gehe es nach dem gescheiterten Putsch nur darum, den Staat wieder in Ordnung zu bringen. Gerade so rette er die »Demokratie« in der Türkei. Genau besehen organisierte Erdoğan aber nun nach dem gescheiterten Militärputsch einen zivilen Gegenputsch, der ihm auch zu gelingen schien.

Denn Erdoğan ordnete den Staat mit Hilfe des »Ausnahmezustandes« gründlich und in seinem Sinne neu. Nach dem Stand vom 27. Juli 2016, also rund zwei Wochen nach dem Putschversuch, hatten die Verhaftungen wie auch die Entlassungen verdächtiger Personen oder die Schließung beargwöhnter Institutionen ein beklemmendes Ausmaß angenommen: Bis dahin wurden Haftbefehle gegen 6000 bis 10 000 Soldaten erlassen, darunter 128 Generäle und Admirale. Betroffen war mehr als ein Drittel der Führungsspitze des Militärs. Für die Nachbesetzung fehlte entsprechendes Personal.[226]

Aber die »Säuberungs-Aktionen« reichten weit über das Militär hinaus und umfassten sämtliche gesellschaftlichen Bereiche. Vor allem das Bildungssystem, aus dem innerhalb weniger Tage rund 40 000 Lehrer, Universitätsmitarbeiter, Beamte des Bildungsministeriums entlassen wurden. Insgesamt 1043 Privatschulen und 15 Universitäten wurden geschlossen. Die Hochschulbehörde setzte 1577 Universitätsrektoren und Dekane ab. Erdoğan schwebte als Ziel hierbei offenbar ein gleichgeschaltetes, linientreues Bildungssystem vor. Der plötzliche Ausfall der Lehrkräfte dürfte allerdings schwere Folgen haben, zumal ohnehin schon Fachpädagogen fehlten.[227]

Stark von Entlassungen betroffen war auch die Justiz. Knapp

3000 Richter und Staatsanwälte verloren von einem Tag auf den anderen ihre Beschäftigung. Die »Säuberungswelle«, wie es Erdoğan selbst nannte, erfasste darüber hinaus auch die Polizei, den Geheimdienst, die Gewerkschaften, mehr als 1000 Wohltätigkeitsorganisationen, ja, auch die türkische Religionsbehörde Diyanet.

Ohnehin zielte Erdoğan auf regierungskritische Journalisten; unter ihnen wurden nun zusätzlich 42 per Haftbefehl gesucht. Erneut bewahrheitete sich, was Can Dündar als einer der Hauptgegner Erdoğans schon Wochen geäußert hatte: Die Türkei sei »das größte Gefängnis für Journalisten weltweit«.[228]

Angesichts solcher Vorgänge mussten sich Türken wie auch westliche Beobachter irritiert und perplex fragen, auf welche Weise denn all die betroffenen Personen und Institutionen mit dem Putsch zu tun haben könnten. Die Antwort darauf lautete von Seiten der Regierung in vielen Fällen: Die meisten der Inhaftierten oder Entlassenen seien Anhänger der Gülen-Bewegung. Schulen, Universitäten, Behörden, die Zeitungsredaktionen, die Buchverlage, vor allem Justiz und Polizei, seien stark von dieser »Geheimorganisation« unterwandert. Selbst das Militär sei beträchtlich von Gülen-Anhängern infiltriert. All diese Tatsachen sprächen dafür, dass letztlich Fethullah Gülen den Militärputsch aus seinem amerikanischen Exil gelenkt habe. Möglicherweise stecke sogar die USA gemeinsam mit Gülen hinter dem misslungenen Umsturzversuch.

An solchen Behauptungen ist richtig, dass tatsächlich im türkischen Bildungswesen, in der Justiz, der Polizei und der Religionsbehörde zahlreiche Anhänger und Sympathisanten der Gülen-Bewegung tätig sind. Diese teils hochgebildeten Personen waren viele Jahre wichtige geistige Stützen der AKP. Seit der unversöhnlichen Feindschaft zwischen Erdoğan und Gülen aber gingen diese Personen mehrheitlich in Opposition zu Erdoğan. Dies ist für die AKP gefährlich! Beide Rivalen besitzen ideologisch einen vergleichbaren Hintergrund und haben eine ganz ähnliche Herkunft. Anhänger der Gülen-Bewegung können mit ihrer Kritik an politischen Krisen der AKP mehr als andere Gegner auf Verständnis bei frommen Sunniten stoßen. Erdoğan hat genügend Gründe, gerade diese Opposition aus dem eigenen politischen wie weltanschaulich-religiösen Lager zu fürchten.

Dass aber Gülens »Geheimorganisation« das Militär bereits in gleichem Maß infiltriert oder gar unterwandert haben könnte, leuchtet wenig ein. Denn keine Institution ist so sehr wie das Militär kemalistisch-laizistisch geprägt. Kein Offizier, der nicht durch eine kemalistisch ausgerichtete Schule gegangen ist. Viele der Offiziere spüren eine ausgeprägte Abneigung gegen die »konservativ-islamische« AKP wie auch gegen die religiös verwandte Gülen-Bewegung. Nicht vergessen werden sollte in diesem Zusammenhang, dass Fethullah Gülen mit Erdoğan eng zusammengearbeitet hatte, um das Militär Anfang des 21. Jahrhunderts zu entmachten. Gülen selbst hätte zwar sehr gern das Militär infiltriert, so wie ihm das im Justizwesen und der Polizei gelungen ist, aber in weiten Kreisen des Militärs stößt Gülen auf nicht weniger Misstrauen wie der Minister- und Staatspräsident Erdoğan.

Fadenscheinig ist auch die von AKP-Politikern geäußerte Behauptung, die meisten der regierungskritischen Journalisten seien geheime Anhänger der Gülen-Bewegung und würden ideologisch von ihr dirigiert. Wie infam ein solcher Verdacht ist, lässt sich besonders gut am Beispiel von Can Dündar veranschaulichen. Dündar, ein überzeugter kemalistischer Sozialdemokrat, war seit langem ein Gegner der AKP und der Gülen-Bewegung. Über beide Bewegungen hat Dündar im Verlauf seiner journalistischen Karriere kritisch berichtet. Ausgerechnet er sollte von einer Sekunde auf die andere von Gülen ferngesteuert sein? Dündar antwortete in einer Kolumne der deutschen Wochenzeitung *Die Zeit* mit einem Artikel, der folgende Überschrift hat: »Mein Spitzel. Es ist bizarr: Ich gelte heute als

Anhänger der Gülen-Bewegung, bin aber ihr Opfer.« Dündar schreibt, er sei durch die AKP-Regierung telefonisch überwacht worden, nachdem er 2013 heftig Kritik an der rabiaten Polizeigewalt gegen die Demonstranten im Gezi-Park geübt habe. Der Richter, der die Spitzelaktion geleitet habe, sei ein Anhänger der Gülen-Bewegung, die zu diesem Zeitpunkt noch mit der AKP verbündet war. Aber derselbe Richter sei im Februar und März 2016 als »Feind der Regierung« in Untersuchungshaft gewesen und habe die Nachbarzelle von ihm, den ebenfalls inhaftierten Journalisten Dündar, bewohnt. Täter und Opfer seien sich mit einem Mal auf groteske Weise – im wörtlichen wie übertragenen Sinne – nahe gekommen.[229]

Diese Kolumne für *Die Zeit* schrieb Dündar nicht mehr in der Türkei. Anfang Juli 2016 war er zu einer längeren Vortragsreise nach Europa aufgebrochen, wurde unterwegs von dem Militärputsch und Erdoğans »Gegenputsch« überrascht und gab bekannt, nicht mehr in die Türkei zurückzukehren. Dort sollte Dündar im September 2016 erneut vor Gericht stehen. Er begründete seine Entscheidung mit den Worten: Der »Ausnahmezustand« habe der Regierung die Möglichkeit gegeben, nun die Justiz vollends nach ihrem Willen zu kontrollieren. »Einer solchen Justiz zu trauen, hätte bedeutet, den Kopf auf das Schafott zu legen.«[230]

Warum aber ließ Erdoğan nach dem misslungenen Militärputsch eine derart hysterische Verfolgungsjagd auf die Gülen-Bewegung und ihre viele mutmaßlichen Verbündete überhaupt in Gang kommen? Es gab nur einen Grund. Dem Staatspräsidenten bot sich, weil er nun per Dekret und Notverordnung regierte, die »einmalige« Chance, seine ideologischen Rivalen vollständig zum Schweigen zu bringen. Listen der vielen Personen, die zu verhaften waren, lagen bereit, hatten also schon vor dem Putsch existiert. Die Regierung hatte also nur noch auf die geeignete Gelegenheit warten müssen, um zuzuschlagen.

Erdoğan könnte mit einer solchen Aktion gegen die Gülen-

Bewegung in der Türkei Erfolg haben, falls er für längere Zeit über seine diktatorische Machtfülle verfügt. Aber er zahlt dafür einen unvorstellbar hohen Preis. Viele der suspendierten Gülen-Anhänger sind hochqualifiziert; für Tausende entlassener Wissenschaftler, Lehrer, Richter und Verwaltungsbeamte werden sich nicht immer gleich gut geeignete Nachfolger finden lassen. Kurzfristig ist sogar ein gefährliches Vakuum entstanden. Langfristig könnten die freien Stellen durch treue Anhänger der AKP ersetzt werden, aber es bliebe höchst ungewiss, ob das beachtliche Niveau der Schulen, Universitäten und Behörden gehalten werden könnte. Die Konsequenz wäre: Die »konservativ-islamische« Bewegung, welche die Türkei in eine Ära der »Islamisch-Türkischen Moderne« führen möchte, wird durch die radikale Ausgrenzung der Gülen-Bewegung einen bedenklichen intellektuellen Aderlass erfahren.

Ohnehin hat sich in dieser Phase, seit Erdoğan begonnen hat, *par ordre du mufti* zu herrschen, die Kluft zwischen der Regierung und der intellektuellen Opposition noch mehr vertieft. Zu dieser Opposition gehört eine Vielzahl von Studenten, Wissenschaftlern, Schriftstellern, Journalisten, Gewerkschaftlern. Noch tiefer geworden ist auch die Kluft zu Aleviten und Kurden. Erdoğan, der charismatische Redner und Agitator, wirbt nun vor allem um die Gunst konservativ frommer Sunniten wie auch extremer Nationalisten. Und so kommt es bei den großen Massenveranstaltungen mit Hunderttausenden Menschen ideologisch zu einer explosiven Mischung von islamischer Provinzialität und radikalem Nationalismus, veranschaulicht durch tosende »Allahu-akbar«-Rufe und einem Meer wogender roter Nationalflaggen.

Der wendige Politiker Erdoğan scheint nun wieder in eine neue Rolle hineinzuwachsen, weil sie momentan am stärksten seinem Machterhalt, ja, seiner Machtsteigerung dient. Er pokert hoch. Das »Gottesgeschenk« des misslungenen Militärputsches hat ihm geholfen, zu einer Machtfülle zu gelangen, die ihm die Rahmenbedingungen einer demokratischen Verfassung nicht erlaubten. Aber sein schroffer Umgang mit politischen Gegnern trägt er dazu bei, dass sich die türkische Gesellschaft noch tiefer spaltet und dass auf lange Zeit keine Vermittlung zwischen den verfeindeten Fronten mehr möglich erscheint.

Für beträchtliche Irritation sorgte in diesem Zusammenhang, dass Erdoğan plötzlich für die Einführung der Todesstrafe eintrat. »Wenn das Volk die Todesstrafe will, werden die Parteien seinem Willen folgen«, sagte der Präsident bei seiner Rede in Istanbul am 7. August 2016 vor Hunderttausenden Zuhörern, die die türkische Nationalflagge schwenkten und »Todesstrafe! Todesstrafe!« skandierten.[231] Erdoğan überschritt mit dieser Aussage bewusst eine rote Linie.

2001 hatte Ministerpräsident Bülent Ecevit – auf Druck der EU – die Todesstrafe abgeschafft, und 2004 hatte Ministerpräsident Erdoğan – erneut auf Druck der EU – die Abschaffung der Todesstrafe in der Verfassung verankert und die damit unerlässliche Bedingung erfüllt, damit die EU-Beitrittsverhandlungen aufgenommen werden konnten. Mit einer solchen abrupten Kehrtwende würde er, das wusste der Taktiker Erdoğan nur zu genau, der Türkei endgültig die Chance zum EU-Beitritt verbauen. Wollte er den Beitritt überhaupt noch? Wollte ihn noch eine Mehrheit der Türken?

Wohin steuert die Türkei?

Erdoğan scheint daran festzuhalten, seine Macht so weit auszubauen, dass er als Staatspräsident bald mit ähnlicher Vollmacht regiert wie einst Atatürk – und er in dieser Statur das hundertjährige Jubiläum der Republik Türkei begehen kann: als historisch gleichrangiger Führer, der aber die Politik Atatürks in einigen Punkten nachbessert. Diese Vision hat unter den gegenwärtigen Bedingungen fast jede Glaubwürdigkeit eingebüßt – vom moralischen Anspruch her wie auch von der politischen Realität.

Höchst ungewiss ist, ob Erdoğan die gegenwärtige Krise meistert und bis 2023 überhaupt im Amt bleiben kann und wird. Die größte Gefahr gegenwärtig bedeutet für ihn die wirtschaftliche Entwicklung der Türkei. Den überragenden Erfolg bei Wählern konnte Erdoğan bisher erzielen, weil er der Republik Türkei einen der größten ökonomischen Erfolge ihrer Geschichte beschert hat. Und er vermochte die sozial benachteiligten Schichten Anatoliens, die sogenannten »schwarzen Türken«, in diesem Aufschwung einbeziehen, was diese ihm durch besondere Treue dankten. Nun aber könnte ein jäher Absturz bevorstehen.

»Urlauber meiden die Türkei – dem Land droht eine Pleitewelle«, so lauteten beinahe austauschbar die Schlagzeilen in deutschen und österreichischen Zeitungen unmittelbar nach dem gescheiterten Putsch im Juli 2016. Einhellig wurde auf einen Trend hingewiesen, der sich schon Monate vor dem Putsch an einigen Symptomen abgezeichnet hatte, weil periodisch Terroranschläge des IS und der PKK das Land erschütterten. Schon in den ersten Monaten des Jahres 2016 deutete sich ein Fiasko an: Im April sackte die Zahl der Auslandsbesucher um 28 Prozent ab. Während es 2015 noch rund zwei Millionen Türkei-Gäste waren, werden es 2016 nur noch eine Million sein, so lautete die Prognose im Juli 2016.[232] In Antalya meldete die staatliche Flughafenbehörde für die erste Hälfte 2016 einen Rekordrückgang von 47 Prozent.[233]

Der Abwärtstrend dürfte noch drastischer ausfallen, ja, er könnte sich möglicherweise zum freien Fall beschleunigen, sollte die Türkei politisch und gesellschaftlich nicht zur Ruhe kommen. Bisher hatte die Türkei als der einzige islamisch geprägte Staat den Ruf genossen, ein »sicheres Reiseland« zu sein. Deshalb konnte die Tourismusbranche Millionen von Urlaubern anlocken, die sich aus Angst vor Terroranschlägen und sozialen Unruhen nicht mehr trauten, nach Ägypten, Jordanien und Tunesien zu reisen. Nun aber verschlechtert sich der Ruf der Türkei von Tag zu Tag und rückt dem schlechten Image krisengeschüttelter arabischer Länder bedenklich nah.

Der drastische Rückgang des einst boomenden Tourismus ist aber nur eines unter vielen Symptomen im drohenden wirtschaftlichen Niedergang der Türkei. Türkische Aktien und Anleihen verbilligten sich schlagartig innerhalb der ersten zwei Wochen nach dem Putsch. Investoren aus dem westlichen Ausland wie auch aus arabischen Staaten zogen einen Teil ihres Geldes ab, oder sie unterließen weitere Investitionen. Beides war gleichermaßen verhängnisvoll für ein Land mit einem ohnehin schon großen Leistungsbilanzdefizit seit 2015. Internationale Ratingagenturen stuften die Kreditwürdigkeit der Türkei beträchtlich herab, nur wenig über »Ramschniveau«.[234]

Viel hängt für die Zukunft der Türkei davon ab, ob es dem autokratisch regierenden Staatspräsidenten Erdoğan gelingt, das politisch wie sozial zutiefst gespaltene Land zu befrieden. Vor allem müsste er den von ihm selbst neu angefachten Konflikt zwischen Türken und Kurden wieder eindämmen und sich selbst mäßigen. Sollten nämlich die Spannungen über viele Jahre zu bürgerkriegsähnlichen Unruhen eskalieren, dürfte sich das Land auch wirtschaftlich nicht mehr erholen. Dem Autokraten Erdoğan dürfte es dann immer schwerer fallen, vermutlich nicht mehr gelingen, eine zunehmend verunsicherte Wählerschaft davon zu überzeugen, allein ausländische Agenten und die Gülen-Bewegung seien schuld an der türkischen Dauerkrise.

Welche Barrieren weiterhin zu Europa bestehen

Diese Bilder gingen nach dem Putschversuch des Militärs am 15. Juli 2016 um die Welt: Tausende Türken auf großen Plätzen versammelt, »Allahu akbar« rufend, rote Fahnen schwenkend, und auf dem Podium Erdogan mit hochgehobener Hand ... Bilder, die bei westlichen Betrachtern mehrere Fragen auf einmal provozierten, aufgeheizt durch die Medien.

»Allahu akbar«, »Gott ist groß«,[235] dieser Ruf im Chor von vielen Tausenden, manchmal Hunderttausenden ... War nun die Türkei »islamischer« geworden, oder gar »islamistisch«? War nun endgültig die Abkehr vom säkularen, laizistischen Staatsmodell Atatürks vollzogen? Und würde sich die Türkei damit in die Phalanx jener Staaten einreihen, von denen eine »islamische Gefahr« auszugehen droht? Zu den religiösen Rufen das wogende Meer türkischer Nationalflaggen, leuchtendes Rot mit weißem Halbmond ... Waren dies Anzeichen eines sich immer weiter radikalisierenden Nationalismus? Der winkende Staatspräsident auf der Rednerbühne, hinter ihm sein Bild auf Fernsehschirmen überdimensional vergrößert ... Profilierte sich hier endgültig ein Diktator mit islamisch-nationalistischer Ideologie, um das bisherige demokratische System abzulösen?

Der Kern dieser Fragen ist: Wie fremd ist die Türkei uns Westeuropäern? Wie fremd geworden oder immer schon fremd gewesen? Sind solche Barrieren zwischen zwei derart unterschiedlich wirkenden Kulturräumen überhaupt abzubauen? Und ist damit die Frage eines Beitritts zur Europäischen Union erledigt oder nur aufgeschoben? Islam ... Nationalismus ... Diktatur ... Die Antworten sind nicht einfach und können nur vorläufig sein, weil sich die Ereignisse überstürzen.

Die Schwierigkeiten beginnen schon bei der Frage, ob sich der Islam in der Türkei radikalisiert. Auf den ersten Blick sprechen manche Anzeichen dafür. Aber bei näherem Hinsehen erweist sich die Situation als komplex. Dies lässt sich exemplarisch an einem Ereignis wenige Wochen vor dem Militärputsch und Erdogans Gegenputsch zeigen.

Am 22. Juni 2016 starb Yasar Nuri Öztürk 71-jährig an Magenkrebs in Istanbul. Er war einer der bekanntesten – aber auch umstrittensten – Theologen und Korangelehrten der Türkei. Die Reaktionen in der türkischen Öffentlichkeit auf seinen Tod verraten viel über die tiefe Spaltung des Landes gerade auch in Bezug auf den Islam. Liberale Muslime der Bildungsschicht zeigten sich bestürzt über den Tod eines Reformtheologen, den sie als einen »türkischen Luther« oder »Jungtürken des Islam« verehrten. Öztürk trage mehr als alle anderen türkischen Theologen dazu bei, den Islam in Einklang mit der Moderne zu bringen, so hatten sie ihn schon seit den 1980er Jahren gelobt.[236] Aber im Kontrast zu derartiger Wertschätzung erschien nur einen Tag nach Öztürks Tod in der konservativ-islamischen Satirezeitschrift *Misvak* eine Karikatur, die den Verstorbenen inmitten von zwei Teufeln in der Hölle zeigt. Der eine Teufel liest dem sehr verzagt blickenden Öztürk, der im weißen Totenhemd kniet, sein Sündenregister auf einer Schriftrolle vor. Der andere Teufel bedroht ihn mit einer langstieligen Gabel, und im Hintergrund lodert das Höllenfeuer. Kurz nach dieser Veröffentlichung brandete allerdings auf Twitter ein Protest von Anhängern Öztürks los, worauf die Karikatur aus dem Internet sofort entfernt wurde.[237]

Yasar Nuri Öztürk ist bisher der einzige türkische Theologe, der im deutschen Sprachraum bekannt geworden ist, zumindest bei einschlägig interessierten Lesern. Auf seine Bedeutung bin ich bereits in den Abschnitten *Kritik am verfälschten Islam* und *Theologie und Sufismus* ausführlich eingegangen. Öztürk, ein sunnitischer Muslim, kritisierte den herrischen Führungsanspruch des sunnitischen Islam in der Türkei, eine Dominanz, die auf Kosten des Dialogs mit anderen Religionen gehe. Er verurteilte entschieden den starren Dogmatismus vieler türkischer Theologen, die bei der Interpretation des Koran in traditionellen Denkmustern verhaftet blieben. Und er bejahte entschieden die Öffnung zur religionsüberschreitenden Mystik der Sufis und Derwische. Aber gerade diese Positionen haben ihm den Vorwurf seiner Gegner eingetragen, er vertrete »unislamisches« Denken und sei »vom wahren Glauben abgefallen«. Die Gegner erklärten ihn zum »Ketzer«, der nach traditionellem Glauben die Höllenstrafe verdient, und dies kam ja auch in der Karikatur unmittelbar nach Öztürks Tod zum Ausdruck.

Öztürk konnte allerdings sein ganzes Leben unbehelligt in der Türkei forschen und lehren. Mehr noch: Er erzielte mit seinen populärwissenschaftlichen Büchern hohe Auflagen, wurde schließlich zum Bestsellerautor und ein vielgefragter Gast im türkischen Fernsehen, wo er über Glaubensfragen moderierte. Er engagierte sich auch politisch, aber nicht für die »konservativ-islamische« AKP, sondern für die kemalistische CHP. In seinen Wahlreden erklärte er, es sei mit dem religiösen Gewissen vereinbar, ein frommer Muslim zu sein und gleichzeitig die strikte Trennung von Religion und Politik im Sinn Atatürks zu bejahen.[238]

Ein Theologe, der sich für die laizistische CHP ausspricht? War auch dies ein Grund, Öztürk in die Hölle zu verbannen? Wie gespalten ist die Türkei in religiösen Fragen?

Es wäre allerdings voreilig und grob vereinfachend, wollte man aus solchen Konflikten folgern, in der Türkei überwiege inzwischen der Anteil extrem konservativer Muslime – oder es würden sogar intolerante Islamisten im autokratisch regierten AKP-Staat schon die Mehrheit bilden. Erdoğan stützt sich zwar auch auf solche Wählerschichten – und immer wieder hat er taktisch Rücksicht auf sie genommen – aber allein mit Hilfe solcher Muslime hätte er niemals bei Parlamentswahlen triumphal die absolute Mehrheit gewonnen. Erdoğan hat bisher zum Machterhalt seiner Partei zusätzlich Wählerschichten tolerant-konservativer und eben auch liberaler Muslime benötigt, die etwa einen Reformtheologen wie Öztürk verehren – oder mit Fethullah Gülen sympathisieren. Dass die AKP mit der Gülen-Bewegung gebrochen hat, könnte in diesem Zusammenhang eine Gefahr bedeuten, denn es geht der AKP damit ein Teil ihrer Anhängerschaft verloren. Die »konservativ-islamische« Partei kann sich angesichts der autokratischen Tendenzen ohnehin nicht mehr sicher sein, ob ihr andere Sympathisanten von Reformtheologen länger gewogen bleiben.

Um aber zu verhindern, dass die vielschichtige muslimische Anhängerschaft der AKP auseinanderfällt, hat Erdoğan zunehmend auf eine andere Strategie gesetzt: Er umwirbt neben den ihm bisher treu ergebenen Muslimen Wähler mit nationalistischer, ja extrem nationalistisch-chauvinistischer Ideologie. Indem er nun in ständiger Wiederholung betont, »Türke« zu sein, rückt er von seiner früheren Position ab. Einst hatte er betont, zuallererst »Muslim« zu sein. Er war mit dem Anspruch aufgetreten, Türken und Kurden zu versöhnen und damit einen nationalen Dauerkonflikt zu beenden. Erdoğan appellierte, man solle an Stelle nationaler Abgrenzung den Islam als das verbindende Element beider Völker höher bewerten. Nun aber hat er voll und ganz die Rhetorik säkularer Nationalisten übernommen – mit dem Versuch, Muslime und Nationalisten unter dem Banner eines islamisch-türkischen Nationalismus zu einigen. Die Strategie ist bisher aufgegangen, es gelang Erdoğan, den Verlust an Wählern aus dem liberal-islamischen Lager durch einen Gewinn an Nationalisten auszugleichen. Dieser Gewinn erscheint Erdoğan momentan vielversprechender, als auf eine weitere Aussöhnung mit den Kurden zu setzen.

Aus einer solchen Motivation heraus lässt sich auch verstehen, weshalb Erdoğan gegenüber den Armeniern einen politischen Kurswechsel vollzog. Er hatte zwar seit 2005 eine Politik der »Versöhnung« mit den Armeniern eingeleitet, aber sobald er die nationalistischen Wähler benötigte, wechselte er die

Haltung. Plötzlich reagierte er äußerst gereizt, wenn jemand im Inland oder Ausland den 1915 begangenen Massenmord an den Armeniern als »Völkermord« bezeichnete. Er bedrohte Türken mit Haftstrafen und fremde Staaten, sofern sich dort Politiker entsprechend kritisch äußerten, mit »schweren Konsequenzen«. Besonders heftig reagierte Erdoğan, als am 2. Juni 2016 der Deutsche Bundestag eine solche Resolution verabschiedete. Aber wenn auch Erdoğan in Deutschland auf Befremden stieß, in der Türkei fand er breiten Rückhalt. Das war für ihn entscheidend, denn er glaubte, diesen Beifall im eigenen Land für die Absicherung seiner Macht zu brauchen.

Eine solche Politik mit äußerst fragwürdigen taktischen Schwenks entkräftet allerdings einen oft gehörten Vorwurf von säkularen Gegnern: Erdoğan sei in seinem innersten Wesen ein engstirniger »Islamist« und wolle die Türkei, entgegen allen offiziellen Beteuerungen, in einen »Gottesstaat« umwandeln. Erdoğan hat zwar im Verlauf der Jahre immer wieder Kontakte mit Islamisten gepflegt und hat zeitweise auch etliche ihrer Bewegungen politisch begünstigt. Aber dies geschah nicht aus Sympathie, sondern aus rein strategischen Überlegungen (wobei solche Strategien verheerende Folgen haben können, wie das Beispiel IS gezeigt hat).

Erdoğan war und ist nicht eindeutig auf eine einzige Ideologie festzulegen. Er ist vielmehr ein Politiker mit einem Gespür für »Realität« in einem sehr zynischen Sinn. Er weiß sich pragmatisch wendig den unterschiedlichsten Bedingungen anzupassen. So hat Erdoğan unter seinem politischen Ziehvater Erbakan als Islamist begonnen, um dann von ihm abzurücken, als er begriffen hat, dass in der Türkei ein islamistisches Staatswesen nicht mehrheitsfähig ist. Er bekannte sich zur Demokratie, weil er sich eine wirtschaftlich vorteilhafte Annäherung an die EU versprach. Und Erdoğan hat sich von Reformen unterwegs zu »mehr Demokratie« wieder verabschiedet, weil ihm schließlich ein autoritärer islamisch-türkischer

Nationalismus für den Machterhalt günstiger erschien. Und es bleibt eine offene Frage, welcher Entwicklungsschritt folgen wird, wenn Erdoğan mit wieder neuen, wieder anders gearteten Herausforderungen konfrontiert ist.

Aber jenseits aller pragmatisch-zynischen Wendigkeit zeigt sich bei Erdoğan doch eine Konstante in seiner Politik: Er möchte neben Atatürk der herausragende Gestalter der Republik Türkei sein und als Antwort auf Atatürks »Türkische Moderne« eine »Islamisch-Türkische Moderne« installieren. Dieses Ziel schließt von vornherein einen »Gottesstaat« nach dem Muster engstirniger Islamisten aus. Die Ideologen der AKP mit Erdoğan an der Spitze möchten einen »islamisch« geprägten Staat schaffen, der sich geradezu als ein Bollwerk gegen den Islamismus versteht – denn ein radikaler Islam bedeutet aus ihrer Sicht eine Verengung, eine Dekadenz.

Wie modern ist die angekündigte »Islamisch-Türkische Moderne« tatsächlich? Die AKP propagiert zwar größtmögliche Toleranz gegen religiöse Minderheiten wie Christen und Juden, bleibt aber sehr reserviert gegen Aleviten und Schiiten. Die AKP propagiert zwar Religionsfreiheit, hält es aber für ein schweres Verbrechen, wenn ein Muslim zu einem anderen Glauben konvertiert oder gar Atheist wird. Die AKP propagiert Modernität und Meinungsvielfalt in der Deutung des Koran, tut sich aber schwer mit den historisch-kritischen Denkansätzen westlicher Religionswissenschaftler. Die AKP propagiert zwar ihre Offenheit für die neuesten Ergebnisse moderner Wissenschaft, lehnt aber vehement Darwins Evolutionstheorie ab, ja, alle wissenschaftlichen Ergebnisse, die der Offenbarung des Koran widersprechen. So gesehen ist die AKP zwar keine »islamistische« Partei – aber sie ist weit entfernt davon, in Hinblick auf Pluralismus »modern« zu sein. Bestenfalls bietet sie eine halbe Moderne. In dieser Hinsicht bleibt die AKP mit der Bewegung von Fethullah Gülen verbunden, mit der sie nur politisch, nicht jedoch religiös verfeindet ist.

Bildet also ein derartiger Islam eine ernsthafte Barriere, wenn es um die Frage geht, ob sich die Türkei Europa »annähern« kann? Der türkische Islam ist voller Konflikte, es existieren sehr unterschiedliche Strömungen nebeneinander, und dies merken wir auch beim Kontakt mit Türken in Europa. Wir erleben solche, die sich mit ihren religiösen Vorstellungen relativ leicht in das System einer pluralistischen Demokratie westeuropäischer Staaten integrieren, während andere in Parallelgesellschaften abdriften. Die letzteren Muslime fördern dann bei Westeuropäern unfreiwillig das Vorurteil, Islam und Demokratie, ja Islam und westliche Kultur insgesamt seien unvereinbar.

Aber das größte Problem ist nicht ein »andersartiger« Islam, sondern das ambivalente Verständnis von »Demokratie« in der Türkei. Erdoğan selbst bietet das Paradebeispiel solcher Doppeldeutigkeit. Erdoğan hat nach dem gescheiterten Militärputsch im Juli 2016 einerseits davon gesprochen, er werde nach Beendigung des Ausnahmezustandes wieder zur »Demokratie« zurückkehren. Von Erdoğan stammen jedoch andererseits auch die inzwischen vielzitierten Worte: »Die Demokratie ist nur der Zug, auf den wir aufspringen, bis wir am Ziel sind.«[239] Oder: »Die Demokratie ist kein Ziel, sondern ein Mittel.«[240]

Solche Sätze sagte Erdoğan im Juli 1996, unmittelbar nachdem sein politischer Ziehvater Necmettin Erbakan durch demokratische Wahlen der erste »islamische« Ministerpräsident der Türkei geworden war. 20 Jahre später kommentierte diese Sätze der kemalistische Journalist Can Dündar – unmittelbar nach Erdogans »Putsch« zur autokratischen Herrschaft – folgendermaßen: »Die Demokratie sollte nur das Vehikel sein, das zum Ziel führte, ein Transportmittel, aus dem man am Ende aussteigen kann. Ist die Türkei nun soweit?«[241]

Erdoğan erscheint demnach als ein Politiker, der sowohl Menschen als auch Ideale benützt, solange sie seiner Macht dienlich sind, und sie dann wieder abstößt. Dieser Eindruck lässt sich schwer widerlegen. Wenig zutreffend erscheint mir allerdings eine andere These, die in westlichen Medien immer häufiger zum Ausdruck kommt: Erdoğan setze eine lange Phase türkischer Demokratie schrittweise außer Kraft, denn ihm, dem strammen Ideologen der »konservativ-islamischen« AKP, müsse »Demokratie« naturgemäß von vornherein fremd sein. Gerade Erdoğan liefere den Beweis, dass Islam und Demokratie letztlich unvereinbar seien. Bei solchen Argumenten wird allerdings vergessen, dass Erdoğan es war, der mehr als seine säkular orientierten Vorgänger demokratische Standards in der Türkei eingeführt hat. Er hatte das Strafrecht liberalisiert und hatte den religiösen wie auch ethnischen Minderheiten mehr Rechte denn je zugebilligt. Erdoğan hat dies zwar auf Druck der EU getan, aber pragmatisch wendig hat er die Wichtigkeit der Reformen mehr als seine Gegner erkannt. Unfreiwillig hat Erdoğan allerdings durch sein späteres Verhalten bewiesen, dass er »Demokratie nicht verinnerlicht« hat. Für das »Verinnerlichen« fehlen ihm die Voraussetzungen. Doch woher hätten die Voraussetzungen kommen sollen? Etwa von den Verfechtern einer strikt laizistischen Republik im Sinne Atatürks? Etwa von der CHP, der »Republikanischen Volkspartei«, die über Jahrzehnte lang die Türkei mit ihrer Vorstellung von »Demokratie« dominiert hat?

Der Blick auf die säkularen Nationalisten der Türkei zeigt, dass diese ebenso wenig wie die AKP Demokratie nach westlichem Verständnis praktizierten. Das Defizit bei Erdogan kann also nicht auf seine Verwurzelung im Islam zurückgeführt werden; die Ursachen sind woanders zu suchen.

Die kemalistische CHP hatte den religiös konservativ orientierten Muslimen vor allem im Jahr 1960 eindrucksvoll demonstriert, was sie unter Demokratie verstand. Das mit ihr verbündete Militär hatte gegen Ministerpräsident Adnan Menderes geputscht, ihn abgesetzt und 1961 hingerichtet. Die offizielle Begründung für das Todesurteil hatte gelautet, Menderes habe mit seiner »islamisch reaktionären« Politik gegen die laizistische Verfassung der Republik verstoßen. Man habe mit dem Militärputsch und dem Todesurteil die Demokratie gerettet. In jenem Jahr 1960 – aber auch noch Jahrzehnte später – fehlte den erklärten Erben Atatürks weitgehend die Bereitschaft, einen Ministerpräsidenten mit einer politisch völlig anderen Überzeugung zu dulden. Kritik am Kemalismus bedeutete aus ihrer Sicht von vornherein Kritik am Staat – in letzter Konsequenz: »Gefahr« für den Staat. Dass ein Ministerpräsident wie Menderes sehr anfechtbar war, steht außer Frage. Aber die Entscheidung über das politische Schicksal von Menderes konnte in diesem Fall eben nicht durch eine demokratische Wahl getroffen werden. Die eigentliche Autorität lag ja bis zum Beginn des 21. Jahrhunderts beim Nationalen Sicherheitsrat, der alle demokratisch zustandegekommenen Entscheidungen durch seinen Einspruch aufheben konnte.

Demokratie hat aber Jahrzehnte vor der Herrschaft der AKP auch nicht an Schulen und Universitäten existiert. Konservative Muslime mussten sich strikt an die kemalistischen Vorgaben einer nicht-religiösen Erziehung halten. Sie mussten mit Ausschluss vom Besuch eines Gymnasiums oder einer Universität rechnen, falls sie an ihren religiösen Traditionen und Gewohnheiten festhielten. Ebenso erging es Mädchen, denen das Kopftuch ein religiös unverzichtbares Kleidungsstück bedeutete. Solche Muslime wurden durch einen derart rigiden Anpassungsdruck in die damals noch illegalen und gesellschaftlich verachteten Imam-Hatip-Schulen abgedrängt. Erdoğan war ja ein Zögling einer solchen Imam-Hatip-Schule, und mit ihm viele seiner politischen Weggefährten. Von vornherein wuchsen so »säkular« orientierte und »religiös« bestimmte Türken überwiegend in getrennten Sphären auf, wodurch eine offene Diskussion über unterschiedliche Weltanschauungen völlig ausblieb – und damit auch die Voraussetzungen für eine pluralistische Demokratie nicht geschaffen werden konnten.

Die türkische Schriftstellerin Elif Shafak hat es in einem Interview mit dem *Spiegel* auf den Punkt gebracht, was das Wesen der »wackligen Demokratie« in der Türkei ausmacht. Das Interview gab sie im Dezember 2015, als Erdoğan bereits 14 Jahre regierte, aber ihre Einschätzung trifft ebenso auf die Jahrzehnte vor der AKP-Herrschaft zu:

> »Wir haben zwar Wahlurnen, aber wir haben keine demokratische Kultur (...). Unter meinen Freunden unterstützen einige die Regierung, andere kritisieren sie. Aber dass wir überhaupt miteinander diskutieren, ist die Ausnahme. Denn wir sind eine Gesellschaft, die in Gettos mit gläsernen Wänden lebt. Jeder sitzt auf seiner Insel, ohne mit den Menschen auf den anderen Inseln zu reden. Wir sind eine Gesellschaft voller Wut, Misstrauen, Paranoia und Verschwörungstheorien.«

Und auf die Frage, woher denn die Polarisierung komme, antwortete sie:

> »Die Ursachen dafür sind vielschichtig, aber eine Antwort können Sie in einer kürzlich veröffentlichten Studie des Pew-Forschungsinstituts finden. Da wurden Menschen in 38 Ländern gefragt: Ist es legitim, die Regierung laut und öffentlich zu kritisieren? Im Libanon sagten 98 Prozent der Gefragten, ja, das sei erlaubt. In Jordanien waren es nur noch 64 Prozent, in Pakistan 54 und in der Türkei 52. Knapp die Hälfte der Türken findet also, dass man die Regierung nicht kritisieren sollte.«

Elif Shafak antwortete auf die weitere Frage, ob sie denn die türkische Staatsform als Demokratie bezeichne:

»Ich wünschte, es gäbe mehr als ein Wort, um Demokratie zu definieren. Sicherlich ist die Türkei kein typisches autoritäres Regime, und es ist sehr wichtig, dass freie Wahlen stattfinden, aber es handelt sich eben nicht um eine liberale, reife Demokratie. Ich würde sie als wackelige Demokratie bezeichnen, weil sie jeden Moment kippen kann.«[242]

Dieser Moment, als die türkische Demokratie kippte, ist sechs Monate später, im Juli 2016, eingetreten: Auf den gescheiterten Militärputsch antwortete Erdoğan mit einem zivilen Gegenputsch, und dies ausdrücklich, um »die Demokratie zu retten«. Aber was meinte Erdoğan damit? Demokratie bedeutet für den autokratisch regierenden Staatspräsidenten: Er möchte jene Macht, die er durch demokratische Wahlen errungen und zugunsten seiner Wählerschichten genutzt hat, auf keinen Fall wieder hergeben – auch nicht durch den möglichen demokratischen Wahlsieg einer anderen Partei.

Denn die Wahlsieger könnten den Verlierern wieder all jene Privilegien wegnehmen, die sie im mühsamen »demokratischen« Prozess erworben haben. Es ist der Reflex der »schwarzen Türken«, jener lang unterdrückten konservativ-islamischen Schicht, die sich vor einer erneuten Unterdrückung durch die »weißen Türken«, den säkularen Nationalisten, fürchtet.

Das Problem ist, dass es in der Türkei zwar eine weit gefächerte Opposition gegen die AKP gibt – und unter ihnen viele weltoffene Intellektuelle mit differenzierter Weltanschauung – aber den säkular und laizistisch orientierten Parteien fehlt es an einer differenzierten Antwort auf die »konservativ-islamische« Herausforderung der AKP. Denn viele dieser Politiker schleppen mehr oder weniger noch immer ideologische Altlasten einer nur begrenzten »Türkischen Moderne« mit sich. Dies gilt gerade auch für die CHP, Atatürks »Republikanische Volkspartei«. Unter ihrer Ägide sind viele Entwicklungen im halb demokratischem Stadium steckengeblieben.

Ich habe an vielen Beispielen zu erläutern versucht, welche Fehlentwicklungen das von Atatürk propagierte Prinzip des Laizismus im Verlauf der Jahrzehnte genommen hat. Trotz aller ideologischen Propaganda kam keine eindeutige Trennung von Religion und Politik zustande, denn der Staat lieferte massiv ideologische Vorgaben eines religiös verbrämten Nationalismus sogar für den Religionsunterricht. Auch blieb es den ethnischen Minderheiten versagt, gleiche Rechte einer kulturellen Entfaltung zu genießen. Atatürk hatte zwar verkündet, dass nach einer anfänglichen Phase der Erziehungsdiktatur eine schrittweise Demokratisierung stattfinden müsse, und im Vergleich zu vielen anderen islamisch geprägten Ländern hat die Türkei hier auch beträchtliche Fortschritte erzielt. Aber die von Atatürk vorgegebene »Türkische Moderne« ist, wenn wir sie in unseren westlichen Maßstäben messen, nur eine halbe Moderne. Denn es fehlte auch schon den säkularen Nationalisten – und nicht erst den »konservativ islamischen« Ideologen – ein wesentliches Element: der Pluralismus. Wenn auch die türkische Gesellschaft faktisch in zahlreiche Gruppierungen – religiöse, ethnische, politische und soziale – aufgespalten ist, handelt es sich doch um einen unfreiwilligen, ungewollten, ja fast erzwungenen Pluralismus, dem letztlich die Anerkennung verweigert wird.

Es stehen der Türkei noch schwierige Jahre bevor, um dieses Problem zu bewältigen.

ANHANG

Anmerkungen

WIE FERN IST UNS DIE TÜRKEI?

Probleme und Missverständnisse

1 Elisabeth Knobl und Hanna Knut: Das ist eine Moschee.
  In: *Die Zeit*, 14.7.2016, S.6.
2 Wolf Hütteroth: Die Türkei – Land zwischen Armut und Reichtum. In: Gehl: Die Türkei. Nur im Vorhof Europas?, S.80f.
3 Antonia Naval: Im Osten geht die Sonne auf. In: *Die Presse*, 18.10.2007, S.9.
4 Latzke: Türkei, S.22.
5 Zitiert nach Binan Tobrak: Der Islam in der Türkei heute.
  In: Özuguz: Religion – ein deutsch-türkisches Tabu?, S.63f.
6 Pamuk: Schnee, S.113f.
7 Pamuk: Istanbul, S.206 u. 209f.

»AUF NACH EUROPA!«

Die verordnete Revolution und ihre Widersprüche

1 Rill: Atatürk, S.80f.
2 Zitiert nach Birgit Cerha: Atatürks Revolution blieb unvollendet. In: *Salzburger Nachrichten*, 24.10.1998.
3 Seufert/Kubaseck: Die Türkei, S.87.
4 Rill: Atatürk, S.80.
5 Ebd. S.80.
6 Ebd. S.83.
7 Ebd. S.107.

8 *Frankfurter Allgemeine Zeitung,* 30. 12. 1994, S. 8.

9 Werle/Kreile: Renaissance des Islam. Das Beispiel Türkei, S. 28.

10 Ebd. S. 27.

11 Vgl. hierzu die ausführliche Analyse in Grunebaum: Islam II.
   Die islamischen Reiche nach dem Fall von Konstantinopel,
   S. 130 f.

12 Seufert/Kubaseck: Die Türkei, S. 150.

13 Zitiert nach Dietl: Heiliger Krieg für Allah, S. 59.

14 Ebd. S. 61.

15 Vgl. hierzu die ausführliche Darstellung bei Gerhard Schweizer:
   Islam verstehen; Iran. Drehscheibe zwischen Ost und West.

16 Rill: Atatürk, S. 125.

17 Ebd. S. 134.

18 Zitiert nach Helmar Dumbs: Machtfaktor Militär. Von Atatürk
   bis heute. In: *Die Presse,* 21. 7. 2007, S. 2.

19 Vgl. hierzu die ausführliche Darstellung im Abschnitt:
   Laizistische und »islamische« Parteien im Machtkampf.

20 Vgl. ebd.

21 Johannes Langer u. Martin Staudinger: Unter General-
   Verdacht. In: *Profil,* 16. 7. 2007, S. 48.

22 Umbesetzung in der türkischen Armeespitze. In: *Neue Zürcher
   Zeitung,* 7. 8. 1998, S. 3.

23 Rill: Atatürk, S. 14.

24 Ebd. S. 16.

25 Gronau: Türkei, S. 399.

26 Rill: Atatürk, S. 15.

27 Herbert Langsner: Die erste Verdrängung. In: *Profil,* 18. 4. 1988,
   S. 72 f.

28 Latzke: Türkei, S. 102.

29 Rainer Hermann: Kein Weg zum Dialog. In: *Frankfurter Allgemeine Zeitung,* 21. 3. 2001, S. 16.

30 *Sonntag Aktuell,* 31. 10. 1982, S. 4.

31 *Neue Zürcher Zeitung,* 1. 2. 2007, S. 2.

32 *Neue Zürcher Zeitung,* 28. 2. 2007, S. 4.

33 Jan Keetman: Erfolgte Journalisten-Mord im Auftrag der
   Polizei? In: *Die Presse,* 3. 7. 2007, S. 5.

34 Diese Angabe entnehme ich der Fernsehdokumentation
   »Christen in Istanbul«, Bayerischer Rundfunk, 20. 2. 2001.

35 *Publik-Forum,* 26. 1. 2007, S. 45.

36 Armenische Kirche in der Türkei als Museum wieder geöffnet.
In: *Neue Zürcher Zeitung*, 30. 3. 2007, S. 5.

37 Ebd.

38 Ebd.

39 Rill: Atatürk, S. 71.

40 Latzke: Türkei, S. 61.

41 Vgl. hierzu die ausführliche Darstellung im Abschnitt:
Erschwerte Bedingungen für Christen in der »säkularen«
Türkei.

42 Türkisch-Griechische Beziehungen. Die türkische Minderheit
in Westthrakien (Februar 2001). Botschaft der Republik Türkei
in Berlin, http://www.tcberlinbe.de.

43 *Profil*, 30. 8. 1999, S. 119.

44 Asiye Balikci/Dimitros Hrissanthou: Die griechisch-türkische
Freundschaft. In: Katsikaris: Türkei-Europa, S. 74.

45 Ebd. S. 69.

46 Ebd. S. 72 f.

47 *Der Spiegel*, 8/1990, S. 1993.

48 Werle/Kreile: Renaissance des Islam. Das Beispiel Türkei, S. 90.

49 Ebd.

50 Alparslan Türkeş: Milli Doktrin. Istanbul 1973, S. 42.

51 Werle/Kreile: Renaissance des Islam, S. 92.

52 Ebd. S. 91.

53 Vgl. *Der Standard*, 7. 6. 2004, S. 6, u. *Die Presse*, 22. 4. 2006, S. 7.

54 Wolfgang Günter Lerch: War Atatürk ein Separatist? Türkische
Zeitung macht in der Kurdenfrage eine Entdeckung. In: *Frankfurter Allgemeine Zeitung*, 16. 11. 1987.

55 *Neue Zürcher Zeitung*, 13. 6. 2000, S. 10.

56 Seufert/Kubaseck: Die Türkei, S. 153 f.

57 Ferner: Kulturschock Türkei, S. 86.

58 Seufert/Kubaseck: Die Türkei, S. 155.

59 Kurden: Wende ins Völkische. In: *Der Spiegel*, 17/1997, S. 145.

60 *Neue Zürcher Zeitung*, 5. 2. 1997, S. 7.

61 *Neue Zürcher Zeitung*, 1. 2. 2007, S. 2.

62 *Die Presse*, 13. 4. 2007, S. 6.

63 Jan Keetman: Generäle als Störenfriede des EU-Beitritts.
In: *Die Presse*, 4. 5. 2007.

64 Wieland Schneider: »Die Ideologie des Staates ist gleich geblieben«. In: *Die Presse*, 13. 12. 2007, S. 9.

»ZURÜCK ZUM ISLAM!«

Tradition und Verwestlichung unter neuen Vorzeichen

1 Rainer Hermann: Der Status der nicht-muslimischen Minderheiten in der Türkei. In: Leggewie: Die Türkei und Europa, S. 109.

2 Otfried Höffe: Das Übermorgenland. So schnell wird die Türkei nicht europäisch. In: Leggewie: Die Türkei und Europa, S. 177.

3 Lewis: Die Welt der Ungläubigen, S. 176–179.

4 Pamuk: Istanbul, S. 202.

5 Michael Thumann: Ein Volk, ein Staat, ein Krieg. In: *Die Zeit*, 22. 11. 2007.

6 Pamuk: Istanbul, S. 202.

7 Rainer Hermann: Der Status der nicht-muslimischen Minderheiten in der Türkei. In: Leggewie: Die Türkei und Europa, S. 111.

8 Matthias Kopp: Zwischen Kreuz und Halbmond. Vortrag in der Katholischen Akademie Trier, 16. 2. 2006.

9 Peter Wensierski: Prüfstein Toleranz. In: *Der Spiegel,* 12/2008.

10 Götz Nordbruch: Jesus war eigentlich ein guter Muslim. In: *Publik-Forum*, Nr. 7, 2006, S. 59.

11 Jörg Lau: Massaker für den Islam. In: *Die Zeit*, 26. 4. 2007, S. 14.

12 Jan Keetman: Istanbuler Patriarch fühlt sich »wie ans Kreuz geschlagen«. In: *Die Presse*, 23. 12. 2009, S. 6.

13 Ebd.

14 Jürgen Gottschlich: Türke. Die Orthodoxen bekommen ihre Hochschule wieder. In: *Der Standard*, 18. 6. 2004, S. 5.

15 Jan Keetman: Islam zwischen Moderne und Mittealter. In: *Die Presse*, 23. 12. 2007, S. 6.

16 Jan Keetman: Verdacht: Behörden in Christen-Morde verwickelt. In: *Die Presse*, 7. 12. 2007, S. 9.

17 Jörg Lau: Massaker für den Islam. In: *Die Zeit*, 26. 4. 2007, S. 14.

18 Ebd.

19 *Die Presse*, 10. 7. 2007, S. 3.

20 Hansgeorg Hermann: Im Namen des Erzbischofs. In: *Neue Zürcher Zeitung*, 28. 7. 2007, S. 26.

21 Ebd.

22 Ebd.

23 Ebd.

24 Shindeldecker: Türkische Aleviten heute. Istanbul 2001, S. 38–41.

25 Elisabeth Knobl und Hanna Knut: Das ist eine Moschee. In: *Die Zeit*, 14. 7. 2016, S. 6.

26 Ali Ertan Toprak: Ich habe Deutschland umarmt. In: *Die Zeit*, 13. 4. 2008, S. 7.

27 Yücelen: Was sagt der Koran dazu?, S. 9.

28 Vgl. hierzu die ausführliche Darstellung bei Gerhard Schweizer: Syrien verstehen. Geschichte, Gesellschaft und Religion, S. 73–79.

29 Gerhard Schweizer: Islam verstehen. Geschichte, Kultur und Politik, S. 133–146; Gerhard Schweizer: Syrien verstehen. Geschichte, Gesellschaft und Religion, S. 178–200.

30 Öztürk: Der verfälschte Islam, S. 191.

31 Ebd. S. 7.

32 Ebd. S. 106–110, 182.

33 Ebd. S. 29 f.

34 Ebd. S. 31.

35 Ebd. S. 123.

36 Ebd. S. 32.

37 Ebd. S. 137 f.

38 Ebd. S. 37.

39 Öztürk: Rumi und die islamische Mystik, S. 7. Vgl. hierzu auch die ausführliche Darstellung über Dschelaleddin Rumi bei Gerhard Schweizer: Der unbekannte Islam. Sufismus – die religiöse Herausforderung, S. 22–34 u. S. 49–111.

40 Öztürk: Rumi. S. 130. Im selben Buch finden sich weitere sehr anschauliche Belege zu der hier erörterten Problematik: S. 61 ff., 87 ff., 91, 109, 128 f.

41 Rainer Hermann: Erneuerer. In: *Frankfurter Allgemeine Zeitung*, 21. 10. 2002, S. 12.

42 Rainer Hermann: Den Islam europafähig machen. In: *Frankfurter Allgemeine Zeitung*, 25. 9. 2000, S. 16.

43 Vgl. hierzu Ursula Spuler-Stegemann: Türkei. In: Ende/Steinbach: Der Islam in der Gegenwart, S. 239 u. 875.

44 Martin Spiewack: Allahs scheuer Bote. In: *Die Zeit*, 1. 3. 2007, S. 36.

45 Abu Zaid, Nasr Hamid: Ein Leben mit dem Islam. Freiburg 2001, S. 116 ff.

46 Vgl. hierzu die ausführliche Darstellung bei Gerhard Schweizer: Islam verstehen, S. 293–299 und Der unbekannte Islam, S. 158 ff.

47 Bassam Tibi: Euro-Islam. Hilfe für die Integration. Unter dem Internet-Stichwort Euro-Islam.

48 Vgl. hierzu den Bericht in: *Der Standard*, 16. 6. 2003, S. 2.

49 Vgl. hierzu Gerhard Schweizer: Islam verstehen, S. 443.

50 Michael Fleischhacker: »Wiener Schule« des Reform-Islam. In: *Die Presse*, 24. 9. 2007, S. 9.

51 Ednan Aslan: Scharia und Demokratie. In: *Die Presse*, 15. 2. 2008, S. 41.

52 *Die Presse*, 24. 9. 2007, S. 9.

53 Amalia van Gent: Schlammschlachten und populistische Rhetorik im türkischen Wahlkampf. In: *Neue Zürcher Zeitung*, 20. 7. 2007, S. 5.

54 Vgl. hierzu den Abschnitt: Die Rolle des Militärs als »Hüter der Verfassung«.

55 Werle/Kreile: Renaissance des Islam. Das Beispiel Türkei, S. 50.

56 Ebd. S. 49.

57 Heiko Flottau: Leben wie vor tausend Jahren. In: *Süddeutsche Zeitung*, 21. 6. 1982.

58 Vgl. hierzu den Abschnitt: Erschwerte Bedingungen für Christen in der »säkularen« Türkei.

59 Werle/Kreile: Renaissance des Islam. Das Beispiel Türkei, S. 93.

60 Ebd. S. 98.

61 Ebd. S. 10.

62 Ebd. S. 101.

63 *Der Spiegel*, 14/1989, S. 184.

64 Otto Luchterhandt: Der türkisch-armenische Konflikt und die Europafähigkeit der Türkei. In: König/Sticking: Gehört die Türkei zu Europa?, S. 111.

65 Werle/Kreile: Renaissance des Islam. Das Beispiel Türkei, S. 105 f.

66 Ebd.

67 *Frankfurter Rundschau*, 25. 10. 1984.

68 Siehe dazu in Wikipedia den Eintrag zu »Turgut Özal«; letzte Eintragung 25. 6. 2016.

69 Steinbach: Geschichte der Türkei, S. 56.

70 Eine moderne Republik: Die Türkei. In: *Der Spiegel*, 11/1990, S. 281.

71 Siehe dazu in Wikipedia den Eintrag zu »Turgut Özal«.

72 Späte Erkenntnis. In: *Der Spiegel* 95/2012.

73 Werle/Kreile: Renaissance des Islam. Das Beispiel Türkei, S. 113.

74 *Der Spiegel*, 14/1989, S. 184.

75 Schöning-Kalender: Mobilität und Mobiliar. Binnenmigranten in Istanbul, S. 36 f.

76 Ebd. S. 38.

77 Schmitt: Türkei, S. 33.

78 Roth/Taylan: Die Türkei – Republik unter Wölfen, S. 59. Vgl. auch Dorn: Zentralanatolien, S. 77 f.

79 Roth/Taylan: Die Türkei – Republik unter Wölfen, S. 59.

80 Schöning-Kalender: Mobilität und Mobiliar, S. 35.

81 Ebd. S. 39.

82 Wolf Hütteroth: Die Türkei – Land zwischen Armut und Reichtum. In Gehl: Die Türkei. Nur im Vorhof Europas?, S. 78.

83 Türkei. Wie ein Wundbrand. Der Vormarsch der Fundamentalisten. In: *Der Spiegel*, 12/1990, S. 236.

84 Gerd Höhler: Gibt es bald wieder Freitagsgebete in der Hagia Sophia? In: *Stuttgarter Zeitung*, 15. 8. 1996, S. 4.

85 Unter Halbmond und Stern. In: *Stuttgarter Zeitung*, 3. 8. 1984.

86 Diagonal. Stadtporträt Ankara. Eine Sendung des ORF am 7. 7. 2006.

87 Zitiert nach König/Sicking: Gehört die Türkei zu Europa?, S. 108.

88 Özuguz: Religion – ein deutsch-türkisches Tabu?, S. 101.

89 Otto Luchterhandt: Der türkisch-armenische Konflikt und die Europafähigkeit der Türkei. In: König/Sticking: Gehört die Türkei zu Europa? S. 111.

90 Jan Keetman: Ankara ignoriert Straßburger Gerichtsurteil. In: Die Presse, 12. 10. 2007, S. 9.

91 Auf Augenhöhe. Die Aleviten. *Österreichischer Rundfunk,* Sendereihe Tao – Religionen der Welt, 31. 5. 2014.

92 Ursula Spuler-Stegemann: Türkei. In: Ende/Steinbach: Der Islam in der Gegenwart, S. 244.

93 Ebd.

94 Erdoğan im Kreuzfeuer der Kritik. In: *Neue Zürcher Zeitung*, 12. 11. 2008, S. 3.

95 Diese Information entnahm ich dem Vortrag »Die Naqschbandiya. Deutschlands stärkste Sufi-Bewegung« von Annabelle Böttcher auf der Tagung »Islam in Deutschland« am 23. 6. 2004 in der Katholischen Akademie Trier.

96 Werle/Kreile. Renaissance des Islam. Das Beispiel Türkei, S. 42.

97 Böttcher: Die Naqschbandiya. Vgl. hierzu auch: Ursula Spuler-Stegemann: Türkei, S. 234 f.

98 Charlotte Wiedemann: Republik contra Religion. Dossier Türkei. In: *Die Zeit*, 10. 8. 2006. S. 14.

99 Vgl. hierzu Lemmen: Islamische Verbände und Vereine in Deutschland, S. 44 f.

100 Ebd.

101 Böttcher: Die Naqschbandiya. Deutschlands stärkste Sufi-Bewegung.

102 Ebd.

103 Ebd.

104 Vgl. hierzu Özuguz: Religion – ein deutsch-türkisches Tabu? S. 111 u. 114.

105 »Türken keine Sklaven des Westens«. In: *Salzburger Nachrichten*, 27. 12. 1995, S. 6.

106 Mona Naggar: Die Türkei. Das »Trojanische Pferd« Europas? In: Katsikaris: Türkei Europa, S. 99.

107 Jan Keetman: Einer, der sich in die Mitte drängt. In: *Die Presse*, 23. 7. 2007, S. 5.

108 Binnaz Tobrak: Der Islam in der Türkei heute. In Özuguz: Religion – ein deutsch-türkisches Tabu?, S. 63 f.

109 Reformer oder Wolf im Schafspelz. In: *Die Welt*, 22. 9. 1994.

110 Rainer Hermann: Pragmatisch, provozierend und provinziell. In: *Frankfurter Allgemeine Zeitung*, 7. 11. 2002, S. 6.

111 Zitiert nach *Frankfurter Allgemeine Zeitung*, 25. 9. 1998, S. 7.

112 Wolfgang Günter Lerch: Glühbirne und sechs Pfeile. In: *Frankfurter Allgemeine Zeitung*, 5. 11. 2002, S. 3.

113 Tiefe Vertrauenskrise in der Türkei. In: *Neue Zürcher Zeitung*, 30. 3. 2001, S. 5.

114 Rainer Hermann: Ideenlieferant. In: *Frankfurter Allgemeine Zeitung*, 6. 1. 2003, S. 10.

115 »Die Alternativen sind fürchterlich«. In: *Profil*, 25. 10. 2004, S. 80.

116 Zitiert nach Mona Naggar: Die Türkei. Das »Trojanische Pferd« Europas? In: Katsikaris: Türkei Europa, S. 100.

117 Ebd. S. 101.

118 Ebd. S. 103.

119 Jan Keetman: Maulkorb für kritische Medien. In: *Die Presse*, 18. 5. 2005, S. 7.

120 Zitiert nach Michael Thumann: Chaos zwischen Kopftuch und Bikini. In: *Die Zeit*, 10.5.2007, S.6.

121 Vgl. Özuguz: Religion – ein deutsch-türkisches Tabu?, S.116.

122 *Der Spiegel*, 6/1987, S.142.

123 Özuguz: Religion – ein deutsch-türkisches Tabu?, S.116.

124 Bassam Tibi: Instrumente der Entwestlichung. Die fundamentalistische Unterwanderung der Türkei durch die Imam-Hatip-Schulen. In: *Frankfurter Allgemeine Zeitung*, 20.12.1994, S.8.

125 Mythisches Türkentum, islamische Sauce. Eine Rezension von Jan Keetman. In: *Die Presse*, 14.2.2006, S.27.

126 Ebd.

127 Jan Keetman: Bin Laden in der Türkei beliebter als Bush. In: *Die Presse*, 29.6.2007, S.6.

128 Amalia van Gent: Streit um den türkischen Verfassungsentwurf. In: *Neue Zürcher Zeitung*, 4.1.2008, S.5.

129 Cahen: Islam, S.18.

130 Christiane Schlötzer: Die verspätete Revolution. In: *Süddeutsche Zeitung (SZ)*, 26.11.2001, S.6.

131 Ebd.

132 Ferner: Kulturschock Türkei, S.119.

133 Dilek Zapçıoğlu: Gewalt im Drei-Minuten-Takt. In: *Der Spiegel*, 10.7.2007.

134 Jan Keetman: Zur Ehe mit dem Vergewaltiger gezwungen. In: *Die Presse*, 30.9.2006, S.10.

135 Zapçıoğlu in: *Der Spiegel*, 10.7.2001.

136 Ebd.

137 »Schläge gegen Frauen sind rechtens«. In: *Frankfurter Allgemeine Zeitung*, 20.1.95, S.7.

138 Ursula Spuler-Stegemann: Türkei. In: Ende/Steinbach: Der Islam in der Gegenwart, S.876.

139 Ebd. S.241.

140 Amalia van Gent: Streit um den türkischen Verfassungsentwurf. In: *Neue Zürcher Zeitung*, 4.1.2008, S.5.

141 Ebd.

142 Daniel Steinfurth: Einfach frauenfeindlich. In: *Der Spiegel* 35/2012, S.86.

143 »Gleichstellung ist gegen die Natur«. In: *Die Presse*, 25.11.2014, S.7.

144 Susanne Güsten: Der Premier als Sittenwächter. In: *Die Presse*, 8.11.2013, S.8.

145 Andrey Arnold: Fünf Schwestern im Widerstand. In: *Die Presse*, 25.3.2016, S.25.

146 Herbert Lackner: Das Kreuz mit dem Halbmond. In: *Profil*, 21.1.2008, S.29.

147 Manu Smriti: Gesetzbuch des Manu, Kapitel IX, Vers 3.

148 Oskar Weggel: China zwischen Marx und Konfuzius. 2.Aufl. München 1987, S.193.

149 Albert Schweitzer: Die Weltanschauung der indischen Denker. Mystik und Ethik. 2.Aufl. München 1965, S.73.

150 Gerhard Schweizer: Indien und China. Asiatische Wege ins globale Zeitalter. Stuttgart 2002, S.190–224.

151 Zitiert nach der Übersetzung in: Die Gute Nachricht. Das Neue Testament in heutigem Deutsch. Hrsg. von der Deutschen Bibelgesellschaft Stuttgart 1982.

152 Erdoğans Töchter studieren in den USA. In: *Der Spiegel*, 20.10.2004.

153 Jan Keetman: Die Islamisierung des Alltags. In: *Die Presse*, 15.12.2007, S.8.

154 Christian Ultsch: Der lautlose Putsch der türkischen Justiz. In: *Die Presse*, 23.4.2008, S.9.

155 Marion Bacher u. a.: Jung, Türban, modern. In: *Profil*, 8.11.2010, S.75.

156 Erdoğan in der Rolle eines Sittenwächters. In: *Neue Zürcher Zeitung*, 8.11.2013, S.3.

157 Jan Keetman: Protest gegen Gül. »Wir sind Soldaten Atatürks«. In: *Die Presse*, 30.4.2007, S.5.

158 Günter Seufert: Gott oder Atatürk – und kein Weg dazwischen? In: *Neue Zürcher Zeitung*, 16.5.2007, S.25.

159 Günter Seufert: Die Glühbirne leuchtet heller als der Halbmond. Türkische Intellektuelle kommentieren den Wahlsieg der AKP. In: *Neue Zürcher Zeitung*, 26.7.2007, S.25.

160 Ursula Spuler-Stegemann: Türkei. In: Ende/Steinbach: Der Islam in der Gegenwart.

161 Vgl. hierzu den Abschnitt: Wie säkular und laizistisch ist die Türkei? Der sunnitische Islam als »Staatsreligion«.

162 Michael Thumann: Chaos zwischen Kopftuch und Bikini. In: *Die Zeit*, 10.5.2007, S.6.

163 Wolfgang Böhm: Schleichende Islamisierung? In: *Die Presse*, 28. 8. 2007, S. 7.

164 Ebd.

165 Günter Seufert: Die Glühbirne leuchtet heller als der Halbmond. In: *Neue Zürcher Zeitung*, 26. 7. 2007, S. 25.

166 Lale Akgün: Die Lehren des Lahmacun oder: Istanbul lernt Multikulti. In: *Die Zeit*, 16. 5. 2007.

167 Türkischer Politologe wegen Kritik an Atatürk verurteilt. In: *Neue Zürcher Zeitung*, 29. 1. 2008, S. 3.

168 Doris Knauss u. Thomas Vieregge: Türkei machte 2006 kaum Fortschritte. In: *Die Presse*, 31. 10. 2007, S. 6.

169 Wieland Schneider: »Die Ideologie des Staates ist gleich geblieben«. In: *Die Presse*, 13. 12. 2007, S. 9.

170 Kirchen erhalten Land zurück. In: *Die Presse*, 22. 2. 2008, S. 5.

171 Daniel Steinvorth: Evolutionstheorie. Waffe der Gottlosen. In: *Der Spiegel*, 39/2008, S. 145.

172 Ebd.

173 Ebd.

174 *Spiegel-Online*. Interview mit Harun Yahya, »Alle Terroristen sind Darwinisten«, 22. 9. 2008.

175 Internet: AHK Deutsch-Türkische Industrie- und Handelskammer, Wirtschaftsbericht Türkei von 2007 bis 2016; abgerufen 19. 7. 2016.

176 Wikipedia; »Verfassungsreferendum in der Türkei 2010«, letzte Änderung 11. 4. 2012.

177 Özlem Gezu: Der Rambo aus Kasimpasa. In: *Der Spiegel*, 25/213, S. 83.

178 Susanne Güsten: »Das Volk hat über Erdoğan gesiegt.« In: *Die Presse*, 3. 6. 2013, S. 6.

179 Ebd.

180 Matthias Auer: Erdoğan verspielt den Boom am Bosporus. In: *Die Presse*, 11. 11. 2014, S. 17.

181 Fethullah Gülen, Aufsätze, S. 37 f.

182 Ebd. S. 74.

183 Ebd. S. 103.

184 Ebd. S. 10, 109, 120.

185 Ebd. S. 110.

186 Eintrag: »Fethullah Gülen«, Wikipedia, zuletzt geändert 22. 1. 2012.

187 Fethullah Gülen, Aufsätze S. 94.

188 Thomas Fuster: Die fromme Elite der Türkei. In: *Neue Züricher Zeitung* 1. 9. 2011, S. 5.

189 Lenz Jacobsen, Peter Wensierski: Flucht vor dem Frust. In: *Der Spiegel* 40/2008, S. 52 f.

190 Zitiert nach Fethullah Gülen, Wikipedia, Abschnitt *»Lehre«*, zuletzt geändert 22. 1. 2012.

191 Ebd.

192 Lerch: Mohammeds Erben, S. 137.

193 Siehe Wikipedia, »Zaman« (Tageszeitung), Zugriff 24. 7. 2016.

194 Zitiert nach Wikipedia, »Fethullah Gülen«, Kontroversen, letzter Zugriff 22. 1. 2013.

195 Daniel Steinvorth: Der Rambo aus Kasimpasa. In: *Der Spiegel*, 25/2013, S. 83.

196 Helmar Dumbs: Erdoğan mit dem Rücken zur Wand. In: *Die Presse*, 27. 12. 2013, S. 1.

197 Anna Giulia Fink: Allein in Ankara. In: *Profil*, 3. 1. 2014, S. 54).

198 Siehe den Quellenhinweis im Abschnitt »Erdoğan, der ›Hoffnungsträger‹«.

199 *Der Spiegel*, 23/2011, S. 94.

200 Oliver Grimm: Das Spiel mit dem Türkei-Beitritt. In: *Die Presse*, 8. 9. 2009, S. 1.

201 Jürg Bischoff: ›Neo-osmanischer Vorstoss‹ in den Orient. In: *Neue Züricher Zeitung*, 27. 10. 2009, S. 6.

202 *Spiegel-Online*: Tausende Türken feiern Erdoğan nach Eklat in Davos. Abgerufen 30. 1. 2009.

203 Ebd.

204 Vgl. hierzu die ausführliche Darstellung der Hintergründe bei Gerhard Schweizer: Iran. Drehscheibe zwischen Ost und West, S. 199–235.

205 Türkei aktuell. Analysen, Hintergründe und Information. Mai 2012, S. 2.

206 Ebd.

207 Ebd.

208 Monika Bollinger: Die Fiktion des Alawitischen-Regimes. In: *Neue Züricher Zeitung*, 21. 7. 2011, S. 6.

209 Türkei aktuell. Analysen, Hintergründe und Information. Mai 2012, S. 2.

210 Wieland Schneider. Ein Bürgerkrieg ohne Ausweg. In: *Die Presse*, 29. 8. 2015, S. 5.

211 Can Dündar: Brief aus dem Gefängnis. Essay. Meine Straftat besteht aus einem Artikel, der die Regierung der Lüge überführt. In: *Der Spiegel* 52/2015, S. 96 f.

212 Ebd.

213 Ebd.

214 Christoph Reuter: Tage des Terrors. In: *Der Spiegel* 28/2016, S. 89.

215 Susanne Güsten: Türkei im Strudel des Syrien-Kriegs. In: *Die Presse*, 12. 10. 2015, S. 1.

216 Mike Szymanski: Mitten ins Leben. In: *Die Presse*, 21. 3. 2016, S. 2.

217 Hasnain Kazim u. a.: Die Heimsuchung. In: *Der Spiegel*, 27/2016, S. 79.

218 Susanne Güsten: Der loyale Professor an Erdoğans Seite. In: *Die Presse*, 22. 8. 2014, S. 6.

219 So *Die Welt* am 5. Nov. 2014 und am 26. Mai 2015; im letzten Artikel wird Erdoğan »Prunksucht« vorgeworfen.

220 Susanne Güsten: Der neue Prunkpalast des Recep Tayyip Erdoğan. In: *Die Presse*, 30. 10. 2014, S. 8.

221 Ebd.

222 Hasnain Kazim: Zehn Prozent Hoffnung. In: *Der Spiegel*, 23/2015, S. 89.

223 Haznain Kazim: Alleinherrscher. In: *Der Spiegel*, Chronik 2015, S. 206.

224 Susanne Güsten: Anti-Kurden-Front im Parlament. In: *Die Presse*, 21. 5. 2016, S. 6.

225 Duygu Özkan: Türkische Parteien. In: *Die Presse*, 20. 7. 2016, S. 2.

226 Hasnain Kazim: Türkei nach dem Putschversuch. Entlassen, festnehmen, schikanieren. *Spiegel-Online.* 27. 7. 2016.

227 Ebd.

228 Ebd.

229 Can Dündar. Mein Spitzel. In: *Die Zeit,* 11. 8. 2016, S. 40.

230 DTJ, *Deutsch-Türkisches Journal*, Online, 15. 8. 2016.

231 Demonstration in Istanbul. In: *Die Presse*, 7. 8. 2016, S. 2.

232 Hedi Schneid: Urlauber meiden die Türkei. In: *Die Presse*, 18. 7. 2016, S. 2.

233 Leere Strände. In: *Salzburger Nachrichten*, 22.7.2016, S. 3.

234 Beate Lammer: Anleger meiden den türkischen Markt. In: *Die Presse*, 28.7.2016, S. 11.

235 Dieser traditionelle islamische Gebetsruf bedeutet eigentlich: »Allah (Gott) ist groß (größer als alles und mit nichts vergleichbar)«, daher auch oft verkürzt mit »Gott ist am größten« übersetzt.

236 Rainer Hermann: Den Islam europafähig machen. In: *Frankfurter Allgemeine Zeitung*, 25.9.2000, S. 16.

237 Karikatur zeigt verstorbenen Yasar Öztürk in der Hölle. DTJ-Online, *Deutsch-Türkisches Journal*, 17.8.2016.

238 Vgl. hierzu den Abschnitt *Kritik am »verfälschten Islam« – der Erfolg des Reformtheologen Öztürk*.

239 Abdel-Hakim Ourghi: Demokratie im Dienst der Religion. In: *Die Zeit*, 21.7.2016, S. 54.

240 Can Dündar: »Ein Gottesgeschenk«. In: *Die Zeit*, 21.7.2016, S. 54.

241 Ebd.

242 Elif Shafak: »Wir haben das Lachen verlernt«. In: *Der Spiegel* 50/2015, S. 89.

Zeittafel

Um 1700 v. Chr.: Das indoeuropäische Volk der Hethiter errichtet im östlichen Anatolien ein Großreich, das mit seiner Hauptstadt Hattuscha (nahe dem heutigen Ankara) um 1450 seine höchste Blüte erreicht und um 1200 v. Chr. zerfällt.

Um 1000 v. Chr.: Die Griechen beginnen die Küsten Westanatoliens zu besiedeln.

Um 100 n. Chr.: Das Römische Reich erreicht seine größte Ausdehnung.

330: Die Reichshauptstadt wird von Rom nach Byzanz, dem späteren Konstantinopel, verlegt.

395: Das Römische Reich wird endgültig in das Weströmische Reich (mit der Hauptstadt Rom) und das Oströmische Reich (mit der Hauptstadt Konstantinopel) geteilt. Anatolien wird zum Kernland der östlichen Reichshälfte.

532: Bau der Hagia Sophia unter Justinian I. (527–565). Unter diesem Kaiser erreicht das Oströmische (Byzantinische) Reich seine höchste Blüte.

Um 550: Das erste nomadische Reich eines Turkvolkes wird in Innerasien gegründet.

610: Mohammed (um 570–632) tritt in seiner Heimatstadt Mekka als Prophet auf.

634–644: Die muslimischen Araber erobern Teile Vorderasiens und Nordafrikas sowie den Iran. Mit Ägypten, Syrien und Palästina verliert das Oströmische Reich wichtige Provinzen.

680: Religionsspaltung in Sunniten und Schiiten.

Um 950: Die Turkstämme der Oghuzen nehmen als Erste den Islam an.

1037: Die Oghuzen fallen im Iran ein. Ihr Führer Seldschuk, der kurz zuvor zum Islam übergetreten ist, begründet die Dynastie der Seldschuken. Isfahan wird zur Residenz.

1071: Der Seldschuken-Sultan Alparslan besiegt in der Schlacht von Mantzikert den oströmischen Kaiser Romanos IV. Diogenes. In den folgenden Jahren verlieren die Byzantiner zwei Drittel ihrer Kernprovinz Anatolien an die Seldschuken.

1080: Die Seldschuken gründen das Sultanat von Rum mit der Hauptstadt Konya (Ikonion).

Um 1220: Unter Sultan Alaeddin Keykobad I. (1219–1236) erreicht das Seldschuken-Reich von Rum seine höchste Blüte.

1230–1273: Dschelaleddin Rumi wirkt in Konya.

Um 1240: Der Turkstamm, aus dem später die Osmanen-Dynastie hervorgeht, kommt von seinen Weidegründen nördlich des Aralsees nach Anatolien.

1281–1326: Der Stammesführer Osman begründet die Dynastie der Osmanen.

1326: Osmans Sohn Orhan (1326–1359) erobert die byzantinische Stadt Bursa und macht sie zur Residenz des aufstrebenden Osmanischen Reiches.

1365: Der Osmanen-Sultan Murat I. (1359–1389) erobert Thrakien mit seiner Hauptstadt Adrianopel und bringt damit die letzte den Byzantinern verbliebene Provinz unter seine Herrschaft. Das einstige Oströmische Reich besteht jetzt nur noch aus der Hauptstadt Konstantinopel und den umliegenden Gebieten. Adrianopel wird unter dem Namen Edirne zur neuen Hauptstadt des Osmanischen Reiches.

1389: Murat I. besiegt in der Schlacht auf dem Amselfeld (Kosovo) das vereinigte Heer der Serben, Kroaten und Bosnier.

1453: Mehmet II. (1451–1481) erobert Konstantinopel, die Stadt wird unter dem Namen Istanbul zur neuen Residenz des Osmanischen Reiches. Die Hagia Sophia wird in eine Moschee umgewandelt. Ende des Oströmischen Reiches.

1456–1479: Mehmet II. erobert endgültig Serbien, außerdem weite Teile Griechenlands, Bosnien und Albanien. Die Fürstentümer Moldau und Walachei kommen unter osmanische Oberhoheit.

1516–1517: Selim I. (1512–1520) erobert Syrien, Palästina und Ägypten. Nach 1520 kommen Libyen, Tunesien und Algerien in osmanische Abhängigkeit.

1526: Süleyman I., »der Prächtige« (1520–1566), erobert Ungarn. Den Habsburgern verbleibt nur noch ein kleiner Teil Westungarns.

Die Republik Ragusa (Dubrovnik) gerät unter osmanische Oberhoheit (bis 1718).

1529: Süleyman I. belagert vergeblich Wien.

Um 1550: Das Osmanische Reich steht unter der Regierung Süleymans I. auf dem Höhepunkt seiner Macht. In den folgenden Jahrzehnten entstehen viele der bedeutendsten Moscheen. Hochblüte von Istanbul, Bursa und Edirne.

1570–1571: Die Osmanen erobern Zypern.

1683: Unter Großwesir Kara Mustafa belagern die Osmanen zum zweiten Mal ergebnislos Wien. Auf der Seite der türkischen Muslime kämpfen protestantische Ungarn, weil sie unter islamischer Oberhoheit mehr Toleranz genießen als unter den katholischen Habsburgern. Seit der Niederlage vor Wien befinden sich die Osmanen in Europa auf dem Rückzug.

1699: Im Frieden von Karlowitz tritt das Osmanische Reich Ungarn an die Habsburger ab. Österreich steigt zur Großmacht auf.

Um 1750: Istanbul zählt rund 400 000 Einwohner. Zur gleichen Zeit hat London als größte Stadt des christlichen Abendlandes 350 000 Einwohner, Paris 200 000, Danzig 70 000, Antwerpen 60 000, Genf 50 000 und Hamburg 40 000.

1793: Selim III. (1789–1807) versucht erste Reformen nach europäischem Vorbild. Aber er wird 1807 bei einer Revolte der Janitscharen getötet.

1804–1817: Nach zähen Unabhängigkeitskämpfen begründen die Serben ihren Nationalstaat. Ein Teil Serbiens wird selbständig, der Rest kann sich erst 1878 aus dem Osmanischen Reich lösen.

1821–1828: Die Griechen im südlichen Teil ihres Landes erkämpfen sich die Unabhängigkeit vom Osmanischen Reich.

1826: Mahmut II. reformiert das türkische Heer nach europäischem Vorbild und provoziert damit eine Rebellion der Janitscharen. Durch regierungstreue Truppen lässt er das gesamte Janitscharenkorps töten und leitet danach erste Verwaltungsreformen ein, die sich an westlichen Vorbildern orientieren.

1830: Der südliche Teil Griechenlands wird souveränes Königreich mit Nauplia (Peloponnes) als Hauptstadt; 1834 wird Athen Hauptstadt.

1839–1861: Abdul Meçid, der älteste Sohn Mahmuts II., baut die Reformen seines Vaters zu einem umfassenden Gesetzeswerk unter dem Namen *Tanzimat-i hayrihe*, »Wohlwollende Anordnung«, aus. Die Tanzimat-Reformen mit der Schaffung eines Rechtssystems teilweise nach europäischem Vorbild werden von seinen Nachfolgern weitergeführt. Seit 1843 schafft er ein säkulares Schulsystem, aber es gelingt ihm nicht, die Macht der Koranschulen und Medresen entsprechend einzuschränken.

1853: Abdul Meçid siedelt in den nach westlichen Vorbildern erbauten Dolmabahçe-Palast um. Damit hat das traditionelle Topkapı-Serail, wo seit Mehmet II. alle Osmanen-Sultane wohnten, als Residenz ausgedient.

Um 1860: Die osmanische Oberschicht übernimmt zunehmend westliche Lebensformen. Unzufriedene Studenten mit Lehrjahren im westlichen Ausland und Offiziere stehen in Opposition zur absoluten Sultansherrschaft.

1876: Im Osmanischen Reich wird die Folter abgeschafft. Die Nationen und Religionen innerhalb des Reiches werden gleichgestellt. Sultan Abdul Hamid II. (1876–1909) setzt aber kurz nach seinem Regierungsantritt die Verfassung außer Kraft und regiert despotisch.

1877–1878: Ein Bulgaren-Aufstand gegen die Türken veranlasst Russland zum Eingreifen, russische Truppen rücken bis Istanbul vor. Österreich und Großbritannien protestieren gegen den wachsenden Einfluss Russlands in Südosteuropa. Bismarck schaltet sich als Vermittler ein. Auf dem Berliner Kongress von 1878 verliert das Osmanische Reich mehrere Provinzen. Rumänien, Serbien und Montenegro werden unabhängige Staaten. Bulgarien bleibt als selbständiges Fürstentum den Osmanen tributpflichtig, verliert aber Makedonien wieder an die Türken. Russland erhält Bessarabien und Teile Armeniens. Großbritannien bekommt Zypern. Österreich erlangt das Recht zur Verwaltung Bosniens und der Herzegowina.

1881: Griechenland erhält Teile des bis dahin osmanischen Thessalien und Epirus. Mustafa Kemal, der spätere Atatürk, wird in Saloniki geboren, das bis 1912 osmanisch bleibt.

1882: Die nominell noch osmanische Provinz Ägypten wird britisches Protektorat (und 1936 unabhängig).

1895: Armenier im Osten Anatoliens rebellieren erstmals offen gegen die immer drückender werdende Herrschaft der Osmanen. Sultan Abdul Hamid II. lässt im Unruhegebiet etwa 200 000 Armenier niedermetzeln.

1897: Griechisch-türkischer Krieg. Die Griechen erleiden in Thessalien eine Niederlage, aber auf Druck der Großmächte erhält Kreta eine autonome Verwaltung unter osmanischer Oberhoheit (1908 kommt Kreta zu Griechenland).

1905: Gründung der Jungtürkischen Partei unter Beteiligung von Mustafa Kemal. In der Bewegung der Jungtürken sammeln sich unzufriedene Offiziere und Studenten gegen das reaktionäre Sultanat.

1908–1909: Jungtürkische Revolution in Istanbul. 1909 wird der letzte absolut regierende Sultan Abdul Hamid II. abgesetzt. Bis 1922 existiert eine konstitutionelle Monarchie. Seit der jungtürkischen Revolution wird Istanbul in der Architektur stark europäisiert.

1911–1913: Die Osmanen verlieren im Tripolis-Krieg Libyen an Italien.

1912–1913: Balkankrise. Albanien, Serbien, Montenegro, Bulgarien und Griechenland führen Krieg gegen das Osmanische Reich, das fast alle Gebiete auf europäischem Boden (Bulgarien, Albanien, Westthrakien mit Saloniki) verliert. Den Osmanen bleibt nur noch Ostthrakien, das Gebiet zwischen Edirne und Istanbul. 1912 wird das osmanische Rhodos von Italien besetzt, 1947 wird die Insel griechisch.

1914: Nach dem Attentat in Sarajevo auf den österreichischen Thronfolger Franz Ferdinand bricht der Erste Weltkrieg aus. Das Osmanische Reich kämpft aufseiten der Deutschen und Österreicher gegen die Russen, Briten und Franzosen.

1915: Die osmanische Regierung, von radikal-nationalistischen Jungtürken dominiert, ordnet am 27. Mai die Deportation von 2 Millionen Armeniern in die mesopotamische Wüste an. Nahezu die Hälfte der Deportierten geht unterwegs an Strapazen oder durch Massaker zugrunde. Durch diese brutalen Maßnahmen soll verhindert werden, dass die Armenier mit den verfeindeten Russen ein Bündnis eingehen und einen eigenen Staat im Osten Anatoliens gründen. Zur damaligen Zeit neigt aber nur eine Minderheit unter den Armeniern dazu, sich völlig aus dem osmanischen Staatsverband zu lösen; der Wunsch nach nur größerer Autonomie ist vorherrschend.

1919: Am 15. Mai landen griechische Truppen in Izmir und stoßen ins anatolische Hinterland vor, andere Verbände erobern Ostthrakien. Die Griechen versuchen die Schwäche der im Ersten Weltkrieg besiegten Osmanen auszunutzen und Gebiete, die vor vielen Jahrhunderten griechisch waren, zurückzugewinnen.

1920: Am 10. August schafft der Friedensvertrag von Sèvres nahe Paris, den Sultan Mehmet VI. unterschreibt, verheerende Bedingungen für das Osmanische Reich. Nicht nur die arabischen Gebiete mit Syrien, Palästina und dem Irak gehen verloren, sondern auch das türkische Kernland wird unter den Siegermächten aufgeteilt. Die Provinz Ostthrakien mit Edirne sowie die kleinasiatische Westküste mit Izmir und weiten Teilen des Hinterlands muss an Griechenland abgetreten werden. Im Osten Anatoliens, der Region um Erzurum und um den Van-See, soll ein unabhängiger Staat Armenien entstehen. Außerdem soll den Kurden im äußersten Südosten ein autonomer Staat zugestanden werden. Die Südküste und weite Gebiete Anatoliens werden zur französischen Einflusszone. Nur die Kernregion Anatoliens soll türkisch bleiben.

General Mustafa Kemal (Atatürk) weigert sich, den Vertrag von Sèvres anzuerkennen, und organisiert den militärischen Widerstand. Er wird zum Führer einer türkischen Nationalregierung, die das Sultanat ablehnt. Im Winter 1920 besiegt er die Armenier und nimmt ihnen damit die Chance, einen eigenen Staat zu gründen.

1922: Am 26. August besiegt Atatürk in der Schlacht von Dumlupinar bei Afyon die Griechen entscheidend. Von da an drängt die türkische Armee die griechische an die Küste zurück. Am 11. Oktober unterzeichnen die aus Anatolien und Ostthrakien vertriebenen Griechen einen Waffenstillstand. Am 1. November beschließt die Nationalversammlung in Ankara, dem Hauptquartier Atatürks, die Abschaffung des Sultanats. Mehmet VI. flieht ins Ausland. Damit endet die Dynastie der Osmanen nach nahezu 600 Jahren.

1923: Am 24. Juli wird der Friedensvertrag von Lausanne unterzeichnet, der die Beschlüsse des Friedensvertrags von Sèvres annulliert. Die Türkei in ihren heutigen Grenzen entsteht. Durch diesen Erfolg ist Atatürk endgültig der unbestrittene Führer der Revolutionsbewegung.

Im August gründet Atatürk die Republikanische Volkspartei (CHP), die bis 1946 die einzig zugelassene Partei ist. Am 13. Oktober wird die Hauptstadt von Istanbul nach Ankara verlegt. Die Nationalversammlung ruft am 29. Oktober die Republik Türkei aus und wählt Atatürk zu ihrem ersten Staatspräsidenten. Er wird 1927, 1931 und 1935 wiedergewählt. Im Gründungsjahr der Republik leben in der Türkei 13,5 Millionen Menschen (heute 70 Millionen), rund 90 Prozent sind Analphabeten (heute nur noch 17 Prozent), 80 Prozent wohnen in Dörfern (heute nur noch 35 Prozent).

1924: Durch Beschluss des Parlaments in Ankara werden das Kalifat und die geistlichen Gerichte abgeschafft. Die Koranschulen werden geschlossen; seitdem sind nur noch Schulen mit säkularen Lehrinhalten zugelassen (wie es sie in der Osmanen-Zeit ansatzweise schon gab).

1925: Im Februar bricht im kurdischen Ostanatolien ein Aufstand unter der Führung des Naqschbandiya-Scheichs Said gegen die säkulare Republik Türkei aus. Nach Atatürks Sieg über die Aufständischen, zu denen sowohl Kurden als auch Türken zählten, werden sämtliche Derwischbruderschaften verboten, weil sie mit der rebellierenden Naqschbandiya sympathisierten.

Gründung der Universität Ankara. Die islamische Zeitrechnung wird durch die westliche, der Freitag als Feiertag durch den Sonntag ersetzt.

1926: Im August wendet sich Atatürk erstmals öffentlich gegen die Verschleierung der Frauen. Verbot des Gesichtsschleiers und des Fes.

Am 6. Oktober tritt das Türkische Bürgerliche Gesetzbuch in Kraft, bis 1930 folgen die Zivilprozessordnung, die Strafprozessordnung und das Handelsgesetzbuch. Vorbild ist vor allem der französische *Code civil*.

1928: Die neue Verfassung wird verabschiedet, in der es keine religiösen Formeln mehr gibt. Die Republik Türkei ist nun formell ein säkularer Staat nach westlichem Vorbild. Der Begriff »Laizismus« ist noch nicht eingeführt, er kommt seit 1931 im Parteiprogramm vor und wird erst 1937 in der Verfassung verankert.

Am 3. November wird das Gesetz zur Einführung des lateinischen Alphabets anstelle des arabischen verabschiedet.

In Kairo gründet Hassan al-Banna als Reaktion auf Atatürks »gottlose« Verfassung die ägyptische Muslimbruderschaft. Damit beginnt die Entwicklung der radikal-islamischen Bewegungen bzw. des sogenannten Islamismus.

Reza Pahlevi, von 1926 bis 1941 Schah des Iran, schließt geistliche Rechtsgelehrte von jeglichem Einfluss aus der Politik aus. Er ist der erste muslimische Machthaber, der sich von Atatürk inspirieren lässt.

1929: In der Türkei wird der Pflichtunterricht für arabische und persische Sprache abgeschafft und durch Unterricht in westlichen Sprachen ersetzt.

1930: Derwische der Naqschbandiya-Bruderschaft entfachen noch einmal einen vergeblichen Aufstand gegen die säkulare Republik Atatürks. Es ist die letzte politische Aktion von Derwischen. Seither können Derwischbruderschaften nur noch unter dem Deckmantel von »Kulturvereinen« gesellschaftliche Entwicklungen beeinflussen. Der türkische Name Istanbul löst jetzt erst den Namen Konstantinopel offiziell im internationalen Gebrauch ab.

1932: Der Gebetsruf des Muezzins darf nicht mehr auf Arabisch, sondern nur noch auf Türkisch erschallen. Eine Übersetzung des Koran ins Türkische wird eingeleitet.

1934: Atatürk führt für die Frauen das aktive und passive Wahlrecht ein. In anderen islamischen Ländern erfolgen solche Umwälzungen frühesten in den 1950er- und 1960er-Jahren.

Atatürk erhält offiziell den Ehrennamen »Atatürk«, »Vater der Türken«. Bisher lautete sein offizieller Name nur Mustafa Kemal.

Schah Reza Pahlevi weist – in Anlehnung an Atatürk – die Universität Teheran an, jetzt auch Studentinnen aufzunehmen.

1938: Atatürk stirbt am 10. November in Istanbul im Alter von 57 Jahren. Nachfolger im Amt des Staatspräsidenten wird sein wichtigster politischer Weggefährte, der General Mustafa Ismet Inönü, der zwischen 1923 und 1938 mehrfach Ministerpräsident und Außenminister war.

1938–1950: Inönü setzt Atatürks strikt laizistische Politik fort. Aber 1945 lässt er in Abkehr vom bisherigen Einparteienstaat Oppositionsparteien zu. 1946 entsteht mit der Demokratischen Partei die erste regulär zugelassene Opposition zu Atatürks Republikanischer Volkspartei (CHP). Ihre Begründer sind Celâl Bayar und Adnan Menderes. In den nächsten Jahren werden 23 weitere Parteien gegründet. Sieben Parteien treten für eine Islamisierung des öffentlichen Lebens ein, alle anderen sind strikt laizistisch.

1943: In Damaskus gründet der syrische Christ Michel Aflak die arabisch-nationalistische und säkulare Baath-Partei, die in Syrien und im Irak politisch bedeutsam wird. Bezüge zu Atatürk sind deutlich.

1949: Die Republik Türkei erkennt als erstes islamisch geprägtes Land den 1948 gegründeten Staat Israel diplomatisch an.

1950–1960: Bei den Wahlen am 24. März 1950, wo 24 Parteien miteinander konkurrieren, siegt die islamisch orientierte Demokratische Partei mit starker Mehrheit. Staatspräsident wird Celâl Bayar, Ministerpräsident Adnan Menderes. Dieser strebt eine Rückkehr des Islam ins öffentliche Leben an. Seit 1950 ist wieder der Gebetsruf des Muezzins in arabischer Sprache erlaubt, und Sendungen mit religiösen Themen dürfen über den Rundfunk verbreitet werden. Das System der religiösen Imam-Hatip-Schulen wird parallel zum staatlichen säkularen Schulsystem gefördert. Ein starker Wandel auch in der Wirtschaftspolitik: Abkehr von staatlicher Planwirtschaft. Mechanisierung der Landwirtschaft, was die Großgrundbesitzer begünstigt und die Kleinbauern verarmen lässt. Erste massive Landflucht und Entstehung von Slumsiedlungen in den Großstädten. Wachsende Wirtschaftskrise mit starker Inflation.

1952: Unter der Regierung Menderes tritt die Türkei der NATO bei.

In Ägypten kommt Gamal Abd an-Nasser durch einen Militärputsch an die Macht. Er regiert bis 1970. Sein arabischer säkularer Nationalismus hat einige Parallelen zur Ideologie Atatürks.

1955: Am 5. und 6. September inszeniert die Regierung Menderes, um von den Misserfolgen in der Wirtschaftspolitik abzulenken, ein Pogrom gegen die griechische Minderheit in Istanbul. Damit kommt das griechisch-christliche Leben in Istanbul weitgehend zum Erliegen.

1957: Am 25. März Gründung der Europäischen Wirtschaftsgemeinschaft (EWG), seit 1965 Europäische Gemeinschaft (EG).

1960: Menderes entlässt wegen starker Meinungsverschiedenheiten Kemal Gürsel, den Oberbefehlshaber der Landstreitkräfte. Daraufhin organisiert General Gürsel einen Militärputsch, stürzt am 27. Mai die Regierung und lässt Menderes sowie zwei seiner Minister 1961 hinrichten. Celâl Bayar wird zu einer langjährigen Haftstrafe verurteilt.

1960–1965: Gürsel ist von 1960 bis 1961 Staatspräsident und Ministerpräsident zugleich. In dieser Zeit wird eine neue Verfassung ausgearbeitet, die die Macht der Regierung sowie des Parlaments einengt. Neben der Kontrollinstanz des Nationalen

Sicherheitsrats wird ein Verfassungsgerichtshof geschaffen. Beide Instanzen, die vom Militär abhängig sind, arbeiten in Zukunft eng zusammen.

Im Sommer 1961 lässt das Militär wieder demokratische Wahlen zu. Die CHP gewinnt die Wahl, Ismet Inönü ist von 1961 bis 1965 Ministerpräsident, nach 1965 in der Opposition Führer seiner Partei (er stirbt 1973 in Ankara). Gürsel bleibt Staatspräsident bis zu seinem Tod 1966. Nachfolger wird General Cevdet Sunay.

1961: Die Bundesrepublik Deutschland beginnt, türkische »Gastarbeiter« anzuwerben und schließt hierzu mit der Türkei ein Abkommen. Die Zuwanderung von Türken beginnt (nachdem schon 1955 ein entsprechendes Abkommen mit Italien und 1960 mit Spanien sowie mit Griechenland geschlossen wurde).

1963: Die EWG schließt mit der Türkei ein Assoziierungsabkommen – als Vorstufe für einen möglichen Beitritt zur späteren Europäischen Union (EU).

1965: Die Nationale Aktionspartei wird von Alparslan Türkeş gegründet. Sie ist radikal nationalistisch. In der Parlamentswahl von 1965 erringt sie 2,2 Prozent der Stimmen, 1977 bereits 6,4 Prozent, 1999 unter dem veränderten Namen Nationalistische Bewegung sogar 18 Prozent.

1965–1971: Süleyman Demirel, seit 1960 Führer der konservativen Gerechtigkeitspartei, ist Ministerpräsident. Er betreibt in mancher Hinsicht eine ähnliche Politik wie Menderes, begünstigt die Großgrundbesitzer sowie das Großbürgertum, was die Kleinbauern weiter verarmen lässt. Die Zahl der Großstadtslums wächst.

1970: Necmettin Erbakan gründet die erste islamistische Partei der Türkei unter dem Namen »Nationale Ordnung«. Die Partei wird wenig später wegen »verfassungsfeindlicher Tendenzen« verboten.

Die letzte theologische Ausbildungsstätte der armenischen Kirche wird auf Veranlassung der türkischen Behörden geschlossen. Armenische Priester können seither nur noch im Ausland ausgebildet werden.

1971: Nun muss auch die letzte Ausbildungsstätte der griechisch-orthodoxen Kirche schließen – mit denselben problematischen Folgen wie für die armenischen Christen. Das orthodoxe Patriarchat verbleibt jedoch in Istanbul.

Das Militär zwingt Demirel wegen wachsender innenpolitischer Probleme zum Rücktritt. Aber die demokratische Wahl einer neuen Zivilregierung ist noch im selben Jahr möglich.

1973: Bei vorgezogenen Parlamentswahlen gewinnt die von Erbakan 1972 gegründete Nationale Heilspartei 11,8 Prozent der Stimmen. Erstmals hat eine islamistische Partei der Türkei einen eindrucksvollen Wahlerfolg.

1974: Im Januar wird die neue Regierung von der CHP unter Ministerpräsident Bülent Ecevit gebildet. Koalitionspartner ist Erbakans Nationale Heilspartei. Erbakan gelingt es, dem Sozialdemokraten Ecevit das Zugeständnis abzutrotzen, dass die Imam-Hatip-Schulen weiter ausgebaut werden dürfen.

Am 15. Juli putschen auf Zypern griechische Offiziere in Absprache mit der seit 1967 bestehenden Militärdiktatur in Athen, um den Anschluss Zyperns an Griechenland zu erzwingen. Ecevit lässt daraufhin türkische Truppen auf Zypern landen, um die türkische Minderheit im Norden Zyperns zu schützen. Nach dem Eingreifen der Türkei wird die Insel in eine griechische und eine türkische (international nicht anerkannte) Republik geteilt. Mit der Teilung Zyperns ist die Beziehung zwischen der Türkei und Griechenland erneut schwer belastet. Die Zypern-Krise bedeutet aber auch das Ende der griechischen Militärdiktatur, Griechenland kehrt zur Demokratie zurück.

1975: Die Regierungskoalition unter Ecevit zerbricht wegen starker Differenzen mit Erbakan. Nachfolger wird Demirel, der eine Koalition mit dem Islamisten Erbakan wie auch mit dem radikalen Nationalisten Alparslan Türkeş bildet und beiden Koalitionspartnern viel Einfluss gewährt.

1977: Die rohstoffreiche Türkei ist nach wie vor unterentwickelt. 75 Prozent der Türken arbeiten noch in der Landwirtschaft. 65 Prozent sind Analphabeten. Das Pro-Kopf-Einkommen liegt bei umgerechnet 822 Dollar pro Jahr (der europäische Durchschnitt beläuft sich auf 5255 Dollar).

Ecevit kehrt nach gewonnener Parlamentswahl an die Macht zurück und übernimmt einen fast bankrotten Staat. Er hat mit starken konservativen Gegenkräften zu kämpfen.

In Deutschland entsteht die islamische Organisation *Milli Görüş*, die sich als Interessenvertretung aller türkischen Muslime ausgibt, tatsächlich aber für die islamistische Politik Erbakans

Propaganda macht. In späteren Jahren fächert sich die Organisation in verschiedene religiös-politische Flügel auf.

1978: Abdullah Öcalan gründet die strikt marxistisch orientierte Arbeiterpartei Kurdistan (PKK), die 1984 den Guerillakrieg gegen die türkische Armee beginnt.

Ende Dezember verübt die Terror-Organisation »Graue Wölfe« in der südostanatolischen Stadt Kahramanmaraş ihr bisher grauenvollstes Massaker an der kurdischen Bevölkerung mit über 250 Mordopfern. Die Regierung Ecevit verhängt das Kriegsrecht.

1979: Ayatollah Khomeini stürzt im Februar das korrupte säkulare Regime des Schahs Mohammed Reza Pahlevi und errichtet einen streng islamischen Gottesstaat.

In der Türkei verschärft sich die Wirtschaftskrise derart, dass der schon seit Jahren drohende Staatsbankrott immer wahrscheinlicher wird. Die Regierung Ecevit bittet westliche Industriestaaten erneut um massive Finanzhilfe.

1980: In der Türkei setzt am 12. September zum dritten Mal ein Militärputsch das Mehrparteiensystem außer Kraft (nach 1960 und 1971). Generalstabschef Kenan Evren wird Staatspräsident; er löst damit den seit 1973 amtierenden ehemaligen Admiral Fahri Korutürk ab. Ministerpräsident wird Bülent Üleslü (bis 1983). Das Kriegsrecht wird verhängt, und nahezu 100 Politiker werden unter Hausarrest gestellt, unter ihnen Ecevit und Demirel. Erbakan und Türkeş werden inhaftiert. Anlass zum Militärputsch ist diesmal der wachsende Einfluss der islamistischen Heilspartei von Erbakan und andererseits extrem nationalistischer Parteien wie die von Türkeş. Die bisherigen Regierungskoalitionen haben sich als unfähig erwiesen, die bedrohliche Wirtschaftskrise sowie den zunehmenden Terrorismus links- und rechtsextremer Gruppierungen zu bekämpfen.

1983: Die türkische Militärführung beendet nach Strukturreformen des Parteiensystems ihre Diktatur und lässt wieder demokratische Wahlen zu. Aber ein neues Wahlgesetz wird verabschiedet: Eine Partei muss mindestens 10 Prozent der Wählerstimmen bekommen, um den Einzug ins Parlament zu schaffen. Mit dieser ungewöhnlich hohen Sperrklausel soll der Zersplitterung der türkischen Parteienlandschaft Einhalt geboten, vor allem jedoch ein Wahlerfolg kurdischer Parteien verhindert werden. Weiterhin behält das Militär in der »gelenkten Demokratie« die eigentliche Macht. Kenan Evren bleibt Staatspräsident bis 1989.

Erbakan begründet 1983 eine neue islamistische Partei unter dem Namen *Refah-Partisi*, Wohlfahrtspartei (RP).

Bei der Parlamentswahl im November 1983 siegt Turgut Özal, der Führer der (1983 gegründeten) konservativen Mutterlandspartei.

1983–1989: Unter Ministerpräsident Özal wird die Industrialisierung stark gefördert. Aber die neoliberale Wirtschaftspolitik begünstigt wiederum nur eine schmale Oberschicht und verfestigt die Kluft zwischen Reich und Arm. Der bekennende Sunnit Özal fördert zudem den Einfluss der eigenen Konfession, indem er – in Absprache mit der militärischen Führung – den sunnitischen Religionsunterricht an staatlichen Schulen als Pflichtfach für alle Türken einführt. Die Aleviten sind seither gezwungen, sich sunnitisch unterweisen zu lassen. Bis 1990 gilt dies sogar für türkische Christen.

1984: Die PKK unter der Führung von Öcalan beginnt im Südosten Anatoliens mit dem Guerilla-Krieg gegen das türkische Militär.

Özal lässt von seinen Beratern ein Gutachten erarbeiten, wie die Türkei zu einem dauerhaften Frieden mit den Armeniern kommen und auf welche Weise der türkische Staat sich für den »Völkermord« entschuldigen könne. Özal schafft sich mit diesem Vorgehen viele Feinde unter den türkischen Nationalisten, vor allem beim Militär, aber auch in der eigenen Partei.

1986: Özal und sein Tourismus-Minister Mesut Yılmaz forcieren die Entwicklung des Massentourismus. Eine großflächige Verbauung der türkischen Küste mit Hotelkomplexen beginnt.

Mikis Theodorakis und Zülfü Livaneli gründen in Athen und Istanbul die »Initiative Griechisch-Türkische Freundschaft«, um die Verhärtung politischer Fronten aufzubrechen.

1987: Özal erlaubt Frauen das Kopftuch an Universitäten, aber auf Druck des Verwaltungsgerichts und des Militärs wird die Erlaubnis wieder aufgehoben.

Der Reformtheologe Öztürk moderiert seine erste Fernsehsendung zu Glaubensfragen und wird bald zum bekanntesten Theologen der Türkei.

Am 14. April stellt die Regierung Özal ihren offiziellen Antrag auf Mitgliedschaft in der EG. Aber erst 1999 bekommt die Türkei offiziell den Status eines Beitrittskandidaten (nun zur EU).

Bülent Ecevit, von 1966 bis 1980 führend in der CHP tätig, wird Vorsitzender der nun gegründeten oppositionellen Demokratischen Linkspartei.

1989: Angesichts einer schweren Wirtschaftskrise verliert Özals Mutterlandspartei bei Kommunalwahlen im April dramatisch. Aber Özal verweigert den Rücktritt.

Im August demonstrieren in Istanbul Islamisten unter der Führung von Erbakan für die Umwandlung der Hagia Sophia in eine Moschee.

Im November wird Özal in das Amt des Staatspräsidenten gewählt und löst damit Kenan Evren ab.

Ende des Jahres wird das Kopftuchverbot an Universitäten aufgehoben, aber bald auf Druck des Verwaltungsgerichts und des Militärs erneuert.

Der Imam Fethullah Gülen (1941 geboren) erreicht in der Türkei mit seiner religiösen Reformbewegung Ende der 1980er-Jahre eine breite Öffentlichkeit; seine guten Beziehungen zu Turgut Özal helfen ihm dabei.

1991: Bei den Parlamentswahlen wird die Partei des Richtigen Weges unter Demirel stärkste Partei. Und erstmals in der türkischen Parteiengeschichte gelingt es kurdischen Abgeordneten, mit Hilfe eines Wahlbündnisses ins Parlament zu kommen.

1992: Am 7. Februar wird die Europäische Union (EU) im Vertrag von Maastricht (Holland) begründet. Die EU löst die EG ab.

1993: Staatspräsident Özal stirbt am 17. April. Sein überraschender Tod lässt den Verdacht aufkommen, dass er nicht an »Herzversagen« starb, sondern von politischen Gegnern vergiftet wurde. Dieser Verdacht wird erst im September 2012 durch eine Obduktion bestätigt.

Özals Nachfolger wird am 16. Mai Süleyman Demirel. Dessen Nachfolge im Amt des Ministerpräsidenten tritt Tansu Çiller an, damit übt erstmals eine Frau in der Türkei dieses Amt aus (bis 1995). Auch unter Çiller bleiben die wirtschaftlichen Probleme ungelöst.

In der ostanatolischen Stadt Sivas töten sunnitische Extremisten bei einem Brandanschlag 37 Aleviten. Das Verbrechen löst landesweite Unruhen aus.

1994: Bei den Gemeinderatswahlen im April gewinnen Kandidaten der islamistischen Wohlfahrtspartei in strategisch wichtigen Städten wie Istanbul und Ankara den Posten des Oberbürgermeisters. Erstmals kann sich nun Recep Tayyip Erdoğan in Istanbul profilieren (1994–1998).

1995: Im März entfachen sunnitische Extremisten in Istanbul Unruhen gegen die »ketzerischen« Aleviten und versetzen die Türkei wochenlang in einen explosiven Spannungszustand.

Im September zerbricht die Regierungskoalition der Partei des Richtigen Weges mit der CHP wegen Konflikten in Menschenrechtsfragen und der Wirtschaftspolitik.

Bei den vorgezogenen Parlamentswahlen am 24. Dezember wird Erbakans Wohlfahrtspartei mit 21,8 Prozent der Stimmen die politisch stärkste Kraft. Aber unmittelbar folgen die Partei des Richtigen Weges mit Tansu Çiller (19,1 Prozent) und die Mutterlandspartei mit Mesut Yılmaz (19,6 Prozent).

1996: Seit 1. Januar besteht eine Zollunion zwischen der EU und der Türkei.

Çiller und Yılmaz schließen nach zähen Verhandlungen im März eine Koalition (mit Yılmaz als Ministerpräsident), aber die instabile Regierung hält nur bis Juni.

Im Juni entsteht eine neue Koalition zwischen Erbakan und Çiller mit der Vereinbarung, dass die ersten beiden Jahre Erbakan und die nächsten zwei Jahre Çiller das Amt des Ministerpräsidenten ausübt. Mit Erbakan wird erstmals in der Geschichte der säkularen Republik Türkei ein Islamist Chef der Regierung. Die fragile Koalition hat eine knappe Parlamentsmehrheit von nur fünf Stimmen.

Erbakan kündigt an, die Bindung an die EU schrittweise zu lösen und eine Wirtschaftsgemeinschaft mit islamischen Staaten anzustreben. Die Islamisten erreichen, dass das Kopftuch wieder an Universitäten getragen werden darf – was Mitte des folgenden Jahres auf Druck des Militärs erneut verboten wird.

1997: Im Januar veröffentlicht der Verein türkischer Geschäftsleute und Industrieller, TÜSIAD, einen Bericht, in dem die Entwicklung zu mehr Demokratie, kulturelle Autonomie für die Kurden und eine Einschränkung der Kontrollfunktion des Militärs gefordert wird. Heftige Kritik vonseiten der militärischen Führung.

Der Nationale Sicherheitsrat unter Führung des Militärs zwingt Erbakan am 18. Juni nach nur knapp einem Jahr Regierung zum Rücktritt wegen seiner »verfassungsfeindlichen« islamistischen Tendenzen. Die nachfolgende Koalitionsregierung unter Yılmaz bleibt instabil.

Am 13. Dezember lehnt der EU-Gipfel in Luxemburg die Türkei als Beitrittskandidaten ab.

1998: Im Januar verbietet das Verfassungsgericht die islamistische Wohlfahrtspartei. Erbakan gründet wenig später die *Fazilet Partisi* (Tugend-Partei) als Nachfolgepartei.

Im September muss Istanbuls erfolgreich regierender Oberbürgermeister Erdoğan sein Amt aufgeben. Ein Gericht hat ihn aus fadenscheinigen Gründen wegen »islamistischer Volksverhetzung« zu 10 Monaten Gefängnis und mehrjährigem Berufsverbot verurteilt.

Am 29. Oktober feiert die Türkei den 75. Jahrestag der Republik.

Die Koalitionsregierung unter Yılmaz wird im November durch ein Misstrauensvotum der Opposition gestürzt.

1999: Im Februar wird der Kurdenführer Abdullah Öcalan in Kenia verhaftet und in die Türkei gebracht.

Nach den vorgezogenen Neuwahlen im April wird Ecevit Ministerpräsident, der viele Jahre Vorsitzender der CHP war und seit 1987 die Republikanische Linkspartei führt. Seine Partei erringt 22 Prozent der Stimmen. Ecevit bildet eine Koalition mit der Mutterlandspartei sowie mit der rechtsextremen Partei der Nationalistischen Bewegung (MHP). Die letztere Partei, deren Führer Alparslan Türkeş bis zu seinem Tod 1997 war, gewann 19 Prozent der Stimmen. Der sensationelle Aufstieg dieser Partei hängt mit den nationalistischen Emotionen zusammen, die sich seit der Verhaftung Öcalans aufgeschaukelt haben. Dagegen ist Erbakans islamistische Tugend-Partei hinter den Stimmenanteil der säkularen Parteien zurückgefallen.

Im Juni emigriert Fethullah Gülen in die USA, nachdem eine seiner Reden (stark verkürzt und »manipuliert«) im Fernsehen ausgestrahlt wurde und für einen Skandal gesorgt hat. Für die säkularen, kemalistischen Gegner gilt Gülen als der ideologische Wegbereiter eines »islamischen Staates«, für seine zahlreichen Anhänger als Vorreiter einer dialogbereiten »islamischen Moderne«. Gülen lenkt seither seine Organisation aus dem Exil, sie bleibt weiterhin eine der einflussreichsten in der Türkei. Gülen hat stets Distanz zu Erbakan gehalten, nicht aber zu dessen politischem Ziehsohn Erdoğan.

Im August verwüstet ein verheerendes Erdbeben den westlichen Teil der Türkei. Die Tatsache, dass Griechenland den türkischen Erdbebenopfern hilft, leitet eine politische Annäherung zwischen beiden Staaten ein.

Der Türkei wird auf dem EU-Gipfel in Helsinki der offizielle Kandidatenstatus gewährt.

2000: In der Türkei hat die Landflucht viele Ballungsräume beträchtlich wachsen lassen. Rund 65 Prozent der Bevölkerung leben nun in Städten, 30 Jahre zuvor war es gerade ein Drittel, 1923 erst 20 Prozent. Die Türkei liegt, so die aktuellen Daten, weltweit an 5. Stelle der Länder mit einer ungleichen Einkommens- und Vermögensverteilung.

Die Amtszeit des Staatspräsidenten Demirel endet im April. Nachfolger wird der von Ecevit vorgeschlagene Kemalist Ahmet Nedget Sezer, der bisherige Vorsitzende des Verfassungsgerichtshofs.

Die Zahl der Muslime mit dauerhaftem Wohnsitz in Deutschland ist auf 3,3 Millionen gestiegen, davon sind 2,5 Millionen türkischer Herkunft. Zu Beginn des 21. Jahrhunderts studieren 23 000 Türken an deutschen Universitäten. Rund 50 000 türkischstämmige Unternehmer haben über 200 000 Arbeitsplätze in Deutschland geschaffen.

Inzwischen leben rund 15 Millionen Muslime in Europa. 1950 waren es erst 900 000, diese überwiegend in Frankreich und Großbritannien.

2001: Im Februar entwickelt sich in der Türkei eine schwere Wirtschaftskrise, die zahlreiche kleine und mittlere Betriebe in den Bankrott stürzt. Die Regierung Ecevit reagiert hilflos.

Im Juni verbietet das Verfassungsgericht Erbakans Tugend-Partei. Einen Monat später gründet Erbakan die Glückseligkeits-Partei. Aber Erdoğan sagt sich von der islamistischen Ideologie seines politischen Ziehvaters Erbakan los und gründet im August die gemäßigt islamische Partei für Gerechtigkeit und Entwicklung (AKP).

Die Regierung Ecevit schafft im August – auf Druck der EU – die Todesstrafe ab.

11. September: Die Organisation *al-Qaida* verübt den Terror-anschlag auf das World Trade Center in New York und das Penta-gon nahe Washington; über 3000 Menschen sterben. Dieses für die Amerikaner traumatische Ereignis radikalisiert die Politik des seit Januar 2001 amtierenden Präsidenten George W. Bush.

Im November tritt unter Ecevit ein neues Zivilgesetzbuch in Kraft. Ein Kernpunkt ist, dass die bisher nur vage definierte Gleich-berechtigung von Mann und Frau erheblich präzisiert wird und damit die Frau größere Unabhängigkeit vom Mann erlangt.

2002: Am 3. November finden vorgezogene Neuwahlen statt, nachdem die bisherige Koalitionsregierung unter Ecevit ange-sichts der schweren Wirtschaftskrise an inneren Streitigkeiten zerbrochen ist. Die AKP unter Führung von Erdoğan gewinnt mit 34 Prozent der Wählerstimmen die absolute Mehrheit. Dagegen rutscht Ecevits Demokratische Linkspartei, die bei den Wahlen von 1999 noch 22 Prozent der Stimmen errungen hat, auf 1 Prozent ab. Erbakans islamistische Glückseligkeits-Partei erreicht gerade noch 2,5 Prozent. Auch fast alle anderen Parteien scheitern an der Zehn-Prozent-Klausel. Nur die Republikanische Volkspartei (CHP) kann sich mit knapp 20 Prozent der Wählerstimmen behaupten. Der Reformtheologe Öztürk wird Abgeordneter der CHP.

2003: Im März tritt Erdoğan das Amt des Ministerpräsidenten an. Abdullah Gül wird Außenminister. Der promovierte Politologe Ahmet Davutoğlu wird Chefberater Erdoğans sowie Güls für die Außenpolitik.

Der dritte Golfkrieg vom 3. März bis 9. April: Nach dem Ein-marsch amerikanischer und britischer Truppen in den Irak wird der Diktator Saddam Hussein gestürzt. Das türkische Parlament verweigert eine Stationierung amerikanischer Truppen im Osten Anatoliens für die militärische Offensive in den Irak. Die Span-nungen zwischen der Türkei und den USA wachsen.

Am 15. Juni veröffentlichen in Graz (Österreich) Mitglieder der »Konferenz der Leiter islamischer Zentren und Imame in Europa« eine Erklärung, dass sich die in Europa lebenden Muslime zu Demokratie, Pluralismus und den Menschenrechten bekennen. Außerdem wird jede Form von Fanatismus und Extremismus ab-gelehnt.

Ende Juli beschließt das türkische Parlament mit den Stimmen der AKP sowie der Oppositionspartei CHP die Entmachtung des

Nationalen Sicherheitsrats. Zukünftig ist der militärischen Führung die verfassungsrechtliche Möglichkeit entzogen, durch einen Putsch als »Hüter der Verfassung« eine Regierung abzusetzen. Die Wirksamkeit des Gesetzes bleibt fraglich.

2004: Im Januar wird Syriens Diktator Baschar al-Assad von Erdoğan in Ankara empfangen. Assad bittet Erdoğan um Vermittlung im Konflikt und möglichen Friedensverhandlungen mit Israel. Eingeleitet haben diesen Kontakt Abdullah Gül und Ahmet Davutoğlu.

Im Juni darf das türkische Fernsehen erstmals Programme in kurdischer Sprache ausstrahlen (eine halbe Stunde pro Woche). Zu einem derartigen Zugeständnis an eine ethnische Minderheit hat sich erstmals eine islamisch orientierte Partei, die AKP, nicht aber die kemalistische CHP durchringen können.

Die türkische Wirtschaft beginnt unter Erdoğans Regierung zu boomen. 2004 sowie in den folgenden Jahren betragen die jährlichen Wachstumsraten zwischen 6 und 8 Prozent. Der religiös konservative Mittelstand Anatoliens gewinnt an ökonomischer Bedeutung. Allerdings bleiben die Unterschiede zwischen Reich und Arm weiterhin schroff.

Am 21. November demonstrieren in Köln 25 000 Muslime überwiegend türkischer Herkunft für Toleranz und gegen religiösen Radikalismus sowie Terrorismus. Sie tragen deutsche, türkische und EU-Fahnen. Die Muslime sind aus ganz Deutschland angereist.

2005: Im Februar kritisiert der türkische Schriftsteller Orhan Pamuk in einem Interview mit dem *Zürcher Tagesanzeiger* die unzureichende Demokratie in der Türkei und spricht offen von den Massenmorden an den Armeniern sowie den Kurden. Pamuk erhält Morddrohungen extremer türkischer Nationalisten.

Im Mai erlässt die Regierung Erdoğan neue restriktive Gesetze gegen die Pressefreiheit. Kritische Berichterstattung kann jetzt mehr als bisher wegen »Gefährdung der Staatssicherheit« strafrechtlich verfolgt werden.

Im Oktober beginnen offiziell die Beitrittsverhandlungen der Türkei mit der EU.

Orhan Pamuk erhält im Herbst den Friedenspreis des deutschen Buchhandels. Im Dezember beginnt gegen ihn der Prozess wegen seiner kritischen Äußerungen zur Politik gegenüber Armeniern und Kurden. Aufgrund internationaler Proteste wird der Prozess aber bald eingestellt.

2006: Ende Januar, Anfang Februar: 12 Karikaturen über den Propheten Mohammed, in der dänischen Tageszeitung *Jyllands Posten* veröffentlicht, erreichen mit mehrmonatiger Verspätung islamische Länder und führen besonders in Afghanistan, Pakistan, im Iran und im Westjordanland, aber auch in der Türkei zu heftigen Protesten, ja teils zu blutigen Unruhen. In der türkischen Stadt Trabzon wird ein katholischer Priester ermordet.

Der türkische Spielfilm *Das Tal der Wölfe* wird im Februar zu einem der größten Publikumserfolge in der Türkei. Er ist wegen seiner anti-amerikanischen und pro-islamischen Tendenzen heftig umstritten.

Seit Ende März können türkische Privat-Fernsehsender erstmals Programme in kurdischer Sprache vier Stunden pro Woche ausstrahlen.

Im August wird Yaşar Büyükanit neuer Generalstabschef der türkischen Armee, er ist ein besonders radikaler Verfechter des türkischen Nationalismus und unnachgiebiger Gegner aller kurdischen Autonomiebestrebungen.

Am 12. September hält Papst Benedikt XVI. in Regensburg eine heftig umstrittene Rede, in der er dem Christentum »Vernunft« zubilligt, dem Islam aber die Neigung zu Irrationalität, Intoleranz und Gewalt vorwirft. Die Rede löst in vielen Ländern der islamischen Welt heftige Proteste aus, auch in der Türkei.

Im Oktober wird bekanntgegeben, dass Orhan Pamuk als erster türkischer Autor den Nobelpreis für Literatur bekommt.

Im Irak wird Mitte Oktober die Terror-Organisation »Islamischer Staat im Irak« (zunächst ISIS, ab Juni 2014 IS) gegründet. Sie ist als Widerstandsgruppe gegen die amerikanische und britische Besatzung vorerst noch der al-Qaida untergeordnet.

Bülent Ecevit stirbt am 5. November in Ankara.

Ende November besucht Papst Benedikt XVI. die Türkei und erlebt eine sehr gemischte Resonanz.

2007: Am 19. Januar wird Hrant Dink, der prominente Chefredakteur der armenischen Zeitschrift *Agos*, von einem radikalen Nationalisten in Istanbul erschossen. Der Mord erregt internationales Aufsehen.

Im Januar veröffentlicht der Verein türkischer Geschäftsleute und Industrieller TÜSIAD einen weiteren Bericht, in dem die Entwicklung zu mehr Demokratie, kulturelle Autonomie für die Kurden und eine Einschränkung militärischer Macht gefordert wird.

Am 29. März wird die zwei Jahre lang restaurierte Heiligkreuz-Kirche auf der Insel Achtamar im Van-See als »Museum« eingeweiht. Die für die Armenier zentrale Kirche war seit den Massakern von 1915 dem Verfall überlassen worden. Erdoğan hat sich maßgebend für die Restaurierung der Kirche eingesetzt.

Im April ermorden radikal-nationalistische Sunniten in der ostanatolischen Stadt Malatya zwei türkische und einen deutschen Christen, denen sie »Missionierung« und »Zersetzung des Islam« vorwerfen.

Nach dem Ablauf der Amtszeit des Staatspräsidenten Ahmet Nedget Sezer im Mai will die AKP Außenminister Abdullah Gül als Kandidaten zur Wahl stellen, aber eine Internet-Botschaft des Militärs droht indirekt mit Putsch. Das Verfassungsgericht erklärt den ersten Wahlgang Anfang Mai aus juristisch fadenscheinigen Gründen für ungültig. Als Ausweg aus der Krise werden vorgezogene Neuwahlen fixiert.

Die vorgezogenen Parlamentswahlen am 22. Juli bringen einen Erdrutschsieg für die AKP; sie erringt fast 47 Prozent der Stimmen, 12 Prozent mehr als bei dem ohnehin schon großen Wahlsieg von 2002. Erneut gewinnt so die AKP die absolute Mehrheit. Die CHP bleibt bei 20 Prozent. Der radikal-nationalistischen MHP gelingt mit 14 Prozent die Rückkehr ins Parlament. Ein Novum ist, dass 23 Kurden als unabhängig deklarierte Kandidaten den Einzug ins Parlament schaffen und – mit der kurdischen Partei der Demokratischen Gesellschaft im Hintergrund – den Status einer Fraktion erreichen.

28. August: Abdullah Gül wird nach dem dritten Wahlgang mit absoluter Mehrheit, den Stimmen der AKP, zum Staatspräsidenten gewählt. Die Fraktion der kurdischen Partei sowie die MHP ermöglichen durch ihre Anwesenheit und Stimmenthaltung die Wahl. Allein die CHP versucht vergeblich durch ihre Abwesenheit die Wahl zu blockieren. Das Militär bleibt passiv.

Nachfolger im Amt des Außenministers wird Ali Babacan, bisher Chefverhandler der Türkei bei der EU.

Der amerikanische Kongress verurteilt am 10. Oktober in einer Resolution den Völkermord der Türken an den Armeniern. Diese

Resolution belastet die türkisch-amerikanischen Beziehungen aufs Neue.

Erdoğan, der in den ersten Regierungsjahren eine Reihe Reformen durchgeführt hat, um einem EU-Beitritt näher zu kommen, lässt in seinem Reformeifer nach. Er reagiert auf die Haltung der seit 2005 amtierenden deutschen Kanzlerin Angela Merkel sowie des seit 2007 amtierenden französischen Präsidenten Nicolas Sarkozy, die beide kategorisch eine EU-Mitgliedschaft der Türkei ablehnen.

2008: Anfang Februar stimmt das türkische Parlament für die Aufhebung des Kopftuchverbots an den Universitäten. Die AKP erhält Unterstützung durch die radikal-nationalistische MHP, die ebenfalls ein Wahlversprechen für ihre konservativ-islamischen Wählergruppen einzulösen hat. Staatspräsident Gül unterschreibt. Aber Ende Februar lassen nur 18 von den 115 überwiegend kemalistisch orientierten Universitäten Frauen mit Kopftuch auf ihr Gelände.

Ende Februar stimmt das türkische Parlament mit großer Mehrheit für ein Gesetz, das den christlichen Minderheiten ihr vom Staat in den 1970er-Jahren beschlagnahmtes Eigentum zurückgibt.

Am 31. März akzeptiert der Verfassungsgerichtshof einen Antrag des Generalstaatsanwalts vom 15. März, dass die AKP wegen »islamistischer Unterwanderung des laizistischen Staates« verboten werden soll. Anlass ist die Zulassung des Kopftuchs an den Universitäten. Aber die Mehrheit der türkischen Bevölkerung lehnt das Verbotsverfahren ab.

Am 1. Mai kommt es bei einer Massendemonstration der drei großen türkischen Gewerkschaftsverbände in Istanbul zu schweren Unruhen, als die AKP-Regierung die Kundgebung gewaltsam verhindern will. Anlass der Demonstration sind die neuen Gesetze, die zu starken sozialen Einschnitten bei den unteren Einkommensgruppen der Bevölkerung führen. Die tiefe Kluft zwischen Reich und Arm bleibt – trotz des jährlichen Wirtschaftswachstums von 6 bis 8 Prozent – bestehen.

Anfang Juni stimmt der Verfassungsgerichtshof dem Antrag des Generalstaatsanwalts zu, das Gesetz zur Freigabe des Kopftuchs an Universitäten als »verfassungswidrig« aufzuheben. Damit ist ein weiterer Verfahrensschritt zum Verbot der AKP getan.

Aber am 30. Juli weisen die Verfassungsjuristen das Verbot zurück. Sieben der elf Richter hätten zustimmen müssen, nur sechs finden sich dazu bereit. Die Furcht vor einem politischen Vakuum, schweren Unruhen und einer Wirtschaftskrise bestimmt die Entscheidung. Allerdings wird der AKP als »ernste Verwarnung« die staatliche Finanzhilfe für ein Jahr halbiert, was ihre Regierungsarbeit erheblich erschwert.

Mitte August verbringen Erdoğan und Baschar al-Assad mit ihren Familien einen Urlaub an der türkischen Riviera (Bodrum) und demonstrieren »türkisch-syrische Freundschaft« auf privater Ebene.

Ende August scheidet Generalstabschef Yaşar Büyükanit, der kompromissloseste Gegner der AKP, nach zwei Jahren turnusgemäß aus dem Amt. Nachfolger wird General Ilker Başbuğ. Er vertritt zwar ebenfalls eine harte Linie gegen jede Form von »Islamisierung«, steht jedoch für jene Gruppe unter den Generälen, die einen Militärputsch gegen die AKP-Regierung abgelehnt haben. Der Wechsel an der Spitze des Militärs lässt zumindest auf mehr diplomatische Beweglichkeit im Konflikt zwischen kemalistisch und »islamisch« orientierten Gruppierungen hoffen.

Die wachsende politische Instabilität hat erste Auswirkungen auf die türkische Wirtschaft; ausländische Firmen zögern mit Investitionen.

Die Türkei zählt rund 79 Millionen Menschen (im Gründungsjahr der Republik waren es erst 13,5 Millionen). Die seit Mitte der 1950er-Jahre andauernde Landflucht hat die wichtigsten Ballungszentren drastisch vergrößert. Im Zeitraum von 1950 bis 2008 ist Istanbul von 1 auf 15 Millionen Einwohner gewachsen, Ankara von 800 000 auf 5,3 Millionen, Izmir von 250 000 auf 4,1 Millionen. Nahezu die Hälfte der Bewohner lebt in sanierungsbedürftigen Behausungen. Das Bruttoinlandsprodukt (BIP) der Türkei lag 2014 pro Kopf über 15 000 Dollar, was der Hälfte bis einem Viertel des BIP einiger EU-Länder wie Spanien, Deutschland, Schweden oder Dänemark entspricht.

In Deutschland leben knapp über 3 Millionen Muslime türkischer Herkunft, in Österreich rund 230 000.

2009: Am 27. Dezember marschiert Israel in Gaza ein (mit der Begründung, die Hamas gründlich zu schwächen und ihre Raketenangriffe seit Jahren ein für alle Mal zu beenden). Die »Operation Gegossenes Blei«, die am 18. Januar 2009 endet, fordert auf palästinensischer Seite mehr als 1300 Tote. Israels Vorgehen verhindert alle weiteren Vermittlungsversuche der Regierung Erdoğan für Friedensverhandlungen zwischen Israel und Syrien.

Am 28. Januar kommt es auf dem Wirtschaftstreffen von Davos zu einem Eklat. Erdoğan verlässt mitten in der Diskussion mit dem israelischen Präsidenten Schimon Peres über Israels Gaza-Politik aus Protest das Podium. Erdoğan wird daraufhin von den Palästinensern als »Held« gefeiert.

Am 1. Mai wird Ahmet Davutoğlu Außenminister als Nachfolger von Ali Babacan. Davutoğlu, schon seit vielen Jahren wichtigster Berater Erdoğans, ist der geistige Wegbereiter einer sogenannten »neo-osmanischen« Außenpolitik – weg von der einseitigen Hinwendung zum Westen, hin zu einer starken Konzentration auf den Nahen Osten. In dieser neuen Orientierung spielt auch eine Enttäuschung wegen des schleppenden Verlaufs der EU-Verhandlungen mit.

Anfang Oktober unterzeichnet Davutoğlu mit Armenien ein Protokoll zur Aufnahme diplomatischer Beziehungen. Aber die im Ausland lebenden armenischen Verbände drängen darauf, dass die Republik Türkei sich für den Völkermord an den Armeniern während des Ersten Weltkriegs offiziell entschuldigen müsse. Die Verhandlungen stocken.

Mitte Oktober treffen sich Davutoğlu und sein syrischer Amtskollege zu vorbereitenden Verhandlungen, um den seit Jahrzehnten dauernden Konflikt zwischen Syrien und der Türkei zu beenden.

Am 13. Oktober kündigt Erdoğan bei einem Zusammentreffen mit Präsident Mahmud Ahmadinedschad in Teheran eine verstärkte Zusammenarbeit mit dem Iran an.

Im Dezember verbietet das türkische Verfassungsgericht die Kurden-Partei DTP wegen angeblich enger Kontakte zur »Terror-Organisation« PKK.

2010: Abu Bakr al-Bagdhadi wird Mitte Mai neuer Anführer des »Islamischen Staates im Irak« (zunächst ISIS, später ab Juni: IS).

Am 31. Mai entert die israelische Marine in internationalen Gewässern sechs Schiffe, die mit Hilfsgütern für den Gazastreifen beladen sind (auf den Verdacht geheimer Waffenlieferungen hin). Die Israelis töten 9 türkische Aktivisten. Nach diesem Vorfall ruft die Türkei ihren Botschafter aus Israel zurück.

Am 12. September findet in der Türkei ein Referendum über eine neue Verfassung statt, die jene seit der Militärdiktatur von General Evren 1982 ablösen soll. Kernpunkte sind: Parteienverbote sollen erschwert sowie die Rechte der Militärgerichtsbarkeit zugunsten der zivilen Gerichte eingeschränkt werden. Nahezu 58 Prozent der türkischen Wähler bejahen die Verfassungsänderung. Die weitere Entmachtung des Militärs gilt (zunächst) als ein zusätzlicher Schritt zu »mehr Demokratie«. In der Folge werden mehrere Generäle wegen »Verschwörung gegen den Staat« verhaftet.

Am 17. Dezember beginnen die Unruhen des sogenannten »Arabischen Frühlings«. Tunesien ist Ausgangspunkt der Massenproteste gegen Korruption, Misswirtschaft und Ausbeutung.

Die Türkei kann in diesem Jahr mit kräftigem Wirtschaftswachstum weltweit eines der besten Ergebnisse vorweisen: im ersten Quartal mit fast 12 Prozent, später mit über 9 Prozent. Wäre die Türkei EU-Mitglied, würde sie 2010 mit diesen Daten Platz 7 innerhalb der EU einnehmen: hinter Deutschland, Frankreich, Großbritannien, Schweden, Italien, Spanien.

2011: Im Januar flieht Diktator Ben Ali unter dem Druck der Volksunruhen aus Tunesien. Am 25. Januar beginnt der Aufstand in Ägypten gegen Hosni Mubarak, der am 11. Februar zurücktritt; auch in Libyen entbrennt eine bewaffnete Revolte gegen Muammar al-Gaddafi, der im November getötet wird. Im März rebellieren Volksmassen in Syrien gegen Baschar al-Assad – aber hier mündet die Revolte in einen jahrelang dauernden Bürgerkrieg. In Syrien bilden desertierte Soldaten im Verlauf des Sommers die Organisation »Freie Syrische Armee« (FSA), die erste militärisch schlagkräftige Widerstandsgruppe gegen Assad.

Necmettin Erbakan stirbt am 27. Februar in Ankara.

Im Mai, kurz vor den Parlamentswahlen, findet in der Führung der CHP ein Machtwechsel statt: Der gemäßigte Nationalist Kemal Kılıçdaroğlu löst den radikalen Nationalisten Deniz Baykal ab.

Bei den türkischen Parlamentswahlen am 10. Juni erzielt die AKP mit 49,8 Prozent Stimmengewinne um weitere 3,2 Prozent. Die AKP verfehlt aber die angestrebte Zweidrittelmehrheit, mit der sie eine Verfassungsänderung in Richtung des amerikanischen oder französischen Präsidialsystems durchsetzen könnte. Die CHP gewinnt 26 Prozent der Stimmen und 5,1 Prozent hinzu.

Die extrem nationalistische MHP kommt auf 13 Prozent und verliert 1,3 Prozent.

In den Sommermonaten vollziehen Ministerpräsident Erdoğan und sein Außenminister Davutoğlu einen radikalen Kurswechsel in den türkischen Beziehungen zu Syrien. Nachdem Baschar al-Assad bei Beginn des syrischen Bürgerkriegs eine Vermittlerrolle der Türkei als »Einmischung von außen« abgelehnt hat, stellt sich die Türkei auf die Seite der rebellierenden »Freien Syrischen Armee« und fordert Assads Sturz. Die sunnitische Regierung der Türkei hat sich demnach mit Sunniten einer gemäßigten islamistischen Organisation verbündet. Aber damit löst die Türkei auch ihre Verbindung mit dem Iran, denn der schiitische Gottesstaat hat sich auf Seiten des schiitisch-alawitischen Assad-Regimes und der schiitischen Hisbollah gestellt. Die pragmatisch orientierte Außenpolitik der Türkei über konfessionelle Grenzen hinweg endet damit – nun dominiert eine Außenpolitik entlang konfessioneller Grenzlinien: Die Türkei präsentiert sich als Schutzmacht sunnitischer gegen schiitische Gruppierungen.

Im Dezember ziehen die amerikanischen und britischen Besatzungstruppen aus dem Irak ab. Daraufhin wird die Minderheit der Sunniten, die unter dem sunnitischen Diktator Saddam Hussein zahlreiche Privilegien genoss, von der Regierung der schiitischen Mehrheit noch mehr unterdrückt. Dies radikalisiert die sunnitische Opposition; in ihren Reihen gewinnen radikal-islamische Gruppierungen, so al-Qaida und der »Islamische Staat« (ISIS), an Einfluss und militärischer Bedeutung.

Am 22. Dezember verabschiedet das französische Parlament ein Gesetz, das die Leugnung von »Völkermord«, so auch den Genozid an den Armeniern durch das Osmanische Reich, unter Strafe stellt. Die Regierung Erdoğan zieht daraufhin den türkischen Botschafter aus Frankreich ab und droht mit Sanktionen.

2012: Die Kurden-Partei HDP wird als Nachfolgepartei der verbotenen DTP gegründet.

Die AKP-Regierung nimmt offizielle Gespräche mit der PKK auf, zum ersten Mal wagt eine türkische Regierung diesen Schritt in dem seit Jahrzehnten dauernden Kurden-Konflikt. Die PKK gibt im Gegenzug ihre Forderung nach einem autonomen »Kurdistan« auf.

Im September ordnet die Staatsanwaltschaft in Ankara die

Obduktion der Leiche Turgut Özals an. Bei der Untersuchung werden massive Giftspuren in den Knochen des 1993 verstorbenen Präsidenten entdeckt. Damit ist der Mordverdacht bestätigt, aber Täter aus den mutmaßlichen Kreisen extremer Nationalisten können nicht mehr ausfindig gemacht werden.

2013: Im März erobert die Terror-Organisation »Islamischer Staat im Irak« (ISIS) Regionen im Norden Syriens und macht Raqqa zum strategischen Zentrum für einen weiteren militärischen Vormarsch. Im April eskaliert der Bürgerkrieg in Syrien.

Im Mai kommt es in Istanbul wegen der geplanten Bebauung des Gezi-Parks nahe dem Taksim-Platz zu großen Demonstrationen. Die Unruhen weiten sich zu landesweiten Protesten gegen das zunehmend autoritäre, antidemokratische Verhalten der Regierung Erdoğan aus.

In den Sommermonaten bahnt sich ein Bruch zwischen Fethullah Gülen und Erdoğan an. Dabei waren beide seit 2002 eng verbündet mit dem Ziel, das Militär aus seiner politisch dominanten Stellung zu verdrängen und dem Islam zu noch größerer Geltung in der Öffentlichkeit zu verhelfen. Aber Gülen kritisiert Erdoğan wegen des brutalen Polizeieinsatzes gegen Demonstranten im Gezi-Park. Dies ist der äußere Anlass für die Entfremdung. Die eigentliche Ursache liegt in der wachsenden Rivalität um die Machtverteilung im Staat.

Im November kündigt Erdoğan an, Nachhilfezentren und andere Bildungseinrichtungen der Gülen-Bewegung in der Türkei zu schließen. Diese Anordnung besiegelt den endgültigen Bruch zwischen den einst eng Verbündeten.

Im Dezember wird die Regierung Erdoğan in einen schweren Korruptionsskandal verwickelt. Die Gülen-Bewegung mit der auflagenstärksten Zeitung der Türkei, *Zaman,* ist maßgeblich an der Aufdeckung des Skandals beteiligt.

2014: In der ersten Jahreshälfte erobert ISIS große Teile des nördlichen Irak, Anfang Juli schließlich Mossul. Ende Juni nennt sich ISIS nur noch »Islamischer Staat« (IS), nun mit dem Anspruch, die ganze islamische Welt und Teile Europas zu unterwerfen. Am 29. Juni wird vom IS in Mossul das »Kalifat« ausgerufen mit Abu Bakr al-Bagdhadi als dem religiös-politischen Führer.

Die Regierung Erdoğan begünstigt bis 2015 die Entfaltung des IS, dies in der Hoffnung, dass die radikal-islamische Organisation die Kurden in Syrien sowie im Irak schwächt, damit die Kurden dort keine eigenständige Staaten bilden können.

Im Juni wird Selahattin Demirtaş Führer der sozialdemokratischen Kurden-Partei HDP.

Am 28. August wird Erdoğan in das Amt des Staatspräsidenten gewählt und löst damit den widerstrebenden Parteifreund Abdullah Gül ab. Im Amt des Ministerpräsidenten (das Erdoğan von 2003 bis 2014 ausübte) folgt Ahmet Davutoğlu, der bisherige Außenminister. In seiner neuen Position strebt Erdoğan mehr Macht für den Staatspräsidenten an.

Am 15. September greift der IS Kobanê, die Hauptstadt der politisch autonomen Zone der syrischen Kurden, an. Türkische Truppen warten in Grenznähe, greifen aber nicht ein. Erdoğan sieht im IS nicht die größte Gefahr für die Stabilität der Türkei, vielmehr die Kurden, die politisch selbständig sein wollen.

Ende Oktober wird in Ankara ein prunkvoller Palast eingeweiht, den Erdoğan für umgerechnet 300 (oder sogar bis zu 600) Millionen Euro als neuen Regierungssitz errichten ließ.

Am 14. Dezember wird Ekrem Dumanli, der Chefredakteur von *Zaman* verhaftet, und das einst wichtigste Sprachrohr der Gülen-Bewegung wird einer direkten Kontrolle der AKP-Regierung unterstellt.

2015: Im Februar endet die Belagerung der kurdischen Stadt Kobanê durch den IS. Der Widerstand syrischer Kurden sowie Einsätze der US-Luftwaffe haben den Sieg ermöglicht. Erdoğan verliert wegen seines militärischen Zögerns stark an Ansehen bei den Kurden auch in der Türkei.

Am 7. Juni büßt Erdoğans AKP bei Parlamentswahlen die absolute Mehrheit ein. Es gelingt der Kurdenpartei HDP unter Führung von Selahattin Demirtaş, über 13 Prozent der Stimmen zu erringen und damit also die bisher unüberwindlich erscheinende Zehn-Prozent-Hürde ins Parlament zu überspringen. Die extrem nationalistische MHP erringt 16,3 Prozent der Stimmen und wächst damit um 3,3 Prozent. Dagegen bleibt die CHP mit 25 Prozent nahezu unverändert gegenüber den Wahlen von 2011. Erdoğan verweigert die Koalition mit anderen Parteien, strebt vorgezogene Neuwahlen im November an und will die absolute Mehrheit zurückgewinnen, indem er um die Stimmen von kurdenfeindlichen nationalistischen Wählern wirbt.

Süleyman Demirel stirbt am 17. Juni in Ankara.

Am 20. Juli tötet ein Selbstmordattentäter des IS 34 Kurden in der südosttürkischen Stadt Suruç. Am 10. Oktober reißt ein weiterer IS-Terrorist mit einer Bombe rund 100 demonstrierende Kurden in Ankara mit in den Tod. Der IS rächt sich damit für die nachlassende Hilfe der türkischen Regierung und heizt gezielt den türkisch-kurdischen Konflikt neu an.

Die AKP gewinnt bei den vorzeitigen Neuwahlen am 1. November die absolute Mehrheit mit Hilfe radikal-nationalistischer Wähler zurück. Aber die Kurden-Partei HDP kann sich trotz Stimmenverluste mit 10,3 Prozent behaupten und bleibt im Parlament. Die rechtsextreme MHP erreicht nur 11,9 Prozent und verliert 4,4 Prozent überwiegend an die AKP. Die CHP bliebt mit 25,3 Prozent nahezu unverändert. Erdoğan ist also weiterhin die angestrebte Zweidrittelmehrheit verwehrt, mit der er die Machtbefugnisse des Staatspräsidenten hätte ausweiten können.

Am 26. November wird Can Dündar, der Chefredakteur von *Cumhurriyet,* verhaftet. Er hat aufgedeckt, dass der türkische Geheimdienst Waffen an syrische Extremisten, unter anderem auch an den IS, geliefert hat. Aus diesem Grund wird Dündar wegen »Veröffentlichung von Staatsgeheimnissen« angeklagt.

2016: Am 12. Januar tötet ein Selbstmordattentäter des IS in Istanbul auf dem Platz zwischen der Hagia Sophia und der Blauen Moschee 10 Menschen, vor allem deutsche Touristen. Dies geschieht, nachdem die türkische Regierung nun offen gegen den IS kämpft.

Am 17. Februar sterben in Ankara bei einem Bombenattentat einer kurdischen Terror-Organisation auf einen Militärkonvoi 30 Menschen.

Am 13. März werden in Ankara bei einem Selbstmordanschlag, wiederum durch eine kurdische Terror-Organisation, 37 Menschen getötet, mehr als 120 werden verletzt.

Am 6. Mai wird Can Dündar wegen »Veröffentlichung von Staatsgeheimnissen« zu 5 Jahren und 10 Monaten Gefängnis verurteilt. Die Berufungsverhandlung soll im September stattfinden, aber Dündar reist nach Europa und kehrt nicht mehr in die Türkei zurück.

Am 20. Mai stimmt das türkische Parlament auf Antrag der AKP mit einer Zweidrittelmehrheit für die Aufhebung der Immunität von mehr als einem Viertel der Abgeordneten und gibt sie damit der Strafverfolgung preis. Diese Maßnahme richtet sich vor allem gegen die Abgeordneten der Kurden-Partei HDP und bietet Erdoğan die Möglichkeit, seine unbequemsten Gegner aus der Volksvertretung zu drängen. Die AKP erhält hier Unterstützung nicht nur durch die rechtsextreme MHP, sondern auch von mindestens 20 Abgeordneten der links-säkularistischen CHP. Die EU kritisiert scharf das »undemokratische« Gesetz.

Am 22. Mai tritt Ahmet Davutoğlu vom Amt des türkischen Ministerpräsidenten zurück – nach einem Konflikt mit Erdoğan, der seine Macht als Staatspräsident auf Kosten des Ministerpräsidenten autokratisch ausbauen will. Nachfolger wird Binaldi Yildirim, ein treuer Gefolgsmann Erdoğans.

Am 2. Juni verabschiedet der Deutsche Bundestag fast einstimmig eine Resolution, dass die Massaker an den Armeniern in der Endphase des Osmanischen Reiches als »Völkermord« zu bezeichnen sind. Die Regierung Erdoğan reagiert heftig – besonders auf deutsch-türkische Abgeordnete, die die Resolution mittragen.

Yasar Nuri Öztürk, der populäre liberale Theologe, stirbt am 22. Juni in Istanbul an Magenkrebs. Die islamisch-konservative Satirezeitschrift *Misvak* veröffentlicht eine Karikatur, die den Verstorbenen zwischen zwei Teufeln in der Hölle zeigt. Liberale Muslime protestieren heftig.

Am 26. Juni verüben Selbstmordattentäter des IS im Atatürk-Flughafen von Istanbul ein Massaker mit 44 Toten und mehr als 200 Verletzten. Innerhalb eines Jahres haben in der Türkei 9 Attentate, 6 vom IS und 3 von kurdischen Organisationen, 274 Menschenleben gefordert.

Am 15. Juli findet ein Militärputsch gegen Erdoğan statt. Es ist der vierte Militärputsch in der Geschichte der Türkischen Republik, aber der erste, der scheitert. Die AKP kann rasch und erfolgreich Widerstand bei ihren Anhängern organisieren. Der Putsch findet wenig Zustimmung bei der Mehrheit der Türken, auch die oppositionellen Parteien verurteilen den Putschversuch, ausdrücklich sogar die CHP, die lange Zeit eng mit dem laizistisch orientierten Militär verbündet war.

Die zunehmende Instabilität der Türkei – einerseits durch die sich verschärfenden innenpolitischen Gegensätze, andererseits durch die wachsende Terrorismusgefahr – schwächen die Wirtschaft des Landes, vor allem die Tourismusbranche, erheblich.

Am 20. Juli ruft Erdoğan einen dreimonatigen Ausnahmezustand aus, um die Putschisten und ihre Sympathisanten zu ergrei-
fen und die Türkei »zu schützen«. Erdoğan kann weitgehend per
Dekret regieren. Die Grundrechte sind eingeschränkt. Eine Woche
nach dem gescheiterten Putsch lautet die Bilanz: Bis zu 10000 Soldaten sind verhaftet, darunter 128 Generäle und Admiräle. Aus
dem Bildungssystem sind 40000 Menschen entlassen: Lehrer,
Universitätsprofessoren und Beamte. 1043 Privatschulen und Bildungsinstitutionen werden geschlossen. Im Justizwesen sind
3000 Richter und Staatsanwälte ihres Amtes enthoben; in der Religionsbehörde Diyanet verlieren mehr als 3000 Angestellte ihre
Arbeit.

Am 9. August treffen sich Erdoğan und Wladimir Putin in
St. Petersburg, um die gestörten Beziehungen zwischen der Türkei
und Russland wieder zu verbessern. Nach dem Abschuss eines russischen Kampfjets durch einen türkischen Piloten am 24. November 2015 an der türkisch-syrischen Grenze hatte Russland ein
striktes Wirtschaftsembargo gegen die Türkei verhängt. Erdoğan
kann Putin bewegen, das für die Türkei folgenschwere Embargo
schrittweise wieder aufzuheben.

Am 20. August billigt das türkische Parlament ein Gesetz, das
die gestörten Beziehungen zwischen der Türkei und Israel wieder
normalisiert. Damit gehen 6 Jahre politischer Eiszeit zu Ende, die
am 31. Mai 2010 begann, als die israelische Marine sechs türkische
Schiffe mit Hilfsgütern für Gaza kaperte.

Am Abend des 20. August tötet ein Selbstmordattentäter des IS
in der südosttürkischen Stadt Gaziantep bei einer Hochzeitfeier 54
Kurden, mehr als 70 werden verletzt. Daraufhin beschuldigen die
Kurden erneut die AKP-Regierung, ihre ethnische Minderheit in
der Türkei zu wenig zu schützen und bisher den IS begünstigt zu
haben. Der Konflikt zwischen Kurden und Türken verschärft sich
weiter.

Ende August rücken türkische Truppen im Norden Syriens ein,
um einerseits den IS und andererseits die kurdische PKK verschärft zu bekämpfen. Durch diesen Zweifrontenkrieg bekommt
die Verstrickung der Türkei in den syrischen Bürgerkrieg eine
neue Dimension.

Ausgewählte Literatur

Abu Zaid, Nasr Hamid: Islam und Politik. Kritik des religiösen Diskurses. Frankfurt a. M. 1966.

Akyol, Cigdem: Erdoğan. Eine Biografie. Wien 2016.

Akyol, Cigdem: Generation Erdoğan. Die Türkei – ein zerrissenes Land im 21. Jahrhundert. Wien 2015.

Bausinger, Hermann (Hrsg.): Ausländer – Inländer. Arbeitsmigration und kulturelle Identität. Tübingen 1986.

Belgin, Tayfun: Türkei. Ein Land auf der Suche nach der Gegenwart. Wien 2006.

Cahen, Claude: Der Islam I. Vom Ursprung bis zu den Anfängen des Osmanenreiches. (Fischer Weltgeschichte, Bd. 14) Frankfurt a. M. 1968.

Dietl, Wilhelm: Heiliger Krieg für Allah. Als Augenzeuge bei den geheimen Kommandos des Islam. München 1983.

Dorn, Wolfgang: Zentralanatolien. Von Ankara durch das anatolische Hochland. Kulturlandschaften zwischen Orient und Okzident. Köln 1997.

Eickhoff, Ekkehard: Venedig, Wien und die Osmanen. Umbruch in Südosteuropa 1645–1700. Stuttgart 2008.

Ende, Werner/Steinbach, Udo (Hrsg.): Der Islam in der Gegenwart. 5., akt. u. erw. Aufl. Bonn 2005.

Ferner, Manfred: Kulturschock Türkei. 2., akt. Aufl. Bielefeld 2004.

Gehl, Günter (Hrsg.): Die Türkei. Nur im Vorhof Europas? Weimar 2001.

Göle, Nilüfer: Republik und Schleier – Die muslimische Frau in der modernen Türkei. Berlin 1995.

Gronau, Dietrich: Türkei. Ein Landschafts- und Erlebnisführer. Badenweiler 1989.

Grunebaum, Gustave Edmund von (Hrsg.): Der Islam II. Die islamischen Reiche nach dem Fall von Konstantinopel. (Fischer Weltgeschichte, Bd. 15) Frankfurt a. M. 1971.

Gülen, Fethullah: Aufsätze, Perspektiven, Meinungen. Mörfelden-Walldorf 2004.

Gürsel, Nedim: Sieben Derwische. Anatolische Legenden. Mit einem Vorwort von Gerhard Schweizer. Frankfurt a. M. 2008.

Haas, Abdulkadir W.: Türkische Volksfrömmigkeit. Frankfurt a. M. 1986.

Heine, Peter: Allah und der Rest der Welt. Die politische Zukunft des Islam. Frankfurt a. M. 2000.

Katsikaris, Apostolos (Hrsg.): Türkei Europa. Essen 2006.

König, Helmut / Sicking, Manfred (Hrsg.): Gehört die Türkei zu Europa? Wegweisungen für ein Europa am Scheideweg. Bielefeld 2005.

Kreiser, Klaus: Geschichte der Türkei. Von Atatürk bis zur Gegenwart. München 2012.

Latzke, Hans E.: Türkei. Köln 1998.

Lemmen, Thomas: Islamische Vereine und Verbände in Deutschland. Friedrich-Ebert-Stiftung. Bonn 2002.

Leggewie, Claus (Hrsg.): Die Türkei und Europa. Die Positionen. Frankfurt a. M. 2004.

Lerch, Wolfgang Günter: Mohammeds Erben. Düsseldorf 1999.

Livaneli, Zülfi: Glückseligkeit. Roman. Stuttgart 2008.

Mina, Naila: Schwestern unterm Halbmond. Muslimische Frauen zwischen Tradition und Anpassung. Stuttgart 1981.

Oestreich, Heide: Der Kopftuch-Streit. Das Abendland und ein Quadratmeter Islam. Frankfurt a. M. 2004.

Özoguz, Aydan (Hrsg.): Perspektiven der Zivilgesellschaft. Argumente zum deutsch-türkischen Dialog. Körber-Stiftung. Hamburg 2001.

Özoguz, Aydan (Hrsg.): Religion – ein deutsch-türkisches Tabu? Körber-Stiftung. Hamburg 1997.

Öztürk, Yaşar Nuri: Rumi und die islamische Mystik. Über das Menschenbild im Islam. Düsseldorf 2000.

Öztürk, Yaşar Nuri: Der verfälschte Islam. Düsseldorf 2007.

Pamuk, Orhan: Istanbul. Erinnerungen an eine Stadt. Wiesbaden 2007.

Pamuk, Orhan: Schnee. Roman. Frankfurt a. M. 2007.

Rill, Bernd: Kemal Atatürk. Reinbek b. Hamburg 1987.

Roth, Jürgen / Taylan, Kamil: Die Türkei – Republik unter Wölfen. Bornheim 1981.

Roy, Olivier: Der islamische Weg nach Westen. Globalisierung, Entwurzelung und Radikalisierung. München 2006.

Schöning-Kalender, Claudia: Mobilität und Mobiliar. Binnenmigranten in Istanbul. Tübingen 1985.

Schiffauer, Werner: Die Gewalt der Ehre. Frankfurt a. M. 1983.

Schiffauer, Werner: Die Gottesmänner. Türkische Islamisten in Deutschland. Frankfurt a. M. 2000.

Schmitt, Eberhard (Hrsg.): Türkei. Berlin 1985.

Schweizer, Gerhard: Die Derwische. Heilige und Ketzer des Islam. 2. Aufl. Salzburg 1984.

Schweizer, Gerhard: Iran. Drehscheibe zwischen Ost und West. 5., akt. u. erw. Aufl. Stuttgart 2005.

Schweizer, Gerhard: Islam verstehen. Geschichte, Kultur und Politik. 2. Aufl. Stuttgart 2016.

Schweizer, Gerhard: Die Janitscharen. Geheime Macht des Türkenreiches. 3. Aufl. Wien u. München 1993.

Schweizer, Gerhard: Mein Herz ist offen für jede Form. Eine Reise in die Mystik der Sufis und Derwische. Freiburg 2014.

Schweizer, Gerhard: Syrien verstehen. Geschichte, Gesellschaft und Religion. 7. Aufl. Stuttgart 2016

Schweizer, Gerhard: Der unbekannte Islam. Sufismus – die religiöse Herausforderung. Stuttgart 2007.

Schweizer, Gerhard: Ungläubig sind immer die anderen. Weltreligionen zwischen Toleranz und Fanatismus. 2., akt. u. erw. Aufl. Stuttgart 2003.

Seufert, Günter: Café Istanbul – Alltag, Religion und Politik in der modernen Türkei. München 1997.

Seufert, Günter / Kubaseck, Christopher: Die Türkei. Politik, Geschichte, Kultur. 2., akt. Aufl. München 2006.

Shafak, Elif: Der Bastard von Istanbul. Roman. Frankfurt a. M. 2007.

Shindeldecker, John: Türkische Aleviten heute. Istanbul 2001.

Spuler-Stegemann, Ursula: Feindbild Christentum im Islam. Eine Bestandsaufnahme. Freiburg 2004.

Steinbach, Udo: Geschichte der Türkei. 4., akt. Aufl. München 2007.

Weiss, Walter M. (Hrsg.): Islam. Dumonts Handbuch. Köln 2002.

Weiss, Walter M.: Islam. Ein Schnellkurs. Neuausgabe. Köln 2008.

Werle, Rainer/Kreile, Renate: Renaissance des Islam.
Das Beispiel Türkei. Hamburg 1987.

Werner, Ernst: Die Geburt einer Großmacht. Die Osmanen
(1300–1481). Berlin 1966.

Yücelen, Yüksel (Hrsg.): Was sagt der Koran dazu? München 1986.

Personenregister

Die Republik Türkei

Das Osmanische Reich in
seiner größten Ausdehnung 1683

Über den Autor

Gerhard Schweizer
© Klett-Cotta

Gerhard Schweizer, 1940 in Stuttgart geboren, promovierte an der Universität Tübingen im Fach Empirische Kulturwissenschaft. Heute lebt er als freier Schriftsteller in Wien, wenn er nicht gerade auf Reisen recherchiert und Material für neue Reportagen und Bücher sammelt. Seit 1960 ist Gerhard Schweizer im islamischen, indischen und fernöstlichen Kulturraum auf Reisen unterwegs. Viele seiner Veröffentlichungen konzentrieren sich auf den Kulturvergleich von Orient und Okzident. Als einer der führenden Experten der Kulturkonflikte zwischen »Ost« und »West« wurde Gerhard Schweizer durch seine Bücher über den asiatischen und islamischen Raum bekannt, zuletzt durch die überarbeiteten Neuausgaben seiner Bestseller: »*Syrien verstehen.* Geschichte, Gesellschaft und Religion.« und »*Islam verstehen.* Geschichte, Gesellschaft und Politik.«